Irland

Petra Dubilski

Reise-Handbuch

Inhalt

Wissenswertes über Irland

Unter dem Regenbogen	12
Steckbrief Irland	14
Natur und Umwelt	16
Insel aus Felsgestein	16
Flora und Fauna	20
Seltene Juwelen: Naturparks	21
Belastungen für die Umwelt	22
Wirtschaft, Soziales und aktuelle Politik	24
Vom Boom zur Pleite‹	24
Luftschlösser und Geistersiedlungen	24
Politische (Un)kultur	25
Kirche und Politik · Arm und reich	25
Migranten	26
Die neue Bescheidenheit	27
Geschichte	28
Vorgeschichte	28
Keltische Besiedlung	29
Das Frühchristentum	29
Der Einfall der Wikinger	29
Die Anglonormannen	32
Reformation	33
Flucht der Grafen	34
Cromwell	34
King Billy	35
Blüte und Rebellion	35
Katholische Emanzipation	36
Die große Hungersnot	40
Die Unabhängigkeit	40
Republik Irland	41
Zeittafel	42
Gesellschaft und Alltagskultur	44
Bevölkerung, Lebensweise und Alltagskultur	44
Religion	49
Feste und Veranstaltungen	50
Kunst und Kultur	53
Musik	53
Tanz	54

Literatur	55
Film	57
Architektur	60
Essen und Trinken	62
Spezialitäten	62
Traditionelle Gerichte	66
Getränke	66
Mahlzeiten	66
Restaurants	67
Kulinarisches Lexikon	68

Wissenswertes für die Reise

Informationsquellen	72
Reise- und Routenplanung	77
Anreise und Verkehr	83
Unterkunft	88
Sport und Aktivurlaub	90
Einkaufen	92
Ausgehen	94
Reisekasse und Reisebudget	95
Reisezeit und Reiseausrüstung	97
Gesundheit und Sicherheit	98
Kommunikation	100
Sprachführer	102

Unterwegs in Irland

Kapitel 1   Der Osten

Auf einen Blick: Der Osten	108
Dublin	110
Orientierung	110
City Nord	111
City Süd	116
Außerhalb der Innenstadt	125
Aktiv unterwegs: Klippenwanderung um Howth	126
Boyne Valley	134
Drogheda	134
Monasterboice	135

Inhalt

Mellifont Abbey	137
Battle of the Boyne	137
Brú na Bóinne	138
Slane	140
Hills of Tara · Kells	141
Trim	142
Wicklow Mountains	**143**
Enniskerry	143
Aktiv unterwegs: Der Wicklow Way	146
Blessington	147
Glendalough	148
Roundwood	151
Rathdrum	152
Avoca	153

Kapitel 2 Der Südosten

Auf einen Blick: Der Südosten	**156**
Wexford und Waterford	**158**
Enniscorthy	158
Wexford Town	159
Rosslare	162
Die Südküste von Wexford	163
New Ross	165
Hook Peninsula	166
Waterford	169
Die Küste von Waterford	171
Aktiv unterwegs: Wanderung durch das Mahon Valley	175
Kilkenny und Tipperary	**178**
Kilkenny	178
Umgebung von Kilkenny	183
Carrick-on-Suir · Cahir	187
Cashel	190

Kapitel 3 Der Südwesten

Auf einen Blick: Der Südwesten	**194**
Cork City und Umgebung	**196**
Cork City	196
Rund um Cork	204
Youghal	209

West Cork	210
Kinsale	210
Clonakilty	214
Skibbereen	216
Baltimore	219
Mizen Head und Sheep's Head	221
Aktiv unterwegs: Radtour um Sheep's Head	223
Bantry	224
Aktiv unterwegs: Wanderung auf dem Beara Way	227
Beara Peninsula	228
Kerry	232
Killarney	232
Killarney National Park	235
Aktiv unterwegs: Hoch über dem Gap of Dunloe	238
Kenmare	238
Ring of Kerry	241
Killorglin	247
Dingle Peninsula	248
Tralee	252
North Kerry	254

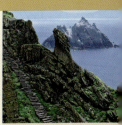

Kapitel 4 Der Westen

Auf einen Blick: Der Westen	258
Am River Shannon	260
Lough Ree	260
Von Athlone bis Shannonbridge	261
Von Portumna bis Killaloe	265
Limerick	268
Umgebung von Limerick	273
Clare	276
Ennis	276
North Clare	279
Der Burren	284
West Clare	286
Aktiv unterwegs: Radeln um Loop Head	289
Galway und Mayo	290
Galway City	290
South Galway	297
Aran Islands	298
Connemara	303

Inhalt

Aktiv unterwegs: Mountainbiken auf dem Derroura Trail	305
Killary Harbour	310
Die Inseln	312
An der Clew Bay	313
Achill Island	315
Aktiv unterwegs: Aufstieg zum Croaghaun auf Achill Island	316
North Mayo	318

Kapitel 5 Der Nordwesten

Auf einen Blick: Der Nordwesten	322
Sligo und Umgebung	324
Sligo (Sligeach)	324
Halbinsel Coolera	327
North Sligo	328
Lough Gill	331
Donegal Bay	332
Bundoran	332
Ballyshannon	334
Donegal Town	335
Entlang der Küste zum Slieve League	336
Glencolumcille (Gleann Cholm Cille)	338
Aktiv unterwegs: Wanderung auf den Klippen des Slieve League	340
Ardara	341
Am wilden Atlantik	342
The Rosses (Na Rossa)	342
Die Inseln	346
Donegal Highland	346
Hom Head und Fanad	350
Aktiv unterwegs: Rundwanderung im Glenveagh National Park	351
Letterkenny	353
Inishowen (Inis Eoghain)	354

Kapitel 6 Nordirland

Auf einen Blick: Nordirland	362
Belfast	364
Das Zentrum	364
Cathedral Quarter	365

Am River Lagan	366
Golden Mile	368
University Quarter · West Belfast	370
Die Küste Nordirlands	377
Rund um die Mourne Mountains	377
Downpatrick	381
Ards Peninsula	383
Die Küste zwischen Belfast und Ballycastle	388
Causeway Coast	393
Aktiv unterwegs: Wanderung entlang der Causeway Coast	397
Derry	399
Das Landesinnere	406
Armagh Town und Umgebung	406
South Armagh	409
Omagh	410
Sperrin Mountains	411
Aktiv unterwegs: Radtour durch die Sperrin Mountains	412
Lower und Upper Lough Erne	413
Register	416
Abbildungsnachweis/Impressum	424

▶ Dieses Symbol im Buch verweist auf die Extra-Reisekarte Irland

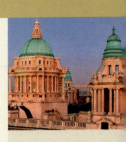

Themen

Das Erbe der Kelten	30
Der Norden und die ›Troubles‹	38
An bhfuil Gaeilge agat	46
Whiskey – ein goldenes Labsal	64
My Goodness, my Guinness!	118
Glencree: ein Zentrum für den Frieden	145
Die Butlers: eine angloirische Dynastie	189
Tory Island – Insel der Künstler	347
Das Leben des heiligen Patrick	384

Inhalt

Alle Karten auf einen Blick

Der Osten: Überblick 109
Dublin: Cityplan 113
Howth: Wanderkarte 126
Der Osten 136
Wicklow Way: Wanderkarte 146

Der Südosten: Überblick 157
Der Südosten 161
Waterford: Cityplan 169
Mahon Valley: Wanderkarte 175
Kilkenny: Cityplan 179
Kilkenny und Tipperary 180

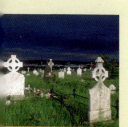

Der Südwesten: Überblick 195
Cork City: Cityplan 199
Cork und Beara 216
Sheep's Head: Radwanderkarte 223
Beara Way: Wanderkarte 227
Iveragh und Dingle 235
Gap of Dunloe: Wanderkarte 238

Der Westen: Überblick 259
Shannon 265
Limerick: Cityplan 270
County Clare 279
Loop Head: Radwanderkarte 289
Galway: Cityplan 292
Galway und Mayo 299
Derroura Trail: Radwanderkarte 305

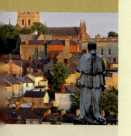

Der Nordwesten: Überblick 323
Sligo: Cityplan 325
Slieve League: Wanderkarte 340
Der Nordwesten 345
Glenveagh National Park: Wanderkarte 351

Nordirland: Überblick 363
Belfast: Cityplan 368
Antrim 389
Causeway Coast: Wanderkarte 397
Derry: Cityplan 400
Sperrin Mountains: Radwanderkarte 412

Im Dubliner Guinness Storehouse begann die Erfolgsstory des berühmtesten Exportartikels – des dunklen Guinness

Sprung ins kühle Nass: Sandycove bei Dublin

Wissenswertes über Irland

Unter dem Regenbogen

Unser Irlandbild besteht aus einer Reihe von Klischees: Das Land gilt als unverfälscht, zauberhaft, gemächlich und romantisch. Doch diese Romantik hat Brüche, die in einem modernen Staat unvermeidlich sind. Wer sich jedoch damit anfreunden kann, wird in Irland, der immergrünen Insel am Rande Europas, dennoch sein kleines Paradies finden.

Stellen wir uns vor, eine Gruppe Irlandurlauber trifft sich, um über ihre jeweiligen Reiseerfahrungen zu reden. Bei einem solchen Austausch kämen vermutlich ebenso viele Seiten Irlands zum Vorschein wie Anwesende. Da sind jene, die von der lebendigen Metropole Dublin schwärmen, vom vitalen Nachtleben, den Restaurants, dem kosmopolitischen Flair – sie stehen mit ihrer Meinun ganz im Gegensatz zur Belfastfraktion, die Nordirlands Metropole für die heimliche Partyhauptstadt der grünen Insel hält. Andere mögen die Großstadt überhaupt nicht und preisen die kleineren und behäbigeren Städte wie die Szenestadt Galway, die Kulturstadt Cork oder das freche, mittelalterliche Derry.

Es folgen die Irlandfans, für die das wahre Irland in der Wildnis der Westküste liegt. Nicht, dass unter dieser Gruppierung Einigkeit herrschte. Viele schwören auf den vielfältigen und botanisch üppigen Südwesten mit den Halbinseln, die in Cork und Kerry in den Atlantik ragen. Heftigst widersprochen wird ihnen von den Landschaftspuristen, für die die graue Karstlandschaft des Burren oder die Moore und kahlen Bergketten Connemaras das Nonplusultra sind. Eine verschmitzte Minderheit beharrt auf dem Nordwesten: Donegal sei das unentdeckte Juwel Irlands, spärlich bevölkert, einsam und von wilder Schönheit und Ursprünglichkeit.

Natur oder Nachtleben ist hier gar nicht die Frage, wirft dann vielleicht ein weiterer Diskussionsteilnehmer ein. Geschichte und Kultur seien doch die Essenz Irlands, angefangen von prähistorischen Monumenten wie denen im Brú na Bóinne oder den zahllosen Dolmen, Steinkreisen und Ringforts über die normannischen Burgen, frühchristlichen Klosteranlagen, Abteiruinen und Kathedralen bis hin zu den prächtigen Herrenhäusern und edlen georgianischen Stadtvillen. Oder sie führen die dramatische Vergangenheit von Hunger, Unterdrückung und Widerstand ins Feld, von der Musik und Literatur noch heute zehren.

Sportsfreunde winken ab und haben ihre eigene Sichtweise der Schönheiten der Insel. An der Westküste gibt es schließlich einige der besten Surfreviere der Welt und Angler finden nicht nur am Meer, sondern auch im Binnenland so viele fischreiche Gewässer, dass sie ihr Leben hier verbringen könnten, ohne auch nur zweimal an der gleichen Stelle die Angelrute auszuwerfen. Reiter sind glücklich im pferdevernarrten Irland, Segler haben mehr als genug Gelegenheiten, um hier ihr Seemansgarn zu spinnen und Golfer überlegen ernsthaft, in Irland ihren Lebensabend zu verbringen, angesichts der vielen landschaftlich hinreißend gelegenen Golfplätze. Kajütenbootsfahrer sind süchtig nach dem gemächlichen Tuckern auf Erne, Shannon und den Kanälen und leidenschaftliche Wanderer hingerissen von den atemberaubenden Wanderwegen in den Bergen und an den Küsten – von den vielen anderen Outdoor-Aktivitäten in unberührter Natur ganz zu schweigen.

Und dann sind da noch jene verklärten Irlandverliebten, die von der Mystik schwärmen, von den Helden und Feen, den heiligen Quellen und Wünschelbäumen, den Geistern und der spirituellen Heimat eines Keltentums, das im Nebel der Sehnsüchte längst an Konturen verloren hat.

Einig dürfte sich unsere imaginäre Diskussionsrunde zum Schluss nur in einem sein: Am schönsten ist es, abends bei einem Guinness oder einem Whiskey im Pub einer traditionellen Musiksession zu lauschen, sich am prasselnden Kaminfeuer zu wärmen und andere Meinungen mit einem freundlichen *sláinte* vom Tisch zu wischen.

Irland hat wahrlich viele Facetten, sogar weitaus mehr als es Reisende oft bei einem kurzen Besuch mitbekommen. Es gibt auch das Irland der Korruption, der Gier, der Scheinheiligkeit, der Unfreundlichkeit, der Bausünden und der Umweltverschmutzung. Aber schließlich ist Irland ein moderner Staat mit allen Vor- und Nachteilen, kein Disneyland individueller oder kollektiver Träume. Wohlstand und Entwicklung haben immerhin auch dafür gesorgt, dass Reisende auf ausgebauten Straßen schneller und bequemer zu ihren irischen Traumzielen kommen, komfortablere Unterkünfte und ein so breites und internationales Warenangebot finden, dass selbst im kleinsten Dorf nicht auf einen gewissen Standard verzichtet werden muss.

Und das Wetter? Natürlich regnet es oft, auch sind die Temperaturen nicht gerade für einen sonnigen Strandurlaub geeignet. Aber wo sonst gibt es einen so weiten Himmel mit so klarer Luft, ein so dramatisches Wolkenspiel und ein Licht, das jedes vertraute Fleckchen immer wieder anders erscheinen lässt? Irland mag für jeden einen anderen Traum verkörpern, aber eines ist die Insel auf gar keinen Fall, nämlich langweilig.

Ein Regenbogen verspricht traditionell bessere Zeiten

Steckbrief Irland

Daten und Fakten

Name: Republic of Ireland, Éire, Northern Ireland
Fläche: 70 280 km² (Nordirland: 14 139 km²)
Hauptstadt: Dublin (Nordirland: Belfast)
Sprache: Englisch und Irisch
Einwohnerzahl: 4,5 Mio. (Nordirland: 1,8 Mio.)
Bevölkerungswachstum: 1,2 %
Lebenserwartung: 82,4 Jahre (Frauen), 77,8 Jahre (Männer)
Währung: Euro (Nordirland: Pfund Sterling)
Zeitzone: MEZ / MESZ minus eine Stunde
Landesvorwahl: 003 53 (Nordirland: 00 44)
Landesflagge: Die Flagge besteht aus senkrechten Streifen in den Farben Grün, Weiß und Orange. Grün repräsentiert die Insel und deren katholische Bevölkerung, Orange steht

für die protestantischen Einwohner, und das Weiß in der Mitte symbolisiert den Frieden zwischen beiden Bevölkerungsgruppen. Die irische Harfe ist das Staatswappen.

Geografie

Irland ist geologisch wie eine Schüssel geformt, mit Bergketten an den Rändern und einer nahezu flachen Ebene in der Mitte. Die Küste ist felsig mit teilweise dramatischen Klippen, besonders im Westen. Der mit 1041 m höchste Berg Irlands, der **Carrauntouhil**, liegt im County Kerry. Der **Shannon** ist mit ca. 320 km der längste Fluss Irlands. Er entspringt im Co. Cavan und mündet bei Limerick in den Atlantik. Sein träger Verlauf durch die flache Mitte Irlands führt zu einigen seenartigen Verbreiterungen wie dem Lough Allen, dem Lough Ree und dem Lough Derg. Der größte See der Insel, der **Lough Neagh**, liegt nahe Belfast in Nordirland. Er bedeckt eine Fläche von 396 km², ist 30 km lang und 15 km breit. Insbesondere vor der West- und Südwestküste liegen Hunderte von **kleineren Inseln**, die größtenteils unbewohnt sind. Auch in den Binnengewässern findet man zahlreiche Inselchen.

Geschichte

Irland stand bis 1921 unter britischer Herrschaft. Nach dem **Unabhängigkeitskrieg** und dem nachfolgenden Vertrag verblieben sechs Grafschaften *(counties)* im Nordosten der Insel als **Nordirland** bei Großbritannien. Die übrigen 26 Grafschaften gehörten noch als Éire zum Commonwealth, bis sie sich 1948 durch den **Republic of Ireland Act** als Republik Irland konstituierten. 1955 trat die Republik den Vereinten Nationen bei, seit 1973 ist sie Mitglied der Europäischen Union. Seit der Unabhängigkeit ist Irland neutral.

Staat und Politik

Irland ist eine **parlamentarische Demokratie.** Staatsoberhaupt ist der Präsident (*an tUchtarán*), der allerdings nur ein repräsentatives Amt innehat. Derzeitiger **Präsident** ist Michael D. Higgins.

Das Parlament *(Oireachtas)* besteht aus zwei Häusern, dem Abgeordnetenhaus *(Dáil)* und dem Senat *(Seanad)*. Regierungschef ist der **Premierminister** *(Taoiseach)*. Die **größten Parteien** in der Republik sind die konservativ-republikanische Fianna Fáil, die von Éamon de Valera 1926 gegründet wurde, aber seit der letzten Wahl kaum noch eine Rolle spielt, da sie für den wirtschaftlichen Zusammenbruch verantwortlich gemacht wird, sowie Fine Gael (1933 gegr.), die rechtskonservativ ausgerichtet ist. Die Labour Party (1912 gegr.) verfolgt sozialdemokratische Ideale. Die Green Party entstand 1981, spielt aber seit der Wahl 2010 kaum eine Rolle mehr. Die älteste Partei Irlands ist die republikanische Sinn Féin (1905 gegr.), die im nordirischen Parlament zweitgrößte Partei ist und seit der letzten Wahl in der Republik Irland dort 14 Parlamentssitze hat.

Nordirland erhielt im Jahr 2000 nach dem **Belfast-Vertrag** von 1998 nach 28 Jahren wieder eine autonome Regierung, die sich aber erst 2007 nach jahrelangen Auseinandersetzungen konstituieren konnte.

Wirtschaft und Tourismus

Landwirtschaft spielt in Irland als drittwichtigster Wirtschaftssektor noch eine große Rolle, auch wenn die meisten Viehbauern Landwirtschaft nur noch als Nebenerwerb betreiben. Aber immerhin ist Irland der größte Exporteur für Rindfleisch und Milch in Europa: 6,2 Mio. Rinder grasen auf den grünen Weideflächen. Eigene große Industrien hat Irland nicht entwickelt. Zu den wichtigsten, wenn auch nur als Standort für große Firmen, zählen die Pharma- und Chemieindustrie sowie Computer-Hard- und -Software. Der Wirtschaftsboom seit Mitte der 1990er-Jahre beruhte überwiegend auf der geringen Kapitalsteuer, die multinationale Investoren anlockte, sowie auf einem künstlich hochgeputschten Immobilienboom. Die Baubranche war daher über Jahre der größte einheimische Wirtschaftszweig, der mit dem Platzen der Immobilienblase 2008 ein jähes Ende fand und Irland in eine massive Rezession riss, die bis heute nicht gänzlich überwunden ist.

Der **Tourismus** gehört noch immer zu den bedeutendsten Wirtschaftszweigen der Insel, musste aber ebenfalls Rückschläge einstecken, vor allem wegen des oft beklagten schlechten Preis-Leistungsverhältnisses. Ca. 6,9 Mio. ausländische Besucher kamen 2013 nach Irland (2006 waren es noch 7,7 Mio.). Die meisten Touristen kommen aus Großbritannien, den USA, Frankreich und Deutschland.

Bevölkerung und Religion

Die Bevölkerungszahl Irlands ist in den Boomjahren rapide gewachsen, aber mittlerweile dank Ab- und Auswanderung eher stagnierend. Über ein Drittel der Bevölkerung lebt im Großraum Dublin, während weite Landstriche im Westen und Nordwesten relativ dünn besiedelt sind.

Die Iren gelten als eines der letzten **keltischen Völker,** was jedoch wissenschaftlich umstritten ist. Tatsächlich gab es zahlreiche Einflüsse, sei es durch die vorkeltische Bevölkerung oder später durch Wikinger, Normannen, Schotten und Engländer. Allein die irische Sprache gilt noch als keltisch-gälischer Dialekt. Allerdings spielt sie im Alltag kaum noch eine Rolle. In Irland wird fast ausschließlich Englisch gesprochen.

Irlands Bevölkerung gehört zu über 90 % dem **römisch-katholischen Glauben** an. Zweitgrößte Kirche ist die Church of Ireland, die mit der anglikanischen Kirche assoziiert ist. Minderheiten sind die übrigen protestantischen Glaubensausrichtungen, sowie – in zu vernachlässigender Anzahl – alle weiteren Religionen dieser Welt.

Natur und Umwelt

Irland bietet nicht nur »vierzig Schattierungen von Grün«, sondern eine breite Palette an unterschiedlichen Landschaften, die der Insel ihren einzigartigen Reiz verleihen. Karge Moorlandschaften wechseln sich mit üppig grünen Weiden ab, raue Bergketten mit sanften Dünen, und Flüsse, Bäche und Seen sind überreichlich vorhanden.

In Irland wachsen Palmen. Genau genommen handelt es sich allerdings nicht um die tropischen Bäume, die man in südlicheren Gefilden zu sehen bekommt, sondern um eine neuseeländische Lilienart, die palmenartig in die Höhe wächst. Und die ›Palmen‹ wachsen auch nur in Gärten. Aber immerhin vermitteln sie einen mediterranen Eindruck, der in diesen Breitengraden so manchen überrascht.

Tatsächlich ist der **Golfstrom,** dessen warme Meeresströmungen die Küsten Irlands streift, für das relativ milde und ausgeglichene Klima verantwortlich. Die Winter sind überwiegend frostfrei, Schnee gibt es selten, und wenn es mal schneit, bleibt er nicht lange liegen. Dafür sind aber auch die Sommer eher kühl. Steigt das Thermometer einmal ein paar Tage lang über 22 °C, spricht man gleich von einer Hitzewelle. Regen fällt reichlich, im Winter von heftigen Stürmen begleitet, im Sommer als warmer Schauer. Tagelangen Dauerregen muss man allerdings nicht befürchten – oder doch zumindest nur in Ausnahmefällen. Es handelt sich meist nur um Schauer, und an einem einzigen Tag kann es mehrmals regnen, während zwischendurch immer wieder die Sonne durchbricht.

Insel aus Felsgestein

Irland ist ein felsiges Eiland, das von Bergen umschlossen und zur Mitte hin relativ abgeflacht ist. Zwei europäische Gebirgszüge treffen hier aufeinander: im Norden und Westen der **Kaledonische Bergrücken,** der sich von Skandinavien über Schottland bis zu den schroffen Felsformationen aus überwiegend Granit und Gneis von Antrim bis Mayo erstreckt, und im Süden und Südosten der **Armorikanische Bergrücken,** der mit seinen Sandsteinmassiven von Mitteleuropa über die Bretagne von Wexford bis teilweise West Cork reicht.

Sandstein korrodiert (über Jahrtausende und relativ gesehen) schneller als Granit, weswegen der Süden und der Südosten auch eine sanftere Hügellandschaft aufweisen als der Westen und der Norden, wo Klippen und schroffe Berge den Reiz der Westküste ausmachen. Allerdings ist der Boden weniger fruchtbar und die Erdschicht dünner, je weiter es nach Westen geht, weswegen Feldwirtschaft dort kaum möglich ist. Im rauen, teilweise noch unberührten Westen Irlands findet man daher auch überwiegend anspruchslose Schafe, von denen es in Irland fast so viele wie menschliche Einwohner gibt.

Die tiefen Täler in den Bergregionen, z. B. in den Wicklow Mountains oder den Glens of Antrim, sind den **eiszeitlichen Gletschern** zu verdanken. Spürbare tektonische Verschiebungen und Vulkanausbrüche sind in Irland jedoch nicht zu befürchten. Die Insel gilt heute als eine der **erdbebensichersten Regionen** der Welt, auch wenn einige der spektakulärsten Landschaften, die Basaltsäulen des Giant's Causeway in Nordirland, unterirdischen vulkanischen Aktivitäten zu verdanken sind. Aber das ist schon sehr lange her …

Insel aus Felsgestein

Dramatische Klippen

Wer kennt sie nicht, die dramatischen **Cliffs of Moher** an der Westküste im County Clare? Sie gehören mit ihrem knapp 200 m hohen Felsgestein, das schroff in den Atlantik abfällt, zu den größten Sehenswürdigkeiten Irlands, die alljährlich von Zehntausenden von Touristen besucht werden. Der Anblick ist in der Tat beeindruckend: Der Atlantik gischtet gegen das Gestein, die Kliffkuppen sind von sanftem grünen Hügelland bedeckt, und in der Ferne sieht man die drei Aran-Inseln wie gigantische Wale aus dem Meer buckeln.

Im Hintergrund der Klippen, nur ein paar Kilometer weiter nordöstlich, erstreckt sich der **Burren,** eine Karstlandschaft, die sich geologisch bis zu den Aran-Inseln ausdehnt. Korrosion und Wasser haben das Kalkgestein ausgewaschen und eine fast pflasterartige Struktur geschaffen, in deren Rillen eine einzigartige Pflanzenwelt gedeiht. Alpine Flora, Orchideenarten und auch eigene irische ›Kreationen‹ kann man insbesondere im Frühjahr dort finden. Ansonsten aber wirkt der Burren so karg und grau, dass er an regnerischen Tagen mit dem Grau von Himmel und Atlantik zu verschmelzen scheint.

Die Cliffs of Moher sind die berühmtesten Klippen Irlands, aber lange nicht die einzigen. Dramatische **Felsformationen** findet man an der gesamten Westküste, so z. B. Slea Head auf der Dingle-Halbinsel, die Cliffs of Kilkee in Clare, Slieve League in Donegal oder auch die Klippenlandschaft im Nordosten der Inishowen-Halbinsel.

Zwischen all den Klippen des Westens stößt man auch auf goldene **Sandstrände,** manche versteckt, andere zumindest an Sommerwochenenden übervölkert. Man sucht sie bei Flut allerdings oft vergeblich. Die beste Chance, eine kleine Sandbucht oder einen großen Sandstrand zu finden, hat man bei Ebbe, wenn der Atlantik sich für ein paar Stunden vom Land zurückzieht.

Sanfte Hügel und schroffe Berge

Was in Irland als Berge bezeichnet wird, sind meist nur Hügel. Dennoch gibt es auch einige richtige, recht **hohe Berge**. Die höchsten befinden sich im County Kerry: der Carrantuohill (1041 m) auf der Iveragh Halbinsel und der Mount Brandon (953 m) auf der Dingle Halbinsel. Die Wicklow Mountains sind das **größte zusammenhängende Berggebiet** Irlands, mit dem Lugnaquilla (926 m) als höchster Erhebung. Um einiges niedriger sind die Mourne Mountains im County Down, nämlich kaum über 600 m. Doch da sie geologisch jünger sind, erscheinen sie schroffer und mithin ›bergiger‹ als die Wicklows.

Einige Berge gehören zu den Landmarken Irlands, berühmt für ihre einzigartige Form oder ihre mythische Bedeutung. Dazu gehört in erster Linie der Croagh Patrick (764 m) im County Mayo, der mit seiner nahezu ebenmäßigen Kegelform seit je die Fantasie der Menschen angeregt hat und der seit über 1500 Jahren ein Pilgerort ist. Eine ähnliche Form weist der Mount Errigal im County Donegal auf. Mit 752 m steht er wie ein Solitär in der Landschaft und wird gelegentlich auch liebevoll als ›Kilimandscharo Irlands‹ bezeichnet. Mit 527 m ist der Benbulben im County Sligo zwar nicht besonders hoch, aber wegen seiner ungewöhnlichen Form – sanfte Abhänge, die in steilen Kalksteinkarst übergehen und in einem Plateau enden – eines der schönsten Fotomotive Irlands.

Inseln vor der Insel

Für jeden Tag des Jahres eine Insel, so heißt es zumindest in den bunten Broschüren. Genau gezählt hat offenbar niemand all die kleinen Inselchen, die vor der Küste Irlands liegen. Oder wenn doch, so ist es unklar, was nun als Insel zu gelten hat, was als Halbinsel und was als schlichter Felsen. Zählt man jedoch nur die **bewohnbaren Inseln,** so sind es deutlich weniger als 365. Und beschränkt man sich auf die Inseln, die auch heute noch bewohnt sind, dann reduziert sich die Zahl auf fünf Inseln pro Monat, nämlich rund 60, um beim Vergleich Zeitmessung/Insel zu bleiben.

Diejenigen Inseln, die dicht an der Küste liegen und durch Dämme mit dem Festland verbunden sind, wie Achill Island in Mayo oder Valentia Island in Kerry, sind relativ dicht und kontinuierlich besiedelt und haben auch

Insel aus Felsgestein

die entsprechende Infrastruktur. Andere, wie Dursey Island in Cork oder die Blasket Islands in Kerry, sind mittlerweile verlassen. Sie boten zu wenig Chancen und lagen zu isoliert in einem prosperierenden Irland. Das Leben auf den bewohnten Inseln ist hart und der Drang der Einwohner, sich bessere Lebensbedingungen zu schaffen, verständlich. Klima und Bodenbeschaffenheit bieten nicht viele Alternativen für den Lebensunterhalt. Und die Fischerei ist nur lukrativ, wenn sie im großen Stil betrieben wird. Touristische Interessen könnten jedoch in absehbarer Zeit wieder Leben auf diese Inseln bringen.

Eine der **inselreichsten Buchten** ist die Clew Bay in Mayo. Allein dort soll es 365 Inselchen geben – anscheinend eine beliebte Zahl, wenn man nichts Genaues weiß. Genau genommen handelt es sich allerdings weniger um richtige, also bewohnbare Inseln, sondern um kleinere Felsformationen, die aus dem Wasser ragen. Sie sind die Hügelspitzen einer Landschaft, die einstmals von den schmelzenden Gletschern überflutet wurde.

Der Duft von Torf

Die glatte Gesichtshaut der irischen Frauen führte man in früheren Zeiten auf das Moorwasser zurück, mit dem sie ihren Teint pflegten. Das mag einen wahren Hintergrund haben, denn das Moor und sein braunes Wasser haben konservierende Eigenschaften, die selbst Jahrtausende alte Moorleichen noch frisch erhalten. Ein Wunder, dass noch kein irisches Unternehmen dieses Wissen bei der Herstellung von pflegenden Produkten vermarktet hat.

Vermarktet wird hingegen Kunsthandwerk aus *bog oak*, Mooreiche. Das sind jene gut erhaltenen uralten schwarzen Baumstücke, die steinhart und nahezu unendlich haltbar sind. Für die Tourismusindustrie wird daraus allerlei Schnickschnack wie kleine Standuhren, keltische Kreuze oder tierische Figurinen geschnitzt. In ganz alten Häusern, zumindest jenen der Reichen, wurde das ›eiserne‹ Holz früher als Dachbalken verwendet, das ewig

Torfabbau am Croagh Patrick

halten sollte. Heute ist es für eine solche Verwendung zu selten bzw. zu teuer.

Vor langer Zeit waren 17 % des Landes – das entsprach 1,3 Mio. ha – von Mooren bedeckt. Heute sind davon weniger als 20 % übrig geblieben. Industrialisierter **Torfabbau** und eine **intensivierte Landwirtschaft** haben für die weitreichende Zerstörung einer der irischsten Landschaften überhaupt gesorgt.

Moorlandschaften *(bogs)* sind einzigartige Lebensräume, die über Tausende von Jahren entstanden und nicht so einfach rekultivierbar sind. In Irland befinden sich allerdings immer noch die **größten Moorlandschaften Europas**, die als *blanket bogs* die Bergketten und -täler der Westküste bedecken und nicht sehr tief reichen, dafür aber weitgehend unberührt blieben.

In den Midlands hingegen werden sie als *raised bogs*, also als Moore, die sich durch geringen Wasserabfluss aufbauen, industriell abgebaut. Moorlandschaften werden dort zu Mondlandschaften, wo die riesigen Torfbagger den einzigen einheimischen Brennstoff Irlands ernten. Es gibt im Land mittlerweile noch drei Kraftwerke, die allein mit Torf befeuert werden.

Torf ist nicht mehr der hauptsächliche Brennstoff in Irland, da Öl, Kohle und auch Gas weitaus effektiver sind. Das Torffeuer in den Häusern dient meist nur noch als dekorative und stimmungsvolle Kaminromantik, die besonders für Touristen den ›Duft Irlands‹ ausmacht. Es gibt in den Touristenläden sogar Räucherkegel, die den originalen Torffeuergeruch zum Mitnehmen verströmen.

Dennoch wird der Torfabbau aus den ökologisch empfindlichen Mooren weiter betrieben, weil es die Abhängigkeit von anderen fossilen Brennstoffen verhindert. Nur wird es bald kaum noch Moore geben, wenn man keine Energie-Alternativen findet.

Flüsse und Seen

Irgendwohin muss das Wasser ja fließen, wenn es in Irland schon so viel regnet. Und das tut es auch, sonst wäre die Insel mit ihrem felsigen Untergrund vermutlich ein einzi-

Natur und Umwelt

ges schwammiges Moor. Über 13 000 km Flüsse und weit über 4000 Seen gibt es in Irland, Bäche und Tümpel nicht mitgerechnet – insgesamt sind 2 % der Insel von Gewässern bedeckt.

Der **längste Fluss** Irlands ist mit 358 km der Shannon, zusammen mit seinen Nebenflüssen Hauptader für die Entwässerung der Midlands. Sein Gefälle ist jedoch sehr gering, träge fließt er dem Atlantik zu und verbreitert sich unterwegs zu mehreren Seen.

Der **größte See** Irlands ist der Lough Neagh, der – 30 km lang und 15 km breit – wie ein kleines Binnenmeer in Nordirland liegt. Daneben gibt es überall kleinere und kleinste Gewässer, die zum großen Teil und zur Freude der Angler mit üppigem Fischbestand gesegnet sind.

Der Wasserreichtum Irlands bedeutet aber nicht, dass **Trinkwasser** in unendlicher Menge vorhanden und vor allem sauber ist – seit 2015 wird daher eine Wassergebühr erhoben. Nach Trockenperioden – in Irland selten, aber nicht unwahrscheinlich – kann der Grundwasserspiegel schon bedenklich sinken. Im Winter hingegen kommt es nach heftigen Regenfällen in flachen Regionen häufig zu Überschwemmungen.

Eine der außergewöhnlichsten Erscheinungen sind die **Turloughs**, Seen, die in den Kalksteingebieten im westlichen Irland nach starken Regenfällen plötzlich auftauchen und in trockeneren Perioden wieder verschwinden. Im Burren können sie sogar täglich entstehen und verschwinden, weswegen ihnen in früheren Zeiten eine mystische Bedeutung zugesprochen wurde.

Flora und Fauna

Ein immergrüner Teppich

Irland ist nach Island das Land mit den wenigsten Wäldern. Es ist kaum noch etwas von dem Baumbewuchs erhalten, der das Land vor Jahrtausenden bedeckte. Ende des 19. Jh. gab es gar keinen Wald mehr, nachdem Klimaveränderungen, eine zunehmende Bevölkerung und mithin Landwirtschaft sowie kommerzielle Abholzung jeglichen zusammenhängenden Baumbestand vernichtet hatten. Seit Ende des 20. Jh. sind immerhin wieder 8 % der Insel mit Wald bedeckt, mit zunehmender Tendenz und vor allem mit dem Bemühen, bei der Rekultivierung auf den traditionellen Baumbestand zu setzen.

Das bislang **größte zusammenhängende Waldgebiet** befindet sich am Slieve Bloom im County Offaly, der einzigen wesentlichen höheren Erhebung in den flachen Midlands, gefolgt von der Region um East Clare und South East Galway. Allerdings handelt es sich überwiegend um kommerzielle Aufforstungen, die aus Fichten und Kiefern bestehen. Traditionell, sofern man weit genug in die ›Baumvergangenheit‹ Irlands zurückblickt, sind u. a. Eichen, Weiden und auch Fichten. Mittlerweile gibt es aber auch alle anderen europäischen Baumarten, nur eben keinen Mischwald im mitteleuropäischen Sinn.

In einigen wenigen Regionen wie dem Kalksteingebiet des Burren findet man eine einzigartige, wenn auch nicht immer augenscheinliche Pflanzenwelt, zu der beispielsweise der irische Enzian gehört. Überall wächst und wuchert die Flora weithin ungehindert so vor sich hin, wie man es sonst nur noch in den **naturbelassenen Landschaften Europas** findet. Besonders an der Westküste wachsen die Fuchsien als Straßenhecken in Baumhöhe. Geißblatt, Weißdorn und Holunder gehören zu den häufigsten Heckenpflanzen. Eine Plage ist der irische Ginster, *furze*, der ab Frühjahr leuchtend gelb blüht und einen kokosnussartigen Geruch verströmt. Weil er Weideland blitzschnell überwuchert, wird er von den Bauern abgebrannt. Ab Juli wuchert die Montbretie an Straßenrändern und überall dort, wo sie dies ungestört tun kann. Ihre hübschen lilienartigen Blüten in explosivem Orange säumen dann die kleinen Landstraßen.

In den Moorgebieten findet man ganze Blaubeerfelder, eingebettet in lila Heidekraut, Weiden und Binsen, in manchen feuchten Heckenlagen auch wilde Erdbeeren und Schlehen. Überall vorhanden und des Gärtners Albtraum sind die Brombeerbüsche, die sich blitzschnell verbreiten, aber immerhin ab Spätsommer saftige Früchte tragen.

Von Fuchs und Hase

Es gibt zwar Palmen in Irland, aber keine Schlangen. Der christliche Mythos behauptet, der Nationalheilige St. Patrick habe die Schlangen aus Irland vertrieben. Das nun ist eine Legende, die einfach zu widerlegen ist: Es hat nie Schlangen oder sonstige **Reptilien** in Irland gegeben, also gab es auch nichts zu vertreiben – bis auf eine kleine scheue Eidechsenart, die aber offensichtlich nur in den Biologiebüchern auftaucht. Gesichtet wurde sie nur von sehr wenigen Menschen.

Biologen behaupten, dass es heute nur 65 Spezies an einheimischen Tieren gibt – verglichen mit 512 auf dem europäischen Kontinent. Während der letzten Eiszeit, also vor der ›Ankunft‹ des Golfstroms, starben viele einheimische Säugetiere aus. Die Eiszeit war jedoch nicht die einzige Ursache für ihr Verschwinden. Einige Arten wurden auch durch übereifrige Jagd oder schlichtweg Beraubung des Lebensraums ausgelöscht. Dazu gehören der irische Elch, Rentiere, Bären und Wildschweine.

Was insbesondere Touristen zu sehen bekommen, sind die Kadaver von Dachsen, Füchsen und anderem **Kleinwild** an den Straßenrändern auf dem Land. Diese Tiere sind weit verbreitet, und sie haben sich noch immer nicht an den Autoverkehr gewöhnen können. Zumindest vor Füchsen muss man jedoch keine Angst haben, da es in Irland keine Tollwut gibt, was dank der strengen Tiereinreisebestimmungen auch hoffentlich so bleiben wird.

Maulwürfe gibt es übrigens auch nicht in Irland, wofür Gartenliebhaber ganz besonders dankbar sind. Und die einheimischen Marder gehören nicht zu jener Sorte, die das Innere von Autos anknabbert, wie es in urbanen Regionen auf dem Kontinent üblich ist.

Ganz selten und ein besonderes Erlebnis im Westen sind Begegnungen mit **Wildziegen** oder eigentlich verwilderten Hausziegen. Die scheuen Tiere haben sich in die unzugänglichen Hochmoor- oder Karstgebiete zurückgezogen, wo sie rasch über Fels und Stein davonspringen, sobald sich ein menschliches Wesen nähert. Beliebt ist besonders ihr Fell, mit dem die besten *bhorans*, die irischen Handtrommeln, bespannt werden. Tatsächlich tötet man dafür aber keine Wildziegen mehr, sondern verwendet heute das Fell von domestizierten Ziegen.

Die unangenehmste Tierart Irlands sind die winzig kleinen **Mücken,** *midges*, die am Abend nahezu unsichtbar, dafür aber in Massen losschwärmen, unter Hosenbeine und in die Haare fliegen und sogar durch lockere Oberbekleidung beißen. So klein sie sind, so groß sind die juckenden Beulen, die sie bei empfindlichen Menschen hinterlassen.

Seltene Juwelen: Naturparks

Die vielen wunderschönen, nahezu unberührten Fleckchen in Irland sind leider kaum geschützt. Irland hat von allen EU-Ländern die wenigsten Nationalparks. Das mag daran liegen, dass wilde Natur von jeher einfach nur als ungenutztes Brachland galt, um das sich ohnehin niemand kümmerte. Als der Bauboom einsetzte und gleichzeitig allmählich ein Bewusstsein für das eigene Naturerbe aufkam, wurden bestimmte Regionen als Nationalparks gekennzeichnet, wenn auch nicht unbedingt strikt geschützt. Die ohnehin eher laschen Regelungen werden gerne zugunsten kommerzieller, oft auch touristischer, aber auch interner korrupter Interessen zurechtgebogen.

Der älteste Nationalpark Irlands, 1932 etabliert, ist der **Killarney National Park** im Co. Kerry mit 10 000 ha Land, der rund um das Muckross House eine Landschaft umfasst, die aus Bergen, Mooren, Wäldern, Seen, alten Parks und Gärten besteht. Die Region gehört zu den ältesten touristischen Gebieten Irlands und ist eine abwechslungsreiche und bisweilen atemberaubend schöne Landschaft. Allerdings ist dort der kommerzielle Tourismus auch am stärksten ausgeprägt.

Natur und Umwelt

Der **Burren Nationalpark** (rund 1700 ha groß) im Co. Clare rund um Mullaghmore ist eine karge Karstlandschaft aus grauem Kalkstein, die so lebensabweisend wirkt, dass sie kaum von Menschenhand berührt scheint. Tatsächlich gibt es dort aber zahlreiche prähistorische Relikte, die der Region eine mythische Qualität verleihen. Und mit seiner einzigartigen Flora aus winzigen Pflanzen, die in den Spalten des karstigen Gesteins wachsen, ist der Burren ein Habitat für die wenigen einheimischen Pflanzen Irlands.

Zu den beliebtesten Touristenzielen gehört der **Connemara Nationalpark** (knapp 3000 ha groß) im Co. Galway. Die dramatische Landschaft Connemaras, ohnehin von einsamen Mooren und Felsen geprägt, ist hier zumindest vor menschlichen Eingriffen weitgehend geschützt. Die Hochmoore erstrecken sich von Letterfrack bis zu der Twelve-Bens-Bergkette.

Ähnlich wie der Killarney Nationalpark breitet sich auch der **Glenveagh Nationalpark** im Co. Donegal mit seinen mittlerweile 16 500 ha um einen ehemaligen Privatbesitz aus, nämlich das Glenveagh Castle. Die Region umfasst den Errigal Mountain und den Slieve Snacht, den höchsten Berg Donegals. Die wilde, bergige Landschaft jenseits des Glenveagh Castle mit dem kultivierten Park weist auch mittlerweile in Irland seltene Eichen- und Birkenwälder auf.

Südlich von Dublin erstreckt sich das mit derzeit rund 20 000 ha (geplant ist eine Erweiterung auf 30 000 ha) größte Naturschutzgebiet. Der **Wicklow Nationalpark** ist eines der erschlossensten Besiedlungsgebiete Irlands, aber dennoch mit großartigen einsamen Landschaften gesegnet – die allerdings auch die Dubliner in Massen anziehen, was die Einsamkeit in den Sommermonaten wiederum relativiert. Zentrum ist Glendalough mit einer alten Klosteranlage, Seen und schönen Spazierwegen. Allerdings gibt es dort etwas abseits auch Heide, Moor und seltene Mischwälder.

Jüngstes Schutzgebiet ist der 12 000 ha große **Ballycroy Nationalpark** im Co. Mayo. Er erstreckt sich rund um den Nephin Beg und umfasst eine der bedeutendsten Hochmoorlandschaften Europas, die von Menschenhand noch weitgehend unberührt ist. Besonders die Region um den Owenduff River ist von einer unglaublichen Schönheit – und ganz einsam.

Belastungen für die Umwelt

Die Natur und das Naturerlebnis sind die größten Aktivposten Irlands im lukrativen Tourismusgeschäft. Man sollte also vermuten, dass Naturschutz im wirtschaftlichen Eigeninteresse liege.

Umweltbewusstsein ist jedoch in Irland nicht sehr weit entwickelt. Das beginnt schon bei den einfachsten Dingen: In vielen scheinbar unberührten Regionen entdeckt man alte Autowracks oder wilde Müllkippen. Mit Unkrautvernichtungsmitteln und Pestiziden gehen sowohl private Gartenbesitzer als auch die ländlichen Verwaltungen entlang der Straßen mehr als großzügig um.

Im größeren Maßstab hat das fehlende Umweltbewusstsein allerdings weitaus bedenklichere Folgen. Irland ist eines der kleinsten Länder der EU, mit 2,7 Mio. t Abfall jährlich bzw. 570 kg pro Kopf jedoch ihr drittgrößter Müllproduzent. Nur ein Drittel des Abfalls wird recycelt – eine der niedrigsten Raten in der EU –, über 40 % landet in Deponien, und 17 % wird verbrannt. Mülltrennung in Haushalten ist noch wenig verbreitet, ein Pfandflaschen- und Pfanddosensystem ist gänzlich unbekannt, und aufwendig verpackt wird im Laden selbst das kleinste Sträußchen Petersilie.

Der Boom der vergangenen Jahre hat nicht unerheblich zur Umweltbelastung beigetragen. Siedlungen und Ferienhauskolonien entstanden als Spekulationsobjekte mitten in der unerschlossenen Landschaft oder auch in den schönsten Naturgebieten. Oftmals wurde dabei die Infrastruktur sträflich vernachlässigt – Kläranlagen für die Abwässer fehlen oft, die Kloake wird ins Meer oder die Flüsse gepumpt oder in Jauchegruben abgelassen. Es

Belastungen für die Umwelt

Papageientaucher sind häufige Besucher an der Westküste

ging um schnelles Geld, nicht um eine nachhaltige Entwicklung.

Irland ist autoabhängig, die Iren fahren im Durchschnitt pro Jahr mehr Kilometer als die autobesessenen US-Amerikaner. Investitionen in einen öffentlichen Personenverkehr fehlen, Bahnverbindungen sind spärlich, Busse fahren unregelmäßig und verkehren hauptsächlich zwischen den Städten. So dröhnt der Güterverkehr auf den Straßen und durch die Dörfer, Autos, auf die man auf dem Land angewiesen ist, verstopfen Straßen und produzieren immer mehr Abgase. Die 2010 eingeführte CO_2-Steuer von 15 € pro Tonne kann daran nicht viel ändern, solange die zusätzlichen Einnahmen nicht in den Ausbau eines umweltfreundlichen Verkehrssystems gesteckt werden.

Einen Erfolg konnte sich die Regierung immerhin zugute halten: 2002 wurde die **Plastiktütensteuer** eingeführt. Der Verkauf von Plastiktüten, die früher ungehindert durch die Landschaft flogen, verringerte sich um 90 %!

Wirtschaft, Soziales und aktuelle Politik

Irland verkörpert eine merkwürdige Mischung aus Rückständigkeit und Fortschritt, sowohl was die Iren selbst betrifft als auch beim staatlichen Gefüge. Der Charme des Landes beruht sicherlich auch auf der Provinzialität, einer freundlichen Unschuld und dem Stolz auf die eigenen Errungenschaften seit der Unabhängigkeit. Doch Charme allein sorgt nicht für einen stabilen und sozialen Staat.

Vom Boom zur Pleite

Einmal Tiger und zurück: Irland stieg von einem der ärmsten Länder Europas zu einem der reichsten auf, verjubelte den ungewohnten Reichtum, als gäbe es kein Morgen, und sitzt nun, vermutlich für lange Zeit, in der ökonomischen Patsche.

1994 prägte der britische Ökonom Kevin Gardiner angesichts des unerwarteten Wirtschaftsaufschwungs Irlands den Begriff vom ›Keltischen Tiger‹ – in Anlehnung an den ökonomischen Erfolg der sogenannten Tiger-Staaten Asiens. Die Ursachen des Wirtschaftsbooms waren vielfältig: massive EU-Subventionen, günstige Bedingungen für Investoren, darunter die niedrigsten Kapitalsteuern Europas, eine soziale Partnerschaft, die Gewerkschaften und Arbeitgeber zu friedlichen Kompromissen zwang, niedrige Lohnnebenkosten und ein günstiger Zugang insbesondere für US-Investoren zu den Märkten Europas. Die Investoren kamen, und das Geld floss in Strömen. Die Iren gaben es mit vollen Händen aus, anstatt es weise zu investieren und auf eine zukunftsfähige Wirtschaft zu bauen. Spekulation und Korruption blühten – bis die Blase platzte.

Die Weltwirtschaftskrise ließ seit 2008 kaum ein westliches Land ungeschoren, traf aber Irland völlig unvorbereitet und ohne Rücklagen. Zu sehr hatte sich die Politik auf eben jene ausländischen Niederlassungen verlassen und auf die einzige lukrative einheimische Industrie: die Bauwirtschaft, deren Grenzen in einem kleinen Land wie Irland eigentlich absehbar waren.

Die ausländischen Firmen zogen nach der EU-Erweiterung in andere Länder in Osteuropa weiter. Ganze Fabriken schlossen und mit ihnen die Zulieferbetriebe und andere Wirtschaftszweige, die vom Boom und gut verdienenden Arbeitern profitierten. Irlands Arbeitslosenrate stieg von nahezu Vollbeschäftigung auf knapp 14,9 % im Jahr 2012, sank allerdings 2014 wieder auf 11,8 %, was jedoch eher der Auswanderung als neuen Arbeitsplätzen zu verdanken ist.

Luftschlösser und Geistersiedlungen

Wer heute durch das Land fährt, wird oftmals selbst in kleinen Dörfern und mehr noch rund um Kleinstädte ganze Siedlungen aus neuen und gleichförmigen Häusern entdecken, die kaum architektonische Fantasie verraten und wenig Infrastruktur vorzuweisen haben.

Irland ist ein Land, das auf Hauseigentum wert legt. Etwa 80–90 % des Marktes bestehen aus Hauseigentum, Mieten gilt als Übergangslösung. Häuslebauen ist also ein lukratives Geschäft, besonders wenn die Wirtschaft boomt und immer mehr Leute ins Land kommen, die Unterkunft brauchen. Die Hauspreise, auch für Spekulationsobjekte, schossen in die Stratosphäre. Die Banken spielten mit und verliehen Fantasiekredite in der Hoffnung, dass die Preise immer weiter in die Höhe gehen würden – bis der Markt schließlich mit einem lauten Knall zusammenbrach.

Um die 290 000 Häuser und Apartments inklusive 60 000 ungenutzter Ferienhäuser stehen in Irland mittlerweile leer, etwa 17 % aller Wohnimmobilien. Da sowohl ausländische Arbeitskräfte in ihre Heimatländer zurückkehren als auch mittlerweile wieder zahllose, vor allem junge Iren auswandern, besteht keine Hoffnung, dass man sie zu einem lukrativen oder zumindest kostendeckenden Preis verkaufen kann.

Politische (Un)kultur

Der Schritt von der ländlichen Vetternwirtschaft zum (zumindest europäischen) internationalen, wirtschaftsstarken Spieler war in Irland gründlich danebengegangen. Niemand hinterfragte, was hinter den Kulissen der Politik vor sich ging, oder man wollte es nicht wissen, solange der Euro rollte. Politik war (und ist) ohnehin eine geschlossene Gesellschaft, die oft buchstäblich in der Familie bleibt: Söhne und Töchter ›erbten‹ den Wahlkreis der Väter, manchmal auch das politische Amt. Vettern und Freunde wurden in Ämter gehoben, ohne Rücksicht auf deren Qualifikation. Gesetze wurden erlassen, die dem eigenen Dunstkreis und meist auch, so die vorherrschende Meinung, dem eigenen Auskommen dienten. Das Wahlsystem zum Parlament ist im Prinzip nicht landesweit, sondern findet im heimatlichen Wahlkreis statt, dem der Gewählte verbunden bleibt. Das führt oft dazu, dass Entscheidungen nicht im Sinne des Gesamtwohls, sondern für die Wähler daheim getroffen werden – die Vetternwirtschaft war nie verschwunden, nur vom trügerischen Glanz des kurzen Wirtschaftsbooms überstrahlt.

Vor einigen Jahren jagte jedoch ein Skandal den nächsten und der Glanz des erfolgreichen Irland erhielt dunkle Flecken. Als die Banken ins Wanken gerieten, wurden Unsummen an Steuergeldern in das Bankensystem gepumpt, um es vor dem Kollaps zu retten. Erstmals wurde den Iren bewusst, dass ihre eigene politische Klasse sie nicht besser behandelt hatte, als es einst ›die Engländer‹ taten: Ausbeutung, Wirtschaften in die eigene Tasche, Lügen und Ignoranz waren an der Tagesordnung. Die Verzweiflung ist groß, doch bislang greifen gerade junge Iren zum altbewährten Mittel, um der Misere daheim zu entkommen: der Auswanderung.

Kirche und Politik

Irland wurde lange Zeit als das letzte Refugium des Papstes bezeichnet. Das mag aus der Geschichte herrühren, als der Unterschied zwischen ›oben‹ und ›unten‹, also den englischen Herren und den irischen Untertanen, tatsächlich auch eine Grenze zwischen römisch-katholischer und protestantischer Religion bedeutete.

Doch der katholischen Kirche ging es nicht nur um Glaubensfreiheit, sondern um Macht. Die ersten Jahrzehnte der irischen Unabhängigkeit führten deshalb fast in einen Kirchenstaat. Der Klerus bestimmte nicht nur im Kleinen, wie die Iren ihr Leben zu führen hatten, sondern hatte enormen Einfluss auf Politik und Gesetzgebung. Scheidung war bis 1937 in Irland legal, bis die Kirche dem in der neuen Verfassung einen Riegel vorschob. Erst seit 1996 kann man sich wieder scheiden lassen. Seit 1993 ist Homosexualität nicht mehr strafbar. Abtreibung ist aber immer noch illegal.

Zwar wurde aus der irischen Verfassung 1973 die bis dahin ›besondere Stellung‹ der katholischen Kirche entfernt und mittlerweile wird allen Glaubensrichtungen Religionsfreiheit zugestanden, aber noch versucht die Institution Kirche, ihren Einfluss auf politische Entscheidungen in Irland zu bewahren.

Arm und reich

Oberflächlich betrachtet scheint das Land noch immer wohlhabend zu sein: Auf dem Land sind statt armseliger Hütten prächtige

Wirtschaft, Soziales und Politik

Irlands Kindern beschert der Wirtschaftscrash eine schwere Hypothek

Villen zu sehen, Straßen werden ausgebaut, in den Städten glänzen Repräsentationsbauten, und in den Einkaufsstraßen scheint das Geschäft zu brummen. Aber viele Büros und Läden stehen leer, und Wohnhäuser, einst zu viel zu hohen Hypotheken erworben, werden unter Preis verkauft oder versteigert.

Die Hausverschuldung der Iren gehört zu den höchsten der Welt. Abgesehen von den Hypotheken für das meist überteuerte Eigenheim, die den größten Brocken der Privatverschuldung ausmachen, hatten die Iren sich hemmungslos Autos, Reisen und Konsumgüter mit Krediten gekauft. Die Kreditkarte wurde zum beliebtesten Zahlungsmittel, mit der Folge, dass die Kreditkartenschulden ebenfalls zu den höchsten der Welt zählen: Noch 2013 waren es knapp 2,3 Mrd. Euro bei 1,8 Mio. Kreditkarten in Irland. Doch wegen anhaltender Arbeitslosigkeit können immer mehr Menschen ihre Hypotheken und Kredite nicht mehr abzahlen, oft auch nicht mehr die Haushaltsrechnungen. Zwangsversteigerungen, Bankrotterklärungen und auch Obdachlosigkeit und Selbstmorde haben in den letzten Jahren zugenommen. Die Schere zwischen Arm und Reich wird weiter.

Migranten

Der Wirtschaftsboom brachte auch Menschen aus anderen Kulturen ins Land. Die kleine, relativ isolierte Insel erlebte eine massive Zuwanderung aus anderen Ländern, vorwiegend aus Osteuropa. Eine Novität, war Irland doch bislang immer selbst Auswandererland. Mittlerweile leben etwa 500 000 Ausländer in Irland.

Mit den Einwanderern aus aller Herren Länder kamen auch die Probleme. Nicht die Migranten selbst waren allerdings das Problem – sie brachten im Gegenteil neue und durchaus willkommene Einflüsse ins Land –, sondern die Unfähigkeit einer bislang mehr oder weniger abgeschotteten Clan-Gesellschaft, das Neue im eigenen Land zu akzeptieren. Und mit der Rezession ließ der übliche Neid nicht lange auf sich warten. Plötzlich wurde vielen Iren klar, dass die ausländischen Einwanderer, die während des Booms als billige und willige Arbeitskräfte für ungewollte Jobs gefragt waren, nun plötzlich den Iren selbst ›die Arbeit wegnehmen‹, eben weil sie für weniger Lohn arbeiteten. Gewalttätige Übergriffe und latenter, manchmal auch offener Rassismus waren die Folge. Viele Arbeitsmigranten sind mittlerweile in ihre Heimatländer zurückgekehrt, da die Arbeit knapp geworden ist und die Lebenshaltungskosten in Irland höher sind als in ihren Heimatländern. Aber etliche fanden hier auch ein zweites Zuhause.

Die neue Bescheidenheit?

Die Boomjahre haben zweifellos ihre Spuren hinterlassen: Die Iren waren das erste Mal in ihrer Geschichte an einen gewissen Wohlstand gewöhnt und genossen ihn wie Kinder im Spielzeugladen. Umso größer war der Schock, als die ganze Blase platzte – mit finanziellen Folgen, die niemand vorhersehen konnte. Aber selbst in der allergrößten Not gibt es noch den einen oder anderen Lichtblick, wenn schon nicht auf der großen ökonomischen und politischen Ebene, so doch im Alltag. Die Rückbesinnung auf Werte, die nicht vom Geld abhängig sind – ein Exzess aus den Boomjahren – ist einer davon.

Gehörte es früher zum Ehrgeiz, möglichst jedes Jahr einen neuen Wagen zu fahren (die Autonummern beginnen mit der Zahl der Erstzulassung, was das Alter des Autos für alle sichtbar macht), einen Zweit- oder gar Drittwagen zu besitzen, so begnügen sich viele zwangsläufig jetzt mit einem älteren Auto oder tauschen gleich die übergroßen und Energie fressenden Geländewagen gegen einen Kleinwagen ein. Der Effekt ist bereits spürbar, nicht nur beim sozialen Druck, sondern auch bei der CO_2-Emission: Irland hatte bis vor Kurzem den höchsten CO_2-Ausstoß Europas. Inzwischen ist er gesunken.

In Mode kam mittlerweile auch wieder der Gemüseanbau im eigenen Garten, was früher als Spinnerei von ›Hippies‹ oder als altmodische Angewohnheit belächelt wurde. Die Gartenbeilagen in den Zeitungen propagierten kaum noch exotische Gewächse, sondern gaben Tipps für den Tomaten- oder Salatanbau. Das Plastikgewächshaus ist das neue Statussymbol.

Auch das völlig überteuerte Preisgefüge Irlands geriet erfreulicherweise ins Wanken, auch dank deutscher Discountketten. Die Supermärkte passten sich dem neuen Preisbewusstsein an, um ihre Kunden nicht zu verlieren. Restaurants, die einst mittelmäßiges Essen zu Mondpreisen anboten, schraubten zurück und servieren nun weniger ambitionierte, aber dafür bezahlbare Küche. Im Hotelgewerbe schlägt sich der Kampf um die Gäste besonders deutlich nieder. Die Preise im Mittelklasse- und Spitzenbereich sinken, die Sonderangebote für Übernachtungen plus Abendessen nehmen zu. Der Gast ist wieder König – und darf fordern.

Auch der teure Urlaub in fernen Ländern, möglichst mehrmals im Jahr, für viele einst ein unbedingtes Statussymbol, wird zugunsten eines Urlaubs im eigenen Land aufgegeben. Die Iren entdecken die Schönheiten der eigenen Insel wieder, surfen in Lahinch statt in Hawaii und wandern im Burren statt im Himalaya. Für Touristen hat das natürlich auch seine Vorzüge: Nicht nur ist Irland etwas erschwinglicher geworden, sondern es besteht auch eine größere Chance, dass man in der Unterkunft, im Pub oder im Restaurant nicht nur andere ausländische Touristen trifft, sondern mehr und mehr Iren, die trotz allem noch immer besser zu feiern wissen als der Rest der Welt.

Geschichte

Irland ist eine junge Nation, die ihre Unabhängigkeit erst 1921 erlangt hat. 800 Jahre, zählt man die ersten Eroberungen der Anglonormannen hinzu, beherrschte das benachbarte England die Insel als Kolonie, eine Tatsache, die einen bitteren Geschmack hinterlassen und gleichwohl bis heute das Land unwiderruflich geprägt hat.

Die Geschichte Irlands, und vielmehr noch die irische Geschichtsschreibung, ist ein Paradebeispiel für die Tatsache, dass Historie niemals objektiv im reinsten Sinne beschrieben werden kann. Auf reine Zahlen und Fakten mag man sich ja vielleicht noch einigen, doch deren Interpretation bleibt der jeweiligen Perspektive überlassen.

Die historische Sichtweise der Iren ist »niemals nüchtern und sachlich, sondern patriotisch, nationalistisch und vor allem emotional«, wie der Schriftsteller Sean O'Faolain in seinem Werk »The Irish« durchaus nüchtern feststellt. Eine zeitliche Abfolge spielt ohnehin keine Rolle; alles, was jemals geschehen ist, wirkt bis in die Gegenwart hinein. So werden irische Helden bis heute besungen, auch wenn sie mehr Chaos anrichteten als Siege errangen, und jegliches historisches Scheitern wird den Engländern zugeschoben.

Von Irland gingen in der gesamten Geschichte niemals kriegerische Eroberungen anderer Völker und Länder aus, von einigen Raubüberfällen in England einmal abgesehen. Dafür war die Insel häufig ein Ziel fremder Invasoren. Die Römer allerdings legten offenbar keinen Wert auf die Eroberung Irlands, oder sie ist ihnen schlichtweg nicht geglückt. Ausgrabungen brachten zwar durchaus römische Fundstücke zutage, die aber genauso gut als Handelsware auf die Insel gekommen sein können.

Die Uneinigkeit der Iren, das Fehlen eines nationalen Zusammenhaltes, war wohl auch der Grund, warum feindlichen Invasionen kaum ein erfolgreicher Widerstand entgegengebracht werden konnte. Todesmutig stürzten sich zwar immer wieder einige Stammeshäuptlinge, oder später politische Gruppierungen, vor allem gegen die überlegenen englischen Eroberer in den Kampf. Aber »für Irland sterben« schien oftmals bei einer absehbaren Niederlage ehrenvoller zu sein, als den mühsamen Weg der Einigung des eigenen Volkes zu beschreiten. Es dauerte Jahrhunderte, bis sich schließlich eine nationale irische Identität herausbildete, die erst im 20. Jh. zur Bildung der irischen Republik führte.

Vorgeschichte

Als die ersten **Kelten** aus Mitteleuropa nach Irland kamen, fanden sie keineswegs ein menschenleeres Land vor. Schon etwa 7000 v. Chr. hatten sich auf der rauen Insel die ersten Siedler niedergelassen, die aus dem Norden Englands und aus Schottland über damals noch existierende Landbrücken eingewandert waren.

In den folgenden Jahrtausenden folgten weitere Wellen der Besiedlung. Die sichtbarsten Hinterlassenschaften jener unbekannten Völker sind Dolmen, Stein- und Ganggräber wie beispielsweise Newgrange, die schätzungsweise um 3500 bis 2000 v. Chr. entstanden und über die ganze Insel verteilt sind.

Keltische Besiedlung

Die Kelten, das Volk, mit dem sich die irische Nation identifiziert, trafen etwa im 6. Jh. v. Chr. in Irland ein. Sie gehören zur indoeuropäischen Sprachgruppe, stammen vermutlich ursprünglich aus dem Schwarzmeergebiet und breiteten sich von dort über Süddeutschland und Frankreich immer weiter nach Westen aus. Während sie im heutigen deutschsprachigen Raum zunächst von den nachfolgenden Germanen und in Frankreich von den Römern vollständig verdrängt wurden, blieben Reste ihrer Kultur in Wales, Schottland und vor allem in Irland erhalten. Gewaltlos verlief diese Invasion nicht, auch wenn die Geschichte davon, wie die Kelten die eingesessenen Stämme zu verdrängen suchten, nicht belegt ist. Sie ist jedoch in alten Sagen wie dem »Rinderraub von Cooley« mit vielen Ausschmückungen überliefert.

Das Herrschaftsgebilde der Kelten war ausgesprochen dezentral. Etwa 150 Kleinkönige herrschten über ihre Minireiche, die *tuatha*. Jeweils einige *tuatha* unterstanden mächtigeren Königen. Städte gab es nicht, bestenfalls bäuerliche Siedlungen in den *crannógs*, künstlichen Inseln in Seen, die zum Schutz vor Überfällen gebaut wurden.

Den sozialen Zusammenhalt gewährleistete das **brehonische Recht,** das die jeweiligen Gruppierungen – von der Großfamilie bis zum Minikönigreich – in strikt getrennte Klassen teilte und das Zusammenleben regelte. Die Druiden, die Priesterkaste der Kelten, genossen uneingeschränkte Achtung, ebenso wie die Barden, die Sänger und Dichter der Könige.

Das Frühchristentum

Traditionell wird die **Christianisierung** Irlands, obgleich es schon vor ihm Christen gab, mit dem hl. Patrick verbunden, der im 5. Jh. durch Irland zog und taktisch geschickt die keltischen Kultstätten in christliche umwidmete. Von enormer Bedeutung erwiesen sich vor allem die zahllosen Klostergründungen durch Patricks Mitstreiter und Nachfolger, die sich zu wirtschaftlichen, religiösen und kulturellen Zentren entwickelten, wie z. B. Glendalough oder Clonmacnoise. Im Gegensatz zu den Klöstern nach straff geregeltem römischen Vorbild waren diese Klosteranlagen nicht nur baulich, sondern auch religiös weitaus offener strukturiert.

Anders als auf dem Kontinent mit seinen Völkerwanderungen und Machtkämpfen konnten sich Kunst und Kultur in den Klöstern der Insel zunächst unbehelligt von äußeren Einflüssen entwickeln. Die ersten Handschriften entstanden, wie das ›Book of Kells‹, das zu den schönsten Manuskripten der Welt gehören dürfte. Die Zeit zwischen dem 6. und dem 9. Jh. wird daher als das **Goldene Zeitalter** Irlands bezeichnet.

Irische Mönche auf Missionsreisen sorgten schließlich für die Christianisierung in Europa und gründeten nach irischem Vorbild Klöster, die in den jeweiligen Orten noch heute von religionshistorischer Bedeutung sind: St. Fursey im französischen Péronne, St. Kilian in Würzburg, St. Vergil in Salzburg oder St. Columbanus im italienischen Bobbio.

Der Einfall der Wikinger

Etwa um 800 begannen die kriegerischen Überfälle der Wikinger, deren Hauptziel zunächst die reichen Abteien waren, von denen sie dank der recht überschwenglichen Erzählfreude der Mönche gehört hatten. Mit ihren wendigen Schiffen fuhren die Wikinger übers Meer und die Flüsse aufwärts, wo sich die reichsten Klöster befanden. Diese wurden jedoch nicht nur von den Wikingern geplündert, sondern auch von nicht minder gierigen keltischen Stammeshäuptlingen – jedoch weniger blutig und gnadenlos als von den ›Nordmännern‹.

Den Räubern folgten Händler aus Nordeuropa, die an günstig gelegenen Häfen und Flussmündungen alsbald die ersten Städte Irlands gründeten, wie Dublin, Cork, Waterford oder Wexford, und im Lauf der Zeit ein blü-

29

Geschichte

Das Erbe der Kelten

Iren bezeichnen sich gerne als eines der letzten keltischen Völker, dessen Kultur, Sprache und Identität kaum beeinflusst von außen überlebt haben. Das stimmt jedoch nur bedingt, denn genetisch sind die Iren ein Völkergemisch, und ganz unbeeinflusst ist die gälische Kultur ebenfalls nicht. Das Keltentum in Irland ist somit mehr Identitätsstiftung denn tatsächliche Identität.

Die Kelten üben eine romantische Faszination aus: Es handelt sich um ein Volk, das einstmals halb Europa bevölkerte, dessen Ursprung nur vage ist, das durch nachfolgende Usurpatoren verdrängt wurde, dessen archäologische Hinterlassenschaften aber von großer Kunstfertigkeit und sozialer Organisation zeugen. Ein Volk von begabten Helden. Dass sie auch als rauflustig und trinkfreudig galten, wird eher als Randnotiz vermerkt.

Diverse wissenschaftliche Theorien einmal beiseite gelassen, waren die Kelten jedoch nicht *ein* Volk mit *einer* gemeinsamen Kultur. Kelten nannten die Griechen (Keltoi) und Römer (Galli) jene Völker Westeuropas, die das obere Donaugebiet und Frankreich bis zur Atlantikküste besiedelten. Der schlitzohrige Comicheld Asterix kann in gewisser Weise, aus römischer Sicht zumindest, als der keltische Prototyp gelten.

Unter diesem Aspekt betrachtet, sind die Iren tatsächlich die wahren Nachkommen der alten Kelten: Sie hatten jahrhundertelang mit fremden Besatzern zu kämpfen, zeigen große Kunstfertigkeit und wie Asterix auch eine gewisse Schlitzohrigkeit im Umgang mit Widrigkeiten – und gelten ganz nebenbei auch als rauflustig und trinkfreudig.

Identifiziert werden keltische Stämme jedoch weniger durch derartige Eigenschaften, sondern durch die gemeinsame Sprache oder Sprachstämme. Gälisch, wie es heute noch in Variationen in Schottland, Wales und Irland gesprochen wird, wenn auch nur von wenigen, hat einen gemeinsamen Stamm, ebenso wie auch im Prinzip Bretonisch. Auch die überlieferten Sitten und Gebräuche ähneln sich. Wirklich gemeinsam ist den mutmaßlichen Nachfahren der Kelten jedoch vor allem die Geschichtserfahrung der Unterdrückung ihrer Kultur durch neue Machthaber.

In Irland wurde das keltische Erbe zum Kult erhoben und gehört heute zur nationalen Identität, wobei es hier auch am längsten und weitgehend reinsten erhalten blieb, dank der Tatsache, dass die alles nivellierenden Römer keinen Anreiz sahen, die neblige Insel zu erobern. Nur das Christentum brachte unwiderrufliche Veränderungen mit sich, die jedoch bis zur Kirchenreform im 12. Jh. eine eigene irische Ausprägung hatten. Zwar wurden die Druiden, eine keltische Priesterkaste, von christlichen Missionaren verdrängt, doch die heiligen Stätten und deren Bedeutung blieben die gleichen. Götter und Göttinnen wurden in christliche Heilige umgewandelt, denen man die gleichen Eigenschaften zusprach, und die uralten heiligen Quellen werden auch heute noch hoch geehrt und als Wallfahrtsorte angesteuert.

Die Blütezeit des gälischen Irland – vor allem im sozialen, kulturellen und sprachlichen Bereich – reichte bis ins 17. Jh., auch wenn seit der Ankunft der Anglonormannen im

12. Jh. der Niedergang abzusehen war. Die soziale Organisation war vergleichsweise fortgeschrittener und oft demokratischer als jene des mittelalterlichen Kontinents. Das Brehon Law, das brehonische Gesetz, war eine von Juristen ausgetüftelte Gesetzgebung, von der sich die moderne Jurisdiktion einiges abgucken könnte. Darin wurde jeder Aspekt des alltäglichen wie des politischen Lebens geregelt. Das reichte von der Wahl des Königs – ein Amt, das nicht automatisch vererbbar war – bis hin zu Verbraucherrechten (es gab u. a. ein Rückgaberecht bei schlechter Ware), einem Strafrecht, das eher auf Kompensation denn auf Bestrafung beruhte, und einem Familienrecht, das gerade im Christentum nicht gut gelitten war, da Frauen darin in jeder Beziehung nahezu gleichberechtigt waren und Scheidung erlaubt war.

Das gälische Irland ist seit dem 19. Jh. wieder sehr lebendig. Alles, was keltisch klingt oder auch nur als keltisch erfunden ist, wird in hohen Ehren gehalten – es trägt zum romantischen und liebenswerten Mythos bei und bringt Geld und Sympathien. Das mag auch der Grund sein, warum auf der Insel eine wissenschaftliche Untersuchung kaum Beachtung fand, durch die ein gemeinsames genetisches Erbe mit anderen keltischen Stammgebieten bewiesen werden sollte, die aber zu dem Schluss kam, dass die Iren gar keine Kelten sind. Doch letztendlich ist die Abstammung von den alten Kelten sowieso eine akademische Frage, solange man einfach stolz ist, Ire zu sein.

Keltisches Kreuz in Roscommon

Geschichte

Klosteranlage von Ardmore mit einem der schönsten Rundtürme Irlands (12. Jh.)

hendes Gemeinwesen sowie einen weit greifenden Handel aufbauten. Einzig die Ulster-Könige der Uí Néills erwiesen sich für die Wikinger als unbesiegbar.

Erst im 11. Jh., als sich in der Provinz Munster eine neue Dynastie profilierte, wurde den Wikingern ein entscheidender Widerstand entgegengesetzt. Brian Boru, der in einigen Schlachten die ›Nordmänner‹ geschlagen hatte und daraufhin zum Hochkönig gewählt worden war, fügte ihnen mit seinem Heer in der Schlacht von Clontarf bei Dublin im Jahr 1014 eine vernichtende Niederlage zu. Der betagte König ließ dabei sein Leben.

Die Anglonormannen

Das 12. Jh. bildete den entscheidenden und bis heute **nachhaltigsten historischen Wendepunkt.** Der bislang einzige englische Papst der Kirchengeschichte, Adrian IV., setzte im 12. Jh. nicht nur die Oberhoheit Roms durch, sondern verlieh seinem Landesherrn, dem englischen König Heinrich II., eigenmächtig die Lehenshoheit über Irland. Der Machtspruch der Kirche in Rom war durch die zunächst erfolgreichen Kreuzzüge des Mittelalters gewachsen. Folglich sollte auch das weitgehend unabhängige Christentum in Irland der Hierarchie Roms unterworfen werden. Die Reform beinhaltete nicht nur die hierarchische Aufteilung in Bistümer, was bei den dezentralen Klostersiedlungen nicht üblich war, sondern auch die Gründung neuer Abteien nach dem Vorbild der kontinentalen Mönchsorden, wie das erste Zisterzienserkloster Irlands in Mellifont.

Als weitaus folgenreicher erwies sich der Machtkampf um das Amt des Hochkönigs. Als der König von Leinster und Anwärter auf den Königssitz in Tara, Diarmait Mac Murchada, die Frau eines Konkurrenten entführte, vom Ehemann bedrängt wurde und nichts Besseres zu tun hatte, als die Engländer bzw. Anglonormannen um Hilfe zu bitten, begann das eigentliche irische Drama. Ein normannisch-walisischer Vasall von Heinrich II., Richard de Clare, genannt Strongbow, folgte dem Ruf Murchadas, schlug die Gegner nieder und heiratete wie versprochen des Königs Tochter Eva – was ihm die Thronfolge in Leinster garantierte. In seinem Kielwasser kamen weitere Normannen aus England, um schließlich 80 % der Insel zu unterwerfen. Nur Ulster erwies sich bis auf die Ostküste erneut als uneinnehmbar.

Heinrich II. von England reiste schließlich nach Irland, um seinen Vasallen daran zu hindern, sein päpstliches Lehen in Anspruch zu nehmen, und sich der Ergebenheit seiner normannischen Ritter zu versichern. England setzte damit im Jahr 1171 erstmals seinen **Anspruch auf die Nachbarinsel** durch. Im Laufe des 13. Jh. wurde in Irland daraufhin das englische Verwaltungs-, Rechts- und Parlamentssystem eingeführt. In Dublin tagte das erste ›Parlament‹, eine Vasallenversammlung des Königs.

Die Nachkommen der aus Frankreich stammenden Normannen sprachen zunächst hauptsächlich Französisch, bauten wehrhafte Festungen und etablierten sich rasch als Führungsschicht, anfänglich im Namen des englischen Königs, aber mehr und mehr mit eigenständiger nationaler Identität. Sie heirateten in die irischen Dynastien ein und nahmen irische Sitten und Gebräuche an. Damit herrschte jedoch noch lange kein Friede – und schon gar keine Ordnung in Irland. Entrechtete oder landlose Normannenritter tauchten in Irland auf und versuchten, irische Stammesgebiete als eigene Lehen zu erobern. Die einheimischen Clanchefs gingen Allianzen mit den Normannen oder untereinander ein, je nachdem, wie die Interessen lagen. Von tatsächlicher englischer Herrschaft konnte noch keine Rede sein.

Um Ordnung in das Chaos zu bringen, wurde 1366 schließlich in den **Statuten von Kilkenny** festgelegt, dass Anglonormannen und Iren nicht untereinander heiraten oder die Normannen gar Sprache und Gebräuche der Iren übernehmen dürften. Auf diese Art sollte ein stabiles Herrschaftsgefüge, eine Art Apartheid, erhalten bleiben und mithin Englands Einfluss stabilisieren.

Reformation

Der englische Tudorkönig Heinrich VIII. betrieb in seinem Lehen Irland eine intensive Kolonialpolitik, indem er die Besiedlung Irlands durch Engländer forcierte. Da er sich aus persönlichen Gründen – der Papst verweigerte seine Scheidung von Katharina von Aragón – 1534 von der römisch-katholischen Kirche losgesagt und die von Rom unabhängige **Church of England** begründet hatte, waren die neuen Siedler, die die einheimischen Iren und auch die normannisch-irische Führungsschicht gewaltsam verdrängten, allesamt königstreue Protestanten. 1539 befahl Heinrich schließlich die Bildung des irischen Reformationsparlaments, eine Machtstruktur königstreuer Vasallen. Kurz darauf erklärte dieses Parlament Heinrich, der bisher nur Lehensherr war, zum König von Irland, der sogleich die (katholischen) Klöster auflöste und deren Besitz beschlagnahmte.

Für die katholischen Iren und auch für weite Teile der anglonormannischen Provinzherrscher stand der Protestantismus seither für Fremdherrschaft und blutige Diskriminierung durch die Engländer. Die zwangsweise **Besiedlungspolitik,** *plantation,* wurde unter Königin Mary I. massiv gefördert, zunächst in

Geschichte

Laois und Offaly, dessen alter Name, King's Country, bis heute noch erinnert wird.

Heinrichs Tochter Elisabeth I. schließlich veranlasste die kartografische Erfassung der Insel und nach englischem Vorbild die Einteilung in 32 Grafschaften, wie sie heute noch bestehen. Auch wurde 1592 das Trinity College in Dublin gegründet, das ausschließlich Protestanten offen stand.

Flucht der Grafen

Ende des 16. Jh. verbündeten sich die Clanchefs der O'Neill und der O'Donnell aus Ulster, um mit spanischer (katholischer) Hilfe gegen die englische Herrschaft zu rebellieren. Schlechtes Wetter jedoch ließ die Schiffe der spanischen Armada vor der Küste Irlands zerschellen.

1601 landeten erneut spanische Truppen in Kinsale. Doch eine englische Streitmacht unter Lord Mountjoy schlug die Spanier und mithin die irischen Grafen aus Ulster in die Flucht. 1607 schließlich flohen die Rebellenführer ins katholische Europa, wo sie sich in den jeweiligen Armeen verdingten und noch heute Nachfahren jener Rebellen leben. Die Flucht der Grafen war ein ein weiterer **Wendepunkt in der irischen Geschichte:** Das bislang schwer zu erobernde Ulster wurde nun mit überwiegend schottischen Protestanten zwangsbesiedelt, eine Übermacht, die sich bis heute im einstigen Kernland der Rebellen bemerkbar macht.

Kinsale selbst blieb bis ins 18. Jh. Sperrgebiet für Iren und Katholiken, Irland verlor die stärksten und mutigsten Rebellen und blieb führungslos zurück.

Cromwell

Aufstände allerdings fanden immer wieder statt, doch waren sie weder koordiniert noch richteten sie sich gezielt gegen die tatsächliche Kolonialmacht. 1641 kam es erstmals zu Massakern an protestantischen Siedlern in Ulster – ein weiterer Schritt, der zu dem tiefen Graben zwischen Protestanten und Katholiken vor allem im Norden Irlands führte.

Doch was immer an Widerstand gegen die englische Krone vorhanden war, wurde vom Machtkampf in England selbst gespalten und schließlich niedergeschlagen und bekam mehr und mehr eine religiöse Dimension, als sich auch der Papst zumindest mit seinem Segen und einem Nuntius einmischte.

Oliver Cromwell, Sohn eines puritanischen Predigers, machte sich im englischen Bürgerkrieg (1642–1649) zwischen Parlament und König Karl I. einen Namen, indem er auf Seiten des Parlaments das Heer des Königs besiegte und nach der Hinrichtung des Monarchen 1653 als Lord Protector die oberste Staatsgewalt über England erhielt. Unter Cromwells Herrschaft wurde England zum mächtigsten Staat Europas, mit einer parlamentarischen Ordnung, die weitgehend bis heute gilt.

Cromwells außenpolitische Pläne waren darauf konzentriert, die koloniale Macht Englands zu festigen und jeden Widerstand mit militärischer Gewalt niederzuschlagen. Durch einen **gewaltigen Feldzug** in Irland in den Jahren 1651 und 1652, in dessen Verlauf Cromwell gnadenlos alle Iren, die sich ihm in den Weg stellten, und selbst solche, die um Gnade flehten, niedermetzeln ließ, zwang er das Land endgültig in die Knie. Für ihn waren die Iren nichts als »blutrünstige Barbaren«, deren Tod im Namen Gottes gerechtfertigt war. Seine Soldaten folgten ihm willig, wurde ihnen doch das Land versprochen, das sie von Iren ›säuberten‹.

Vor Cromwells Machtergreifung lebten ca. 1,5 Mio. Iren auf der Insel, zehn Jahre später nur noch 600 000. Rund 100 000 wurden als Sklaven in die karibischen Kolonien Englands verkauft, der Rest floh in die rauen Westen oder wurde bestialisch ermordet. Vor Cromwells Regierungszeit waren noch 90 % des Landes in irischem Besitz, nach seinem Eingreifen nur noch 15 %, und über 100 Jahre später, im Jahr 1770, nur 5 %. »To Hell or to Connaught« lautete sein berüchtigter Schlachtruf.

King Billy

Englands politische Wirren bestimmten auch weiterhin das Schicksal Irlands. Erneut wurde ein König zum Zankapfel im protestantisch dominierten Parlament. Legitimer Nachfolger des 1685 gestorbenen Karl II. aus dem Hause Stuart war sein katholikenfreundlicher Bruder Jakob II.

Jakobs Tochter Maria war mit dem holländischen Erbstatthalter Wilhelm III. von Oranien verheiratet. Wilhelm war protestantisch, wusste um den protestantisch-katholischen Machtkampf in England und nutzte die Stunde, um seinen Schwiegervater abzusetzen. Sein Machtkampf war von Erfolg gekrönt und Jakob floh nach Irland. Dort erhoffte er, sich mittels einer irischen Armee und der Unterstützung der katholischen Verbündeten, seinen Thron zurückerobern zu können.

Trotz lokaler Erfolge unterlag Jakob II. schließlich am 1. Juli 1690 den protestantischen Truppen Wilhelms von Oranien am River Boyne, eine Schlacht, die die Protestanten Nordirlands bis heute (wegen der Einführung des Gregorianischen Kalenders im Jahr 1752 allerdings erst am 12. Juli) als Sieg über die Katholiken feiern. Und zu Ehren Wilhelms von Oranien – ›King Billy‹ auf seinem weißen Ross – wurde später der **Oranier-Orden**, *orange order,* gegründet.

1695 wurden zur endgültigen Unterwerfung der Iren die **Penal Laws** eingeführt, ein Strafgesetz, das den Katholiken jegliche Rechte absprach. Der katholische Klerus wurde aus Irland verbannt, die Ausübung des katholischen Glaubens verboten, Landbesitz und dessen Vererbung war Katholiken nicht mehr gestattet. Priester und Mönche, die dennoch an ihrem Glauben festhielten, wurden grausam verfolgt. Trotz allem wurden heimliche Messen gehalten, in der Wildnis, mit improvisierten steinernen Altären, die noch heute als *mass rocks* in Ehren gehalten werden.

Die Penal Laws jedoch hatten eine weitere, subtile, wenn nicht weniger profunde Auswirkung. Sie verbaten zwar nicht ausdrücklich die irische Sprache, machten jedoch deutlich, dass nur jene, die Englisch sprachen, in den Genuss von zumindest rudimentären Rechten kamen, wie Schulbildung oder das Betreiben eines Geschäfts. Auch hier gab es den Widerstand mittels der sogenannten Heckenschulen, wie die heimlichen Messen in einsamer Landschaft abgehalten, um den Gälisch sprechenden Iren zumindest die Grundlagen von Lesen, Schreiben und Rechnen und natürlich katholischer Religion zu vermitteln. Nationalismus, Heldentum und Religion sind seither in der Folklore und mithin der irischen Psyche miteinander verbunden. Der **Niedergang der irisch-gälischen Sprache** war jedoch nicht aufzuhalten. Zu sehr hing das Überleben vom Englischen ab.

Erst ab 1795 wurden die Penal Laws allmählich gemildert. Die Gründung des Priesterseminars in Maynooth bei Dublin – bis heute eines der größten Priesterseminare der Welt, das erst 1966 auch Laienpersonen als Universität geöffnet wurde – hing damit eng zusammen. Die römisch-katholische Kirche schloss eine Art Allianz mit den englischen Herrschern, die ihnen nicht nur dieses Priesterseminar »zur höheren Bildung von Personen des papistischen oder römisch-katholischen Glaubens« zusagte, sondern auch die allmähliche Lockerung der restriktiven Gesetze gegen die katholischen Iren. Im Gegenzug versprach der Klerus, jegliche Rebellion unter ihren Schäfchen unter Kontrolle zu halten. Ein Versprechen, das sie bis in die Gegenwart zu halten versuchten.

Blüte und Rebellion

Im 18. Jh. etablierte sich nicht nur die Oberhoheit Englands, sondern es kam auch zu einer Blüte auf kulturellem Gebiet. Die *Ascendancy,* wie der Adel mit englischem, schottischem oder auch anglonormannisch-irischem Hintergrund genannt wurde, errang dank des Großgrundbesitzes in Irland und der Verbindungen im britischen Empire, das aus den neuen Kolonien ungeheure Reichtümer bezog, nicht nur einen nahezu absolutistischen Status, sondern schuf auch jenes Erbe, das

Geschichte

heute zu den architektonischen Highlights gehört. Die Georgianische Epoche begann, jene Zeit unter den englischen Herrschern, als in Folge vier Georgs aus dem Hause Hannover herrschten. Prachtvolle Herrenhäuser und Stadtvillen enstanden, die Kunst blühte – aber die feine Gesellschaft Irlands war klein und zog es vor, die ›Saison‹ in London zu verbringen. Dublin, Metropole von **Westbritannien,** entwickelte sich zur zweitwichtigsten Stadt des britischen Empire nach London.

Aber je stärker die Klassenunterschiede, je gebildeter das zumeist presbyterianische Bürgertum, das für lange Zeit unter der anglikanischen Church of Ireland genauso wenig Akzeptanz fand wie die irischen Katholiken, desto verzweifelter wurden die Aufstände.

Der Amerikanische Unabhängigkeitskrieg gegen die britische Kolonialmacht inspirierte das Streben Irlands nach Selbstbestimmung. 1782 wurde dem irischen Parlament unter dem Druck der imperialen Interessen ein gewisses Selbstbestimmungsrecht zugestanden, wenngleich es noch immer der englischen Monarchie untertan war.

Die Französische Revolution mit ihrem Anspruch auf Gleichheit, Brüderlichkeit und Freiheit hatte auf Irland hingegen eine Auswirkung von größerer Tragweite. Die **United Irishmen,** eine Vereinigung von vorwiegend presbyterianischen Nationalisten unter der Führung des Anglo-Iren Wolfe Tone, versuchten 1796 mithilfe französischer Revolutionstruppen Englands Kolonialmacht in Irland zu brechen. In dieser Zeit entstanden die Martello-Türme, jene massiven Bunker, die einer napoleonischen Invasion standhalten sollten.

Aber die Revolutionäre taten sich letztlich mehr durch ihren Wagemut denn durch ihr strategisches Geschick hervor. Der Aufstand scheiterte, Wolfe Tone wurde 1798 gefangen genommen und beging vor seiner drohenden Hinrichtung Selbstmord.

Das irische Parlament beschloss kurz darauf, ab dem Jahr 1801, die bisherige Eigenständigkeit aufzugeben und Irland ganz und gar der englischen Regierungsgewalt zu unterstellen. Irische Abgeordnete wurden nun direkt in das britische Parlament in Westminster gewählt. Der Vorgang wiederholte sich später in der Geschichte, als das bis 1972 weitgehend eigenständige Parlament Nordirlands von der britischen Regierung aufgelöst wurde, um der Eskalation des nationalistisch-katholischen Widerstands Herr zu werden.

Katholische Emanzipation

Die Penal Laws, die gegen die Katholiken gerichtet waren, waren seit dem amerikanischen Unabhängigkeitskrieg, der England unter enormen Druck gesetzt hatte, nach und nach gelockert worden. Unter der politischen Bewegung der Catholic Association unter Führung des irischen Rechtsanwalts **Daniel O'Connell** gelang es im Jahr 1829 schließlich, sie ganz abzuschaffen. Zwar gab es nun wieder **Religionsfreiheit,** aber noch lange keine Selbstbestimmung und schon gar keine politische Eigenständigkeit, obwohl auch dank des von O'Connell errungenen politischen Erfolgs, irisch-katholischen Bürgern, allerdings nur solchen mit Grundbesitz, das **passive Wahlrecht** zugestanden wurde. Dieses Wahlsystem betraf jedoch nicht nur die katholischen Iren, sondern war Standard im britischen Gesetz. Es galt in abgewandelter Form in Nordirland noch bis in die 1970er-Jahre, was einer der Hauptbeweggründe für die Bürgerrechtsbewegung war.

O'Connell forderte auch die Wiedereinsetzung eines eigenständigen irischen Parlaments, eine Kampagne, die Hunderttausende von Menschen mobilisierte und zu den ersten großen Massenversammlungen führte, auf denen O'Connell die Rechte für seine Landsleute einforderte und nicht einfach um Zugeständnisse bat. Dies schloss auch die kleinen Farmer ein, die bislang keinerlei Rechte hatten. Erstmals stellten sich selbstbewusst Kandidaten aus katholischen Reihen gegen die adlige *Ascendancy* für die Parlamentswahl auf. O'Connell selbst errang 1828

Erinnerung an Daniel O'Connell: Denkmal in Dublin

Geschichte

Der Norden und die ›Troubles‹

Der Bürgerkrieg in Nordirland, auf der Insel auch verniedlichend ›Troubles‹ genannt, war entgegen des oftmals nach außen vermittelten Eindrucks kein Religionskrieg zwischen Protestanten und Katholiken, sondern hat eine lange koloniale Geschichte und einen konkreten sozialökonomischen Hintergrund mit explosiven Folgen.

Rund 30 Jahre dauerte der Krieg im Nordosten Irlands, der über 3600 Tote und mehr als 30 000 Verletzte forderte – eine Zahl, die angesichts einer Bevölkerung von nur 1,8 Mio. erschreckend hoch ist. Der Krieg ist spätestens seit dem Belfaster Abkommen von 1998 offiziell vorbei, die Spannungen zwischen den zwei kontroversen Bevölkerungsgruppen sind jedoch immer noch so groß, dass von einem wirklich friedlichen Miteinander noch nicht in allen Bereichen gesprochen werden kann.

Als 1921 die Unabhängigkeit Irlands verhandelt wurde, drohten die protestantischen Unionisten mit Gewalt, sollten sie Teil eines unabhängigen Irlands werden. Sie bangten nicht nur um ihre Religionsfreiheit in einem überwiegend katholischen Irland, sondern auch um ihren Reichtum und ihre Privilegien, der industrialisierte Nordosten gehörte nämlich zu den blühendsten Regionen der Insel. Die britische Regierung beugte sich und bestand auf der Abspaltung der sechs Counties, Nordirland, in denen die Protestanten eine Zweidrittelmehrheit stellten.

Die katholische Minderheit in Nordirland wurde von der unionistischen Verwaltung in den folgenden Jahrzehnten in jeder Beziehung benachteiligt, bei Job- und Wohnungsvergabe, Bildung und in der Politik, wo sie kaum Chancen auf eine eigene Stimme hatte. Die beiden Gruppierungen hatten nur wenige Berührungspunkte, Vorurteile festigten sich, und Misstrauen beherrschte fortan eine geteilte Gesellschaft.

Ende der 1960er-Jahre bildete sich nach internationalem Vorbild eine Bürgerrechtsbewegung, die auf friedliche Weise auf gleichen Rechten für alle bestand. Die Unionisten betrachteten dies als Bedrohung, es kam zu gewalttätigen Ausschreitungen. Die Regierung in London sah sich schließlich genötigt, die britische Armee nach Nordirland zu entsenden, um für Ruhe zu sorgen. Das jedoch führte letztendlich zu einer weiteren Eskalation unter den (katholischen) Republikanern, für die die Präsenz britischer Streitmächte seit Jahrhunderten ein rotes Tuch war.

Die IRA, seit dem Unabhängigkeitskrieg nur noch eine eher unbedeutende Gruppierung, formierte sich im Norden als Provisional IRA aufs Neue, um schließlich nicht nur die eigenen Wohnviertel zu schützen, sondern um auch gegen die britische Armee vorzugehen. Anlass dazu war jener »Bloody Sunday« in Derry im Jahr 1972, an dem anlässlich einer zunächst friedlichen Demonstration die britische Armee das Feuer eröffnete und 14 Menschen tötete. Die 1970er-Jahre waren die blutigsten in der Geschichte der ›Troubles‹, als die IRA schließlich mit einer Serie blutiger Anschläge insbesondere die Städte Belfast und Derry zu Kriegszonen machte. Unionistische bzw. loyalistische Paramilitärs gab es bereits seit Beginn des 20. Jh. Auch sie gruppierten sich erneut, spalteten sich wie die IRA in verschiedene Gruppierungen, gingen aber mit großer Brutalität gegen katholische Zivilisten vor.

Der Bürgerkrieg in Nordirland

Thema

Eine Entspannung auf politischer Seite fand dank der unnachgiebigen Haltung der Thatcher-Regierung nicht statt. Ein neuer Tiefpunkt wurde erreicht, als Gefangene in Long Kesh, einem mittlerweile stillgelegten politischen Gefängnis, unter der Leitung von Bobby Sands einen Hungerstreik begannen, um den Status als politische Gefangene zu erlangen. Während des Hungerstreiks wurde Bobby Sands als Abgeordneter ins britische Parlament gewählt, er starb aber nach 66 Tagen.

Nach Wahlerfolgen der Sinn Féin, der republikanischen Partei, die bislang kaum eine Rolle gespielt hatte, konnten unter der Leitung des SF-Vorsitzenden Gerry Adams kleine Schritte in Richtung politischer Lösung unternommen werden. 1994 schließlich erklärte die IRA einen Waffenstillstand, der zwar noch reichlich wacklig war, aber dennoch in letzter Konsequenz zum Belfaster Abkommen am Karfreitag 1998 führte.

Inzwischen hat sich auch die soziale und wirtschaftliche Lage für die einstige katholische Minderheit, die mittlerweile knapp über 50 % der Bevölkerung ausmacht, um einiges verbessert. Schritt für Schritt bewegt sich Nordirland seither in Richtung eines stabilen Friedens, auch wenn besonders von unionistischer Seite unter Führung loyalistischer Hardliner immer wieder neue Hürden aufgestellt wurden. Die Mehrheit der Nordiren jedoch möchte nach all den Jahren Unsicherheit und Krieg nur das Leben genießen – eine Rückkehr ins Chaos ist unvorstellbar. Und vielleicht wird eines Tages Nordirland ohne viel Aufhebens einfach Teil der Republik Irland sein.

Kinder im katholischen Viertel von Belfast

Geschichte

den Sitz für das County Clare. Dieser Erfolg führte schließlich zu dem Erlass, dass nun auch Katholiken im britischen Parlament sitzen und hohe Posten einnehmen durften. O'Connell, der 1843 starb, gehört bis heute zu den großen Volkshelden Irlands, nach dem in jeder Stadt eine Straße oder ein Platz benannt ist.

Die große Hungersnot

Die napoleonischen Kriege auf dem Kontinent hatten einen tragischen Einfluss auf Irland, wenn auch nicht in Form von Kampfhandlungen. Während der **Kontinentalsperre** übernahm Irland die Versorgung Englands: Der englische Bedarf an Getreide, Vieh und Rohstoffen für die Leinenindustrie zwang die Großgrundbesitzer zur Erhöhung der Produktion für den Export und mithin zur radikaleren Ausbeutung ihrer Pächter, die nicht nur eine höhere Pacht zu entrichten hatten, sondern für den Eigenbedarf nur die anspruchslose Kartoffel anbauen konnten. Die Industrialisierung in England, die dort zu einem wirtschaftlichen Aufschwung führte, ließ Irland außen vor. Die Landlords sahen keine Notwendigkeit, die veralteten landwirtschaftlichen Methoden zu modernisieren oder gar Reformen einzuführen. Die **Armut** in der irischen Landbevölkerung war unbeschreiblich, die Rückständigkeit und Willkür der herrschenden Klassen ließ sogar aufgeklärte englische Zeitgenossen mit Abscheu den Kopf schütteln.

1845 tauchte erstmals die **Kartoffelseuche** in Irland auf, was für jene, die auf Kartoffeln als Hauptnahrungsmittel angewiesen waren, das sichere Todesurteil bedeutete. Fünf Jahre lang vernichtete dieser Pilzbefall die Kartoffelernte, am schlimmsten waren die Regionen im Westen und Südwesten betroffen, wo Hunderttausende verhungerten oder an hungerbedingten Krankheiten starben. Hilfe aus England war minimal, die meisten Landlords schlossen die Augen vor dem Elend und verlangten weiterhin ihre Pacht von den Kleinbauern, ungeachtet dessen, dass diese noch nicht einmal genug zu essen für sich selbst hatten. Wer nicht zahlen konnte, wurde aus seiner Hütte vertrieben und diese anschließend niedergebrannt.

1848 kam es zu Aufständen der Young Irelanders, die jedoch wenig Unterstützung fand. Die Bevölkerung war zu geschwächt, um zu rebellieren. Wer noch Kraft hatte, wanderte nach Übersee, meist nach Amerika aus. 8 Mio. Menschen lebten vor der Hungersnot in Irland, etwa 1 Mio. starben am Hunger und seinen Folgen, 1 Mio. wanderte aus. In den folgenden Jahrzehnten, geprägt von dem Trauma dieser Zeit, wanderten weitere 5 Mio. Menschen aus, ein **Bevölkerungsverlust,** von dem sich Irland bis heute nicht erholt hat.

Die Unabhängigkeit

Im Jahr 1879 wurde unter Michael Davitt die National Land League gegründet, die für irische Pächter das Eigentumsrecht auf ihr bebautes Land wie überhaupt bürgerliche Rechte forderte. Präsident der Liga wurde Charles Stewart Parnell, der die Massenorganisation für seine Kampagne des **Home Rule,** der Wiedereinführung der politischen Autonomie, nutzte und 1885 ins Parlament gewählt wurde. Zwar fand er zunächst den britischen Premierminister Gladstone auf seiner Seite, doch das Parlament selbst lehnte die Gesetzesvorlage mehrmals ab, bis das Anliegen mit Parnells Tod im Jahr 1891 vorläufig ein Ende fand.

Der irische Nationalismus fand jedoch in einer Zeit weltweiter Reformbestrebungen auf anderer Ebene einen reichen Nährboden. Die **Gälische Renaissance,** das Besinnen auf die nationalen und mithin keltischen Wurzeln, verbreitete sich zunächst auf kulturellem Gebiet. Die 1884 gegründete Gaelic Athletic Association setzte sich für die traditionellen keltischen Sportarten ein. Die Gaelic League engagiert sich seit 1893 für Sprache und Kultur Irlands. Schriftsteller und andere Kulturschaffende entdeckten die gälischen Traditionen und machten sie durch ihre

Werke publik, wenn auch oftmals sehr romantisierend. Als erste Partei für die Sache Irlands wurde 1905 die **Sinn Féin** (›Wir selbst‹) gegründet.

Die Home-Rule-Bewegung fand in Irland, mit Ausnahme des überwiegend protestantischen Nordostens von Ulster, einen immer stärkeren Rückhalt. Dort war der vehementeste Gegner Sir Edward Carson, der als militanter Loyalist ab 1913 schließlich die Ulster Volunteers ins Leben rief, die mit Waffengewalt gegen die Unabhängigkeitsbestrebungen der Iren vorgingen und ihre Nachfolge in der heutigen paramilitärischen Ulster Volunteer Force fanden. Als Reaktion darauf entstanden die Irish Volunteers unter Patrick Pearse, die schließlich zusammen mit der Dubliner Irish Citizen Army unter James Connolly die Keimzelle der **Irish Republican Army,** der IRA, bildeten.

Im Jahr 1916 schlossen sich letztere Gruppierungen zusammen und verkündeten in einer heldenhaften, aber völlig desorganisierten Aktion am Ostermontag die Irische Republik, eine Rebellion, die als **Osteraufstand** zwar das Ende der englischen Herrschaft einläutete, aber zunächst kläglich scheiterte. Die meisten Teilnehmer wurden zum Tode verurteilt – insgesamt wurden weitaus mehr Iren hingerichtet, als überhaupt am Aufstand teilgenommen hatten. Erstmals wurden Internierungslager eingeführt. England zeigte jedoch wegen seiner Einbeziehung in den Ersten Weltkrieg nur schwaches Interesse am irischen Geschehen. Für die Iren bedeutete das die Gunst der Stunde.

Unter Führung der Sinn Féin konstituierte sich das **erste unabhängige irische Parlament,** illegal zunächst, aber mit dem Ergebnis, dass von 1919 bis 1921 ein entschlossener Freiheitskampf geführt wurde, während dem die IRA unter Michael Collins ihre Guerillataktik entwickelte. Letztlich führte der Kampf um die Freiheit zu einem Kompromiss: 1921 wurde der anglo-irische Vertrag unterzeichnet, der zwar für 26 der insgesamt 32 Counties die relative Unabhängigkeit Irlands als ›Irish Free State‹ garantierte, aber auch die **Teilung Irlands** besiegelte.

Sechs Counties der Provinz Ulster, von Republikanern konsequent nicht als Nordirland, sondern als die ›Six Counties‹ bezeichnet, verblieben im Vereinigten Königreich von Großbritannien und erhielten ihr eigenes Parlament in Belfast.

Der Verzicht auf diese sechs Counties führte in der Folge zum **Bürgerkrieg** zwischen Vertragsbefürwortern, die froh um die weitgehende Unabhängigkeit waren, und den Vertragsgegnern, die ganz Irland frei sehen wollten. Bis 1923 bekämpften sich die Iren gegenseitig – genau genommen bis in die jüngste Zeit, denn in Nordirland setzte sich der Kampf um die Befreiung von der englischen Vorherrschaft bis zum Belfaster Abkommen von 1998 fort.

Republik Irland

Unter Éamon de Valera, der 1926 Sinn Féin verließ und die Fianna Fáil gründete, wurde im Jahr 1937 eine neue Verfassung verabschiedet, die Irland zum souveränen, unabhängigen und demokratischen Staat erklärte. Die IRA, die immer noch kleinere, im Grunde bedeutungslose Kampagnen gegen die Teilung durchführte, wurde 1936 von de Valera verboten.

Während des Zweiten Weltkriegs blieb Irland neutral. Zwar fielen 1941 deutsche Bomben auf Belfast und ›aus Versehen‹ auch auf Dublin, aber die irischen Sympathien gehörten dem Feind Englands, nämlich Deutschland. Der Krieg selbst wurde in typischer irischer Verharmlosung ›The Emergency‹ genannt, der Notstand.

1948 wurde die Republik Irland deklariert, und damit die letzte Bindung an Großbritannien gelöst. Nur Nordirland blieb britische Kolonie, bis 1998 das **Belfaster Abkommen** diesen Status relativierte und im Jahr 2000 eine autonome Regierung gebildet wurde. In der Republik wurde im Rahmen des Abkommens die angestrebte Wiedervereinigung aus der Verfassung gestrichen, aber zumindest von der republikanischen Partei Sinn Féin nicht aus den Augen verloren.

Zeittafel

um 7000 v. Chr.	Spuren erster Besiedlung in Irland.
um 600 v. Chr.	Die Kelten dringen von Mitteleuropa bis nach Irland vor.
5. Jh. n. Chr.	Irland wird christianisiert.
8.–11. Jh.	Wikingerüberfälle auf Klostersiedlungen.
1014	In der Schlacht von Clontarf besiegt der Hochkönig Brian Boru die Wikinger und kann ihren Einfluss für immer unterbinden.
1152	Die irische Kirche wird grundlegend reformiert: Bistümer nach römischem Vorbild werden festgelegt, eine straffe Hierarchie eingeführt.
ca. 1155	Der englische Papst Adrian verleiht König Heinrich II. von England die Lehenshoheit über Irland.
1167	Nach einem Hilfsgesuch des Königs von Leinster kommen Normannen aus Wales unter der Führung von Richard de Clare nach Irland.
1171	König Heinrich II. festigt die englische Herrschaft in Irland.
1541	Heinrich VIII. wird König von Irland.
1595/1607	Die drei mächtigsten Clanchefs von Ulster erheben sich gegen die englische Herrschaft. Der Aufstand scheitert. Die geschlagenen Aufständischen fliehen 1607 auf den Kontinent (›Flucht der Grafen‹).
1649	Oliver Cromwell geht in einem beispiellosen Zerstörungsfeldzug gegen die katholischen Iren vor.
1690	Der Kampf um den englischen Thron wird zwischen Jakob II. mit seinen irischen Truppen und dem Protestanten Wilhelm von Oranien auf irischem Boden ausgetragen. Jakob verliert.
1691	Die Penal Laws entrechten die Katholiken endgültig.
1798	Ein Aufstand unter der Führung von Wolfe Tone scheitert.
1801	Das irische Parlament wird aufgelöst (Act of Union). Irische Abgeordnete werden direkt ins englische Parlament in Westminster gewählt.

Erstmals gelingt in Irland eine Massenbewegung mit der Catholic Association von Daniel O'Connell, der sich für die katholische Emanzipation einsetzt. 1829 werden die Penal Laws aufgehoben.	**1823/1829**
Die Große Hungersnot stürzt das Land ins Elend.	**1845–1850**
Die Home-Rule-Bewegung unter Charles Stewart Parnell, die sich für ein eigenes irisches Parlament einsetzt, kann die Hälfte der irischen Sitze gewinnen. Home Rule wird dennoch nicht erreicht.	**1874**
Osteraufstand und Proklamation der Republik Irland. Der Aufstand wird mit aller Härte niedergeschlagen.	**1916**
Der Unabhängigkeitskrieg endet mit der Teilung der Insel.	**1919–1921**
Ein blutiger Bürgerkrieg entbrennt um die Teilung der Insel.	**1921–1923**
Irland erklärt sich zur unabhängigen Republik Éire.	**1948**
In Nordirland formiert sich die Bürgerrechtsbewegung, die für die katholische Minderheit demokratische Rechte einfordert.	**1968**
Die Schlacht in der Bogside von Derry dient der nordirischen Regierung als Anlass, das britische Militär ins Land zu rufen.	**1969**
Das nordirische Parlament wird aufgelöst, Nordirland unter britische Verwaltung gestellt.	**1972**
Irland tritt ebenso wie Großbritannien mit Nordirland der EG bei.	**1973**
Die IRA erklärt einen Waffenstillstand, dem sich sechs Wochen später die protestantischen Paramilitärs anschließen.	**1994**
Großbritannien und die Republik Irland setzen ein Abkommen durch, das den Frieden in Nordirland gewährleisten soll.	**1998**
In Nordirland wird nach fast 30 Jahren wieder eine autonome Regierung gebildet, die jedoch 2002 wieder suspendiert wird.	**2000/2002**
Ab 2008 schwere Wirtschaftskrise, Irland kann aber Anfang 2014 nach harten Sparmaßnahmen den EU-Rettungsschirm verlassen.	**2014**

Gesellschaft und Alltagskultur

Irisch sein ist eine Qualität, auf die die Iren sehr stolz sind. Irisches Leben und irische Kultur werden als homogener Wert angesehen, mit jahrhundertealten Traditionen, die allen Widernissen standgehalten und bis heute überlebt haben. Doch tatsächlich sind sie von vielen Einflüssen gekennzeichnet. Die irische Identität wurde erst spät kultiviert.

Bevölkerung, Lebensweise und Alltagskultur

Touristen finden die Iren wunderbar: Sie sind entspannt, immer freundlich, lassen sich Zeit, hetzen nicht, sehen alles nicht so eng, Alt und Jung gehen gemeinsam ins Pub, jeder kennt jeden – eine fröhliche Gemeinschaft, in der es noch ein echtes Gemeinschaftsleben gibt, Fremde mit offenen Armen oder zumindest freundlichem Lächeln empfangen werden, die Welt noch eine gewisse Ordnung hat und die Menschen eine nationale Identität haben. Letzteres ist ein Umstand, der vor allem von Deutschen bewundert zu werden scheint.

Nationale Identität und kleinteilige Vetterngesellschaft

Die nationale Identität ist jedoch nur oberflächlich, denn traditionell sind die Iren eher eine kleinteilige Stammesgesellschaft, die sich von Provinz zu Provinz, von County zu County, ja sogar von Dorf zu Dorf und von Stadtteil zu Stadtteil mit Vorurteilen, zumindest jedoch mit Zurückhaltung begegnet.

Das beginnt in Dublin, wo die (reichen) Southsider die (armen) Northsider mit Verachtung strafen, auch wenn es südlich der Liffey ebenso slumähnliche Wohngebiete gibt wie nördlich des Flusses durchaus wohlhabende Viertel. Es setzt sich damit fort, dass die Dubliner die *culchies*, Kurzform für *agricultures* und Slang für ›Landeier‹, für hinterwäldlerisch halten, egal, ob sie tatsächlich vom Land oder aus Galway, Limerick oder Cork stammen, und dass Nicht-Dubliner eben jene Hauptstädter als arrogantes Pack aburteilen, die ohnehin eher englisch sind. Es geht damit weiter, dass Cork mit Verachtung auf Kilkenny, auf Dublin sowieso, blickt, Leute aus Clare nicht mit Limerick in Verbindung gebracht werden wollen, und endet damit, dass in einem Dorf in Kerry jemand als *blow-in,* Zugezogener, bezeichnet wird, weil seine Familie vor 400 Jahren aus Tipperary eingewandert ist. Die kleinste Einheit ist die **Familie,** die sehr weitläufig sein kann, deren Zusammenhalt aber Priorität hat.

Es ist ein Sport, jemandes Familiennamen einer bestimmten Region zuzuordnen. O'Sullivan? Ist ein Cork-Name. O'Doherty? Ah, aus Donegal! De Burgh/de Bourka/Bourke? Ist normannisch. Es gibt eine ganze Reihe Bücher darüber, welcher Name welchen Regionen zugehörig ist, was dafür spricht, dass Iren ihre Namen von Stammesfürsten erhielten, die bestimmte Gegenden beherrschten und ihre Namen ihren Untertanen verliehen.

Die **Bindung an den Heimatort,** die ewige Verbundenheit zum guten alten Mutterboden, ist daher auch kein Widerspruch zu der Tatsache, dass die Iren traditionell zu den größten **Auswanderervölkern der Welt** gehören. Wer beispielsweise in den USA, Australien oder sonstwo wenigstens eine irische Großmutter nachweisen kann, fühlt sich Irland auf ewig verbunden, wenn auch meist auf sehr romantischer Grundlage. Die amerikanischen Vettern werden auf der Insel daher, wenn auch mit milder Herablassung, so doch auch

Bevölkerung, Lebensweise und Alltagskultur

als entfernte Verwandte willkommen geheißen. Nicht umsonst entstanden gerade für die Nachkommen irischer Emigranten die Genealogie-Zentren, in denen man nach Ahnen und eventuell sogar heutigen ›Verwandten‹ forschen kann.

Die irische Gesellschaft ist buchstäblich eine kleinteilige Vetterngesellschaft, in der jeder Einfluss von außen subtil, aber nachhaltig abgelehnt wird. Das fängt bei den Verkehrsregeln an, überhaupt bei allen Regeln, die von ›oben‹ kommen, und setzt sich bei jeder Einmischung von außen fort. Es sei denn, sie ist von Vorteil …

Wunsch und Wirklichkeit

Als Nation ist Irland noch **ein junges Land.** Erst im 20. Jh. wurde es nach Jahrhunderten britischer Herrschaft unabhängig und scheint noch immer mit einer einheitlich nationalen Identität zu kämpfen. Irisch sein ist nun ein Grund, sehr stolz zu sein. Stets und überall wird hervorgehoben, was Iren in der Welt alles geleistet haben, ob es nun der ermordete irischstämmige US-amerikanische Präsident J. F. Kennedy ist oder jene Helden, die wenigstens eine irische Großmutter nachweisen können. Irische Musik, irische Schriftsteller, irische Schauspieler – alle werden zum nationalen Eigentum.

Dabei sind die Iren englischer als sie es selbst wahrhaben wollen. Ihre eigene Sprache, das Gälische, sprechen nur noch wenige Menschen, die irische Gesetzgebung beruht auf dem angelsächsischen Codex, Essensgewohnheiten, ja der gesamte **Lebensstil ist englisch** – bis auf wenige Charakteristika. Das ›Keltische‹, dessen Mythos die Touristen so anzieht, ist genau das: ein Mythos, der sich als lukrativ und verkaufsträchtig erwiesen hat.

Gälisch oder Englisch?

Die Hauptsprache, nicht jedoch erste Landessprache, ist Englisch. Das Irisch-Gälische spielt kaum noch eine Rolle. Allerdings ist dieses Englisch mit nichts zu vergleichen, was man in der Schule gelernt hat, und sehr gewöhnungsbedürftig. Und da die Iren, wie oben beschrieben, sehr stammesbezogen sind, gibt es in jedem County einen anderen Dialekt. Wer also an seinem Schulenglisch oder gar in England erlerntem Englisch verzweifelt, sollte sich keine Sorgen machen. Es kommt vor, dass die Iren gelegentlich selbst Mühe haben, einen anderen Dialekt zu verstehen, besonders im ländlichen Raum, wo dieser zusätzlich noch recht breit gesprochen wird.

Im Norden, in Nordirland und Donegal, ist der Dialekt sehr vom Schottischen beeinflusst, mit den lang gezogenen Vokalen und dem unverwechselbaren leicht beleidigt wirkenden Singsang. Am berüchtigsten ist der Cork-Dialekt mit seinem schnellen Tonfall und vielen verschlurten Wortteilen, während der Kerry-Dialekt eher zischelnd daherkommt, da in vielen Fällen das ›s‹ als ›sch‹ ausgesprochen wird, statt s-treet, also sch-treet.

Gemeinsam ist allen **Dialekten** jedoch, dass sie den größten Stolperstein für Deutschsprachige meiden: Es gibt kein zungenbrecherisches ›th‹. *Three trees* – drei Bäume – spricht sich aber wie *tree trees*, oder auch: *tree pints of Guinness* …

In Dublin hingegen, oder überall dort, wo man sich etwas feiner geben will, hat sich in jüngster Zeit ein *posh accent*, oder das, was man für **Hoch-Irisch-Englisch** hält, entwickelt, der alle ländliche und identifizierbare Herkunft zu vermeiden sucht und nach sprachlicher Neutralität strebt. Das wird mancherorts bedauert, denn die einzelnen Dialekte haben alle ihren Charme. Das originale **Dublinsche** ist hingegen noch eine echte Straßensprache mit verschluckten Konsonanten und einem herausfordernden Klang, der vielleicht mit der Berliner Schnauze zu vergleichen ist.

Trotz des allmählichen Verschwindens des Gälischen im Alltag ist das irische Englisch noch häufig mit gälischen Ausdrücken versetzt, die allmählich auch Eingang ins britische Englisch finden.

Die Traveller

Man sieht sie gelegentlich an Straßenrändern kampieren, mehrere Wohnwagen aneinandergereiht, Kinder und Hunde drumherum – und oft sehr viel Müll. Es handelt sich um die

Gesellschaft und Alltagskultur

An bhfuil Gaeilge agat

Irisch oder auch Gälisch ist die ureigenste Sprache Irlands, auch wenn sie kaum noch gesprochen wird. Ganz verschwunden ist sie im Alltag jedoch nicht, denn viele Redewendungen und einzelne Wörter aus dem Irischen sind in der englischen Umgangssprache erhalten geblieben. Zur nationalen Identität der Iren gehört die Sprache nach wie vor.

Nehmen wir einmal folgendes Satz aus einem Lehrbuch: »Beidh sí anseo ag deich chun a cúig.« – »Sie wird zehn vor fünf da sein.« Das lässt sich kaum lesen, spricht sich sowieso ganz anders und ist als Aussage ohnehin völliger Unsinn. Irinnen – und Iren erst recht – sind nie um zehn vor fünf da, auch wenn sie es beim Augenlicht des Papstes schwören. Doch da diese Sprache ohnehin nur eine Minderheit tatsächlich spricht, kann man in ihr letztlich alles sagen.

Irisch ist das letzte lebendige Relikt eines ursprünglich keltischen Dialekts, wobei die Lebendigkeit im heutigen Irland mehr propagiert, denn tatsächlich praktiziert wird. Die Sprache, die im frühen 19. Jh. noch von 90 % der Iren gesprochen wurde, hört sich mit ihren Kehl- und Zischlauten und den singenden Vokalen wie eine Mischung aus Deutsch, Polnisch und Arabisch an. Sie wird heute nur noch von einem Bruchteil der Bevölkerung aktiv beherrscht, obwohl Irisch – bis in die 1960er-Jahre als Gälisch bezeichnet – 1937 verfassungsmäßig zur ersten Amtssprache vor Englisch und zum Pflichtfach in der Schule erklärt wurde.

Zwar wird behauptet, dass rund 60 000 Iren ihre Muttersprache noch mächtig sind, doch im alltäglichen Gebrauch dürften es nur noch weniger als die Hälfte sein – mit abnehmender Tendenz. Abgesehen davon gibt es de facto so viele irische Dialekte, dass erst per Standardgrammatik im Jahr 1953 versucht wurde, die Sprache national zu vereinheitlichen. Irischsprachige ›Reservate‹ gibt es nur noch im Westen und vereinzelt im Süden der Insel sowie in kleineren Bereichen im Osten und Südosten, sogenannte Gaeltacht-Gebiete, in denen der überwiegende Teil der Bevölkerung noch Irisch spricht und die deswegen unter dem besonderen Schutz der Regierung stehen. In der Regel sprechen die Menschen dort aber zumindest mit Touristen ebenso Englisch wie im übrigen Land.

Allerdings ist gerade in den Gaeltacht-Gebieten so Manches, z. B. Straßenschilder oder Namen von Institutionen, rein auf Irisch geschrieben, was mitunter für Touristen recht verwirrend sein kann. Auch offizielle Schreiben von staatlichen Institutionen sind stets zweisprachig ausgestellt. Aber Letzteres ist für Besucher eher irrelevant.

Das Bemühen um die sprachliche Identität Irlands findet in der Alltagswelt der Republik kaum noch offene Ohren. Die Schüler bevorzugen Sprachkurse in Französisch, Deutsch, Spanisch oder gar Chinesisch, was ihnen auf dem internationalen Arbeitsmarkt weitaus mehr Chancen verspricht.

Dennoch: Wer keinen Abschluss in Irisch vorweisen kann, hat kaum Chancen für eine Hochschulzulassung und schon gar keine für ein höheres Amt. Die Kids hassen den Unterricht in Irisch, hat er doch keinen realen Bezug zu ihrem sozialen Kontext. Weder die aktuellen Popgruppen noch die beliebten Fernsehserien bedienen sich dieser Sprache. Irisch ist für sie ebenso altmodisch und

›Sprichst Du Irisch?‹

Thema

im Alltag unbrauchbar wie Latein oder Altgriechisch.

In Intellektuellenkreisen ist es jedoch populär, sich der irischen Sprache etwa in der Dichtkunst zu bedienen und auch die alten Schreibweisen der Namen mit den vielen Buchstaben und Akzenten wieder aufzugreifen. Auch werden Kinder aus den eher besseren Kreisen bevorzugt auf die Gaelscoil geschickt, rein irischsprachige Schulen, die es mehr und mehr in städtischen Gebieten gibt und die zudem den Vorteil haben, einen Hauch von Exklusivität zu vermitteln.

Zu einem Erfolg hat sich jedoch der irischsprachige Fernsehsender TG4 entwickelt. Dort gibt es nicht nur Lehrreiches auf Irisch zu sehen und zu hören, wenn auch stets mit englischen Untertiteln, sondern auch eher Triviales, wie z. B. die Seifenoper »Ros na Rún«, die durchaus auch kontroverse Themen wie Abtreibung oder Homosexualität aufgreift – und das in einer irischen Sprache, die modernen Anforderungen angemessen und mit englischen Slangwörtern, wie sie Jugendliche in aller Welt benutzen, durchsetzt ist. Das mag dann sogar die jungen Leute wieder zum Irischen verführen. Der größte Coup gelang dem Sender jedoch, als er einen der Harry-Potter-Filme in irischer Synchronisation zeigte. Was übrigens sehr viel ›zauberischer‹ klang als profanes Englisch.

Offiziell sind die Straßenschilder in Irland zweisprachig

47

Gesellschaft und Alltagskultur

traveller, wie sie politisch korrekt heißen, *pavee*, wie sie sich selbst nennen, und *tinker* und *gypsies*, wie sie von der sesshaften Bevölkerung unter der Hand genannt werden. Ethnisch verwandt mit den kontinentalen Roma und Sinti sind sie jedoch nicht. Es sind Iren durch und durch.

Das fahrende Volk Irlands, deren romantischste Erinnerung die bunt bemalten Pferdewagen sind, die von Touristen noch immer gerne gemietet werden, um ganz ursprünglich durchs Land zu reisen, hatte noch nie ein romantisches Dasein. Auch die modernen Wohnwagen, manchmal mit allem Luxus ausgestattet, inkl. Satellitenfernsehen, manchmal aber auch feuchte und enge Behausungen, haben nicht viel mit Romantik zu tun.

Etwa 30 000 dieser Traveller leben derzeit in Irland, davon nur noch etwa 12 % in Wohnwagen am Straßenrand. Aber selbst viele von denen, die mittlerweile in Häusern oder Wohnungen leben, sind längst noch nicht in die irische Gesellschaft integriert. Sie sind ein Menschenschlag für sich, der nicht zu integrieren zu sein scheint.

Die **Vorurteile** gegen sie sind oft nicht auszurotten, werden aber leider oft auch bestätigt. Große Versammlungen von Travellern, wie Hochzeiten, Beerdigungen usw., finden meist unter sichtbarem Polizeischutz statt, da es gelegentlich zu gewalttätigen Auseinandersetzungen zwischen den einzelnen Traveller-Clans gekommen ist. Kinder betteln Touristen an, Männer und Frauen haben eine leicht aggressive Haltung, die Atmosphäre ist misstrauisch bis feindselig.

Ob die Traveller tatsächlich Nachfahren enteigneter keltischer Grundbesitzer sind, ist ungewiss. Tatsache ist, dass sie erstmals 1275 urkundlich erwähnt wurden, zu einer Zeit, als die Anglonormannen Irland in Besitz nahmen. Es liegt nahe zu vermuten, dass bestimmte Berufsgruppen ihren Lebensunterhalt traditionell durch Reisen verdienten, wie eben jene *tinker*, Kesselflicker. Auch heute noch handeln viele Traveller mit Altmetall, aber auch mit Pferden. Zahlreiche Familien leben offiziell von der großzügigen irischen Sozialhilfe.

Im Lauf der Jahrhunderte haben die Traveller eine eigene Kultur und eigene Moralstandards entwickelt, sogar eine **eigene Sprache**, das *Shelta* oder auch *Gammon* oder *Cant*, eher ein gälisch-irisches Sprachmischmasch mit eigenen Ausdrücken. Der Familienzusammenhang ist eng, Verstöße gegen die ungeschriebenen Gesetze werden über Generationen und Sippen hinweg verfolgt. Die jungen Frauen werden oft noch als Teenager verheiratet. Noch unverheiratet, sind sie sehr aufreizend gekleidet, als Ehefrauen aber tabu und von den Männern der Familie eifersüchtig abgeschirmt. Eine Travellerhochzeit zu beobachten, ist ein Erlebnis für sich: Der Tand und der Kitsch sind überwältigend, keine Kosten werden gescheut, kein noch so entfernter Verwandter bleibt uneingeladen – wobei die Traveller Schwierigkeiten haben, überhaupt ein Hotel für den Hochzeitsempfang zu finden, denn Hoteliers fürchten um ihr Mobiliar. Es scheint auch Tradition zu sein, dass es bei solchen Anlässen zu heftigen Raufereien kommt. Nicht immer, aber offenbar häufiger als in anderen Bevölkerungsgruppen.

Die Diskriminierung verwischt sich in solchen Fällen. Es ist eine Frage von Henne und Ei. Der Großteil der Traveller möchte sicherlich ein friedliches Leben führen, ohne die eigene Tradition aufgeben zu müssen. Die sesshafte Bevölkerung hingegen schließt von schlechten Erlebnissen auf die gesamte Traveller-Gemeinde. Beide beobachten sich aber mit heftigem Misstrauen, das kommunikative Brücken kaum zulässt.

Die **soziale Situation** dieser irischen Minderheit ist desolat. Allein die Alterspyramide zeigt Züge, von denen Rentenversicherer nur träumen können: Von den rund 30 000 Travellern sind über die Hälfte unter 20 Jahre, nur 9 % über 50 Jahre alt. Frei campen, wo immer sie wollen, ist in Irland nicht mehr möglich. So stellen sie ihre Wohnwagen dorthin, wo sie noch einen Platz finden, ohne fließend Wasser und ohne sanitäre Einrichtungen – werden aber oft schnell wieder vertrieben. Es gibt Haltestellen, wo die jeweilige Lokalverwaltung sanitäre Einrichtungen zur Verfügung stellt. Es gibt auch Siedlungen, die

Auch eines der Klischees, das sich hartnäckig hält: Alle Iren sind rothaarig ...

extra für Traveller gebaut wurden. Aber die werden oftmals nicht den Bedürfnissen der zukünftigen Bewohner angepasst oder die Bewohner lassen sie verkommen. Die Kulturen prallen aufeinander und kommen trotz beiderseitiger Bemühungen nicht zueinander.

Religion

Die Iren sind bis auf einen kleinen Prozentsatz katholisch. Mit Ausnahme Nordirlands, wo die Bevölkerung zu etwa 50 % aus Protestanten unterschiedlichster Couleur besteht. Die überwiegende Mehrheit der Protestanten in der Republik Irland gehört zur **Church of Ireland,** die eigentlich ebenfalls katholisch ist, nur eben nicht römisch-katholisch. Sie ist eine ›Dependance‹ der Church of England, die wegen der Absage Heinrichs VIII. vom Papsttum gegründet wurde und bis auf das Zölibat und andere Details im Prinzip dem katholischen Ritus folgt. Die meisten sehr alten Kirchen in Irland, jene aus der Zeit vor dem 19. Jh., gehören daher oftmals der Church of Ireland, nachdem die Engländer einstmals die Insel in Besitz genommen und die einheimische Religion verboten hatten.

Der (römische) **Katholizismus** – unter der englischen Herrschaft lange unterdrückt – ist in Irland daher eine Frage der nationalen Identität. Doch auch wenn der Priester noch immer eine Respektsperson ist und der sonntägliche Kirchgang zumindest auf dem Land auch von jungen Leuten noch oft gepflegt

Gesellschaft und Alltagskultur

Staatliche Feiertage

1. Januar: Neujahrstag
17. März: St. Patrick's Day
Ostermontag
Erster Montag im Mai: Mayday
Erster Montag im Juni: Bank Holiday
Erster Montag im August: Bank Holiday
Letzter Montag im Oktober: Bank Holiday
25./26. Dezember: Weihnachten

In Nordirland:
In Nordirland ist auch der Karfreitag ein Feiertag, zudem fallen die Bank Holidays auf andere Tage:
Letzter Montag im Mai
Zweiter Montag im Juli
Letzter Montag im August

Ausnahmen:
Der Karfreitag ist in der Republik Irland zwar kein offizieller Feiertag, doch die meisten Geschäfte und Banken sowie auch Pubs bleiben dann geschlossen.
Wenn Feiertage, außer den Bank Holidays, auf ein Wochenende fallen, ist der darauf folgende Montag ein Feiertag.

wird, so begreifen sich nur noch knapp die Hälfte der Iren als religiös. Der Kirchgang ist bestenfalls eine Tradition, meist nur noch zu Hochzeiten und Beeerdigungen – wie überall in der westlichen Welt.

Die Macht der katholischen Kirche hat in den vergangenen Jahren herbe Rückschläge erleiden müssen, deren Ursachen insbesondere in Irland wegen der historischen Verbundenheit zu größeren Erschütterungen geführt haben als andernorts. Zu den Ursachen gehören nicht nur Verfehlungen – sexueller Missbrauch von Kindern – einiger Kirchenmänner, sondern, wie jüngst herauskam, das Verschweigen dieser Verfehlungen durch die kirchliche Hierarchie. Diese Enthüllungen haben die irische Gesellschaft gespalten und zutiefst verunsichert.

Spiritualität ist in Irland jedoch tief verwurzelt und reicht weiter als der institutionalisierte Glaube. Aus vorchristlicher Zeit stammt noch so mancher Aberglaube, der irgendwie in den christlichen Kontext eingebaut werden konnte oder aber noch ungetrübt fortbesteht. Heilige Quellen findet man allerorten, manche vernachlässigt, andere mit christlichen Votivgaben geschmückt, die vom uralten Glauben an Naturgötter zeugen und dennoch den Katholizismus einbeziehen. Oftmals findet man auch mitten in der Landschaft Bäume, die mit solchen Votivgaben geschmückt sind. Zwar sind sie jeweils einem Heiligen gewidmet, von denen es in Irland unzählige gibt, doch sind sie immer noch ein Relikt des alten Feenglaubens. Auch die Pilgerfahrten zu einstmals heiligen Stätten der Kelten, wie zum Croagh Patrick, gehören zu vorchristlichen Traditionen, da sie nach wie vor an uralten irisch-keltischen Feiertagen stattfinden.

Feste und Veranstaltungen

Keltische Feiertage

Keltische Feiertage, obwohl christianisiert, spielen noch immer eine mehr oder weniger große Rolle, teils in verwässerten Rudimenten, teils kommerzialisiert und auch in anderen Kulturen zu finden.

Das keltische Jahr weist vier bedeutende Feiertage auf: Imbolc, Beltaine, Lúnasa und Samhain, wobei nur noch Beltaine und Samhain gefeiert werden, wenn auch unter anderem Namen.

Am 1. Februar wird **Imbolc** gefeiert, der keltische Frühlingsbeginn, an dem die Felder wieder bestellt werden. Er ist der keltischen Fruchtbarkeitsgöttin Brigit gewidmet, deren Symbol das Rad der Sonne ist. Brigit mutierte unter den Christen zu St. Bridgit, der alle möglichen Wundertaten zugeordnet sind. An sie erinnert das St.-Bridgits-Kreuz, das dem Sonnenrad nachempfunden ist, aber in Kreuzform aus Binsen geflochten wird. Man findet es noch in vielen Häusern über der Tür – und in allen Andenkenläden.

Beltaine ist der 1. Mai, Sommerbeginn, an dessen Vorabend Feuer entzündet wurden und mancherorts noch werden, im kontinen-

Feste und Veranstaltungen

talen Europa als Johannisfeuer bekannt. Es ist der Zeitpunkt, an dem sich das Leben erneuert und männlich und weiblich sich vereinigt – weswegen dieser Tag auch voller phallischer Symbole ist. May Day ist das erste Bank Holiday Weekend des Jahres in Irland. Die Festivalzeit beginnt.

Lúnasa findet am 1. August statt und ist das keltische Erntedankfest, wenn das Korn eingefahren wurde. Der Tag ist dem Lichtgott Lugh gewidmet, den der hl. Patrick seinerzeit der Legende nach vom Croagh Patrick vertrieben hatte. Der Tag wird noch heute christianisiert gefeiert, nämlich mit dem Pilgermarsch auf eben jenen Berg, der einst der Sitz des Lugh gewesen sein soll.

Das weltweit bekannteste Fest ist **Samhain,** das am 31. Oktober gefeiert wird, allerdings unter dem Namen Halloween. Es ist bis heute das irische Neujahrsfest, an dem ebenso wie mittlerweile an Silvester Feuerwerkskörper gezündet werden. Auch gehen die Kinder abends in gruseliger Verkleidung von Haus zu Haus und verlangen »trick or treat«, eine Gabe – oder es setzt einen Streich. Letzteres ist jedoch eine Verwässerung der ursprünglichen Bedeutung. An diesem keltischen Jahresende wurden das Vieh eingetrieben, die letzten Früchte geerntet, Schulden beglichen und Streitigkeiten beigelegt. Die Nacht zum 1. November war Niemandszeit, in der die Toten sichtbar wurden, die Feen Gestalt annahmen und unter Umständen Rache aus dem Jenseits geübt wurde.

Festivals traditioneller Musik

Die bestbesuchten Festivals sind jene, die der traditionellen Musik gewidmet sind und die den Sommer über im ganzen Land stattfinden und mittlerweile sogar bis in den Spätherbst reichen.

Traditionelle Musik wird zwar seit Jahrhunderten zumindest im häuslichen Bereich gepflegt, aber Festivals dieser Art gibt es erst seit 1951, als die Comhaltas Ceoltóirí Éireann, die Irische Musikvereinigung, gegründet wurde, die sich zum Ziel setzte, irische Musik einem breiteren Publikum bekannt zu machen. Das schließt nicht nur Unterricht in Musik, Tanz und Gesang ein, der auf den *Summer Schools* von erfahrenen und bekannten Musikern angeboten wird, sondern auch Festivals, **Fleadh Cheoil,** die alljährlich in jedem County und jeder Provinz die besten irischen Musikanten zusammenbringen und in dem irlandweiten **Fleadh Cheoil na hÉireann** in der letzten Augustwoche gipfeln. Dieses größte Musikfestival Irlands findet jedes Jahr an einem anderen Ort statt.

Doch neben den Fleadhs gibt es zahllose kleinere Festivals; es scheint im Sommer kein Wochenende zu geben, an dem nicht irgendwo eines veranstaltet wird. Meist findet während solcher Feste tagsüber Unterricht in verschiedenen musikalischen Disziplinen statt, sei es für Anfänger, sei es für Fortgeschrittene. Ab nachmittags gibt es dann die Sessions in den Pubs, wo Musiker in lockerer Formation zusammenkommen und ihre jeweiligen Stücke gemeinsam zum Besten geben und an denen jeder, der sich für geübt genug hält, mitmachen kann. Abends finden die Konzerte statt, oftmals mit den Größen der traditionellen Musikszene.

Weitere Feste und Festivals

Der Nationalfeiertag Irlands ist der **St. Patrick's Day** am 17. März, der fast in jedem Dorf mit einer Parade und mit Musik gefeiert wird. In Dublin dauern die Festivitäten fast bis zu einer Woche an, mit diversen Veranstaltungen und einer Parade, die längst nichts mehr mit St. Patrick zu tun hat, sondern mit Karneval und Sponsoren, die den bunten Zug als Werbeträger nutzen.

Zu den ältesten Festen im Lande, die aus den traditonellen **Jahrmärkten** entstanden, gehören u. a. die **Oul' Lammas Fair** im nordirischen Ballycastle und die **Puck Fair** in Killorglin im Co. Kerry, die heute zu großen Volksfesten mit viel Musik (und Bier) angewachsen sind.

Daneben gibt es aber auch mehr und mehr **Art Festivals,** die eine bunte Mischung an Veranstaltungen bieten, wie Theater, Film, Ausstellungen und Open-Air-Events, sowie themenbezogene Festivals wie das Austernfest in Galway oder auch sehr irische Schön-

Gesellschaft und Alltagskultur

heitswettbewerbe wie die ›Rose of Tralee‹ oder ›Mary from Dungloe‹.

In den Adressteilen sind die Festivals je nach Ort aufgeführt. Eine Zusammenfassung sämtlicher Festivals findet man auf www.comhaltas.ie und auf www.entertainment.ie/festivals.

Gaelic Football und Hurling

Iren sind leidenschaftlich sportbegeistert. Neben Pferderennen sind vor allem die Mannschaftssportarten beliebt. Fußball, der hier *soccer* heißt, gilt als zweitbeliebteste Sportart auf der Insel, obgleich die irische Nationalmannschaft kaum von sich reden macht ...

Wo es aber wirklich hoch hergeht und die ganze Nation mitfiebert, sind die ureigensten irischen Sportarten Gaelic Football und Hurling. Ein Match, sei es auf Gemeindeebene oder noch besser auf Countyebene, ist stellvertretender Stammeskrieg. Wenn es schließlich jeden September ins Finale geht (Hurling am ersten Sonntag im September, Gaelic Football am letzten), steht in Irland alles still – außer im traditionellen Croke Park in Dublin, dem Stadion, in dem die wichtigen irischen Sportarten und mithin das jeweilige Finale stattfinden.

Beide Sportarten sind zwar sehr alt, aber sie wurden erst 1884 mit der Gründung der Gaelic Athletic Association, der GAA, neben anderen weniger bekannten Sportarten, wiederbelebt und erstmals wirklich reguliert. Die GAA ist die größte Sportvereinigung Irlands und bis heute nationalistisch orientiert. Das äußert sich u. a. darin, dass alle GAA-Stadien bis vor Kurzem ausschließlich für irische Sportarten genutzt werden durften. Die Regelung, dass keine Mitglieder der englischen Kronherrschaft – auf heute übertragen: keine Mitglieder britischer Staatsbediensteter – Mitglieder in einem GAA-Club werden dürfen, wurde erst 2004 abgeschafft. Eine politische Entscheidung, die den Friedensprozess in Nordirland im Auge hatte. Einzigartig ist auch, dass alle Spieler Amateure sind, die fürs Spiel keine Bezahlung erhalten. Auf diese Art soll der lokale, regionale und letztlich Volkscharakter der Spiele erhalten bleiben: Man kämpft für den eigenen Club, das County, die Provinz, nicht für Geld.

Beide Spiele werden auch von Frauenteams gespielt, wobei Gaelic Football, ohnehin die beliebteste Sportart Irlands, auch unter Spielerinnen immer beliebter wird. Hurling heißt für Frauenteams ›Camogie‹ und wird genauso hart gespielt wie bei Männern.

Gaelic Football ist, grob gesagt, eine Mischung aus europäischem Fußball und Rugby. Pro Team spielen 15 Spieler. Der etwa fußballgroße Ball wird mit Händen und Füßen gekickt und geworfen, allerdings darf er nicht länger als vier Schritte in den Händen gehalten werden. Das Spiel wird durch Punkte entschieden. Ein Punkt ist erzielt, wenn der Ball – wie auch immer – über die Torlatte geschossen wird, drei Punkte gibt es, wenn der Ball ins Tornetz geht.

Zu den Champions gehört Kerry, in letzter Zeit machen sich aber die Teams aus dem Norden, z. B. Armagh, im Gaelic Football einen Namen.

Hurling ist das älteste irisch-keltische Spiel, das seit mindestens 2000 Jahren gespielt wird. Und es ist angeblich die härteste Sportart der Welt, jedenfalls die gnadenloseste Mannschaftssportart.

Ähnlich wie beim Hockey wird mit einem Eschenholzschläger mit gebogenem und verbreitertem Ende, dem *hurley* oder auf Irisch *camán*, und einem kleinen Ball gespielt. Auch hier bestehen die Teams aus jeweils 15 Mann. Der Ball kann mit dem Schläger sowohl vom Boden als auch in der Luft geschlagen werden. Auch ist es gestattet, den Ball mit den Händen aufzuheben, aber auch hier nur für maximal vier Schritte. Wie beim Football wird nach Punkten gewertet, einen Punkt gibt es für den Ball über der Torlatte, drei für den Ball ins Tornetz.

Hurling ist eher ein Schwerpunkt in den Provinzen Munster und Leinster, wobei Cork mit den meisten Siegen der große Champion ist. Aber jedes von dieser Sportart begeisterte County hat seine eigenen Helden und vor allem den Ehrgeiz, wenigstens einmal ins Finale zu kommen.

Kunst und Kultur

Irlands originäre Kunstformen manifestieren sich in Musik, Tanz und Drama/Literatur sowie keltisch beeinflusster Ornamentik. Alle übrigen Kunstformen, wie Architektur und Malerei, sind von anderen kulturellen Einflüssen geprägt, auch wenn sich manchmal ein ganz eigener irischer Stil entwickelt hat.

Musik

Irische Musik, *traditional music*, ist ein weites Feld. Was außerhalb Irlands populär ist, hat oft meist nur am Rande mit irischen Traditionen zu tun, glaubt man den Puristen. Es ist ähnlich wie mit sogenannter klassischer Musik: Für manche hört sie dort auf, wo gewohntes Hörerlebnis durchbrochen wird oder allzu populär daherkommt. Es ist eine Frage der E- oder U-Musik.

Die Frage ist für Freunde dieser Musik jedoch eher akademisch, denn irische Musik hat sich aus uralten Traditionen, zahlreichen kulturellen Einflüssen und modernen Geschmäckern in viele Richtungen entwickelt. Das, was als irische Folkmusik bekannt ist, kann daher genauso als traditionell bezeichnet werden wie bestimmte Richtungen der Popmusik, der Countrymusik, der Balladenfolklore, ja sogar des Repertoires irischer klassischer Musiker.

Traditionelle Musik

Die traditionelle Musik Irlands ist, wie man sie heute hört, im wahrsten Sinne des Wortes **Volksmusik,** eine uralte Tradition, die vielen Einflüssen unterworfen war. Ursprünglich ist nur der Gesang, Musikinstrumente waren höfisch und zumeist der ärmeren Bevölkerung nicht zugänglich. Und Iren sind überdurchschnittlich begabt, was Gesang angeht. Mehr Leute als anderswo können tatsächlich singen und haben eine gute Stimme, was oftmals auf den Festivals, aber auch in den ländlichen Pubs festzustellen ist. Bei einer Session gibt es immer wieder die Soloeinlagen ganz ›normaler‹ Gäste, die **schwermütige Balladen** von Liebe, Tod und Heldentum singen, und zwar ohne Instrumentalbegleitung.

Diese Lieder sind manchmal sehr alt, manchmal auch nur neu akzentuiert, und romantisieren jenes Irland, das es längst nicht mehr gibt. Sie sind aber nicht gleichzusetzen mit den **Pubsongs,** jenen fröhlichen Trinkliedern, die zwar auch irische Tradition sind, aber von den echten Traditionalisten abgelehnt werden.

Traditionelle Musikinstrumente als solche gibt es nicht. Die irische Harfe, kleiner als die Konzertharfe, ist das einzige Instrument, das nachgewiesenermaßen seit frühirischen Zeiten in Gebrauch ist. Doch man hört sie nur noch selten auf den Festivals, obgleich sie einen unglaublichen Zauber ausübt. Der berühmteste Harfinist Irlands, der von so vielen Legenden umwoben ist wie andernorts Mozart, war Turlough O'Carolan (1670–1738), ein blinder Musiker, der durchs Land zog und dessen Kompositionen noch heute lebendig sind.

Auch die *uillean pipe,* der irische Dudelsack, ist in der populären Volksmusik eher selten zu finden. Beliebt ist aber immer noch die *bodhran,* eine Handtrommel aus Ziegenhaut, die mit einem Doppelklöppel geschlagen wird. Das häufigste Instrument heutzutage ist die *fiddle,* die Geige, gefolgt vom Akkordeon, der Concertina und der Querflöte, *flute,* wobei die *tin whistle,* eine kleine Blech-

Kunst und Kultur

flöte, eher ein Anfängerinstrument ist. Aber auch hier gibt es Virtuosen.

Ein ganz besonderer Stolz sind die **lokalen Besonderheiten.** Jede Region hat ihre eigenen Lieder und Melodien und eine jeweils besondere Art, sie zu interpretieren. Donegal, Clare und auch Kerry dürften dabei die Countys sein, die den größten Reichtum an traditionellen Stücken und auch hervorragenden Interpreten haben. Was aber nicht heißt, dass aus anderen Ecken Irlands nicht auch gute Musiker kommen.

Popmusik

Irische Traditionen haben auch die Popmusik beeinflusst und verleihen rockigen Rhythmen einen irischen Klang, wie beispielsweise einst bei den Boomtown Rats oder den Pogues oder bei Kilá, The Corrs, Brian Kennedy oder Enya. Selbst Sinéad O'Connor, skandalträchtige, aber stimmgewaltige Sängerin, besinnt sich hin und wieder auf ihre Wurzeln. Zu den bedeutenden irischen ›Exporten‹ gehören Musiker wie die Altrocker Van Morrison und U2. Aber auch jüngere Talente der Rockszene haben sich durchgesetzt, wie Snow Patrol aus Nordirland, The Frames mit Glen Hansard oder die Hothouse Flowers. Hinzu kommen Künstler wie Mick Flannery oder Imelda May, die durch die Clubs touren, aber durchaus Starqualität haben.

E-Musik

Sogenannte E-Musik erreichte in Irland nie die Popularität wie in den anderen europäischen Ländern. Zwar hat Georg Friedrich Händel seinen »Messias« 1742 in Dublin komponiert und uraufgeführt, doch für ihn, ebenso wie für andere Musiker seiner Zeit, war Irland nur ein potenzieller Kreis reicher Gönner, die seinerzeit in den anglo-irischen Kreisen zu finden waren. Eine eigenständige Konzert- oder Opernkultur mit staatlich subventionierten Häusern existiert nicht, wenn auch in Wexford z. B. alljährlich ein beliebtes Opernfestival veranstaltet wird und in den größeren Städten mit Theaterhäusern Gastspiele stattfinden. In jüngster Zeit haben sich daneben kleinere Konzertreihen oder sommerliche Opern- und Konzertveranstaltungen vor romantischen Schlosskulissen etabliert.

Interpreten gab und gibt es jedoch einige **von Weltrang,** nicht nur die Three Irish Tenors, die allerdings eher in Richtung leichte Muse inklusive populärer irischer Weisen tendieren, sondern auch solche Musiklegenden wie John McCormack (1884–1945) aus Athlone, der ›irische Caruso‹, oder heute der Flötist James Galway, der seine musikalische Laufbahn als Pfeifer beim Orange Order in Belfast und schließlich 1969 seine Weltkarriere als erster Flötist der Berliner Philharmoniker begann.

Tanz

Irischer Tanz wird gerne mit **Riverdance** gleichgesetzt: Tänzer in einer Reihe, Arme eng und bewegungslos am Körper und temperamentvolle Beinarbeit. Es ist faszinierend anzuschauen, aber doch die modernisierte Form einer noch nicht ganz so alten Entwicklung.

Diese Art des Tanzes, schlichtweg **Stepptanz,** entstand in Irland erst im 18. Jh., als gute Tänzer während der kleinen Tanz- und Musikabende in den Hütten der ländlichen Bevölkerung aufgefordert wurden, ein Solo hinzulegen und vermutlich wegen der beengten Räumlichkeiten auf kleinster Fläche ihre Beinkunst zeigen mussten, ohne mit den Armen zu wedeln.

Auf den zahlreichen Musikfestivals, auch bei den Tanzwettbewerben in **Irish Dancing,** treten die Mädchen und jungen Frauen in farbenfrohen und reich verzierten Tanzkostümen auf, die zwar mit irischen Ornamenten bestickt sind, aber erst vor nicht einmal 100 Jahren populär wurden. 1929 wurden diese und andere irische Tänze offiziell gefördert und mithin die Kostüme erfunden, gleichzeitig mit den charakteristischen Korkenzieherlöckchen. In diesen Wettbewerben und Aufführungen treten die Tänzer als Solisten auf, so wie früher auch.

Die Iren tanzen nach wie vor gerne und ergreifen jede Gelegenheit, um das Tanzbein zu schwingen. Das passiert bei traditionellen Sessions in den Pubs ebenso wie bei organisierten Tanzabenden. Aber es wird nicht gesteppt, vielmehr ist der **Set-dance** bei solchen Gelegenheiten der beliebteste Tanz, bei dem mindestens vier Paare in fließenden Schritten miteinander und im Wechsel im Kreis tanzen. Es gibt verschiedene Formen dieses Set-Tanzes, je nach dem speziellen Rhythmus der Musik, aber sie haben alle das gleiche Prinzip, nämlich die Gruppenformierung.

Literatur

Vier Nobelpreisträger für Literatur kann Irland vorweisen: 1923 **William Butler Yeats,** 1925 **George Bernard Shaw,** 1969 **Samuel Beckett** und 1995 **Seamus Heaney** – für ein kleines Land eine beachtliche Leistung. Aber nicht weiter verwunderlich, wenn man bedenkt, dass das Geschichtenerzählen und die Sprachkunst eine lange und tief verwurzelte irische Tradition haben.

Irische Erzählkunst ist in ihren Ursprüngen mündlich, die Schriftkultur wurde erst durch Mönche nach Irland gebracht. Auch sie schmückten gerne aus, wenn es um die Umschreibung nicht-christlicher Überlieferungen ging. Aber ohne sie wären viele der alten Geschichten verloren gegangen oder verwässert worden.

Zu den schönsten Geschichten gehören die frühirischen Mythen, die oftmals ähnliche Motive haben wie jene der klassischen Heldensagen um die Artus-Ritter. Es sind blumige und dramatische Geschichten um Kämpfe und Liebe, um Tod und Heldentum – eine Tradition, die sich bis in die zeitgenössische Literatur erhalten hat.

Die Klassiker

Die irischsprachige Kultur fand in ihrer Hochform im 17. Jh. ihr allmähliches Ende. Als (katholische) Iren kaum mehr eine Chance hatten, sich Bildung anzueignen und sich somit schriftlich auszudrücken, begann der Siegeszug der anglo-irischen Literatur, die ihre Inspiration zwar aus irischen Traditionen schöpfte, aber eher in der englischen Kultur ihrer Zeit verwurzelt war. Zu diesen anglo-irischen Literaten gehörte **Jonathan Swift** (1667–1745), dessen Roman »Gullivers Reisen« keineswegs ein Kinderbuch ist, sondern eine herbe Kritik an den herrschenden Verhältnissen in Irland mit den Mitteln fantastischer Übertreibung.

Auch **Bram Stoker** (1847–1912), ein Dubliner Beamter mit Schwäche fürs Makabre, griff auf die alten irischen Mythen der ›Anderwelt‹ unter viktorianischen Bedingungen zurück. Nachdem er ein erstes Werk über eine weibliche Untote geschrieben hatte, erlangte er mit seinem archetypischen »Dracula« einen Platz in der Horrorgeschichte der Literatur.

Die Hinwendung zum Diesseits symbolisiert **Oscar Wilde** (1854–1900), ein typisches Kind der Dubliner Großbourgeoisie, der mit seiner Libertinage weit über seine Zeit und auch Irland hinaus war.

Irisches Revival

Ende des 19. Jh. entstand eine gälische Renaissance mit der Galionsfigur **William Butler Yeats** (1854–1939), der sich in seinen Gedichten und Theaterstücken der keltischen Mystik verschrieben hatte, die aus der Sicht seiner privilegierten Herkunft dem ländlichen Irland Referenz erwies. Seine heute oft als kitschig empfundene Lyrik legte jedoch in gewisser Weise den Grundstein für ein idealisiertes Irland, das es allerdings noch nie gab.

Der gleiche Vorwurf wird manchmal auch **John Millington Synge** (1871–1909) gemacht, der nach irischen Wurzeln suchte und einen Mythos schuf, den noch heute die Tourismusindustrie nährt. Eines seiner Hauptwerke ist das Buch »Die Aran-Inseln«, in dem er das einfache und harte Leben der Menschen auf diesen kargen Inseln als mehr oder weniger romantisches Dasein schilderte.

Den Höhepunkt literarischen Schaffens markieren jedoch die Werke von **James Joyce** (1882–1941). Sein »Ulysses« gehört zu den Romanen, die Literaturhistoriker wegen der innovativen und eigentlich schwer verständlichen Sprache rühmen. Er soll die Literatur

Kunst und Kultur

Joyce, die irische Schriftstellerlegende, und die Jugend

Europas im 20. Jh. nachhaltig beeinflusst haben. Ein populäres Werk in dem Sinne, dass es von vielen gelesen wird, ist es jedoch in Irland selbst nicht. Es heißt, man brauche exakt zwei Pints Bier, um dem wirren Redefluss folgen zu können, da Joyce seine Bücher ebenfalls mit mindestens zwei Pints intus geschrieben habe … Und man braucht natürlich eine profunde Kenntnis der irischen Verhältnisse seiner Zeit, um wenigstens ansatzweise zu verstehen, worüber er schrieb.

Realismus

Kurzgeschichten oder Novellen sind eine Spezialität Irlands, pointierte Stories, wie sie in der mündlichen Tradition manifestiert sind. Irische Autoren, von den anglo-irischen Romantizismen befreit, fanden ihre literarische Ausdrucksform, die ein neues und bis heute beliebtes Sujet behandelt: die mystifizierte miserable irische Kindheit oder auch den Realismus, der sich auf die elendiglich-heroischen Aspekte der irischen Geschichte und des Katholizismus konzentriert.

Frank O'Connor (1903–1966) gehört ebenso zu jenen Autoren wie **Seán O'Faoláin** (1900–1991), **Liam O'Flaherty** (1896–1984) und in der Gegenwart immer noch **William Trevor** (geb. 1928), der feine Miniaturen über irische Befindlichkeiten schreibt, die in Form und Inhalt zeitlos sind. Ein gewisser Humor, ein Sinn für das Komische im Elenden ist dabei ein weiteres Charakteristikum, am absurdesten ausgeprägt bei **Flann O'Brian** (1911–1966), der mit seinen Geschichten über den Alltag der irischen Landbevölkerung dem ganzen vollbärtigen Nationalismus des ›Irischseins‹ einen grotesken Spiegel vorhielt.

Ein solcher Spiegel war in Irland nicht immer gern gesehen, besonders dann, wenn eine Frau ihn hielt. **Edna O'Brien** (1932 geb.) ist nach wie vor eine der großartigsten Schriftstellerinnen Irlands, die mit sprachgewandter, aber gnadenloser Kritik der sozialen Verhältnisse bis heute aneckt. Ihre ersten Bücher, die Trilogie der »Country-Girls«, in der sie nahezu unverhüllt die Bigotterie und Verlogenheit in einer dörflichen Gemeinde anprangert, die unschwer als ihr Heimatdorf in East Clare zu erkennen war, wurden zum Skandal. Ihre Bücher waren nicht nur bis in die 1960er-Jahre in Irland verboten, sondern wurden sogar auf Anweisung des lokalen Priesters ihres Dorfes verbrannt.

Die Aufarbeitung einer »elenden irischen Kindheit« hat auch **Frank McCourt** (1930–2009) geleistet, der mit »Die Asche meiner Mutter« einen Welterfolg landete. Nicht so jedoch in Limerick, der Stadt seiner Kindheit, die sich in schlechtes Licht gerückt fühlte. Was sich aber schnell legte, als sich herausstellte, dass sich mit »Angela's Ashes«, wie das Buch im Original heißt, durchaus Touristen anlocken lassen.

Nordirische Literatur

Den aktuellen politischen Konflikten in Nordirland wird in der Literatur bislang wenig Aufmerksamkeit geschenkt, auch wenn es zahllose Bücher gibt, die diesen Konflikt in der einen oder anderen Form aufarbeiten. Doch sie sind vielleicht zu spezifisch, um über die englischsprachige Welt hinauszureichen.

Zu den bekanntesten nordirischen Autoren gehört **Brian Moore** (1921–1999). Er wanderte nach Amerika aus und machte zunächst mit sehr eindringlichen Porträts von Frauen, die der nordirischen Frömmigkeit ausgeliefert sind, von sich reden. **Eoin McNamee** (geb. 1961) zeichnet in seinen Büchern sehr eindringlich die düstere Seite des Bürgerkriegs und der sektiererischen Vergangenheit Nordirlands. Bitteren Humor zeigt hingegen **Colin Bateman** (geb. 1962), dessen Bücher halb Krimi, halb Groteske sind und damit die alltägliche Scheinheiligkeit ins Lächerliche ziehen.

Modernes Irland

Das neue Irland spiegelt sich auch in der zeitgenössischen Literatur wider, allerdings selten kontrovers oder jammernd, sondern eher mit der Selbstverständlichkeit, mit der auch andere Erzähler ihre Themen finden. **Dermot Bolger, Roddy Doyle** und auch **Joseph O'Connor** greifen durchaus den Geist der Zeit auf, schauen aber auch über den Tellerrand des ›typisch Irischen‹ hinaus. Auch **Colm Tóibín** und **Colum McCann** gehören in diese Kategorie. Internationalen Erfolg haben auch irische Schriftstellerinnen, die sich eher romantischen Themen widmen, manche mit mehr, andere mit weniger Anspruch. Zu den bekanntesten zählen **Maeve Binchy, Marian Keyes** und **Cecilia Ahern.**

Die moderne irische Gesellschaft hat darüber hinaus auch ein neues Genre hervorgebracht: den Krimi, dessen Palette von witzig über sozialkritisch bis schwarz reicht. **Ken Bruen** lässt seinen Privatdetektiv durch ein gar nicht so malerisches Galway stolpern, während Autoren wie **Tana French** oder **Declan Hughes** die dunkle Seite Dublins zeigen, sei es als kluges Sozialdrama oder als Schlaglicht auf die kriminelle Unterwelt der Stadt. **Brian McGilloway** hat den Polizeihelden auf dem Land geschaffen. **Claire McGowan** lässt ihre Heldin im nordirischen Grenzgebiet auf Mördersuche gehen, und **Adrian McKinty** schuf einen einzigartigen (katholischen) Polizisten, der im nordirischen Carrickfergus gegen Mord und Sektierertum kämpft.

Film

Irische Filmemacher waren lange Zeit darauf angewiesen, ausländische Produzenten für ihre Projekte zu finden, da das staatliche Interesse trotz einiger Versuche, den einheimischen Film zu fördern, nur peripher war. Auch private Produzenten waren kaum zu begeistern. Der irische Markt ist viel zu klein, um eine eigene Filmindustrie zu erschaffen. Der Preis für die Finanzierung durch Nicht-Iren war u. a. der Einsatz von Hollywoodstars, denen eine glaubwürdige Darstellung irischer Helden nur

Kunst und Kultur

selten gelang. Das mag in deutscher Synchronisation nicht so auffallen, aber ein Brad Pitt, der sich in irischem Akzent versucht (und scheitert), oder eine Julia Roberts, die als Irin einen breiten Südstaatenakzent spricht, führen in Irland selbst eher zu Lachanfällen.

Dabei hat Irland selbst einige Hollywoodstars hervorgebracht, die aber meist mehr mit ihren US-amerikanischen Produktionen identifiziert werden als mit ihren irischen. Zu den Großen gehören Liam Neeson, Pierce Brosnan, Gabriel Byrne, Brenda Fricker, Colin Farrell und der Deutsch-Ire Michael Fassbender.

Eine weitere Konzession an den internationalen bzw. US-amerikanischen Geschmack ist die spezielle irische Thematik und Darstellung. Der Nordirland-Konflikt gehörte dabei zu den beliebtesten Themen; wenn von Hollywood aufgegriffen, dann als Actionfilm oder romantisierende Schmonzette, in der Irland als so urtümlich und die Iren als so liebenswert-schlitzohrig dargestellt werden, dass es einen graust.

In Irland selbst war das Hauptthema im Film überwiegend die eigene Geschichte, oftmals heroisch verklärt und um Emigration oder Unabhängigkeitskrieg zentriert. Oder es waren Literaturverfilmungen, manchmal experimentell, manchmal aber auch zu brav wegen der bis in die 1960er-Jahre strikten Filmzensur und deswegen oft sterbenslangweilig.

Gleichwohl brachten irische Filmemacher auch großartige Werke auf die Leinwand, die sich als international erfolgreich erwiesen. **Mein linker Fuß** (1989) von Jim Sheridan z. B. erzählt die Geschichte des schwerstbehinderten Christie Brown, der lernte, mit seinem Fuß erstaunliche Geschichten zu schreiben. Daniel Day-Lewis bekam für seine Darstellung des Christie einen Oscar verliehen.

Jim Sheridan ist einer der begabtesten Regisseure Irlands, der stimmige Geschichten ohne Sentimentalität in eindrückliche Bilder umzusetzen weiß. **Das Feld** (1990) beispielsweise erzählt in ruhigen Bildern vom Kampf eines Mannes um Land, ein Kampf, dem er alles opfert. Auch Neil Jordan gehört zu den besten und erfolgreichsten Filmemachern, die Irland hervorgebracht hat. Sein von Hollywood finanziertes Werk **Michael Collins** (1996), ein biografisches Werk über die kontroverse Gestalt des Unabhängigkeitskrieges, erhielt 1996 den Goldenen Löwen der Biennale in Venedig. Auch eines seiner jüngeren Werke, **In Amerika,** die teilweise autobiografische Geschichte einer irischen Emigrantenfamilie, errang einigen Achtungserfolg, war dann aber doch zu persönlich, um international anerkannt zu werden.

Nordirland im Film

Der Bürgerkrieg und seine Auswirkungen sind das dominierende Thema, im wirklichen Leben, in der Literatur und auch im Film. Es sind entsprechend traurige Filme, die kaum je ein Happyend vorsehen. Auch halten sie sich von politischen Belehrungen fern, zeigen stattdessen das menschliche Elend und auch die Widersprüche. **Mütter & Söhne** (1996) von Terry George erzählt die Geschichte des Hungerstreiks von Bobby Sands und seinen Mitstreitern aus der Sicht der Mütter. Thaddeus O'Sullivans **Nothing Personal** (1996) thematisiert den Hass und die Unmöglichkeit einer Freundschaft zwischen Katholiken und Protestanten in Belfast, während Neil Jordans **The Crying Game** (1993) die Geschichte eines IRA-Mannes erzählt, der eine Geisel, einen schwarzen britischen Soldaten, erschießen soll und an diesem Auftrag verzweifelt. In dem Film **Im Namen des Vaters** (1993) von Jim Sheridan und Terry George wird zwar politisch Stellung bezogen, aber die Protagonisten kommen dabei keineswegs heldenhaft davon. Der Film erzählt die Geschichte der Guildford Four, die in England unschuldig als IRA-Bomber verurteilt wurden, nur weil sie Iren waren.

Sozialkritische Filme

Das moderne Irland hat auch Filme hervorgebracht, die sich mit Realitäten jenseits irischer Romantik auseinandersetzen und neue Kontroversen hervorrufen. Dazu gehört der beeindruckende Film **Die unbarmherzigen Schwestern** (2002), in dem die brutale Herrschaft der Kirche so drastisch geschildert wurde, dass die katholische Hierarchie noch

Film

Film and Photography Centre in Dublin

im 21. Jh. auf die Barrikaden ging. Es handelt sich um die bis in die 1990er-Jahre aktiven Nonnenklöster, in die ›gefallene‹ Mädchen und Frauen abgeschoben und unter unglaublichen Bedingungen als Sklaven gehalten wurden.

Kriminalität in Irland auf anderer Ebene wird auch in dem Film **Veronica Guerin** (2002) dargestellt. Er zeigt die wahre Geschichte einer Journalistin, die zu offen den Finger auf das organisierte Verbrechen in Dublin legte und mafiamäßig erschossen wurde. In die gleiche Richtung geht der Film **The General** (1998), der die kalt-realistische Entwicklung eines Gangland-Bosses ins Bild setzt.

Location

Irlands Landschaft wird gerne benutzt, um einer Geschichte den urtümlichen Hintergrund zu liefern, und manchmal spielt sie dabei letztlich die Hauptrolle, wie in David Leans **Ryans Tochter** (1970), einem epischen und wunderbaren Drama, dessen großartige Landschaftsaufnahmen jedes Touristenherz erfreuen.

Aber Irlands Schönheiten wurden auch in Filmen genutzt, die mit Irland nichts zu tun haben. **Braveheart** (1994) von Mel Gibson beispielsweise, eine schottische Heldensaga, wurde unter anderem auch auf Trim Castle und in den Wicklow Mountains gedreht, die Normandie-Landungsszene in **Der Soldat Ryan** (1998) an einem Strand in Wexford und John Hustons **Moby Dick** (1956) in Cork – was von den jeweiligen Tourismusbehörden immer wieder gerne vermarktet wird.

Kunst und Kultur

Architektur

Architektonische Meisterwerke haben die Iren nicht erfunden. Alles, was in irgendeiner Form Eleganz oder Originalität repräsentiert, ist importiert. Und die wenigen Bauten, die tatsächlich noch originär irisch sind, verschwinden mehr und mehr von der Bildfläche zugunsten steriler bis absolut hässlicher Bauwerke.

Zu den architektonischen Stereotypen Irlands gehört z. B. das reet- oder strohgedeckte Bauernhäuschen, das **thatched cottage,** das aber allmählich aus der Landschaft verschwindet. Es gibt in ganz Irland nur noch etwa 2000 solcher Häuser, oftmals nur noch in Museumsdörfern oder als Ferienhaussiedlungen, auch beliebt als Postkartenmotiv, Kühlschrankmagnet oder in Miniatur mit Torfgeruchräucherkegel. Vielerlei Gründe sind für das Verschwinden dieser Art der Architektur verantwortlich: Die Feuerversicherung ist um ein Vielfaches höher als für ›normale‹ Häuser, die Pflege des Daches teurer und die traditionelle Architektur zwar malerisch, aber die Häuser für Familien mit gehobeneren Ansprüchen zu klein und zu unpraktisch sind. Was überlebt, ist der allgegenwärtige Bungalow oder das teuer und meist von Ausländern oder den wenigen geschichtsbewussten Iren restaurierte **Farmhaus.**

Crannógs und Ringforts

Zu den ersten Siedlungsformen Irlands gehören die **Crannógs,** künstliche Inseln in Seen mit zwei bis drei Schilf- und Lehmhütten, die von einem Palisadenzaun umgeben waren und somit den Bewohnern Schutz vor Feinden und wilden Tieren boten. Es gibt sie nur noch als museale Nachbauten, wie in Cragganowen im County Clare.

Häufiger und im Original kommen noch die **Ringforts** vor, von denen es ca. 30 000 in Irland gibt und die überwiegend aus vorkeltischer Zeit stammen. Es handelt sich um ringförmig angelegte Befestigungsanlagen mit konzentrischen Steinmauern oder Erdwällen, deren Bedeutung bis heute nicht ganz geklärt ist. Es ist ungewiss, ob sie auf Kultstätten oder Befestigungsanlagen um längst verfallene Lehmhütten zurückgehen. Manche von ihnen sind touristisch erschlossen. Der Großteil jedoch steht einsam in der Landschaft oftmals kaum noch auszumachen und auf jeden Fall ohne Besucherzentrum und Eintrittsgeld.

Klostersiedlungen

Die frühen Klostersiedlungen gehören zu den ersten Steinbauten, die teilweise bis heute erhalten sind. Zunächst erbauten die frühchristlichen Mönche Kirchen aus Stein, die noch winzigen Hütten glichen. Die frugalen Unterkünfte der Mönche selbst, nach ihrer konischen Form **Bienenkorbhütten** (beehive huts) genannt, sind ein Musterbeispiel für eine ausgeklügelte Technologie, die schon bei den Ringforts Anwendung fand: Feldsteine wurden so aufeinandergeschichtet, dass der Regen nicht durch die Mauern dringen konnte und sich die Konstruktion ohne Hilfsmittel selbst trug. Solche Hütten findet man hauptsächlich auf Skellig Michael und auf der Dingle-Halbinsel. Das Prinzip dieser Bauweise lebt noch heute in den Trockensteinmauern fort, die nicht nur als Erosionsschutz für die Felder dienen, sondern auch die Feldsteine sinnvoll nutzen.

Die **Klosteranlagen,** die ab dem 12. Jh. entstanden, wurden von Mönchen errichtet, die vom Kontinent nach Irland kamen und erstmals die neuen Ordensregeln einführten. Diese Abteien und Klöster, oftmals nur noch als Ruinen vorhanden, waren geschlossene Anlagen, die dem Christentum eine neue, nämlich elitäre Bedeutung gaben. Erstmals wurde in der Architektur dieser Bauten die **gotische Ornamentik** eingeführt. Der reiche Steinmetzschmuck ist heute noch u. a. an den Ruinen von Mellifont Abbey und Jerpoint Abbey zu bewundern.

Rundtürme und Hochkreuze

Die Überfälle der Wikinger etwa ab dem 9. und 10. Jh. veranlassten die Mönche, die charakteristischen schlanken **Rundtürme** mit dem konischen Dach zu bauen. Sie dienten als Ausguck, Schatzkammer und Zuflucht

Architektur

und galten unter damaligen Umständen als relativ uneinnehmbar: Aus massivem Stein gebaut, befanden sich die Eingänge mehrere Meter über dem Boden und waren nur durch Leitern zu erreichen.

Zu den prachtvollsten Hinterlassenschaften frühchristlicher Steinbaukunst gehören die **Hochkreuze,** die wie in Monasterboice über 6 m hoch sein können. Die Kreuze wurden mit üppigem ornamentalen oder Figurenschmuck versehen, der meist Szenen aus der Bibel darstellt. Diese Kreuze wurden nicht nur in Klostersiedlungen errichtet, sondern auch auf Marktplätzen der mittelalterlichen Städte.

Noch heute findet man das charakteristische Keltenkreuz als Grabmal auf den Friedhöfen.

Burgen und Turmhäuser

An allen strategisch günstigen Orten Irlands – an Flussübergängen, wichtigen Häfen oder auf Hügeln – sind die Ruinen der **Normannenburgen** zu finden, manchmal gewaltige Festungsanlagen, die ab dem 12. und 13. Jh. von den anglo-normannischen Eroberern errichtet wurden, um nicht nur ihre Herrschaft zu festigen, sondern auch um den irischen Angriffen zu trotzen.

Die irischen Clanherrscher schauten sich diese Architektur ab und bauten ab dem 15. und 16. Jh. **Turmhäuser** – am besten erhalten in Bunratty –, die oft noch von einer hohen Mauer umgeben waren. Sie dienten ebenso als Wehr- wie als Wohnturm.

Georgianische Wohnkultur

Im 18. und 19. Jh. enstanden unter der Herrschaft der hannoversch-englischen Könige mit Namen George aufwändige Landhäuser und Stadtvillen. Dublin vor allem erfuhr in dieser Zeit einen Bauboom, der bis heute die besseren Stadtviertel prägt, wie rund um den Merrion Square. Schmale hohe Häuser mit Backsteinfassade, nach oben hin sich verjüngende Fenster und prachtvolle Türen – die berühmten **Dublin Doors** – kennzeichnen die Villen des niederen Adels und des Bürgertums, während die wirklich Reichen sich prachtvolle Palais, wie das Leinster House, das heutige Parlament, errichten ließen. Zu den wichtigsten Architekten jener Zeit gehörten James Gandon, der u. a. die Four Courts und das Custom House entwarf, sowie Richard Castle oder auch Cassell, der tatsächlich aus dem hessischen Kassel kam. Ihm sind einige der schönsten Bauten zu verdanken, wie oben erwähntes Leinster House, Powerscourt und Russborough House in Wicklow oder auch Westport House in Mayo.

Auch die **Landsitze des Adels** enstanden in dieser Zeit nach dem Vorbild des palladianischen Stils, einer Mischung aus Renaissance und Spätbarock mit georgianischen Einflüssen. Kleinere Landhäuser, meist nicht mehr als große Bauernhäuser, entstanden in diesem Stil und sind noch heute im ganzen Land zu finden.

Kirchen

Die ältesten Kirchenbauten stammen aus frühchristlicher Zeit, auch wenn es sich wie in Glendalough oder Clonmacnoise um kleine Häuschen handelt, die heute keine aktive sakrale Bedeutung mehr haben. Die Kirchenbauten, die ab dem 12. und 13. Jh. enstanden, sind fast alle protestantisch, gehören wie die Christ Church Cathedral in Dublin zur Church of Ireland.

Während der Reformation wurden sämtliche Kirchenbauten in protestantische Kirchen umgewidmet. Katholische Kirchen gab es wegen des zeitweisen Verbots der katholischen Religionsausübung keine mehr.

Erst während und nach der katholischen Emanzipation im 19. Jh. entstanden neue Kirchen für die katholischen Iren, weswegen diese Kirchen entweder im neogotischen oder später auch im schmucklos modernen Stil entworfen wurden. Sehr schön sind beispielsweise die beiden Kathedralen in Armagh, beide nach St. Patrick benannt: Die katholische ist ein schlanker neogotischer Prunkbau, während die sehr viel ältere protestantische ein Stück wuchtiges Mittelalter repräsentiert.

Essen und Trinken

Irland ist reich an landwirtschaftlichen Produkten von hoher Qualität. Doch erst in den vergangenen Jahren, auch dank des kulinarischen Einflusses aus aller Welt, hat sich nicht nur die kulinarische Palette erweitert, sondern wird auch Wert auf eine kreative Zubereitung mit frischen einheimischen Produkten gelegt.

Spezialitäten

Ein Hoch der Kartoffel

Die Zeiten, da die **Kartoffel** das Hauptnahrungsmittel der Iren war, sind zwar schon lange vorbei, nicht so aber die Vorliebe für das Knollengewächs in allen möglichen Variationen. Das fängt bei den *crisps* an, den Kartoffelchips, am liebsten der Marke ›Tayto‹ mit Salz und Essiggeschmack, über *chips,* also Pommes Frites, die es bis auf wenige Ausnahmen zu allen Gerichten gibt, bis hin zu dem mit viel Mayonnaise zubereiteten matschigen Kartoffelsalat sowie dem gebratenen Kartoffelbrot.

Qualitativ hochwertig: Fleisch, Fisch und Meeresfrüchte

Darüber hinaus hat man sich in Irland aber auch auf andere heimische Spezialitäten besonnen, die zwar stets vorhanden waren, aber eher beiläufig und ohne Fantasie serviert wurden. Die Rückbesinnung auf diese Spezialitäten, zusammen mit dem frisch gewonnenen Ehrgeiz, sie gekonnt zuzubereiten, hat der ansonsten traditionell faden irischen Küche einen neuen, guten Ruf verliehen.

Dazu gehört **Lammfleisch,** das insbesondere in bergigen Regionen als *mountain lamb* angeboten wird und richtig zubereitet zartschmelzend und mit leicht würzigem Geschmack auf der Zunge zergeht. Eine Lammkeule, über mehrere Stunden im Backofen gebrutzelt, ist eine Delikatesse. Seltener ist **Schaffleisch,** *mutton,* das einen schärferen Geschmack hat und eigentlich gut in Eintopfgerichte passt.

Rinder aus Irland sind in der ganzen Welt gefragt. Sie weiden das ganze Jahr über auf den immergrünen Wiesen, wenn auch im Winter zusätzlich mit Heu ernährt, haben ein durchaus fröhliches Leben ohne enge Stallungen und bieten neben Milch die besten Steaks der Welt. Gute Restaurants beziehen ihr Fleisch vom lokalen Metzger, wie auch Selbstversorger unter den Touristen tun sollten. Die Kontrollen sind streng und die Dorfmetzger legen großen Wert auf erstklassige Qualität und gute Verarbeitung. Zudem beziehen sie ihr Fleisch von lokalen Farmern, sie kennen, wie es heißt, jedes Rind persönlich.

Merkwürdigerweise war **Fisch** in der Vergangenheit lediglich ein Bestandteil von *fish & chips,* eine Kombination aus Pommes mit irgendeinem Seefisch, meistens Kabeljau, in einer Mehl- oder Semmelbröselpanade frittiert. Irland mit all den Seen, Flüssen und der Atlantikküste bietet einen Reichtum an Fischen, der nur darauf wartete, gekonnt zubereitet zu werden.

Zu den köstlichsten Spezialitäten gehört der **Räucherlachs.** Es gibt entlang der Küste zahlreiche kleine Räuchereien, die neben dem normalen Zuchtlachs auch Lachs aus Biozucht oder Wildlachs im Angebot haben. Aber selbst in Supermärkten findet man feine Lachsspezialitäten. Lachs vom Grill oder auch pochiert gehört auf nahezu jede Spei-

Spezialitäten

sekarte, neben Seeforellen, Schellfisch, Kabeljau und Scholle.

Meeresfrüchte gibt es ebenfalls in großer Fülle. Zu ihnen gehören Muscheln jeglicher Art, vor allem Austern, die traditionellerweise an der Westküste mit Guinness heruntergespült, aber auch überbacken serviert werden, auch Hummer sowie getrocknete Algen, *dulse,* die als Snack ebenso verwendet werden wie als Zusatz zu Speisen.

Ein Highlight: der Käse

Üblicherweise gibt es in allen Läden den **cheddar,** einen harten oder halbharten Käse in kleinen Quadern, der in den Farben Gelb oder Orange verkauft wird, Letzteres dank einer Karotineinfärbung, was nichts mit dem Geschmack zu tun hat. Weniger in Supermärkten, wo es mittlerweile auch europäische Käsesorten gibt, dafür eher in den kleinen Läden und auf Bauernmärkten gibt es einheimische Käsesorten, die aus Kuh-, Schaf- oder Ziegenmilch eine eigene Qualität entwickelt haben und sogar international ausgezeichnet wurden.

Noch entwicklungsfähig: ›Grünzeug‹

Ein Tiefpunkt der traditionellen irischen Küche ist bislang **Gemüse.** Um Missverständnissen bei der Bestellung vorzubeugen: Auch Kartoffeln gelten oft als Gemüse. Typisch ist *cabbage,* eine Weißkohlart, die gekocht oder gedünstet wird. Verbreitet sind auch *parsnips,* Pastinaken, deren Geschmack man allerdings mögen muss. Weitere Gemüsearten, die überall auf dem Küchenzettel stehen, sind Erbsen und Karotten. In Restaurants hingegen werden auch Brokkoli oder exotischere Gemüsesorten angeboten. Leider hat sich noch nicht überall durchgesetzt, dass Gemüse nicht überkocht werden sollte. Außer in besseren Restaurants werden sie daher oft eher leicht matschig serviert.

Auch die Salatkultur setzt sich erst langsam durch. Was in Kontinentaleuropa ein Salat mit frischem Blattzeug und Gemüsen in einer Vinaigrette ist, kann in Irland ein Klacks mit in Mayonnaise getränktem Weißkohl sein, dem *coleslaw.* Es kann auch passieren, dass Salat einfach noch als Viehfutter angesehen und schlichtweg als ein paar grüne Blätter mit Tomaten ohne jegliche Zubereitung serviert wird. In den Städten oder eher touristischen Orten jedoch bekommt man manchmal durchaus überraschende Salatkreationen.

Backwaren: deftig oder süß

Ein breites Angebot an Backwaren entwickelte sich erst in jüngster Zeit, vor allem in Hinblick auf gesunde Vollkornprodukte. Traditionell ist das **Sodabrot,** das es als Vollkorn- und als Weißmehlvariante gibt. Es sind Brote, die ohne Hefe, nur mit einem Bestandteil von Backpulver plus Buttermilch gebacken werden und im Prinzip nur frisch zubereitet schmecken. Sie sind leicht süßlich und sehr krümelig, aber dank moderner Konservierungsmittel mittlerweile auch länger haltbar.

Das Gleiche gilt für **scones,** auch als ›irische Brötchen‹ bekannt, die vorzugsweise zum Nachmittagstee zusammen mit Butter und Marmelade gereicht werden. Traditionell sind sie voller Rosinen, aber es gibt sie auch einfach oder mit Vollkorn gebacken.

Rosinen und Korinthen gehören in fast alle traditionellen süßen Backwaren. So auch in **mince pies,** die es allerdings nur um die Weihnachtszeit gibt. Die kleinen runden und gedeckten Mürbeteigteilchen sind mit allerlei Trockenfrüchten gefüllt, werden meist warm und mit Sahne oder *brandy butter,* einer fetten Creme mit Alkoholgeschmack, genossen. Ein **brack** ist ein schwerer Rosinenkuchen, voller Butter und Zucker, manchmal mit Guinness verfeinert, auf jeden Fall ebenfalls ein winterliches Gebäck.

Der Lieblingskuchen der Iren ist **apple pie.** Irland, insbesondere das County Armagh mit seinen ausgedehnten Apfelplantagen, hat ganz eigene Apfelsorten entwickelt, die dem Klima angemessen sind. Zu den einheimischen Sorten gehört auch eine Kochapfelart, die vorzugsweise für diesen runden gedeckten Apfelkuchen aus Mürbeteig benutzt wird.

Eine relativ neue Errungenschaft sind die **Schokoladenmanufakturen.** Hier haben die Iren eine echte Alternative zu den eher

Essen und Trinken

Whiskey – ein goldenes Labsal

Neben Guinness zählt Whiskey zu den Nationalgetränken Irlands – seine Beliebtheit hat über die Jahrhunderte hinweg nicht abgenommen. Bis Anfang des 20. Jh. gab es noch Hunderte von Whiskeydestillerien auf der Insel, von denen nur noch wenige übrig geblieben sind. Diese gehören jedoch zu den feinsten der Welt.

»In Maßen genossen«, beschreibt ein Chronist im 16. Jh. den irischen Whiskey, »vertreibt er den Schnupfen, klärt den Geist und beflügelt die Sinne, heilt Wassersucht, löst Nierensteine, beseitigt Harngrieß und lässt Verdauungsbeschwerden verpuffen, bewahrt und schützt die Augen vorm Brennen, die Zunge vorm Lispeln, die Zähne vorm Klappern, die Kehle vorm Kratzen, die Luftröhre vor Verhärtung, den Magen vor Krämpfen, das Herz vor Schwellung, den Bauch vor Blähung, die Därme vorm Rumpeln, die Hände vorm Zittern, die Sehnen vor Schrumpfung, die Venen vor Verkalkung, die Knochen vor Schmerzen, das Mark vor Schwund.«

Whiskey ist Lebenselixier, seine Erfindung eine gottgefällige Tat. Schließlich waren es fromme irische Mönche, die das heilsame Wunderwerk bereits im 6. Jh. brannten, vermutlich zunächst zur äußeren Anwendung. »Uisce Beatha« nannten sie das belebende Gebräu, Lebenswasser, was erst sehr viel später verkürzt und anglisiert zu Whiskey – und von den fremden Herren lizensiert wurde.

Nur drei Grundbestandteile sind notwendig, um das samtig goldene Getränk herzustellen: Gerste, Hefe und Wasser. Anders als der schottische Whisky – ohne e geschrieben – wird die gemalzte Gerste in Irland nicht über Torfrauch getrocknet, sondern über geschlossenen Feuern. Zudem wird die Maische auf traditionelle Weise dreimal gebrannt und das Destillat mindestens fünf Jahre, meist aber zehn bis zwölf Jahre, in alten Eichenfässern gelagert, was dem irischen Whiskey seine besondere Milde verleiht.

Seit die Kunst des Destillierens auch außerhalb der Klöster betrieben wurde, gab es den schwarzgebrannten Whiskey, Poitín genannt. Whiskey im eigentlichen Sinne ist das allerdings nicht. Es wird gebrannt, was das Feld hergibt, manchmal Getreide, auch mal Kartoffeln, Hauptsache es geht gut ins Blut. Lange gelagert wird Poitín meist nicht, weswegen er stets ein klarer und sehr hochprozentiger Schnaps ist. Beliebt ist das Gesöff noch immer, aber es ist auch illegal und nur für Eingeweihte erhältlich. Für Touristen gibt es allerdings eine legalisierte bereinigte Sorte.

Whiskey trinkt man handwarm und pur oder bestenfalls mit einem winzigen Schuss Wasser. Das berühmteste und außerhalb Irlands beliebteste Whiskeymixgetränk ist der Irish Coffee, brühend heißer Kaffee mit einem Schuss Whiskey, etwas braunem Zucker und einer Decke aus halbgeschlagener Sahne, die man auf keinen Fall verrühren darf. An kalten und feuchten Tagen ist der Hot Whiskey ein wahrer Segen, der ganz im Sinne der Gesundheit getrunken wird. Er besteht aus Whiskey, heißem Wasser, Zucker, einer mit Nelken gespickten Scheibe Zitrone und je nach Geschmack einer Prise Zimt. Wenn das noch nicht genug aufwärmt, dann sorgen ein weiterer Hot Whiskey oder auch zwei auf jeden Fall für das seelische Wohlbefinden …

Whiskey weckt die Lebensgeister

Whiskey

Thema

Essen und Trinken

pappigen Cadbury-Süßigkeiten entwickelt. Die meist handgefertigten dunklen Schokoladen und Pralinen, die kleine Betriebe bislang auf lokaler Ebene produzieren, sind oftmals einzigartig gut und kreativ in Verarbeitung und Geschmacksrichtung.

Traditionelle Gerichte

Die alten Gerichte nach Hausmannsart, schlicht, manchmal auch schmackhaft und vor allem nahrhaft, sind heute nur noch selten in Restaurants zu finden. Gleichwohl gibt es in ländlichen Regionen oder auch speziell für Touristen noch immer die bewährten Gerichte, wenn auch in verfeinerter Version.

Irish Stew: das irische Traditionsgericht schlechthin. Der Eintopf aus Hammel- oder Lammfleisch, Kartoffeln, Karotten und Zwiebeln gart über Stunden auf kleiner Flamme und wird mit Thymian und Rosmarin gewürzt.

Bacon and Cabbage: gebackener Schweineschinken mit mehlig gekochten Kartoffeln und meist matschig gekochtem Weißkohl. Eine wirklich nahrhafte Angelegenheit, die schwer im Magen liegt, aber, wenn nicht allzuviel Fett verwendet wird, eigentlich recht kalorienarm ist. Normalerweise ist dies ein Oster-, manchmal auch Weihnachtsgericht, wenn im Familienkreis ein riesiger Schweineschinken mit Honig bepinselt gebacken wird.

Dublin Coddle: ein schlichtes Eintopfgericht, das ohne viel Aufhebens eine ganze Familie preiswert sättigt – Schweinswürstchen mit Kartoffeln und Zwiebeln.

Seafood Chowder: ein Eintopf, der buchstäblich viele Verwässerungen erleben kann. Im Prinzip handelt es sich um eine Suppe, in der alle möglichen Fische und Meeresfrüchte gekocht werden. Hinzu kommen ein paar Kartoffeln und sehr viel Sahne. Oftmals wird der ganze Eintopf verquirlt, so dass nur eine weiße Cremesuppe übrig bleibt und man keine Ahnung hat, wie viel Fisch und wie viel Fischfond darin enthalten sind. In guten Restaurants findet man in der Suppe aber immerhin noch ganze Fischstücke und Meeresfrüchte.

Getränke

Irland ist kein Weintrinkerland, obgleich sich in den letzten Jahren immer mehr gute Weinläden durchgesetzt haben, die sich bemühen, edle Tropfen ins Land und unter die Leute zu bringen.

Zu den beliebtesten Getränken gehört nach wie vor **Bier**. Das dunkle, nahrhafte **Guinness** mit dem typischen cremigen Schaum steht dabei an erster Stelle. Weitere Dunkelbiere, *stout,* wie es korrekt heißt, sind Beamish und Murphys aus Cork. Dunkelbraun ist das eher leicht süßlich schmeckende Smithwick's, während zu den einheimischen blonden Bieren, *lager,* Harp gehört. Daneben gibt es auch zahlreiche Importbiere, die aber in der Regel nicht gezapft, sondern in Flaschen angeboten werden. Ein erfrischendes, wenn auch nicht gerade schwach alkoholisches Getränk, ist **Cider,** der aus Äpfeln gebraut wird. Bulmer's ist die verbreitetste Marke, die auch in Pubs gezapft wird.

Berühmt ist natürlich der **irische Whiskey,** der milder ist als der schottische oder amerikanische. Es gibt zahlreiche Whiskeymarken, wobei zu den gängigsten Jameson, Paddy und Bushmills gehören. Beliebt, wenn auch eher bei älteren Frauen, ist der sahnige und süße Whiskeylikör Bailey's, wobei Damen im Pub auch gerne Gin&Tonic bestellen.

Mahlzeiten

Die Essgewohnheiten haben sich in Irland tendenziell geändert. Das **Full Irish Breakfast** z. B., die reichhaltigste Mahlzeit des Tages, wird von Iren bestenfalls als Brunch oder zum Wochenende konsumiert. Im Alltag essen Iren zum Frühstück auch nur Toast oder Müsli. Das Mittagessen, *lunch,* ist nur noch ein Imbiss in der Arbeitspause. Und das warme Abendessen, je nach sozialen Kreisen *dinner, supper* oder *tea* genannt, hat sich zur Hauptmahlzeit entwickelt.

Frühstück: Was Touristen serviert bekommen, ist das Full Irish Breakfast, inklusive *fry up*. Es ist so reichhaltig, dass man das Mittagessen getrost ausfallen lassen kann. *Full irish* heißt, dass es zu Beginn Orangensaft und eine Auswahl an Zerealien gibt, dann folgt das *fry up* und schließlich Toast und Marmelade, Kaffee oder Tee stets inklusive. Das ganze Angebot kann von Hotel zu Hotel, zu B & B, Café oder Restaurant sehr variieren, besonders beim *fry up,* dem warmen Teil des Frühstücks.

Grundsätzlich gehören zum **fry up** kleine Schweinswürstchen, Schweinespeck, Scheiben von *black pudding* und *white pudding,* wobei das eine eine Art Blutwurst mit Grütze und das andere Fleisch mit Grütze ist – beides sehr würzig und schmackhaft –, dann gegrillte Tomatenhälften und ein Spiegelei. Hinzu kommen je nach Angebot gebratene Champignons, gebackene weiße Bohnen in Tomatensauce und getoastetes oder gebratenes Kartoffelbrot. Dazu wird Sodabrot und Toast gereicht.

Lunch: Ursprünglich war dies die Hauptmahlzeit in Irland, aber in einer modernen Gesellschaft, in der die Menschen nur eine Stunde Mittagspause haben, hat es sich zum leichten Schnellimbiss entwickelt. Viele Restaurants haben sich auf ein Lunchmenü spezialisiert, das in etwa zwischen 12 und 14.30 Uhr serviert wird und je nach Qualität des Lokals von simplem Fast Food, *carvery,* einem Cafeteria-ähnlichem Büfett, bis hin zu einem kleinen, aber feinen Menü reichen kann. Für die berufstätigen Iren besteht Lunch allerdings mehr oder weniger aus einem Sandwich.

Dinner: Der alte Begriff *tea,* der aus der englischen Tradition für einen frühen, aber reichhaltigen Abendimbiss stammt, gilt noch heute für normale Haushalte als Begriff für das eigentliche Abendessen, das aus einer warmen Mahlzeit ebenso bestehen kann wie aus belegten Broten. Ein Dinner hingegen ist eine gekochte Mahlzeit, die in manchen ländlichen Haushalten noch immer zu Mittag serviert wird. Im modernen Irland ist mit Dinner jedoch grundsätzlich das Abendessen gemeint.

In vielen Restaurants bedeutet Dinner meist ein dreigängiges Menü, also Vorspeise, Hauptgericht und Nachspeise. Oftmals werden in Abendrestaurants auch ausschließlich Menüs angeboten, während à la carte eher selten ist. In urbanen Regionen und vor allem in Restaurants mit ethnischer Küche sowie auch in Pub-Restaurants werden die Speisefolgen aber nicht so eng gesehen.

Restaurants

Das Angebot an wirklich **guten Restaurants** ist in den Städten oft hervorragend. Nur auf dem Land sind sie selten zu finden, und dann meistens sehr teuer und in der Regel sehr formell. Schlichtere Restaurants können durchaus mit einiger Qualität überraschen, sind aber oft doch eher Sättigungsstationen mit möglichst wenig Kreativität – und auch nicht gerade billig.

Einfache Restaurants, die etwas höhere Ambitionen in Sachen Kochkunst entwickeln, gibt es nichtsdestotrotz auch. Sie bieten gute, bodenständige Küche ohne viel Chichi und verwenden frische lokale und saisonale Zutaten, die schmackhaft und bekömmlich zubereitet werden.

Ausgedehnte Essenszeiten sind jedoch eher selten. Die Restaurants schließen meist um 21.30 Uhr in ländlichen Regionen oder um 23 Uhr in städtischen. Ausnahmen sind zumeist ethnische Restaurants, die bis zur Sperrstunde geöffnet sein können.

Ethnische Restaurants, wie chinesische, indische, italienische, sogar russische Lokale, findet man mittlerweile in fast jeder größeren Stadt. Insbesondere in Dublin und Belfast gibt es kaum eine Nationalität, die nicht kulinarisch vertreten ist. Manche sind in der Tat sehr gut, aber viele passen sich auch den irischen Vorlieben an. Wo sonst gibt es z. B. in einem chinesischen Restaurant als Beilage zur kantonesischen Ente Pommes?

Auch Pubs bieten nun mehr und mehr Speisen an, die sich manchmal als überraschend gut herausstellen. **Pub Grub** heißt das hier gebotene Essen leicht abwertend, hat aber gelegentlich Restaurantqualität zu niedrigeren Preisen.

Kulinarisches Lexikon

Frühstück

bacon / rashers	Schinkenspeck, gegrillt oder gebraten
baked beans	weiße Bohnen in Tomatensauce
black pudding	Blutwurst mit Grütze, in Scheiben geschnitten und gebraten/gegrillt
brown bread / soda bread	meist frisch gebackenes Vollmehlbrot, mit Soda und Buttermilch gebacken, evtl. mit Sirup
fried egg	Spiegelei
potatoe bread	kleine pfannkuchenähnliche Ecken aus Kartoffelmehl, gebraten oder getoastet
porridge	in Milch oder Wasser gekochte Haferflocken
sausages	kleine würzig Schweinswürstchen, gebraten oder gegrillt
scrambled egg	Rührei
white pudding	ähnlich wie *black pudding,* jedoch ohne Blut

Suppen

broth	Eintopf mit Gemüse und/oder Gerste oder anderen Körnern, mit Fisch oder Fleisch auf Grundlage einer klaren Brühe
chowder / seafood chowder	cremige Suppe mit Fischstückchen und Meeresfrüchten
soup	allgemein: Suppe, aus verschiedenen pürierten Gemüsesorten

Fleisch

Dublin Coddle	Eintopfgericht aus Kartoffeln, Zwiebeln, Speck, großen Rindswürsten; Traditionsgericht
gammon	geräucherter oder gepökelter Schweineschinken, eine Art Kassler; als Traditionsgericht mit Kohl und Kartoffeln
leg of lamb	Lammkeule, eine zarte Delikatesse, wenn gut zubereitet, oft mit *mint sauce* (s. u.) gereicht
mince / minced beef	Hackfleisch vom Rind
mint sauce	Minzsauce, wird oft zu Lamm gereicht; nur in wirklich guten Restaurants zu empfehlen
quail	Wachtel
roast	Rinder-/Lammbraten
stew	Mischung aus Eintopf und Auflauf, mal als Suppe gereicht, mal als reichhaltiger Fleisch- und ›Gemüseberg‹; bekannteste Form ist das Irish Stew aus Kartoffeln, Zwiebeln, Möhren und Hammelfleisch
venison	Wild

Gemüse

cabbage	Weißkohl, geläufigstes Gemüse in Irland
colcannon	Kartoffelbrei mit ge dünstetem Weißkohl und Frühlingszwiebeln
courgette	Zucchini
minced potatoes/ mash	Kartoffelbrei
mushrooms	Champignons; gebraten manchmal zum Frühstück, als Vorspeise mit diversen Zutaten gefüllt *(stuffed mushrooms)*
parsnips	Pastinaken
potatoes	Kartoffeln (umgangssprachlich auch *spuds*),

	werden in verschiedenen Variationen zubereitet; die irischen Kartoffeln sind sehr mehlig, eignen sich daher nicht als Salzkartoffeln	carrot cake	traditioneller brauner Kuchen mit Mohrrüben im Teig
turnip	weiße Rüben	chocolate cake	Schokoladenkuchen der feinsten Sorte, sehr reichhaltig mit viel cremiger Schokoladenfüllung im Schokoteig

Fisch und Meeresfrüchte

battered fish	panierter Fisch	danish	Blätterteigstückchen
crabmeat	Krebsfleisch, wird meist kalt zu *brown bread* gereicht	mince	eine grobe Paste aus Rosinen und gehackten Nüssen für *mince pies*
Dublin Bay Prawns	panierte und frittierte Garnelen	muffins	kleine Rührteigkuchen; pur, mit Schokolade oder Blaubeeren
dulse	getrocknete, sehr salzige Algen, die in Tütchen an Straßenständen verkauft werden	pudding	eine Art Auflauf, der sowohl süß als auch herzhaft sein kann; umgangssprachlich allgemein die Bezeichnung für Nachtisch
monk fish	Seeteufel; Fisch mit sehr zartem und schmackhaftem Fleisch, seltene Delikatesse, leider auch sehr teuer	rhubarb cake	gedeckter Rhabarberkuchen
oyster	irische Austern gehören zu den besten, da sie in den (noch) klaren Atlantikgewässern geerntet werden. Es gibt sie wie üblich roh, aber auch mit Knoblauch oder mit Käse und Speck überbacken.	scones	kleine Brötchen, meist mit Rosinen *(fruit scones),* die nur sehr frisch schmecken und mit Marmelade gegessen werden
		swiss roll	Biskuitrolle mit Sahne und/oder Marmelade gefüllt

Getränke

salmon	Lachs, wird in zahlreichen Lachsfarmen gezüchtet. Lachsräuchereien bieten zudem den hervorragenden Räucherlachs *(smoked salmon),* der als Wildlachs am besten schmeckt.	hot whiskey	Whiskey mit heißem Wasser aufgegossen, dazu eine mit Nelken gespickte Zitronenscheibe und evtl. Zucker
		Irish coffee	Kaffeespezialität mit Whiskey, Zucker und Sahnehäubchen; die Sahne ist nur halb geschlagen und wird nicht verrührt.

Süßspeisen

apple tart	gedeckter Apfelkuchen mit Kochäpfeln

Auch ein Land der Kontraste: Irland

Wissenswertes für die Reise

Informationsquellen

Irland im Internet

www.discoverireland.ie (englisch): Die Website, die Irland von A bis Z abdeckt, inklusive Unterkunftsbuchungen, sportliche Aktivitäten, Feste, Wellness, Verkehrsmittel, Routenplaner und Links zu regionalen Websites. Interessant auch die aktuellen Sonderangebote für einen Kurztrip.
www.gov.ie (englisch): Allgemeine, regierungsamtliche Informationsseite mit zahlreichen Links und (ebenso regierungsamtlichen) Informationen zur aktuellen Lage.
www.heritageireland.ie (englisch): Website aller historischen Sehenswürdigkeiten, die öffentlich verwaltet werden, mit Öffnungszeiten, Preisen und touristischen Einrichtungen.
http://de.wikipedia.org/wiki/Irland (deutsch): die bewährte Wikipedia-Seite mit zahlreichen Hintergrundartikeln, Infos und Links zum Thema Irland.
www.mythicalireland.com (englisch): keine ›mythische‹ Seite, sondern ein Infoportal, das die prähistorischen Stätten aus archäologischer Sicht in Wort und Bild erläutert sowie die wichtigsten Mythen nacherzählt.
http://cain.ulst.ac.uk (englisch): das größte Webarchiv zum Thema ›Konflikte und Politik in Nordirland‹. Es reicht von 1968 bis zur Gegenwart, umfasst zahlreiche Nebenaspekte.
www.citizeninformation.ie (englisch): eine umfassende Quelle für alle, die sich über Politik und Soziales, Bürokratie, Alltagsangelegenheiten und Gesetze informieren wollen.
http://entertainment.ie (englisch): aktuelle Seite für Festivals, Theaterprogramme, Kino, Konzerte und andere Veranstaltungen.

Touristeninformation

... für Deutschland
Irland-Information
Gutleutstr. 32
60329 Frankfurt/Main
Tel. 069 66 80 09 50
www.ireland.com/de-de

... für Österreich
Irland-Information
Argentinerstr. 2/4
1140 Wien
Tel. 01 581 89 22 70
www.ireland.com/de-de

... für die Schweiz
Irland-Information
Badenerstr. 15
8004 Zürich
Tel. 044 286 99 14
www.ireland.com/de-de

... in Nordirland
Causeway Coast and Glens Ltd.
Railway Road
Coleraine, BT52 1PE, Co. Derry
Tel. 0044 (0)28 70 34 47 23
www.causewaycoastandglens.com

Belfast Welcome Centre
47 Donegall Place
Belfast, BT1 5AD
Tel. 0044 (0)28 90 24 66 09
www.visit-belfast.com

Derry Information Centre
44 Foyle Street
Derry, BT48 6AT
Tel. 0044 (0)28 71 26 72 84
www.derryvisitor.com

Fermanagh Lakeland Tourism
Wellington Road
Enniskillen, Co. Fermanagh, BT74 7EF
Tel. 0044 (0)28 66 32 31 10
www.fermanaghlakelands.com

... in der Republik Irland
Dublin Tourism Centre
Suffolk Street

Dublin 2
Tel. 003 53 (0)1 605 77 00
www.visitdublin.com

Cork Kerry Tourism
Áras Fáilte, Grand Parade
Cork
Tel. 00353 (0)21 425 51 00
www.discoverireland.ie/places-to-go

Ireland West Tourism
Áras Fáilte, Forster Street
Galway
Tel. 00353 (0)91 53 77 00
www.discoverireland.ie/places-to-go

East Coast & Midlands Tourism
Clonard House, Dublin Road
Mullingar, Co. Westmeath
Tel. 00353 (0)934 87 61
www.discoverireland.ie/places-to-go

North West & Lakelands Tourism
Áras Redden, Temple Street, Sligo
Tel. 00353 (0)71 916 12 01
www.discoverireland.ie/places-to-go

South East Tourism
41 The Quay
Waterford
Tel. 00353 (0)51 87 58 23
www.discoverireland.ie/places-to-go

Shannon Development
Shannon Town Centre, Co. Clare
Tel. 00353 (0)61 36 15 55
www.discoverireland.ie/places-to-go

Diplomatische Vertretungen

Botschaften und Konsulate in der Republik Irland

Deutsche Botschaft
31 Trimleston Avenue
Booterstown, Co. Dublin
Tel. 00353 (0)1 269 30 11
www.dublin.diplo.de

Deutsches Honorarkonsulat
Hans-Walter Schmidt-Hannisa
Arts Millenium Building
National University of Ireland, Galway
Tel. 00353 (0)91-49 22 39
E-Mail: h.schmidthannisa@nuigalway.ie

Österreichische Botschaft
15 Ailesbury Court Apartments
93 Ailesbury Road
Ballsbridge, Dublin 4
Tel. 00353 (0)1 269 45 77
www.aussenministerium.at/dublin

Schweizer Botschaft
6 Ailesbury Road
Ballsbridge, Dublin 4
Tel. 00353 (0)1 218 63 82
www.eda.admin.ch/dublin

Botschaften und Konsulate in Nordirland/Großbritannien

Honorary Consul of the Federal Republic of Germany
Frank Hewitt
Northern Ireland Science Park
Innovation Centre, Queen's Island
Belfast BT3 9DT
Northern Ireland
Tel. 0044 (0)28 92 69 83 56
E-Mail: belfast@hk-diplo.de

Embassy of Switzerland
16–18 Montagu Place
London W1H 2BQ
Tel. 0044 (0)20 7616 6000
www.eda.admin.ch/london

Embassy of Austria
18 Belgrave Mews West
London SW1X 8HU

United Kingdom
Tel. 0044 (0)20 73 44 32 50
www.bmeia.gv.at

Irische Vertretungen in Deutschland
Irische Botschaft
Jägerstr. 51
10117 Berlin
Tel. 030 22 07 20
www.embassyofireland.de

Irisches Honorarkonsulat
Bernhard-Nocht-Str. 13
20359 Hamburg
Tel. 040 44 18 61 13
E-Mail: konsulat@fissership.de

Irisches Honorarkonsulat
Frankenforster Str. 77
51427 Bergisch-Gladbach
Tel. 022 04 60 98 60

Irisches Honorarkonsulat
Denninger Str. 15
81679 München
Tel. 089 20 80 59 90
Fax 089 20 80 59 89

Botschaft des Vereinigten Königreichs Großbritannien und Nordirland
Wilhelmstr. 70
10117 Berlin
Tel. 030 20 45 70
www.ukingermany.fco.gov.uk/de

Botschaften in Österreich
Irische Botschaft
Rotenturmstr. 16–18, 5. Stock
1010 Wien
Tel. 0043 (0)17 15 42 46

Britische Botschaft
Jauresgasse 12
1030 Wien

Tel. 0043 (0)1 71 61 30
http://ukinaustria.fco.gov.uk

Botschaften in der Schweiz
Irische Botschaft
Kirchenfeldstr. 68
3000 Bern 6
Tel. 0041 (0)3 13 52 14 42

Britische Botschaft
Thunstr. 50
3000 Bern 5
Tel. 0041 (0)31 359 77 00
www.britishembassy.ch

Karten

Die besten Karten sind in den **Discovery Series** von Ordnance Survey Ireland (OSI) erschienen. Sie sind in einzelne Teilquadrate (insgesamt 89 für ganz Irland) aufgeteilt und zeigen im Maßstab 1 : 50 000 fast jeden Pfad und jedes Haus. Für Wanderungen sind sie unverzichtbar, allerdings mit 8–12 € pro Karte auch recht teuer, wenn man mehrere Karten benötigt (www.osie.ie oder www.irishmaps. ie).

Ansonsten empfiehlt sich **The Complete Road Atlas of Ireland,** ebenfalls von OSI, der neben detaillierten Karten im Maßstab 1:200 000 auch einen umfassenden Index und grobe Stadtpläne mit den Hauptdurchgangsstraßen von 20 der größeren Städte und Regionen zeigt (bis zu 12,50 €).

Stadtpläne sind in der Regel nicht notwendig, da die meisten Ortskerne recht klein sind. Zudem gibt es in den meisten Touristeninformationen und auf den lokalen Websites Ortspläne und Richtungsanweisungen. Für Dublin empfiehlt sich aber, ebenfalls von OSI, die **City Centre Tourist Map** (ca. 5 €). Auch für weitere Städte gibt es Stadtpläne. Alle Karten sind direkt zu bestellen über www.irishmaps.ie. In Irland selbst gibt es sie in allen Touristenbüros, Buchläden und den meisten Tankstellen.

Lesetipps

Romane und Erzählungen

Bruen, Ken: Jack Taylor fliegt raus, 2001. Für Fans schwarzer Krimis: Jack Taylor ist ein ehemaliger Polizist, der als Privatdetektiv in Galway tätig ist. Neben dem gebrochenen Helden, der eher dem Alkohol als seinen Fällen zugetan ist, spielt Galway die Hauptrolle in diesem Roman – mit all den Schattenseiten, die man als Besucher kaum mitbekommt. Die Jack-Taylor-Krimis bilden eine ganze Serie. Der hier genannte ist der erste Band.

Collins, Ciarán: Tausend Worte, 2014. Die Geschichte von Charlie, dem *gamal*, was im Irischen Dorftrottel bedeutet. Aber Charlie ist nicht dumm, sondern ein reinherziger Held, der inmitten von dörflichen Intrigen und Gemeinheiten wahre Liebe beweist.

French, Tana: Schattenstill, 2012. Tana French ist die neue Krimi-Queen Irlands, die außergewöhnliche Kriminalfälle mit scharf beobachteten Milieustudien verbindet. Dieses Buch dreht sich um einen rätselhaften Mordfall in einer halb verlassenen Siedlung am Rande Dublins, wie sie nach dem Immobiliencrash in Irland häufig zu finden sind.

Harrison, Cora: Kein schöner Ort zum Sterben, 2007. Das Buch ist das erste einer ganzen Reihe über die Brehonin Mara (im Deutschen Macha), die zu Beginn des 16. Jh. im Burren im County Clare eine Rechtsschule führt und als oberste Instanz Recht spricht. Ein Einblick in das archaische Leben der damaligen Zeit, eingesponnen in spannende Kriminalfälle.

Moore, Brian: Lies of Silence, (engl.) 1991. Im Grunde eine Beziehungsgeschichte, die durch die unfreiwillige Konfrontation des Helden mit sektiererischer Gewalt ein beklemmendes Bild des Nordirland-Konflikts zeichnet.

Nugent, Liz: Die Sünden meiner Väter, 2013. Ein erfolgreicher Dubliner Kinderbuchautor prügelt seine Frau ins Koma, was allen unbegreiflich scheint. In Rückblicken und aus verschiedenen Perspektiven eröffnet sich ein Drama, in der Kirche, Sexismus und Rassismus im Irland der 1970er-Jahre zur Katastrophe in der Gegenwart führen.

O'Brian, Flann: Irischer Lebenslauf, 2003. Das arme Landleben im irischen Westen des 19. Jh. wird köstlich durch den Kakao gezogen und gleichzeitig das Selbstverständnis eines darbenden, aber aufrechten Landes karikiert.

O'Brien, Edna: Das einsame Haus, 1996. Die Autorin gehört zu den besten Schriftstellerinnen Irlands. In diesem Buch greift sie eine wahre Begebenheit auf, in der eine Gruppe republikanischer Kämpfer im Co. Clare von der Polizei gejagt wird. Sie inszeniert die Geschichte als dichtes Kammerspiel zwischen einer sterbenden Frau und dem Anführer der Gruppe.

O'Connor, Joseph: Die Überfahrt, 2004. Ein historischer Roman in modernem Gewand, ein Krimi und eine Tragödie: Auf der Überfahrt nach Amerika und auf der Flucht vor der Hungersnot in Irland treffen Menschen aufeinander, deren Schicksale verwoben sind. Auch ein Killer, der auf Rache sinnt, ist dabei.

O'Flaherty, Liam: Zornige grüne Insel, 2004. Spannender Roman über die Große Hungersnot, so eindrucksvoll und mitreißend geschrieben, dass man danach Kartoffeln nur noch mit großer Ehrfurcht essen mag.

Quigley, Patrick: Grenzland, 1996. An der inneririschen Grenze bleibt niemand unberührt von den jahrhundertealten Konflikten, und Träume werden stets von der Realität eingeholt. So geschieht es auch einem Jungen aus der Republik, der nicht nur wegen der Liebe zu einem protestantischen Mädchen in den Sog der Auseinandersetzungen gerissen wird.

Ryan, Donal: The Spinning Heart, 2013 (engl.). Das schmale Buch, das hoffentlich auch bald ins Deutsche übersetzt wird, ist ein literarisches Meisterwerk, das geschickt ein Geflecht aus tödlichen Beziehungen im Irland nach dem Boom erzählt. Ryans zweites Buch, **The Thing about December,** ist gleichermaßen faszinierend und zeigt die ländliche Kleingeistigkeit hinter der Idylle.

Memoiren

Adams, Gerry: Bevor es Tag wird, 1996. Autobiografie des irischen Sinn-Féin-Chefs, die viel Einblick in das Leben von Kindern und Jugendlichen in West Belfast gibt, aber wenig über seine eigene Rolle in der Politik aussagt.

Hamilton, Hugo: Gescheckte Menschen, 2004. Eine der ungewöhnlichsten und spannendsten Memoiren, die eine deutsch-irische Kindheit im Dublin der 1950er-Jahre beschreibt und den Konflikt des Kindes, das deutsche Erbe der Mutter und den irischen Nationalismus des Vaters unter einen Hut zu bringen.

McCourt, Frank: Die Asche meiner Mutter, 1996. Eigentlich eine furchtbar traurige Autobiografie über eine furchtbar traurige Kindheit in Limerick, aber so witzig, furios und liebevoll boshaft geschrieben, dass man nicht weiß, ob man lachen oder weinen soll.

O'Faolain, Nuala: Nur nicht unsichtbar werden, 2001. Die Autorin hat mit dieser Autobiografie neue Maßstäbe in Irland gesetzt. Sie beschreibt ungeschminkt die Rolle der Frauen, Alkoholismus und Sexualität, wie es zuvor noch niemand gewagt hatte.

Sayers, Peig: So irisch wie ich, 1996. Der Klassiker irischer Geschichtenerzählung. Die Autorin, eine Fischersfrau von den Blasket-Inseln, erzählt (im Original auf Irisch) ihr Leben gleichermaßen naiv und tiefgründig.

Sachbücher

Don Akenson: An Irish History of Civilization, (engl.) 2005. Ein dicker ›Schinken‹, aber kein trockener Lesestoff, sondern eine vergnügliche und manchmal sehr witzige Reise durch die Weltgeschichte aus irischer Sichtweise.

Boland, Rosita: A Secret Map of Ireland, (engl.) 2005. Die Journalistin der Irish Times bereiste jedes County Irlands und hat für jedes eine besondere kleine Geschichte aufgeschrieben, die jenseits der touristischen Erfahrungen liegt.

Bäuchle, Markus: Irland Ein Länderporträt, 2013. Markus Bäuchle lebt seit 2000 in Irland und hat seine Erfahrungen aus persönlicher Sicht mit vielen sachlichen Informationen zur Geschichte, Gegenwart und Kultur hervorragend recherchiert zusammengefasst.

Dubilski, Petra: Fettnäpfchenführer Irland, 2014. Doch ja, die Autorin dieses Reiseführers verfasste auch diesen semiliterarischen Band in Blogform über zwei Deutsche, die sich aufmachen, in Irland Fuß zu fassen – was mit einigen Merkwürdigkeiten und Fallstricken verbunden ist. Die Erlebnisse der beiden Protagonisten werden von deutschen und irischen Freunden kommentiert und von Infokästen ergänzt.

McCarthy, Pete: McCarthy's Bar, 2004. Ein Reisebuch der anderen Art: Pete McCarthy, Engländer irischer Abstammung, zieht durch Irland mit dem Vorsatz, in jedem Pub, das seinen Namen trägt, einzukehren. Da McCarthy ein sehr häufiger Name ist, wird das zu einem Parcours durch die merkwürdigsten Begebenheiten.

O'Brien, Edna: Mein Irland, 1996. Die irische Autorin, die in ihrer Heimat in East Clare lange verfemt war, schreibt in wunderschönen Essays über ihr Land, kritisch, aber auch liebevoll.

Sotscheck, Ralf: Gebrauchsanweisung für Irland, 2003 (Neuauflage 2010). Der Autor lebt seit vielen Jahren in Irland und kennt seine Pappenheimer. So entstanden witzige Geschichten aus dem Alltagsleben in Dublin und über den Kampf mit irischen Spitzfindigkeiten.

Reise- und Routenplanung

Irland als Reiseland

Die überwiegende Mehrzahl der Irlandreisenden möchte so viel wie möglich vom Land sehen und entschließt sich deswegen in der Regel für eine **Rundreise,** um möglichst viele Sehenswürdigkeiten ›abzuhaken‹. Es hat jedoch durchaus seinen Reiz, wenn man nicht nur von Sehenswürdigkeit zu Sehenswürdigkeit hetzt, sondern auch einmal abseits der ausgetretenen Pfade auf eigene Entdeckungstour geht. Dann findet man vielleicht nicht nur seine ganz besondere unberührte Ecke, sondern auch versteckte Schätze, die von den Haupttouristenströmen (bislang) verschont blieben.

Für einen **Strandurlaub** im klassischen Sinne eignet sich Irland wetterbedingt wenig, auch wenn es zauberhafte Sandstrände gibt, die an sonnigen Sommertagen durchaus überfüllt sein können. Ideal für Surfer sind die Strände an der Westküste. Klassische Badeorte finden sich hingegen selten. Die wenigen, die es doch gibt, z. B. in Portrush oder Bundoran, sind klein, laut und nicht gerade elegant.

Das **Naturerlebnis** mit atemberaubenden, stets wechselnden Landschaften, dramatischen Küsten, einsamen Mooren oder endlosen grünen Hügeln ist zweifellos Irlands Hauptattraktion. Das stets wechselnde Wetter und Licht verleihen der Landschaft zudem einen Zauber, der gerade an der Westküste den Mythos vom ursprünglichen Irland rechtfertigt.

Aber auch **Städtereisen** werden immer beliebter, wobei an erster Stelle natürlich Dublin steht. Dort findet die Kultur statt, sei es in den vielen Museen oder den Theatern. Von dort lassen sich auch Tagesausflüge zu einigen der wichtigsten Sehenswürdigkeiten Irlands machen, z. B. nach Newgrange oder Glendalough. Auch Galway, Belfast und Cork, das 2005 Kulturhauptstadt war, bieten städtische Kultur verbunden mit nahe gelegenen Sehenswürdigkeiten auf dem Land sowie entspannenden Stunden in freier Natur.

Wer an **Geschichte** interessiert sind, sei sie prähistorischer, keltischer oder neuzeitlicher Art, für den steckt Irland noch voller individueller Entdeckungsmöglichkeiten jenseits der Hauptsehenswürdigkeiten. Die OSI-Discovery-Karten verzeichnen jeden noch so kleinen Steinhaufen, jede heilige Quelle oder Ruine, die nicht unbedingt in Reiseführern auftaucht. Da in Irland noch nicht alles flurbereinigt und plattgewalzt ist, findet man historische Stätten allerorten.

Sportliche Betätigung der eher gemächlichen Art bietet sich in Irland förmlich an. Wandern gehört dazu, Kanufahren, Reiten oder wegen der zahlreichen Seen und Flüsse vor allem Angeln. Die Insel verfügt zudem über eine der höchsten Dichten an Golfplätzen, die von einfachen, aber nicht weniger herausfordernden Parcours bis zu teuren Championplätzen reichen.

Eine der beliebtesten Sportarten ist das Wandern. In ganz Irland gibt es ausgeschilderte, aber nicht immer ständig gepflegte **Wanderwege.** Gerade diese Unvorhersehbarkeit gehört jedoch zu den besonderen Reizen der Landschaft.

Indoor-Sportmöglichkeiten wie Schwimmhallen oder Fitnesscenter sind eher dünn gestreut. Meistens findet man sie in den großen neuen Hotels, die mehr und mehr auch Wellnesslandschaften anbieten, die nicht nur Hotelgästen vorbehalten sind.

Was ist sehenswert?

Der Osten

Dublin, Irlands einzige Metropole, verdient allein schon ein paar Tage zur Besichtigung. Neben einigen interessanten Museen ist vor allem die Lebendigkeit der irischen Hauptstadt, die nicht von ungefähr der ›Geburtsort‹ des irischen Nationalgetränks Guinness ist, ein Anziehungspunkt. Von Dublin aus lassen sich auch gut Tagesausflüge in die Umgebung machen, vor allem zu den **historischen Stätten von Brú na Bóinne** mit den Ganggräbern Newgrange, Knowth und Dowth, den reizvollen Klosterruinen Monasterboice und Mellifont Abbey, einer der eindrucksvollsten normannischen Burgen in Trim und dem legendären Hill of Tara, dem einstigen frühirischen Königssitz.

Am südlichen Stadtrand von Dublin gehen die Dublin Mountains über in die **Wicklow Mountains,** eine Berglandschaft voll urtümlicher Schönheit, in deren Zentrum eine der beiden wichtigsten Klostersiedlungen Irlands, nämlich **Glendalough,** liegt.

Der Südosten

Die Küste Wexfords und Waterfords hat einige sehr **schöne Sandstrände** und **hübsche Badeorte** wie Kilmore Quay, Dunmore East oder Tramore zu bieten. Daneben findet man in dieser Ecke Irlands aber vor allem die größte Dichte an Burgen, Herrenhäusern und Klosterruinen. Die **Herrenhäuser,** viele aus dem 18. Jh., als sich reiche Kaufleute aus Wexford und Waterford ihre Landhäuser bauten, sind heute oft luxuriöse Hotels oder liebenswerte B & Bs.

Kilkenny Castle ist das prachtvollste und größte Schloss der Region, die Stadt Kilkenny selbst samt der lieblichen Umgebung bietet viele Möglichkeiten, feines Kunsthandwerk zu erwerben. **Ormond Castle** in Carick-on-Suir und **Cahir Castle** in Cahir sind zwar etwas kleiner, liegen aber sehr malerisch.

Auch die sakralen Bauten bzw. deren Ruinen gehören zu den architektonisch reichsten Irlands. **Jerpoint Abbey** und **Tintern Abbey** zählen zu den schönsten, Höhepunkt ist jedoch der **Rock of Cashel,** ein einzigartiges Bauensemble aus frühchristlichen und mittelalterlichen Sakralbauten, die auf einem Felsen im Lauf der Jahrhunderte errichtet wurden.

Der Südwesten

Cork und Kerry sind zweifellos die beliebtesten Urlaubsziele in Irland. Die traumhafte Landschaft mit zerklüfteter Küste, hohen Bergen und vielen vorgelagerten Inseln ist nicht nur dank des Golfstroms mit einem milden Klima und subtropischer Pflanzenwelt gesegnet; hier liegen auch einige der schönsten Ortschaften Irlands. **Cork** als größte Stadt bietet ein junges und lebhaftes Kultur- und Nachtleben, während das außerordentlich malerische **Kinsale** als Gourmet-Hauptstadt Irlands gilt. Das schöne und milde **West Cork** ist ohnehin reich an sehr guten, originellen Restaurants, vielen interessanten Künstlern und Kunsthandwerkern sowie zahlreichen Festivals.

Die Halbinseln, die im Südwesten in den Atlantik ragen, sind der Inbegriff des wild-romantischen Irlands, auch wenn sie mit Luxushotels und allen anderen Annehmlichkeiten ausgestattet sind. Der **Killarney National Park** ist der schönste Teil der Region, obwohl die Stadt Killarney selbst ein allzu betriebsamer Ort ist. Dafür findet man in einsameren Gegenden zahlreiche archäologische Besonderheiten und frühchristliche Hinterlassenschaften.

Die **Beara Peninsula** ist von einsamer Erhabenheit mit Bergen und Mooren, während die Iveragh Peninsula, besser bekannt als **Ring of Kerry,** unterschiedlichste Landschaften – von sanften Seen über hohe Bergketten bis hin zu kleinen Stränden – sowie malerische Dörfer bietet. Die **Dingle Peninsula** ist wiederum von einer ganz anderen Landschaft geprägt, zwar auch mit hohen Bergen, aber an der Spitze mit wilden Klippen und sandigen Buchten gesäumt. Das Städtchen Dingle ist ein farbenfroher Ort, der Musiker und junge Leute anzieht.

Der Westen

Westlich des Shannon, des längsten Flusses Irlands, beginnt der raue Westen, wie er gerne genannt wird, mit einigen der bedeutendsten natürlichen Sehenswürdigkeiten Irlands. Die **Cliffs of Moher** an der Küste Clares gehören zu jeder Reiseroute, ebenso die karge Kalksteinlandschaft des **Burren** oder die düstere Wildnis von **Connemara**. Die **Aran Islands** in der Galway Bay sind drei felsige Inseln, die trotz des Tourismus ein wenig den Mythos des gälischen Irland bewahrt haben und zudem einige prähistorische Monumente besitzen. **Galway** ist die junge Metropole des Westens, eine lebhafte Stadt, die nach Dublin die größte Theaterdichte und weitaus mehr Festivals als jede andere Stadt aufweist. Die einsamen Weiten **Mayos** hingegen sind durch Heinrich Bölls Tagebuch unsterblich gemacht worden, vor allem die Halbinsel **Achill Island,** die mit ihren hohen Klippen und den vielen Sandstränden ein beliebtes Ziel für Wassersportler ist.

Der **Shannon**, der sich in seinem Lauf zu mehreren großen Seen verbreitert, ist das Revier der Freizeitkapitäne, die in Kabinenkreuzern fast die ganze Länge des Flusses entlang schippern können. Links und rechts des Flusses gibt es viele kleine Sehenswürdigkeiten und reizende Städtchen, aber auch einige der bedeutendsten historischen Stätten Irlands wie die frühchristliche Klostersiedlung **Clonmacnoise**, die massive Burg **Athlone Castle**, das elegante **Portumna Castle, Birr Castle** mit seinem wunderschönen Park und natürlich **St. John's Castle** in Limerick.

Der Nordwesten

Der Nordwesten kann getrost als die am wenigsten besuchte Ecke Irlands bezeichnet werden, abgesehen von der **Sligo-Küste** und der Südküste Donegals. Die Umgebung Sligos ist in den Gedichten von William Butler Yeats und an seiner Wirkungs- und Begräbnisstätte verewigt. Wahrzeichen des Countys ist der **Benbulben**, ein unverwechselbar geformter Berg, der die Landschaft dominiert. Auch das **Gräberfeld von Carrowmore** gehört zu den Anziehungspunkten der Region. Entlang der Küste reihen sich lebhafte Badeorte aneinander, beliebt bei Wassersportlern oder auch Strandhasen.

Donegal ist Landschaft pur, mit hohen Granitbergen, sandigen Buchten und endlosen Hochmooren. Der **Slieve League** gehört zu den höchsten Klippen Irlands, während im Landesinneren der **Mount Errigal** mit seiner Kegelform die Landschaft beherrscht. Der **Glenveagh National Park** gehört zu den eindrucksvollsten Naturlandschaften Irlands, mit Mooren, Wäldern, Seen und Flüssen. Als Irland im Kleinen präsentiert sich die **Inishowen Peninsula** mit dem spektakulären Malin Head, dem nördlichsten Punkt Irlands.

Nordirland

Der Nordosten Irlands, der zwar politisch zum United Kingdom (UK) gehört, aber letztlich so irisch ist wie die Republik, zeichnet sich durch eine Fülle an Sehenswürdigkeiten aus. **Belfast** und Derry, in der Vergangenheit vom Bürgerkrieg gezeichnet, sind lebhafte Städte mit einem blühenden Nacht- und Kulturleben. **Derry** ist noch immer von der alten Stadtmauer umgeben, hinter der sich ein trubeliges und buntes Städtchen verbirgt. Zu den landschaftlichen Höhepunkten gehört der **Giant's Causeway** an der Nordküste, eine einzigartige Basaltformation, gesäumt von zahlreichen Burgruinen. Die neun **Glens of Antrim** mit ihren stillen Dörfern und der traumhaften Küstenstraße haben alle ihre Eigenheiten und Naturschönheiten. Auch die **Mourne Mountains** gehören zu den Fels- und Moorgebirgen, die vor allem Wanderer anziehen, während die Seenplatte des **Lough Erne** ein Paradies für Angler und Bootsfahrer ist.

Bauwerke aus allen Epochen gibt es in Nordirland auf relativ kleinem Raum zu bewundern, so z. B. das frühirische **Navan Fort** bei Armagh, das einst wie der Hill of Tara vermutlich ein Königssitz war. Einen Besuch wert sind auch die **normannischen Burgen,** z. B. in Carrickfergus, und die prachtvollen

Landschlösser **Castle Ward, Castle Coole** und **Florence Court.**

Vorschläge für Rundreisen

Es empfiehlt sich, stets einen kleineren Teil Irlands auszuwählen, um nicht nur Sehenswürdigkeiten abzureisen, sondern eine bestimmte Region näher kennenzulernen und vor allem zu genießen.

Eine bis zwei Wochen

Dublin mit Umgebung (Boyne Valley) und Wicklow Mountains: Für einen Stadtbesuch sollte man mindestens zwei, eher drei Tage einplanen, Boyne Valley ist, besucht man lediglich Newgrange, ein Tagesausflug von Dublin aus. Für die Wicklow Mountains kann man je nach Freizeitaktivitäten zwei bis drei Tage oder bis zu einer Woche einplanen, falls man wandern möchte. Für Glendalough allein sollte man sich auf jeden Fall einen ganzen Tag Zeit nehmen.

Cork City und West Cork: Ein bis zwei Tage reichen, um Cork zu erkunden, Tagesausflüge nach Cobh und/oder Midleton nicht eingeschlossen. Für West Cork einschließlich der Halbinseln sollte man sich Zeit lassen, mindestens eine Woche, auch wenn man die Region auf die Schnelle in ein paar Tagen abfahren kann.

Killarney National Park, Ring of Kerry und Dingle: Für den National Park benötigt man zwei bis drei Tage, will man auch ein wenig durch die Landschaft wandern oder spazieren gehen; der Ring of Kerry ist mit Stopps an einem Tag zu umfahren, es lohnt sich aber, dort zwei bis drei Tage einzuplanen. Auch die Dingle Peninsula ist schnell besichtigt, aber so schön, dass mehrere Tage auf jeden Fall ›drin‹ sein sollten.

Clare und Galway: Allein für Clare mit dem Burren, den Cliffs of Moher, Loop Head, Bunratty, Lough Derg und evtl. einem Tagesausflug auf die Aran Inseln sollte man eine Woche einrechnen, falls man nicht von morgens bis abends unterwegs sein will. Für Galway City reichen ein bis zwei Tage, dann vielleicht noch zwei bis drei Tage für Reisen durch Connemara.

Galway und Mayo: Statt Clare kann man auch die Kombination Galway und Mayo wählen: für Galway City mit dem Lough Corrib und Lough Mask und Killary Harbour etwa fünf Tage bis eine Woche, dann für Westport, Achill Island und die Nordküste Mayos eine weitere Woche.

Sligo und Donegal: Für Sligo Town reicht ein Tag, mit Umgebung wie Lough Gill, Drumcliffe und Strandhill kann man noch ca. drei Tage anhängen. Für Donegal braucht man mindestens eine Woche, falls man die schönen Wanderungen am Slieve League, durch den Glenveagh National Park und/oder die zerklüftete Küste entlang sowie Inishowen erleben möchte.

Nordirland: Am schönsten ist die Route entlang der Küste, von Belfast entlang der Glens of Antrim, der Antrim- und Derry Coast bis nach Derry City. Eine Woche sollte man dafür schon einplanen. Die schönste Strecke durchs Landesinnere führt durch die Sperrin Mountains und rund um die Erne-Seen.

Drei bis vier Wochen

In diesem Zeitraum kann man beinahe die gesamte Insel umrunden, sollte sich aber auch hier auf einen Teilbereich beschränken.

Von Dublin aus empfiehlt sich die Route durch die Wicklow Mountains nach Kilkenny, Cashel, Cahir und Carrick, Waterford mit Umgebung, Cork, West Cork, Kerry, Limerick City, Clare, Galway mit Connemara und über Clonmacnoise zurück nach Dublin.

Oder man fährt von Dublin Athlone/Clonmacnoise nach Galway/Connemara, die Küste nordwärts bis nach Achill Island und via Sligo die Küstentour durch Donegal und via Derry zurück nach Dublin.

Tipps für die Reiseorganisation

Individualreisen

Der öffentliche Nahverkehr ist in Irland mangelhaft. Zugverbindungen gibt es meist nur von Dublin aus in die anderen großen Städte, selten aber zwischen den anderen Städten selbst. **Bahninfos:** www.irishrail.ie.

Busverbindungen sind zwar wesentlich besser, aber sie verbinden nur die Städte und größeren Orte. Kleinere Orte oder viele Natursehenswürdigkeiten werden meist nur selten angefahren und dann auch oft nur im Sommer. **Businfos:** www.buseireann.ie.

Die beste Art, Irland kennenzulernen, ist mit dem Auto. **Mietwagenfirmen,** sowohl lokale als auch internationale, gibt es an jedem Flug- und Fährhafen. Man ist dann unabhängig und kommt auch zu Unterkünften, die abseits der üblichen Routen liegen. Angesichts der Billigflüge ist die Kombination Flug und Mietauto auch wesentlich günstiger, als mit dem eigenen Auto anzureisen.

Pauschal-Arrangements

Pauschalreisen mit dem Bus werden von jedem heimischen Reisebüro vermittelt. Dabei muss man zwar nicht selber planen, die Touren sind jedoch anstrengend, und man sieht nur oberflächlich etwas von Irland. Im Folgenden eine Auswahl an Reiseveranstaltern:

Dertour (www.dertour.de und in jedem Reisebüro): Irlandreisen im Baukastenprinzip mit individuellen Programmangeboten sowie Pauschalreisen.
Gaeltacht-Reisen (www.gaeltacht.de): Spezialist für Irlandreisen, der sowohl Bustouren als auch Individualreisen zusammenstellt.
Highländer Aktiv Reisen (www.highlaender-reisen.de): Spezialisiert auf Wander- und Radreisen, aber auch thematische Studienreisen.
Katja von Leeuwen Reitferien (www.reitferienvermittlung.de): Spezialistin für die Organisation von Reitferien für Gruppen und Individualreisende.
Kingfisher Reisen (www.kingfisher-angelreisen.de): Angelreisen sowie Bootsferien auf dem Shannon und Erne.
Wikinger Reisen (www.wikinger-reisen.de): Rad- und Wandertouren in kleinen Gruppen mit erfahrenen Reiseleitern.
Shamrock Irland Reisen (www.cottages.de): Individuelle Reisebuchungen von Flügen, Mietwagen und Unterkünften sowie Routenzusammenstellung nach individuellem Wunsch.

Reisen mit Kindern

In Hotels oder in B & Bs haben Kinder weniger Freiraum, wenn an Regentagen Spielen draußen unmöglich ist. **Ferienhäuser** haben sich daher für Familien mit Kindern bewährt, und es empfiehlt sich, entsprechende Spiele mitzubringen.

In manchen feineren Restaurants werden kleinere Kinder ab abends zum Dinner nicht gern gesehen. In der Regel gibt es aber genug einfachere Lokale, in denen **Kindermenüs** und auch **Kinderstühle** angeboten werden.

Kinder und Jugendliche unter 18 Jahren dürfen nach 21 Uhr nicht mehr in ein Pub. Das schränkt die Ausgehmöglichkeiten der Eltern erheblich ein. Es gibt aber die Möglichkeit, zumindest in ländlichen Regionen, einen **Babysitter** zu organisieren. Man fragt einfach im Dorfladen oder im lokalen Pub nach. Manche B & Bs und Hotels bieten auch einen Babysitterservice an.

Organisierte Kinderbetreuung ist in Irland selten und dann sehr teuer. Während der Sommermonate Juli/August, wenn Schulferien in Irland sind, werden jedoch zahlreiche Sommercamps und Veranstaltungen für Kinder angeboten. Die jeweils lokalen Zeitungen listen diese auf, auch bietet die »Irish Times« im August eine tägliche Rubrik mit Kinderveranstaltungen.

Kinderkleidung ist in Irland relativ preiswert, da von der Mehrwertsteuer befreit. Sollte man das eine oder andere Stück vergessen haben, würde es das Urlaubsbudget nicht sprengen, wenn man nachkaufen müsste. Säuglingsnahrung und Windeln gibt es in jedem Dorfsupermarkt.

Reisen mit Handicap

Behindertengerechte **Unterkünfte** sind in Irland noch nicht häufig. Man findet solche Einrichtungen eher in den besseren und neueren Hotels. B & Bs sind selten behindertengerecht eingerichtet, da es sich um Privathäuser handelt. Die Irland Information (s. S. 88 f.) verschickt ein Unterkunftsverzeichnis (Hotels und B & Bs) mit behindertengerechten Standards.

Auch bei Ferienhäusern ist zu bedenken, dass sie nicht immer für Behinderte geeignet sind; so kann es z. B. passieren, dass Schlafzimmer nur über eine Treppe zu erreichen sind oder Bäder keine entsprechenden Hilfsmittel haben. Bei der Buchung sollte man sich daher vorher erkundigen.

Auch **Restaurants** und **Pubs** sind nicht notwendigerweise behindertengerecht eingerichtet, z. B. die Toilette, stellen aber im Prinzip, da sie ebenerdig sind, kein großes Problem für Gehbehinderte dar. Eine (unvollständige) Auflistung von behindertengerechten Unterkünften, Restaurants und Sehenswürdikeiten ist auf www.accessibleireland.com zu finden.

Leider sind die **Sehenswürdigkeiten**, vor allem Burgen und Schlösser, nur sehr selten für Behinderte zugänglich. Wenn möglich, wird aber z. B. Rollstuhlfahrern immer geholfen, kleinere Hindernisse zu überwinden.

Weitere Auskünfte erteilt die National Disability Authority, 25 Clyde Road, Dublin 4, Tel. 00353 (0)91 608 04 00, www.nda.ie.

Rollstuhlfahrer können auch nachfragen bei der **Irish Wheelchair Association,** Aras Cuchulainn, Blackheath Drive, Clontarf, Dublin 3, Tel. 00353 (0)18 18 64 00, www.iwa.ie.

Maße, Gewichte, Temperaturen

Alle Maße und Gewichte sind in Irland offiziell metrisch. Bis auf eine Ausnahme: das Pint. Es ist das unumstößliche Maß für Bier und beträgt 0,5695 l. Es kommt aber im Alltag noch häufig vor, dass Entfernungen und Längenmaße in Inches, Yards oder Meilen angegeben werden. Auch gibt es noch vereinzelte alte Entfernungsschilder auf dem Land, die Meilenangaben haben. In Nordirland wird noch in imperialen (englischen) Maßen gemessen. Entfernungen sind in Meilen angegeben, Längen in Inches und Yards und Gewichte in Pound und Stones.

Längenmaße
1 inch = 2,54 cm; 1 foot = 30,48 cm
1 yard = 91,44 cm; 1 mile = 1,60935 km
Gewichte
1 pound = 453, 6 g; 1 stone = 6,35 kg

Öffnungszeiten

Da es kein Ladenschlussgesetz gibt, liegen die Öffnungszeiten ganz bei den Ladenbetreibern. Insbesondere Lebensmittelläden sind täglich geöffnet, große Supermarktketten wie Dunnes oder Tesco haben in städtischen Regionen sogar durchgängig, 24 Stunden, geöffnet, auch an Feiertagen. Nur am ersten Weihnachtsfeiertag und weitgehend, aber seltener werdend, auch am Karfreitag ist alles geschlossen.

Anreise und Verkehr

Einreise- und Zollbestimmungen

Dokumente: Offiziell brauchen Deutsche, Österreicher und Schweizer einen Reisepass, de facto brauchen aber Österreicher und Deutsche als EU-Bürger (meistens, s. u.) nur einen Personalausweis. Das Schengener Abkommen greift für Irland und Nordirland nicht, da weder GB noch Irland es unterzeichnet haben. Wegen verschärfter Sicherheitsvorkehrungen in den vergangenen Jahren kann es sein, dass einige Fluggesellschaften andere Anforderungen an Dokumente haben. So kann beispielsweise ein Reisepass verlangt werden. Kinder benötigen ein eigenes Reisedokument.

Zollbestimmungen: Innerhalb der EU können Waren für den privaten Gebrauch in relativ unbeschränkter Menge eingeführt werden, sofern die Menge glaubwürdig für den persönlichen Bedarf ist.

Als Richtwerte pro Person gelten: 800 Zigaretten oder 400 Zigarillos oder 200 Zigarren oder 1 kg Tabak. 10 l Spirituosen, 20 l alkoholische Getränke unter 22 %, 90 l Wein, 110 l Bier. Schweizer dürfen pro Person (ab 17 Jahren) einführen: 200 Zigaretten oder 100 Zigarillos oder 50 Zigarren oder 250 g Tabak. 1 l Spirituosen oder 2 l alkoholische Getränke unter 22 %, 2 l Wein.

Fleisch und andere tierische Produkte, wie Rohmilchprodukte, zum eigenen Gebrauch unterliegen ebenfalls Beschränkungen. Die **Lebensmittel** müssen fest versiegelt oder verschlossen sein und dürfen 10 kg nicht überschreiten.

Anreise

... mit dem Flugzeug

Linienmaschinen fliegen von vielen deutschen, österreichischen und schweizerischen Flughäfen überwiegend nach Dublin, seltener nach Shannon, in der Hauptsaison auch nach Kerry und Belfast und weniger häufig nach Knock und Cork.

Irische Fluggesellschaften sind: **Aer Lingus** (www.aerlingus.com) mit internationalen Verbindungen und niedrigen Preisen, **Ryan Air** (www.ryanair.com), der bekannte Billigflieger, sowie **Aer Arann** (www.aerarann.com), eine kleine Fluggesellschaft, die seit Ende 2014 als **Stobort Air** operiert und hauptsächlich innerirische Flüge anbietet.

Auf allen Flughäfen gibt es Büros internationaler und lokaler Mietwagen-Anbieter.

Dublin Airport

Der Flughafen (Co. Dublin, Tel. 01 814 11 11, www.dublinairport.com) liegt ca. 15 km nördlich vom Stadtzentrum in Richtung Swords. Es ist der größte Irlands mit internationalen Verbindungen. Von dort gibt es Anschlussflüge zu allen anderen Flughäfen in Irland.

Shuttlebusse fahren von und nach Dublin Connolly Station, dem Hauptbusbahnhof mit Anschlüssen an den Rest Irlands. Taxis ins Stadtzentrum kosten um 20 €, in weiter südlich gelegene Stadtteile bis 45 €. Gepäck wird mit 0,50 Cent pro Stück berechnet, jeder weitere Passagier im Taxi kostet ebenfalls 0,50 Cent mehr.

Shannon Airport

Shannon (Co. Clare, Tel. 061 71 20 00, www.shannonairport.ie) liegt je 24 km von Limerick und Ennis entfernt.

Regelmäßige Busverbindungen bestehen vom Flughafen Shannon nach Ennis und nach Limerick. Ein Taxi in beide Orte kostet um 38 €.

Kerry International Airport

Der kleine Flughafen (Farranfore, Killarney, Tel. 066 976 46 44, www.kerryairport.ie) liegt zwischen Killarney und Tralee, jeweils ca. 20 km von beiden Orten entfernt.

Busse fahren ab Farranfore mehrmals täglich (ca. alle zwei Stunden) u. a. nach Tralee, Killarney und Limerick.

Cork Airport
Der Flughafen (Tel. 021 431 31 31, www.cork airport.com) liegt etwa 8 km südwestlich von Cork City Richtung Kinsale. Regelmäßiger Busservice nach Cork City. Taxis in die Stadt kosten um 16 €.

Belfast International Airport
Der Flughafen (Belfast BT29 4AB, Tel. [N.I.] 028 94 48 48 48, www.belfastairport.com) liegt außerhalb Belfasts an der M2 Richtg. Antrim. Der Airport Express 300 fährt rund um die Uhr alle 15 Minuten (am Wochenende etwas seltener) ins Stadtzentrum von Belfast. Der Airporter-Bus fährt täglich regelmäßig nach Derry.

Ireland West Airport Knock
Der Flughafen (Co. Mayo, Tel. 094 936 81 00, www.knockairport.com) liegt mitten in der Wildnis von Mayo, ca. 66 km östlich von Westport. Alle angekündigten Flüge werden von Taxis erwartet. Busse von Bus Éireann nach Dublin, Westport, Sligo, Galway, Enniskillen und Belfast sowie anderen größeren Orten fahren am Flughafen ab.

... mit Auto und Fähre

Zwei Möglichkeiten bestehen für eine Fährverbindung nach Irland: Direktfähren vom Kontinent aus oder über die ›Landbridge‹, die über Großbritannien führt. Fähren nach England gehen u. a. ab Hoek (Holland) und Calais (Frankreich) ab.

Britische Fährhäfen nach Irland sind Pembroke, Fishguard, Swansea und Holyhead sowie Stranraer in Schottland. Fährhäfen in Irland gibt es in Cork, Rosslare, Dun Laoghaire, Dublin, Belfast und Larne.

Es empfiehlt sich, eine Überfahrt während der Hauptsaison entweder direkt oder im Reisebüro zu buchen. Sollte man eine Fähre verpassen, kann man, sofern Platz ist, problemlos am jeweiligen Hafen auf die nächste umbuchen. Ein Preisvergleich über die Website der Fährgesellschaften und Direktbuchung kann unter Umständen preiswerter kommen als eine Buchung übers Reisebüro. Irisches Buchungsportal für alle Fähren: www.direct ferries.ie.

Fährgesellschaften: Stena Line, www.stenaline.ie; Irish Ferries, www.irishferries.com; Brittany Ferries, www.brittany-ferries.fr und etliche andere.

Neben der Fähre Calais–Dover bietet sich auch der **Eurotunnel** (www.eurotunnel.com) an. Eine einfache Fahrt mit dem Pkw kostet von Calais nach Folkstone ca. 97–228 €.

Verkehrsmittel im Land

Bahn

Das Bahnnetz ist dürftig, fast nur die großen Städte sind sternförmig mit Dublin verbunden, Querverbindungen fast gar nicht vorhanden, die Züge häufig veraltet oder auf den Pendlerstrecken hoffnungslos überfüllt. Die Bahnverbindungen in Nordirland sind noch spärlicher. Eine der zuverlässigsten und besten Strecken ist die Verbindung zwischen Belfast und Dublin.

Infos: www.irishrail.ie; Nordirland: www.translink.co.uk.

Bus

Das Busnetz ist gut ausgebaut, auch wenn nur alle größeren Orte häufig und regelmäßig bedient werden. Während der Sommermonate gibt es einen erweiterten Busfahrplan, der auch viele kleinere Orte anfährt, allerdings erfordert das u. U. häufiges Umsteigen, auch sind die Zeiten häufig unpraktisch. Insbesondere im Nordwesten der Insel füllen kleinere Busgesellschaften die Lücken der staatlichen Buslinie Bus Éireann auf, wenn auch überwiegend zu Zeiten, die Arbeitspendler befördern. Die lokalen Busfahrpläne erhält man in jedem Touristenbüro.

In Nordirland verbindet Ulsterbus die Orte miteinander, fährt aber auch grenzüberschreitend. Wie in der Republik sind die Verbindungen in kleinere Orte und abgelegenere Regionen eher spärlich.

Infos: www.buseireann.ie; in Nordirland: www.translink.co.uk.

Mietwagen

Es gibt viele Mietwagenfirmen an den Flughäfen und Fährhäfen, darunter nahezu alle bekannten internationalen Firmen sowie lokale Vermieter. Es empfiehlt sich, bereits vorher übers Internet ein Auto zu reservieren, da zumindest in der Sommerzeit die Nachfrage sehr hoch ist und es zudem bei Vorbuchung günstiger sein kann. **Günstigste Konditionen** findet man häufig über Sammelangebote im Internet. Eine Vollkaskoversicherung ist auf jeden Fall zu empfehlen. Die meisten Vermieter verlangen ein **Mindestalter** von 23 oder sogar 26 Jahren.

Beim Preisvergleich sollte man sich erkundigen, welche Leistungen beinhaltet sind, z. B. Vollkasko oder Zweitfahrer. Grundsätzlich sind Reifen in keiner Versicherung enthalten. Bei einer Reifenpanne muss man den neuen Reifen selbst bezahlen.

Die **Kilometerzahl** ist unbegrenzt. Üblicherweise wird das Auto vollgetankt ausgeliefert und muss auch vollgetankt zurückgebracht werden.

Motorräder können über folgende Anbieter gemietet werden: www.irishbike.com, www.irishbikehire.com, www.motorrental.ie, www.jawaireland.ie/motorcycle_rental_5.html (organisierte Touren).

Verkehrsregeln

In Irland herrscht **Linksverkehr,** an den man sich schneller gewöhnt, als zu befürchten ist. Die meisten Kreuzungen sind als *roundabouts* (Kreisverkehr) angelegt, falls keine Ampelschaltung vorhanden ist, was überwiegend der Fall ist. Wer auf den Kreis auffahren will, hat also auf den von rechts kommenden Verkehr im Kreis zu achten.

Eine durchgängige gelbe Linie am Straßenrand bedeutet eingeschränktes, eine doppelte gelbe Linie absolutes **Halteverbot.** Gelbe Farbgitter auf der Straße bedeuten, dass man dort unter keinen Umständen halten darf.

Entfernungsangaben sind in Kilometern angegeben, seit 2005 auch die angezeigten **Geschwindigkeitsbegrenzungen** (kph = *kilometer per hour).* Wenn nicht jeweils anders angegeben, gilt in Ortschaften 50 km/h, auf Landstraßen (R = *regional roads,* weiße Schilder) 80 km/h, auf Schnellstraßen (N = *national roads,* grüne Schilder) 100 km/h und auf Autobahnen (M = *motorway,* blaue Schilder) 120 km/h.

Oftmals entpuppt sich eine N-Straße allerdings als sehr schmale Landstraße und eine R-Straße als besserer Feldweg. Nicht immer ist eine Ausnutzung der Höchstgeschwindig-

---

Wild Atlantic Way

Die neueste Tourismusinitiative Irlands ist die grandiose Küstenstrecke Wild Atlantic Way, die mit einem Wellenzeichen auf blauem Grund gekennzeichnet ist. Sie erstreckt sich über etwa 2500 km von Kinsale im County Cork die Westküste entlang über Donegal bis nach Derry in Nordirland. Die Strecke führt allerdings nicht immer direkt an der Küste entlang, sondern oftmals lediglich auf den ohnehin bekannten (und auch teilweise in diesem Buch beschriebenen) küstennahen Straßen mit einigen Abstechern zum Meer. Voll ausgebaute und durchgängige Straßen sind nicht immer zu erwarten.

Einen Überblick gibt es auf www.discoverireland.ie/Wild-Atlantic-Way.

keit deshalb sinnvoll und mitunter sogar völlig unmöglich.

Die meisten Autobahnen führen von und nach Dublin, z. B. die M1 (Belfast), M3 (Kells), M4/M6 (Galway), M7 (Limerick), M8 (Cork), M9 (Waterford), M11 (Gorey). Eine Autobahn verbindet Limerick mit Galway (M18). Noch nicht alle Autobahnen sind vollständig, weitere sind in Planung oder im Bau.

Auf den N-Straßen gibt es häufig links eine **Standspur,** auf die man gewöhnlich ausweicht, sofern frei und übersichtlich, wenn jemand überholen will.

Es herrscht **Anschnallpflicht,** Telefonieren beim Fahren ist strengstens untersagt und die Promillegrenze beträgt 0,8 Promille.

Ringautobahn M50: Von der M50, dem Autobahnring um Dublin, gehen sternförmig N- oder M-Straßen in alle Himmelsrichtungen Irlands ab. Wer also vom Flughafen im Norden Dublins kommt und in den Westen oder Süden der Insel weiterfahren möchte, sollte sich nicht durch den Innenstadtverkehr quälen, sondern den Ring benutzen. Die Ausschilderung der Ausfahrten wird durch Himmelsrichtungen und Nummern vereinfacht, um nicht in die falsche Richtung einzubiegen. Neben den weiter entfernten Städten wie z. B. Belfast, Derry, Limerick, Cork oder Wexford steht so auch auf den Schildern North, West oder South. Die einzelnen Ausfahrten sind nummeriert, auch auf jeder aktuellen Karte, was das Navigieren erleichtert, sofern man sich zuvor schlau gemacht hat, welche Nummer in welche Richtung führt.

Mautstellen

Folgende Mautstellen gibt es auf den Autobahnen, Preise per PKW: M1 30 km nördlich von Dublin (1,90 €). East Link Toll Bridge in den Dubliner Docklands (1,75 €), Dublin Port Tunnel (3/10 €), M4 ca. 35 km westl. von Dublin (2,90 €), M6 zwischen Ballinasloe und Galway (1,90 €), M7/M8 bei Portlaoise (1,90 €), M8 bei Fermoy (1,90 €), M9 an der N25 bei Waterford (1,90 €), M3 bei Dunboyne und Kells (1,40 €), Limerick Tunnel an der M/N18 (1,90 €).

Die **Maut für die M50** um Dublin (2,10–3,10 €) ist barrierefrei. Vielfahrer können sich bei www. eflow.ie anmelden und die Mautgebühr automatisch zahlen. Wer nur einige wenige Male über die M50 fährt, kann die Mautgebühr in verschiedenen Läden rund um Dublin zahlen, die das Schild *payzone* (weiß auf rosa Grund) haben. Infos dazu findet man auf www.payzone.ie. Die M50-Maut für Mietwagen ist in der Regel bereits vom Vermieter bezahlt, dies sollte aber vorher abgeklärt werden.

Parken

In allen Städten, mittlerweile auch kleineren, muss man im Innenstadtbereich Parkgebühren zahlen. Wer die maximale Parkzeit überschreitet oder gar im Parkverbot steht, dem wird gnadenlos eine Parkkralle verpasst. Um sich für eine Stadtbesichtigung Zeit lassen zu können, sollte man daher ein **Parkhaus** wählen, auch wenn es etwas mehr kostet, dafür bietet es aber auch Sicherheit.

Park & Ride gibt es nur selten. Aber besonders in Dublin sollte man sein Auto gleich auf dem Parkplatz der Unterkunft stehen lassen und den Bus nehmen. Andere Städte sind mit dem ÖPNV allerdings noch nicht so gesegnet.

Papiere

Als Tourist genügt der heimische Führerschein – sogar die grauen ›Pappen‹, die manche der älteren Generation noch haben –, wenn man ein Auto mietet oder mit dem eigenen Auto fährt. Im letzteren Fall ist die grüne Versicherungskarte hilfreich und auf jeden Fall der Kfz-Schein sowie das **Fährticket,** um zu beweisen, dass man Tourist ist und nicht in Irland bleiben will. Man muss das Auto wenige Tage nach Einreise registrieren lassen, wenn man nicht nachweisen kann, dass man innerhalb von zwölf Monaten zurückkehrt.

Überall in Irland findet man Landstraßen mit wenig Verkehr

Tanken

Die Benzinpreise sind ähnlich wie in Deutschland, nämlich hoch mit steigender Tendenz. In Nordirland ist darauf zu achten, dass die Preise in Pound Sterling angegeben sind, also niedriger wirken, aber höher sind.

Tankstellen gibt es nahezu überall. Die meisten Tankstellen bieten lediglich bleifreies Benzin *(unleaded),* was für die Mehrzahl der Mietautos gilt, sowie Diesel. Ladestationen für Elektroautos sind im ganzen Land verteilt, aber nicht so häufig wie herkömmliche Tankstellen. Eine aktuelle Karte mit allen Ladestationen findet man unter: www.esb.ie/electric-cars/electric-car-charging/electric-car-charge-point-map.jsp.

Nahverkehr

Stadtbusse gibt es nur in den wenigsten Städten, nämlich in Dublin und Belfast, wo sie nahezu alle Stadtteile regelmäßig bedienen. Das Verkehrsprinzip ist bei den jeweiligen Städten erläutert. Auch in Cork, Limerick, Galway und Derry gibt es Stadtbusse, die allerdings bei weitem nicht so häufig fahren, wobei man diese Städte auch gut zu Fuß erkunden kann, sofern man nicht in den Außenbezirken lebt.

In allen anderen Städten ist man auf **Taxis** angewiesen, die an bestimmten Halteplätzen auf Kundschaft warten oder die man am Straßenrand herbeiwinken kann. Problematisch wird dies aber nachts nach der Pub-Sperrstunde, da es dann mehr Fahrgäste als Taxis gibt. Wer nachts zu einer bestimmten Zeit unbedingt ein Taxi braucht, sollte es sich zuvor bestellen. Die Bestellung übernehmen auch Hotels, Pubs und Restaurants.

Radfahren in irischen Städten verlangt großes Geschick und Risikobereitschaft. In Dublin gibt es immerhin ein öffentliches Leihfahrradsystem (www.dublinbikes.ie), falls man sich wagemutig in den Verkehr stürzen möchte.

Unterkunft

Obgleich das Unterkunftsangebot in Irland recht groß ist und man bei entsprechender Flexibilität immer etwas findet, ist es im Juli und August vor allem in Dublin oft schwierig, eines der preiswerteren Zimmer zu ergattern, und eine Reservierung ratsam. Ländliche B & Bs sind oft während der Wintermonate geschlossen.

Eine kleine Auswahl an Unterkünften, die **Haustiere** akzeptieren *(pet friendly)* ist hier zu finden: www.staydoggy.com.

Hotels

Die Hotels bieten mehr und mehr Extras und Sonderangebote an, um Gäste zu gewinnen. Viele Hotels haben neben dem üblichen Standard auch Wellnessbereiche, zumindest aber gehobene Ausstattung. Die stilvollste Art, in Irland seine Nächte zu verbringen, sind die prachtvollen Schlosshotels und Herrenhäuser mit ihrem romantischen Ambiente. Die Erfahrung zeigt, dass oftmals eine Buchung auf der Website eines Hotels preiswerter ist als vor Ort einzuchecken.

www.irelandhotels.com (englisch): Hier sind nahezu alle Hotels im Überblick zu sehen, mit Direktbuchungsmöglichkeit.

Zu beachten sind auch die Sonderangebote der Hotels auf den Websites, die manchmal B & B-Preise unterbieten.

Auch **Buchungsportale** suchen die günstigsten Angebote heraus, z. B. www.booking.com.

Bed & Breakfast (B & B)

Bed & Breakfast, Zimmer mit Frühstück, gibt es in Irland zu Hunderten. Es handelt sich um Unterkünfte in Privathäusern, auch wenn manche in den vergangenen Jahren extra als kleine Pensionen gebaut wurden und nahezu einfachen Hotelcharakter bieten. Sie kosten je nach Lage und Angebot zwischen 25 und 60 Euro pro Person und Nacht.

Es gibt vier verschiedene Kategorien von Zimmern: Ein **family room** beinhaltet ein Doppelbett sowie ein oder mehr Einzel- bzw. Zustellbetten. Ein **double room** ist ein Zimmer mit einem Doppelbett. Ein **twin room** ist ein Zimmer mit zwei Einzelbetten. Der **single room** ist leider eine seltene Spezies, ein Zimmer mit einem Einzelbett, für das ein Gast auch nur den Einzelpreis zahlt. Ansonsten zahlt der Einzelreisende ein *single supplement*, den Einzelbelegungszuschlag von 5 bis 20 Euro. **Rooms en suite** heißt Zimmer mit eigenem Bad.

www.bandbireland.com (englisch): umfassendste Seite für B & Bs mit Direktbuchungsmöglichkeiten.

www.westclare.net: handverlesene B & Bs überwiegend im Westen Irlands, viele mit deutschsprachiger Beschreibung.

Pensionen

Guesthouses sind in der Regel größere B & Bs oder einfache Hotels, oft verbunden mit einem Pub. Das Preisgefüge liegt hier je nach Ort und Ausstattung leicht höher als in B & Bs, bietet aber dafür mehr Anonymität.

Ferienhäuser

Es gibt in Irland ein großes Angebot an Ferienhäusern. Die Häuser sind voll eingerichtet, einschließlich Bettwäsche und Handtüchern. In der Regel bieten sie Betten für vier bis acht Personen an. Die Preise hängen sehr von Größe, Ausstattung und Lage ab, sind aber nach Jahreszeit gestaffelt. Am teuersten ist es im Juli und August. Die Preise bewegen sich in diesen Monaten zwischen 400 und

Netter kann die Einladung zu einem B & B doch kaum sein ...

1000 Euro, während sie im Winter oftmals um die Hälfte sinken. Angesichts der Wirtschaftslage lassen viele Ferienhausbesitzer besonders außerhalb der Saison mit sich handeln.

www.cottage-irland.de: eine kleine, aber handverlesene Auswahl individueller Ferienhäuser (auf Deutsch).
www.irishcottageholidays.com: sehr schöne Cottages, manche im traditionellen Stil, aber alle in Ferienhaussiedlungen gelegen. Aufgelistet sind auf der Website auch behindertengerechte sowie haustierfreundliche Häuser.
www.dreamireland.com: mit 3000 Immobilien größtes Angebot an Ferienhäusern und -wohnungen in ganz Irland.

Hostels

Hostels sind Jugendherbergen, wobei es keine Altersbegrenzung gibt oder der Nachweis einer Mitgliedschaft nötig ist. Es ist schlichtweg – außer Zelten – die preisgünstigste Möglichkeit zu übernachten.

Die Qualität der Hostels ist oft sehr unterschiedlich. In der Regel verfügen sie aber über einen guten Komfort und auch über **private rooms,** also Doppelzimmer. Die Preise für solche Räume entsprechen in etwa denen von B & Bs bzw. sind eher geringer, da kein Frühstück inbegriffen ist. In den **Schlafsälen** beträgt der Bettenpreis pro Übernachtung je nach Ort und Ausstattung zwischen 12 und 25 €, für DZ 40 bis 50 €.

www.hostels-ireland.com: umfassendste Seite mit nahezu allen Hostels.

Camping

Campingplätze gibt es in fast allen Ferienregionen, die meisten an der Küste. Sie sind in der Regel gut ausgestattet, also mit sanitären Anlagen, Café oder sogar Restaurants.

Wildes Campen ist in Irland streng verboten und kann zu unangenehmen Konfrontationen mit Farmern führen, wenn man sich ungefragt auf ihrem Feld niederlässt. Wer dennoch in der freien Natur campen möchte, sollte im Farmhaus zuerst fragen.

www.camping-ireland.ie: umfassende Seite mit fast allen Camping- und Caravanplätzen einschließlich Beschreibung.

Sport und Aktivurlaub

Angeln

Mit seiner über 5000 km langen Küste, den zahllosen Seen, Flüssen und Kanälen ist Irland ein Paradies für ›normale‹ Angler und auch für Hochseeangler.

Außer für Seeforellen und Lachse braucht man keine **Angellizenz**. Man kann sie sich im Bedarfsfall aber in Touristenbüros oder in Anglergeschäften *(tackle shop)* für wenig Geld besorgen oder sie online direkt beim Central Fisheries Board (www.cfb.ie) bestellen.

Zu beachten ist gerade bei kleineren Seen und Flüssen, dass sie sich oft auf Privatland befinden. Wenn kein Hinweisschild mit dem Angelsymbol (weiß auf braunem Grund) vorhanden ist, sollte man den Besitzer vorher fragen.

Etliche Unterkünfte bieten auch spezielle **Angelferien** an, die von der ganzen Organisation einschließlich Angelausrüstung reicht bis hin zum kleinen B & B, das einen Schuppen mit Kühlschränken für den Fang oder die Köder bereithält. Die feinsten Angelferien z. T. in Schlosshotels findet man unter www.irelandflyfishing.com.

Hochseeangeln wird in nahezu allen Küstenorten mit Hafen angeboten.

Golf

Irland verfügt über Hunderte von Golfplätzen, von kleinen Anlagen wie Pitch & Putt über städtische Kleingolfplätze bis hin zu ausgeklügelten Championship-Plätzen in ausnehmend schönen Landschaften. Die Golf Union of Ireland listet fast 400 Golfplätzen auf: www.gui.ie.

Reiten

Irland ist ein traditionelles Pferdeland, in dem Pferdesport hoch geschätzt wird. **Pferderennen** sind ein gesellschaftliches Ereignis, einige der wichtigsten sind die Galway Races, das Irish Derby in Kildare oder die Rennen in Leopardstown und Punchestown bei Dublin.

Reiterferien werden in allen ländlichen Regionen angeboten, das Spektrum reicht von organisierten Reiterferien bis hin zu kleinen Gehöften. Auf der Website der Association of Irish Riding Establishments (www.aire.ie) stehen Adressen von Reiterhöfen.

Bei Touristen nach wie vor beliebt sind auch die **Pferdewagen,** mit denen man romantisch, aber nicht immer bequem über die Straßen zuckeln kann. Infos: www.irishhorsedrawncaravans.com.

Wandern

Wandern ist eine Aktivität, die für alle Fitnesslevels geboten wird. Es gibt leichte Spaziergänge oder anstrengende Touren durch unwegsames Gelände. Die schönsten Strecken sind jeweils ausgeschildert, und es gibt

---

Wanderlust!
Irlands herrliche Natur erschließt sich am allerbesten auf Schusters Rappen. Und am schönsten ist dies mit einer Gruppe Gleichgesinnter und unter sachkundiger Führung – auf Deutsch. Wanderlust ist ein kleines Unternehmen unter der Leitung von Markus Bäuchle und seinem kompetenten Team, das sich ganz der irischen Natur verschrieben hat. Die einwöchigen Wander- und Erlebnistouren sind für maximal 17 Teilnehmer konzipiert, die Unterkunft im komfortablen »Wanderhaus« und eine vorzügliche Verpflegung sind im Preis enthalten.
Wanderlust, Ardaturrish Beg, Glengarriff, County Cork, Irland, Tel. Deutschland: 089 89 62 32 90, Irland: 00353 27 636 09, www.irland-wandern.de.

Der Golfplatz in Adare zählt zu den berühmtesten Irlands

sie in jeder Region, vom Wicklow Way über den Kerry Way bis zum Ulster Way, mit zahllosen anderen *ways* dazwischen.

Keineswegs sollte man die ausgeschilderten Wanderwege verlassen, um sich auf eigene Faust einen Weg zu bahnen. Farmer haben manchmal aus gutem Grund nicht immer freundlichen Einwände gegen Touristen, die über ihr Land marschieren – Gatter werden offen gelassen, Vieh verschreckt oder Abfall hinterlassen. Zudem ist es eine Versicherungsfrage, wenn einem Wanderer auf Privatgrund etwas passiert. Da Wandern aber zu einer der beliebtesten Freizeitbeschäftigungen Irlands geworden ist, gibt es mittlerweile offizielle Vereinbarungen mit Farmern. Die hier im Buch beschriebenen Wanderungen führen zwar teilweise auch über offenes Land, manchmal ohne Wegmarkierung, sind aber genehmigt. Weitere Wanderwege mit kurzen Wegbeschreibungen findet man auf: www.irishtrails.ie.

Wellness

Sich richtig verwöhnen lassen und dem eigenen Wohlbefinden widmen hat nicht immer etwas mit eigener Aktivität zu tun, eher mit der anderer Leute. Mehr und mehr Hotels bieten solche Wellnessbereiche an, die von Badelandschaften bis hin zu exotischen Alternativtherapien reichen. Einige Hotels sind auf diese Angebote spezialisiert, oft handelt es sich um traumhafte Oasen in ebenso traumhaften Landschaften. Sie sind bei den jeweiligen Orten aufgelistet.

Zuschauersport

Mannschaftssport spielt in Irland eine große Rolle und wird schon in der Schule gepflegt, insbesondere die sogenannten gälischen Sportarten. Dachorgansisation ist die GAA, die Gaelic Athletic Association, die auch im gesellschaftlichen Leben der Iren eine große Rolle spielt.

Gälische Sportarten sind **Hurling** und **Gaelic Football,** beides recht schnelle und verletzungsintensive Sportarten. Die Meisterschaften gehen von lokalen Clubs über County-Clubs bis zu Provinz-Clubs, bis dann endlich im Croke Park, dem nationalen GAA-Stadium, die Finale stattfinden (www.gaa.ie).

Einkaufen

Selbstversorger müssen nichts nach Irland mitbringen. Es gibt alles, nur meist etwas teurer – sogar in allen größeren Städten, sowohl in Nordirland als auch in der Republik, Lidl und Aldi. Obgleich diese sich dem irischen Konsumbedürfnis angepasst haben, bieten sie dennoch gelegentlich auch deutsche Spezialitäten an.

Die großen **Supermarktketten** sind Dunnes und Tesco mit einer riesigen Palette an Waren, wobei Dunnes merklich teurer ist. Aber kleinere Supermärkte, wie Super Valu, Centra, Gala u. a., gibt es in nahezu jedem Ort. Unabhängige Dorfläden werden zwar immer seltener, aber noch sind sie überall zu finden und bieten zumindest das Notdürftigste für den Alltag an.

Die **Bauernmärkte** in Irland werden immer populärer, sind aber noch nicht so verbreitet. Dort, wo der Einfluss einer Alternativkultur oder von Immigranten welcher Couleur auch immer zu spüren ist, gibt es die besten Angebote, z. B. holländischen Käse, japanische Sushi, spanisches Olivenöl oder französische *tartes*. Die besten Märkte in Irland sind der überdachte English Market in Cork und die samstäglichen Märkte in Galway und Limerick.

Warenhäuser sind eher selten, außer in Dublin. Die größten sind Debenham's und in eingen Großstädten auch Marks & Spencer und Browne Thomas. M&S, wie es kurz genannt wird, bietet neben guter, relativ preiswerter Bekleidung eine Lebensmittelabteilung, die überwiegend auf Singles und Berufstätige zugeschnitten ist, während Browne Thomas die Oberklasse an Designerwaren präsentiert. Auf der unteren Skala für Bekleidung liegt Penny's (Primark), eine Kette, die in allen Städten zu finden ist. Die Sachen sind nicht unbedingt von schlechtem Design, aber eher für den schnellen Verbrauch gedacht. In Dublin und auch in Belfast gibt es große Shoppingcenter mit nahezu allen Labels, in Dublin insbesondere Luxusdesigner.

Empfehlenswert sind die **Woollen Mills,** die Läden, die in den Touristenzentren typisch irische Waren, nicht unbedingt Kitsch, anbieten. Dazu gehören Tweed und Strickwaren sowie Keramik, Porzellan und Glas. Die Sachen sind sehr teuer, aber von exzellenter und andauernder Qualität. Man beachte vor allem die Sonderangebote bzw. die *sales,* Schlussverkäufe, die beliebig angesetzt werden können. Die *January Sales* finden landesweit statt und bieten die beste Möglichkeit, Schnäppchen zu machen.

Mitbringsel

Irischen **Whiskey** kann man auch zu Hause kaufen, wo es alle gängigen Marken gibt. Und daheim ist er garantiert auch preiswerter. Die hohe Alkoholsteuer in Irland sorgt dafür, dass alkoholische Getränke zu übertreuerten Preisen verkauft werden.

Sehr beliebt sind die irischen **Strickwaren** und **Tweedprodukte.** Es gibt Pullover mit traditionellem irischen Muster (die klassischen Aran-Pullis), aber auch welche in sehr schönen modischen Varianten, die trotzdem noch das klassische irische Design aufweisen. Die Preise für einen solchen Pullover rangieren von 40 bis 120 Euro. Modewaren aus Tweed sind zeitlos und haltbar und in Irland in dieser Qualität preiswerter als außerhalb des Landes, wenngleich noch lange nicht billig.

Porzellan, Keramik und mundgeblasenes und handgeschliffenes **Glas** gibt es in zahlreichen Ausführungen und Preislagen, aber selten wirklich billig.

Geld

In Irland ist der Euro die nationale **Währung,** in Nordirland hingegen das Pfund Sterling. In den Grenzregionen oder oft auch im Landesinneren wird dort jedoch auch der Euro ak-

Beliebte irische Mitbringsel sind Tweedprodukte, Strickwaren oder Weberzeugnisse

zeptiert, auch wenn als Wechselgeld Pfund Sterling zurückgegeben wird. Nordirische Banken drucken ihre eigenen Banknoten, die zwar vom Nominalwert nicht vom britischen Pfund abweichen, aber in der Regel nur in Nordirland gültig sind. Wer überschüssige nordirische Pfundnoten mit nach Hause nimmt und dort umtauschen oder auch im UK benutzen will, kann damit rechnen, dass diese Noten nicht akzeptiert werden. Man sollte Restbestände also besser in Nordirland selbst oder in der Republik Irland in Euro bzw. Schweizer Franken umtauschen.

Kreditkarten (Visa, MasterCard, American Express) werden überall als Zahlungsmittel akzeptiert, außer in vielen ländlichen B & Bs oder kleinen Dorfläden, die keine Karten verwerten können. In solchen Fällen ist es sinnvoll, stets etwas Bargeld zur Verfügung zu haben.

Banken sind montags bis freitags von 9.30 bis 16.30 Uhr geöffnet, an Feiertagen und Bank Holidays geschlossen. In kleineren Ortschaften haben sie über die Mittagszeit geschlossen, meist von 12.30 bis 13.30 oder von 13 bis 14 Uhr.

Geldautomaten gibt es nahezu überall, oft auch in den Supermärkten. Dort werden neben Kreditkarten auch Bankkarten mit dem Maestro-Zeichen (ehemals Euroscheckkarte) akzeptiert.

Öffnungszeiten

Kleine **Geschäfte** schließen in der Regel um 18 Uhr, auch Sa, und sind So geschlossen oder nur vormittags geöffnet. **Lebensmittelläden** öffnen auch So, entweder von 9 bis 15 oder von 12 bis 18 Uhr. **Banken:** s. o.

Ausgehen

Discos sind fester Bestandteil des Dubliner Nachtlebens

Das **Pub,** kurz für *public house*, ist das Wohnzimmer der Iren. Fast das ganze Sozialleben spielt sich dort ab, man macht Geschäfte, tauscht Neuigkeiten aus, lernt neue Leute kennen, schaut Fernsehen, hört Musik und trinkt. Nachtleben in Irland heißt ins Pub zu gehen.

Seit das **Rauchverbot** an Arbeitsplätzen, also auch in Pubs und Restaurants, erfolgreich eingeführt wurde, entsteht eine Art Biergartenkultur. Denn draußen darf man rauchen. Clevere Wirte haben daher Sitzmöglichkeiten im Garten oder auf dem Bürgersteig aufgestellt und für die kühleren Tage manchmal auch gasbetriebene Außenheizkörper.

Neben den obligatorischen Fernsehern in den Pubs ist die beliebteste Nachtunterhaltung **Livemusik.** Das kann von dröhnender Rockmusik bis zu den traditionellen Sessions gehen. Meist fängt die Musik gegen 22 Uhr an, weswegen insbesondere auf dem Land die Leute erst sehr spät ins Pub gehen, aber in der kurzen Zeit bis zur *Last Order* erstaunlich schnell trinken.

Neben Pubs gibt es in Städten, seltener auf dem Land, auch **Clubs,** die eine besondere Lizenz für spätere Schließzeiten haben, meist bis 2 oder auch 3 Uhr morgens – was sich übrigens empfindlich auf die Preise niederschlägt.

Die Pubs haben wie fast alle Gastbetriebe gesetzlich festgesetzte Öffnungszeiten: in Irland Mo–Mi 10.30–23.30, Do–Sa bis 0.30, So bis 23, in Nordirland Mo–Sa 11.30–23, So 12.30–22 Uhr. Die Schließzeiten bedeuten jedoch nur, dass man zu diesem Zeitpunkt noch seine letzte Bestellung aufgeben kann, danach hat man noch eine halbe Stunde Zeit zum Austrinken.

Reisekasse und Reisebudget

Reisekosten

Hotels in Irland sind mittlerweile preiswerter als je zuvor, selbst in den Städten. Ein Doppelzimmer in einem Mittelklassehotels kann man oft schon für 70 oder 80 € erhalten. B & Bs sind nicht unbedingt günstiger. Je nach Lage und Ausstattung kosten sie pro Person und Nacht 25 bis 60 €. Wer mit Familie oder in einer Gruppe anreist, ist mit einem Ferienhaus und Selbstversorgung besser bedient. Zu den Ferienhauskosten kommen allerdings oft noch die **Nebenkosten,** Strom und Heizung, hinzu, was aber pro Woche nicht mehr als 30 bis 50 € ausmachen sollte.

Restaurants sind nach wie vor sehr teuer. Ein Hauptgericht in einem guten Restaurant kostet etwa 15 bis 25 €. Preiswerter ist es, in einem Pub-Restaurant zu essen, wo man manchmal auch unter 12 € gut essen kann.

Der Preis für ein **Pint Guinness** ist ein Maßstab für einen vergnüglichen Abend. Auf dem Land kostet es um die 4 €, wird aber teurer, je touristischer oder städtischer es wird. In Dublin gibt es mancherorts Preise von 6 € und mehr pro Pint. Wein wird in Pubs in kleinen 0,2-l-Flaschen (weiß oder rot) verkauft und kostet um die 6 €. In Restaurants kann es sehr, sehr teuer werden, ab 25 € aufwärts für eine 0,7-l-Flasche nicht unbedingt der besten Rebsorte.

Es gibt aber auch Restaurants der mittleren Kategorie, die erlauben, dass man eine eigene Flasche mitbringt. Dann wird nur eine geringe ›Entkorkungsgebühr‹ verlangt. **Alkohol** ist aufgrund der Steuer überhaupt sehr

Die Welt trinkt Guinness – Irland erst recht!

Sperrung von Bank- und Kreditkarten bei Verlust oder Diebstahl*:

0049-116 116

oder 0049-30 4050 4050
(* Gilt nur, wenn das ausstellende Geldinstitut angeschlossen ist, Übersicht: www.sperr-notruf.de)
Weitere Sperrnummern:
– MasterCard: 0049-69-79 33 19 10
– Visa: 0049-69-79 33 19 10
– American Express: 0049-69-97 97 2000
– Diners Club: 0049-69-66 16 61 23
Bitte halten Sie Ihre Kreditkartennummer, Kontonummer und Bankleitzahl bereit!

teuer in Irland. Wer seine Nächte im Pub verbringen und nicht den ganzen Abend an einem Getränk nuckeln will, sollte mit um die 20 € mindestens rechnen. Auch wenn man sich alkoholische Getränke im Laden kauft, kommt man nicht preiswert davon. Ein halbwegs akzeptabler Wein kostet um die 8 €, Bier in Büchsen oder Flaschen kostet pro Stück ab 3 €.

Raucher sollten sich ihren Proviant auf jeden Fall selbst mitbringen. Eine Schachtel **Zigaretten** kostet über 10 €, 50 g Zigarettentabak über 20 €.

Das **Parken** in Städten kostet ebenfalls Geld. Es gibt kaum noch gebührenfreie Parkplätze. Man zahlt zwischen 40 Cent und 2 € pro Stunde. Parkhäuser sind zwar sehr teuer (ab 2 € pro Stunde), aber wenigstens steht man dann nicht unter Zeitdruck.

Spartipps

Eintrittsgebühren strapazieren das Reisebudget: Zwischen 2 und 15 € kann die Besichtigung einer Sehenswürdigkeit kosten. Hier empfiehlt sich die **Heritage Card,** eine Eintrittskarte für alle Sehenswürdigkeiten unter staatlicher Obhut, was auf die meisten zutrifft. Sie kostet 21 € pro Person, ist ein Jahr gültig und in den entsprechenden Sehenswürdigkeiten erhältlich (www.heritageireland. ie).

Wer keine großen Ansprüche ans Essen stellt, aber auch nicht unbedingt nur von Fast Food leben will, kann sich in den meisten Supermärkten am **Hot Counter** eine warme Mahlzeit für wenig Geld zum Mitnehmen kaufen. Es gibt dazu die Ingredienzien für ein irisches Frühstück ebenso wie komplette Mittagessen, die man sich selbst zusammenstellen kann. Allerdings ist die Auswahl an Gemüse oder Salat eher dünn.

In nahezu allen Supermärkten und auch Tankstellenläden gibt es den **coffee to go,** den manchmal nicht so schlechten Automatenkaffee im großen Pappbecher, der ab 1 € kostet. Es gibt auch Cappuccino oder Espresso sowie Tee und Kakao.

Trinkgeld

In Hotels und Restaurants kann man ein Trinkgeld nach eigenem Ermessen geben, in B&Bs ebenfalls, aber es ist nicht üblich. In Restaurants ist der Service, wenn nicht anders angegeben, bereits in der Rechnung enthalten. Üblicherweise rundet man den Betrag auf, muss aber kein extra Trinkgeld geben.

In Pubs gibt man kein Trinkgeld, es gilt als unhöflich, welches anzubieten. Wenn man Wechselgeld wortlos auf der Theke liegen lässt und es nicht zurücknimmt (»keep the change«) wird es in eine der allgegenwärtigen Sammelbüchsen für wohltätige Zwecke gesteckt. Wahlweise kann man dem Wirt oder dem Barpersonal anbieten, ihm oder ihr ein Getränk zu spendieren, was oft mit den Worten »Danke, ich trinke später« angenommen wird. Das Geld wird dann als Trinkgeld akzeptiert.

Reisezeit und Reiseausrüstung

Klima und Reisezeit

Hauptsaison sind die Monate Juli und August, wenn in Irland Sommerferien sind. Dann finden die meisten Festivals statt, aber es wird auch schwieriger, wenngleich nicht unmöglich, eine gute Unterkunft zu finden.

Die **beste Reisezeit** sind die Monate Mai, Juni und September, wenn es schon oder noch tendenziell sommerlich ist und alle Sehenswürdigkeiten offen sind, aber der große Ansturm noch nicht eingesetzt hat oder schon vorbei ist.

Reisen von Oktober bis April können zwar auch sehr schön sein, doch sollte man bedenken, dass in der dunklen Jahreszeit die Tage kürzer sind und das Sightseeing eingeschränkt ist. Auch sind viele Sehenswürdigkeiten über die Wintermonate geschlossen.

Das **Wetter** ist ein unendliches Thema in Irland und nie vorhersagbar. Statistiken mögen zwar die Häufigkeit von Regen in bestimmten Monaten festlegen, aber zuverlässig sind sie nicht. Der Mai gilt z. B. als trockenster Monat, aber es gab auch schon Jahre, da der Mai völlig verregnet war. Mitunter kamen ›Hitzewellen‹ im Juli oder August mit Temperaturen von bis zu knapp 30 °C vor, aber auch Sommer, in denen es kaum über 18 °C wurde.

Die Winter sind in der Regel mild. Frost ist eher selten, außer in den küstenfernen Regionen und in den Bergen. Auch schneien tut es nicht sehr häufig, und wenn, dann bleibt der Schnee zumindest in den höheren Regionen maximal eine Woche liegen und ist höchstens 2 cm hoch. Dafür sind Überflutungen im Winter recht häufig, wenn Flüsse und Seen nach Dauerregen über die Ufer treten.

Eine **Wettervorhersage** von höchstens drei Tagen findet man unter www.met.ie.

Kleidung

Kofferpacken für einen Urlaub in Irland ist immer eine Plage, da man nie wissen kann, was man braucht. Am besten ist der sogenannte Zwiebellook, also Sachen, die man schichtweise übereinander tragen und je nach Witterung wieder ablegen kann, ohne sich umziehen zu müssen. Regenfeste Jacken und Schuhe sind ein Muss, ein Plastikcape reicht auch.

Im Prinzip herrscht in Irland eine lockere Kleiderordnung, wobei besonders der Trainingsanzug sehr beliebt ist. Allerdings erwarten zumindest die besseren Hotels, Clubs und Restaurants, dass man zwar nicht formell, aber auch nicht schlampig gekleidet ist.

Elektrizität

Die Stromspannung in Irland entspricht dem europäischen Standard. Steckdosen in Irland sind wie im UK immer dreipolig. Für mitgebrachte elektrische Geräte wie Digitalkameras oder Handys sollte man daher einen dreipoligen (UK-)Adapter mitbringen.

Klimadaten Dublin

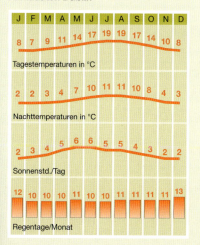

Gesundheit und Sicherheit

Gesundheit

In der EU wurden die **EKV-Karten** eingeführt (Europäische Krankenversicherungskarte), um eventuelle Krankheitsfälle versicherungstechnisch einfacher abwickeln zu können. Die Karten werden auf Antrag von den gesetzlichen Krankenversicherungen ausgestellt. Sie berechtigen zur kostenlosen medizinischen Notfallbehandlung in Irland. Allerdings müssen die Kosten zuvor ausgelegt werden.

Notwendige **Medikamente** sollte man auf jeden Fall von Zuhause mitbringen, da sie in Irland oft nicht unter demselben Markennamen erhältlich sind. Für leichtere medikamentöse Behandlungen gibt es in jeder **Apotheke,** die es in allen größeren Ortschaften gibt, eine ausreichende (rezeptfreie) Auswahl. Apotheken schließen in der Regel montags bis samstags um 18 Uhr.

Die **ärztliche Versorgung** ist in ländlichen Gebieten eher dünn. In Gesundheitszentren, wird zwar die gesundheitliche Grundversorgung gewährleistet, aber Spezialisten wie Kinderärzte oder Gynäkologen sind selten. Die gibt es nur in Bezirks- oder Universitätskrankenhäusern. Wer im Notfall ins Krankenhaus muss, wird zwar versorgt, sollte sich aber, sobald transportfähig, nach Hause begeben. Die beste medizinische Versorgung findet man in Dublin und Belfast.

Sicherheit

Irland ist generell ein sicheres Reiseland, besonders auf dem Land und in kleineren Städten – selbst wenn auch dort die üblichen Sicherheitsmaßnahmen eingehalten werden sollten. In Großstädten, besonders in Dublin, sollte das Auto besser im Parkhaus oder auf dem hoteleigenen Parkplatz abgestellt werden. Auch sollten Touristen dort nachts einsame Straßen meiden und sich auf keine Provokationen einlassen. Mit etwas Umsicht und den üblichen Vorkehrungen lassen sich jedoch unangenehme Situationen verhindern.

Nordirland ist entgegen der Zeitungsmeldungen über gewalttätige Ausschreitungen genauso sicher oder unsicher wie die Republik Irland. Es gibt einige wenige Brennpunkte, in denen jedoch nur unter den Einheimischen Gewalt ausbrechen kann.

Sollte man dennoch Opfer eines Verbrechens oder Diebstahls werden, kann man sich an jede Polizeidienststelle wenden oder an:

Crime Victims Helpline (Opfer-Hotline)
Tel. 11 60 06 (gebührenfrei)
SMS 085 133 77 11
www.crimevictimshelpline.ie

Die Polizei in Nordirland heißt PSNI (Police Service of Northern Ireland; www.psni.police.uk).

Notruf

Polizei, Feuerwehr, Krankenwagen, Rettungsdienst:
Republik Irland: Tel. 112 oder 999
Nordirland: Tel. 999
Autopanne:
Republik Irland: Tel. 18 00 66 77 88
(Automobile Association), www.aaireland.ie
Nordirland: Tel. 08 00 88 77 66

Wasser

Man kann das Leitungswasser in Irland im Prinzip unbedenklich trinken, allerdings schmeckt es nicht immer gut. Entweder ist es überchlort oder überkalkt. In ländlichen Regionen haben viele der Häuser ihre eigenen Quellen, auch B & Bs. Das Quellwasser wird zwar auf gesundheitsgefährdende Substanzen geprüft, aber nicht auf Mineralien, die den

Kamille – in der Apotheke einfacher zu haben …

Geschmack beeinflussen können. Einfamilienhäuser haben ihren Wassertank auf dem Dachboden. Dorthin wird das Wasser aus der Quelle oder dem Gemeindereservoir gepumpt und von dort weiter zu den Wasserhähnen geleitet. Das führt insbesondere – aber nicht nur – in älteren Häusern dazu, dass der Wasserdruck in den Duschen nicht besonders hoch ist. Es erklärt auch, warum es in Irland kaum Mischbatterien gibt und man sich mit einem kochend heißen und einem eiskalten Wasserhahn zufrieden geben muss. Das traditionelle Pumpsystem erlaubt keine Mischbatterien.

Kommunikation

Internet und WLAN

In den Städten gibt es zahlreiche Internetcafés, auf dem Land sind sie eher dünn gesät, wenn überhaupt vorhanden. Dafür gibt es in den meisten öffentlichen Büchereien kostenlosen Internetzugang von bis zu einer Stunde. WLAN ist mittlerweile weit verbreitet, aber nicht immer zuverlässig. Hotspots gibt es hauptsächlich in den größeren Städten, auch in vielen Hotels und manchmal auch in B & Bs und Pubs. Hotspot-Karte mit Adressen: www.eircom.net/wifihub/coverage-map/.

Post

Postämter gibt es nahezu in jedem Ort. Sie sind grün und mit dem irischen Namen »An Post« gekennzeichnet.

Briefmarken für Karten und Briefe innerhalb Irlands kosten bis zu 50 g 68 Cent, ins europäische Ausland bis zu 50 g und stets per Luftpost 1 €. Post nach D/A/CH braucht ca. drei Tage.

Postämter sind montags bis freitags von 9 bis 17.30 und Sa bis 13 Uhr geöffnet, aber haben in kleineren Ortschaften über die Mittagszeit geschlossen, meist von 12.30 bis 13.30 oder von 13 bis 14 Uhr.

Namen und Adressen

In **Irland** gibt es keine Postleitzahlen, außer in Dublin. Bei Anschriften wird der Name des Adressaten, die Straße mit Nummer, der Ort und das County (abgekürzt Co.) angegeben. Ein einfaches Prinzip, das allerdings nur für städtische Anschriften gilt.

Auf dem Land haben die meisten Häuser Namen, z. B. Rose Cottage oder Hillview House. Dann folgt der Name des Ortes usw. Liegt das Haus in freier Landschaft, folgt nach dem Häusernamen der Name des Townlands (das sind alte Feldbezeichnungen, die selten durch Schilder gekennzeichnet sind), dann der Ort usw. Eine typische ländliche Adresse könnte also lauten: Adressat, Lonesome Cottage, Kilmeetoo, Ballygobackwards, Co. Bogland.

Das Finden einer solchen Anschrift, beispielsweise auf der Suche nach einem B & B, kann sich für Außenstehende als schwierig erweisen. Man lasse sich also, wenn möglich, eine genaue Beschreibung zukommen, wie man das Haus findet, oder frage im Ort entweder im Postamt oder im Dorfladen nach.

In **Nordirland** gibt es ebenso wie in Großbritannien (UK) ausgetüftelte Postleitzahlen, die hier alle mit BT beginnen und durch eine Ziffern- und Buchstabenkombination ergänzt werden, z. B. BT1 5AD für Belfast City Centre.

Radio und TV

RTE ist der staatliche Sender in Irland, der zwei der vier Fernsehsender (RTE und RTE2) und mehrere Radiostationen betreibt. TV3 ist ein halbprivater Sender und TG4 ein irischsprachiger Sender. Alle weiteren Sender sind britisch (BBC u. a.) oder kommen via Satellit. In Nordirland sind die britischen Sender, einschließlich BBC Northern Ireland und Ulster TV zu empfangen.

Es gibt zahllose Radiostationen, landesweite ebenso wie kleine lokale, die sich auch in der Hauptsache auf lokale Meldungen beschränken. Iren sind begeisterte Radiohörer, und Talk-Ins, also Hörerbeteiligung an Diskussionen über die großen wie die banalen Ereignisse in der Welt, sind äußerst beliebt. Befremdlich mag erscheinen, dass in den kleinen Lokalsendern stündlich die aktuelle Todesliste einschließlich Zeit und Ort der Beerdigung mitgeteilt wird. Da es wichtig ist, dass möglichst viele Menschen an einer Beerdigung teilnehmen, ist dies für die Iren aber von großer Bedeutung.

Telefonieren

Öffentliche **Telefonzellen** gibt es immer seltener. In der Regel funktionieren sie mit Münzen und Telefonkarten, die es in jedem Zeitungsladen und auf Postämtern gibt, die moderneren auch mit Kreditkarten.

Handyanbieter in Irland sind u. a. O2, Vodafone, Three und Meteor. Mitgebrachte Handys schalten automatisch auf diese Anbieter um, sofern der **Roaming Service** aktiviert ist. Der Empfang ist nahezu flächendeckend, bis auf einige Flecken in sehr abgelegenen Regionen.

Zeitungen

Die irische Zeitungslandschaft ist breit gestreut, überregional die übliche Teilung von seriösen Tageszeitungen bis hin zu den Tabloids, regional mit zahllosen Wochenblättern.

Regionalblätter sind immer lohnend, wenn man sich in einem bestimmten Teil Irlands aufhält. Sie mögen für Außenstehende langweilig bis unverständlich sein, haben aber immer eine Rubrik mit lokalen Veranstaltungen.

Neben den Tabloids, die mit ihrem kleinen Format und ihren schreienden Schlagzeilen unübersehbar sind und die höchste Auflagenzahl erzielen, gibt es drei seriöse **Tageszeitungen:**

Die »Irish Times« (www.irishtimes.com) bietet bürgerlich-liberale Gediegenheit, mithin aber auch einen guten Auslandsteil. Der »Irish Independent« (www.independent.ie) bedient eher die konservative Seite mit Schwerpunkt auf irischeThemen. Der »Examiner« (www.irishexaminer.com) ist die einzige überregionale Zeitung, die nicht in Dublin, sondern in Cork produziert wird; im linksbürgerlichen Spektrum angesiedelt.

Des Weiteren gibt es zahlreiche **Sonntagszeitungen,** teils Ableger der Tageszeitungen, teils eigenständige Publikationen. Die

Internationale Vorwahlen

Irland	00353
Nordirland	0044
Deutschland	0049
Schweiz	0041
Österreich	0043

Gespräche von Irland nach Nordirland
Regionale Vorwahl 028 durch 048 ersetzen.

Gespräche in und nach Irland
Die regionalen Vorwahlnummern sind bei allen in diesem Buch aufgeführten Telefonnummern angefügt. Bei Anrufen aus dem Ausland lässt man nach dem Wählen der Landesvorwahl lediglich die erste Null weg.

Telefonauskunft
in Irland: 118 50 / www.goldenpages.ie
in Nordirland: 11 85 00 / www.yell.com

»Sunday Business Post« gehört zu den seriösen Zeitungen, während die »Sunday Times« aus dem Murdoch-Haus in London ihre eigene Ausgabe in Irland hat und zwischen Tabloid und seriöser Tageszeitung schwankt.

Politische Magazine wie etwa in Deutschland »Der Spiegel« oder »Focus« gibt es in Irland keine. Bisherige Versuche engagierter Verleger scheiterten an der mangelnden Nachfrage.

»Phoenix« ist ein zweiwöchentliches Magazin, das die Tendenz hat, die irische Gesellschaft nicht nur ätzend zu analysieren, sondern auch gehörig auf die Schippe zu nehmen. Allerdings sind die Artikel oft nur Insidern verständlich.

Meist verkaufte Zeitschrift ist der »RTÉ Guide«, eigentlich ein wöchentliches Fernsehblatt mit viel Tratsch über Fernsehstars und andere Nichtigkeiten; es gibt aber in seiner Trivialität einen wunderbareren Einblick in das ganz profane irische Leben.

Sprachführer

Es wird in Irland zwar überall Englisch gesprochen, aber dieses ist hin und wieder durchsetzt mit irischen Wörtern und Begriffen. Auch in den Orts- und Landschaftsnamen sind zwar anglisierte, aber irische Wortstämme enthalten. In der Gaeltacht, den irischsprachigen Gebieten, sind Hinweisschilder zudem auf Irisch. Im Folgenden sind ein paar wichtige Wörter und Namensbestandteile mit Aussprache in deutscher Lautschrift aufgeführt.

Irische Wörter

an lár (an lar)	Stadtzentrum
bodhrán (boorón)	irische Handtrommel
bosca litreacha (boske litrochi)	Briefkasten
céili (keeli)	Party, Tanz- und Musikveranstaltung
ceoil (koul)	Musik
cláirseach (kloirscha)	Harfe
craic (cräck)	Spaß, fröhliches Beisammensein
currach (cureck)	traditionelles irisches Segelboot
fáilte (foltchje)	Willkommen
feadóg stáin (fädoog stoin)	Blechflöte
fidil (fiddle)	Geige
fir (för)	Herren (Schild an WCs)
fleadh (fla)	Fest, Festival
fliúit (floot)	Flöte
garda (garda)	Polizist, Polizei
gardaí (gardie)	Polizisten
gaol (dschäil)	Gefängnis
halla dhamsa (halla dausé)	Tanzsaal
leprechaun (lepperkoon)	Kobold
lethreas (leros)	Toilette
mná (mro)	Damen (Schild an WCs)
oifig an phoist (ofig an fischt)	Postamt
pib uillean (piib illen)	irischer Dudelsack
poitín (potschien)	schwarzgebrannter Schnaps
scoil (skol)	Schule
seanchai (schänokie)	Geschichtenerzähler
seisiún (seschuun)	Musiksession
sláinte (slontschje)	Prost!
slán (slon)	Tschüss
spidéal (spidell)	Krankenhaus
taoíseach (tieschock)	Premierminister
teampall (tempel)	Kirche
uisce beatha (ischke bähe)	Whiskey

Orts- und Landschaftsnamen

ard	Anhöhe
bally/baile	Stadt, Siedlung
beann/ben	Bergspitze, Gipfel
bóthar	Straße
caisleán	Burg
carraig/carrick	Fels
cathair/caher/cahir	Steinfort
cnoc/knock	Hügel
crannóg	künstliche Insel in einem See
croagh	Berg
derg/dearg	Fluss
derry/doire	Eichenhain
down/doon/dún	Festung
dún	Fort
fert/feart	Graben
garbh/gariff	zerklüftet
glen/gleann	Tal
inis/inish/ennis	Insel
kil/cill	Kirche
lios/liss	Ringfort
loch/lough	See
móin/móna	Torf, Torfmoor
mór/more	groß
motte	normannisches Fort
rath	Erdwall
sliabh/slieve	Bergkette
trá	Strand

Englisch für den Urlaubsalltag

Auskünfte

Fährt der Zug/Bus nach ...?	Does the bus/train go to ...?
Könnten Sie uns bitte helfen?	Please can you help us?
Rufen Sie bitte den Rettungsdienst!	Please, ring the emergency!
Ich suche eine Apotheke.	I'm looking for a pharmacy/chemist.
Wo kann ich mal telefonieren?	Where can I make a call?
Wie funktioniert das?	How does it work?
Wie spät ist es?	What time is it?
Gibt es hier interessante Sehenswürdigkeiten?	Are there any interesting sights around here?
Wie hoch ist das Eintrittsgeld?	How much is the admission fee?
Können Sie ein nettes Restaurant/Pub empfehlen?	Can you recommend a nice restaurant/pub?
Würden Sie uns fotografieren?	Would you mind to take a photograph of us?
Wie weit ist es bis/nach ...	How far is it to ...?
Wie lange dauert es?	How long will it take?
Es ist nicht weit von hier.	It's just down the road. /It's just a mile.
Ich habe einen Platten.	I have a puncture.

Restaurant, Hotel, Geschäft

Die Speisekarte, bitte.	Could I have the menu, please?
Was können Sie uns empfehlen?	What would you recommend?
Guten Appetit!	Enjoy!
Gesundheit! (beim Niesen)	Bless you!
Gern geschehen.	My pleasure.
Wo ist die Toilette?	Where is the toilet, please?
Zahlen, bitte!	The bill, please.
Kann ich mit Kreditkarte bezahlen?	Do you take credit cards?
Können Sie mir bitte eine Quittung ausstellen?	Can I have a receipt, please?
Haben Sie noch Zimmer frei?	Have you any vacancies?
Tut mir Leid, kein Zimmer mehr frei.	Sorry, we have no vacancies.
Kann ich das Zimmer anschauen?	May I have a look at the room?
Was darf's sein? (im Laden)	Are you all right?
Danke, ich schaue mich nur um.	I'm just browsing, thanks.
Was kostet das bitte?	How much is it, please?

Smalltalk

Hallo, wie geht's?	How are you?
Danke gut, und Ihnen?	I'm fine/not too bad, and self?
Wie heißen Sie?	What's your name?
Woher kommen Sie?	Where are you from?
Nett, Sie kennen zu lernen! (als Begrüßung)	Nice to meet you!
Sind Sie verheiratet?	Are you married?
Wie lange bleiben Sie?	How long will you be staying?
Ist der Stuhl frei?	Is this seat taken?
Wollen wir zusammen was trinken?	Would you like to join me for a drink?
Darf ich Sie zu einem Drink einladen?	Can I buy you a drink?
Nein Danke, ich bin versorgt.	No, thanks, I'm fine.
Ich habe schon etwas vor.	I already have plans.
Ich habe es eilig!	Sorry, I'm rather busy!
Tut mir Leid, ich verstehe nicht.	Sorry, I don't understand.
Entschuldigung!	(I'm) sorry!
Keine Ursache.	You're welcome.

Radfahrer vor großartiger Kulisse am Healy Pass auf der Halbinsel Beara

Unterwegs in Irland

Straßenmusikanten in Dublin

Kapitel 1
Der Osten

Dublin ist Irlands Metropole, Regierungs- und Verwaltungssitz, kulturelles und kommerzielles Zentrum, das sich immer weiter ins Umland ausbreitet. Der Speckgürtel reicht weit in die benachbarten Countys, was sich nicht nur an einer gut ausgebauten Infrastruktur bemerkbar macht, sondern auch an reichlich Verkehr und gesichtslosen Neubausiedlungen. Aber trotz dieser urbanen Entwicklung sind vor den Toren der Großstadt noch Natur- und auch Kulturlandschaften erhalten, die den Osten der Insel auch jenseits von Dublin zu einem lohnenswerten Ziel machen.

Im Süden erstrecken sich die Wicklow Mountains, eine wild-schöne Gegend mit Hochmooren, Bergen und Wäldern, hübschen Dörfern und prächtigen Gärten, eine Region, die sich schon allein wegen ihrer Geografie der weiteren Ausdehnung der Großstadt verweigern konnte. Gesäumt ist die Bergregion von Sandstränden, die ein beliebtes Wochenendziel der Großstädter sind. Eines der touristischen Highlights ist Glendalough, eine frühchristliche Klosteranlage, die neben Clonmacnoise am Shannon zu den schönsten Anlagen ihrer Art gehört.

Tief in die Geschichte der Insel geht es auch nordwestlich von Dublin. Brú na Bóinne mit seinen prähistorischen Monumenten (allen voran Newgrange) ist eines der Highlights in Irland, das zum UNESCO-Weltkulturerbe zählt. Ebenso berühmt, wenn auch weniger markant, ist der Hill of Tara, der einstige Königssitz des keltischen Irlands. Aus späteren Zeiten stammen Trim Castle, die größte normannische Burg der Insel, Monasterboice, eine der ältesten Klosteranlagen Irlands, und Mellifont Abbey, das erste Ordenskloster nach europäischem Vorbild.

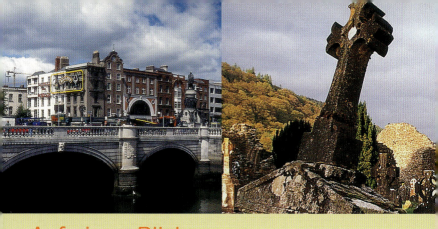

Auf einen Blick
Der Osten

Sehenswert

1 Newgrange: Das Ganggrab ist eines von mehreren Monumenten im Boyne Valley, die immer noch Rätsel aufgeben und die Fantasie anregen (s. S. 138f.).

Trim Castle: Die gewaltige Burgruine wirkt wie die Kulisse aus einem Ritterfilm und gehört zu den malerischsten Irlands (s. S. 142).

Powerscourt House & Gardens: Der schönste Garten Irlands, ein restauriertes Schloss, ein Wasserfall und ein wunderbares Schlosscafé gehören zu dem Anwesen, das eines der beliebtesten Ausflugsziele in Wicklow ist (s. S. 144).

2 Glendalough: Die frühchristliche Klostersiedlung ist nicht nur außerordentlich gut erhalten, sondern auch in eine wunderschöne Landschaft eingebettet (s. S. 148f.).

Schöne Routen

Military Road: Die heutige R115, die von den Engländern nach dem Aufstand von 1798 gebaut wurde, führt durch die einsamsten und unberührtesten Regionen der Wicklow Mountains (s. S. 144)

Vale of Avoca: Die R572 von Rathdrum über Avoca nach Woodenbridge und von dort auf der R747 weiter bis nach Arklow führt durch ein liebliches und waldreiches Tal, wo »sich die hellen Wasser treffen«, nämlich die Flüsse Avonmore und Avonbeg zusammenfließen und den Fluss Avoca bilden (s. S. 153).

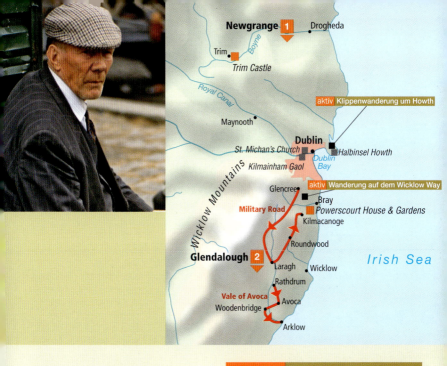

Meine Tipps

St. Michan's Church: Die unscheinbare Kirche birgt zwei außergewöhnliche Besonderheiten – die Mumien im Gewölbe sowie die Orgel, auf der Händel seinen Messias komponiert haben soll (s. S. 115).

Kilmainham Goal in Dublin: Das ehemalige Gefängnis ist heute ein stimmungsvolles Museum, das durch das Who is Who des irischen Widerstands führt (s. S. 122).

Halbinsel Howth: Die Halbinsel vor den Toren Dublins ist eine Oase in der Großstadt. Ein zauberhafter Hafen, ein Schloss, vorzeitliche und historische Monumente und wunderbare Fischrestaurants machen sie zum idealen Ausflugsziel (s. S. 125f.).

aktiv unterwegs

Klippenwanderung um Howth: Die Halbinsel Howth liegt nah bei Dublin, und doch führt eine Wanderung, die gut an einem Nachmittag zu schaffen ist, durch hinreißende Naturlandschaften (s. S. 126).

Wanderung auf dem Wicklow Way: Der 127 km lange Wicklow Way ist einer der beliebtesten und bestmarkierten Wanderwege Irlands, der zudem über eine exzellente Infrastruktur verfügt. Die Wanderung kann auch nur abschnittsweise als Tageswanderung unternommen werden (s. S. 146).

Dublin ▶ G 5/6

Glanzvoll und schäbig, kosmopolitisch und kleingeistig – die Hauptstadt Irlands ist ein Kaleidoskop der Gegensätze, eine Großstadt, die gerne zu den Metropolen der Welt gezählt werden möchte, hinter deren Lack aber noch immer ein dörflicher Charakter hervorscheint. Einkaufspaläste, Nobelrestaurants und historische Monumente bestehen hier neben bröckelnden Wohnblocks und Kramläden – eine Mischung, die den besonderen Charme Dublins ausmacht.

Etwa 1,8 Mio. Menschen leben im Großraum Dublin, mehr als ein Drittel der gesamten Bevölkerung der Republik. In Dublin befinden sich die wichtigen und die meisten Arbeitsplätze, dort ist das Regierungszentrum und praktisch die gesamte Infrastruktur Irlands. So führen auch alle Wege nach Dublin: Auf der Karte ist deutlich zu sehen, dass die Autobahnen sternförmig der Hauptstadt zustreben, seltener aber die anderen Städte untereinander verbinden.

Dublin wurde im 9. Jh. von Wikingern unter dem Namen Dubh Linn oder Dyfflin (›schwarzer Tümpel‹) gegründet, im 12. Jh. von den Anglonormannen erobert und war seitdem Zentrum der kolonialen Herrschaft. Im 18. Jh. wurde die Stadt neben London zur zweitwichtigsten Metropole des britischen Königreichs und entsprechend repräsentativ ausgebaut. Als sich jedoch das irische Parlament durch den Act of Union selbst auflöste, zogen mit den adligen Parlamentariern auch Kapital und Kultur nach London. Dublin verkam zur Provinz und dämmerte vor sich hin.

Dublins Sehenswürdigkeiten verteilen sich über die ganze Stadt, wobei die südliche Hälfte mit mehr Eleganz gesegnet ist als die nördliche. Traditionell ist die Northside, alles was nördlich der Liffey liegt, die ärmere Viertel, die Southside das noblere. Die Unterschiede verwischen sich jedoch und sind nicht immer offensichtlich. Das Zentrum jedenfalls teilt sich noch immer in Nord und Süd auf. Die eleganteren Geschäfte befinden sich südlich der Liffey, die alltäglicheren und manchmal auch interessanteren allerdings nördlich des Flusses. Wer Dublins Alltagsgesicht erleben möchte, fern von aufpolierten Fassaden und kolonialen Erinnerungen, wird auf der Nordseite ganz sicher einen ehrlicheren Eindruck erhalten.

Orientierung

Dublins Innenstadt ist gut zu Fuß zu erkunden, sofern man sich auf die wichtigsten Sehenswürdigkeiten konzentrieren möchte. Die **City Nord** mag weniger glamourös erscheinen als die City Süd, bietet aber mit der O'Connell Street den breitesten und lebhaftesten Boulevard mit den Hauptsehenswürdigkeiten General Post Office und am Nordufer der Liffey die Four Courts und das Custom House. Auf der Nordseite befinden sich auch die beiden wichtigsten Theaterhäuser und mit Smithfield eines der populärsten Ausgehviertel. Auch der Hauptbahnhof Connolly Station sowie der Busbahnhof sind auf der Nordseite zu finden, nicht zu vergessen Irlands Nationalstadion für gälische Sportarten, der Croke Park.

Die **City Süd** hingegen ist das elegantere Zentrum Dublins, das weitaus großflächiger ist als die City Nord. Das Trinity College, der Merrion Square, St. Stephen's Green und die Staatsmuseen um das Parlamentsgebäude Leinster House sowie die belebteste Einkaufsstraße, Grafton Street, befinden sich auf der einen Seite. Auf der anderen liegen das Dublin Castle, die Christchurch Cathedral und die St. Patrick's Cathedral und noch weiter westlich am Südufer der Liffey die St. James's Gate Brewery, wo das Nationalgetränk Guinness gebraut wird und wo sich auch Dublins beliebteste Sehenswürdigkeit befindet, das Guinness Storehouse. Zwischen Dublin Castle und O'Connell Bridge zwängt sich das kleine, aber laute Amüsierviertel Temple Bar, wo das überwiegend touristische Nachtleben tobt.

City Nord

Cityplan: S. 112/113
Lange Zeit war die nördliche City Dublins Schmuddelecke mit heruntergekommenen Häusern und billigen Läden. Mittlerweile wurde das schlechte Image jedoch mit einigen Verschönerungsmaßnahmen aufpoliert, zumindest rund um die O'Connell Street, aber auch in den kleinen Seitenstraßen. Gleichwohl haben sich dort neben den Neubauten auch die Läden und Pubs der kleinen Leute erhalten, in den Seitenstraßen entstanden auch viele ethnische Läden, die das neue multikulturelle Mit- oder eher Nebeneinander repräsentieren.

O'Connell Street

Die **O'Connell Street** war einst die prachtvollste Straße Dublins, ein breiter Boulevard, gesäumt von hochherrschaftlichen Häusern, wie sie vereinzelt noch die Zeiten überdauert haben, darunter das Kaufhaus Clery's, das Hotel Gresham und das General Post Office. In den vergangenen Jahrzehnten verkam die Straße nicht nur ästhetisch, sondern auch kommerziell: Billigläden, Dreck und städtebauliche Vernachlässigung zeichneten sie aus – bis man sich in der Stadtverwaltung schließlich besann und ein neues Konzept entwarf.

Mittlerweile sind die ersten Erfolge zu sehen: Die einst sechsspurige Straße wurde auf vier Spuren verkleinert, um mehr Platz für Flaneure zu schaffen. Neue Alleebäume wurden gepflanzt, neue Straßenleuchten installiert und einige Seitenstraßen zu Fußgängerzonen umgebaut. Auf dem nunmehr gepflegten Mittelstreifen erstrahlen die Denkmäler irischer Größen in neuem Glanz. Dazu gehören (von Süden nach Norden) natürlich Daniel O'Connell, nach dem die Straße benannt wurde, der Gewerkschafter Jim Larkin, der Schriftsteller James Joyce (an der Ecke zur kleinen North Earl Street), Father Theobald Matthew, der im 19. Jh. die Abstinenzlerbewegung begründete, und am nördlichen Parnell Square der Politiker Charles Stewart Parnell.

Als neues Wahrzeichen des modernen Dublin hat sich der 120 m hohe **Spire** entpuppt, eine silberglänzende Nadel, die an der Stelle des einst ungeliebten und 1966 von der IRA gesprengten Nelson-Denkmals errichtet wurde. Ob jedoch in Zukunft auch noch die restlichen Fast-Food-Lokale und kitschigen Andenkenläden verschwinden, bleibt allerdings angesichts der Wirtschaftskrise und des Spardiktats bis auf Weiteres offen.

Writers Museum und Hugh Lane Gallery

Den nördlichen Abschluss der O'Connell Street bildet der **Parnell Square** mit dem massiven Denkmal für Charles Stewart Parnell, der 1875 als Abgeordneter in das britische Unterhaus gewählt wurde und sich für Home Rule, das Selbstbestimmungsrecht der Iren, einsetzte.

Um diesen Platz mit seinen georgianischen Häusern gruppieren sich einige Highlights der Dubliner Kultur. An der Nordseite befindet sich das **Writers Museum** [1] in einem eleganten Stadthaus aus dem 18. Jh. Dort wird der weltweit bekanntesten irischen Schriftsteller gedacht – von Jonathan Swift bis Brendan Behan. Zu sehen sind u. a. Memorabilia, Manuskripte und seltene Werkausgaben (Mo-Sa 10-17, So 11-17 Uhr; www.writersmuseum.com).

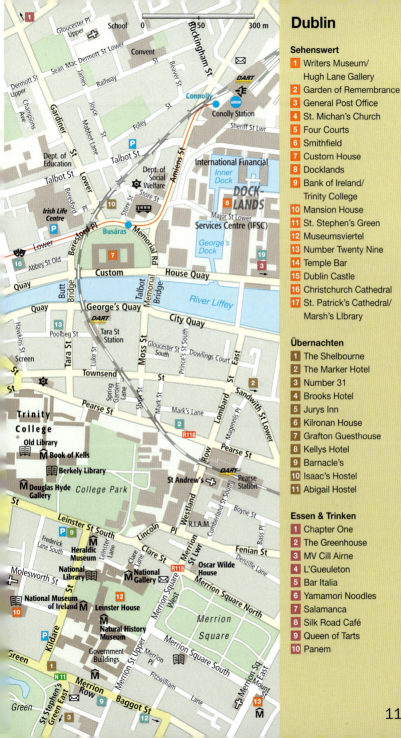

Dublin

Sehenswert
1. Writers Museum/ Hugh Lane Gallery
2. Garden of Remembrance
3. General Post Office
4. St. Michan's Church
5. Four Courts
6. Smithfield
7. Custom House
8. Docklands
9. Bank of Ireland/ Trinity College
10. Mansion House
11. St. Stephen's Green
12. Museumsviertel
13. Number Twenty Nine
14. Temple Bar
15. Dublin Castle
16. Christchurch Cathedral
17. St. Patrick's Cathedral/ Marsh's Library

Übernachten
1. The Shelbourne
2. The Marker Hotel
3. Number 31
4. Brooks Hotel
5. Jurys Inn
6. Kilronan House
7. Grafton Guesthouse
8. Kellys Hotel
9. Barnacle's
10. Isaac's Hostel
11. Abigail Hostel

Essen & Trinken
1. Chapter One
2. The Greenhouse
3. MV Cill Airne
4. L'Gueuleton
5. Bar Italia
6. Yamamori Noodles
7. Salamanca
8. Silk Road Café
9. Queen of Tarts
10. Panem

Dublin

Einkaufen
1. Arnotts
2. Dundrum Shopping Centre
3. Powerscourt Shopping Centre
4. Eason's
5. Hodges Figgis
6. Avoca
7. Kevin & Howlin
8. DesignYard
9. Kilkenny Shop
10. Celtic Whiskey Shop

Abends & Nachts
1. The Village
2. The Academy
3. Vicar Street
4. Whelan's
5. The George
6. The Dragon
7. Panti Bar
8. Cobblestone
9. O'Donoghue's
10. Hughe's Bar
11. Davy Byrnes
12. Doheny & Nesbitt
13. John Mulligan
14. McDaid's
15. The Stag's Head
16. Abbey Theatre
17. Gate Theatre
18. Gaiety Theatre
19. Bord Gáis Energy Theatre

Aktiv
1. Busrundfahrten
2. Viking Splash Tours
3. Literary Pub Crawl
4. Dublin Discovered

In der benachbarten **Hugh Lane Gallery** im Charlemont House ist eine eindrucksvolle Sammlung von Impressionisten zu besichtigen, die auf das Vermächtnis von Sir Hugh Lane zurückgehen, der seine Gemälde 1905 testamentarisch der Stadt Dublin vermachte. Er kam 1915 beim Untergang der Lusitania ums Leben, doch sollte es noch rund 50 Jahre dauern, bis die Werke ihren Platz fanden. Mittlerweile umfasst die Sammlung rund 2000 Werke, von Impressionisten bis hin zu zeitgenössischen Künstlern. Eines der spanenderen Highlights ist das komplette Studio des Malers Francis Bacon, das im Museum originalgetreu wiederaufgebaut wurde – ein chaotisches Ensemble wurde zum Kunstwerk erkoren (Di–Do 10–18, Fr/Sa 10–17, So 11–17 Uhr; www.hughlane.ie).

Vor den beiden Museen Writers Museum und Hugh Lane Gallery liegt eine winzige, gepflegte Parkanlage, der **Garden of Remembrance** 2. Sie wurde 1966 zum 50. Jahrestag der Osteraufstands an dem Ort angelegt, an dem einige der Rebellenführer über Nacht festgehalten worden waren, bevor man sie ins Kilmainham-Gefängnis abtransportierte. Der Platz ist nicht nur ihnen gewidmet, sondern all den Männern und Frauen, die für Irlands Freiheit gestorben sind.

General Post Office 3

Ein Postamt als nationales Denkmal hat gewiss nicht jedes Land vorzuweisen, auch wenn das **General Post Office,** kurz GPO, in seinem klassizistischen Stil (1818) besonders schön und eines der wenigen Schmuckstücke der O'Connell Street ist. Es befindet sich fast auf halber Strecke der Straße, gleich gegenüber dem Spire. Hier spielte sich eines der wichtigsten Ereignisse in der irischen Geschichte ab: Am Ostermontag 1916 besetzten 100 Männer der Irish Volunteers unter Padraig Pearse und der Citizen Army unter James Connolly – beides Vorläufer der IRA – das Postamt. Eine Woche lang hielten die Aufständischen durch, bis Regierungstruppen es unter Beschuss nahmen und die Rebellen aus dem brennenden Gebäude über die Moore Street flüchten mussten. Mit dem Osteraufstand begann der Kampf um die Unabhängigkeit. Das schwer beschädigte GPO wurde später restauriert und 1929 wiedereröffnet. In einer Ecke des Postamts befindet sich das kleine **An Post Museum,** das mit diversen Exponaten die Geschichte der Post in Irland, des GPO und Dublins erläutert (Mo–Sa 10–17 Uhr). Das Postamt selbst ist täglich von 8 bis 20 Uhr geöffnet.

Die **Henry Street** gleich neben dem GPO geht in die Mary Street über und ist eine der Haupteinkaufsstraßen der Northside. Kaufhäuser und große Shoppingzentren locken hier neben Billigläden und kleinen unabhängigen Geschäften die Dubliner zum Einkauf. Die kleine Seitenstraße **Moore Street** ist berühmt für ihren Straßenmarkt, aber auch für die vielen kleinen asiatischen und afrikanischen Läden.

City Nord

St. Michan's Church [4]

Die kleine Kirche aus dem 17. Jh. versteckt sich in einer wenig ansehnlichen Gegend an der lärmenden Church Street hinter den Four Courts. Doch sie gehört zu den interessantesten Sehenswürdigkeiten Dublins. An dieser Stelle befand sich bereits im 11. Jh. eine Kirche, die von den ansässigen Wikingern errichtet worden war; sie ist somit die älteste der Stadt und war 600 Jahre lang die einzige Gemeindekirche auf der Nordseite Dublins. Das relativ kleine Gewölbe wurde aus Magnesium-Kalk-Gestein erbaut, dessen feuchtigkeitsabsorbierende Eigenschaft dazu geführt hat, dass die dort bestatteten Leichen mumifizierten. Einige der hölzernen Särge sind aufgebrochen oder zerfallen, sodass die **Mumien** in allen gruseligen Details zu sehen sind.

Auch der Kirchenraum hat seine Attraktionen, nämlich die kunstvollen Holzschnitzereien über dem Chor und die **Orgel** aus dem Jahr 1724, auf der Händel seinen »Messias« komponiert haben soll (März–Okt. Mo–Fr 10–12.45, 14–16.45, Sa 10–12.45, Nov.–Febr. Mo–Fr 12.30–15.30, Sa 10–12.45 Uhr).

Four Courts [5]

Die **Four Courts,** die ›vier Gerichtshöfe‹, dominieren das Liffey-Ufer auf der Westseite der O'Connell Bridge, ein prachtvoller Anblick, der allerdings besser vom gegenüberliegenden Ufer zu genießen ist. Der Gebäudekomplex mit der eleganten Kuppel, einer der schönsten Entwürfe des Architekten James Gandon aus dem Jahr 1796, wurde während des Bürgerkriegs 1922 fast völlig zerstört. Erst zehn Jahre später war die Restaurierung nach Originalentwürfen abgeschlossen. Die Four Courts sind auch heute noch Sitz der höchsten Gerichte Irlands und Besuchern daher nur eingeschränkt (in der Regel nur Mo–Fr) zugänglich.

Smithfield [6]

Der weiträumige Platz mit den extravaganten Laternenmasten jenseits der St. Michan's Church ist einer der ältesten Marktplätze Dublins und war einstmals eine heruntergekommene Gegend. **Smithfield** war der traditionelle Pferde- und Viehmarkt Dublins mit kleinen Pubs, in denen mit einem Drink oder zweien jedweder Handel abgeschlossen wurde. Doch dann wurde das Areal von den Stadtplanern entdeckt, im Rausch des Keltischen Tigers ›runderneuert‹ und für die neue urbane Generation von Nachtschwärmern fein gemacht. Der Rest ist Geschichte, wie man so schön sagt. Gleichwohl findet hier noch immer einmal monatlich der Pferdemarkt statt, oftmals sehr zum Leidwesen der neuen Anwohner.

An dem Platz befand sich einst die alte Destillerie von Jameson's, heute als **Old Jameson Distillery** ein Museum, in dem der Prozess der irischen Whiskey-Herstellung anschaulich dargestellt wird und in dem man zum Abschluss einer Tour den Whiskey auch probieren kann (Führungen Mo–Sa 9–18, So ab 10 Uhr).

Custom House [7]

Eines der prachtvollsten Gebäude am Nordufer der Liffey ist das **Custom House** aus dem späten 18. Jh. am östlichen Ende der Abbey Street. Das von James Gandon entworfene Bauwerk diente neun Jahre als Zoll- und Steuerbehörde, da mit dem Act of Union 1801 die Verwaltung nach London verlegt wurde. Dennoch war es stets ein Symbol für die britische Herrschaft, und so brannte es die IRA 1921 so gründlich nieder, dass das Feuer fünf Tage lang loderte. Ein paar Jahre später begann man mit dem Wiederaufbau, der allerdings erst 1991 vollständig abgeschlossen war. Heute wird das Gebäude von der Regierung genutzt und ist daher nur von außen, in ganzer Schönheit vom gegenüberliegenden Ufer, zu besichtigen Unten befindet sich jedoch ein kleines Besucherzentrum mit Ausstellungen zum Architekten Gandon und zur Geschichte des Bauwerks (Mitte März–Okt. Mo–Fr 10–17, Sa/So 14–17, Nov.–Mitte März Mi–Fr 10–17, So 14–17 Uhr).

Die Docklands [8]

Ab dem Custom House ostwärts erstreckt sich am Nordufer der Liffey das neue Dublin der Boomjahre, ein Spielplatz internationaler

Dublin

Architekten, weltstädtischer Ambitionen und all jener, die es sich noch leisten können, dort zu leben oder sich zu amüsieren. In den vergangenen Jahren wurden die einstmals heruntergekommenen Docks zum neuen Prestigeobjekt mit bemerkenswerten Gebäuden und Anlagen. Zu den Hauptprojekten gehören das fantastische **Bord Gáis Energy Theatre** des Architekten Daniel Libeskind, das Convention Centre (Kongresszentrum) mit seinem gläsernen Atrium, die Konzerthalle **O2,** die 14 000 Menschen Platz bietet, und die **Samuel Beckett Bridge** mit ihrer markanten geschwungenen Form. Gespickt ist das Areal mit modernen Straßenskulpturen, Restaurants, Pubs, Bars und Cafés, aber auch mit einigem Leerstand mangels Kasse potenzieller Wohnungskäufer und Geschäftsmieter. Gleichwohl wurden seit 2014 neue Bauprojekte in Angriff genommen. Langfristig auf Eis gelegt wurde hingegen der U2 Tower (benannt nach der Popgruppe U2), der zum höchsten Gebäude Irlands werden sollte – aber vielleicht ein bisschen zu ehrgeizig für die kleine Insel war.

City Süd

Cityplan: S. 112/113
Viele Brücken führen über die Liffey in den Südteil der Stadt, die prächtigste ist jedoch die breite und lebhafte **O'Connell Bridge** und die vielleicht berühmteste die Füßgängerbrücke **Ha'penny Bridge.** Die eher schlichte **Millenium Bridge** ist ebenfalls eine Fußgängerbrücke.

Im Südteil Dublins befinden sich die meisten historischen Attraktionen der Stadt, sowie die imposantesten Gebäude und in Temple Bar das turbulenteste Nachtleben. Die Nationalmuseen liegen hier, Dublin Castle, die Regierungsgebäude und das Parlament im feinen Leinster House, die gewaltigen Kathedralen Christ Church und St. Patrick's, die Oase des Trinity College. Spuren der Dubliner Literaten an noblen georgianischen Plätzen sind hier zu finden und natürlich das Guinness Storehouse, Mekka aller Dublinbesucher.

Bank of Ireland und Trinity College [9]

Nach dem Überqueren der O'Connell Bridge führen zwei Straßen in den südlichen Teil der Innenstadt: die Westmoreland Street und die D'Olier Street. An der unübersichtlichen Kreuzung, gegenüber dem Trinity College, dominiert das würdige Gebäude der **Bank of Ireland,** das mehr als nur eine Bank ist und einen wichtigen Teil der irischen Geschichte repräsentiert.

1739 wurde das Gebäude als Parliament House im repräsentativen palladianischen Stil vollendet. Es war das erste eigens für ein Parlament errichtete Bauwerk Europas, mit einem Oberhaus und einem Unterhaus, das allerdings 1792 durch Feuer zerstört wurde. Die Zeiten als Parlament waren ohnehin gezählt, da nach dem Act of Union das irische Nationalparlament aufgelöst wurde. Ein paar Jahre später erwarb die Bank of Ireland, die hier seither residiert, das Gebäude. Die Kassenhalle war einst die Lobby des Unterhauses und verströmt trotz profaner Betriebsamkeit noch immer eine respekteischende Atmosphäre. Im Original erhalten ist jedoch das alte Oberhaus, das mit seiner gewölbten Kassettendecke und den riesigen Tapisserien, die die Schlacht am Boyne und die Belagerung Derrys darstellen, einen Blick in die einstige parlamentarische Macht der Anglo-Iren erlaubt. Das Gebäude ist während der Kassenzeiten zu besichtigen (Mo–Fr 10–16, Do bis 17 Uhr), der Oberhaussaal nur mit Führung.

Schafft man es, die Westmoreland Street ohne größeren Schaden zu überqueren – wobei es sich manchmal empfiehlt, Touristengruppen zu folgen –, kann man im wahrsten Sinne des Wortes aufatmen. Ein Eintauchen auf den Campus des **Trinity College,** das Ziel der Straßenüberquerung, ist nicht nur eine Wohltat, sondern auch ein kulturelles Erlebnis, da sich dort einige der bedeutendsten historischen Schätze Irlands befinden.

Die Universität, an der Berühmtheiten wie Jonathan Swift, Oscar Wilde, Bram Stoker

Die Ha'penny Bridge verdankt ihren Namen einem halben Penny Maut

Dublin

My Goodness, my Guinness! Thema

Das Zeug ist schwarz, bitter, hat eine dünne, aber exakt abgemessene Schaumkrone von ebenso akkurat cremiger Konsistenz und wird gemeinhin mit Irland gleichgesetzt: Das Bier namens Guinness ist mit Abstand das berühmteste Produkt der grünen Insel – und vor allem das erfolgreichste. Guinness ist nicht einfach ein Bier, es ist Kult.

Vielleicht hatte jener Arthur Guinness, der im Jahr 1759 eine heruntergekommene Brauerei am St. James's Gate in Dublin pachtete, einen Riecher dafür, dass sein Bier nicht nur auf zeitlich und lokal begrenztes Interesse stoßen würde: Den Pachtvertrag schloss er für 9000 Jahre ab, zu einem Zins von 45 Pfund pro Jahr. Sein Erfolgsrezept war wohl in erster Linie darin begründet, dass er zunächst eine Art ›Marktforschung‹ betrieb. Welches Bier, so mag er sich gefragt haben, findet bei hart arbeitenden Männern – für Bier die beste Kundschaft – den größten Zuspruch? Er fand heraus, dass ein dunkles Ale aus London bei den Lastenträgern, den *porters*, von Covent Garden so reißenden Absatz fand, dass das Gebräu nach ihnen benannt wurde: Porter. Das Rezept wurde im Lauf der Jahre verfeinert, blieb sich aber in seinen Bestandteilen treu: gemälzte Gerste, geröstete Gerste, die dem Bier die dunkle Farbe verleiht, Hopfen, Hefe und Wasser.

Die Guinness-Nachfolger wurden nicht nur als Lords of Ardilaun oder Earls of Iveagh geadelt, sondern machten so glänzende Geschäfte, dass sie immer weiter expandierten. Es gibt kaum einen Bereich, in dem Guinness nicht seine Geschäftsinteressen pflegt. Und die Mitglieder der weit verzweigten Familie gehören zum Gesellschaftsadel Irlands und Großbritanniens. Heute ist Guinness Teil des multinationalen Alkoholkonzerns Diageo mit Sitz in London, der die berühmtesten Alkoholmarken der Welt in über 180 Ländern vertreibt.

Damit die Getränke auch stilgerecht unter die Leute kommen, promotet Guinness in der ganzen Welt die standardisierte Einrichtung von irischen Pubs mit irischem Personal und Musikgruppen, die das entsprechend animierende Ambiente liefern. Das zweitberühmteste Produkt der Firma ist das »Guinness-Buch der Rekorde«, das nach der Bibel die weltweit höchsten Auflagen erzielt. Auch als Sponsor macht sich Guinness nicht nur einen guten Namen, sondern sorgt dadurch für einen stetig fließenden Absatz. Fast alle Festivals in Irland werden von Guinness gefördert, darunter das Cork Jazz Festival, die Galway Races, das Austernfest in Galway sowie diverse Sportveranstaltungen und kleinere Festivals. Das Sponsorentum ist dabei natürlich nicht ganz uneigennützig, denn auf solchen Festen fließt erfahrungsgemäß das Guinness in Strömen. Mekka aller Guinnessliebhaber ist das **Guinness Storehouse** in St. James Gate, wo auf dem alten Brauereigelände ein beachtliches Museum rund um das Kultgetränk errichtet wurde (tgl. 9.30–17, Juli/Aug. 9.30–19 Uhr, www.guinnessstorehouse.com). Die Einnahmen, die durch das Museum – einschließlich einem Andenkenladen mit einem riesigen Sortiment an Guinness-Devotionalien, einem Pub und einem Restaurant – in die Konzernkasse fließen, dürften angesichts eines weltweiten Gesamtumsatzes von schätzungsweise jährlich 20 Mrd. Euro lediglich in die Kategorie »Peanuts« fallen …

City Süd

und Samuel Beckett studierten, wurde 1592 auf Anweisung von Königin Elisabeth I. auf dem Grundstück eines Augustinerklosters gegründet, um ihren protestantischen Untertanen in Irland eine konfessionell korrekte Bildung zu ermöglichen. Bis 1793 durften am **Trinity College** keine Katholiken studieren, und selbst danach belegte die katholische Kirche die protestantische Universität mit einem Bann, der erst 1970 aufgehoben wurde. Den Katholiken wurde 1854 eine eigene Universität unter kirchlicher Aufsicht beschert, die Catholic University of Ireland, heute das University College Dublin, das sich längst von kirchlicher Bevormundung befreit hat.

Die Gebäude des Trinity College stammen hauptsächlich aus dem 18. Jh. Einer der ältesten Bauten auf dem weitläufigen Gelände ist die Old Library (1732), die nach dem Vorbild des Trinity College in Cambridge entworfen wurde. Mittelpunkt der alten Bibliothek ist der Long Room, mit 64 m der längste Bibliotheksraum Europas, in dessen arkadenartigen Nischen bibliophile Kostbarkeiten aufgereiht sind. Den größten Schatz der Bibliothek findet man in der Treasury, nämlich das »Book of Kells«, eine reich bebilderte Handschrift, die etwa um 800 von Mönchen auf Iona gefertigt und auf der Flucht vor Wikingern nach Kells verbracht wurde. Das Evangeliar, das die vier Evangelien auf Lateinisch umfasst und mit Ornamenten farbenfroh verziert ist, besteht aus 340 Blättern in vier Bänden, von denen meist jeweils zwei ausgestellt sind. Ein weiterer Schatz ist das ebenfalls großartig verzierte »Book of Durrow« (Mai–Sept. 9.30–17, So 9.30–16.30, Okt.–April Mo–Sa 9.30–17, So 12–16.30 Uhr). Im kleinen Ort Kells befindet sich übrigens in der Touristeninformation ein Faksimile des berühmten Werks, s. S. 141.

Grafton Street

Die Statue der Molly Malone, jener armen Muschelverkäuferin aus dem gleichnamigen Lied, bewacht an der Ecke, wo die Westmoreland Street in die **Grafton Street** übergeht, das Entree einer der beliebtesten und belebtesten Einkaufsstraßen Dublins, der **Grafton Street.** Die großen Ladenketten und bekannten Kaufhäuser haben in der Fußgängerzone ihre Dependancen, so z.B. das edelste Geschäft Irlands, Brown Thomas, in dem allerfeinste Designerware für Gutbetuchte angeboten wird. Straßenmusikanten unterhalten im Sommer die Passanten, und nette Cafés bieten erholsame Pausen von der Shoppingtour.

Es war und ist Tradition, wenigstens einmal in **Bewley's Oriental Café** eine Tasse Tee und ein *sticky bun,* ein klebrig-zuckriges Kuchenstück, verzehrt zu haben. Bewley's Café mit seinen einst rot-plüschigen Sitzen und den *sticky*-Tischen, wo man endlos sitzen, Zeitung lesen und Leute beobachten konnte, wurde vor einigen Jahren behutsam modernisiert, ohne aber die Tradition zu verleugnen.

Parallel zur Grafton Street verläuft die **Dawson Street,** deren Hauptattraktion das **Mansion House** 10 ist. Es wurde 1710 für den Adligen Dawson gebaut, aber kurz darauf als Sitz des Dubliner Bürgermeisters erworben, als das es noch heute dient. Die historische Bedeutung verdankt das hübsche Gebäude aber nicht den Bürgermeistern, sondern der Tatsache, dass dort 1919 die Unabhängigkeitserklärung verfasst und zwei Jahre später der Waffenstillstand zwischen Irland und England unterzeichnet wurde.

St. Stephen's Green 11

St. Stephen's Green ist die berühmteste Grünanlage der Innenstadt, eine wahre Oase in einer der belebtesten Einkaufsviertel Dublins am Ende der Grafton Street. Wenn die Sonne scheint, strömen die Angestellten aus der Umgebung zur Mittagszeit in den Park, andere lassen sich mit Zeitung und einem Becher Kaffee aus dem Shoppingcentre dort nieder und beobachten die Enten im Teich. Andere gehen einfach ein wenig spazieren und atmen tief durch.

Sir Arthur Guinness, Lord Ardilaun, Spross der irischen Bierdynastie, schenkte St. Stephen's Green 1880 der Öffentlichkeit. Die älteste Grünanlage der Stadt, 1664 erstmals angelegt, zeigt noch heute mit ihrem Teich, dem Brunnen und der Bepflanzung das

Dublin

Gestaltungskonzept des Stifters. Zahlreiche Denkmäler für verdiente Dubliner, aber auch andere Gestalten und Ereignisse der Geschichte wurden später hinzugefügt, z. B. eine Statue des Freiheitskämpfers Wolfe Tone, eine Gedenkstätte für die Große Hungersnot und die Figurengruppe »The Three Fates«, die drei Schicksalsgöttinnen, die ein Geschenk Deutschlands zum Dank für die Flüchtlingshilfe nach dem Zweiten Weltkrieg ist.

Umgeben ist der rechteckige Park von einigen bedeutenden Gebäuden. Auf der Südseite ist das **Newman House** Sitz der einstigen Catholic University of Ireland, die 1854 gegründet wurde. Als University College Dublin hat sie längst einen größeren Campus bezogen. Das **Iveagh House,** 1730 von Richard Cassel entworfen, war einst ein elegantes Stadthaus des Lord Iveagh aus der Guinness-Dynastie, und wird derzeit vom Außenministerium genutzt.

An der Westseite steht das **Royal College of Surgeons,** die medizinische Hochschule aus dem Jahr 1806. Das Gebäude wurde während des Osteraufstands 1916 als Letztes geräumt, tapfer verteidigt u. a. von Constance Markiewicz.

Das prachtvollste Gebäude befindet sich an der Nordseite. Das **Shelbourne Hotel** mit seiner reich verzierten viktorianischen Fassade ist eine Dubliner Institution, in dessen Bar das feine Dublin zu trinken pflegt.

Museumsviertel [12]

In dem Karree zwischen Kildare Street und Merrion Square gruppieren sich die irischen Kulturtempel, die Nationalmuseen, aber auch das einstige Palais des Earl of Kildare und späteren Duke of Leinster. In diesem Viertel waren einst die Aristokraten beheimatet, und hier trifft man heute jene Dubliner Gesellschaft an, die mit Schlips und Kragen oder in dezentem Kostüm die Geschicke des Landes in der Hand hat.

Das **Leinster House** an der Merrion Street West stammt aus dem Jahr 1745 und ist eines der Prachtstücke des Kasseler Architekten Richard Castle (urspr. Cassels); eine Mischung aus Stadtvilla und herrschaftlichem Landsitz. Seit 1925 ist das Gebäude Sitz des Parlaments, des An tOireachtas na hÉireann mit den beiden Kammern Dáil und Seanad. Entsprechend präsentiert sich die Umgebung, hier liegen feine Bistros und Pub-Restaurants, die die Abgeordneten in der Mittagspause aufsuchen.

In den übrigen Repräsentativbauten sind Museen untergebracht. Das **National Museum** aus dem Jahr 1880 birgt u. a. die Goldausstellung, eine der größten Sammlungen goldener Artefakte aus der Bronzezeit, daneben aber auch keltische und frühchristliche Kostbarkeiten wie den Silberkelch von Ardagh, die Tara-Fibel, deren Replik in jedem Andenkenladen in feinster bis billigster Nachahmung erhältlich ist, oder das Cong-Kreuz. Weitere Kostbarkeiten befinden sich in den **Collins Barracks** (National Museum of Ireland), einer Dependance des Museums in der Benburb Street westlich von Smithfield nahe der Liffey (Di–Sa 10–17, So 14–17 Uhr; www.museum.ie).

Die **National Library** ist ein Paradies für Bücherliebhaber. Sie birgt über eine halbe Million Bücher, u. a. Erstausgaben aller bedeutenden irischen Autoren sowie ein Exemplar eines jeden Buchs, das jemals in oder über Irland veröffentlicht wurde. Allein der Lesesaal ist einen Besuch wert. Unter der hohen Kuppel reihen sich Lesetische mit altmodischen Lampen aneinander, umgeben von Regalen voller Bücher der Handbibliothek (Lesesaal: Mo–Mi 9.30–19.45, Do/Fr 9.30–16.45, Sa 9.30–12.45 Uhr; www.nli.ie).

Auch die **National Gallery** stammt aus dem 19. Jh. und zeigt eine beachtliche Sammlung bedeutender Gemälde aller wesentlichen Epochen. Schwerpunkt sind Werke mit irischen Themen, so gibt es einen Flügel, der allein Jack B. Yeats und seiner (Künstler-)Familie gewidmet ist. Daneben werden auch interessante Wechselausstellungen im Millennium-Flügel gezeigt. Ganzer Stolz der Galerie ist jedoch Caravaggios Gemälde ›The Taking of the Christ‹, das durch Zufall im Jahr 1990 in einem Jesuitenhaus in

Auf dem Pferdemarkt von Smithfield

Tipp: Das Gefängnis der Patrioten

Kilmainham Gaol ist eines der größten ehemaligen Gefängnisse Europas und heute ein Museum. Es bietet nicht nur einen Blick in archaische Strafmaßnahmen, sondern ist auch ein Monument der irischen Geschichte, ein Zeugnis gescheiterter Rebellionen gegen die englische Herrschaft und Erinnerung an Helden, die für die Freiheit starben.

Das Gefängnis, in dem von 1796 bis zu seiner endgültigen Schließung 1924 hauptsächlich politische Gefangene inhaftiert waren, ist heute eines der bei Touristen beliebtesten Museen Dublins. Der älteste Teil des düsteren Gefängnisbaus, in dem auch die Osterrebellen Padraig Pearse, James Plunkett und die Gräfin Markiewicz, eingesperrt waren, ist trotz der inzwischen eingebauten Fensterscheiben noch immer feucht und eisig kalt. Als das Zuchthaus gebaut wurde, ließ man die schmalen und vergitterten Fensterschlitze absichtlich ohne Scheiben. Der kalte Wind, der sommers wie winters durch die Gänge und in die Zellen zog, sollte die Seelen der Sünder reinigen. Erst Ende des 19. Jh. wurde eine Gasheizung eingebaut, die jedoch kaum Linderung brachte: In jeder Zelle durfte ein winziges blaues Flämmchen glimmen, für zwei Stunden pro Tag. Für manchen Gefangenen war es die einzige Licht- und Wärmequelle, »die einzige Gefährtin«, wie einer später schrieb.

Nachdem **der letzte Gefangene,** Éamon de Valera, der spätere Präsident der Republik, 1923 entlassen worden war, wurde das Gefängnis dem Verfall preisgegeben. Erst 1960 begann eine Initiative junger Leute mit der Restaurierung des historischen Gemäuers, eröffnete es bald darauf als **nationale Gedenkstätte** und **Museum.** Die Rufe von ›Gefangenen‹ hallten seither nur noch einmal durch die kalten Hallen, als der Haupttrakt mit der Eisentreppe als Schauplatz der Gefängnisszenen des Films »Im Namen des Vaters« diente.

Inchicore Road, Dublin 8, April–Sept. tgl. 9.30–18, Okt.–März Mo–Sa 9.30–17.30, So 10–18 Uhr.

Dublin entdeckt wurde (Mo–Sa 9.30–17.30, Do 9.30–20.30, So 12–17.30 Uhr; www.nationalgallery.ie).

Ein Kuriosum ist das **Natural History Museum,** das Naturkundemuseum direkt neben dem Leinster House. Es handelt sich dabei im Prinzip um eine verstaubte viktorianische Ansammlung ausgestopfter Tiere. Nicht gerade einnehmend, eher erheiternd – sofern man eine Schwäche für sehr altmodisches museales Ambiente hat. Interessant sind die Skelette des ausgestorbenen irischen Elchs, der eine sehr große Hirschart war (Di–Sa 10–17, So 14–17 Uhr; www.museum.ie).

Merrion Square

Um den 1762 angelegten **Merrion Square** mit seinem zentralen Park – direkt neben den Regierungs- und Museumsbauten – stehen jene georgianischen Wohnhäuser mit den berühmten leuchtend bunten **Dublin Doors.** Dort hatte sich im 18. und 19. Jh. die Ascendancy, der englische Land- und Geldadel, niedergelassen. Der Grund für den Ruhm dieser Häuser erschließt sich nicht auf den ersten Blick. Durch ihre schmucklose, puritanische Backsteinfassade, die scheinbar gleichförmigen Fenster und die Rundbögen über den recht schmalen Türen gleichen sie einander wie ein Ei dem anderen. Was die protestantische Ascendancy jedoch für gottesfürchtige Schlichtheit gehalten haben mag, verwandelte klammheimliche Lust an Individualität in Farbenfreude: In allen Regenbogenfarben leuchten die Türen und geben den minimalistischen Fassaden einen Hauch von Üppigkeit.

Innen wurden keine Kosten gespart, um das Haus – bis zu sechs Stockwerke für eine einzige bürgerliche Familie – luxuriös auszustatten. Üppige Stukkaturen schmücken die Räume, sofern sie nicht zerstört wurden, bis heute. Im Kellergeschoss verbargen sich Küche und Vorratsräume, im Erdgeschoss be-

City Süd

fanden sich Empfangs- und Speisezimmer, im ersten Stockwerk waren die Wohnzimmer, im zweiten die Schlafzimmer, im dritten die Kinderzimmer und in den Dachkammern die Bedienstetenkammern untergebracht.

Ein Beispiel georgianischen Wohnens bietet das kleine Museum **Number Twenty Nine** 13 in der Lower Fitzwilliam Street an der Ostseite des Merrion Square, das mit originalen Einrichtungsgegenständen des 18. Jh. ausgestattet ist und einen Einblick in das bürgerliche Leben jener Zeit bietet (Mitte Febr.–Mitte Dez. Di–Sa 10–17, So 12–17 Uhr).

Zu den berühmtesten Bewohnern des Platzes gehörten W. B. Yeats (Nr. 82), Daniel O'Connell (Nr. 58), Sheridan Le Fanu (Nr. 70) und Oscar Wilde, der seine Kindheit in Nr. 1 (wo sonst?) verbrachte. Um den Park selbst verkaufen heute Künstler jeden Sonntag von 10 bis 18.30 Uhr ihre Werke zu bezahlbaren Preisen (www.merrionsquareart.com).

Temple Bar 14

Temple Bar umfasst das Viertel an der Liffey zwischen Eustace und Fleet Street. Es ist zum Inbegriff des wilden Nachtlebens von Dublin geworden – allerdings auch des größten Touristennepps. Tagsüber mag das kleine Viertel recht ansehnlich und fast beschaulich wirken. Nachts jedoch, und besonders an Sommerwochenenden, ist dort die Hölle los, was nicht nur den ›normalen‹ Touristen geschuldet ist, sondern den vielen Stag oder Hen Parties, recht wilden Junggesellen- und Jungesellinnen-Partys.

Neben den vielen Läden, von denen manche sogar ganz interessant sind, sowie den Galerien, Pubs und Restaurants, die meist alles andere als empfehlenswert sind (schlecht und überteuert), gibt es aber auch noch einige spannende Kultureinrichtungen. Dazu gehört das **Irish Film Institute** in der Eustace Street. Dort gibt es nicht nur ein umfassendes Filmarchiv samt Kino, sondern auch eine Videothek mit Klassikern des irischen Films, einen gut sortierten Filmbuchladen, ein Restaurant und ein nettes Café im Innenhof, wo sich die ›kinematografische Intelligenzia‹ Dublins trifft. Am schönsten ist Temple Bar am Samstag, wenn am Meeting House Square der kleine, aber hübsche Markt mit ausschließlich lokalen Produkten stattfindet.

Dublin Castle 15

Dublin Castle, von Temple Bar aus quer über die Dame Street zu erreichen, ist das historische Herz Dublins, dessen einstmals mittelalterliche Umgebung noch vor dem irischen Wirtschaftswunder der Erneuerungswut zum Opfer gefallen war. Historische Gebäude, wie beispielsweise die Music Hall in der Fishamble Street, wo Händel seinen ›Messias‹ uraufgeführt hatte, fielen der frühen Sanierungsphase zum Opfer, als das historische Erbe noch weniger geschätzt wurde als heute. Dublin Castle selbst ist daher ebenfalls ein Konglomerat verschiedener Stilrichtungen, was aber in diesem Fall interessant und auch gerechtfertigt ist, da das Bauwerk stets in irgendeiner Form genutzt wurde und noch wird.

Dublin Castle ist ein gewaltiger Komplex, der jahrhundertelang Symbol der englischen Herrschaft und somit verhasst und gefürchtet war. Die Wikinger errichteten dort im Jahr 841 ein Fort, die Anglonormannen erweiterten es später zur Burg. Die beiden massiven, runden Türme, **Record Tower** und **Birmingham Tower,** beide aus dem 13. Jh., gehören zu den ältesten Teilen der Anlage.

Während der englischen Herrschaft diente das Dublin Castle nicht nur als Residenz der Lord Deputies, der Vertreter des Königs von England, sondern auch als Hauptquartier der Polizei und als Staatsgefängnis. Heute sind in dem Komplex u. a. Konferenz- und Repräsentationsräume, ein Steuer- und ein Polizeimuseum untergebracht. Die State Apartments sind nur mit Führung zu besichtigen und nur dann, wenn keine Staatsgäste anwesend sind oder Regierungsveranstaltungen stattfinden (Mo–Sa 10–16.45, So 12–16.45 Uhr).

Zum Komplex des Dublin Castle gehört auch die großartige **Chester Beatty Library,** die dem irischen Staat vom Privatmann, Alfred Chester Beatty, vermacht wurde. Die Sammlung besteht aus Büchern, Manuskrip-

Dublin

ten, Papyrusrollen, Miniaturen und ornamentalen Gegenständen, die der Stifter überwiegend im Orient, aber auch in Europa gesammelt hatte (Mo–Fr 10–17, Sa 11–17, So 13–17 Uhr, Okt.–April Mo geschl., www.cbl.ie).

Christ Church Cathedral [16]

Die **Christ Church Cathedral** gehört zu den ältesten Kirchen Dublins und wurde ebenso wie die einstige Burg von Wikingern gegründet. Die erste (hölzerne) Version der Kathedrale, die seit der Reformation zur Church of Ireland gehört, wurde um 1038 im Auftrag des Wikingerkönigs Sitric Silkenbeard und des ersten Bischofs von Dublin, Dunan, errichtet. Aber erst zu Beginn des 13. Jh. wurde sie auf Veranlassung des anglonormannischen Eroberers Earl of Pembroke, genannt Strongbow, durch eine steinerne Version, wie sie in Teilen noch heute erhalten ist, ersetzt. In ihrer heutigen Version wurde sie in den 1870er-Jahren vollendet.

Neben der prachtvollen architektonischen Innenausstattung besitzt die Kirche vor allem zwei Besonderheiten: Im hinteren Bereich der Kirche, in der St.-Laud-Kapelle, befindet sich das Herz von St. Laurence O'Toole, des Schutzheiligen Dublins. Im vorderen Kirchenschiff und im Mittelpunkt des Interesses ist das Grabmal Strongbows, eine liegende Gestalt in Kettenrüstung. Wo sich die Gebeine des Normannen tatsächlich befinden, ist ungewiss. Als 1562 das Dach der Kirche einstürzte, wurde auch das Grabmal zerstört. Die Gebeine blieben daraufhin unauffindbar. Da es unter Dublins Kaufleuten Usus war, an Strongbows Grab Verträge zu besiegeln, legte man nach dem Wiederaufbau der Kirche einfach einen Ersatzritter in den Sarkophag.

Allein die **Krypta** aus der Zeit Strongbows, die sich über den gesamten Kirchengrundriss erstreckt, blieb nahezu unverändert erhalten. In dem stimmungsvoll beleuchteten und weitläufigen Labyrinth befinden sich heute auch ein Andenkenladen und ein nettes Café (Krypta: März–Mai Mo–Sa 9–18, So 12.30–14.30, 16.30–18, Juni–Sept. Mo–Sa 9–19, So 12.30–14.30, 16.30–19, Okt.–Febr. Mo–Sa 9–17, So 12.30–14.30 Uhr).

In der ehemaligen Synodenhalle der Kirche lädt ein museales Erlebnis, **Dublinia,** das dem mittelalterlichen Dublin und den Wikingern gewidmet ist, vor allem Kinder zum Besuch. Zum multimedialen Ereignis gehören rekonstruierte Altstadtgassen, eine interaktive Wikingerausstellung sowie Figuren von historische Gestalten (März–Sept. tgl. 10–18.30, Okt.–Febr. tgl. 10–17 Uhr).

St. Patrick's Cathedral und Marsh's Library [17]

Die **St. Patrick's Cathedral** ist die größte Kirche Dublins und soll auf dem ältesten christlichen Grund stehen. St. Patrick selbst soll dort im 5. Jh. ›Heiden‹ in einer heiligen Quelle getauft haben, weswegen dort seither eine Kirche stand. Das hölzerne Gotteshaus wurde um 1190 durch das heutige Bauwerk ersetzt. Das weitläufige Innere der Kirche ist reich bestückt mit Grabmälern sowie auch keltischen Grabsteinen, aber auch mit Bannern und andere Memorabilia und Votivgaben.

Zu den Grabmälern berühmter Persönlichkeiten in der Kirche gehört auch das von Jonathan Swift, der von 1713 bis 1745 Dekan der St. Patrick's Cathedral war. Sein Grab ist mit einer Messingplatte auf dem Boden des Kirchenschiffs gekennzeichnet. Neben ihm hat auch seine angebetete Stella, die eigentlich Esther Johnson hieß, ihre letzte Ruhestätte gefunden. Swift verhalf ihr durch sein eigens für sie geschriebenes Tagebuch zu literarischer Unsterblichkeit.

Auch die Grabmäler von Turlough O'Carolan, dem letzten irischen Barden und berühmten Harfenspieler, sowie von Douglas Hyde, dem ersten Präsidenten des unabhängigen Irlands, sind hier zu finden (März–Okt. Mo–Fr 9–17, Sa 9–18, So 9–10.30, 12.30–14.30, 16.30–18, Nov.–Febr. Mo–Sa 9–17, So 9–10.30, 12.30–14.30 Uhr, www.stpatrickscathedral.ie).

Gerade um die Ecke der St. Patrick's Cathedral hat ein weiterer Dekan und späterer Erzbischof der Kathedrale ebenfalls für eine literarische Hinterlassenschaft der besonderen Art gesorgt. Narcissus Marsh ließ 1701 die erste öffentliche Bibliothek Irlands errichten, die heute seinen Namen trägt: **Marsh's Library.** Sie birgt Schätze, zu denen auch Manuskripte gehören, die um 1400 gefertigt wurden. Überwiegend handelt es sich jedoch um Bücher aus dem 16. bis 18. Jh. Bereits beim Bau der Bibliothek dachte man daran, die seltenen Bücher vor Diebstahl zu schützen. Im hinteren Bereich wurden deswegen Alkoven mit Gittern versehen, in die geneigte Leser eingeschlossen wurden, wenn sie sich in ein Buch vertieften (Mo u. Mi–Fr 9.30–17, Sa 10–17 Uhr, www.marshlibrary.ie).

Außerhalb der Innenstadt

Phoenix Park ▶ 2, B–D 2–5

Im Westen der Northside breitet sich der 707 ha große **Phoenix Park** aus, der größte innerstädtische Park Europas. Das riesige Gelände wird für alle möglichen Freizeitsportarten, für diverse Versammlungen, aber in manchen abgelegenen Ecken auch für weniger erquickliche Aktivitäten genutzt.

Der Park begann seine Existenz als Jagdgelände für den Adel, wurde aber 1745 der Öffentlichkeit zugänglich gemacht. Reine Natur ist er nicht mehr, denn neben all den Wäldchen, Wiesen und Grünanlagen (und einer Herde Hirsche) befinden sich dort auch repräsentative Bauten. Auch der Dublin Zoo ist hier beheimatet. Er wurde ein bisschen aufgefrischt, um den Tieren etwas mehr Lebensqualität zu geben, soweit das in einem Zoo möglich ist (Jan. tgl. 9.30–16.30, Febr. bis 17, März–Sept. bis 18, Okt. bis 17.30, Nov. u. Dez. bis 16 Uhr, www.dublinzoo.ie).

Das bedeutendste Gebäude ist das Áras an Uachtaráin, der Sitz der irischen Präsidentin (Führungen Sa 10.30–15.30 Uhr, www.president.ie), der im 18. Jh. als Residenz des britischen Vizekönigs gebaut wurde. Hinter dem Zoo befindet sich das Hauptquartier der Garda Síochána, der irischen Polizei, und ganz im Westen des Parks schließt sich das Farmleigh House an, das von einem der adligen Guinness-Sprösslinge Ende des 19. Jh. im großen Stil erbaut wurde.

Außerhalb der Innenstadt

Der Palast ist heute das Gästehaus der Regierung, aber auch ein Schauplatz für sommerliche Kulturveranstaltungen (Führungen tgl. 10.15–16.15 Uhr, www.farmleigh.ie).

Glasnevin Cemetery ▶ 2, E/F 2

Auf Stadtplänen ist Irlands größte Nekropolis als **Prospect Cemetery** eingetragen, aber allgemein bekannt ist sie nur als **Glasnevin Cemetery,** nach dem Stadtteil im Norden der Innenstadt, in dem der Friedhof liegt. Angelegt wurde er 1832 – damals noch außerhalb der Stadt – für die katholische Bevölkerung, der eine Bestattung auf den Friedhöfen des Stadtzentrums verwehrt wurde.

Heute ist das knapp 80 ha große Gelände nicht nur eine Anlage mit faszinierenden Monumenten, darunter auch ein ›altirischer‹ Rundturm und etliche keltische Kreuze, sondern auch ein Gang durch die Geschichte der Insel. Um die 1,1 Mio. Menschen sind hier bestattet, darunter auch etliche Größen der irischen Geschichte. Das Friedhofsmuseum (mit Café) führt durch das *who is who* dieser riesigen Totenstadt (Mo–Fr 10–17, Sa/So 11–17 Uhr, Führung tgl. um 11.30, 13 und 14.30 Uhr, www.glasnevintrust.ie).

Halbinsel Howth

Die südlichen Vororte an der Küste Dublins gehören zu den feinsten Wohngebieten der Hauptstadt. Dalkey und Killiney sind mit ihren teuren Villen, der noblen Atmosphäre und der großartigen Lage mit Blick auf die Dublin Bay bis zu den Wicklow Mountains nicht nur eine Welt für sich, sondern auch Residenz etlicher Mitglieder der irischen Kultur- und Geldelite.

Eine wahre Oase direkt vor der westlichen Haustür der Großstadt ist zweifellos die **Halbinsel Howth:** ein hübsches Fischerdorf voller Fischrestaurants, ein paar exklusive Villen, ein Yachtclub, ein wunderbarer Wochenmarkt (Sa u. So), Kirchenruinen, ein 4500 Jahre alter Dolmen, ein Schloss aus dem 15. Jh., zwei malerische Leuchttürme und trotz Stadtnähe noch viel wilde Natur.

Bis ins 12. Jh. war die Halbinsel noch ein Refugium der Wikinger. Sitric Silkenbeard,

Dublin

aktiv unterwegs

Klippenwanderung um Howth

Tour-Infos
Start: Howth DART-Bahnhof
Länge: ca. 10 km
Dauer: 2–4 Stunden
Schwierigkeitsgrad: leicht
Wichtige Hinweise: Der Weg ist mit lila Pfeilen markiert.

Howth ist ein schöner Flecken in der Natur, aber kein unberührter. Die Halbinsel ist touristisch voll erschlossen, einschließlich mehrerer markierter Wanderwege. Jeder dieser Wege lohnt sich, aber der malerischste ist sicherlich der entlang den Klippen von Howth.

Die DART-Bahn hält am West Pier des Dörfchens Howth, von wo es zunächst über die Harbour Road zum East Pier geht. Die Gefahr ist hier groß, dass eigentlich zum Ausschreiten fest entschlossene Wanderer von den Fischer- und Segelbooten, Cafés, Fischläden und -restaurants abgelenkt werden – oder auch von den Robben, die sich hier gerne von den Menschen mit Fischabfällen füttern lassen.

Am East Pier führt die Balscadden Road von der Hauptstraße ab und die Küste entlang bis zu einem Parkplatz, wo der eigentliche Klippenweg beginnt. Die Klippen (Puck's Rocks) fallen hier steil ab, und mit etwas Vorsicht können Seevögel beobachtet werden, die an der Felswand nisten. Ein Stück weiter sind die Inseln Ireland's Eye und dahinter Lambay Island zu sehen, beide Nistplätze für Tausende Seevögel.

An der ›Nose of Howth‹ kurvt der Weg nach Süden und führt an einer wunderschönen Klippenlandschaft durch einsame Natur bis zu einer Kreuzung an der Südwestspitze der Halbinsel. Nach links zweigt die Straße zum **Baily Lighthouse** ab, ein Leuchtturm der malerisch auf einer Felsnase hockt. Geradeaus geht es, den lila Pfeilen folgend, weiter über einen schmalen Pfad die Südküste von Howth entlang und oberhalb von mehreren Stränden entlang. Von hier schweift der Blick weit über die Dublin Bay bis zu den Wicklow Mountains. Kurz vor einem Martello Tower (Festungsturm) weist die Wegmarkierung nach rechts und landeinwärts. Dabei muss auch ein Golfplatz durchquert werden, aber der Weg ist durch weiße Steine markiert.

Ein letztes Stück Wildnis stellt der 171 m hohe **Ben of Howth** dar, die höchste Erhebung der Halbinsel, bevor es durch bewohntes Gebiet wieder zurück zum DART-Bahnhof geht.

Adressen

der christianisierte Wikingerfürst, ließ 1042 an der Nordseite eine Kirche bauen, deren Überreste in der Abbey Street jedoch aus späteren Jahrhunderten stammen. 1177 eroberte der Anglonormanne Almeric Tristam, der sich später St. Lawrence nannte, die Halbinsel. Einer seiner Nachfahren errichtete im 15. Jh. Howth Castle, das bis ins 20. Jh. ständig erweitert oder umgebaut wurde. Das Schloss ist noch immer im Privatbesitz der ursprünglichen Familie und für die Öffentlichkeit nicht zugänglich. Zu besichtigen sind jedoch die Gärten, ein im Mai/Juni in allen Farben erblühender Rhododendron-Park. Auf dem Schloss-Gelände befindet sich auch der – allerdings zusammengebrochene – Dolmen (www.howthismagic.com).

Infos

Dublin Tourism Centre: Suffolk Street, Dublin 2, Tel. 01 605 77 00 u. 01 437 09 69, www.visitdublin.com, www.dublin.de (Site auch auf Deutsch).

Hinweis: Dublin 1 umfasst Adressen nördlich der Liffey, Dublin 2 südlich davon.

Übernachten

In Dublin wurden in den Boomzeiten soviele Hotels gebaut oder luxusmodernisiert, dass die Hoteliers mittlerweile Mühe haben, die Betten vollzukriegen. Manche mussten ganz aufgeben. Die Preise sind manchmal günstiger als in den besseren B & Bs. Über die Websites sind die aktuellen Tagespreise und Sonderangebote zu erfahren, ebenso wie über Online-Buchungssysteme, wie z. B. www.booking.com. Die hier angegebenen Preise einer wirklich nur winzigen Auswahl an Unterkünften sollten daher nur als grobe Richtlinie genutzt werden.

Viele **B & Bs** befinden sich in der Gardiner Street, die vom Custom House nordwärts führt. Wer am **Flughafen Dublin** ein Hotel braucht, findet es auf www.dublin-airport-hotels.ie. Nahezu alle Hotels bieten einen Shuttleservice bis zum Flughafen. Das **Metro Hotel** (www.metrohoteldublinairport.com) gehört zu den Standardhotels mit den niedrigsten Preisen (ab 62 € pro Zimmer).

Nobelhotel ▶ The Shelbourne 1: 27 St. Stephen's Green, Dublin 2, Tel. 01 663 45 00, www.theshelbourne.ie. Dublins schönstes Hotel mit großer Geschichte (hier wurde u. a. 1922 die irische Verfassung entworfen) gehört zur Marriott-Gruppe und bietet ein entsprechend hochklassiges Ambiente. Aber das Hotel hat seinen eigenen unverwechselbaren Stil: Grandeur dürfte das passende Wort sein. DZ ab 390 € (online oft günstiger!).

Moderne Eleganz ▶ The Marker Hotel 2: Grand Canal Square, Docklands, Dublin 2, Tel. 01 687 51 00, www.themarkerhotel dublin.com. Das modernste Hotel Dublins mit einem Hauch kantigem Raumschiff Enterprise in der Lobby eröffnete 2013 an den südlichen Docks und ist ein Traum in Design und Komfort – einschließlich Wellnesscenter samt großem und unglaublich coolem Infinity-Pool und elegantem Restaurant. Die Ausstattung ist luxuriös und die Dachlounge bietet bei gutem Wetter einen Blick bis zu den Wicklow Mountains. DZ ab 249 €.

Pension mit Designflair ▶ Number 31 3: 31 Leeson Close, Lower Leeson Street, Dublin 2, Tel. 01 676 50 11, www.number31.ie. Das georgianische Stadthaus nicht weit von St. Stephen's Green ist elegant eingerichtet, aber die Überraschung kommt hinten im Garten im ehemaligen Kutschenhaus: Die Zimmer sind nicht nur licht und luftig, sondern auch edel designt. Das Frühstück ist eine Offenbarung. DZ ab 190 €.

Cityhotel ▶ Brooks Hotel 4: Drury Street, Dublin 2, Tel. 01 679 40 00, www.brooksho tel.ie. Das eher kleine Hotel zwischen South Great Georges Street und Grafton Street bietet in relativ ruhiger Lage eine nahezu luxuriöse Unterkunft in Laufnähe zu vielen Sehenswürdigkeiten. Im Haus befinden sich zudem eine elegante Cocktailbar und ein feines Restaurant (Francesca's). DZ ab 150 €.

Kettenhotel ▶ Jurys Inn 5: Christchurch Place, Dublin 8 (Filialen am Custom House und in der Parnell Street), Tel. 01 454 00 00, www.jurysinns.com. Hotelkette, die neben ihren 4- und 5-sternigen Etablissements auch eine Reihe von preiswerten Unterkünften bie-

Dublin

Liffey-Ufer an der O'Connell-Bridge

tet. Die Zimmer sind guter Hotelstandard und bieten Raum für drei Erwachsene. DZ ab 129 €, oft auch preiswerter.

Elegante Pension ▶ Kilronan House 6: 70 Adelaide Road, Dublin 2, Tel. 01 475 42 66, www.kilronanhouse.com. Das bildschöne georgianische Haus liegt in Laufnähe von St. Stephen's Green und ist sehr stilvoll und mit allem Komfort eingerichtet – einschließlich WLAN und Parkplatz. Nur einen Aufzug gibt es nicht. DZ ab 129 €.

Zentral und billig ▶ Grafton Guesthouse 7: 26–27 South Great George's Street, Dublin 2, Tel. 01 648 00 10, www.graftonguesthouse.com. Das neogotische Haus zwischen Dublin Castle, Grafton Street und Temple Bar könnte zentraler nicht liegen. Die Zimmer sind eigenwillig, aber modern eingerichtet und haben allen Komfort einschl. WLAN. Das Frühstück wird im Restaurant L'Gueuleton (s. S. 130) in der Fade Street um die Ecke serviert. Rezeption in Kellys Hotel (s. u.). DZ ab 89 €.

Minimalistischer Chic ▶ Kellys Hotel 8: 36 South Great George's Street, Dublin 2, Tel. 01 648 00 10, www.kellysdublin.com. Das Hotel über Hogan's Bar in zentraler Lage ist das Mutterhaus des Grafton Guesthouse (s. o.) und ebenso pfiffig, aber die Zimmer sind leider klein und etwas laut. Alles Nötige ist jedoch vorhanden, also Bad, TV, DVD, WLAN etc. Kinder sind nicht erwünscht. DZ ab 104 €.

Party-Hostel ▶ Barnacle's 9: 19 Temple Lane South, Temple Bar, Dublin 2. Tel. 01 67 16 277, www.barnacles.ie. Das Hostel liegt mittendrin im Amüsierviertel Temple Bar und ist daher nicht gerade leise, dafür aber sauber, sicher und kommunikativ (Partys im Haus). Bett im Schlafsaal ab 12 €, 4-Bett-Zimmer ab 19,50 € pro Pers., DZ ab 60 €.

Busnahes Hostel ▶ Isaac's Hostel 10: 2–4 Frenchman's Lane, Dublin 1, Tel. 01 855 62 15, www.isaacs.ie. Ehemaliges Weinlagerhaus in einer Seitengasse nahe dem Busbahnhof. Das Hostel ist geschmackvoll ein-

Adressen

gerichtet, mit sauberen, großzügigen Zimmern. Es gibt auch Schließfächer. Frühstück, WLAN und Saunabenutzung sind im Preis enthalten. Bett im Schlafsaal ab 23 €, DZ ab 42 €.

Hübsch und billig ▶ Abigail Hostel 11: 7–9 Aston Quay, Dublin 2, Tel. 01 677 93 00, www.abigailshostel.com. Das ehemalige schlichte Aston Hotel wurde vor ein paar Jahren zu einem Hostel der hübscheren Art umgebaut. Entsprechend haben alle Zimmer ein eigenes Bad, sind aber eher klein. Es gibt kostenloses WLAN, auch eine Computerecke, und das Frühstück ist im Preis enthalten. Bett ab 10 €, DZ 48 €.

Essen & Trinken

Ebenso wie bei den Unterkünften ist auch die Restaurantszene Dublins im Flux. Die zahlreichen übertreuerten Restaurants mussten oft einen Gang herunterschalten, viele ethnische Restaurants entstanden, andere mussten mangels Kundschaft ganz schließen. Dennoch weist Dublin eine kulinarische Bandbreite wie sonst keine andere Stadt Irlands auf. Die teuersten Restaurants befinden sich in Dublin 2 rund um den Merrion Square und Umgebung, in der und um die O'Connell Street sind die meisten Fast-Food-Ketten zu finden. Ein kleines Chinatown hat sich um die Parnell Street bis in die Capel Street entwickelt, wo es zahlreiche preiswerte chinesische Restaurants gibt. Temple Bar ist überwiegend auf Touristennepp ausgerichtet. Hübsche Cafés mit kleinen, aber guten Speisen verteilen sich meist in den Seitenstraßen der Grafton Street. Lohnenswert sind in den besseren Restaurants auch die Early-Bird-Menüs, die am frühen Abend zu festgesetzten Zeiten gute Küche zu ermäßigten Preisen bieten.

Sternerestaurant ▶ Chapter One 1: 18–19 Parnell Square, Dublin 1, Tel. 01 873 22 66, www.chapteronerestaurant.com, Di–Fr 12.30–14, Di–Sa 19.30–22.30 Uhr. Das etablierteste und feinste Restaurant Dublins im Kellergeschoss des Writers Museums ist mit seiner

Dublin

französisch angehauchten Küche noch immer auf Erfolgskurs und hat sich seinen Michelinstern redlich verdient. Die Räumlichkeiten wirken modern, aber gleichzeitig warm. Mittagsmenü 6 Gänge 85 €, 4-Gänge-Menü am Abend 65 €.

Nordisch schick ▶ The Greenhouse 2: Joshua House, Dawson Street, Dublin 2, Tel. 01 67 67 015, www.thegreenhouserestaurant.ie. Di–Sa 12–14.15, 18–22.15 Uhr. Der finnische Koch in dem superschicken und coolen Restaurant nahe St. Stephen's Green zaubert außergewöhnliche Kreationen, nordisch inspiriert, aber durch und durch international. Mittagsmenü 2/3 Gänge 29/35 €, Abendmenü 3/5/7 Gänge 56/69/78 €.

Schiffsrestaurant ▶ MV Cill Airne 3: Quay 16, North Wall Quay, Dublin 1, Tel. 01 445 09 94, www.mvcillairne.com, Di–Sa 17.30 Uhr bis spät, Bistro tgl. 12–21 Uhr, Bar: übliche Pubzeiten. Das umgebaute ehemalige Schulschiff ankert am Nordufer der Liffey vor der Kulisse der modernen Architektur der Docklands und birgt nun ein feines Restaurant und ein quirliges Pub-Bistro. Serviert wird die übliche alleuropäische Küche, zwar etwas überteuert, aber das Ambiente macht es wett. Hauptgerichte 19–32 €, Bistrogerichte 10–25 €.

Französisches Bistro ▶ L'Gueuleton 4: 1 Fade Street, Dublin 2, Tel. 01 675 37 08, www.lgueuleton.com, Mo–Sa 12.30–15.30, 17.30–22, So 12–15.30, 17.30–21 Uhr. Das urige Lokal in einer Seitenstraße der Great George's Street serviert deftige französische Gerichte ohne Haute-Cuisine-Getue, von Zwiebelsuppe bis Toulouse-Würstchen mit Sauerkraut. Mittags 8,50–14,50 €, abends 9,40–26,50 €.

Italienisch ▶ Bar Italia 5: 26 Lower Ormond Quay, Dublin 1, Tel. 01 874 10 00, www.baritalia.ie, tgl. 10 Uhr bis spät. Das fröhliche helle italienische Restaurant liegt am Nordufer gleich an der Millenium Bridge. Es gibt die üblichen italienischen Gerichte, aber sorgfältig und frisch zubereitet. Und die Kaffeespezialitäten sind einfach spitze! Gerichte 6–17,50 €, Pizza um 14 €, Cicchetti (Tapas) ab 3,50 €.

Japanisch ▶ Yamamori Noodles 6: 71 South Great George's Street, Dublin 2, Tel. 01 475 50 01, So–Do 12–22.30, Fr/Sa bis 23.30 Uhr. Ein freundlich-helles japanisches Restaurant mit großen Portionen zu bezahlbaren Preisen, was besonders jüngere Leute anzieht. Feinste Sushi, Sashimi, Tempura und vieles mehr, was die japanische Küche zu bieten hat. Sushi ab 3,50 € (2 Stück), Suppen 10,50 €, Teppan-Grillgerichte 14–20 €.

Tapas ▶ Salamanca 7: 1 St. Andrew's Street, Dublin 2, Tel. 01 677 47 99, www.salamanca.ie, So–Di 12–22, Mi bis 22.30, Do/Fr bis 23, Sa bis 23.30 Uhr. Das spanische Restaurant in freundlich-ungezwungenem Ambiente in der Nähe des Trinity College serviert eine eher internationalisierte spanische Küche, die aber trotzdem einen Hauch südlicher Genüsse mit sich bringt. Die Tapas sind eigentlich schon fast ganze Mahlzeiten. Tapas 3,70–18,95 €.

Orientalisch ▶ Silk Road Café 8: Chester Beatty Library, Dublin Castle, Dublin 2, Tel. 01 407 07 70, www.silkroadcafe.ie, Mo–Fr 10–16.45, Sa 11–16.45, So 13–16.45 Uhr, Okt.–Mai Mo geschl. Ein ideales Café für den Lunch oder auch eine Kleinigkeit zwischendurch, zumal die Lage einmalig ist: im Uhrenturm neben der Chester Beatty Library. Es gibt mediterrane Köstlichkeiten wie Moussaka, Falaffel, Couscous – allesamt kosher/halal zubereitet. Hauptgerichte 10–12,50 €.

Café-Bäckerei ▶ Queen of Tarts 9: 4 Cork Hill, Dame Street, Dublin 2, Tel. 01 670 74 99, www.queenoftarts.ie, Mo–Fr 8–19, Sa 9–19, So 10–18 Uhr. Das winzige Café liegt in einer kleinen Seitenstraße nahe dem Dublin Castle und ist eine echte Oase. Morgens kann man dort frühstücken, *Full Irish,* vegetarisch oder auch nur Brötchen mit Kaffee. Mittags gibt es Salate, Sandwiches oder kleine warme Speisen. Das Beste sind jedoch die Kuchen und Törtchen. Alle Gerichte unter 10 €.

Italienisches Café ▶ Panem 10: Ha'penny Bridge House, 21 Lower Ormond Quay, Dublin 1, Tel. 01 872 85 10, Mo–Mi 9–17, Do–Sa bis 20 Uhr. Das winzige Café in italienischem Design bietet den besten Kaffee der Stadt. Daneben aber auch kleine herzhafte und süße Leckereien, die frisch hergestellt werden. Auch die Suppen sind ausgezeichnet. Gerichte unter 10 €.

Adressen

Einkaufen

Haupteinkaufsstraße Dublins ist die **Grafton Street** mit zahlreichen Modeläden (Monsoon, Tommy Hilfiger, Karen Millen u. a.), aber auch diversen anderen Geschäften und einigen netten Cafés. Die Parallelstraße **Dawson Street** ist etwas stiller, hat aber einige gute Buchläden und Spezialitätengeschäfte. Beste Adresse für hochwertige irische Souvenirs und Edelwaren ist die **Nassau Street** am Trinity College. In den Sträßchen von **Temple Bar** verbergen sich trotz touristischer Aufmotzung noch Geschäfte mit allerlei Krimskrams, den man nicht braucht, der aber witzig ist. Hervorragend ist hingegen der **Bauernmarkt** am Meeting House Square (Sa 10–15 Uhr). Die **O'Connell Street** bietet nur wenig gute Einkaufsgelegenheiten, dafür aber viel billigen, wenngleich übertueuerten Kitsch. Die **Henry** und die **Mary Street** sind die Grafton Street der Nordseite mit zahlreichen Geschäften und Einkaufszentren. In der **Moore Street** findet täglich der traditionelle Markt Dublins statt.

Kaufhäuser und Shoppingcenter ▶ Arnotts 1: 12 Henry Street, www.arnotts.ie, Mo–Mi 9.30–19, Do bis 21, Fr bis 20, Sa 9–19, So 11–19 Uhr. Das älteste Kaufhaus Dublins (seit 1848) gehört auch zu den besten. Verkauft werden hier u. a. hochwertige Modelabels, Kosmetik, Schmuck, Elektrogeräte und Einrichtungsgegenstände. **Dundrum Shopping Centre** 2: Sandyford Road, Dundrum, www.dundrum.ie, Mo–Fr 9–21, Sa 9–19, So 10–19 Uhr. Das größte Shoppingcenter Europas im südlichen Stadtteil Dundrum beinhaltet Filialen großer Londoner Modehäuser, unzählige Designerläden und vieles mehr. Zu erreichen mit der Straßenbahn (Luas Green Line) Richtung Sandyfort, Haltestelle Balally. **Powerscourt Shopping Centre** 3: 59 South William Street, www.powerscourtcentre.com, Mo–Sa 10.30–18, Do bis 19 Uhr. Modegeschäfte stehen im Mittelpunkt (hier befindet sich auch das Design Centre), aber auch Antiquitäten, hochwertige Geschenkartikel und Schmuck.

Bücher ▶ Eason's 4: 40 Lower O'Connell Street, www.eason.ie, Mo–Mi u. Sa 8–19, Do 8–21, Fr 8–20, So 12–18 Uhr. Riesiges Buchsortiment mit vielen Sonderangeboten, dazu Karten und Stadtpläne, sowie nationale und internationale Zeitungen und Zeitschriften. **Hodges Figgis** 5: 56–58 Dawson Street, Mo–Fr 9–19, Do 9–20, Sa 9–18, So 12–18 Uhr. Größter Buchladen Dublins mit etwa 60 000 Titeln auf mehreren Stockwerken.

Mode ▶ Avoca 6: 13 Suffolk Street, Dublin 2, www.avoca.ie, Mo–Mi u. Sa 9.30–18, Do/Fr 9–19, So 11–18 Uhr. Eine Art Kaufhaus für schöne Dinge, darunter die charakteristischen Wollwaren, aber auch edle Kleidung. Hinzu kommen Keramiken, Haushaltswaren und feine Delikatessen. **Kevin & Howlin** 7: 31 Nassau Street, www.kevinandhowlin.com. Eines der besten Geschäfte für traditionelle und aktuelle Tweedmode, auch mit handgewebten Stoffen aus Donegal vom Meter.

Schmuck ▶ DesignYard 8: 48/49 Nassau Street, www.designyardgallery.com, Mo–Fr 10–17.30, Do 10–19, Sa 10–18 Uhr. Edler, zeitgenössischer Schmuck irischer Designer, aber auch Glas, Keramik und Textilien.

Kunsthandwerk ▶ Kilkenny Shop 9: 6 Nassau Street, www.kilkennyshop.com, Mo–Fr 8.30–19, Do 8.30–20, Sa 8.30–18.30, So 11–18 Uhr. Kaufhaus für hochwertige irische Geschenkartikel und Kunsthandwerk.

Whiskey ▶ Celtic Whiskey Shop 10: 27–28 Dawson Street, www.celticwhiskeyshop.com, Mo–Sa 10.30–20, Do bis 21, So 12.30–19 Uhr. Whiskeyparadies mit seltenen Marken, auch Miniaturen, auch Whisk(e)ys aus Schottland, den USA, Kanada und Japan.

Abends & Nachts

Das Nachtleben konzentriert sich in Temple Bar und mehr noch in der South Great George's Street, die von Temple Bar am Dublin Castle entlangführt. Clubs und Discos haben meist bis 2.30 Uhr nachts geöffnet, die Musik beginnt oft erst um 23 Uhr. Pubs und Bars, wenn sie keine Ausnahmeregelung haben, schließen zur üblichen Sperrstunde. Liveunterhaltung beginnt dort jedoch trotzdem erst gegen 22 Uhr oder später. Aktuelle Events findet man in der Zeitschrift »InDublin« (www.indublin.ie).

Dublin

Clubs und Livemusik ▶ The Village [1]: 26 Wexford Street, Dublin 2, www.thevillagevenue.com. Livemusik, Bar, Restaurant und Club – alles unter einem Dach. DJs legen jede Nacht auf. **The Academy** [2]: 57 Middle Abbey Street, Dublin 1, www.theacademydublin.com. Schicker Club für trendige 30er mit Hiphop, Indie und Livemusik. **Vicar Street** [3]: Thomas Street, Dublin 2, www.vicarstreet.com. Eine der etabliertesten und besten Läden für Livemusik in Dublin. Hier spielen die Größen, auf jeden Fall die Besten der irischen Musikszene. **Whelan's** [4]: 25 Wexford Street, Dublin 2, www.whelanslive.com. Das gemütliche Pub, gleich neben dem Village gelegen, ist berühmt für seine exzellenten Livegigs mit erstklassigen Bands und Solisten.

Schwul/lesbisch ▶ The George [5]: 12–13 South Great George's Street, Dublin 2, www.thegeorge.ie. Etablierteste Schwulenbar Dublins mit Pub, Shows, Dancefloor und Party. **The Dragon** [6]: 65 South Great George Street, Dublin 2. DJs, Shows und schicke Drinks bestimmen die lebhafte junge Atmosphäre. **Panti Bar** [7]: 7–8 Capel Street, Dublin 1, www.pantibar.com. Schräge Unterhaltung, abgefahrene Typen und ausgelassene Stimmung.

Musikpubs ▶ Cobblestone [8]: 77 North King Street, Smithfield, Dublin 7. Ein gemütliches altmodisches Pub und die beste Gelegenheit, jeden Abend traditionelle Livemusik zu erleben. **O'Donoghue's** [9]: 15 Merrion Row, Dublin 2. Eines der schönen alten Pubs Dublins mit traditioneller Livemusik jeden Abend. **Hughe's Bar** [10]: 19 Chancery Street, Dublin 1. Großes, etwas bürgerliches Pub, wo fast jeden Abend traditionelle Livemusik gespielt wird.

Traditionspubs ▶ Davy Byrnes [11]: 21 Duke Street, Dublin 2. Eines der alten Pubs, das James Joyce schon im ›Ulysses‹ erwähnt. **Doheny & Nesbitt** [12]: 5 Upper Baggot Street, Dublin 2. Um die Ecke vom Parlament gelegen, wird dieses viktorianische Pub gerne von Politikern und Journalisten besucht. **John Mulligan** [13]: 8 Poolbeg Street, Dublin 2. Ein sehr altes, nie modernisiertes Pub ohne moderne Ambitionen und permanente nervige Musikbeschallung. **McDaid's** [14]: 3 Harry Street, Dublin 2. Eines der Pubs aus dem 18. Jh., das noch heute eine gute Atmosphäre hat und einst auch von Brendan Behan besucht wurde. **The Stag's Head** [15]: 1 Dame Court, Dublin 2. Ein uraltes Pub, das es bereits im 18. Jh. gab und sich ungebrochenen Zuspruchs erfreut.

Theater ▶ Abbey Theatre [16]: 26 Lower Abbey Street, Dublin 1, Tel. 01 878 72 22, www.abbeytheatre.ie. Irische Klassiker und neue Stücke irischer Autoren. **Gate Theatre** [17]: 1 Cavendish Row, Dublin 1, Tel. 01 874 40 45, www.gatetheatre.ie. Internationale Klassiker. **Gaiety Theatre** [18]: South King Street, Dublin 2, Tel. 01 677 17 17, www.gaietytheatre.net. Musicals, Oper, Ballett, aber auch modernes Drama. **Bord Gáis Energy Theatre** [19]: Grand Canal Square, Docklands, Dublin 2, Tel. 01 677 79 99, Tickets: Tel. 0818 719 377, www.bordgaisenergytheatre.ie. Shows, Musicals, Ballett, Konzerte.

Aktiv

Busrundfahrten ▶ Verschiedene, auch thematische Busrundfahrten können in der **Touristeninformation** in der Suffolk Street gebucht werden. In der **Upper O'Connell Street** [1] fahren alle 10–15 Minuten Sightseeingbusse ab, die um die 20 Sehenswürdigkeiten anfahren.

Amphibientour ▶ Viking Splash Tours: 18 Mill Street, Dublin 8, Tel. 01 707 60 00, www.vikingsplash.com. Die Stadtrundfahrt in einem Amphibienfahrzeug geht über Land und Wasser. Touren starten an St. Stephen's Green, nahe Grafton Street [2] in der Hochsaison ab 10 Uhr ca. alle 30 Min.

Pubtour mit Musik ▶ Musical Pub Crawl: eine musikalische Tour zu Fuß durch Musikpubs rund um Temple Bar. Zwei Musiker begleiten die Gruppe, spielen traditionelle irische Musik und erzählen über Ursprung und Entwicklung derselben. April–Okt. tgl. 19.30, Nov.–März Do–Sa ab 19.30 Uhr, ab dem Pub Oliver St. John Gogarty in der Fleet Street, Tel. 01 478 01 91, www.discoverdublin.ie. Buchung auch über das Tourist Office.

Adressen

Literarischer Spaziergang ▶ Literary Pub Crawl: geführte Tour durch die literarischen Pubs Dublins mit Rezitationen und Geschichten. April–Okt. tgl. 19.30, im Winter Do–So. Start: The Duke Pub 3, www.dublinpubcrawl.com, Buchung auch über das Tourist Office.

Bootstour ▶ Dublin Discovered 4: Bachelors Walk, Dublin 1, Tel. 01 473 00 00, www.dublindiscovered.ie. Das überdachte Boot legt an der O'Connell Bridge ab und tuckert 45 Minuten über die Liffey; mit Kommentar zur Geschichte und zu Sehenswürdigkeiten Dublins.

Termine

In Dublin ist fast das ganze Jahr über etwas los, ein Fest oder Festival jagt das nächste, manche groß, manche intimer, alle letztlich feuchtfröhlich. Aktuelle Feste sind auf www.visitdublin.com zu finden (auf »see & do«, »events« und »festivals« klicken).

St. Patrick's Day: um den 17. März. Zahlreiche Veranstaltungen über mehrere Tage mit großer Parade.

Dublin International Film Festival: Febr. oder März, www.jdiff.com. Zeitgenössisches Kino aus aller Welt.

Bloomsday: 16. Juni. Auf den Spuren von James Joyces Roman Ulysses, der an diesem einen Tag spielt. Kostümierte Straßenveranstaltungen und Lesungen.

Longitude: 3. Juliwochenende, www.longitude.ie. Ein Musikfestival im Marlay Park im Süden Dublins mit Rock, Pop und Kunstinstallationen.

All Ireland Hurling / Gaelic Football Finale: 1. bzw. 3. Septembersonntag, www.crokepark.ie. Größte Sportveranstaltung Irlands im Croke Park.

Dublin Theatre Festival: Sept./Okt., www.dublintheatrefestival.com. Theaterfest mit irischen und internationalen Inszenierungen.

Verkehr

Flugzeug: Dublin Airport, Tel. 01 814 11 11, www.dublinairport.com. Der Flughafen liegt ca. 12 km nördl. von Dublin City Centre in Richtung Swords. Mehrere Buslinien verkehren zwischen Stadtzentrum und Flughafen: **Dublin Bus** zuckelt langsam durch die Stadt, **Airlink** fährt direkt ins Zentrum und zu Bus-/Bahnhöfen und **Aircoach** hält an den meisten Hotels unterwegs. Taxis ins Stadtzentrum kosten 20–25 €.

Bahnhof: Heuston Station (Tel. 01 703 21 32) mit Verbindungen nach Cork, Tralee, Limerick, Waterford, Ballina/Westport, Galway, Kildare, Clonmel. **Connolly Station** (Tel. 01 703 23 58) mit Verbindungen nach Sligo, Belfast, Rosslare Europort, Dundalk, Drogheda, Arklow, Maynooth, Longford.

Bus: Der zentrale Busbahnhof (Busáras) befindet sich hinter dem Custom House an der Amiens Street. Von dort gibt es Verbindungen nach ganz Irland. Auskunft: Tel. 01 836 61 11, www.buseireann.ie.

Stadtbus: Die Stadtbusse bedienen sämtliche Stadtviertel Dublins. Das zentrale Büro ist Dublin Bus, 59 Upper O'Connell Street, Dublin 1, Tel. 01 873 42 22, www.dublinbus.ie. Man erhält dort einen Busfahrplan und kann sich Tickets im Voraus kaufen, u. a. auch Wochentickets oder Mehrfahrtenkarten. Die Busse halten nur, wenn man ihnen zuwinkt. Der Fahrpreis ist abgezählt zu zahlen.

DART: Die DART-Bahn (Dublin Area Rapid Transport) ist ein Nahverkehrszug, der ab Connolly Station u. a. nach Howth und gen Süden über Dún Laoghaire bis nach Greystones fährt.

Luas: Ein neues Straßenbahnsystem, das schnelleren Transport bietet als der Bus, aber nur zwei Strecken bedient: Die Red Line fährt von Tallaght über Heuston Station, Smithfield, Busáras, wo die Bahn entweder zur Connolly Station oder zu den Docklands bis zu The Point weiterfährt. Die Green Line verkehrt von St. Stephen's Green über Dundrum bis nach Bride's Glen. www.luas.ie.

Taxis: Die Taxis sind nur an ihrem Dachschild zu erkennen. Man kann sie überall heranwinken, sollte aber den Preis vorher erfragen. Wenn man es eilig hat, des Nachts oder zu sonst ungewöhnlicher Zeit ein Taxi benötigt, sollte man unbedingt vorher eines bestellen. Pubs, Restaurants und Hotels übernehmen das gerne. Taxiruf: 677 22 22, 676 66 66, 676 11 11, 80 80 800.

Boyne Valley

Im lieblichen Tal des Boyne hinterließen die Jahrtausende ihre Relikte: die Ganggräber von Newgrange, Knowth und Dowth, der Hill of Tara, die Ruinen der Klöster Monasterboice und Mellifont Abbey, die schönsten Hochkreuze Irlands und die Erinnerungen an die Schlacht am Boyne, die ein zentraler Punkt in der Geschichte Irlands ist.

Der River Boyne mäandert durch eine liebliche Landschaft voller grüner Hügel und Felder, die schon vor Jahrtausenden besiedelt war. Er entspringt im Moorland des County Offaly, fließt gen Norden, verbindet sich in Navan mit dem River Blackwater, ändert bei Slane seine Richtung nach Osten, um schließlich bei Drogheda in die Irische See zu münden.

An seinen Ufern und in seinem Umfeld befinden sich einige der bedeutendsten Stätten der irischen Geschichte, die von jahrtausendealten Ganggräbern über keltische Königssitze, frühchristliche Monumente, Klosterruinen und normannische Bastionen bis zu einem Schlachtfeld reichen, auf dem einst das Schicksal Irlands besiegelt wurde.

Das bedeutendste Monument und auch das meistbesuchte ist zweifellos Newgrange, ein zirka 5000 Jahre altes Ganggrab, das zusammen mit den beiden anderen Gräbern Knowth und Dowth von der UNESCO zum Weltkulturerbe erklärt wurde.

Tara, der alte Königssitz der keltischen Iren befindet sich auf einem Hügel südlich des Boyne Valley. Von den einstigen hölzernen Bauten ist zwar nichts mehr übrig, doch der Geist des Ortes ist noch spürbar.

Mellifont Abbey und Monasterboice nördlich des Boyne gehören zu den schönsten Klosterruinen, Zeugnisse der Baukunst der Mönche, aber auch der Zerstörung nach der Reformation. In Monasterboice findet man auch die prachtvollsten Hochkreuze Irlands.

Neben historischen Bauten bietet auch der kleine Ort Kells, der allerdings weiter im Hinterland liegt, einen der großen kulturellen Schätze Irlands. In Kells wurde einst das ›Book of Kells‹ versteckt, nachdem die Wikinger das Kloster auf Iona, wo es gefertigt worden war, mit Überfällen bedrohten. Das Original befindet sich in Dublin (s. S. 119), aber in Kells ist in der Touristeninformation gegenüber der Kirche ein Faksimile ausgestellt, das ohne Gedränge in aller Ruhe betrachtet werden kann.

Drogheda ▶ G 5

Karte: S. 136

Die geschäftige kleine Stadt **Drogheda** 1 an der Autobahn Dublin-Belfast scheint auf den ersten Blick nicht viel zu bieten. Kaum noch erahnt man die Bedeutung, die diese alte Hafenstadt, von den Wikingern gegründet und im 14. Jh. als Befestigungsanlage von Normannen ausgebaut, einstmals besaß. Fast die ganze Stadt wurde 1641 von Cromwell in Schutt und Asche gelegt, als er von Dublin nach Drogheda marschierte, um die renitenten Iren in die Knie zu zwingen. Schätzungsweise 3000 Menschen ließ er hier als Exempel niedermetzeln, die restlichen Einwohner wurden als Sklaven auf die karibischen Besitzungen Englands verfrachtet oder flohen in den rauen Westen Irlands.

Von der mittelalterlichen Stadt sind nur wenige Überreste vorhanden. Eines der Stadttore, das St. Laurence Gate, steht noch als massive und beeindruckende Halbruine. Millmount ist zwar eine normannische Bastion, wurde aber in späteren Jahrhunderten weiter ausgebaut, einschließlich eines Martelloturms. Heute ist darin ein Museum untergebracht, das die Geschichte der Region illustriert (Mo-Sa 10–17.30, So 14–17 Uhr).

Es gibt zwei Kirchen mit Namen **St. Peter's** in Drogheda, die ältere am St. Peter's Place gehört zur Church of Ireland, die andere, nur ein paar Schritte weiter in der West Street, der Haupteinkaufsstraße der Stadt, ist römisch-katholisch. In letzterer gibt es eine wichtige, wenngleich makabre Reliquie, nämlich das einbalsamierte Haupt von St. Oliver Plunkett, einem Bischof, der 1681 den Märtyrertod starb. Er wurde, nachdem protestantische Demagogen gegen eine vermeintliche ›papistische Verschwörung‹ gehetzt hatten, von aufgebrachten Protestanten in London gehenkt und geviertelt. 1975 wurde er heiliggesprochen.

Information
Tourist Office: The Tholsel, West Street, Drogheda, Co. Louth, Tel. 041 987 28 43, www.drogheda.ie.

Unterkunft
Designerhotel ▶ **D Hotel:** Scotch Hall, Drogheda, Tel. 041 987 77, www.thedhotel.com. Das schnieke Hotel am Südufer des Boyne ist mit seinen 104 eleganten Zimmern ein Glanzpunkt in der Stadt. Viel Glas, Holz und Leder, in allen Zimmern Plasma-TV und Breitband-Internet-Verbindung. DZ 139–159 € (online oft schon ab 79 €).

Stadthotel ▶ **Scholar's Townhouse:** King Street, Drogheda, Tel. 041 983 54 10, www.scholarshotel.com. Das hübsche, denkmalgeschützte Haus im Stadtzentrum hat 16 liebevoll eingerichtete Zimmer mit allem Komfort. Im Erdgeschoss befinden sich ein elegantes Restaurant und eine ebenso schöne Bar mit kleinen Speisen. DZ ab 109 €.

Landhaus-B & B ▶ **Newgrange Lodge:** Donore, Co. Meath, Tel. 041 988 24 78, www.newgrangelodge.com. Das modern und wunderschön umgebaute ehemalige Farmhaus liegt gleich links vom Haupteingang des Besucherzentrums von Newgrange und zehn Fahrminuten von Drogheda entfernt. Die Zimmer, einschließlich zweier Schlafsäle, haben fast schon Hotelkomfort, das Frühstück ist aber nur kontinental. Schlafsaal mit sechs bis zehn Betten 18 €, DZ 65–79 €.

Essen & Trinken
Bar-Bistro ▶ **Brú:** Northbank, 1 Haymarket Complex, Tel.041 987 27 84, Mittagessen tgl. 12–17, Abendessen So–Do 17–21, Fr/Sa 17 Uhr bis spät. Lässiges Bistro mit Bar und einer feinen Cocktailbar oben in einem modernen Gebäude mit Flussblick. Serviert wird frisch zubereitete europäische Küche. Mittags unter 10 €, abends 12–25 €.

Weinbar ▶ **D'Vine:** Distillery House, Dyer Street, Tel. 041 980 04 40, Mi–So 12–24 Uhr. Eine gemütliche Weinbar ohne viel Schnickschnack, das gut zubereitete Speisen mit Schwerpunkt auf italienischer und französischer Küche auf der Karte hat. Tagesmenü 21,95 €, Hauptgerichte 10–22 €.

Verkehr
Drogheda liegt auf der Bus- und Bahnstrecke Dublin-Belfast. zu beiden Städten bestehen häufige Verkehrsverbindungen.

Monasterboice ▶ G 4

Karte: S. 136

Monasterboice 2 gehört zu den ältesten Klosteranlagen Irlands. Es wurde im 6. Jh. von dem Mönch St. Buithe Mac Bronach gegründet, über den zahlreiche Legenden kursieren, die denen biblischer Wundertaten in nichts nachstehen. So sollen sich vor ihm angeblich die Wasser des Boyne geteilt und er soll Blinde und Lahme geheilt haben.

Der Klosterkomplex wurde wegen der überhand nehmenden Überfälle der Wikinger und irischen Stammesfürsten, aber auch wegen der Konkurrenz in Mellifont (s. u.) bereits 1122 verlassen und dem Verfall preisgegeben. Obwohl nicht mehr viel von der Anlage

Der Osten

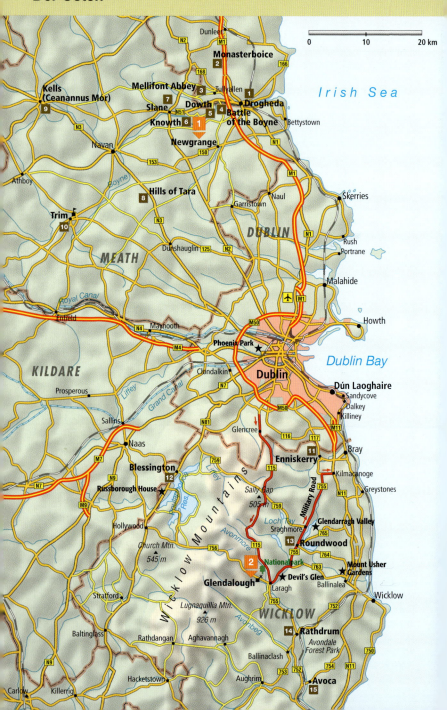

erhalten ist, sind noch einige der schönsten und typischsten frühchristlichen Monumente Irlands zu sehen: prächtige Hochkreuze und der **Rundturm,** der mit seinen 33 m zu den höchsten der Insel gehört.

Zwei der **Hochkreuze** von Monasterboice werden zu Recht mit Superlativen belegt. Das Westkreuz ist mit 6,5 m das höchste und das Muiredach-Kreuz (5,3 m) das prunkvollste Irlands. Beide stammen aus dem 10. Jh. und sind mit biblischen Geschichten geschmückt. Während die Steinmetzarbeiten des Westkreuzes jedoch arg gelitten haben, sind die Reliefs des Muiredach-Kreuzes in ihrer ganzen Pracht erhalten.

Ursprünglich dienten Hochkreuze nicht als Grabsteine, diese Mode kam erst im 19. Jh. auf. Tatsächlich dienten sie als Gedenksteine oder steinerne Bilderbücher. Der Abt des Klosters (gest. 922) stiftete das Muiredach-Kreuz, wie der Sockelinschrift zu entnehmen ist. Sinngemäß heißt es dort: »Ein Gebet für Muiredach, der dieses Kreuz geschaffen hat.« (Die Anlage ist jederzeit zugänglich.)

Mellifont Abbey ▶ G 5

Karte: links

Mellifont Abbey 3 bei Tullyallen, das ›Kloster zur Honigquelle‹, wie der Name übersetzt lautet, veranschaulicht selbst noch in den spärlichen Ruinen einen Einschnitt in der irischen Kirchen- und Sakralbaugeschichte. Nicht eine Ansammmlung kleinerer Kirchen und Hütten wie noch im frühchristlichen Monasterboice kennzeichnet das Kloster, sondern eine geschlossene Anlage mit einer Kreuzkirche.

Das erste Ordenskloster Irlands wurde 1142, 20 Jahre nach der Schließung von Monasterboice, von Malachy, dem Erzbischof von Armagh, für die Zisterzienser gegründet. Malachy stand in Verbindung mit dem hl. Bernard, der im burgundischen Cîteaux, von dem sich das Wort Zisterzienser ableitet, einen neuen Orden gegründet hatte. Die Zisterzienser, die ersten Ordensmönche, die sich in Irland niederließen, ersetzten den eher lockeren Zusammenschluss gottesfürchtiger Kirchenmänner in dorfähnlichen Gemeinschaften durch eine strenge Organisationsform und eine Hierarchie.

In ganz Europa wurden ihre Klöster nach dem Vorbild des Mutterhauses errichtet und geführt, eine Art ›Corporate Identity‹. Und sie brachten, wohin auch immer sie kamen, die Backsteinbauweise mit. Mellifont wurde zwar landestypisch aus Natursteinen erbaut, doch findet man hier und da noch Reste von Backsteinausschmückungen.

Das Ende von Mellifont Abbey wurde durch die Säkularisierung unter Heinrich VIII. im Jahr 1539 eingeläutet. Der englische König ließ die Mönche vertreiben und übertrug die Anlage seinem Gefolgsmann Sir Gerald Moore, Earl of Drogheda, der sich Mellifont Abbey als Residenz ausbaute. Wilhelm von Oranien nahm dort während der Schlacht am Boyne Quartier. Bis 1727 nutzten die Moores das Kloster als Wohnsitz, danach verfiel es. Der am besten erhaltene Teil ist der zierliche achteckige Pavillon, das Lavabo, das den Mönchen einst als Waschraum diente. Im Besucherzentrum wird anschaulich das Leben der damaligen Mönche erläutert (Ende April– Ende Sept. tgl. 10–18 Uhr).

Battle of the Boyne ▶ G 5

Karte: links

Zwischen Mellifont Abbey und Newgrange erstreckt sich am Ufer des Boyne eine weite Grünfläche, **Battle of the Boyne** 4, auf die etliche Schilder am Straßenrand hinweisen. Vor über 300 Jahren, am 1. Juli 1690, erlitten die Iren an dieser Stelle ihre schmerzlichste Niederlage, auch wenn sie nur Fußvolk für den Familienkampf im englischen Königshaus waren. In der Schlacht am Boyne kämpften die schlecht ausgerüsteten und unerfahrenen Truppen des katholischen Stuart-Königs Jakob II. gegen das überlegene Heer von Wilhelm von Oranien, dem protestantischen Schwiegersohn und Konkurrenten Jakobs. Der Kampf war noch am gleichen Tag entschieden. Jakob floh ins fran-

Boyne Valley

Die weißen Kalksteinmauern von Newgrange sind schon von Weitem zu sehen

zösische Exil, während seine Krieger den Tod fanden.

Im **Oldbridge House** aus dem 18. Jh., das im Zentrum des Geländes steht, wurde ein Besucherzentrum eingerichtet. Eine interessante Ausstellung erläutert die Geschichte der Schlacht, ein Film sorgt für visuelle Information. Von Juni bis August werden hier sonntags von 11 bis 16.45 Uhr kleine historische Nachstellungen der Kämpfe aufgeführt. Für Erfrischung sorgt ein helles Café (März/April tgl. 9.30–16, Mai–Sept. tgl. 10–17, Okt.–Febr. tgl. 9–16 Uhr, www.battleoftheboyne.ie).

Brú na Bóinne

Karte: S. 136
An einer sanften Biegung des Flusses befindet sich ein uraltes Gräberfeld, das bis heute die Fantasie anregt und die Menschen zum Staunen bringt: **Brú na Bóinne,** der Palast des Boyne. Newgrange, Dowth und Knowth heißen die größten Ganggräber, die unter Erdhügeln verborgen sind. Man datiert ihre Entstehung auf etwa 3100 v. Chr., d. h. sie sind älter als Stonehenge in England oder die Pyramiden von Gizeh. Als beeindruckendste Relikte des prähistorischen Irlands erklärte die UNESCO sie 1993 zum Welterbe.

1 Newgrange ▶ G 5

Newgrange ist das größte der Ganggräber und auch das meistbesuchte. Die weißen Kalksteinmauern des Hügels sind eine Landmarke, die in dieser Form erst während der Erschließung und Restaurierung entstanden ist. Den Eingang zu dem im Verhältnis zu den Hügeln kleinen Ganggrab entdeckte man erst im Jahr 1700 beim Straßenbau. Das Grab wurde um 860 von den Wikingern geplündert,

Slane

sodass man kaum noch Artefakte aus der Entstehungszeit vorfand.

Vor dem Eingang versperrt ein breitbrüstiger **Monolith** den direkten Zugang. Der kunstvoll bearbeitete Stein ist mit den typischen Spiralmustern, Doppel- oder Dreifachspiralen, geschmückt, Motive, die auch im Inneren des Grabes wiederkehren. Der äußerst schmale und niedrige Gang führt in die ebenso kleine **Grabkammer,** die sich kreuzförmig verbreitert.

Das aufsehenerregendste Phänomen von Newgrange kam erst 1963 buchstäblich ans Licht, nämlich ein schmaler Spalt oberhalb des Eingangs. Einmal im Jahr, exakt zur Wintersonnenwende, fallen durch diesen Spalt für einige Minuten die Sonnenstrahlen waagerecht in den Gang und erhellen die Kammer, ein Schauspiel, das nur wenige Auserwählte, die per Lotterielos ermittelt werden, oder besonders wichtige Staatsgäste, genießen dürfen. Für die Besucher stellt man dieses Phänomen jedoch bei jeder Führung mit elektrischem Licht nach.

Dowth ▶ G 5

Das zweite Grab – eigentlich sind es zwei Gräber – ist von den drei großen am besten erhalten. **Dowth** 5 verfügt über zwei Eingänge, einen unterhalb der Erdoberfläche und einen schmalen Gang im ›Parterre‹. Das Grab wurde im 19. Jh. teilweise geplündert. Man fand aber noch einen zerbrochenen Sarkophag, zahlreiche Sonnensymbole und verbrannte Tierknochen.

Wegen andauernder archäologischer Arbeiten kann das Grab nicht besichtigt werden, aber man kann den Erdhügel besteigen.

Knowth ▶ G 5

Der Eingang zum dritten Glanzstück des Gräberfeldes, **Knowth** 6 (1967 ausgegra-

Boyne Valley

ben), wird unter Archäologen als Sensation angesehen. Im Unterschied zu den beiden anderen Gräbern mündet der Gang nicht in einer kreuzförmigen Kammer, sondern teilt sich wie ein ›V‹. Auch die Verzierungen der Steine innen und außen, von denen man über 250 zählte, unterscheiden sich in Motiven und Ausführung deutlich von denen in Newgrange und Dowth. In Knowth gibt es ebenfalls Rätsel und Überraschungen: Ähnlich wie in Newgrange erhellen an bestimmten Tagen Sonnenstrahlen die Kammer, in diesem Fall zur Tag- und Nachtgleiche. Mittlerweile gehen Wissenschaftler jedoch davon aus, dass die astronomische Ausrichtung von Knowth eher den Mondphasen zuzuordnen ist. Das Volk, das diese Gräber Jahrtausende vor der Einwanderung der Kelten geschaffen hat, ist einer hoch entwickelten Kultur zuzuordnen, denn nur diese hätte so exakt astronomisch ausgerichtete Bauwerke und kunstvolle Artefakte schaffen können.

Infos

Brú na Bóinne Visitor Centre: Donore, Co. Meath, Tel. 041 98 80 300, www.heritageireland.ie, Febr.–April u. Okt. tgl. 9.30–17.30, Mai u. Mitte–Ende Sept. tgl. 9–18.30, Juni–Mitte Sept. tgl. 9–19, Nov.–Jan. tgl. 9–17 Uhr. Newgrange ist außer an Weihnachten das ganze Jahr über geöffnet, Knowth von Ostern bis Ende Oktober. Der Zugang zu den Stätten führt nur über das Besucherzentrum, von wo ein **Shuttlebus** zu den Monumenten fährt. Karten sollten in der Hauptsaison vorher reserviert werden, es sei denn, man trifft gleich morgens ein. Die Gräber Newgranage und Knowth sind nur mit Führung zu besichtigen.

Slane ▶ G 5

Karte: S. 136
Das idyllische Städtchen **Slane** 7 mit seinem adretten Ortskern und einem Schloss aus dem 18. Jh. gewährt einen Blick auf die irische Geschichte von St. Patrick bis U2. Auf dem **Hill of Slane** entzündete der irische Nationalheilige Patrick das erste Osterfeuer, das bis nach Tara zu sehen war – ein bewusster Affront gegen den König von Tara und gleichzeitig ein Fanal für den Siegeszug des Christentums und den allmählichen Untergang des keltischen Königreichs.

Slane Castle hingegen ist seit dem frühen 18. Jh. der Stammsitz der Marquis of Conyngham, einer schottischen Familie, die über Donegal nach Slane kam. Derzeitiger Schlossherr ist Henry Mountcharles, 8. Marquis Conyngham, der Slane zur Bühne von Rockgrößen gemacht hat, von den Rolling Stones (1982 u. 2007) über David Bowie (1987) bis zu U2 (2001) und Madonna (2005). Darüber hinaus braut der geschäftige Marquis auch seinen eigenen Whiskey (Verkostung!) und bietet **Führungen** durch das Schloss an (unterschiedl. Zeiten, etwa von Mai bis Aug. 12–17 Uhr, aktuelle Daten auf www.slanecastle.ie).

Übernachten

Traditionshotel ▶ **Conyngham Arms Hotel:** Main Street, Slane, Tel. 041 988 44 44, www.conynghamarms.ie. Die 2012 renovierte Poststation aus dem 17. Jh. vermietet 15 stilvoll eingerichtete Zimmer und hat im Erdgeschoss ein feines, überraschend preiswertes Restaurant. DZ ab 119 €.
Bauernhofhostel ▶ **Slane Farm Hostel:** Harlinstown House, Tel. 041 988 49 85, www.slanefarmhostel.ie. Das alte Kutschenhaus der Farm wurde in ein außerordentlich schönes Hostel umgebaut. Es besteht aus drei Familienzimmern mit Doppelbett, Etagenbett und Bad sowie drei Schlafsälen und einem Campingplatz. Schlafsaal 20 € pro Bett, DZ 50–70 €, Camping 10 € pro Pers. Ferienwohnungen werden ebenfalls vermietet.

Einkaufen

Bäckerei ▶ **George's Patisserie and Delicatessen:** Chapel Street, Mi–Sa 9–18 Uhr. Georg Heises Laden bietet exzellenten Kuchen und auch Brot deutscher und irischer Machart, u. a. auch solches für Allergiker, das mit Soja, Kichererbsen- oder Reismehl gebacken wurde. Alles mit Biomehl und frischen Zutaten. Kaffee und Kuchten gibt's im Café.

Verkehr
Bus: Verbindung mehrmals tgl. mit Dublin und Drogheda.

Hills of Tara ▶ G 5

Karte: S. 136

Die **Hills of Tara** 8 erheben sich sanft und kaum merklich am Rande der M3. Der einst glanzvolle Ort war seit der späten Steinzeit und bis in die ersten Jahrhunderte unserer Zeitrechnung ein bedeutendes Zentrum Irlands. Die vorchristlichen Kelten hatten sich den Hügel mit Bedacht gewählt, war er doch eine alte Begräbnisstätte mit Ganggrab, dessen Alter auf etwa 4500 Jahre geschätzt wird.

Tara blühte und gedieh, so wird berichtet, als noch niemand etwas von Athen oder Rom gehört hatte. Doch anders als die antiken Kulturzentren setzen in Tara heute nur einige Hügelgräber mit ringförmigen Erdwällen Akzente in die Landschaft. Dennoch bekommt man einen vagen Eindruck von der Bedeutung und der Erhabenheit der einstigen Kultstätte, wenn das Auge über die Ebene des County Meath schweift. Dort oben, wo einst der alte Königspalast mit seinen zwölf Toren die Landschaft überragte, überblickte der Hochkönig sein ganzes Reich.

Im alten Tara trafen sich alle drei Jahre die Könige Irlands, um ihren Hochkönig zu wählen. Der Lia Fail, der Schicksalsstein, soll während der rituellen Wahl gesummt haben, wenn der richtige Mann für diesen Titel seinen Platz auf ihm einnahm.

Das Eintreffen des hl. Patrick in Tara im Jahr 433 war der Anfang vom Ende des altirischen Königreichs. Zwar gelang es Patrick nicht, den Hochkönig Laoghaire zu missionieren, doch mit der Verbreitung des Christentums schwand die Bedeutung Taras. Mitte des 6. Jh. fand das letzte Feis, eben jene festliche Versammlung, statt, der Titel des Königs von Tara wurde schließlich nicht mehr verliehen und das Zentrum mit den Gebäuden aus Holz und Lehm verfiel (Besucherzentrum; Mitte Mai–Mitte Sept. tgl. 10–18 Uhr).

Kells ▶ F 5

Karte: S. 136

Der kleine Ort **Kells** 9 ist recht beschaulich und im Prinzip nicht sonderlich interessant – bis auf seine Vergangenheit und wegen des berühmten Buchs, das seinen Namen trägt: **Book of Kells.** Kells war ursprünglich ein Kloster, von dem nicht mehr allzu viel zu sehen ist. Es wurde von St. Columba im 6. Jh. gegründet und war der Zufluchtsort der Mönche von Iona, die sich dort 806 vor den Wikingern in Sicherheit brachten. Sie brachten jenes prachtvoll illuminierte Buch mit, das heute im Trinity College in Dublin (s. S. 119) aufbewahrt wird. In Kells selbst ist in der Touristeninformation ein Faksimile ausgestellt, das man ohne Andrang bewundern kann. Der Ort hat aber mehr zu bieten, nämlich einige schöne frühchristliche Hochkreuze, einen Rundturm und Reste des ersten Klosters aus dem 6. Jh.

Infos
Kells & District Tourism Forum: Kells Chamber, Carrick Street, Kells, Co. Meath, Tel. 087 338 30 42, www.visitingkells.ie.

Übernachten
Traditionshotel ▶ **Headfort Arms Hotel:** Tel. 046 924 00 63, www.headfortarms.ie. Bestes Haus im Ort mit 45 eleganten Zimmern, die mit digitalen TV-Flachbildschirmen, WLAN und orthopädischen Betten ausgestattet sind. Im Haus befinden sich auch ein **Restaurant** und ein kleiner Wellnessbereich. DZ 69–120 €.

Ruhiges B & B ▶ **Teach Cuailgne:** Carlanstown, Kells, Co. Meath, Tel. 046 924 66 21, www.teachcuailgne.com. Das nette Haus liegt etwa fünf Minuten Fahrt von Kells entfernt und bietet nicht nur Zimmer mit Bad, eine TV- und Kamin-Lounge sowie einen Garten mit Grillplatz, sondern auch einen Wäschedienst. DZ 70–80 €.

Essen & Trinken
Hotelrestaurant ▶ **Vanilla Pod Restaurant:** im Headfort Arms Hotel, Tel. 046 924 00 63,

Boyne Valley

Mo–Do 17–22, Fr/Sa bis 23, So 12.30–21.30 Uhr. Das Restaurant ist licht und modern, die Küche neu-irisch und gut zubereitet. Hauptgerichte 16–25 €.

Quirliges Restaurant ▶ **The Bective:** Bective Square, Tel. 046 924 77 80, www.thebective.ie, Mo–Sa ab 17, So ab 15 Uhr. Das hübsche Restaurant mitten in Kells serviert asiatisch inspirierte Speisen, aber auch Pizza, Pasta, Steaks und gute Salate, fast alles mit Zutaten aus lokalem Anbau. Der obere Stock mit Bar kann von Gruppen gemietet werden. Hauptgerichte 13–26 €.

Verkehr

Busverbindung: mehrmals tgl. mit Dublin und Cavan.

Trim ▶ F 5

Karte: S. 136

Vom Fluss aus gesehen erscheint **Trim Castle** 10 wie eine Erscheinung aus einem Ritterfilm. Zur Stadtseite hin ist die Burg jedoch von einer modernen Ladenzeile eingeschlossen und vom geschäftigen Alltag einer Kleinstadt umgeben und wirkt beinahe etwas verloren.

Der Normannenherrscher Hugh de Lacy erhielt das Land vom englischen König Heinrich als Lehen. Am Ufer des Flusses Boyne errichtete de Lacy 1173 ein gewaltiges Kastell, Trim Castle, eine der größten Burgen Irlands. In deren Türmen wurde 1399 der junge Henry Bolingbroke aus dem Hause Lancaster gefangen gehalten, der später als Heinrich IV. den englischen Thron bestieg. Shakespeare spann daraus eines seiner Königsdramen.

Die Burg, die seit Cromwells Überfall im Jahr 1649 verfiel, stand später noch einmal im Mittelpunkt eines Historiendramas. 1995 versetzten amerikanische Filmschaffende die Ruine mit Pappmaschee, Kunststoff und Holz in einen ›authentischen‹ Zustand. Kinogänger werden sich erinnern: Für den Film »Braveheart« diente Trim Castle als stimmungsvolle Kulisse. Die Burg wurde anschließend gründlich restauriert und ist nun für die Öffentlichkeit zugänglich, der Turm allerdings nur mit **Führung** (Mitte März–Okt. tgl. 10–18, Nov.–Mitte März Sa/So 9–17 Uhr).

Infos

Trim Visitor Centre: Town Hall, Castle Street (neben der Burg), Trim, Co. Meath, Tel. 046 943 72 27. Hier gibt es auch eine Multimediaausstellung zur Stadt und Burg (Mo–Fr 9.30–17.30, Sa/So 12–17.30 Uhr).

Übernachten

Traditionshotel ▶ **Castle Arch Hotel:** Summerhill Road, Trim, Co. Meath, Tel. 046 943 15 16, www.castlearchhotel.com. Das kleine Hotel bietet komfortable, hübsche Zimmer, die im romantischen Stil eingerichtet sind. Es gibt ein **gutes Restaurant** im Haus sowie eine Bar (daher manchmal laut). DZ ab 80 € (ohne Frühstück).

Landhaus-B & B ▶ **Crannmór Guesthouse:** Dunderry Road, Tel. 046 943 16 35, www.crannmor.com. Das idyllische georgianische Herrenhaus im großen Garten liegt etwas außerhalb und bietet vier recht großzügig geschnittene Gastzimmer. DZ ab 80 €.

4-Sterne-Haus ▶ **Trim Castle Hotel:** Castle Street, Tel. 049 48 30 00, www.trimcastlehotel.com. Das moderne Hotel mit 68 luxuriösen Zimmern bietet einen wunderbaren Blick auf die Burg, ein exzellentes Restaurant mit Dachterrasse, ein Café und eine Bar. Vier Spitzengolfplätze liegen in der Nähe. DZ ab 155 €.

Essen & Trinken

Internationale Küche ▶ **Franzini O'Brien's:** French's Lane, Tel. 046 943 10 02, Mo–Sa 17–22, So 13–17 Uhr. Ein junges und lichtes, sehr professionell geführtes Restaurant, das die in Irland beliebte internationale Mischung auf den Teller bringt, von mexikanisch bis mediterran, auch irische Spezialitäten in kreativer Abwandlung. Der Blick auf die Burg ist ein Bonus. Hauptgerichte 14–25 €.

Verkehr

Busverbindung mehrmals tgl. mit Dublin.

Wicklow Mountains

Die Berge im County Wicklow sind die einzige Region im erschlossenen Osten Irlands, die noch einen Rest an Einsamkeit und Wildnis bietet. Moorland, schroffe Hügelketten, idyllische Täler und ausgedehnte Wälder direkt vor den Toren Dublins führen in eine Welt voller Zauber und Historie, die bis heute nichts von ihrer Anziehungskraft verloren hat.

Der Garten Irlands‹ wird das County Wicklow genannt, nicht nur wegen der außerordentlichen Schönheit der Landschaft, die zum großen Teil als Nationalpark geschützt ist, sondern auch wegen der historischen Häuser und Schlösser und deren Parks sowie der über 30 privaten Gärten, die zu den schönsten im ganzen Land gehören dürften und im Sommer der Öffentlichkeit zugänglich gemacht werden.

In den Wicklow Mountains entspringt die Liffey, die Richtung Kildare fließt, um dann in einem Bogen nach Dublin und zum Meer hin zu dümpeln. Anfang der 1940er-Jahre wurde der Fluss samt dem King's River gestaut und somit das größte Wasserreservoir Irlands, der Poulaphouca-Stausee, geschaffen, der Dublin mit Trinkwasser versorgt. Die höchste Erhebung Wicklows ist der Lugnaquilla, der mit 1190 m der zweithöchste Berg Irlands ist.

Eingebettet in die Natur findet man kleine Ortschaften, die tatsächlich noch idyllisch zu nennen sind. Enniskerry gehört dazu oder auch Avoca oder Roundwood, Letzteres das höchstgelegene Dorf Irlands. Hier und dort versteckt oder manchmal auch pompös im Blickfeld findet man an den Ausläufern der Berge prächtige Herrenhäuser und kleine Schlösser, Hinterlassenschaften des anglo-irischen Adels. Und mitten in den Bergen, im schönsten Tal, liegt die berühmteste Sehenswürdigkeit der Region, nämlich die frühchristliche Klostersiedlung von Glendalough.

War Dublin einst das Zentrum der englischen Herrschaft, so bildeten die Wicklow Mountains die Zuflucht für die Rebellen, die in der Wildnis der Berge nur schwer aufzuspüren waren. Vom Mittelalter bis ins 17. Jh. griffen gälische Stämme die verhasste Hauptstadt der Eindringlinge immer wieder an. Und auch im 18. und 19. Jh. diente das unzugängliche Hochland als Versteck für die Rebellen, die dort nicht nur Unterschlupf, sondern auch Unterstützung fanden. Der Bau der Military Road um 1800 sollte den Engländern leichteren Zugang in die unwegsamen Berge und somit Zugriff auf die Rebellen bieten. Heute führt diese Straße durch die schönsten Regionen der Wicklow Mountains, noch immer streckenweise umgeben von Wildnis und Einsamkeit.

Enniskerry ▶ G 6

Karte: S. 136

An die nördlichen Ausläufer der Wicklow Mountains kuschelt sich das kleine **Enniskerry** 11 inmitten eines bewaldeten Gebiets – eine Postkartenidylle, die so kurz hinter Dublin überrascht. Der Ort ist ein beliebtes Naherholungsgebiet für wohlhabende Dubliner, für die in hübschen Lokalen, teuren Läden und feinen Hotels bestens gesorgt wird. Hauptattraktion ist jedoch das prächtige **Powerscourt Estate** mit seinen Gärten und dem berühmten Wasserfall – und einem der edelsten Luxushotels Irlands, dem Fünf-Sterne-Hotel Powerscourt (www.powerscourthotel.com).

Wicklow Mountains

Tipp: Military Road

Eine der schönsten und beliebtesten Autostrecken durch die Wicklow Mountains ist die Military Road, die von Dublin südwärts über die Höhenrücken der Wickows und einige der reizvollsten und wildesten Ecken der Bergregion führt. Sie wurde zu Beginn des 19. Jh. vom britischen Militär gebaut, um nach der Rebellion von 1798 Zugang zu den Verstecken der irischen Rebellen zu erhalten. Die ausgeschilderte Straße beginnt bereits in Rathfarnam, einem südlichen Stadtteil von Dublin, führt aber die ersten Kilometer durch Wohngebiet. Schöner ist der Start ab Enniskerry westwärts nach Glencree (s. S. 145). Dann geht es auf der R115 bis zum Sally Gap, einer einsamen Landschaft mit weitem Blick, und weiter bis nach Laragh und Glendalough.

Powerscourt House & Gardens

Die Gärten waren bereits im 19. Jh. so berühmt, dass sie selbst den preußischen Gartenliebhaber Fürst Pückler anzogen. Leider kam er nie in den Genuss, diese zu besichtigen, denn er fand das Gartentor verschlossen. Es war Sonntag und der Hausherr sehr fromm …

Das einstmals prachtvolle **Schloss** entstand aus einer normannischen Burg, die um 1300 von der le-Poer-Familie errichtet wurde. Von ihrem Namen leitet sich auch die anglisierte Form ›Power‹ ab, die dem Anwesen den Namen gab. 1603 gingen Land und Anwesen in die Hände des englischen Eroberers Richard Wingfield über, dessen Nachfahren schließlich den Titel Viscount of Powerscourt trugen und bis Mitte des 20. Jh. in dem Schloss residierten. Im 18. Jh. schließlich wurde der deutsche Architekt Richard Castle (Cassel) mit dem Ausbau des Schlosses und der Umgestaltung der Gärten beauftragt. Aber erst ein Jahrhundert später entstanden Park und Gärten so, wie sie noch heute faszinieren.

Das Schloss brannte 1974 bis auf die Fassade nieder. Erst 1997 wurde es nach umfänglicher, wenn auch nicht originalgetreuer Restaurierung wieder eröffnet, mit Ausstellung, Restaurant und einem Laden mit den Produkten aus der Avoca-Handweberei nebst all den anderen dekorativen und essbaren Produkten von Avoca. Die Restaurierung vermischt Moderne mit dem Alten in Form von offen gelassenem Backsteingemäuer, stilisierten Säulen und Überresten originaler dekorativer Elemente.

Hinter dem Haus wandelt der Besucher durch eine in üppigsten Farben förmlich erglühende Blumenpracht. Die Terrassen zum Park hin, aus weißen und schwarzen Kieseln mosaikartig zusammengefügt, führen hinunter zu einem englischen **Landschaftspark** mit italienisierenden Elementen. Ein künstlicher Teich, flankiert von zwei vergoldeten Pegasus-Statuen, leitet über in den **Japanischen Garten** auf der einen Seite und in die **ummauerten Gärten** samt einem alten Tierfriedhof auf der anderen (Park: tgl. 9.30–17.30 Uhr, Haus: So 9.30–13.30 Uhr, Mai–Sept. auch Mo).

Der berühmte **Powerscourt-Wasserfall** (ausgeschildert, 5,50 € Eintritt!) liegt außerhalb des Parks. Mit 121 m Sturzhöhe des Dargle River ist er der höchste Irlands.

Infos
Powerscourt Estate: Enniskerry, Co. Wicklow, Tel. 01 204 60 00, www.powerscourt.com, www.enniskerry.ie.

Übernachten
Landhaushotel ▶ Summerhill House Hotel: Tel. 01 286 79 28, www.summerhillhousehotel.com. Günstig an der N11 gelegen, kurz vor Enniskerry. Das hübsche, gutbürgerliche Hotel verfügt über großzügige und romantische Zimmer. DZ ab 95 € (Online-Preise).
Viktorianisches B & B ▶ Ferndale House: Enniskerry, Tel. 01 286 35 18, www.ferndalehouse.com. Das reizende Haus liegt fast direkt an der Haltestelle der Busse aus Dublin und nahe dem Ortszentrum. Die hübschen, viktorianisch eingerichteten Zimmer mit Bad haben TV und WLAN. Großes Frühstücksangebot. DZ 70–80 €.

Friedenszentrum Glencree

Glencree: ein Zentrum für den Frieden

Thema

Die alten Kasernen in Glencree in den Wäldern der Wicklow Mountains sind Zeugen einer langen Geschichte von Krieg und Elend. Als Bastion gegen irische Rebellen errichtet, als Erziehungsanstalt für Kinder nach der Hungersnot genutzt, dann als Zuflucht für deutsche Kriegswaisen, sind sie heute ein Zentrum für Versöhnung und Frieden.

Anfang der 1970er-Jahre war die blutigste Zeit im Nordirlandkonflikt. Bomben gehörten zum Alltag, Belfast war ein Schlachtfeld und selbst Dublin wurde nicht verschont. Einer Gruppe von Menschen waren die Proteste, die ohnehin nutzlos verhallten, nicht genug. Sie beschlossen, dass der einzige Weg eine aktive Erziehung zur Versöhnung war. 1974 gründeten sie das Centre for Reconciliation (›Versöhnung‹) in den halbverfallenen Gebäuden in Glencree, deren Restaurierung erst im Jahr 2000 fertig gestellt wurde.

Der älteste Teil des Komplexes stammt aus dem späten 18. Jh. und wurde nach der Rebellion von 1798 als Kaserne für das britische Militär gebaut, die ein Auge auf die Rebellen halten sollten, die sich noch immer in den Bergen versteckt hielten. Mitte des 19. Jh. schließlich, kurz nach der Großen Hungersnot, übernahm ein katholischer Orden die Gebäude. Er kümmerte sich zunächst um verwahrloste Kinder, die aus Hunger ›straffällig‹ geworden waren, und betrieb dann für die nächsten 100 Jahre dort eine Erziehungsanstalt für Jungen, die 1940 geschlossen wurde.

Nach dem Zweiten Weltkrieg kamen deutsche Kriegswaisen in den Gebäuden unter. Das Irische Rote Kreuz holte Hunderte von Kindern unter dem Stichwort ›Operation Shamrock‹ aus dem kriegszerstörten Land, päppelte sie auf und vermittelte sie dann an irische Pflegefamilien. Sie blieben dort z. T. bis zu drei Jahren, um dann in ihre Heimat zurückzukehren. Manche kamen später wieder, einige heirateten Iren und blieben für immer. Irland war für sie zu ihrer neuen Heimat geworden, für die anderen blieb es der Traum eines besseren Lebens nach dem Krieg.

In Glencree gibt es auch den einzigen deutschen Soldatenfriedhof auf irischem Boden. 134 Männer sind dort bestattet. Einer von ihnen war Hermann Goetz, der als deutscher Spion in Irland gefangen genommen wurde und dann später, als er nach Deutschland zurückkehren sollte, Selbstmord beging.

Das **Zentrum für Versöhnung** hat sich im Lauf der Jahre zu einer etablierten und geachteten Einrichtung entwickelt, in der verschiedene Projekte, Konferenzen, Workshops und dergleichen mehr von unterschiedlichen Organisationen zum Frieden in Nordirland aber auch anderswo organisiert werden. Die Bestrebungen in Sachen Nordirland zielen dabei weniger auf die politische, sondern auf die gesellschaftliche Verständigung ab, die weitaus schwieriger zu gestalten ist.

Interessierte Gruppen und Einzelpersonen finden dort **Tagungsräume** und einfache, aber freundliche **Unterkunft** für bis zu 60 Personen, meist in Gemeinschaftszimmern. Daneben steht für jeden, der interessiert ist, auch das **Besucherzentrum** offen, in dem Wechselausstellungen zum Thema Frieden und Versöhnung stattfinden, sowie das **Café**, in dem es kleine Erfrischungen gibt.

The Glencree Centre for Reconciliation, Glencree, Co. Wicklow, Tel. 01 282 97 11, www.glencree.ie, tgl. 9.30–17 Uhr.

Wicklow Mountains

aktiv unterwegs

Wanderung auf dem Wicklow Way

Tour-Infos
Start: Marlay Park in Dublin
Länge: 127 km
Dauer: 7 Tage
Schwierigkeitsgrad: mittelschwer
Wichtige Hinweise: Auf der Website www.wicklowway.com gibt es eine Übersichtskarte mit allen **Unterkünften** auf der Strecke sowie Abschnittskarten. Wer nicht sein gesamtes **Gepäck** mitschleppen will, kann es sich von www.wicklowwaybaggage.com von Unterkunft zu Unterkunft transportieren lassen. Der Weg ist gut ausgeschildert.

Einzelne Streckenabschnitte können auch als Tagestour ausgewählt werden.
Von Marley Park bis Knockree: Der erste Streckenabschnitt (21 km) führt noch vom südlichen Dublin unter der M50 hindurch, aber von dort recht schnell auf kleinen Wegen in die Dublin Mountains. Nur ein kleines Stück geht es noch über die R116, bevor es in die Wildnis und bergauf geht. In Knockree gibt es schöne Aussichten auf den Sugarloaf.
Von Knockree nach Roundwood: Der Abschnitt (18 km) führt teilweise durch bewaldetes Gebiet und schließlich hinauf zu einem Aussichtspunkt, der einen wunderbaren Blick auf den Powerscourt-Wasserfall bietet. Es geht durch offenes Land beständig bergauf bis auf 650 m und schließlich auf einem Steg über Moorland. Darauf folgen 2 km auf einer Straße, aber danach geht es wieder auf dem Wanderweg bis nach Roundwood.

Essen & Trinken
Schlosscafé mit Blick ▶ Avoca Terrace Café: Powerscourt Terrace, Tel. 01 204 60 70, tgl. 9.30–17 Uhr. Das Beste an diesem Bistro-Restaurant ist die Aussicht über die Gärten von Powerscourt, insbesondere bei schönem Wetter, wenn man draußen sitzen kann. Das Speisenangebot lohnt aber auch einen Besuch. Es gibt verschiedene Salate, Suppen, herzhafte Tarts und köstliche Kuchen. Alles ist frisch zubereitet mit weitgehend biologisch angebauten Gemüse- und Salatsorten, z. B. die Gemüsetarte mit einer Riesenportion Salat. Gerichte 8–15 €.

Blessington

Von Roundwood nach Glendalough: Der Abschnitt ist mit 12 km kürzer als die vorigen, aber mit Abstand der schönste. Es bleibt also genügend Zeit, sich Glendalough anzuschauen und die Umgebung auf eigene Faust zu erkunden. Der Weg erlaubt Aussichten auf uralte Gletschertäler, Seen und Berge. In Laragh bei Glendalough gibt es reichlich Unterkünfte.
Von Glendalough nach Glenmalure: Die Strecke (14 km) geht durch das Tal selbst, über den Glendasan River und bergauf zum Poulanass-Wasserfall. Vom Lugduff-Tal führt der Weg hinauf auf 400 m und über einen Steg über das Moorland des Mullacor Mountain, von wo es wieder hinab in das Glenmalure-Tal geht.
Von Glenmalure nach Moyne: Langsam geht es auf dieser Strecke (21 km) wieder in niedrigere, aber immer noch hügelige Gefilde, teilweise auch auf der alten Military Road, die hier aber nur eine schmale Landstraße ist.
Von Moyne nach Shillelagh: Die 21 km lange Strecke führt durch sanfte Landschaft und teilweise über verkehrsreiche Straßen, was aber mit ein paar Abzweigungen auf Nebenwege vermieden werden kann.
Von Shillelagh nach Clonegal: Die letzten, relativ flachen 19 km gehen noch einmal durch ein Waldgebiet und durch das breite Tal des Derry River. Im Dörfchen Clonegal im County Carlow ist das urgemütliche Pub Osborne's der letzte Anlaufpunkt der Wanderung. Dort nämlich gibt es ein ›Zertifikat‹ zur Bewältigung des Wicklow Way – und dazu ein wohlverdientes Pint.

Italienisch ▶ **Emilia's Ristorante:** Tel. 01 276 18 34, www.emilias.ie, Di–So 17.30–24 Uhr. Sehr freundliche italienische Trattoria im ersten Stock eines Hauses am Dorfplatz mit solider italienischer Küche, die mit Sorgfalt zubereitet ist. Hauptspeisen 13–19 €, Steakgerichte wie üblich etwas teurer.

Aktiv

Golf ▶ **Powerscourt Golf Club:** Powerscourt Estate, Tel. 01 204 60 33, www.powerscourtgolfclub.com.

Verkehr

Der Dublin Bus Nr. 44 fährt Mo–Sa 6.45–23.30, Sa 7.30–23.30 und So 10–23.30 Uhr etwa stündlich (So etwas seltener) ab D'Olier Street in Dublin nach Enniskerry. Die Fahrt dauert ungefähr eine knappe Stunde (www.dublinbus.ie). In der Hauptsaison werden oft auch Tagestouren angeboten. Informationen bekommt man in der Touristeninformation in Dublin.

Blessington ▶ G 6

Karte: S. 136
Blessington 12 ist ein properes Städtchen aus dem 17. Jh., das zu den beliebtesten Ausflugszielen der Dubliner gehört. Es ist nicht nur ein bequemer Ausgangspunkt für Touren in die Wicklow Mountains, sondern liegt auch idyllisch an den **Blessington-Seen,** die der Poulaphouca-Staudamm bildet.

Russborough House

Kultureller Zielort um Blessington ist das Russborough House, ein prachtvoller Landsitz, der Mitte des 18. Jh. von Richard Castle für den Earl of Milltown gebaut wurde. Es ist eines der wenigen Häuser dieser Art, wenn nicht gar das einzige, das Krieg, Rebellion, Verfall und Katastrophen weitgehend unbeschadet überstanden hat. Nicht nur die Fassade befindet sich noch im Originalzustand, sondern auch die überbordende Ausstattung der Räume.

Neben den Führungen durchs Haus, die die Besichtigung der kostbaren, wenn auch kleinen Gemäldesammlung einschließt, gibt es in Russborough House u. a. auch noch einen Spielplatz, ein Heckenlabyrinth, ein Café und einen Souvenirladen (März–Dez. 10–17 Uhr, Führungen durchs Haus März–Okt. Mo–Fr 10–17, Sa/So 12–15 Uhr, www.russboroughhouse.ie).

Wicklow Mountains

Infos
Tourist Information: Craft Centre, Blessington, Co. Wicklow, Tel. 045 86 58 50, E-Mail blessingtontouristoffice@eircom.net.

Übernachten
Luxus-Golfhotel ▶ **Tulfarris Hotel & Golf Resort:** Blessington Lakes, Blessington, Co. Wicklow, Tel. 045 867 600, www.tulfarrishotel.com. Das luxuriöse Haus aus dem 18. Jh. mit 60 Zimmern, darunter babyfreundliche Zimmer, Restaurant, Bars, Tennisplätze, Schönheitssalon, Kinderaktivitäten u. v. m., hat eine hinreißende Lage mit herrlicher Aussicht auf Berge und Seen. DZ ab 79 €.

Modernes B & B ▶ **Baltyboys Lodge:** Baltyboys, Blessington, Co. Wicklow, Tel. 045 867 422, www.baltyboyslodge.com, März–Aug., Sept.–Weihnachten nur am Wochenende. Das Haus liegt etwa 8 km von Blessington entfernt und vermietet drei Zimmer mit Bad und Blick auf Berge und Seen. DZ 70 €.

Essen & Trinken
Café-Restaurant ▶ **Grangecon Café:** Kilbride Road, Tel. 045 85 78 92, Di–Sa 9–16 Uhr. Ein Platz zum Ausruhen und Erfrischen – die Atmosphäre in dem restaurierten alten Haus ist entspannend, und die kleinen Speisen sind frisch zubereitet, Leckere Kuchen gibt es auch und man kann im Laden feine Delikatessen kaufen. Gerichte unter 10 €.

Verkehr
Bus: Mehrmals tgl. bestehen Verbindungen mit Dublin und Waterford.

2 Glendalough ▶ G 6

Karte: S. 136
Glendalough, das Tal der zwei Seen, umschlossen von sanften, bewaldeten Hängen und schroffen Felsen, gehört unbestritten zu den Glanzlichtern Irlands. Obgleich einige davon im 19. Jh. restauriert wurden, sind viele der Relikte einer frühchristlichen Klostersiedlung teilweise außerordentlich gut erhaltenen und dürften die bedeutendsten ihrer Art sein.

Gegründet wurde das Kloster von Kevin, der um 500 geboren sein und von den Königen von Leinster abstammen soll. Sein irischer Name jedenfalls, Cóemhgein, bedeutet soviel wie ›von edlem Stand‹. Kevins Ruf als wundertätiger und allem Lebenden zugeneigter Eremit, als der er zunächst in einer Höhle lebte, lockte viele Eleven an. Schließlich bildete sich am Unteren See, abseits seiner Eremitenklause, ein Kloster, das bald zu einem veritablen Dorf mit sieben Kirchen wuchs, in dem zeitweilig bis zu 3000 Mönche lebten.

Glendalough entwickelte sich in der Folgezeit zu einem der wichtigsten Wallfahrtsorte des Abendlandes, zum ›Rom des Wes-

Glendalough

Friedhof beim Kloster Glendalough

tens‹. Im Jahr 1111 wurde die Klostersiedlung zum Bischofssitz. Selbst die Überfälle der Wikinger und ab dem 14. Jh. der Anglonormannen konnten sie nicht in die Knie zwingen. Allerdings wurde das Überleben der Mönche immer schwieriger, bis ihr Kloster im 16. Jh. im Zuge der Säkularisierung endgültig zerstört wurde. Gleichwohl blieb Glendalough bis ins 19. Jh. ein beliebter Pilgerort, in dem sich, wie es heißt, prächtige Feste feiern ließen, vor allem am 3. Juni, dem Festtag des hl. Kevin, an dem der Whiskey in Strömen floss.

Lower Lake

Im **Besucherzentrum** (Mitte März–Mitte Okt. tgl. 9.30–18, im Winter bis 17 Uhr), das sich am Eingang in das Tal befindet, zeigen ein Film und ein Modell anschaulich, wie sich das Leben in der Siedlung gestaltete, sodass man die einzelnen Bauwerke mühelos zuordnen kann. Dazu gehören die **Kathedrale**, das größte Gebäude mit einem der breitesten Schiffe der frühchristlichen Kirchen Irlands, die **Marienkirche** als älteste Kirche, das **Priesterhaus,** das im 18. Jh. weitgehend originalgetreu wieder errichtet worden ist und in der Zeit der Penal Laws als Grabstätte von Priestern diente, die **Kirche des hl. Kieran,** die dem Freund Kevins und Gründer des Klosters Clonmacnoise gewidmet war, der **Rundturm,** der zu den besterhaltenen Irlands gehört, und **St. Kevin's Kitchen,** die Küche des hl. Kevin, die eigentlich eine Kirche ist, aber wegen ihres kurzen Glockenturms, der an einen Kamin erinnert, als

Wicklow Mountains

Mount Usher Gardens

Küche bezeichnet wird. Dazwischen findet man einige der typischen Hochkreuze.

Upper Lake

Ein Spazierweg führt von den Klosterruinen zum Oberen See, wo sich die Überreste aus Kevins Eremitendasein ans Ufer schmiegen. Am besten erhalten ist die **Reefert-Kirche,** deren Name sich von Rígh Fearta, Grab der Könige, ableitet. Möglicherweise befand sich dort tatsächlich eine keltische Grab- oder Kultstätte, denn das Kirchlein, das inmitten eines Hains liegt, ist von einem vorchristlichen Ringwall umgeben.

Kevins Zelle, nicht weit von der Kirche entfernt und nur noch als Fundament erhalten, war vermutlich eine der typischen Bienenkorbhütten, wie man sie noch heute in Kerry findet. Etwa 8 m über dem Oberen See hatte sich Kevin sein Bett in einer etwa 2 m tiefen Höhle eingerichtet. Der Aufstieg ist nicht ganz einfach, bot aber eine gute Rückzugsmöglichkeit für einen Einsiedler.

Infos

Glendalough Visitor Centre: Glendalough, Co. Wicklow, Tel. 0404 453 52, www.heritage ireland.ie, www.glendalough.ie.

Übernachten

Traditionshotel ▶ **Glendalough Hotel:** Tel. 04 04 451 35, www.glendaloughhotel.com. Das etablierte Hotel in Glendalough bietet 44 gediegene, wenn auch etwas blumige Zimmer in ruhiger Lage nicht weit von der Klostersiedlung. Im hoteleigenen **Glendasan River Restaurant** wird internationale Küche serviert. DZ ab 120 €.

Cottage-B & B ▶ **Derrymore House:** Lake Road, Tel. 04 04 454 93, www.glendalough accommodation.com. Das 150 Jahre alte Haus liegt wunderschön am Unteren See mit Blick auf die Klostersiedlung von Glendalough. DZ 80 €.

B & B in den Bergen ▶ **Riversdale House B & B:** Wicklow Gap Road, Glendalough, Tel. 0404 45 858, www.glendalough.eu.com. Ein großes und modernes Haus in den Bergen mit tollen Aussichten, die weit über die Landschaft hinweg reichen. Die Zimmer sind hell und freundlich und vor allem blümchenfrei, Internetzugang ist vorhanden. Zusätzlich vermieten die Betreiber ein niedliches Ferienhäuschen für drei bis vier Personen (je nach Jahreszeit 300–500 €). Für Gäste wird einen kostenloser Bustransfer ins Restaurant im benachbarten Laragh angeboten. DZ 70–80 €.

Edelhostel ▶ **Glendalough International Hostel:** The Lodge, Glendalough, Tel. 0404 45 342, www.anoige.ie. Das 4-Sterne-Hostel in einer hübschen Villa liegt traumhaft in einem waldigen Tal, ideal auch für Wanderer auf dem Wicklow Way. Alle Zimmer mit eigenem Bad, Internetzugang und barrierefrei. 4-Bett-Zimmer 70–80 € 6/8/10-Bett-Zimmer 13,50–16 € p. P., DZ 48 €.

Aktiv

Wandern ▶ Rund um Glendalough gibt es mehrere ausgeschilderte und gut ausgebaute **Wanderwege,** vom leichten Spaziergang bis zu anstrengenderen Bergtouren. Broschüren dazu sind im Besucherzentrum erhältlich.

Verkehr

Es gibt keine direkten Busverbindungen mit Dublin. Der Wicklow Way Bus fährt ab Rathdrum (das mit dem Zug von Dublin zu erreichen ist) zweimal täglich (10.55 und 17.45, So 11.45 und 17.30 Uhr) nach Glendalough (www.wicklowwaybus.com). Weitere Verbindungen: **St. Kevin's Bus Service:** www.glen daloughbus.com. Ab Dawson Street (gegenüber dem Mansion House) tgl. um 11.30 und 18 Uhr via Bray nach Glendalough und zurück um 7.15 und 16.30 Uhr (hin & zurück 20 €). Leicht veränderte Zeiten für die Wintermonate vorher im Internet checken.

Tipp: Wicklow Garden Festival

Die Gärten anderer Leute bewundern geht in der Regel nur diskret über den Gartenzaun. Das **Gartenfestival** im County Wicklow bietet jedoch die einmalige Gelegenheit, an bestimmten Tagen nicht nur private Gärten zu besichtigen, sondern auch mit den Eigentümern über die Freude an Pflanzen und an Gartengestaltung zu plaudern.

Der Besuch kostet einen kleinen Obolus, der einer Wohltätigkeitsorganisation nach Wahl des Gärtners gespendet wird. Meist ist darin auch noch ein Tässchen Tee oder ein Glas Wein enthalten. Detaillierte Informationen zu den Gärten sowie zu deren Öffnungszeiten und Zufahrtsbeschreibungen gibt es auf der Website www.wicklowgardens.com.

Roundwood ▶ G 6

Karte: S. 136

Roundwood 13 rühmt sich, das höchstgelegene Dorf Irlands zu sein … 238 m ü. d. M. mögen nicht gerade alpin sein, aber für eine irische Siedlung sind sie doch recht nahe an einem Bergdorf. Die Lage inmitten der Wicklow Mountains jedenfalls ist umwerfend schön. Das durchaus malerische Dorf ist ein guter Standort für die Erkundung der Umgebung, des **Sally Gap,** eines Bergpasses inmitten einer farbenprächtigen Moorlandschaft – das Violett des Heidekrauts und das Gelb des Ginsters inmitten von Schwarz und Braun des Moores –, des wilden **Glendarragh-Tals** oder der schimmernden Seen des **Vartry Reservoirs,** das vom Vartry River gespeist wird.

Wicklow Mountains

Weiter flussabwärts stürzt der Vartry etwa 30 m als Wasserfall in einen Teich, den **Devil's Punchball**, und fließt durch das **Devil's Glen**, eine Schlucht voll wilder Schönheit. Von dort aus kann man die Küste sehen.

Der **Devil's Glen Wood** ist ein natürlicher Mischwald mit Wanderwegen, einem Parkplatz in gebührender Entfernung und einigen Picknickplätzen. Bemerkenswert sind jedoch die zeitgenössischen Holzskulpturen, die am Rande des Wegs stehen. Sie gehören zu dem Projekt ›Sculptures in the Woodland‹, das in den 1990er-Jahren als außergewöhnliches Kunstprojekt entstand. Das Areal gehörte einst zu Glanmore, dem einstigen Familiensitz des Schriftstellers John Millington Synge, heute in Privatbesitz.

Nahe Ashford erstreckt sich über viele Hektar **Mount Usher Gardens,** eine Parklandschaft, die 1860 der Dubliner Edward Walpole schuf. Entlang dem Vartry River pflanzte er Büsche und Bäume aus aller Welt und setzte hier und da romantisierende Akzente, die noch heute jeden Besucher entzücken. Es gibt auf dem Gelände auch ein Avoca-Café (Café: Mo–Fr 9–17, Sa/So 10–17 Uhr; Park: Ende Febr.–Ende Okt. tgl. 10–18 Uhr).

Übernachten

The Coach House: s. u., Restaurants.
Hostel ▶ **The Skylark's Rest:** Tel. 087 09 10 342, www.skylarksrest.com. Das kleine helle Haus liegt etwa 500 m außerhalb von Roundwood und bietet EZ (35 €), DZ (50–55 €), Familienzi. (ab 65 €), 3-Bett-Zi. (70–80 €), 4-Bett-Zi. (85-100 €) und Betten im 4-Bett-Schlafsaal (22–25 € p. P.).

Essen & Trinken

Pub-Restaurant ▶ **The Coach House:** Tel. 01 281 81 57, www.thecoachhouse.ie, Mo–Sa 12–21, So 12.30–21 Uhr. Im Restaurant des Pubs wird solide irische Küche serviert (12–20 €), aber auch Snacks wie Sandwiches und Salat. Sechs **komfortable Gästezimmer** mit jeweils eigenem Bad werden ebenfalls vermietet, DZ 70 €, und am Wochenende gibt es im **Pub** traditionelle Livemusik.

Deutsche Küche ▶ **Roundwood Inn:** Tel. 01 281 81 07, Bar mit Essen: tgl. 12–21.30 Uhr, Restaurant: Fr/Sa 19.30–21, So 13–14 Uhr. Der deutsche Wirt dieses gemütlichen Hauses aus dem 17. Jh. serviert Hausmannskost mit deutschem Einschlag, Irish Stew ebenso wie Gulasch oder Schnitzel. Hauptgerichte 16–32 € (Bar 12–17 €).

Aktiv

Golf ▶ **Roundwood Golf Club:** Newtownmountkennedy, Tel. 01 281 84 88, www.roundwoodgolf.com.

Verkehr

Verkehrsverbindungen s. St. Kevin's Bus S. 151.

Rathdrum ▶ G 7

Karte: S. 136
Rathdrum 14 besitzt noch ein wenig vom Charme eines alten irischen Dorfes, wenn auch sonst nicht viel zu sehen ist. Hier wurden Szenen für den Film ›Michael Collins‹ gedreht, aber früher war es auch ein Ort, wo sich echte Rebellen versteckt hielten. Die eigentliche Attraktion ist jedoch das Avondale House.

Avondale House and Forest Park

Südlich des Ortes, am **Meeting of the Waters,** stoßen zwei Flüsse aufeinander, der Avon More und der Avon Beg River, um dann in das liebliche Vale of Avoca zu fließen. In dem Dreieck zwischen dem Zusammenfluss erstreckt sich der **Avondale Forest Park** mit dem Avondale House, dem einstigen Familiensitz von Charles Stewart Parnell (1846–91), der sich unermüdlich für das irische Selbstbestimmungsrecht einsetzte. Das Haus, das mitsamt dem 200 ha großen Park zu Coillte, der irischen Forstverwaltung, gehört, ist für Besucher offen und zeigt noch einige der originalen Dekorationen und Möbel aus der Zeit Parnells. Gebaut wurde es 1770 vom Architekten James Wyatt; 1796 erwarb es die Familie Parnell. Es gibt dort auch ein kleines **Restaurant** (April–Mai, Sept.–Okt. Di–So 11–16, Juni–Aug. tgl. 11–17 Uhr). Der weitläufige Park bietet gepflegte **Wanderwege** und ist Ostern–31. Okt. zugänglich.

Übernachten

Für Feinschmecker ▶ **Ballyknocken House:** Glenealy, Ashford, Tel. 04 04 446 27, www.ballyknocken.com. Das traumhaft gelegene viktorianische Landhaus zwischen Rathdrum und Ashford wird von der charmanten Catherine Fulvio betrieben (der Nachname stammt von ihrem sizilianischen Ehemann), die im irischen Fernsehen eine eigene Kochserie hat (»Catherine's Italian Kitchen«) und in ihrem Haus auch eine Kochschule betreibt. Die Zimmer sind perfekt, das Frühstück erwartungsgemäß umwerfend und das Abendessen (4-Gänge-Menü 45 €) eine gekonnte italienisch-irische Kreation. DZ ab 111 €.

Verkehr

Busverbindung: mehrmals tgl. mit Dublin via Wicklow Town sowie mit Arklow via Avoca.

Avoca ▶ G 7

Karte: S. 136

Avoca 15 ist nur ein kleines Dorf, aber hübsch und im idyllischen **Vale of Avoca** gelegen. So weit, so gut. Der Ruhm des Dorfes hat jedoch zwei Hintergründe: Zum einen begann hier mit einer irischen Fernsehserie (›Ballykissangel‹) der Ruhm des Hollywoodstars Colin Farrell, zum anderen ist der Ort der Geburtsort einer Handweberei, die mittlerweile zu einem allirischen Konzern für Mode, Delikatessen und Feinschmeckercafés herangewachsen ist. Avoca ist mithin nicht mehr nur ein Begriff für stabile Wollware, sondern auch für feine Küche und beliebte (und gute) Kochbücher. Die ursprüngliche und idyllische Handweberei aus dem 18. Jh. besteht jedoch noch immer im Ort, wenn auch inzwischen mehr aus Traditionsgründen.

Übernachten

Einfaches B & B ▶ **Cherrybrook Country Home:** Avoca, Tel 0402 351 79, www.bandbavoca.com. Das relativ zentral gelegene B & B (vor Fitzpatrick's Bar nach rechts) vermietet komfortable, wenn auch etwas einfallslose Zimmer. Aber der Preis stimmt, wenn man nur übernachten und ein großartiges Frühstück in Anspruch nehmen will. DZ 70 €.

Reizvolle Pension ▶ **Ashton Guesthouse:** The Meetings, Avoca, Co. Wicklow, Tel. 0402 355 35, www.ashtonguesthouse.com. Die Zimmer in dem idyllischen Haus nahe dem Pub The Meetings (s. u.) sind überraschend modern und hell und mit Flachbildschirm-TV und anderen Annehmlichkeiten ausgestattet. Das Frühstücksangebot kann es locker mit jedem Nobelhotel aufnehmen. DZ 60–70 €.

Abends & Nachts

Pub mit B & B ▶ **The Meetings:** Tel. 0402 35 226, www.themeetings.ie, tgl. ab 12 Uhr. Das Pub mit schlichtem Restaurant liegt idyllisch am Meetings of the Water, dem Zusammenfluss zweier Flüsse, die den Avoca River bilden. Das Haus vermietet Zimmer (DZ ab 80 €) und führt einen Kunsthandwerksladen. In der Lounge gibt's am Wochenende Livemusik.

Verkehr

Busverbindung: mit Dublin via Wicklow Town sowie mit Arklow.

Tipp: An der Wicklow-Küste

Zwischen Wicklow Town und Arklow gibt es schöne, lange Sandstrände, insbesondere an **Brittas Bay**. Im Sommer sind sie jedoch sehr überlaufen. Die Infrastruktur ist nicht so gut wie in den Bergen, da es hauptsächlich Caravanparks für Selbstversorger gibt. Die Städtchen **Greystones, Wicklow** und **Arklow** sind die Hauptorte, haben aber für Besucher nicht viel Charme zu bieten.

Nicht nur aus der Vogelperspektive bietet Rock of Cashel einen imposanten Eindruck

Kapitel 2
Der Südosten

Als ›Sunny Southeast‹ vermarktet sich der milde Südosten, der aus den Countys Wexford, Waterford, Carlow, Kilkenny und dem südlichen Tipperary besteht – laut Statistik ist er die regenärmste Region Irlands. Das hat zwar angesichts des generellen irischen Klimas nicht viel zu bedeuten, aber die Küsten von Wexford und Waterford sind gesäumt von schönen Sandstränden, die im Sommer einen Hauch Riviera auf die Insel bringen.

Doch Sand, Sonne und gutes Marketing sind nicht alles, was der Südosten zu bieten hat. Die Region steckt voller historischer Hinterlassenschaften der einstigen Eroberer, der Wikinger, der Normannen und auch der Engländer, die sich in dem fruchtbaren Acker- und Weideland und um die natürlichen Häfen herum vorzugsweise niederließen. Prächtige Schlösser und Burgen, Klosteranlagen und Kirchen findet man nirgends so reichlich wie in dieser Ecke, die mit dem Fährhafen Rosslare noch heute ein Hauptanlaufpunkt der Fähren aus den Nachbarländern ist.

Das Landesinnere hingegen bietet ländliche Idylle pur. Die drei großen Flüsse der Region, Suir, Nore und Barrow, fließen durch sanfte Landschaften und sind ebenso ideal zum Angeln wie für Paddelausflüge. Scheinbar endlose Obstplantagen breiten sich hier aus, Erdbeeren, Äpfel, Pflaumen und anderes Obst werden in der Saison am Straßenrand oder bei den Obstbauern direkt verkauft. Die Bergregionen sind einsame Hügellandschaften, unterbrochen von Waldgebieten, die zu herrlichen Spaziergängen einladen. Und mittendrin verteilen sich hübsche Städtchen mit viel Geschichte und lässigem Charme. Sonnig mag der Südosten vielleicht nicht immer sein, aber lieblich ist er auf jeden Fall.

Auf einen Blick
Der Südosten

Sehenswert

Hook Lighthouse: Der älteste noch immer aktive Leuchtturm Irlands ist nicht nur wegen seiner Lage an der Spitze der Hook Peninsula eine Postkartenschönheit, sondern auch wegen seines Cafés und des kleinen Museums einen Besuch wert (s. S. 167).

Lismore: Der idyllische Ort mit seinem Märchenschloss zu Füßen der Knockmealdown Mountains ist ein Muss für alle Romantiker (s. S. 176f.).

3 Rock of Cashel: Die felsige Erhebung in der Ebene von Tipperary ist mit ihren einzigartigen Bauten ein Monument altirischen Königtums bis hin zur kirchlichen Machtentfaltung und deren Niedergang (s. S. 190f.).

Schöne Routen

Ring of Hook: Eine ausgeschilderte Rundfahrt um die Hook Peninsula mit Ruinen von Burgen, Abteien und dem ältesten Leuchtturm Irlands (s. S. 166f.).

Von Cahir in die Knockmealdown Mountains: Abseits der touristischen Routen und vornehmlich an der Küste führt eine schmale Straße, die R668, durch die Knockmealdown Mountains. Bevor es in die Ebene von Tipperary hinabgeht, windet sie sich als Haarnadelkurve auf den Gipfel, von wo man einen umwerfenden Blick fast bis nach Cashel hat (s. S. 188).

Meine Tipps

Kilkenny Design Centre: Die historischen Stallungen gegenüber Kilkenny Castle bergen gleich drei Schätze: Das Kilkenny Design Craft Centre mit dem besten Kunsthandwerk aus Irlands Werkstätten, die National Craft Gallery mit Ausstellungen zum Thema Design und Kunsthandwerk und das Café im Haus mit kreativer Kochkunst (s. S. 181).

Inistioge: Das Dörfchen am River Nore ist mit seiner Brücke über den Fluss, einem baumgesäumten Dorfplatz mit Cafés, einer schönen Kirche und netten Restaurants malerisch schön (s. S. 186f.).

The Apple Farm: Die Obstplantage bei Cahir lohnt unbedingt einen Stopp. Nicht nur wird dort kistenweise frisches Obst nach Saison verkauft, sondern auch der beste Apfelsaft der Welt, köstlicher Apfelessig und auch andere Produkte aus dem Obstanbau der Farm (s. S. 188).

aktiv unterwegs

Wanderung durch das Mahon Valley: Die Wanderung in der Einsamkeit der Comeragh Mountains führt durch das Mahon-Tal zum 80 m hohen Mahon-Wasserfall, bis zum Gipfel des Knockaunapeebra mit weitem Blick bis zur Küste und zum bildschönen, eiszeitlichen Coumshingaun-See (s. S. 175).

Wexford und Waterford

Die ›irische Riviera‹ beginnt rund um Wexford und setzt sich fort bis fast nach Waterford, doch anders als an der ›echten‹ Riviera gibt es kaum elegante Badeorte. Dafür aber so viele Sandstrände, dass man durchaus eine nahezu einsame Ecke für sich entdecken kann. Und wenn nicht, dann gibt es immer noch das schöne Hinterland mit seinen Berg- und Flusslandschaften.

Die Nähe zur britischen und zur französischen Küste hat die südöstliche Ecke Irlands zu einem ersten Anlaufpunkt von Invasoren und für lange Zeit auch zu einer blühenden Handelszone gemacht. Die Wikinger hatten dies vermutlich als Erste erkannt, denn sie gründeten die beiden Städte Wexford und Waterford, die nicht nur wegen ihrer geografischen Lage ideal für Handelsbeziehungen waren, sondern dank der natürlichen Häfen und der Flüsse Slaney (Wexford) und Barrow und Suir (Waterford) Zugang ins Inland boten.

Später setzten auch die Anglonormannen dort erstmals Fuß auf die Insel und auch König Heinrich nahm den kurzen Seeweg von Wales nach Irland, um seinen Vasallen seinen Anspruch auf Irland deutlich zu machen.

Heute landen in den Häfen des Südostens nur noch Touristen, die sich von hier in die anderen Regionen der Insel aufmachen oder die nahen Sehenswürdigkeiten aufsuchen. Denn hier befinden sich außer Sandstränden auch die schönsten Klosterruinen des Landes, wie Jerpoint Abbey, Tintern Abbey, Dunbrody Abbey, sowie Burgen, Hochkreuze und Rundtürme, wunderschöne Gärten und Museen, die einen Einblick in die Geschichte geben.

Enniscorthy ▶ G 8

Karte: S. 160/161
Schmale und enge Straßen, farbenfrohe Häuserfassaden und eine hügelige Umgebung am Fluss machen die kleine Stadt zu einer der hübschesten im Südosten Irlands. **Enniscorthy** 1 ist eine der ältesten Siedlungen der Insel, ursprünglich eine Klosteranlage, dann im 12. Jh. von den Normannen eingenommen und befestigt. Im 13. Jh. errichteten sie eine Burg, die im 16. Jh. bedeutend ausgebaut wurde. Sie prägt das Stadtbild bis heute und zeigt nun die Geschichte der Stadt aus der Sicht der Burg (April–Sept. Mo–Fr 9.30–17, Sa/So 12–17, Okt.–März Mo–Fr 10–16, Sa/So 12–17 Uhr). In der Burg befindet sich auch eine nützliche Touristeninformation (www.enniscorthytourism.com).

Wesentlich berühmter ist die Stadt jedoch als blutiger Schauplatz der Rebellion von 1798. Auf dem nahe gelegenen **Vinegar Hill,** von dem aus man einen wunderschönen Überblick über Enniscorthy hat, fand die letzte Schlacht des Aufstands statt, als die Wexford Pikemen, die mit Spießen bewaffneten Rebellen, sich 20 000 britischen Soldaten entgegenstellten.

Die Geschichte dieser Schlacht und ihrer Folgen werden im **National 1798 Centre** dargestellt, u. a. mit einer beeindruckenden audiovisuellen Präsentation (gleiche Öffnungszeiten wie die Burg).

Übernachten

Modernes Luxushotel ▶ **Riverside Park Hotel:** The Promenade, Enniscorthy, Co. Wexford, Tel. 053 923 78 00, www.riversideparkhotel.com. Schickes, am Fluss gelege-

Wexford Town

nes Hotel mit hellen Zimmern; Swimmingpool, Sauna, Fitnesscenter und jeden Samstag Livemusik. DZ ab 114 €.

Stadthaus-B & B ▶ **Old Bridge House:** Slaney Place, Tel. 053 923 42 22, www.oldbridgehouse.com. Wunderbar kruschteliges Haus mitten in der Stadt und direkt am Fluss. Die Zimmer sind urgemütlich mit allem Komfort, und die Gastgeber sind ausgesprochen reizend. DZ 60 €.

Landhaus-B & B ▶ **Salville House:** Tel. 053 923 52 52, www.salvillehouse.com. Das Landhaus aus dem 19. Jh. liegt auf einem Hügel außerhalb der Stadt und bietet einen weiten Blick über das Tal. Sehr große, gemütliche Zimmer; ausgezeichnetes Frühstück, das weit über das übliche irische *breakfast* hinausgeht. Abends kocht der Hausherr auf Wunsch ein viergängiges **Dinner,** für das man jedes Restaurant links liegen lassen kann. DZ ab 100 €, Dinner 40 €.

Essen & Trinken

Edelportugiese ▶ **Galo Chargrill:** 19 Main Street, Tel. 053 923 80 77, tgl. 12–15, 17.30–22 Uhr. Portugiesisches Lokal mit etwas überhöhten Preisen. Es gibt frische Fischgerichte vom Grill, auch Steaks und sehr gut zubereitete Beilagen. Die Atmosphäre ist ungezwungen, und Kinder sind hier gern gesehen. Hauptgerichte 10–20 €.

Italienisch ▶ **Via Veneto:** 58 Weafer Street, Tel. 053 923 69 29, Mi–Mo 17.30–22, So ab 17 Uhr. Paolo Fresilli betreibt ein echt italienisches Restaurant in gemütlicher Atmosphäre ohne viel Chichi, aber mit hervorragender Küche. Pizza u. Pasta 10–16 €, Hauptgerichte 22–26 €.

Abends & Nachts

Musikpub ▶ **Antique Tavern:** 14 Slaney Street. Ein gemütliches Pub, das mit allerlei alten Erinnerungsstücken – u. a. an die Spikemen und die Rebellion – dekoriert ist und oft Livemusik bietet.

Aktiv

Quadfahren ▶ **Quad Attack:** Clonroche, Enniscorthy, Tel. 053 924 46 60, www.quadattack.ie. Das Unternehmen zwischen Enniscorthy und New Ross ist ideal für alle, die Matsch und röhrenden Motorenlärm lieben: Auf Quadrädern geht es durch ein Gelände von 26 ha, für Kinder auch auf einfacheren Wegen (ab 32 €).

Termine

Strawberry Festival: Juni, www.strawberryfest.ie. Bei diesem Fest dreht sich alles um die Erdbeere, inkl. Wahl der Erdbeerkönigin; mit Musik, Theater, Umzug und natürlich sehr vielen Pints.

Blackstairs Blues Festival: Sept., www.blackstairsblues.com. Kleines, aber feines Bluesfestival.

Verkehr

Bahn: regelmäßige Verbindung mit Dublin, Wexford und Rosslare.

Bus: mehrmals tgl. mit Dublin, Wexford und Rosslare Harbour.

Wexford Town ▶ G 8

Karte: S. 160/161

Die kleine Provinzstadt **Wexford** 2 strahlt eine beschauliche und mit ihren hübschen Häusern freundliche Atmosphäre aus, der man die wechselvolle Vergangenheit nicht mehr ansieht. Vom mittelalterlichen Stadtkern blieb seit Cromwells blutigem Feldzug 1649 nicht mehr viel übrig. Die Stadt wurde in Schutt und Asche gelegt. Lediglich ein Stückchen der alten normannischen Stadtmauer mit einem der Tore, dem Westgate, ist noch erhalten, wie auch dahinter die Ruinen von **Selskar Abbey,** einem Kloster aus dem 16. Jh. das an der Stelle eines früheren Odin-Tempels errichtet wurde.

Der zentrale Platz Bull Ring erhielt seinen Namen von den Stierkämpfen, die die Normannen dort veranstalteten. Heute ist der Platz eine ganz normale städtische Anlage mit einer **Statue** in der Mitte, die einen **Pikeman** darstellt – Symbol für die Rebellen von 1798, die mit Spießen gegen die Engländer vorgingen.

Wexford und Waterford

Irish National Heritage Park

Auf dem einstigen Marschland rund 5 km nordwestlich von Wexford Town wird auf relativ kleinem Raum im **Irish National Heritage Park** (Mai–Aug. tgl. 9.30–18.30, Sept.–April bis 17.30 Uhr, www.inhp.com). 9000 Jahre irische Geschichte von der Steinzeit bis zur Eroberung durch die Anglonormannen dargestellt. Das **Freilichtmuseum** ist eine großzügig angelegte Grünanlage, in der die Behausungen vom Beginn der Frühzeit bis zu den normannischen Kastellen nachgebaut wurden. Wälder, wie sie einst ganz Irland bedeckten, wurden angepflanzt, alte Holzwege durch das Dickicht gelegt. Im **Besucherzentrum** ist eine audiovisuelle Präsentation zu sehen; es gibt ein einfaches **Café** mit kleinen Gerichten (unter 11 €).

Infos

Tourist Information: The Quay Front, Wexford, Co. Wexford, Tel. 053 912 31 11, www.visitwexford.ie.

Übernachten

Smartes Großhotel ▶ **Whites of Wexford:** Abbey Street, Tel. 053 912 23 11, www.whitesofwexford.ie. Das vor einigen Jahren renovierte Gebäude des einstigen Traditionshotels repräsentiert diskrete und moderne Pracht pur: cooles Design, High-Tech und 4-Sterne-Eleganz. Hinzu kommen ein erstklassiger Wellnessbereich und natürlich ein gutes Restaurant. DZ 98–220 €.

Traditionshotel ▶ **Talbot Hotel:** The Quay, Tel. 053 225 66, www.talbotwexford.ie. Das Talbot ist das zentralste Hotel in Wexford und hat vier Sterne. Sein traditioneller Charme mischt sich aufs Beste mit allen vorgenommenen Modernisierungen, darunter auch ein Wellness-/Fitnesscenter im Untergeschoss. DZ ab 100 € (mit Frühstück).

B & B mit Historie ▶ **Faythe Guest House:** Swan View, Tel. 053 912 22 49, www.faytheguestgouse.com. Das Haus aus dem 19. Jh. in Meeresnähe wurde auf dem Grund einer Burg gebaut, von der noch eine Mauer im Garten erhalten ist. Die Zimmer haben zwar allen modernen Komfort (auch WLAN), aber

Der Südosten

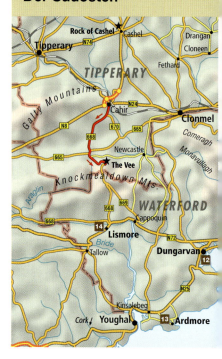

auch noch einen Touch Historienambiente. DZ 80 €.

Intimes B & B ▶ **Rockville B & B:** Rocklands, Rosslare Road, Tel. 053 91 22 147, www.bedandbreakfastwexford.com. Ein kleines und gepflegtes Haus am Südrand von Wexford Richtung Rosslare. DZ 60–80 €.

Essen & Trinken

Feines Bistro ▶ **Cistín Eile:** 80 South Main Street, Tel. 053 912 16 16, Mo–Sa 12–15, Mi–Sa 18–21 Uhr. Lassen Sie sich nicht von der Schlichtheit des Restaurants täuschen: Die Speisen sind kleine Kunstwerke in Präsentation und Komposiiton. Moderne irische Küche in zwangloser Atmosphäre. Gerichte unter 16 €, 3-Gänge-Menü 24 €.

Bistro und Pub ▶ **Thomas Moore Tavern:** Cornmarket, Tel. 053 91 74 688, www.thomasmooretavern.com. Bistro: Mo–Do u. So 17.30–21.30, Fr/Sa 17.30–22 Uhr. Eines der ältesten Pubs Wexfords, benannt nach dem irischen Dichter, wurde schick und modern

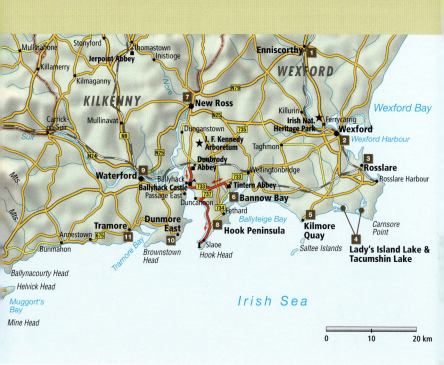

renoviert und erweitert. Es besitzt nun auch ein feines Bistro und eine ebenso feine Pianobar. Die Gerichte sind saisonal und frisch, in der Bar gibt es kleine Gerichte um 12 €. Hauptgerichte 18–40 €.

Irische Fusionsküche ▶ **The Yard:** 3 Georges Street, Tel. 053 914 40 83, www.theyard.ie, Di–So 9–23.30, Mo 9–12 Uhr. So ganz ist die Küche dieses Restaurants nicht einzuordnen, am ehesten handelt es sich noch um einen europäischen Mix, aber immer mit irischen Zutaten und dem irischen Geschmack angepasst. Doch in der entspannten Atmosphäre ist das sorgfältig zubereitete Essen so oder so eine Freude. Hauptgerichte mittags 8–13 €, abends 17–23 €. Im Café gibt es auch Wein und Tapas.

Irische Fusionsküche ▶ **La Dolce Vita:** Trimmers Lane, Tel. 053 917 08 06, Mo–Fr 9–17.30, Sa 9–21 Uhr. Der italienische Spezialitätenladen des ligurischen Besitzers nahe der Selskar Abbey verkauft nicht nur italienische Leckereien, sondern serviert auch kleine Gerichte, die über Pasta und Pizza hinausgehen. Mittagsmenü 15 €, kleinere Gerichte unter 10 €.

Abends & Nachts

Bühne ▶ **Wexford Opera House:** High Street, Tel. 053 912 21 44, www.wexfordoperahouse.ie. Das einzige echte Opernhaus Irlands zeigt ein buntes Programm, von Opern, klassischen Konzerten und Ballett bis hin zu Comedy, Popkonzerten, Musicals und Drama.

Musikpub ▶ **Maggie May's:** Monck Street, www.maggiemays.ie. Gemütliches Pub mit Straßentischen und Biergarten und fast täglich Livemusik von Rock bis Traditional.

Verkehr

Bahn: tgl. Verbindung mit Dublin via Enniscorthy und dem Rosslare Europort.

Bus: tgl. Verbindung auf der Strecke Dublin mit Rosslare, Anschlüsse nach Waterford und Cork.

Wexford und Waterford

Im Hafen von Wexford Town

Tipp: Opernfest in Wexford

Alljährlich in der zweiten Oktoberhälfte verwandelt sich für zwei Wochen das verschlafene Wexford in ein glanzvolles Kulturzentrum, wenn das Opernfestival die Stadt im Sturm nimmt. Schwerpunkt sind die großen Produktionen im neuen Wexford Opera House, das außerhalb der Festivalsaison auch andere große Unterhaltung auf die Bühne bringt. Die beliebten **ShortWorks** in Whites Hotel, einstündige Opern in Kurzfassung, geben Opernneulingen die Gelegenheit, sich mit der ernsten Kunst vertraut zu machen. Gleichzeitig findet auch das **Fringe Festival** statt, das mit Theater, Musicals, traditioneller Livemusik, Kunst und vielem mehr den etwas leichteren Gegenpol bildet.
Infos: www.wexfordopera.com, www.wexford fringe.ie.

Rosslare ▶ G 8

Karte: S. 160/161
Rosslare Harbour gehört zu den Hauptfährhäfen Irlands und wird in der Regel als Ort wahrgenommen, den man möglichst schnell verlässt. Dabei ist das wenige Kilometer weiter nördlich gelegene **Rosslare** 3 ein typischer Ferienort mit zahlreichen B & Bs, Unterhaltungsangeboten und vor allem einem kilometerlangen, flachen Sandstrand. Da Rosslare als der sonnigste Ort Irlands gilt – statistisch betrachtet zumindest –, ist er nach wie vor ein beliebtes Ausflugsziel von Familien.

Ein nettes Ausflugsziel ist die **Yola Farmstead** im nahen Tagoat (Rosslare Street, Mai–Juni, Sept.–Okt. tgl. 10–16.30, Juli/Aug. tgl. 10–19, Nov.–April Mo–Fr 10–16.30 Uhr). Auf der weitläufigen Farm mit den Reetdachhäuschen aus dem 18. Jh. leben zahlreiche Tiere wie Ziegen, Schweine, Hühner, Pferde usw., was besonders für Kinder interessant ist.

Infos

Tourist Office: s. Wexford S. 158 und www.rosslareholidayresort.ie.

Übernachten

Ferienhotel ▶ **Kelly's Resort Hotel:** Tel. 053 913 21 14, www.kellys.ie. Ein Ferienhotel, das alles bietet, was man braucht. Zum einen liegt es direkt am Strand – ein Sprung über den Rasen und man kann ins Meer hüpfen. Zudem hat es ein Wellnesscenter, zwei Swimmingpools, Tennisplätze und eine Kinderkrippe. Die Zimmer sind großzügig, manche mit Seeblick und Balkon. DZ ab 188 €.

Modernes B & B ▶ **Archways B & B:** Rosslare Road, Tagoat, Rosslare, Tel. 053 91 58 111, www.thearchways.ie. Das freundliche Haus liegt nur ein paar Minuten vom Hafen entfernt. Die Zimmer wurden erst 2011 völlig renoviert und nach lokalen Künstlern benannt. Der Hausherr ist gelernter Koch und bereitet nicht nur ein tolles Frühstück, sondern auch ein exzellentes Abendmenü zu 27/30 €. DZ 80–90 €.

Essen & Trinken

In Rosslare gibt es kaum bemerkenswerte Restaurants, eher schnelle Küche und Imbissbuden. Das Restaurant in Kelly's Hotel (s. o.) ist ganz anständig (**La Marine**, tgl. ab mittags). Einen ganz guten Ruf hat auch das **Lemon Tree Restaurant** im Cedars Hotel (Juni–Sept. tgl. 18–21, Okt.–Mai nur Fr–So, Tel. 053 913 21, 24, www.cedarshotel.ie).

Verkehr

s. Wexford Town, S. 159.

Die Südküste von Wexford

Karte: S. 160/161

Von Carnsore Point mit seiner riesigen Windfarm bis zur Bannow Bay an der Hook Peninsula reicht sich eine in Irland einzigartige Küstenlandschaft hin: Lagunen, Dünen, Marschland und Kieselstrände bilden ein Habitat für Pflanzen und Vögel, die kaum von Menschen gestört werden. Für umsichtige Vogelbeobachter jedoch gibt es viel zu sehen, besonders im Winter, wenn Zugvögel dort Quartier nehmen.

Lady's Island Lake und Tacumshin Lake ▶ G 8

Lady's Island Lake und **Tacumshin Lake** [4] sind die größten Lagunen, die einst Teil des Meeres waren, aber durch Ansandungen abgeschnitten wurden. Sie müssen durch Rohre entwässert werden, damit sie die umliegenden Salzwiesen im Winter nicht überfluten. **Lady's Island** ist eine kleine Insel im gleichnamigen See und war seit uralten Zeiten eine heilige Stätte. Man nimmt an, dass sich dort ein frühzeitlicher Sonnentempel befand. Es gibt noch einen ›Druidenaltar‹, der in Zeiten, als katholische Religionsausübung verboten war, als geheimer Altar, *mass rock,* diente. Die Ruinen einer augustinischen Klostersiedlung sind noch vorhanden, ebenso die Reste einer kleinen normannischen Kirche. Seit normannischen Zeiten ist die Insel ein Pilgerort, der dem Marienkult gewidmet ist. Jedes Jahr im August ziehen es noch heute zahlreiche Menschen dorthin, die zu Ehren der Jungfrau Maria die Stationen rund um die Insel besuchen. Wandern können dort aber auch Menschen, die kein spirituelles Interesse haben und einfach nur die schöne Natur und die Ruhe genießen wollen. Ein lohnenswertes Ausflugsziel für weltlichere Genüsse ist das Dörfchen (oder eher die Häuseransammlung) **Carne** im Osten des Lady's Island Lake.

Essen & Trinken

Fischlokal ▶ **The Lobster Pot:** Ballyfane, Carne, Tel. 053 913 11 10, Di–Sa 12–21, So ab 12.30 Uhr. Das hübsche Pub-Restaurant liegt von Rosslare Harbour aus Richtung Carnsore Point. Aber der Ausflug lohnt sich: Es gibt die besten Fisch- und Meeresfrüchtegerichte der Region, zudem in der größtmöglichen Auswahl, stets frisch und ohne viel Aufhebens zubereitet, dazu in einer entspannten Atmosphäre. Gerichte mittags 5–28 €, abends 19–38 €, je nach Fischart.

Wexford und Waterford

Kilmore Quay und Saltee Islands ▶ G 8/9

Kilmore Quay 5 ist der einzige größere Ort an diesem Küstenabschnitt. Der aktive Fischerort, dessen schönste Ansicht die reetgedeckten Häuschen am Ortseingang sind, hat eine kleine Marina für Freizeitkapitäne, ist aber auch bei Hochseeanglern und Wassersportlern beliebt. Ein Highlight für Einheimische und Besucher ist das Seafood Festival, das jedes Jahr im Juli stattfindet. Dann werden nicht nur überall reichlich Meeresfrüchte serviert, sondern es gibt auch viele Aktivitäten für Jung und Alt.

Im Sommer werden darüber hinaus Bootsausflüge zu den **Saltee Islands** angeboten, zwei felsige Inseln, die zu den größten Vogelschutzgebieten Irlands gehören. Sie sind zwar in Privatbesitz, Besucher werden aber freundlich begrüßt. Beide Inseln waren vermutlich schon in der Jungsteinzeit bewohnt, wie archäologische Funde gezeigt haben (www.salteeislands.info).

Übernachten

Farmhaus-B & B ▶ **Millroad Farm:** Kilmore Quay, Tel. 053 912 96 33, www.millroadfarm.com. Die Milchfarm liegt 2 km außerhalb von Kilmore mit Blick auf das Meer und die Saltee Islands. Die vier hübschen Zimmer mit Bad sind recht groß und behaglich, auf dem Gelände werden auch Ferienhäuschen vermietet (DZ 60 €, FeWo je nach Jahreszeit und Größe 200–530 €).

B & B im Dorf ▶ **Quay House:** Quay Road, Tel. 053 912 99 88, www.quayhouse.net. Das hübsche kleine Haus mitten im Dorf vermietet helle und freundliche Zimmer, alle mit eigenem Bad, und ist ideal für Wassersportler und Angler. DZ 70–80 €.

Essen & Trinken

Fischrestaurant ▶ **Silver Fox:** Tel. 053 912 98 88, www.thesilverfox.ie, tgl. 12.30–21.30 Uhr. Ein sehr schönes fast schon elegantes Fischrestaurant, Auf der Karte stehen überwiegend Fischgerichte und Meeresfrüchte, aber es gibt auch die unvermeidlichen Steaks. Hauptgerichte 16–35 €.

Abend & Nachts

Kilmore Quay ist winzig, hat aber einige Pubs, darunter **Kehoe's** mit maritimem Flair und warmer Küche, **Mary Barry's** mit Gartentischen, Livemusik und warmer Küche und das eher ruhige, ländliche Pub **Quigley's**.

Aktiv

Tauchen ▶ **Pier House Dive Centre:** Tel. 053 912 97 03. Verleiht Tauchausrüstungen, gibt Tauchunterricht und unternimmt Ausflüge zu den vielen Wracks in der Gegend.

Hochseeangeln & Segeln ▶ Es gibt zahlreiche Bootscharterunternehmen in Kilmore, z. B. www. kilmoreangling.com. Segelunterricht: www.sailingireland.ie.

Tour zu den Saltees ▶ Vom Hafen in Kilmore fahren morgens Ausflugsboote zu den Saltee Islands und holen die Passagiere nachmittags wieder von der großen Saltee-Insel ab. Informationen über die genauen Zeiten gibt es direkt am Hafen.

Verkehr

Bus: Wexford Bus (www.wexfordbus.com) fährt sechsmal tgl. außer So ab Wexford (Redmond Square) nach Kilmore Quay und zurück.

Ballyteigue Bay und Bannow Bay ▶ F 8

Von Kilmore Quay bis Cullenstow erstreckt sich in der **Ballyteigue Bay** ein weiteres Vogelreservat, wo insbesondere auf der Nehrung vor der Lagune zahlreiche Wattvögel zu beobachten sind. Unter besonderem Schutz steht das **Ballyteigue Burrow Nature Reserve** mit den großartigen, aber sensiblen Sanddünen.

Die **Bannow Bay** 6 mit dem Hauptort **Wellingtonbridge** am Kopf des Meereseinschnitts ist von historischer Bedeutung. Im Mai 1169 betraten dort nämlich die ersten Anglonormannen aus Wales irischen Boden. Von Bannow Bay marschierten sie Richtung Wexford, wo sie auf den vehementen, aber vergeblichen Widerstand der Wikinger stießen. Heute ist die Bannow Bay eine der produktivsten Austernfarmregionen im Südwesten Irlands.

New Ross ▶ F 8

Karte: S. 160/161
Eigentlich liegt **New Ross** 7 bereits im Binnenland. Aber durch den breiten und schiffbaren River Barrow ist die kleine Stadt mit dem Meer verbunden, weswegen Normannen sie auch im 13. Jh. gründeten – günstig an einem Meereszufluss, aber uneinnehmbar von der See aus.

Als Hafen hat New Ross mit den engen Gassen und Treppen, die sich an einen Hügel über dem Fluss Barrow schmiegen, längst an Bedeutung verloren. Doch in der Erinnerung der Nachfahren irischer Auswanderer ist der Ort noch immer lebendig. Tausende verließen während der Großen Hungersnot über New Ross ihre Heimat in Richtung der Neuen Welt, wozu auch der Urgroßvater des US-amerikanischen Präsidenten John F. Kennedy gehörte. Den Kennedys ist in der Region ein ganzer Tourismuszweig gewidmet. Das Geburtshaus des Urgroßvaters im südlich von New Ross gelegenen Dunganstown, das **Kennedy Homestead,** steht Besuchern offen. Es gibt dort eine audiovisuelle Präsentation und natürlich wird die Geschichte dieser wohl berühmtesten Auswandererfamilie mit Gusto erzählt. Das neue Besucherzentrum von 2013 zeigt eine Multimediaausstellung zur Geschichte der Kennedys (April–Sept. tgl. 9.30–17.30, Okt.–März 10–17 Uhr, www.kennedyhomestead.com).

Dem Andenken des Präsidenten ist auch das **John F. Kennedy Arboretum** gewidmet. Diese Anlage mit Bäumen und Sträuchern aus 22 Ländern wurde zu Ehren von J. F. Kennedy nach dessen Besuch in Irland 1963 nach ihm benannt (April u. Sept. tgl. 10–18.30, Mai–Aug. tgl. 10–20, Okt.–März tgl. 10–17 Uhr).

In welchen Schiffen die Menschen einstmals über den Atlantik segelten, ist für heutige Verhältnisse unfassbar. Im Hafen von New Ross liegt die akkurate Nachbildung der **Dunbrody** vor Anker, eines Dreimasters, dessen Original 1845 in Quebec gebaut wurde. Laut Aufzeichnungen transportierte er über zwei Millionen Menschen über den Atlantik. An Bord werden den Besuchern mittels eines Films und von Schauspielern die Zustände auf dem Schiff in jener Zeit anschaulich vorgestellt (tgl. 9–18 Uhr, www.dunbrody.com).

Eine interessante Sehenswürdigkeit ist auch der **Ros Tapestry,** das Pendant zum Wandteppich von Bayeux. Über 100 Freiwillige haben auf 15 Paneelen die Ereignisse der Landung der Normannen in Irland gestickt, ein farbenprächtiges Panorama, das von den Kelten bis zur Vermischung der Iren und Normannen reicht (The Qay, Ostern–Okt. tgl. 10–17 Uhr, Okt.–Ostern So geschl., www.rostapestry.com).

Infos
Tourist Office: The Quay (Besucherzentrum der Dunbrody), New Ross, Co. Wexford, Tel. 051 42 52 39, www.experiencenewross.com.

Übernachten
Landhaushotel ▶ **Cedar Lodge Hotel:** Carrigbyrne, New Bawn, New Ross, Tel. 051 42 83 86, www.cedar-lodgehotel.com. Das hübsche, kleine Hotel nahe der N25/E30 Richtung Wexford ist mit seiner waldigen Lage eine kleine Oase mit einem Restaurant und behaglicher Kaminbar. DZ 129 € (online ab 99 €).

Wellnesshotel ▶ **Brandon House Hotel:** Tel. 051 42 17 03, www.brandonhousehotel.ie. Ein relativ großes Hotel, dessen Mittelpunkt ein elegantes Landhaus ist. Die Zimmer haben alle gehobenen Standard. Mit Wellnesscenter inkl. Thalasso-Therapie, Kinderschwimmbad und gutem **Restaurant,** The Gallery. DZ ab 57 € ohne Frühstück.

Ferienhäuschen ▶ **MacMurrough Farm Cottages:** ca. 3 km außerhalb von New Ross, Richtung Osten, an der N30 (Umgehungsstraße) an der Statoil-Tankstelle abbiegen, Tel. 051 42 13 83, www.macmurrough.com. Auf der Farm werden zwei hübsche Cottages vermietet, ein kleines für zwei Pers. (50 € pro Nacht, 250 € pro Woche) und ein größeres mit drei Schlafzimmern (ab 60 € für je zwei Personen).

Wexford und Waterford

Essen & Trinken

Französisches Bistro ▶ **Et Voilà:** 8–9 Irishtown, Tel. 051 42 13 07, Di–So 17.30–21.30, Fr u. So 12–14.30 Uhr. Das modern-dezente Bistro mit französischem Koch und französischen Kellnern serviert einfache, aber köstlich zubereitete irisch-französische Gerichte. Hauptgerichte um 20–27 €, mittags 12,50 €.

Bio-Café ▶ **Café Nutshell:** 8 South Street, Tel. 051 42 27 77, Di–So 9–17.30 Uhr. Eigentlich ein Laden mit Café, aber es lohnt sich allemal für eine kleine oder auch größere Mahlzeit zwischendurch. Es gibt leckere Salate, kleine Fischgerichte oder auch Quiches, alles möglichst aus biologischem Anbau. Man kann auch Bio-Leckereien sowie Kräutertees und -tinkturen im Laden erwerben. Gerichte 10–16 €.

Verkehr

Bus: häufige Verbindung mit Dublin, Waterford, Cork und Wexford.

Hook Peninsula ▶ F 9

Karte: S. 160/161

Die schmale Halbinsel **Hook Peninsula** 8 ist eine kleine Welt für sich, ein kompaktes Ausflugsziel voller historischer Monumente, hübscher Fischerdörfer, Sandstrände, einem malerischen Leuchtturm und dem Wattland der Bannow Bay mit seiner artenreichen Vogelwelt. Es gibt hier ausgeschilderte Fahrrad- und Wanderwege. Auch für Autofahrer ist gesorgt: Der ausgeschilderte **Ring of Hook** lädt ein zu einer schönen Rundfahrt um die Halbinsel.

Die Ruine des einstigen Zisterzienserklosters **Dunbrody Abbey** aus dem 12. Jh. befindet sich ganz am oberen Ende von Hook Richtung New Ross und ist nicht zu verfehlen. Sie liegt malerisch auf einer Wiese, ist aber touristisch voll erschlossen: Es gibt ein kleines Besucherzentrum, ein Café, einen Andenkenladen und einen kleinen Golfplatz. Das Schönste ist jedoch das Heckenlabyrinth – eines von nur zweien in ganz Irland (Mitte Mai–Mitte Sept. tgl. 11–18 Uhr, www.dunbrodyabbey.com).

Weiter südlich befindet sich **Ballyhack Castle** (Ende Juni–Aug. tgl. 10.30–17 Uhr), ein massives Turmhaus, das um 1450 von einem Zweig der Tempelritter gebaut wurde, die von dort den Waterford Harbour überwachen konnten. Der kleine Ort **Ballyhack** befindet sich auf der Westseite der schmalsten Stelle des Harbour, bevor sich dieser zur Bucht verbreitert. Heute verkehren dort regelmäßig Autofähren nach **Passage East** auf der gegenüberliegenden Waterford-Seite, die die Fahrtzeit entlang der Küste erheblich verkürzen.

Einer der beiden größeren Orte auf der Strecke ist **Duncannon**, ein kleiner Badeort mit Sandstrand, auf dem Mitte August ein **Sandskulpturenfestival** stattfindet. Hauptattraktion ist das **Duncannon Fort** (Okt.–Mai Mo–Fr 10–16.30 Uhr, www.duncannonfort.com), eine sternförmige Festung aus dem 16. Jh. mit Militärmuseum, Kunstgalerie und Café.

Hook Peninsula

Am Kopf der Halbinsel liegt zwischen Ballyhack und Bannow Bay ein weiteres Zisterzienserkloster, die **Tintern Abbey**. Die Anlage wurde um 1200 von William de Mareshal, der auch New Ross gegründet hatte, als Dank für die Rettung aus Seenot gestiftet und nach dem Ort Tintern in Wales benannt. Der gute Zustand des Klosters ist der Familie Colclough zu verdanken, die das Gebäude nach der Reformation in Besitz nahm und es im Lauf der Jahrhunderte zum Wohnhaus umbaute. Sie lebte dort bis 1959. Eine Ausstellung erläutert die Geschichte des Bauwerks (Mitte Mai–Sept. tgl. 10–17 Uhr).

Fethard-on-Sea ist der zweite größere Ort der Halbinsel, der eine Burgruine aus dem 15. Jh. und einen winzigen Fischereihafen zu bieten hat. Von hier eröffnet sich dem Besucher Richtung Süden eine prächtige Aussicht auf das Meer bis hin zum malerischen Örtchen **Slade** mit seinem mächtigen Turmhaus aus dem 15. Jh.

Höhepunkt ist jedoch der **Hook Head**, wo es den ältesten **Leuchtturm** der Welt zu bewundern gilt. Er wurde von den Normannen im 13. Jh. errichtet und ist seither ununterbrochen in Betrieb. 115 Stufen führen auf seine Spitze, von wo die ganze Halbinsel überblickt werden kann. Es gibt ein Besucherzentrum, ein Café und einen Andenkenladen und im Sommer finden hier diverse Veranstaltungen, darunter z. B. das Piratenfestival statt (Juni–Aug. 9.30–18, Mai u. Sept. 9.30–17.30, Okt.–April 9.30–17 Uhr, www.hookheritage.ie).

Infos
Hook Tourist Office: Duncannon, Hook Peninsula, Co. Wexford, Tel. 051 38 95 30, www.hooktourism.com.

Der älteste noch aktive Leuchtturm der Welt am Hook Head

Waterford

Sehenswert
1. Reginald's Tower
2. Medieval Museum
3. Bishop's Palace
4. House of Waterford Crystal

Übernachten
1. Waterford Castle Hotel
2. Granville Hotel
3. Portree Guesthouse
4. Anchorage Guesthouse

Essen & Trinken
1. Bodéga
2. L'Atmosphère
3. Harlequin Café & Wine Bar

Abends & Nachts
1. Henry Downes
2. The Reg
3. Revolution
4. Theatre Royal
5. Garter Lane Arts Centre
6. Forum Theatre

Aktiv
1. Waterford Golf Club

Übernachten

Landhausstil ▶ Dunbrody Country House: Arthurstown (zwischen Ballyhack und Duncannon), Tel. 051 38 96 00, www.dunbrody house.com. Ein luxuriöses georgianisches Landhaus an den Ufern des Waterford Harbour, umgeben von endlosem Parkland, mit eleganten und großen Zimmern. Das **Restaurant,** The Harvest Room, ist weit über die Grenzen Wexfords berühmt für seine exzellente Küche. Zudem gibt es eine Kochschule und einen Wellnessbereich in einem der Nebengebäude. DZ 140–395 €.

Altes Landhaus-B & B ▶ Glendine Country House: Arthurstown (zwischen Ballyhack und Duncannon), Tel. 051 38 95 00, www.glendinehouse.com. Es handelt sich um ein schönes altes Landhaus mit großem Garten und Restaurant und der Möglichkeit, ganzheitliche Massagen in Anspruch zu nehmen. Die eleganten Zimmer haben alle modernen Komfort; einige Außengebäude wurden als Ferienhäuser ausgebaut. DZ 98–110 €.

B & B mit Aussicht ▶ Marsh Mere Lodge: Ballyhack, Arthurstown, Tel. 051 38 91 86, www.marshmerelodge.com. Ein zauberhaft eingerichtetes Haus mit Meerblick, das größer ist, als es von außen erscheint. Das Frühstück ist erstklassig und reichhaltig. DZ 80–100 €.

Essen & Trinken

Pub-Restaurant ▶ Sqigl Restaurant & Roches Bar: Quay Road, Duncannon, Tel. 051 38 91 88, Bar: tgl. 12.30–21 Uhr, Restaurant: Fr/Sa 19–21 Uhr. Roches Bar ist ein gemütliches Pub mit Livemusik, wo es tagsüber kleine Speisen gibt. Hinter dem Pub, in einer ehemaligen Scheune, versteckt sich das Restaurant, das in einem modernen Ambiente gute Küche bietet. Bar: 9–22 €, Restaurant: Hauptgerichte um 20–24 €.

Pub mit Fischlokal ▶ Templars Inn: Templetown, Fethard-on-Sea, Tel. 051 39 71 62, tgl. 10.30–22.30, Küche bis 20.30 Uhr. Das behagliche Haus mit Blick über den Hafen serviert eher einfache Küche, hat aber viel Atmosphäre. Es gibt Pasta Fischgerichte und traditionelle Fish & Chips. Hauptgerichte 12–22 €.

Einkaufen

Bauernmarkt ▶ Im Sommer So 11–15.30 Uhr, auf dem Gelände von Dunbrody Abbey. Lokale Produkte und Spezialitäten.

Aktiv

Bootstouren ▶ Seatours: Duncannon/Ballyhack, Tel. 087 243 71 48, www.seatours.ie. Bootscharter, Hochseeangeln, Bootstouren um Hook Head und Touren zum Wale beobachten.

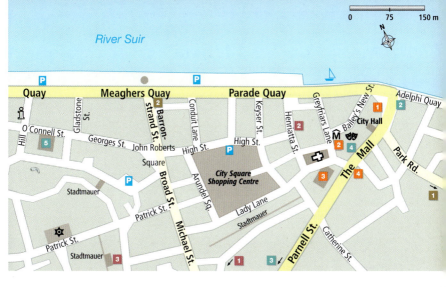

Surfen ▶ Freedom Surf School: Carnivan Beach, Fethard-on-Sea, Tel. 051 38 67 73, www.freedomsurfschool.com. Surfunterricht und Ausrüstungsverleih.

Kitesurfen ▶ Hooked Kitesurfing: Duncannon, Tel. 087 675 55 67, www.hookedkitesurfing.ie. Unterricht und Ausrüstungsverleih.

Tauchen ▶ Scuba South East Diving Centre: Fethard-on-Sea, Tel. 087 094 57 70, www.scubasoutheast.ie. Tauchunterricht und –ausflüge.

Jeeptouren ▶ Hook Head Safaris: Coleman Lane, Arthurstown, Tel. 051 38 99 17, www.hookheadsafaris.com. Spannende Jeeptouren über die Hook Peninsula.

Verkehr

Bus: Verbindung zwischen New Ross und Fethard-on-Sea.

Waterford ▶ F 8

Cityplan: oben; **Karte:** S. 160/161
Waterford City 9 ist die größte Stadt im Südosten, hat mit dem runden Reginald's Tower aus dem 13. Jh. das älteste erhaltene nichtkirchliche Gebäude der Insel, war einer der bedeutendsten Häfen und im 19. Jh. eine der reichsten Städte Irlands, wurde mit ihrer Glasbläserei Waterford Crystal Inbegriff edler Glaswaren und ist zudem die älteste Stadt der Insel – sie wurde 914 von Wikingern gegründet.

Lange Zeit jedoch war von dem reichen Erbe nicht viel zu sehen. Waterford vergammelte, wurde verbaut und verkam zur Provinzstadt. Einzig die Glasbläserei schien noch Touristen anzulocken, bis diese 2009 nach über 225 Jahren in Konkurs ging und schließen musste.

In den vergangenen Jahren hat sich die Stadt jedoch wieder auf ihre Schönheiten besonnen. Es wurde restauriert, man hat Straßen zu freundlichen Fußgängerzonen umgebaut und das Stadtbild mit Straßenkunst verschönert. Und weil sich die Waterfordianer nicht unterkriegen lassen, haben sie im Sommer 2010 mitten in der Stadt eine neue Glasbläserei eröffnet, die die Tradition von Waterford Crystal weiterbestehen lässt.

Das unverkennbare Wahrzeichen der Stadt ist der **Reginald's Tower** 1 am Kai. Der runde Wehrturm gehörte einstmals zur normannischen Befestigungsanlage und diente später als Militärarsenal und als Münze. Heute birgt er eine Ausstellung zum Waterford der Wikinger (Jan.–Anfang März Mi–So 9.30–17, Ende März–Mitte Dez. tgl. 9.30–17.30 Uhr).

Wexford und Waterford

Das **Museum of Treasures** wurde jüngst auf verschiedene Gebäude verteilt. Der älteste Teil befindet sich im Reginald's Tower. Das **Medieval Museum** 2 am Cathedral Square zeigt Exponate aus dem mittelalterlichen Waterford (gleiche Zeiten wie Reginald's Tower). Teile des Gebäudes stammen aus dem Mittelalter und wurden sorgfältig konserviert. Der **Bishop's Palace** 3 ist der dritte Teil und zeichnet die Geschichte Waterfords von 1700 bis 1970 nach, einschließlich der ältesten Stücke Waterford Crystal (Juni–Aug. Mo–Fr 9.15–18, Sa 9.30–18, So 11–18, Sept.–Mai jeweils bis 17 Uhr, www.waterfordtreasures.com).

Das neue **House of Waterford Crystal** 4 liegt, anders als die alte Glasbläserei, mitten in der Stadt in der breiten Straße The Mall gegenüber dem Rathaus. In dem schicken Gebäude werden nicht nur wieder die berühmten Edelglaswaren hergestellt, sondern Besucher können auf Touren auch den ganzen Prozess verfolgen. Im Showroom wird die funkelnde Pracht ausgestellt, und natürlich gibt es auch einen Laden, wo von Glanz geblendete Besucher ihre Kreditkarte zum Einsatz bringen können (Laden Nov.–Dez. Mo–Fr 9.30–17, März Mo–Sa 9–17, So 9.30–17, April–Okt. Mo–Sa 9–18, So 9.30–18 Uhr, www.waterfordvisitorcentre.com).

Infos
Tourist Information: The Granary, The Quay, Tel. 051 87 57 88, www.waterfordtourism.com.

Übernachten
Schlosshotel ▶ **Waterford Castle Hotel & Golf Club** 1: The Island, Ballinakill, Tel. 051 87 32 03, www.waterfordcastle.com. Das burgähnliche Schloss entstand im 15. Jh. und liegt auf einer Insel im Fluss vor den Toren Waterfords. Eine private Autofähre bringt die Gäste auf die Insel, auf der sich auch ein **18-Loch-Golfplatz** befindet. Die Zimmer sind luxuriös, es gibt einen neuen Wellnessbereich und ein **feines Restaurant**. Ideal für einen sehr privaten Rückzug, gleichwohl nahe der Stadt. DZ ab 238 €.

Traditionshotel ▶ **Granville Hotel** 2: Meagher Quay, Tel. 051 30 55 55, www.granville-hotel.ie. Waterfords ältestes (18. Jh.) und zentralstes Hotel, auf modernsten Standard gebracht, direkt am Quay gelegen und mit allem Komfort ausgestattet. DZ ab 119 €.

Zentrale Pension ▶ **Portree Guesthouse** 3: 10–11 Mary Street, Tel. 051 87 45 74, www.portreeguesthouse.ie. Das georgianische Haus liegt in einer Seitenstraße vom Grattan Quay. Die 22 Zimmer (alle mit Bad) sind klein, einfach, aber nett eingerichtet. Das Frühstück ist schlicht bis Standard. Aber immerhin liegt das Haus im Zentrum und hat sogar EZ ab 40 €, DZ ab 80 €.

Preiswerte Pension ▶ **Anchorage Guesthouse** 4: 9 Merchant's Quay, Tel. 051 85 43 02, www.anchorage.ie. Das Haus liegt sehr zentral (und ist nicht gerade leise), bietet aber gepflegte Zimmer mit Bad, Fernseher und dergleichen sowie ein üppiges Frühstück. DZ 60 €.

Essen & Trinken
Spanisches Restaurant ▶ **Bodéga** 1: 54 John Street, Tel. 051 84 41 77, Mo–Sa 12–17 Uhr. Ein junges, atmosphärisch warmes Restaurant mit einer Küche, die irische Zutaten mit mediterranem Pfiff zu beliebten Klassikern wie Lammbraten, Ente und Fischgerichten verarbeitet. Ein Highlight sind die »Tapini-Nights«, *tapini* sind eine irische Version von Tapas. Das Lokal gehört mittlerweile zu den 100 besten Restaurants Irlands. Gerichte mittags 8–18 €, abends 16–28 €.

Französisches Bistro ▶ **L'Atmosphère** 2: 19 Henrietta Street, Tel. 051 85 84 26, Mo–Fr 12.30–14.30, 17.30–22, Sa/So ab 17.30 Uhr. Kleines Restaurant, das sich auf traditionelle französische Gerichte wie Beef Bourguignon oder Foie Gras konzentriert. Fisch und Meeresfrüchte spielen ebenfalls eine große Rolle, und besonders lecker ist das hausgebackene Brot. Hauptgerichte abends 19–28 €.

Italienisch ▶ **Harlequin Café & Wine Bar** 3: 37 Stephen Street, Tel. 051 87 75 52, Mo–Mi 8.30–20.30, Do–Sa 8.30–22.30 Uhr. Die beiden italienischen Betreiber servieren wirklich gute italienische Küche, die oft über die üblichen Klassiker hinausgeht. Das nette Lokal eignet sich aber auch gut für ein Frühstück mit starkem Espresso und frischen Croissants oder anderen Kleinigkeiten. Gerichte mittags 7–11, abends 9–14 €.

Abends & Nachts

Whiskey-Bar ▶ **Henry Downes** **1**: 8–10 Thomas Street, ab 17 Uhr. Das weitläufige, dunkle Pub besteht seit 250 Jahren, und noch immer wird hier der hauseigene Whiskey destilliert, der auch flaschenweise verkauft wird.

Livemusik & Club ▶ **The Reg** **2**: 2 The Mall, www.thereg.ie. Gastropub, Restaurant und sechs Bars mit fast täglich traditioneller Livemusik ab 20 Uhr in der Hauptbar und Livebands im NocNoc Nightclub. Die Dachterrassenbar bietet einen schönen Blick auf den Fluss.

Nachtclub ▶ **Revolution** **3**: 19 John Street, www.revolutionwaterford.com. Multiclub mit einer Gastrobar, der coolen Retrobar Mojo Lounge mit Disko und der Roof Top Bar zum Chillen.

Theater und Konzerte ▶ **Theatre Royal** **4**: The Mall, Tel. 051 87 44 02, www.theatreroyal.ie. Theater, Konzerte u. a. Veranstaltungen.

Kulturzentrum ▶ **Garter Lane Arts Centre** **5**: 22a O'Connell Street, Tel. 051 85 50 38, www.garterlane.ie. Kulturzentrum mit Wechselausstellungen, Konzerten, Comedy, Film, Literatur, Tanz und Theater.

Multifunktionsbühne ▶ **Forum Theatre** **6**: The Glen, Tel. 051 87 11 11, www.forumwaterford.ie. Veranstaltungssaal mit gemischtem Programm.

Aktiv

Golf ▶ **Waterford Golf Club** **1**: Newrath, Tel. 051 87 67 48, www.waterfordgolfclub.com. Der Golfplatz liegt auf einem Hügel oberhalb Waterfords.

Termine

Spraoi: erstes Augustwochenende, www.spraoi.com. Das internationale Straßenkunstfestival bietet an dem langen Augustwochenende in der ganzen Stadt Straßentheater, internationale Livemusik, eine Parade und Kinderunterhaltung.

Verkehr

Bahn: Verbindungen mit Limerick Junction, mit Anschluss nach Cork, Tralee, Limerick, Ennis, sowie Verbindungen mit Rosslare Europort, Wexford und Dublin.

Bus: regelmäßige Verbindungen mit Tramore, Cork, Dublin, Kilkenny, Killarney, Limerick und Wexford.

Die Küste von Waterford

Karte: S. 160/161

Dunmore East ▶ F 8

Das Küstendorf **Dunmore East** **10** am Waterford Harbour erfreut sich dank seiner reizvollen Lage zwischen Klippen und sandigen Buchten, der Ruine einer normannischen Burg, der hübschen Häuser und der stimmungsvollen Restaurants einer gewissen Attraktivität. Es besitzt noch immer den Charakter eines Fischerdorfs, auch wenn sich die Touristen an Sommerwochenenden gegenseitig auf die Füße treten.

Unter englischer Herrschaft ließen sich dort viele reiche Kaufleute, die in Waterford ein Kontor hatten oder von England aus Geschäftsinteressen pflegten, in Dunmore East prachtvolle Villen bauen. Einige – inzwischen zu Hotels umgebaut – sind noch heute zu bewundern.

Übernachten

Familienhotel ▶ **Haven Hotel**: Tel. 051 38 31 50, www.thehavenhotel.com. Der einstigen Ferienvilla einer reichen Familie aus dem 19. Jh. sieht man an, dass sie nicht als Hotel gebaut wurde: Die Zimmer sind alle unterschiedlich groß, haben aber alle ihr eigenes Bad, manche schön altmodisch, aber modernen Ansprüchen genügend. Auch die anderen Räume, wie Bar und Restaurant, zeigen noch viktorianische Pracht. Kinder sind hier ausdrücklich willkommen. DZ ab 100 €.

Wexford und Waterford

Strand-B & B ▶ **Beach Guesthouse:** 1 Lower Village, Dunmore East, Co. Waterford, Tel. 051 38 33 16, www.dunmorebeachguesthouse.com. Ein modernes, großes Haus mit Blick auf den Strand. DZ 70–80 €.

Essen & Trinken

Fischrestaurant ▶ **Strand Inn:** Tel. 051 38 31 74, April–Okt. tgl. 12.30–14.15, 18.30–22, Nov.–März Mi–So 12.30–14.15, 18.30–22 Uhr. Die Lage ist das Schönste an diesem Hotelrestaurant mit Terrasse: Es befindet sich direkt im Dorf oberhalb der Klippen und bietet einen tollen Blick aufs Meer. Die Küche konzentriert sich auf feine Meeresfrüchte und Fisch, aber es gibt auch Fleischgerichte. Hauptgerichte 12–25 € (DZ 120 €).

Mediterranes Flair ▶ **Azzurro at the Ship:** Dock Road, Tel. 051 38 31 41, Mo–Fr 17–23, Sa/So 12–23 Uhr. Das hübsche Lokal mit den leuchtend blauen Markisen serviert die ganze Bandbreite mediterraner und irischer Küche. Es gibt Tapas, Pizza und Pasta, Fish & Chips, aber auch feine Fischgerichte je nach Fang. Gerichte 10–23 €.

Aktiv

Wandern ▶ Rund um Dunmore East gibt es einige markierte, eher kurze Wanderwege. Broschüren dazu sind in den lokalen Geschäften erhältlich.

Hochseeangeln ▶ Bei zwei Anbietern in Dunmore können Boote zum Hochseeangeln gechartert werden: **John O'Connor:** Tel. 087 268 27 94, www.dunmoreangling.ie und **Dunmore East Deep Sea Charters:** Tel. 087 260 89 17, www.deepseachartersdunmore.com.

Termine

Dunmore East Bluegrass Festival: letztes Aug.-Wochenende, Tel. 051 87 88 32. Vier Tage lang gibt es Konzerte im ganzen Ort mit internationalen Bluegrass-Musikern.

Verkehr

Bus: Verbindung ab Waterford Tourist Office mit Dunmore East (private Busgesellschaft, www.suirway.com).

Tramore ▶ F 8

In **Tramore** 11, dessen Name ›großer Strand‹ bedeutet und das seit Mitte des 19. Jh. ein beliebtes Seebad ist, geht es recht trubelig zu. Ein 5 km langer Sandstrand lockt allsommerlich Tausende Erholungssuchende an, die auch an sonnenlosen Tagen unterhalten sein wollen. So gibt es neben einem Golfplatz, einer Pferderennbahn und zahlreichen Clubs auch einen 20 ha großen Vergnügungspark mit Achterbahnen und Karussells sowie die Amusement Arcades, Spielhallen mit allen möglichen Geräten. Und sollte es regnen, so ist da noch Splashworld, eine Indoor-Badelandschaft mit Schwimmbecken, Rutschen, einem großen Whirlpool und anderen Vergnügungen insbesondere für Kinder. Aber Hauptattraktion ist und bleibt der Strand. Er ist gesäumt von einfachen Cafés und Restaurants, von denen aus man wunderbar den Surfern aus den zahlreichen Surfschulen zuschauen kann, die sich hier mehr oder weniger gekonnt in die Wellen stürzen.

Infos

Tourist Office: The Coast Guard Station, Love Lane, Tramore, Co. Waterford, Tel. 051 39 16 56, www.tramore.ie.

Übernachten

Strandhotel ▶ **Majestic Hotel:** Tel. 051 38 17 61, www.majestic-hotel.ie. Das moderne 4-Sterne-Hotel mit 59 Zimmern gegenüber dem Splashworld hat schöne große Fenster für den Blick auf die Bucht, einen hübschen Wintergarten, ein Restaurant und ist überdies familienfreundlich: Es gibt zahlreiche Kinderaktivitäten und auch einen Betreuungsdienst. DZ ab 110 €.

B & B mit Hostel ▶ **Beach Haven House:** Tivoli Terrace, Tel. 051 39 02 08, www.beachhavenhouse.com. Schönes gepflegtes B & B, dessen Zimmer große Fenster haben und ausgesprochen stilvoll eingerichtet sind. Im Nebenhaus ist das ebenso schöne Hostel mit sieben Zimmern, davon zwei Doppelzimmer, untergebracht. B & B: DZ 60–70 €, Hostel: Schlafsaal 17,50–20 €, DZ 40–50 €.

Die Küste von Waterford

Essen & Trinken

Thai-Restaurant ▶ Banyan: Upper Branch Road, Tel. 051 33 07 07, Di–Do 18-21, Fr/Sa 17–22, So 16–21 Uhr. Angesichts der zahlreichen chinesischen Restaurants ist dieser Thailänder eine Wohltat. Es gibt Suppen (4,50 €) Nudel- und Reisgerichte (9–13 €) sowie Currys und Pfannengerichten, alles auch vegetarisch. Hauptgerichte 13–15 €.

Bistro ▶ Bleu: 3 Strand Street, Tel. 051 33 80 31, Di–Sa 17–22, So 13–20 Uhr, Juli/Aug. tgl. Das zwanglose Bistro serviert italienisch angehauchte Küche mit lokalen Zutaten. Spezialitäten sind frische Meeresfrüchte und natürlich die unvermeidlichen Steaks. Nicht zu verachten sind aber auch die Pastagerichte und vor allem der Nachtisch. Hauptgerichte 14–27 €.

Café-Bistro ▶ The Vee Bistro: 1 Lower Main Street, Tel 051 38 61 44, tgl. 9–21.30 Uhr. Der fröhliche Laden ist immer gut für einen Kaffee, ein Frühstück oder einen preiswerten Imbiss, serviert aber auch abends irische Küche mit Geflügel, Fisch und vor allem Steak. Abends wird Livemusik geboten. Kleine Gerichte unter 10 €, Hauptgerichte abends 16–28 €.

Aktiv

Surfen ▶ Es gibt mehrere Surfschulen, die auch Ausrüstung verleihen. **Tramore Surf Shop & School:** The Beach, Unit 6, Tel. 051 39 10 11, www.tramoresurfschool.com. **Freedom Surf School:** The Gap, Riverstown, Tel. 051 38 67 73, www.freedomsurfschool.com. **Oceanics Surf School:** The Red Cottage, Riverstown, Tel. 051 39 09 44, www.oceanics.ie. **T-Bay Surf & Wildlife Centre:** Riverstown, Tel. 051 39 12 97, www.tbaysurf.com.

Kajakfahren ▶ Sea Paddling: Tel. 051 39 33 14, www.seapaddling.com. Kajaktouren zu Meereshöhlen, Buchten und Inseln.

Badelandschaft ▶ Splashworld: Tel. 051 39 01 76, www.splashworld.ie. Öffnungszeiten sehr unterschiedlich, aber grob 11–18 Uhr. Große Badelandschaft mit Becken, Rutschen, Sauna, Fitness und mehr.

Golf ▶ Newtown Hill, Tel. 051 38 61 70, www.tramoregolfclub.com.

Verkehr

Bus: Häufige Verbindungen mit Waterford und Dungarvan.

Dungarvan ▶ E 9

Auch **Dungarvan** 12 ist ein lebhaftes Städtchen, was jedoch mehr der Fischerei und der Industrie als dem Tourismus zu verdanken ist. Zudem ist es die administrative Hauptstadt des County Waterford und gibt sich einen eher nüchternen Anstrich. An die Vergangenheit erinnern bestenfalls noch die Ruinen einer Normannenburg aus dem 12. Jh., dem King John's Castle (Ende Mai–Sept. tgl. 10–18 Uhr), und eines Klosters aus dem 7. Jh., dessen Gründer, der hl. Garvan, dem Ort den Namen verliehen hat.

Eine kleine Besonderheit nicht weit von Dungarvan um Helvick Head ist das Gaeltacht-Gebiet **An Rinn**, wo alle Schilder und Namen in Gälisch geschrieben sind. Es gibt dort ruhige und hübsche Siedlungen und am **Helvick Head** selbst eine wunderbare Aussicht auf den Dungarvan Harbour.

Infos

Tourist Office: Courthouse Building, Cork Road, Dungarvan, Co. Waterford, Tel. 058 417 41, www.dungarvantourism.com.

Übernachten

Traditionshotel ▶ Lawlor's Hotel: Bridge Street, Tel. 058 411 22, www.lawlorshotel.com. Das traditionsreiche Hotel am Hafen von Dungarvan wurde vor einigen Jahren renoviert und weist nun dezente Eleganz mit allem modernen Komfort auf. Wunderbar sind die Zimmer mit Himmelbetten, und das behagliche Restaurant serviert sehr gute Küche. DZ 100 €.

Landhaus-B & B ▶ Kilcannon House: Cappagh, Dungarvan, Tel. 058 68 418, www.kilcannonhouse.ie. Das 200 Jahre alte Farmhaus liegt nahe der N72 zwischen Dungarvan und Lismore und vermittelt echtes Landleben: Pferde weiden hier und Hühner stelzen umher. Die Zimmer sind zauberhaft, Abendessen (2-/3-Gänge 25/30 €) wird ebenfalls serviert. DZ 90 €.

Wexford und Waterford

B & B im Wald ▶ **Gortnadiha Lodge:** An Rinn, Dungarvan, Tel. 058 46 142, www.gortnadihalodge.com. Das umwaldete Haus hat eine hinreißende Lage im Gaeltacht-Gebiet An Rinn, einschließlich einer Terrasse mit großartiger Aussicht. Die drei Gästezimmer sind individuell und sehr hübsch eingerichtet (am schönsten: der Blue Room). Das Frühstück ist auch lecker. DZ 80–90 €.

Historisches B & B ▶ **Cairbre House:** Abbeyside, Tel. 058 423 38, www.cairbrehouse.com. Das 1819 vom Duke of Devonshire gebaute Haus mit zauberhaftem Garten liegt idyllisch am Fluss und nur 10 Min. Fußweg von der Stadt entfernt. Die Zimmer sind reizend altmodisch eingerichtet, haben aber Bad, TV und WLAN. Die Frühstückskarte hat sogar ein vegetarisches *Full Irish*. DZ 80–86 €.

Essen & Trinken

Edelküche ▶ **The Tannery:** 10 Quay Street, Tel. 058 454 20, www.tannery.ie, Di–Fr 12.30–14.30, So bis 16, Di–Sa 17.30–21, Juli/Aug. auch So ab 17.30 Uhr. Das freundliche gepflegte Restaurant serviert eine Art Fusionsküche, hauptsächlich mit französischen Einflüssen auf höchstem Niveau. Das Haus betreibt auch eine Kochschule mit einigen der besten Köche der Region und vermietet stylische Zimmer (DZ ab 110 €). Hauptgerichte Mittags 15–20 €, abends um 26 €, Sonntagsmenü 30 €.

Café-Bäckerei-Bistro ▶ **Nude Food:** 86 O'Connell Street, Tel. 058 254 94, www.nudefood.ie, Mo–Do 9.15–18, Fr/Sa 9.15–21.30 Uhr. Die hübsche traditionelle Ladenfassade der Bäckerei mit Deli lässt kaum vermuten, dass sich dahinter ein ausgesprochen schickes Café verbirgt. Die Küche brutzelt leckere Gerichte zusammen, wie z. B. traditionelles Irish Stew oder Schweinebauch mit Couscous und Hummus, aber es gibt auch kleine Gerichte und leichter Verdauliches für unter 10 €. Hauptgerichte 10–13 €.

Aktiv

Golf ▶ **Dungarvan Golf Club:** Knocknagranagh, Tel. 058 433 10, www.dungarvangolfclub.com.

Termine

Waterford Festival of Food: Mitte April, www.waterfordfestivaloffood.com. Ein Fest mit Bauernmarkt, Kochdemonstrationen, Festivalmenüs in den Restaurants, Nebenprogrammen und allgemeiner Ausgelassenheit.

Féile Dhún Garbháin: letztes Maiwochenende. Festival traditioneller Musik mit Sessions und Konzerten. Infos über die Touristeninformation.

Verkehr

Bus: Verbindungen mit Waterford und Cork.

Ardmore ▶ E 9

Neben Dunmore East ist **Ardmore** 13 das hübscheste Küstendorf Waterfords, wenn auch weitaus stiller. Dort immerhin wartet ein berühmtes Motiv, die Ruinen einer Klosteranlage mit dem schönsten, da nahezu perfekt erhaltenen **Rundturm** Irlands, auf entzückte Fotografen. Der Turm wurde als einer der letzten seiner Art ebenso wie die anderen Gebäude erst im 12. Jh. errichtet. Der Ursprung dieser Klosteranlage liegt jedoch sehr viel weiter zurück. Im Jahr 416 gründete der hl. Declan an dieser Stelle die früheste christliche Niederlassung der Insel, lange bevor Patrick ins Land kam.

Übernachten

Boutiquehotel ▶ **Cliff House Hotel:** Ardmore, Tel. 024 87 800, www.thecliffhousehotel.com. Das kleine, sehr schöne 5-Sterne-Hotel wurde in die Klippen neben Ardmore gebaut und bietet einen ebenso hinreißenden Blick wie eine luxuriöse Einrichtung. Natürlich besitzt es auch ein Restaurant mit Michelin-Stern, eine Wellnessanlage und eine Bar mit Meerblick. Teuer, aber ein Juwel. DZ/Suite 235–645 €.

Essen & Trinken

Café-Bistro ▶ **White Horses Restaurant:** Tel. 024 940 40, Mai–Sept. Di–So 12.30–15.30, 18–22, Okt.–April Fr 18–22, Sa 11–23, So 12–23 Uhr. Tagsüber ist das White Horse mehr Café als Restaurant, aber es gibt dennoch sehr feine Kleinigkeiten, von Salat mit

Die Küste von Waterford

aktiv unterwegs

Wanderung durch das Mahon Valley

Tour-Infos
Start: Parkplatz Mahon Falls
Länge: ca. 8 km
Dauer: 4–5 Stunden
Schwierigkeitsgrad: anspruchsvoll
Wichtige Hinweise: Anfahrt mit dem Auto zum Parkplatz.

Das County Waterford ist mit all den Stränden und Wasseraktivitäten für Touristen eher Küstenland. Doch zu den bestgehüteten Geheimnissen gehören die **Comeragh Mountains,** eine Bergkette zwischen Dungarvan, Waterford City und Clonmel, die voller Naturschönheiten steckt. Zu den schönsten gehören der Mahon-Wasserfall und der eiszeitliche Coumshingaun-See, beide auf einer relativ kurzen, aber teilweise anstrengenden Tour zu erreichen.

Selbst die Anfahrt mit dem Auto ist schon eine kleine magische Reise: Von **Dungarvan** geht es auf der N25 Richtung Waterford bis etwa **Lemybrien,** wo links ein Schild zum Comeragh Drive und zu den Mahon Falls weist (R676). Bei **Mahon Bridge** zweigt die Straße wieder links zu den Wasserfällen ab, nach ca. 1,5 km wieder rechts. Nach ca. 500 m überquert man ein Viehgitter und nach weiteren 150 m steht ein Stein mit der Aufschrift »Magic Road« (er ersetzt den »Fairy Tree«, den Vandalen umgeholzt hatten). Dort sollten Autofahrer im Leerlauf stehenbleiben – und das Auto rollt rückwärts den Berg wieder hinauf! Die Strecke heißt nicht umsonst ›**Magic Road**‹. Allerdings ist das nur eine optische Täuschung. Wegen der Perspektive scheint es, man fahre bergab zum Feenbaum. Tatsächlich geht es jedoch leicht bergauf.

Am Parkplatz angekommen führt ein gut ausgebauter Pfad (15 Min. zu Fuß) bis zum **Wasserfall,** der 80 m von den Klippen in Kaskaden in ein breites Tal hinunterrauscht. Gleich unterhalb der Kaskaden wird der Bach überquert (über Steine, also Vorsicht), wo rechts des Wasserfalls ein nicht sehr eindeutiger Pfad steil die Klippen hinaufführt. Oben auf den Klippen geht es nach Osten (rechts) weiter auf den Gipfel des **Knockaunapeebra** (726 m), mit weitem Blick bis zur Küste, und dann Richtung Nordosten über raues Terrain bis zum Rand des Fauscoum, einer eiszeitlichen Senke südlich des Coumshingaun-Sees. Von dort führt der Marsch nordwärts entlang der Klippen, bis der **Coumshingaun** am höchsten Punkt der Klippen ca. 400 m tiefer in einer Mulde in Sicht kommt. Der eiszeitliche See, 700 m lang und 250 m breit, ist ein umwerfender Anblick voller Stille und zeitloser Schönheit. Zurück geht es dann Richtung Südwesten über Moorland zum höchsten Gipfel der Comeraghs (792 m), über den Mahon River gleich nördlich des Wasserfalls hinweg und nochmals leicht bergauf Richtung Gipfel des Comeragh Mountain (668 m). An der Ostseite des Bergs, dicht am Abhang, führt schließlich ein schmaler Pfad Richtung Südosten und steil bergab zur Straße, wo es links wieder zurück zum Parkplatz geht.

Wexford und Waterford

Lismore Castle

Ziegenkäse bis zu gebackenem Lachs. Tagsüber dominieren die leichten Speisen, abends wird es etwas gehaltvoller. Hauptgerichte mittags 8–16, abends 25–35 €.

Einkaufen

Keramik ▶ Ardmore Pottery & Craft Shop: The Cliff, www.ardmorepottery.com, Mo–Sa 10–18, So 14–18 Uhr. Angeboten werden schöne schlichte Töpferwaren und anderes Kunsthandwerk.

Aktiv

Outdoorsport ▶ Ardmore Adventures: Main Street, Tel. 083 374 38 89, www.ardmoreadventures.ie. Angeboten werden u. a. Kajaktouren an der Küste, Klettern an den Klippen, Surfen und Schnorcheln.

Verkehr

Bus: Verbindungen mit Waterford und Cork.

Lismore ▶ E 8

Ein Ausflug nach **Lismore** 14 ins Landesinnere führt in die Welt des englischen Adels. Dominiert wird der idyllisch gelegene und bildhübsche Ort von **Lismore Castle,** das im 12. Jh. gebaut, aber im 19. Jh. luxuriös um- und ausgebaut wurde. Der ausladende Prachtbau, der der Vorstellung eines Märchenschlosses durchaus entspricht, ist der irische Sitz des englischen Duke of Devonshire, in dem dieser noch heute gelegentlich standesgemäß residiert oder illustre Gäste empfängt. Ist der Herzog jedoch nicht anwesend, können sehr betuchte Gäste als Gruppe bis zu 30 Leuten das Schloss als

Die Küste von Waterford

terhaus aus der Mitte des 19. Jh. mit Blick auf das Schloss hat elegante, aber nicht protzige Gastzimmer, ein beliebtes Pub und ein gutes, wenn auch teures Restaurant. DZ 90–140 €.

Traditionshotel ▶ **Lismore House Hotel:** Main Street, Tel. 058 729 66, www.lismorehousehotel.com. Das elegante Haus mitten im Ort wurde Ende des 18. Jh. vom Duke of Devonshire als erstes Hotel Irlands gebaut und im alten Stil, aber modern restauriert. Die Zimmer sind sehr elegant, haben WLAN und, selten in Irland, individuell einstellbare Heizungen. Edel sind auch das Restaurant (tgl. 18–21 Uhr) und die Bar (Sa mit Livemusik). DZ ab 80 € (Online-Angebote bereits ab 69 €).

Essen & Trinken

Schönes Bäckerei-Café ▶ **The Summerhouse:** Main Street, Tel. 058 54 148, ww.thesummerhouse.ie, Di–So 10–17.30 Uhr. Hinter dem Laden mit den schönen Geschenkartikeln und Einrichtungsgegenständen, die oft wirklich einzigartig sind, sowie einer eigenen Bäckerei verbirgt sich ein Juwel von einem Café. Die frischen Croissants sind himmlisch, die kleinen Gerichte alle frisch zubereitet und die Kuchen einfach unwiderstehlich. Alles Essbare unter 10 €.

Abends & Nachts

Traditionelles Pub ▶ **Red House Bar:** Main Street. Das schöne alte Pub ist mit seiner roten Fassade nicht zu übersehen. Neben regelmäßigen Musicsessions gibt es auch Kleinigkeiten zu essen (unter 10 €).

Termine

Immrama – Festival of Travel Writing: Mitte Juni, www.lismoreimmrama.com. Das Festival ist ein Treffen von Reisebuchautoren, mit Seminaren, Lesungen, Musicsessions sowie vielen anderen Nebenveranstaltungen sowie abends gemeinsamem Umtrunk, bei dem Geschichten kursieren, die der Reisebuchleser nie erfährt …

›Ferienhaus‹ samt Dienstboten mieten (mehrere 1000 € pro Nacht; www.lismorecastle.com). Für die ›einfacheren‹ Menschen stehen lediglich Park und Gärten offen, in denen moderne Skulpturen zu bewundern sind –, und der Westflügel des Schlosses, der in eine moderne Galerie umgebaut wurde. In den hellen Räumen gibt es jedes Jahr eine Wechselausstellung mit Werken zeitgenössischer Künstler (Lismore Castle Arts, Tel. 058 540 61, www.lismorecastlearts.ie, Garten und Galerie Mitte April–Mitte Okt. tgl. 10.30–17.30 Uhr).

Übernachten

Landhaushotel ▶ **Ballycrafter Country House Hotel:** Tel. 058 540 02, www.waterfordhotel.com. Das ehemalige Gutsverwal-

Verkehr

Bus: Verbindungen mit Waterford, Dungarvan und Cork, sonntags auch mit Dublin.

Kilkenny und Tipperary

Die Region um die Countys Kilkenny und Süd-Tipperary ist Normannenland. Burgen, Schlösser und Klöster säumen die Flussufer und sprenkeln die sanfte Landschaft, die Geschichte scheint in den Gemäuern der kleinen Städte noch immer lebendig zu sein. Doch vor diesem Hintergrund präsentiert sich auch ein reiches und durchaus modernes Kulturleben.

»Wie die Burgen am Rhein reihen sich die Schlösser und Burgen an den Ufern der Flüsse Suir und Nore in dieser gepflegten Kulturlandschaft«, hieß es in einer alten Werbebroschüre über diese Region im Südosten Irlands. Dabei wäre ein Vergleich mit den Schlössern an der Loire zumindest genealogisch weitaus treffender, denn die irischen bzw. anglonormannischen Bauherren, deren architektonische Hinterlassenschaften hier in größerer Zahl anzutreffen sind als anderswo, stammten schließlich aus Frankreich.

Das mag vielleicht etwas weit hergeholt sein, aber so falsch ist der Vergleich nicht. Weites fruchtbares Weideland und sanfte Hügel, durchzogen von Flüssen, haben jene Eroberer angelockt, die sich Wohlstand und Macht von diesem Fleckchen Erde versprachen und auch erlangten. Noch heute weiden auf den grünen Feldern die ertragreichsten Milchkühe und Obstplantagen erstrecken sich über viele Hektar Land.

Doch nicht nur die Vergangenheit wird in Ehren gehalten und sorgfältig gepflegt. Mittelalter und Gegenwart gehen hier eine fruchtbare Symbiose ein. Neben den zahlreichen Burgen und Schlössern, die, will man sie alle besuchen, auf Dauer ermüdend sein können, werden auch viele Unterhaltungs- und beste Shoppingmöglichkeiten geboten. Besonders Kilkenny ist ein Muss für ernsthafte Shopper, die eine Schwäche für edles Kunsthandwerk haben. Festivals gehen weit über das übliche traditionelle Programm hinaus und auch für das ›Aha-Erlebnis‹ in der Natur ist gesorgt, sei es in romantisch angelegten Gärten, sei es in den lieblichen Landschaften entlang der Flüsse oder auch in den Bergen wie den Galtee Mountains mit dem idyllischen Glen of Aherlow.

Kilkenny ►F 7

Karte: S. 180; **Cityplan:** rechts

Kilkenny 1 wird gerne als Stadt des Mittelalters bezeichnet. Und tatsächlich erhält man im Zentrum zwischen Kilkenny Castle und St. Canice's Cathedral eine Ahnung vom Gassengewirr des *slips,* engen, überdachten Durchgängen zwischen den größeren Straßen, den schmalbrüstigen Häusern und majestätischen Sakralbauten, dem schwarzen Marmor, für den Kilkenny berühmt war, vom Lärmen und Handeln, das die Stadt einst geprägt hatte. Gehandelt wird immer noch, der Lärm jedoch stammt überwiegend vom Autoverkehr, der schwarze Marmor ist weitgehend verschwunden und durch Asphalt oder Beton ersetzt. Aber der Charme einer lebhaften Handelsstadt und viele historische Gebäude blieben Kilkenny erhalten.

Der Stadtkern ist klein und alle Sehenswürdigkeiten sind leicht zu Fuß zu erkunden. Hauptstraße ist die **Parliament Street,** die sich am südlichen Ende in die High Street und in die Kieran Street gabelt. Am nördlichen Ende befindet sich die St. Canice's Cathedral, am südlichen Ende liegt Kilkenny Castle.

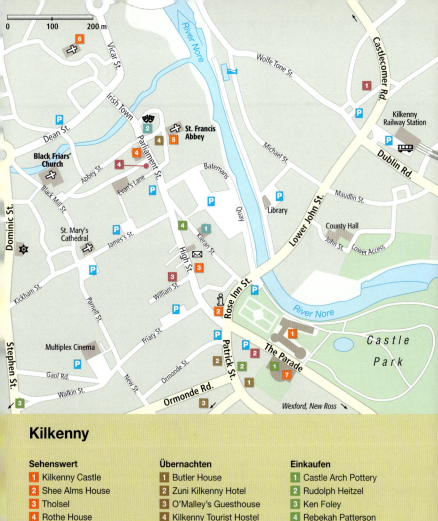

Kilkenny

Sehenswert
1. Kilkenny Castle
2. Shee Alms House
3. Tholsel
4. Rothe House
5. St. Francis Abbey
6. St. Canice's Cathedral
7. Kilkenny Design Centre

Übernachten
1. Butler House
2. Zuni Kilkenny Hotel
3. O'Malley's Guesthouse
4. Kilkenny Tourist Hostel

Essen & Trinken
1. Campagne
2. Rinuccini
3. Café Sol
4. Chez Pierre

Einkaufen
1. Castle Arch Pottery
2. Rudolph Heitzel
3. Ken Foley
4. Rebekah Patterson

Abends & Nachts
1. Kyteler's Inn
2. Watergate Theatre

Kilkenny Castle 1

Das nahe dem Fluss Nore gelegene Schloss ist eine wuchtige Angelegenheit, ausladend mit ein ›bisschen Gotik, ein bisschen Romantik und einem Hauch von Klassizismus‹ – Ergebnis jahrhunderte langer Um- und Anbauten. Es wurde als Fort der Könige von Ossory gegründet und vom Earl of Pembroke 1191 in Stein neu errichtet. Unter den Butlers (s. S. 189) erlebte es seine Blütezeit. Sie er-

Kilkenny und Tipperary

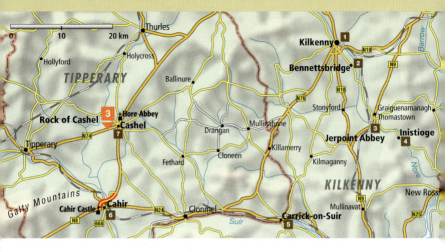

warben den Besitz 1391, bewohnten ihn bis 1935 und überließen ihn 1967 dem Staat – für 50 £! Von der ursprünglichen Einrichtung ist allerdings nur noch wenig vorhanden.

Höhepunkt eines Schlossrundgangs ist die **Long Gallery,** eine Halle, deren Dachkonstruktion aus Holzbalken und Glasfenstern eigens für die Präsentation der Butler'schen – nicht mehr ganz vollständigen – Ahnengalerie geschaffen wurde, um durch das Oberlicht die Gemälde optimal zu präsentieren.

Die **Butler Gallery** gehört zu den führenden Kunstgalerien Irlands und befindet sich im Küchenflügel des Schlosses. Die seit Jahrzehnten gesammelten Werke umfassen einige der bedeutendsten, hauptsächlich irischen zeitgenössischen Künstler. Neben der ständigen Sammlung gibt es auch häufige Wechselausstellungen (Okt.–Feb. tgl. 9.30–16.30, März 9.30–17, April, Mai u. Sept. 9.30–17.30, Juni-Aug. 9–17.30 Uhr, www.kilkennycastle.ie, www.butlergallery.com).

Shee Alms House 2

Das kleine Tudor House in einer schmalen Seitenstraße der Stadt nahe dem Schloss, der Rose Inn Street, lohnt den Besuch, allein schon, weil es das Touristenbüro beherbergt. Der Rechtsanwalt Richard Shee erwarb das 1582 ursprünglich als Armenhaus erbaute Gebäude, um dort zwölf Obdachlose unterzubringen und zu versorgen. Bis 1830 diente es wohltätigen Zwecken. 1978 wurde das Haus restauriert und die **Touristeninformation** hier untergebracht.

Tholsel 3

Der **Tholsel,** das Rathaus der Stadt in der nahen High Street, stammt zwar in der heutigen Form aus dem Jahr 1761, wurde aber an der Stelle des mittelalterlichen Rathauses erbaut, vor dem sich eine grausige Geschichte zutrug: Auf dem Vorplatz starb Alice Kytelers Dienstmagd Petronella auf dem Scheiterhaufen. Die anglonormannische Bankierstochter Alice, 1280 geboren, war schön, reich, mächtig und viermal verheiratet – und verwitwet. Grund genug, um Gerede aufkommen zu lassen. 1324 bezichtigte man sie der Hexerei, doch konnte sie rechtzeitig nach England fliehen. Nur die arme Petronella blieb zurück und wurde an Alices statt verbrannt. Das Haus ihrer Herrin liegt in der St. Kieran's Street und ist seit Jahren als Kyteler's Inn (s. S. 183) eines der beliebtesten Pubs und Restaurants der Stadt.

Rothe House 4

Eine weniger dramatische Geschichte hat das **Rothe House** in der Parliament Street. Die Kaufmannsfamilie Rothe, die um 1350 aus den Niederlanden nach Irland kam und 300 Jahre später von Cromwell enteignet

Kilkenny

wurde, baute sich 1594 ein prachtvolles Wohn- und Handelshaus, eines der schönsten Tudorhäuser im Land. Der Komplex umfasst drei Häuser um zwei Innenhöfe, von denen heute die beiden vorderen als **Museum** mit Exponaten aus der Geschichte Kilkennys dienen sowie Raum für diverse Wechselausstellungen bieten (April–Okt. Mo–Sa 10.30–17, So 15–17, Nov.–März Mo–Sa 10.30–16.30 Uhr, www.rothehouse.com).

St. Francis Abbey [5]

Ebenfalls in der Parliament Street befindet sich die Brauerei, die den Namen Kilkenny zumindest unter Biertrinkern berühmt gemacht hat, was den Mönchen der 1234 gegründeten **St. Francis Abbey** zu verdanken ist: Sie nämlich sollen ein hervorragendes Bier gebraut haben, dessen Ruf über Jahrhunderte legendär war. 1710 begann der junge, englischstämmige John Smithwick auf dem Gelände neben der Klosterruine mit der Herstellung seines eigenen Bieres und begründete somit die älteste Brauereidynastie Irlands.

Aber erst 1966, kurz nachdem Guinness die Brauerei übernommen hatte, wurde jenes Getränk kreiert, das mit seiner rotbraunen Farbe und dem leicht süßlich-bitteren Geschmack als Smithwick's zum Hit wurde.

Die **Smithwicks Brewery** präsentiert seit 2014 im neuen Besucherzentrum eine multimediale und interaktive Tour durch die Geschichte des Bierbrauens von den Ursprüngen bis heute (tgl. 10–18 Uhr, www.smithwickexperience.com).

St. Canice's Cathedral [6]

Jenseits des Nore-Zuflusses Bregagh (zu erreichen über die Irishtown Bridge am Ende der Parliament Street) befindet sich der älteste Teil der Stadt, **Irishtown**. Dort, wo sich heute die massive **St. Canice's Cathedral** erhebt, gründete der Schutzheilige der Stadt, der hl. Canice, Chainnigh, Kenneth oder Canisius, im 6. Jh. ein Kloster. Aus dieser Epoche ist nur noch der Rundturm erhalten, von dem aus man einen weiten Blick über Kilkenny hat.

Die heutige Kathedrale wurde um 1251 errichtet. Bis auf einige Restaurierungen und den Turm ist die gesamte Kathedrale noch nahezu original wie im Mittelalter erhalten. In der Krypta und im südlichen Transept sind zahlreiche Mitglieder der Familie Butler bestattet, teilweise in reich verzierten Sarkophagen (April/Mai u. Sept. Mo–Sa 10–13, 14–17, So 14–17, Juni–Aug. Mo–Sa 9–18, So 14–18, Okt.–März Mo–Sa 10–13, 14–16, So 14–16 Uhr, www. stcanicescathedral.com).

Infos

Shee Alms House: Rose Inn Street, Kilkenny, Tel. 056 775 15 00, www.kilkennytourism.ie.

Übernachten

Schlosshotel ▶ **Butler House** [1]: 16 Patrick Street, Tel. 056 776 57 07, www.butler.

Tipp: Kilkenny Design Centre

Gegenüber dem Schloss sind in den einstigen Stallungen das **Kilkenny Design Centre** [7] und die National Craft Gallery untergebracht, zwei Institutionen, die dafür Sorge tragen, dass Qualität und Stil im allgemeinen Andenkengeschäft nicht untergehen. Im **Design Centre** ist traditionelles Kunsthandwerk erster Güte ebenso im Angebot wie modernes Design, Kleidung, Schmuck und andere nette Mitbringsel, die aus den Werkstätten zumeist kleinerer Kunsthandwerker aus ganz Irland stammen. In der **National Craft Gallery** im hinteren Gebäude werden zeitgenössische Produkte der besten Kunsthandwerker des Landes, aber auch aus aller Welt ausgestellt. Im oberen Geschoss wartet ein Establishment irischen Kunsthandwerks in kulinarischer Form. Das Restaurant **Anocht** (Do–Sa ab 18 Uhr) bietet feine Küche (Hauptgerichte 17–24 €), während in der Food Hall (tgl. 8.30–18.30 Uhr) irische Delikatessen verkauft sowie Kaffee, Tee und Kleinigkeiten serviert werden (www.kilkennydesign.com, Mo–Sa 10–19, So 10.30–18.30 Uhr).

Kilkenny und Tipperary

Ein Traditionshaus unter den Pubs: Kytelers Inn

ie. Das Haus aus dem 18. Jh. wurde im Stil einer Burg als Witwenhaus der Butler'schen Herrscher auf dem Gelände des Schlosses erbaut. Die großen Zimmer sind modern und elegant eingerichtet. Frühstück im gegenüberliegenden Design Centre. DZ 115–240 €.

Boutiquehotel ▶ Zuni Kilkenny Hotel & Restaurant 2: 26 Patrick Street, Tel. 056 772 39 99, www.zuni.ie. Ein kleines Hotel mitten in der Stadt mit eleganten minimalistischen Zimmern in hellen Farben. Das **Restaurant** mit seinem coolen Understatement bietet solide, sorgfältig zubereitete Küche mit mediterranen Einflüssen (Hauptgerichte 20–26 €). DZ ab 100 €.

Stadthaus-B & B ▶ O'Malley's Guesthouse 3: Ormonde Court, Ormonde Road, Tel. 056 777 10 03, www.omalleysguesthouse.com. Kleine gepflegte Pension, ruhig und nicht weit vom Schloss gelegen, mit hellen und freundlichen Zimmern, alle mit eigenem Bad. DZ 70–90 €.

Zentrales Hostel ▶ Kilkenny Tourist Hostel 4: 35 Parliament Street, Tel. 056 776 35 41, www.kilkennyhostel.ie. Kleines und gemütliches Hostel in einem georgianischen Stadthaus im Zentrum. DZ ab 36 €, Schlafsaal 16 €.

Essen & Trinken

Edelrestaurant ▶ Campagne 1: The Arches, 5 Gashouse Lane, Tel. 056 777 28 58, Di–Sa 18–22, Fr–So auch 12.30–14.30 Uhr. Allein die Einrichtung mit den leuchtenden Bildern an einer Wand muntert schon auf, aber was der einstige Chefkoch des Dubliner Sternerestaurants Chapter One hier kreiert, ist ein kulinarisches Paradies. Ausgewählte irische Produkte (Fleisch, Geflügel) werden zu französisch angehauchten Speisen verarbeitet, die aber nicht pompös präsentiert werden. Mittagsmenü 25/30 €, Hauptgerichte 30 €.

Edelitaliener ▶ Rinuccini 2: 1 The Parade, Tel. 056 776 15 75, Mo–Fr 12–15, 17–22, Sa 12–15.30, 17–22, So 12–15.30 u. 17–21.30 Uhr. Im hübschen und gepflegten Restaurant gegenüber dem Schloss gibt es klassische italienische Küche mit Pfiff. Die Pasta ist hausgemacht, die Meeresfrüchte frisch aus Kilmore Quay und die Kaffeespezialitäten göttlich. Mittagsmenü 23/28 €, Hauptgerichte abends 17–29 €.

Lässiges Bistro ▶ Café Sol 3: 6 William Street, Tel. 056 776 49 87, So 12–21, Mo–Do 11–21.30, Fr/Sa 11–22, So 12–21 Uhr. Ein farbenfroh-warmes Restaurant, das tagsüber kleine, aber sättigende Gerichte wie üppige *open sandwiches*, Salate oder unkomplizierte Nudelgerichte in informeller Atmosphäre für unter 15 €, abends hingegen üppigere Küche serviert. Hauptgerichte am Abend 16–27 €.

Bistro-Café ▶ Chez Pierre 4: 17 Parliament Street, Tel. 056 77 64 655, Mo–Fr 10–15.30, Sa 19–22 Uhr. Tagsüber ein kleines, französisch angehauchtes Café mit Frühstück, Mittagsimbiss oder Nachmittagskaffee. Abends gibt es aufwändigere Gerichte, meist deftig-französisch. Gerichte 10–15 €, Menüs ab 20 €.

Einkaufen

In Kilkenny und Umgebung haben sich zahlreiche Kunsthandwerker niedergelassen, die vor Ort ihre Produkte verkaufen. Neben einem Besuch im Design Centre lohnt es sich, auch bei den Künstlern selbst vorbeizuschauen. Weitere Adressen s. »Umgebung von Kilkenny«.

Keramik ▶ Castle Arch Pottery 1: Castle Yard, www.castlearchpottery.ie.
Schmuckdesign ▶ Rudolph Heltzel 2: 10 Patrick Street, www.heltzel.ie.
Handtaschen ▶ Ken Foley 3: Goslingstown, Kells Road, www.kfoley.ie.
Hüte ▶ Rebekah Patterson 4: 1 Market Slip, The Parade.

Abends & Nachts

Traditionspub ▶ Kyteler's Inn 1: 27 Kieran Street, www.kytelers.ie. Das Haus aus dem 14. Jh. ist, neben dem Schloss, Kilkennys Hauptattraktion und besteht mittlerweile aus mehreren Bereichen. Die urgemütliche mittelalterliche Bar bildet das Zentrum, oben befindet sich die etwas luftigere Top Bar, die Tavern Bar im Keller ist mit ihren Gewölben der älteste Teil des Hauses, der Courtyard ist ein schöner Biergarten, wo auch Essen serviert wird. Regelmäßig gibt es auch traditionelle Livemusik.

Multifunktionsbühne ▶ Watergate Theatre 2: Parliament Street, Tel. 056 776 16 74, www.watergatetheatre.com. Von Opern- und Theateraufführungen über Konzerte bis zu Ausstellungen.

Aktiv
Stadtrundgänge ▶ Tynan Walking Tours: www.kilkennywalkingtours.ie. Buchungen über das Tourist Office, Mitte März–Okt. täglich unterhaltsame Stadttouren zu Fuß.

Termine
The Cat Laughs: Juni-Bank-Holiday-Wochenende, Tel. 056 776 38 37, www.thecatlaughs.com. Jedes County-Hurlingteam hat einen Spitznamen, die Sportler Kilkennys heißen *cats*, Katzen. Daher der Name des lustigsten Festivals Irlands: ›Die Katze lacht‹. Während des Festivals treten die besten Stand-up-Komiker Irlands, aber auch aus dem Rest der englischsprachigen Welt auf.
Kilkenny Arts Festival: Mitte Aug. Theater, Film, Literatur, Kunst, Konzerte, Straßenspektakel u. v. a. www.kilkennyarts.ie.
Kilkenomics: Anfang November www.kilkenomics.com. Das können nur die Iren: sich mit einem Festival über ihre wirtschaftliche Situation lustig machen mit einer Mischung aus Ökonomen und Stand-up-Comedians. Selbst Marx würde sich krank lachen.

Verkehr
Bahn: Verbindung mit Dublin via Kildare und mit Waterford.
Bus: häufige Verbindungen mit Dublin, Cork und Waterford.

Umgebung von Kilkenny

Karte: S. 180

Das liebliche Tal des River Nore südlich von Kilkenny entlang der R700 verspricht nicht nur idyllische Natur, sondern auch hübsche kleine Dörfer, eine romantische Klosterruine und vor allem viele Gelegenheiten, bei lokalen Kunsthandwerkern vorbeizuschauen. Nicht umsonst gehört die Strecke zum **Craft**

Umgebung von Kilkenny

Trail, einem erweiterten ›Schaufensterbummel‹ zu einigen der besten Werkstätten *Made in Kilkenny*.

Bennettsbridge ▶ F 7

Der kleine Ort **Bennettsbridge** 2 mit der hübschen Bogenbrücke aus dem 18. Jh. über den Nore hat im Prinzip nicht viel zu bieten, außer den Kunsthandwerksstätten natürlich. Aber ein hinreißendes kleines Unikum ist das **Nore View Folk & Heritage Museum** am Dorfrand, das der fröhliche Seamus Lawlor zusammengestellt hat und Besuchern gerne erläutert. Tausende Gegenstände aus allen Epochen und Lebensbereichen Irlands sind dort ganz unmuseal angehäuft. Eine wahre Fundgrube des Alltagslebens (tgl. 10–18 Uhr, Tel. 056 772 77 49, seamuslawlormuseum.blogspot.ie)!

Übernachten

Modernes B & B ▶ **Aard Oakleigh:** Tel. 056 772 73 88, www.aardoakley.com, erster Abzweig nach rechts hinter dem südlichen Dorfausgang. Das moderne Haus vermietet freundliche Zimmer mit Bad und TV. DZ 70 €.

Einkaufen

Leider hat die irische Rezession auch in der Kunsthandwerksszene zugeschlagen und zur Schließung einiger spannender Workshops geführt. Der glorreiche Rest:

Möbel ▶ **Keith Mosse Bespoke Furniture:** Main Street, www.keithmosse.com. Möbel sind zwar kein handliches Mitbringsel, aber wer es sich leisten mag und schönes Design schätzt, kann sich von Philippe Hetier, dem Nachfolger von Keith Mosse, feine Einzelstücke auf Wunsch fertigen lassen. Und wer es sich nicht leisten kann: Es lohnt sich auf jeden Fall, das erstklassige und solide Design zu bewundern.

Keramik ▶ **Nicholas Mosse Irish Country Shop:** The Mill, Annamult Road, www.nicholasmosse.com, Mo–Sa 10–18, So 13.30–17 Uhr. Sehr hübsch bemalte Töpferwaren im Landhausstil. Im Laden gibt es auch Tischtextilien und diversen andere Nippes sowie ein Café, das auch kleine warme Gerichte serviert.

Kerzen ▶ **Moth to a Flame:** Chaple Bridge, www.mothtoaflame.ie. Originelle und traditionelle handgezogene Kerzen.

Verkehr

Bus: Verbindungen mit Waterford und Kilkenny sowie via Inistioge mit Kilkenny und New Ross.

Thomastown und Jerpoint Abbey ▶ F 8

Thomastown liegt an der Kreuzung der R700 mit der viel befahrenen N9 und hat einige reizvolle Sehenswürdigkeiten in der Umgebung zu bieten. Ein paar Kilometer nach Osten auf der R703 Richtung Graiguenamanagh liegt das Kilfane Glen & Waterfall, ein Landschaftsgarten, der im 18. Jh. im Stil der Romantik geschaffen wurde. Dazu gehören auch ein Reetdachcottage und ein künstlicher Wasserfall. Durch das Gelände führen zahlreiche Spazierwege (Juli/Aug. tgl. 11–18 Uhr).

Hauptattraktion ist jedoch die **Jerpoint Abbey** 3 südwestlich von Thomastown an der N9. Das Zisterzienserkloster aus dem 12. Jh. gehört zu den schönsten Klosterruinen Irlands. Bemerkenswert sind vor allem die manchmal witzigen Steinmetzarbeiten im Arkadengang aus dem 14. und 15. Jh., auch wenn die feine Ausführung im Lauf der Jahrhunderte etwas abgewetzt ist. Der Legende nach soll hier der hl. Nikolaus begraben sein. Allerdings könnte die Steinplatte mit dem verblichenen Relief eines Mönchs an der Westseite der Ruine auch die Gebeine irgendeines unbekannten Kirchenmanns bedecken (März–Sept. tgl. 9–17.30, Okt. tgl. 9–17, Nov.–Anfang Dez. tgl. 9.30–16 Uhr).

Übernachten

Schlosshotel ▶ **Mount Juliet Conrad:** Maudlin Street, Tel. 056 777 30 00, www.mountjuliet.ie. Das Schloss (18. Jh.) am Ufer des Nore gehört zu den feinsten Hotels des Landes. Auf dem weitläufigen Parkgelände

Begegnung mit dem Mittelalter:
im Kreuzgang der Jerpoint Abbey

Kilkenny und Tipperary

Idylle: Carrick-on-Suir mit dem Ormond Castle

befindet sich zudem einer der prestigeträchtigsten Golfplätze Irlands. Darüber hinaus kann man Tennis oder Crocket spielen, Reiten, Tontauben schießen, sich im Wellnessbereich pflegen lassen oder im Restaurant schlemmen. DZ ab 159 € (auf Online-Angebote achten!).

Landhaus-B & B ▶ Ballyduff House: Kilmacshane, etwa 5 km südlich von Thomastown entlang der R700 und dann rechts, Tel. 056 775 84 88, www.ballyduffhouse.ie. Wunderschönes georgianisches Landhaus mit großen Schlaf- und Badezimmern und einem hochherrschaftlichen Frühstücksraum. Kinder und Hunde willkommen. DZ 100 €.

Essen & Trinken

Café-Restaurant ▶ Blackberry Café: Market Street, Tel. 087 053 78 58, www.theblackberrycafe.ie, Mo–Fr 9.30–17.30, Sa ab 10 Uhr. Kleines Café, das auch Suppen, Salate, Quiches und Sandwiches serviert. Unter 8 €.

Einkaufen

Schmuck ▶ Jackie & Ed Keilthy: Low Street, Clay Creations, www.jekjewellery.com. Hier findet man schöne zeitgenössische Schmuckkreationen.

Keramik ▶ Earthworks Ceramics: Grennan Watermill, The Mall. Originelle Tonarbeiten aus einer Mühle aus dem 17. Jh. **Clay Creations:** Low Street. Neben modernen Keramikarbeiten gibt es hier auch witzige Keramikskulpturen zu kaufen.

Pralinen ▶ Truffle Fairy: Chapel Lane, www.trufflefairy.com. Ein Schoko-Laden mit köstlichsten Pralinen.

Inistioge ▶ F 8

Manchmal mangelt es selbst Reisebuchautoren an objektiver Betrachtung und sie verfallen überschäumender Adjektivitis: Es gibt wohl kaum ein postkartenschöneres Dorf in Irland als das hinreißend idyllische **Inistioge** 4 (www.inistioge.ie): Über den träge fließenden Nore spannt sich eine zehnbogige Brücke aus dem 18. Jh., das Flussufer ist auf der Dorfseite ein reizender Garten mit Bäumen und Bänken und einer malerischen Burgruine, der stille, baumbeschattete Dorfplatz ist gesäumt von Straßencafés, Pubs und einer hübschen Kirche, und die Häuser sind so adrett, dass man meinen könnte sie würden jeden

Cahir

Tag geschrubbt. Umgeben ist die ganze Pracht nicht nur von hügeligen Wiesen und Wäldern, sondern auch von den **Woodstock Gardens,** einem riesigen Park und Arboretum aus dem 19. Jh. mit allen Details, die in jener Zeit beim Adel beliebt waren (April–Sept. tgl. 9–19.30, Okt.–März tgl. 9–16 Uhr, www.woodstock.ie). Doch – Filmkulisse war das Dorf auch schon …

Übernachten

Dorf-B & B ▶ **Woodstock Arms:** The Square, Tel. 056 775 84 40, www.woodstockarms.ie. Das Haus liegt direkt am Dorfplatz und vermietet einfache Zimmer mit Bad und TV. Unten im Pub gibt es im Sommer oft Livemusik. DZ 70 €.

Essen & Trinken

Buntes Bistro ▶ **Circle of Friends:** High Street, Tel. 056 775 88 00, Di–Sa 10–20, So 10–19 Uhr. Das kleine fröhlich-bunte Lokal am Dorfplatz ist ideal für deftigere Gerichte wie Steaks, Fish & Chips und dergleichen. Es gibt aber auch und vor allem leckere Kuchen, Törtchen und andere Süßspeisen. Gerichte 4–16 €.

Café am Fluss ▶ **Old Schoolhouse Café:** Tel. 056 775 87 23. Juni–Sept. tgl. 11–17.30, Mitte März–Mai u. Okt./Nov. nur am Wochenende. Das kleine hübsche Café am Fluss serviert einfache und preiswerte Speisen (Suppen, Sandwiches etc.), besonders nett sind aber Kaffee und Kuchen draußen auf der Terrasse mit Blick auf Fluss und Brücke. Gerichte ca. 5–12 €.

Carrick-on-Suir ▶ E 8

Karte: S. 180

Die verschlafene kleine Stadt am Ufer des Suir ist eine unscheinbare Marktstadt, aber englische und irische Geschichte sind hier pikant verwoben. In **Carrick-on-Suir** 5 erbauten die Butlers im 14. Jh. die Burg, in der zwei Jahrhunderte später Anne Boleyn, Urenkelin des siebten Earl of Ormond und entferntes Mitglied der Familie Butler, geboren worden sein soll. Anne Boleyn wurde die zweite Frau Heinrichs VIII. und Mutter der späteren Königin Elisabeth I. Thomas Butler, der zehnte Earl of Ormond, ließ 1568 in Erwartung eines Besuchs von Elisabeth, die aber nie kam, ein Schloss neben der alten Burg errichten, **Ormond Castle.** Es gilt als eines der besterhaltenen Tudorhäuser Irlands, samt ornamentalen Ausstattung jener Zeit (März–Anfang Sept. tgl. 10–13.30 u. 14–18 Uhr).

Übernachten

Einfaches Hotel ▶ **The Carraig Hotel:** Main Street, Carrick-on-Suir, Co. Tipperary, Tel. 051 64 14 55, www.carraighotel.com. Das älteste Hotel des Ortes ist ein Zentrum des Nachtlebens. Die Zimmer haben den üblichen Hotelstandard. Das **Restaurant** (Fr/Sa 18–21 Uhr) serviert solide irische Küche (15–26 €), in der Bar gibt es tgl. 15–21 Uhr einfache Snacks (5–14 €) und samstags Livemusik. DZ ab 70 €.

Verkehr

Bahn: Verbindung mit Waterford und Limerick.
Bus: Verbindung mit Kilkenny, Waterford und Limerick.

Cahir ▶ E 8

Karte: S. 180

Cahir Castle, das im 13. Jh. vom Stammesfürsten Conor O'Brien auf einer Felseninsel im Fluss inmitten des geruhsamen Marktstädtchens **Cahir** 6 erbaut wurde, ging 1375 in den Besitz der Butlers über und ist eine der raffiniertesten Burganlagen Irlands, die lange Zeit als uneinnehmbar galt. Erst 1599 wurde sie vom Earl of Essex auf Befehl von Elisabeth I. gestürmt. Eine Kanonenkugel im Mauerwerk erinnert noch heute daran. Die Burganlage umfasst drei Innenhöfe, die einzig zum Zweck der Verteidigung angelegt wurden. Noch heute wirkt die Burg so originalgetreu, dass sie als Kulisse für den Fantasyfilm ›Excalibur‹ diente (März–Mitte Juni, Sept.–Mitte Okt. tgl. 9.30–17.30, Mitte Juni–Aug. tgl. 9–18.30, Mitte Okt.–Febr. tgl. 9.30–16.30 Uhr).

Kilkenny und Tipperary

Swiss Cottage

Exzentrischstes Bauwerk der Butlers ist das **Swiss Cottage,** das Richard Butler, 1. Earl of Glengall, 1810 für seine Frau bauen ließ. Zu diesem Zweck gewann er den damals angesehensten Londoner Regency-Architekten, John Nash. Der Dame des Hauses schwebte etwas ›Schweizerisches‹ vor, eine ländliche Idylle, die etwa 2 km außerhalb Cahirs errichtet wurde. Die strohgedeckte Hütte hat allerdings wenig mit einem Schweizer Haus zu tun – vielmehr handelt es sich um eine romantisierende Mischung verschiedenster Stile (April–Ende Okt. tgl. 10–18 Uhr, nur mit Führung).

Infos

Tourist Office: Castle Car Park, Cahir, Co. Tipperary, Tel. 052 744 14 53, www.visit cahir.ie.

Übernachten

Romantikhotel ▶ Kilcoran Lodge Hotel: etwa 7 km nahe der M8 Richtung Mitchelstown, Tel. 052 74 412 88, www.kilcoranlodge.net. Das einstige Jagdhaus aus dem 19. Jh. ist heute ein kleines, romantisches Hotel. Die großen Zimmer sind stilgetreu eingerichtet und es gibt einen Wellnessbereich mit Swimmingpool, Sauna und Fitnessraum sowie ein Restaurant. DZ ab 99 €.

Traditionshotel ▶ Cahir House Hotel: The Square, Tel. 052 74 430 00, www.cahirhouse hotel.ie. Das altwehrwürdige Hotel m mitten im Ort und vermietet gediegene Zimmer mit allem Komfort. Mit Schönheitssalon, gemütlicher Bar (Livemusik am Wochenende), Lounge und Bistro mit guter und preiswerter Küche (6–20 €). DZ ab 90 €.

B & B in der Burg ▶ Carrigeen Castle: Tel. 052 74 413 70, www.tipp.ie/butlerca.htm. Wohl das außergewöhnlichste B & B Irlands. Sieben Zimmer, davon drei mit eigenem Bad, werden in der Festung, die bis Ende des 19. Jh. ein Gefängnis war, vermietet. Die Zimmer sind schlicht, aber gepflegt und die Gastgeber heißen tatsächlich Butler. DZ 66–80 €.

Einkaufen

Kunsthandwerk ▶ Craft Granary: Church Streeet, www.craftgranaryonline.com, Mo–Sa 10–18 Uhr. Ehemaliger Kornspeicher mit diversen Läden, Galerien und Workshops.

Bauernmarkt ▶ Farmers Market: Bauernmarkt, Sa 9–13 Uhr, neben der Craft Granary in der Church Street.

Aktiv

Reiten ▶ Cahir Equestrian Centre: Ardfinnan Road, Tel. 086 251 58 75, www.cahir equestrian.com. Reitunterricht, Ausritte und längere Reittrecks.

Verkehr

Bahn: Verbindung mit Limerick und Waterford.

Tipp: Apple Farm

Die **Apple Farm** liegt zwischen Cahir und Clonmel an der N24. Ein großes, aber nicht unbedingt gleich ersichtliches Schild weist auf den Abzweig. Auf der Obstplantage werden nicht nur kistenweise rotbackige Äpfel verkauft, sondern auch Früchte der Saison. Der eigentliche Hit ist aber der Apfelsaft, der frisch gepresst eine unvergleichliche Delikatesse ist. Daneben gibt es auch einen erstklassigen Apfelessig – und einen **Campingplatz** inmitten der Plantage (The Apple Farm, Moorstown, Cahir, Tel. 052 744 14 59, www.theapplefarm.com).

Tipp: Knockmealdown Mountains

Südlich von Cahir führt die **R 668** hinauf in die Knockmealdown Mountains, eine idyllische Berglandschaft mit viel Laubwald und schönen Spazierwegen. An den Nordhängen windet sich die Straße steil hinauf und macht eine scharfe Haarnadelkurve, ›The Vee‹ genannt. Von dort hat man einen umwerfenden Blick über das Tal des River Suir bis zu den Galty Mountains (s. Karte S. 160/161).

Die Butlers – eine angloirische Dynastie

Thema

Seit die Butlers im 12. Jh. nach Irland kamen, beherrschten sie die Region um Kilkenny und South Tipperary und darüber hinaus. Bis Mitte des 20. Jh. residierten sie auf ihrem Stammsitz in Kilkenny. Heute gehört ihre architektonische Hinterlassenschaft dem Staat und der weit verzweigte Clan ist über die ganze Welt verstreut.

Im Clan der Butlers gibt es seit Jahren Spekulationen darüber, wer aus der weit verzweigten Familie die traditionsreichen Titel erben wird. Der letzte Inhaber, Charles Butler, 31. Chief Butler of Ireland und 25. Earl of Ormond, 1997 in Chicago, USA, verstorben, hatte ›nur‹ zwei Töchter, die die Titel nicht erben können. Die Erbverhältnisse sind äußerst kompliziert, denn seit dem ersten Auftauchen in der Geschichte vor fast 1000 Jahren hat die Familie eine europaweite Heiratspolitik betrieben, sodass kaum ein europäisches Adelshaus nicht mit ihnen verwandt ist, von all den nichtadligen Verwandten ganz zu schweigen …

Ursprünglich kamen die Butlers aus der Normandie und ließen sich dann in England nieder, wo 1130 ein gewisser Hervey erstmals erwähnt wurde. Sein Sohn, Theobald Walter, war der erste der Sippe, der nach Irland ging. Er ließ sich in Gowran im County Kilkenny nieder, wo er 1185 vom englischen König zum ›Chief Butler‹, zum obersten Mundschenk des Königs, ernannt wurde. Das Amt war nicht nur ehrenvoll und mit einigem Einfluss verbunden, sondern vor allem lukrativ: Bei jeder Weinladung, die ins Land kam, durfte er 10 % Schiffszoll erheben. Dieses Recht hatten die Butlers bis 1810.

Theobald übernahm seinen Titel als Familiennamen, der in der Folge auch den illegitimen Kindern zugestanden wurde. 1328 wurden die Butlers in den erblichen Grafenstand erhoben und durften sich fortan Earls of Ormond nennen. Später kamen noch weitere Titel hinzu.

Bis ins 20. Jh. spielten die Butlers stets eine mehr oder weniger rühmliche Rolle in der Geschichte: Ein Butler-Abkömmling, Anne Boleyn, war eine der Frauen Heinrichs VIII. und die Mutter der englischen Königin Elisabeth I. Ein Count Walter Butler war 1634 maßgeblich an der Ermordung Wallensteins beteiligt. Eine Mary Butler soll den Parteinamen Sinn Féin erfunden haben, eine Elizabeth Butler ist Ahnin der heutigen Queen Elizabeth II. Eine andere Mary Butler heiratete 1773 Benjamin Yeats, zu deren berühmtesten Nachfahren der Dichter William Butler Yeats gehört.

Zu den Erben der Titel gehören Anwärter aus der ganzen Welt. Da gibt es nicht nur die Butlers auf den Britischen Inseln wie die Saffron Waldons, die Dunboynes, Mountgarrets, sondern auch Butlers in Australien, Neuseeland, Kanada, den USA, in Polen, Frankreich, Schweden und Deutschland, wobei die bayerischen Grafen von Haimhausen, die von einem Count Butler von Clonberg abstammen, weniger Chancen haben dürften als die nordhessischen Buttlars, die vom 2004 verstorbenen Chronisten der Butler-Dynastie, Lord Dunboyne, mit einigem Wohlwollen erwähnt wurden. Allerdings ist deren einzige Eintragung ins Lexikon ihrer Vorfahrin Eva von Buttlar zu verdanken, die um 1700 eine pseudoreligiöse Gemeinschaft gründete, eine Art Sexkommune namens ›Buttlarsche Rotte‹.

Kilkenny und Tipperary

Bus: Verbindung mit Dublin via Kilkenny, Cork, Limerick und Waterford.

Cashel ▶ E 8

Karte: S. 180

Das kleine **Cashel** 7 entstand im Lauf der Bauarbeiten an der großen Kathedrale des Rock of Cashel und scheint ganz und gar im Schatten des Felsens zu stehen. Die geschäftige Stadt ist zwar auf den ›Felsentourismus‹ ausgerichtet, doch hat sie außer dieser Hauptattraktion auch andere Sehenswürdigkeiten zu bieten, wie die Ruinen der **Dominican Friary** aus dem 13. Jh. oder auch das kleine **Folk Village** mit seinen Reetdachhäuschen und Ausstellungen mit ländlichen Gerätschaften (geöffnet ungefähr tgl. 9.30–17.30 Uhr, Tel. 062 625 25, www.cashelfolkvillage.ie).

Einen buchstäblichen Überblick über die historische Stadt vermittelt das Heritage Centre in der Main Street, in dem sich auch die Touristeninformation befindet. Dort gibt es neben anderen Ausstellungsstücken ein großes Modell von Cashel, das zeigt, wie die Stadt und der Fels im 17. Jh. aussahen. Audioführungen auch auf Deutsch (März–Okt. tgl. 9.30–17.30 Uhr, Nov.–Febr. nur Mo–Fr).

Außerhalb Cashels, mit der Felsenkulisse im Hintergrund, liegen zwei weitere Kirchenruinen. **Hore Abbey**, eine Zisterzienserabtei aus dem 13. Jh., prangt malerisch auf grüner Wiese an der N74 Richtung Tipperary Town. An derselben Straße weiter Richtung Tipperary befindet sich die ebenso sehenswerte Ruine der **Athassel Abbey**, ein Augustinerkloster aus dem 12. Jh., das seinerzeit als größtes Irlands galt. Die Anlage brannte bereits im 15. Jh. nieder, bietet aber immer noch gut erhaltene Details.

3 Rock of Cashel

Hauptanziehungspunkt Cashels ist jedoch jener Felsen, der inmitten einer weiten Ebene unvermittelt monolithisch in die Höhe ragt und heute ein einzigartiges Zeugnis der christlichen Architektur Irlands über Jahrhunderte hinweg ist. Einst soll er ein Schlafplatz der Feen gewesen sein, war dann über Jahrhunderte der Sitz der Könige von Munster, in der Bedeutung gleichwertig mit den Hügeln von Tara (s. S. 141). Der hl. Patrick soll dort gewirkt haben und lange Zeit nach seinem Tod wurde auf diesem Felsen die irische Kirchenverfassung so gestaltet, wie sie heute noch in Grundzügen gültig ist.

Im 10. Jh. fiel die Macht an den Clan der O'Briens, deren Oberhaupt Brian Ború sich 977 auf dem Felsen zum König von Cashel und Munster krönen ließ. 1101 schließlich machte sein Nachfahre Muircheartach O'Brien den gesamten Felsen dem Bischof von Limerick zum Geschenk. Cormac MacCarthaigh, erster Erzbischof von Cashel, baute dort 1127 die erste Kirche: **Cormac's Chapel.**

Neben dem **Rundturm** aus dem 11. Jh. ist diese kleine Kirche das älteste Bauwerk auf dem Felsen. Das vollständig erhaltene Gebäude war die erste romanische Kirche in Irland und zeigt deutlich kontinentaleuropäische Einflüsse wie das Kreuzrippengewölbe im Chor und das Tonnengewölbe im Schiff. Im Gegensatz zu den großartigen Steinmetzarbeiten sind von den ebenfalls einzigartigen Fresken nur noch Reste im Chor zu erkennen. Der Sarkophag soll die Gebeine von Cormac MacCartaigh bergen. Der Krummstab aus dem 12. Jh., der den Sarkophag einst zierte, wird heute im National Museum in Dublin aufbewahrt.

Im 13. Jh. wurde mit dem Bau der großen gothischen **Kathedrale** begonnen, da Cormac's Chapel sich als zu klein für die bischöflichen Angelegenheiten erwies. Im 15. Jh. entstand an der Westseite der Kathedrale die zinnenbewehrte **Bischofsburg**, die in den Kirchenbau integriert wurde. Bis ins 18. Jh. blieb Cashel nominell Sitz des katholischen Erzbischofs. Nachdem 1729 der erste protestantische Gottesdienst in der Kathedrale stattfand, wich der katholische Erzbischof nach Thurles aus, nennt sich aber bis heute Bischof von Cashel.

Der Eingang zum gesamten Komplex führt heute durch die **Hall of Vicars' Choral,** ein Gebäude, das im 15. Jh. für Laienbrüder er-

Cashel

richtet wurde. In den Räumen erläutert ein Museum die Geschichte des Felsens. Im Keller wird das stark verwitterte **St. Patrick's Cross** aus dem 12. Jh. aufbewahrt – das Kreuz auf dem Gelände ist eine Kopie. Sein Sockel soll einst der Krönungssitz der Könige von Munster gewesen sein (Mitte März–Anfang Juni u. Mitte Sept.–Mitte Okt. tgl. 9–17.30, Anfang Juni–Mitte Sept. tgl. 9–19, Mitte Okt.–Mitte März tgl. 9–16.30 Uhr).

Infos

Cashel Heritage Centre: Main Street, Cashel, Co. Tipperary, Tel. 062 625 11, www.cashel.ie.

Übernachten

Historisches Luxushotel ▶ **Cashel Palace Hotel:** Main Street, Tel. 062 627 07, www.cashel-palace.ie. Der ehemalige Bischofspalast aus dem frühen 18. Jh., sogar mit einem Privatweg zum Rock of Cashel, ist heute ein Luxushotel mit opulenten Zimmern und umwerfend schönen Bädern. Im hauseigenen **Restaurant** im Haus wird moderne irische Küche serviert. DZ 134–224 €.

B & B mit Aussicht ▶ **Ladyswell House:** Ladyswell Street, Tel. 062 628 95, www.ladyswellhouse.com. Das behaglich, mit allem Komfort eingerichtete Haus liegt in Laufnähe zum Rock of Cashel und zu den Restaurants in der Moor Lane. Eines der Zimmer blickt direkt auf den Rock. DZ 75–80 €.

Idyllisches B & B ▶ **O'Brian's Holiday Lodge:** St. Patrick's Rock, Dundrum Road, Tel. 062 610 03, www.cashel-lodge.com. Etwa 200 Jahre altes Steinhaus nahe der Hore Abbey auf der anderen Seite des Felsens mit unverbautem Blick auf selbigen. Das Haus wurde mit viel Geschmack und Sorgfalt ausgebaut und ist mit Abstand das gemütlichste der Region. DZ 80–90 €. Campen auf dem Gelände: 10 € pro Pers. pro Zelt, Schlafsaal auf Anfrage.

Zentrales Hostel ▶ **Cashel Holiday Hostel:** 6 John Street, Tel. 062 623 30, www.cashelhostel.com. Modernisiertes georgianisches Stadthaus im Zentrum. Schlafsaal ab 16 €, DZ ab 45 €.

Essen & Trinken

Nobelrestaurant ▶ **Chez Hans:** Moor Lane, Tel. 062 611 77, Di–Sa 18–22 Uhr. Das edle Restaurant ist in einer ehemaligen Kirche untergebracht. Die Küche gehört zu den besten der Region: Es gibt feine Fleisch- und Fischgerichte mit französischem Touch und hervorragende Weine, darunter deutscher Riesling und Dornfelder. Hauptgerichte 24–38.

Gourmet-Bistro ▶ **Café Hans:** Moor Lane, Tel. 062 636 60, Di–Sa 12–17.30 Uhr. Das bildhübsche kleine Bistro ist ein Ableger des benachbarten Chez Hans und serviert in ungezwungener Atmosphäre sehr leckere Mittagsgerichte, von Salaten bis zu feinen Kreationen (Tagesgerichte lohnen sich!). Die Qualität kann sich mit dem Mutterhaus durchaus messen, ist aber weniger ›aufgedonnert‹. Hauptgerichte 13–18 €.

Einkaufen

Keramik ▶ **Rossa Pottery:** 77 Main Street, Mo–Sa 10–18 Uhr. Die älteste noch aktive Töpferei in Irland verkauft handgefertigte Töpferwaren in modernem Design aus Tipperary-Lehm mit einzigartigen Glasuren.

Kunsthandwerk ▶ **Kilkenny Shop:** 74 Main Street. Schmuck, Accessoires und Objekte des Kunsthandwerks aus den Kilkennydesignwerkstätten.

Abends & Nachts

Shows ▶ **Brú Ború:** Tel. 062 611 22, www.bruboru.ie. Mitte Juni–Mitte Aug. Di–Sa 9–23, Mo bis 17, Mitte Aug.–Mitte Juni Mo–Fr 9–13 u. 14–17 Uhr. Das Kulturzentrum umfasst ein Folk-Theater, ein Restaurant und einen Andenkenladen sowie Shows mit irischer Musik, Tanz und Gesang.

Termine

Cashel Arts Festival: Mitte Nov., www.cashelartsfest.com. Einwöchiges Festival mit Musik, Tanz, Kunstausstellungen, Theater, Straßenperformances und mehr.

Verkehr

Bus: Verbindungen mit Cork, Dublin, Cahir und Fermoy.

Spektakuläre Küstenszenerie am Old Head bei Kinsale

Kapitel 3
Der Südwesten

Die Countys Cork und Kerry sind zweifellos die beliebtesten Urlaubsziele in Irland. Die Landschaft im Südwesten der Insel vereint alle klischeehaften Schönheiten in sich: zerklüftete Küsten mit stillen Buchten und feinen Sandstränden, einsame Inseln, hohe Berge, Seenketten, grün gewelltes Hügelland, zauberhafte Fischerdörfer, quietschbunte Städtchen und mit Cork City eines der reizendsten und auf jeden Fall kultiviertesten urbanen Zentren Irlands.

Die fünf Halbinseln, die im Südwesten Irlands wie Finger in den Atlantik reichen – Mizen Head, Sheep's Head, Beara, Iveragh und Dingle –, sind jede auf ihre Art von atemberaubender Schönheit. Raue Berge kennzeichnen Beara, Iveragh und Dingle, Buchten und Sandstrände findet man auf Mizen Head und Sheep's Head ist eine einsame Welt für sich mit herrlichen Gärten.

Besonders die küstennahen Landschaften haben dank des Golfstroms und der vielen geschützten Buchten ein mildes Klima, das selbst tropische Pflanzen prachtvoll gedeihen lässt. Manche Gegenden in West Cork wirken fast wie kleine Paradiese.

All dies hat seit jeher Touristen angezogen. Killarney, heute noch eine touristische Hochburg, war schon im 19. Jh. ein Ziel von Reisenden, die sich von der hinreißenden Landschaft des Killarney National Parks bezaubern ließen. Aber auch die großartigen Landschaften West Corks und Kerrys lockten schon immer Menschen aus vielen Ländern an, die sich oft zum Bleiben entschieden. Und so haben sich hier eine touristische Infrastruktur und eine eigenständige Kultur entwickelt, die weitaus mehr an Qualität zu bieten hat als in manch anderer Region des Landes.

Auf einen Blick
Der Südwesten

Sehenswert

4 Kinsale: Das Küstenstädtchen im County Cork ist nicht nur besonders malerisch, sondern auch die heimliche Gourmet-Hauptstadt der Insel (s. S. 210ff.).

5 Garinish Island: Die Insel im Glengarriff Harbour ist mit ihren Gärten ein beinahe mediterranes Paradies (s. S. 228ff.).

6 Killarney National Park: Berge, Schluchten, Seen und Wälder gehen auf diesem Fleckchen Erde eine Verbindung ein, die trotz der totalen touristischen Erschließung immer noch atemberaubend ist (s. S. 235).

7 Skellig Michael: Auf der Felseninsel, die so unbewohnbar scheint, liegt die frühchristliche Klostersiedlung (s. S. 244).

Schöne Routen

Ring of Beara: Weniger überlaufen als der Ring of Kerry, aber nicht weniger traumhaft ist die Rundtour um die Beara Peninsula, wo man oft noch völlig einsame Fleckchen finden kann (s. S. 228).

Ring of Kerry: Die gut ausgeschilderte Rundtour um die Iveragh Peninsula ab Killarney und durch niedliche Dörfer gehört zu den beliebtesten Zielen aller Touristen (s. S. 241ff.).

Caragh Lake Circuit: Rundweg um den Lough Caragh auf der Iveragh Peninsula, einer der schönsten Ecken der Halbinsel (s. S. 247).

Passstraße auf der Dingle Peninsula: Ab der Stadt Dingle führt die R559 teilweise dicht an der Küste entlang durch eine umwerfend schöne Landschaft mit Klippen, versteckten Buchten und kleinen Dörfern (s. S. 248).

Meine Tipps

English Market in Cork: Die Markthalle ist nicht nur die schönste Irlands, sondern bietet auch das beste Angebot an einheimischen und internationalen Fressalien – samt einem guten Bistro (s. S. 202).

Baltimore: Seeräubernest, Gourmetoase und Seglerparadies – das winzige, aber postkartenschöne Dorf im hinreißendsten Teil West Corks ist vor allem bei Bootsfahrern beliebt (s. S. 219ff.).

Dingle Peninsula: Die nördlichste der Halbinseln im Südwesten bietet alles für einen gelungenen Irlandurlaub – ein hübsches Hauptstädtchen voller Kultur und guter Restaurants, und eine filmreife Landschaft (s. S. 248ff.).

aktiv unterwegs

Radtour um Sheep's Head: Mit dem Fahrrad durch die stillste der Halbinseln des Südwestens mit großartigen Aussichten und Landschaft pur (s. S. 223).

Wanderung auf dem Beara Way: Eine Wanderung auf einem Teilstück des insgesamt knapp 200 km langen Beara Way (s. S. 227).

Hoch über dem Gap of Dunloe: Eine Bergwanderung mit Blick auf das berühmteste und malerischste Tal im Killarney National Park (s. S. 238).

Cork City und Umgebung

Als fröhlich, redselig, schlitzohrig und mit einem herzhaften Sinn für Humor ausgestattet, so werden die Corkonians charakterisiert – was sich in der zweitgrößten Stadt der Republik in gewisser Weise auch bemerkbar macht. Cork City hat ein ganz eigenes Stadtbild, ein wenig kontinental, ein wenig irisch, aber nirgendwo sonst in Irland in so charmanter Mischung – was sich auch auf Kultur und Nachtleben auswirkt.

Cork City ▶ D 9

Cityplan: S. 198/199

Schön im konventionellen Sinn ist Cork auf den ersten Blick eigentlich nicht. Kein mittelalterlicher oder georgianischer Stadtkern, keine bedeutenden historischen Gebäude oder Klosterruinen locken zu einer schnellen Besichtigung. Dafür erschließt sich der Charme der Stadt aber jenen, die sich ein wenig Zeit lassen, denen Kultur und Lebensart eine gewisse kontinentale Nonchalance wichtiger sind als historische Hinterlassenschaften. Als europäische Kulturhauptstadt 2005 hatte Cork große Anstrengungen unternommen, um das Stadtbild zu verschönern und neue kulturelle Highlights zu schaffen. Aber auch in der Zeit danach – und im Prinzip auch schon davor – wissen die Corkonians zu leben und sich zu amüsieren. Es gibt so viele gute Restaurants, so viele Festivals und so viele lebhafte Pubs, dass einem die Stadt langsam, aber stetig ans Herz wächst.

Dass Cork kaum historische Bausubstanz besitzt, liegt auch an den Zerstörungen, die die Stadt zweimal im Lauf ihrer Geschichte erlitten hat. 1690 suchte der Duke of Marlborough die prosperierende Handelsmetropole heim, ließ die Stadtmauer und viele befestigte Bauwerke schleifen. Während des Unabhängigkeitskrieges zu Beginn der 1920er-Jahre brannten dann die berüchtigten Black and Tans, britische Paramilitärs, die gesamte Innenstadt nieder. So ist von den Zeugnissen aus Corks großer Blütezeit im 17. und 18. Jh., als die Stadt als Umschlagplatz für irische Butter zu Wohlstand und Ansehen kam, nicht mehr viel übrig geblieben.

Unterkriegen ließen sich die Corkonians jedoch nie. Weder der Niedergang als landwirtschaftliche Handelsmetropole noch die Zerstörungen ihrer Stadt zwangen sie in die Knie. Unbeirrt widerstanden sie den unerquicklichen Geschehnissen, waren ebenso erfinderisch wie rebellisch – und sind es noch.

Cork ist die zweitgrößte Stadt der Republik Irland. Doch bestehen die Corkonians darauf, dass sie die drittgrößte ist – nach Dublin und Belfast. Mit Bescheidenheit hat das wenig zu tun, eher mit dem republikanischen Beharren darauf, dass der Norden Irlands mit Belfast keine abgetrennte Einheit ist. Dafür wurde während des Unabhängigkeitskrieges ebenso mit der Waffe gekämpft wie heute mit resistentem Starrsinn gegen die Dominanz Dublins und sogar gegen die von Guinness – mit Beamish und Murphy's brauen sich die Corkonians ihr eigenes Stout. Und so trägt Cork den Beinamen ›Rebel City‹ mit augenzwinkerndem Stolz.

Unterwegs in Cork

Die Innenstadt von Cork ist relativ klein und überschaubar. Sie liegt auf einer Insel im River Lee, im Westen begrenzt durch den Fitzgerald Park und das Gelände des University

Cork City

College Cork, im Norden und Süden von teilweise steil ansteigenden Hügeln mit den Vorstädten. Der Citybereich, der einstmals von Kanälen durchzogen war, wurde im 18. Jh. gerne mit Amsterdam verglichen. Heute nimmt die Tourismuswerbung Venedig als Vergleich zur Hand, da sich über die beiden Flussarme zahlreiche Brücken spannen. Beide Vergleiche hinken jedoch, denn erstens sind die Kanäle längst zugeschüttet und einzig noch an manchen krummen Wegführungen zu erkennen und zweitens gibt es zwar viele Brücken, aber Cork ist doch trotz aller Reize Welten von Venedig entfernt.

Shopping District

Historischer Mittelpunkt des Stadtzentrums ist die **Grand Parade,** ein Boulevard, an dem viele Firmen und Institutionen residieren, u. a. auch die Touristeninformation und die Stadtbücherei. Nahe der Touristeninformation kann man am National Monument, das ein wenig an eine neogotische Kirchturmspitze erinnert, nachlesen, wer in Cork alles zu den irischen Patrioten gezählt wird. Der **Bishop Lucey Park,** so winzig er auch sein mag, ist eine beliebte Grünanlage im Stadtzentrum.

Herzstück der City ist jedoch die **St. Patrick's Street,** die anlässlich des Kulturhauptstadtjahres gründlich verschönert wurde, was in erster Linie eine fußgängerfreundlichere Gestaltung bedeutet. Dort befinden sich auch all die Ableger großer Ketten, Kaufhäuser, Banken und Schnellimbisse, aber auch Richtung Merchant Quay der nagelneue Komplex **Opera Lane** mit zahlreichen gehobenen Modegeschäften. Viel reizvoller sind jedoch die kleinen Seitenstraßen, fast überwiegend Fußgängerzonen, wo man viele kleine Läden, Restaurants und Pubs findet. In der **French Church Street** **1** beispielsweise, die zum alten Hugenottenviertel gehört, sind neben Boutiquen auch viele Restaurants und Cafés mit Straßentischen zu finden, die nicht nur im Sommer ein idealer Ruheplatz sind, um gemütlich das Treiben bei einer Tasse Kaffee oder einem Imbiss zu beobachten.

In einer der kleinen Seitenstraßen, der Princes Street, befindet sich auch der Haupteingang zum **English Market** **2**, der Markthalle mit so vielen Kulinaria im Angebot, dass man dort Stunden verbringen könnte (s. Tipp S. 202). Ein weiterer Bauernmarkt findet samstags am runderneuerten **Coal Quay** **3**

Zum Flanieren und Shoppen: Fußgängerzone in Cork

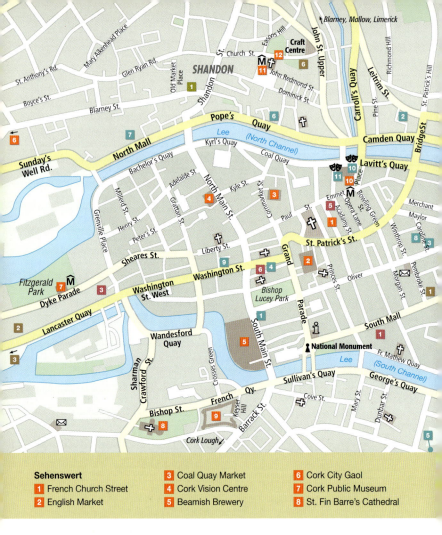

Sehenswert
1. French Church Street
2. English Market
3. Coal Quay Market
4. Cork Vision Centre
5. Beamish Brewery
6. Cork City Gaol
7. Cork Public Museum
8. St. Fin Barre's Cathedral

bzw. Cornmarket Street statt (9–15 Uhr). Dort gibt es neben Obst, Gemüse und anderen Lebensmitteln auch Biowaren, Kleidung, Krempel, manchmal auch Kunsthandwerk und alltägliche Gebrauchsgegenstände zu kaufen.

Museen

Nicht weit davon, in der North Main Street, kann man sich im **Cork Vision Centre** 4 in der alten St. Peter's Church einen Überblick über Cork verschaffen. Ein Modell zeigt die Stadt und ein Film dokumentiert die Geschichte Corks (Di–Sa 10–17 Uhr, Eintritt frei, www.corkvisioncentre.com).

Am anderen Ende derselben Straße, die hier South Main Street heißt, liegt eine Sehenswürdigkeit ganz anderer Art, deren Produkte aber in allen Pubs Corks zu finden sind: die ehemalige **Beamish Brewery** 5. An dieser Stelle befand sich einst ein Kloster, ab dem 17. Jh. eine Brauerei – kein so großer Sprung, waren es doch Mönche, die die Kunst des Bierbrauens am besten beherrschten. Leider hat der Eigner Heineken die Brauerei 2009 ge-

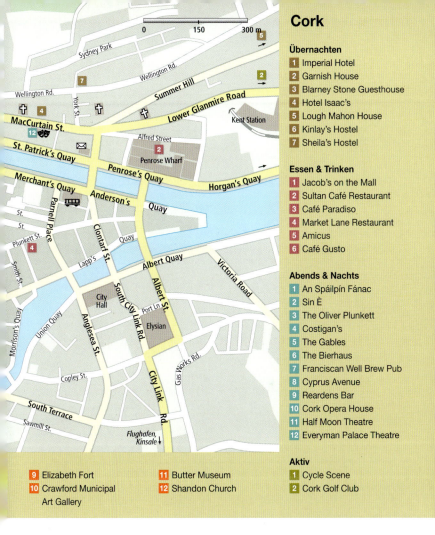

Cork

Übernachten
1. Imperial Hotel
2. Garnish House
3. Blarney Stone Guesthouse
4. Hotel Isaac's
5. Lough Mahon House
6. Kinlay's Hostel
7. Sheila's Hostel

Essen & Trinken
1. Jacob's on the Mall
2. Sultan Café Restaurant
3. Café Paradiso
4. Market Lane Restaurant
5. Amicus
6. Café Gusto

Abends & Nachts
1. An Spáilpín Fánac
2. Sin È
3. The Oliver Plunkett
4. Costigan's
5. The Gables
6. The Bierhaus
7. Franciscan Well Brew Pub
8. Cyprus Avenue
9. Reardens Bar
10. Cork Opera House
11. Half Moon Theatre
12. Everyman Palace Theatre

Aktiv
1. Cycle Scene
2. Cork Golf Club

9. Elizabeth Fort
10. Crawford Municipal Art Gallery
11. Butter Museum
12. Shandon Church

schlossen. Geplant wird von Heineken ein Umbau in ein »Brewery Quarter«, samt Event Centre, aber noch liegen sich Investoren und Stadt in den Haaren.

Gruseliger geht es im **Cork City Gaol** 6 zu, dem alten Gefängnis in Sunday's Well (vom Nordufer des Lee immer geradeaus nach Westen). Das festungsartige Bauwerk wurde zu Beginn des 19. Jh. errichtet und ist heute mit lebensnahen Wachsfiguren inklusive Soundeffekten ausgestattet. Zudem zeigt eine Ausstellung, wie es sich im 19. Jh. in Cork lebte und wie es mit der damaligen Kriminalität aussah. Armut und Rebellion gehörten sicherlich zu den Hauptursachen für ein Ende im Gefängnis. Viele waren allerdings nur kurzfristig dort untergebracht, da sie so schnell wie möglich nach Australien deportiert wurden.

Im selben Komplex befindet sich auch das **Radio Museum** mit Exponaten aus dem RTÉ-Museum, der staatlichen Radio- und Fernsehanstalt (beide Museen: März–Okt.tgl. 9.30–17, Nov.–Febr. tgl. 10–16 Uhr, www.cork citygaol.com).

Cork City und Umgebung

Über die Daly-Bridge wieder zurück auf die City-Insel, findet man sich im größten Parkgelände der Innenstadt wieder, dem **Fitzgerald Park** mit seinen Sportanlagen und einem georgianischen Haus aus dem 18. Jh. Es birgt seit 1945 das **Cork Public Museum** 7, das auf eher konventionelle Art die Geschichte Corks von den Anfängen bis heute darstellt. Besonders hübsch ist die Sammlung an Silber, Glas und Spitzenarbeiten aus Cork (Mo–Fr 11–13, 14.15–17, Sa bis 16, April–Sept. auch So 15–17 Uhr).

St. Fin Barre's Cathedral und Elizabeth Fort

Die **St. Fin Barre's Cathedral** 8 am Südufer des Lee gehört zu den schönsten Kathedralen des Landes. Um 650 gründete hier der hl. Finbarre, der Schutzpatron Corks, eine Klosterschule, die weit über die Grenzen Irlands berühmt wurde. Die heutige Kirche, sie gehört zur anglikanischen Church of Ireland, stammt jedoch aus dem Jahr 1870. Das neogotische Gebäude ist innen außergewöhnlich reich ausgestattet, mit kunstvollen Buntglasfenstern, Marmormosaiken und zahlreichen Figuren (Mo–Sa 9.30–17.30, April–Nov. auch So 12.30–17 Uhr).

Das der Kathedrale gegenüberliegende **Elizabeth Fort** 9, ein auf Anordnung von Königin Elisabeth I. im Jahr 1600 zum Schutz vor einer spanischen Invasion errichtetes Bauwerk, war bis vor Kurzem u. a. auch eine Polizeistation. Seit 2014 wird das Fort in einem Dreijahresplan als Touristenattraktion ausgebaut. Teilweise ist es aber bereits jetzt schon zu besichtigen (vorläufig tgl. 9.30–17 Uhr).

Crawford Municipal Art Gallery 10

Auf dem Weg zum nördlichen Lee-Ufer lohnt ein Abstecher zur **Crawford Municipal Art Gallery**. Sie liegt am **Emmet Place,** dem mit Abstand schönsten Platz Corks, wo noch ein Hauch der alten Handelsstadt zu spüren ist. Das backsteinerne Gebäude allein bietet schon einen hübschen Anblick. Es wurde 1724 als Zollhaus errichtet, dann mehr als 100 Jahre später als Schule für Design genutzt, bis der Kunstmäzen William Horatio Crawford das Haus 1884 erweiterte und in eine Galerie umwidmete. Mittlerweile gibt es einen weiteren, modernen Anbau für die stetig wachsende Sammlung.

Kern der Sammlung sind die Gipsnachbildungen griechischer und römischer Skulpturen, die aus dem Vatikan-Museum stammen. Sehr viel interessanter ist jedoch die Gemäldesammlung mit irischen und europäischen Werken vom 18. Jh. bis zur Gegenwart. Der Schwerpunkt liegt auf irischen Künstlern des 19. und 20. Jh.; gelegentlich werden auch Wechselausstellungen präsentiert (Mo–Sa 10–17, Do 10–20 Uhr, www.crawfordartgallery.ie). Im Haus befindet sich auch ein hübsches Café, das sich eng an die Küche des Ballymaloe House orientiert, die auf frische Zutaten wert legt (Mo–Sa 8.30–16 Uhr).

Shandon

Jenseits des nördlichen Arms des River Lee befand sich zur Blütezeit des Butterhandels im 18. und 19. Jh. das vibrierende, allerdings auch dicht bevölkerte Geschäftszentrum Corks. Heute ist es ein teilweise anheimelndes, eher studentisches, wenn auch allmählich gentrifiziertes Wohnviertel mit Straßen, die steil bergauf führen, und im unteren Bereich ein lebhaftes Amüsierviertel. In der McCurtain Street gibt es etliche Restaurants, Pubs und Hotels und in der Fortsetzung der Straße, der Lower Glanmire Street, viele B & Bs.

Die ehemalige **Butter Exchange,** die Butterbörse, wo einst der gesamte Welthandel mit irischer Butter betrieben wurde, hat ihre Funktion 1924 eingebüßt. Heute befindet sich dort auch das **Butter Museum** 11, das die Geschichte von Butterherstellung und -handel von den Anfängen bis zum Erfolg der berühmten Kerrygold-Butter aufzeigt (März–Okt. tgl. 10–17 Uhr, www.corkbutter.museum).

Wahrzeichen und viel gerühmte Sehenswürdigkeit Corks ist die St. Anne's Church, bekannter unter dem Namen **Shandon Church** 12, gleich gegenüber der Butterbör-

Adressen

Schüler im Museum von Cork

se. Der Turm wurde mit unterschiedlich gefärbten Steinarten erbaut: zwei Seiten aus rotem Sandstein und zwei aus weißem Kalkstein. Von dort oben, zumal auf einem Hügel gelegen, hat man einen weiten Blick über Cork. Hauptattraktion dürfte jedoch das Glockenspiel des Turms sein, das Besucher gegen Entgelt selbst betätigen können (März–Mai u. Okt. Mo–Sa 10–16, So 11.30–15.30, Juni–Sept. Mo–Sa 10–17, So 11.30–16.30, Nov. Febr. Mo–Sa 11–15 So 11.30–15 Uhr).

Infos

Cork City Tourist Office: Grand Parade, Tel. 021 425 51 00, www.corkcity.ie, www.cork.ie.

Übernachten

Traditionshotel ▶ **Imperial Hotel 1:** South Mall, Tel. 021 427 40 40, www.flynnhotels.com. Das Hotel, erbaut 1813 und seit 1845 ein Hotel, ist nicht nur eines der schönsten in Cork, es hat auch Geschichte. Franz Liszt übernachtete hier, ebenso Charles Dickens und – Michael Collins, der die letzte Nacht vor seiner Ermordung hier verbrachte. Mit eleganten Zimmern und einem Wellnessbereich mit Aveda-Produkten. DZ ab 129 €.

Luxuspension im Univiertel ▶ **Garnish House 2:** Western Road, Tel. 021 427 51 11, www.garnish.ie. Die Zimmer in der recht großen Pension gegenüber dem Unigelände reichen von klein und gemütlich bis zu richtigen Luxusräumen, auf jeden Fall sind alle von wirklich gehobenem Hotelstandard. Richtig sensationell ist aber das Frühstücksangebot mit einer riesigen und köstlichen Auswahl. DZ ab 110 €.

Elegantes B & B ▶ **Blarney Stone Guesthouse 3:** Western Road, Tel. 021 427 00 83, www.blarneystoneguesthouse.ie. Ein Traum in Weiß im Univiertel, und das nicht nur wegen der strahlend weißen Fassade, sondern auch wegen der acht Zimmer, die in hellen Tönen gehalten und zauberhaft, wenn auch leicht kitschig eingerichtet sind. DZ ab 99 €.

Zentral ▶ **Hotel Isaac's 4:** 48 MacCurtain Street, Tel. 021 450 00 11, www.isaacscork.com. Das günstig im Stadtzentrum gelegene viktorianische Haus besitzt einen ganz eigenen, sehr anheimelnden Stil. Die Zimmer sind außerordentlich behaglich und mit allem Komfort ausgestattet. Die Fenster nach vorne sind schallisoliert. DZ ab 88 € (ohne Frühstück).

Cork City und Umgebung

> ### Tipp: English Market
>
> Corks traditionsreicher **English Market** 2 in einer opulenten viktorianischen Markthalle aus dem 19. Jh. präsentiert das Beste, was Irland an Kulinaria zu bieten hat. Neben Spezialitäten aus aller Welt gibt es Stände mit all dem guten Käse, der insbesondere im Südwesten produziert wird, Fisch und Meeresfrüchte, Obst und Gemüse, Fleisch und Geflügel, unwiderstehliche Schokolade und anderen Süßkram, frische Snacks und heißen Kaffee und in der oberen Galerie das **Farmgate Café** (Mo–Fr 8.30–16.30, Sa bis 17 Uhr), das all die frischen Zutaten zu traditionellen Gerichten verarbeitet (www.theenglishmarket.ie, Mo–Sa 8–18 Uhr).

Ruhiges B & B ▶ **Lough Mahon House** 5: Tivoli, Tel. 021 450 21 42, www.loughmahon.com. Ein georgianisches Haus mit netten Zimmern etwas abseits an der N8 Richtung Midleton (noch im Einzugsbereich des Stadtzentrums). DZ 60–65 €.

Fröhlich ▶ **Kinlay's Hostel** 6: Bob and Joan's Walk, Shandon, Tel. 021 450 89 66, www.kinlayhousecork.ie. Das liebevoll geführte Haus liegt direkt an der Shandon-Kirche. DZ 48 €, Schlafsaal 16 €.

Zentral ▶ **Sheila's Hostel** 7: 4 Belgrave Place, Wellington Road, Tel. 021 450 55 62, www.sheilashostel.ie. Nahe Shandon und Stadtzentrum. Die Zimmer sind einfach, aber sauber; mit kostenlosem WLAN und hauseigener Sauna. DZ 44–50 €, Schlafsaal 16 €.

Essen & Trinken

Edelrestaurant ▶ **Jacob's on the Mall** 1: 30A South Mall, Tel. 021 425 15 30, Mo–Sa 17–22, Do/Fr auch 12–15 Uhr. Das Restaurant im ehemaligen türkischen Bad ist seit Jahren eines der beliebtesten Restaurants in Cork. Die gekonnt zubereiteten und stilvoll präsentierten Speisen sind modern europäisch mit asiatischen und mediterranen Variationen. Vor allem die Nachspeisen sind äußerst kreativ. Hauptgerichte 17–28 €.

Marokkanisch-libanesisch ▶ **Sultan Café Restaurant & Shisha Lounge** 2: Unit 5, Penrose Wharf, Tel. 021 42 72, Mo–Fr 10–22, Sa 15–23, So 15–22 Uhr. Eine Shisha-Lounge in Irland? Aber klar! Im Vorraum warten Wasserpfeifen, dafür gibt es aber keinen Alkohol. Hinten im Restaurant wird klassische libanesische und marokkanische Küche serviert, und sonntags werden Kochkurse angeboten. Hauptgerichte 12–18 €.

Vegetarisch ▶ **Café Paradiso** 3: 16 Lancaster Quay, Western Road, Tel. 021 427 79 39, Mo–Sa 17.30–22, Sa auch 12–14.30 Uhr. Liebenswertes kleines Restaurant mit ausschließlich vegetarischen Gerichten, die so fantasievoll wie gekonnt aus biologisch angebauten Zutaten zubereitet sind. Hauptgerichte mittags um 15 €, Abendmenü 33/40 €.

Bistro mit Stil ▶ **Market Lane Restaurant** 4: 5 Oliver Plunkett Street, Tel. 021 427 47 10, Mo–Sa 12–22.30, So 13–21 Uhr. Das junge europäische Bistro nutzt die Nähe zum English Market und kauft dort die frischen Zutaten für seine saisonal zubereitete Gerichte mit internationalem Touch, aber ohne zu viel Chichi. Erfreulicherweise wird der Wein auch glasweise ausgeschenkt. Gerichte 7–17 €.

Jung und fröhlich ▶ **Amicus** 5: 23 Paul Street Plaza, Tel. 021 427 64 55, Mo–Fr 10–22, Sa 8.30–22, So 12–22 Uhr. Groß, hell, unbekümmert und lebhaft ist die Atmosphäre, und das Gleiche könnte man vom Speisenangebot sagen: Gerichte aus aller Welt werden hier ohne Firlefanz zubereitet, freundlich serviert und kosten auch nicht allzuviel. Gerichte 7,50–13 €, abends 10–27 €.

Café-Bistro ▶ **Café Gusto** 6: 3 Washington Street. Tel. 021 425 44 46, Mo–Mi 8–17, Do–Sa 7.45–22 Uhr. Für den kleinen Hunger, eine Tasse anständigen Kaffee oder auch zum Frühstück oder Lunch ist dieses kleine Café wie geschaffen. Es gibt Salate und üppig belegte Gourmet-Brötchen oder auch Wraps. Gerichte je nach Tageszeit 2–12 €.

Einkaufen

Haupteinkaufsstraße ist die **St. Patrick's Street** mit Kettenläden und Kaufhäusern. Weitaus interessanter zum Stöbern sind die

Adressen

French Cathedral Street und vor allem die Oliver Plunkett Street samt Nebenstraßen.

Abends & Nachts

Musikpubs ▶ **An Spaílpín Fánac 1**: 27–29 South Main Street (gegenüber des Beamish-Gebäudes). Ein gemütliches, wenn auch eher touristisches Pub. Dafür gibt es fast jeden Abend traditionelle und andere Livemusik. **Sin È 2**: 8 Coburg Street (nahe McCurtain Street): Eines der wenigen verbliebenen ›richtigen‹ Pubs, also ohne touristische Anbiederung und TV. Livemusik gibt es aber, meist traditionell, oft auch Rock oder Blues. **The Oliver Plunkett 3**: 116 Oliver Plunkett Street. Traditionelles irisches Pub mit täglicher Livemusik, das tagsüber auch Essen serviert und kostenloses WLAN bietet. **Costigan's 4**: 11 Washington Street West. Gemütliches traditionelles Pub mit Kamin, Biergarten und Livemusik (So, Mo u. Mi). **The Gables 5**: 31/32 Douglas Street. Mi und So traditionelle Livemusik, Sa Rock und Blues.
Bierkneipen ▶ **The Bierhaus 6**: Popes Quay. Die kleine Kneipe ist ein Paradies für Bierfreunde, vor allem für jene, die Guinness nicht mehr sehen können: Über 220 Biere aus aller Welt werden hier ausgeschenkt, darunter auch Kölsch. **Franciscan Well Brew Pub 7**: North Mall. Mikrobrauerei mit Reinheitsgebot (heißt es jedenfalls), im Angebot auch Weizenbier und Ales, ein Biergarten und eine Führung durch die Brauerei.

Bars und Musikclubs ▶ **Cyprus Avenue 8**: Caroline Street. Einer der besten Läden für Acts, von denen man noch hören wird oder die bereits berühmt sind. Programm über www.cyprusavenue.ie. **Reardens Bar 9**: 26 Washington Street, www.reardens.com. »Bar« ist eine Untertreibung: Hier gibt's Sport (im TV), Essen, ein traditionelles Pub und auf der Bühne Konzerte von Rock, Pop bis zu Trad.
Bühnen ▶ **Cork Opera House 10**: Emmet Place, Tel. 021 427 00 22, www.corkoperahouse.ie. Theater für vielerlei Veranstaltungen, wie Drama, Musical, Konzerte und auch Opern. **Half Moon Theatre 11**: Emmet Place, Tel. 02 14 27 00 22, www.corkoperahouse.ie. Das Studiotheater des Opera House mit intimeren Vorstellungen. **Everyman Palace Theatre 12**: 15 McCurtain Street, Tel. 021 450 16 73, www.everymancork.com. Kleineres Theaterhaus (Drama, Comedy, Konzerte usw.) mit der schönen Palace Bar.

Aktiv

Bootstouren ▶ **Whale of a Time:** Tel. 086 328 32 50, www.whaleofatime.ie. Abenteuertouren in rasanten Schlauchbooten an der Küste Corks, Rundfahrten im Cork Harbour mit Kommentar und Ausflüge zum Wale- und Delfinbeobachten. Abfahrtsorte und Zeiten sind aktuell der Website zu entnehmen. **Sea Safari:** Tel. 086 820 85 65, www.safari.ie. Etwa zweistündige Rundfahrten im Cork Harbour, Delfintouren. Abfahrt ab Lapps Quay, Zeit nach Bedarf.
Busrundfahrt ▶ **Cork City Tour:** www.corkcitytour.com, Juni–Aug., erste Tour um 9.30 Uhr, dann alle 30 Min. Der Bus fährt ab der Grand Parade gegenüber dem Tourist Office zu den wichtigsten Sehenswürdigkeiten im Stadtzentrum mit beliebigem Ein- und Ausstieg. Ohne Ausstieg dauert die Tour 1 Std. 15 Min. Die **Jameson Experience Tour** führt auch zur Whiskey-Destillerie in Midleton einschl. Führung.
Radfahren ▶ **Cycle Scene 1**: 396 Blarney Street, Tel. 021 43 01 183, www.cyclescene.ie. Großer Fahrradladen mit Verleih (15/20 € pro Tag, 80 € pro Woche).
Golf ▶ **Cork Golf Club 2**: Little Island, Tel. 021 435 34 51, www.corkgolfclub.ie.

Termine

Cork International Choral Festival: Anfang Mai, Civic Trust House, 50 Pope's Quay, Tel. 021 421 51 25, www.corkchoral.ie. Chöre aus aller Welt wetteifern in zahllosen Aufführungen miteinander.

Cork Midsummer Festival: 2. Junihälfte, www.corkmidsummer.com, Tel. 021 421 51 31. Ein Multi-Festival in der ganzen Stadt mit Kunstausstellungen, Theater, Musik etc.

Beamish Cork Folk Festival: Anfang Okt., www.corkfolkfestival.com. Folk- und Traditional Music in Pubs und anderen Veranstaltungsorten.

Cork City und Umgebung

Cork Film Festival: ca. Mitte Nov., www.corkfilmfestival.org. Ältestes Filmfestival Irlands mit internationalen und einheimischen Produktionen.
Guinness Cork Jazz Festival: Ende Okt. (Bank-Holiday-Wochenende), www.guinnessjazzfestival.com. Über 1000 Musiker aus ca. 25 Ländern spielen in Pubs, Clubs und anderen Veranstaltungsorten.
Weitere Festivals s. http://festivalscork.com.

Verkehr

Cork Airport: Tel. 021 431 31 31, www.corkairport.com. Der Flughafen liegt etwa 8 km südl. von Cork City. Zwischen dem Flughafen und dem Busbahnhof am Parnell Place verkehren die Air-Coach-Busse von Bus Éireann und von CityLink.
Bahn: Verbindungen mit Cobh und via Mallow mit Limerick und Tralee. Der Bahnhof befindet sich in der Lower Glanmire Road.
Bus: Überland- und Nahverbindungen in alle Richtungen. Der Busbahnhof liegt an der Ecke Merchant's Quay und Parnell Place.
Stadtbus: Vom Stadtzentrum verkehren Stadtbusse in die Vororte.
Taxi: Cork Taxi Co-op: 021 427 22 22, www.corktaxi.ie. In allen Taxis kann mit Kreditkarte oder Bankkarte bezahlt werden. Die Co-op bietet auch eine kostenlose App.

Rund um Cork

East Cork liegt abseits der Haupttouristenströme – sieht man einmal ab von Blarney Castle nördlich der Stadt, das ein Fixpunkt auf jeder Irlandreise ist. Die Landschaft rund um Cork City ist zwar weniger dramatisch als das beliebte West Cork, bietet aber reichlich Sehenswürdigkeiten und dank der Nähe zur Stadt auch viele urbane Annehmlichkeiten.

Blarney Castle und Woollen Mills ▶ D 9

Blarney ist ein hübsches Dorf 5 km nordwestlich von Cork City. Aber kein Besucher scheint es richtig wahrzunehmen, da es völlig vom Blarney Castle und von Blarney Woollen Mills überschattet wird – beides irische Ikonen.

Blarney Castle ist eine Burg aus dem 15. Jh., die einstmals vom MacCarthy-Clan, den Königen von Munster, errichtet wurde. Später wurde es von der britischen Krone konfisziert und 1703 an den Gouverneur von Cork, James Jeffreyes, verkauft, dessen Nachfahren das Anwesen noch immer gehört. Heute ist die Burg eine der wichtigsten Stationen für Touristen, die eine Schnelltour durch Irland machen (Tel. 021 438 52 52, www.blarneycastle.ie, Mai u. Sept. Mo–Sa 9–18.30, So 9–17.30, Juni–Aug. Mo–Sa 9–19, So 9–17.30 Uhr, Okt.–April tgl. 9 Uhr bis Sonnenuntergang).

Etwa um 1800 wurde die den Tourismus fördernde Legende um den Blarney-Stein populär, u. a. auch durch die Berichte des Schriftstellers Walter Scott, der eine Schwäche für Mythen und historische Merkwürdigkeiten hatte. Der **Blarney Stone,** der in 30 m Höhe in die Burgwand eingebaut wurde, soll die Gabe der Beredtsamkeit verleihen.

Die Herkunft dieses Steins liegt im Dunkeln. Möglicherweise brachten ihn Kreuzfahrer aus Palästina mit. Einer anderen Quelle zufolge soll er eine Hälfte des schottischen Krönungssteins Royal Stone of Scone gewesen sein, den Robert Bruce von Schottland Cormac MacCarthy 1314 schenkte. Heute stehen Touristen Schlange, um auf dem Rücken liegend – nur so wirkt es – mit Hilfestellung eines Blarney-Angestellten den Stein zu küssen, nur um die Gabe des inhaltsleeren Plapperns zu erwerben ...

Schönere – und kostenlose – Mythen sind im Schlossgarten, im **Rock Close,** zu entdecken. Lange bevor die Burg entstand, war dieser Garten mit seinen skurril geformten Felsen, einem fast verfallenen Dolmen und uralten Bäumen ein druidischer Hain. Die steinernen Stufen, die Wishing Steps, die zum Hain hinabführen, muss man rückwärts und mit geschlossenen Augen beschreiten. Wer es ohne zu stolpern schafft, bekommt seinen größten Wunsch erfüllt.

Rund um Cork

Das Küssen des Blarney Stone

Woollen Mills, ursprünglich eine Tweedweberei, gegründet von einem der Jeffreyes-Nachfahren, ist heute ein Konzern, der mit einer breiten Palette an irischen Textilprodukten auf der ganzen Insel vertreten ist (die ehemalige Tweedweberei mit großem Laden befindet sich direkt am Schloss).

Übernachten

Traditionshotel ▶ **Blarney Castle Hotel:** Village Green, Tel. 021 438 51 16, www.blarneycastlehotel.com. Ein hübsches viktorianisches Hotel mit reichlich altmodischem Flair, aber allem Komfort, Bar und Restaurant nahe dem Blarney Castle. DZ 70–110 €.

Pub mit Hotel ▶ **Muskerry Arms:** Tel. 021 438 52 00, www.muskerryarms.com. Das über 170 Jahre alte Haus mit Fachwerkfassade war einst nur ein Pub, vermietet aber heute auch recht komfortable modern eingerichtete Zimmer. Im Pub unten gibt es oft Livemusik, also ist es nicht besonders ruhig, doch dafür hat man aber praktischerweise alles samt Restaurant unter einem Dach.

Essen & Trinken

Landgasthaus ▶ **Blairs Inn:** Cloughroe, Blarney, Tel. 021 438 14 70, Mo–Do 12–23.30, Fr/Sa bis 0.30, So 12.30–23 Uhr, Bar-Gerichte tgl. ab 16 Uhr. Das zauberhafte, blumengeschmückte Haus an der R579 nur 5 Min. westlich von Blarney liegt wunderschön an einem Fluss. Das Essen ist von Könnern (aus der berühmten Kochschule Ballymaloe) zubereitet. Hauptgerichte mittags 14–18 €, abends 15–23 €.

Cobh ▶ D 9

Cork Harbour war einst der bedeutendste Hafen Irlands, dank der Tiefwasserrinne und auch dank seiner geschützten Lage. Alle drei Inseln in der **Bucht von Cobh** – Little Island, Fota Island und Great Island – sind mittlerweile durch Dämme mit dem Festland verbunden. Auf **Great Island,** besser bekannt als Cobh, wie der Hauptort heißt, lag der eigentliche Hafen Corks. Von hier aus wurden Gefangene nach Australien verschifft und Butter in alle Welt geliefert. Zahllose Menschen ver-

Cork City und Umgebung

ließen hier irischen Boden, um der Armut zu entfliehen und in die Neue Welt aufzubrechen.

Das Städtchen Cobh, das nach einem Besuch der britischen Königin Viktoria in Queenstown umbenannt wurde, aber 1921 seinen alten Namen zurückerhielt, bildet mit den bunten viktorianischen Häusern und dem – heute kleinen – Hafen einen malerischen Anblick. Überragt wird es von einer viel zu groß geratenen Kirche, der St. Colman's Cathedral aus dem 19. Jh. Davon abgesehen umweht Cobh das Flair eines vorstädtischen Badeorts mit ein wenig Hafenatmosphäre.

Vor dem alten viktorianischen Bahnhof von Cobh, in dem heute die Ausstellung Queenstown-Story untergebracht ist, steht eine anrührende Statuengruppe. Sie stellt Annie Moore und ihre beiden kleinen Brüder dar, die sehnsüchtig über den Atlantik schauen. Die 15-jährige Annie war die erste Emigrantin, die durch die damals berüchtigte ›Einwandererschleuse‹ Ellis Island vor New York das gelobte Land Amerika betrat. Die **Queenstown Story** erzählt die Geschichte der Auswanderer und all der Schiffe, mit denen verzweifelte Iren nach Übersee aufbrachen. Darüber hinaus werden auch die Titanic, die hier vor ihrer ersten und letzten Reise ablegte, und die Lusitania, die 1915 vor dem Old Head of Kinsale von einem deutschen Torpedo versenkt wurde, mit beeindruckenden Dokumenten gewürdigt (www.cobhheritage.com, Mai–Okt. Mo–Sa 9.30–18, So ab 11, Nov.–April Mo–Sa 9.30–17, So ab 11 Uhr).

Übernachten

Boutiquehotel ▶ **Waters Edge Hotel:** Tel. 021 481 55 66, www.watersedgehotel.ie. Einladendes Hotel direkt am Hafen. Die Zimmer – alle mit WLAN – sind groß und manche verfügen über eine eigene Veranda. Das hauseigene Restaurant serviert überwiegend Meeresfrüchte. DZ 129–150 €.

Ruhiges B & B ▶ **Knockeven House:** Rushbrooke, Tel. 021 48117 78, www.knockevenhouse.com. Am Rande von Cobh gelegen und von hohen Bäumen umgeben, ist das Haus aus dem 19. Jh. eine Oase der Ruhe. Die Gästezimmer mit Bad sind geräumig und individuell eingerichtet, das Frühstück ist erstklassig. DZ 100 €.

Essen & Trinken

Bestes Restaurant im Ort ▶ **Gilbert's:** 11 Pearse Square, Tel. 021 481 13 00, Di–Do 9–20.30, Fr/Sa 9–21.30 Uhr. Das urbane Restaurant in einem historischen Haus zu Füßen der Kathedrale serviert in lockerer Atmosphäre verfeinerte (fleischhaltige) Klassiker. Vier schicke Zimmer werden ebenfalls vermietet (DZ 85 €). Gerichte mittags 4,50–13 €, Hauptgerichte abends 19–25 €.

Aktiv

Stadtspaziergang ▶ **Titanic Trail:** Tel. 021 481 52 11, www.titanic.ie, April-Sept. tgl. 11 u. 14 Uhr, ab dem Commodore Hotel, im Winter nach Anmeldung. Ca. einstündige geführte Cobh-Tour zu Fuß mit unterhaltsamen Geschichten zu Titanic und Lusitania mit abschließendem Bier im Pub Jack Doyle's.

Verkehr

Zug: Es gibt eine direkte Verbindung von Cork nach Cobh mit Stopp auf Fota Island.

Rund um Cork

Fota Island ▶ D 9

Ein Haus, ein Garten und ein paar Tiere – so könnte man lapidar zusammenfassen, was diese Insel ausmacht. Allerdings ist das Haus ein prachtvolles Exemplar des Klassizismus, das bis ins 20. Jh. der Familie Smith-Barry gehörte, Abkömmlingen des Normannen Phillip de Barry. Einst ein bescheidenes Jagdhaus, wurde es um 1800 zum eleganten Herrenhaus umgebaut. Im **Fota House,** das vom Irish Heritage Trust verwaltet wird, werden täglich Führungen angeboten (April–Sept. Mo–Sa 10–17, So 11–16 Uhr). Erfrischungen gibt's im **Fota Café** (gleiche Öffnungszeiten).

Und auch der ›Garten‹ des Herrenhauses, **Fota Arboretum,** ist nicht einfach nur ein Garten. Im 19. Jh. angelegt, erstreckt er sich über 11 ha Land. Die teilweise seltenen Baumarten sind daher auch mächtige Exemplare. Auch ein Zierteich, eine viktorianische Orangerie, ein Farnhaus und ummauerte Ziergärten wie z. B. der Rosengarten sind auf dem Gelände zu finden (April–Okt. tgl. 9–18, Nov.–März So–Fr 9–17 Uhr).

Der interessanteste Teil der Insel dürfte jedoch der **Fota Wildlife Park** sein, ein Zoo ohne Gatter und Gitter. Die Tiere dürfen relativ frei umherlaufen – weswegen es auch überwiegend Pflanzenfresser sind, die dort gehalten werden. 70 Spezies sind auf Fota zu Hause, darunter Giraffen, Zebras, Strauße, Antilopen, Affen und Kängurus. Nur die Leoparden sind aus einleuchtenden Gründen eingezäunt. Auf dem Gelände gibt es auch einen Spielplatz, ein Restaurant und einen Andenkenladen (www.fotawildlife.ie, Mo–Sa 10–17, So 10.30–17 Uhr).

Midleton ▶ D 9

Bedeutendste Sehenswürdigkeit Midletons ist die **Old Midleton Distillery,** weshalb die meisten Gäste herkommen. Daneben lohnt sich aber auch ein Ausflug in die kleine Stadt selbst, die mit ihren bunten Ladenfassaden, Pubs und Restaurants neben dem Whiskey auch einiges Anderes für das Wohlbefinden zu bieten hat.

Die alte Brennerei, in der einstmals der Jameson's Whiskey gebrannt wurde, ist ein sorgfältig restaurierter Komplex, in dem Besuchern eine ausgiebige Tour durch die Geschichte und Produktion des irischen Whis-

Stapelweise Whiskey: in der Old Midleton Distillery

Cork City und Umgebung

keys anhand von originalen Schaustücken angeboten wird. Zum Abschluss gibt es in der Jameson's Bar einen Whiskey zum Verkosten, man kann sich im Laden mit Getränken eindecken oder einen Imbiss im hauseigenen Restaurant einnehmen (www.jamesonwhiskey.com, April–Okt. tgl. 10–16.30, Nov.–März Touren tgl. um 11.30, 13.15, 14.30 und 16 Uhr).

Übernachten

Landhaus-B & B ▶ **Loughcarrig House:** Ballinacurra, Tel. 021 463 19 52, www.loughcarrig.com. Idyllisch am Lee-Estuar bei Midleton gelegen, bietet das georgianische Haus behagliche, wenn auch altmodische Zimmer mit allem Komfort. DZ 80 €.

Zentrales Hostel ▶ **An Stór Hostel:** Drury's Lane, Tel. 021 463 31 06, www.anstor.ie. Ansprechendes Hostel mit modernen Zimmern mitten im Ort. DZ 60 €, Schlafsaal 20–25 €.

Essen & Trinken

Deli mit Restaurant ▶ **Farmgate Restaurant:** The Coolbawn, Tel. 021 463 27 71, Di–Sa 9–17, Do–Sa auch 18.30–21.30 Uhr. Das Mutterlokal des Farmgate Cafés in Cork ist in erster Linie ein Delikatessenladen mit all den diversen Köstlichkeiten, die Irland zu bieten hat, aber hinten gibt es auch ein rustikales Restaurant mit feinen Speisen. Gerichte 5–18 €.

Termine

Midleton Food & Drink Festival: 2. Sept.-Wochenende, www.midletonfoodfestival.ie. Stände mit kulinarischen und lukullischen Spezialitäten in der ganzen Stadt, außerdem gibt es Ausstellungen, Kochvorführungen und Märkte.

Verkehr

Bus: Midleton hat gute Busverbindungen mit Cork (ca. alle 30 Min.)

Shanagarry ▶ D 9

Die Küste zwischen Shanagarry und **Whitegate** ist eine touristisch nur wenig erschlossene Region. Lediglich Eingeweihte finden den Weg dorthin – jene, denen etwas an exzellenter Küche und am Angeln liegt.

Aus **Shanagarry** stammte ursprünglich ein gewisser William Penn, der mit der Gründung des US-Bundesstaates Pennsylvania zu Ehren kam. Doch ist dies nicht der Grund für die relative Bekanntheit des Ortes. Wer nach Shanagarry reist, lässt den Ort eher links liegen und eilt zum **Ballymaloe House** (s. Übernachten und Aktiv). In dem alten und romantisch gelegenen Landhaus betreibt die Familie Allen die berühmteste Kochschule Irlands. Gegründet wurde die Schule in den 1960er-Jahren von Myrtle Allen, die ihren Landsleuten beibrachte, wie man frische einheimische Zutaten und traditionelle Rezepte aufs Feinste kombiniert. Darina Allen, die Schwiegertochter von Myrtle, schrieb Kochkolumnen in Zeitungen und hatte auch ihre eigene Kochsendung im Fernsehen, die mittlerweile von Rachel Allen aus der dritten Generation übernommen wurde. Und natürlich gehören die Ballymaloe-Kochbücher zu den Klassikern des Genres.

Übernachten

Landhaushotel ▶ **Ballymaloe House:** Tel. 021 465 25 31, www.ballymaloe.ie. Ballymaloe ist in Irland ein Markenname und eine Institution. Die Feinschmeckerdynastie Allen garantiert in dem prachtvollen georgianischen Landhaus nicht nur ein erstklassiges Frühstück, im hauseigenen Restaurant feine traditionelle Speisen und dazu noch die berühmte Kochschule, sondern auch Unterkunft in nicht allzu überladenem Landhausstil. Hinzu kommen ein Swimmingpool, ein Tennisplatz und ein kleiner Golfplatz. DZ 110–140 €.

Historisches Landhaus ▶ **Barnabrow House:** Barnabrow, Tel. 021 465 25 34, www.barnabrowhouse.ie. Das Haus aus dem 17. Jh., zwischen Cloyne und Shanagarry gelegen, bietet einen wunderbaren Blick auf den Hafenort Ballycotton. Die Zimmer sind umwerfend schön eingerichtet, modern, stilvoll und keineswegs überladen antik. Das hauseigene Restaurant (mittags 20 €, abends 18–75 €) ist ein wenig an eine mittelalterliche Bankettshalle angelehnt. DZ 100 €.

Youghal

Einkaufen
Küchenzubehör und mehr ▶ Ballymaloe Shop: Ballymaloe House, Shanagarry, www.ballymaloeshop.ie. In dem großen Laden gibt es neben den üblichen irischen Töpfer- und Wollwaren auch eine große Palette an Küchenzubehör und natürlich Lebensmittel aus dem Hause Ballymaloe (s. Aktiv).

Aktiv
Berühmte Kochschule ▶ Ballymaloe Cookery School: Ballymaloe House, Tel. 021 464 67 85, www.cookingisfun.ie. Ballymaloe ist die berühmteste Kochschule Irlands. Sie bildet nicht nur Köche aus, sondern bietet auch (nicht gerade billige) kleine Kochkurse für feine irische Küche in Form von Tageskursen an.

Youghal ▶ E 9

Youghal mit dem unaussprechlichen Namen – man spricht es in etwa im Englischen *yawl*, also mit offenem ›a‹ aus – liegt direkt an der Grenze zum County Waterford und zählt sich noch zur ›irischen Riviera‹. Zu Recht, wenn man an die schönen, etwa 5 km langen Sandstrände denkt.

Doch auch die gut erhaltene mittelalterliche Stadt Youghal mit der Stadtmauer aus dem 13. Jh., engen Straßen und einigen historischen Gebäuden ist einen Besuch wert. Das schönste unter den noch erhaltenen Stadttoren ist das **Clock Gate,** das einst als Gefängnis diente. Ein Treppe im Turm führt auf die Mauer, von wo aus sich ein schöner Blick über die Stadt und die Mündung des River Blackwater bietet – der nach dem Shannon der zweitlängste Fluss Irlands ist.

Bei einem Rundgang durch die Stadt wird man auf das eine oder andere Haus aus dem 13. bis 18. Jh. stoßen, so auf die **Alms Houses,** ursprünglich Armenhäuser aus dem Jahr 1610 (heute Privatwohnungen), das **Red House,** ein Stadthaus aus dem 18. Jh. oder **Tynte's Castle,** ein Turmhaus aus dem 15. Jh.

In einem Haus namens **Myrtle Grove** lebte Ende des 16. Jh. Sir Walter Raleigh, dem als zeitweiligem Favoriten von Königin Elisabeth I. das Land um Youghal zugesprochen wurde. Viel Zeit verbrachte der Eroberer, der die erste englische Kolonie in Amerika gründete, nicht in seinem irischen Domizil. Aber immerhin brachte er der europäischen Welt, und mithin Irland, solche exotischen Pflanzen wie Kartoffeln und Tabak. In Youghal soll er die erste Zigarette geraucht haben …

Infos
Tourist Office: Market House, Market Square (neben dem Clock Gate), Youghal, Co. Cork, Tel. 024 201 70, www.youghal.ie, nur im Sommer geöffnet.

Übernachten
Stadthotel ▶ Aherne's Townhouse: 163 North Main Street, Tel. 024 924 24, www.ahernes.net. Das schönste Hotel der Stadt empfängt seine Gäste mit offenem Torffeuer und mit nur wenigen, aber dafür großen Zimmern mit ebenso großen Bädern. Das **Restaurant** im Haus (s. u.) gehört zu den besten der Region. DZ ab 120 €.
Ruhiges B & B ▶ Avonmore House: South Abbey, Tel. 024 926 19, www.avonmoreyoughal.com. Das elegante, ruhig gelegene Haus nahe dem Hafen wurde 1752 gebaut. Moderne, komfortable Zimmer mit eigenem Bad. DZ 64–90 €.
B & B im Ort ▶ Roseville B & B: New Catherine Street, Tel. 024 925 71, www.rosevillebb.com. Zauberhaftes B & B in einem alten rosenroten Haus mit stillem Hintergarten, der auch Gästen offen steht. Die dezent eingerichteten, behaglichen Zimmer haben allen Komfort. DZ 64–72 €.

Essen & Trinken
Fischrestaurant ▶ Aherne's Seafood Restaurant: 163 North Main Street, Tel. 024 924 24, tgl. 18–21.30 Uhr. Ausgezeichnete, raffiniert zubereitete Meeresfrüchte und Fischgerichte. Es gibt aber auch Fleischgerichte wie Lamm oder Steak. Hauptgerichte 22–33 €.

Verkehr
Bus: häufige Verbindungen mit Cork, Waterford und Wexford.

West Cork

West Cork gehört ohne Zweifel zu den schönsten Regionen Irlands und auch zu den beliebtesten unter Künstlern und betuchten Aussteigern und Rentnern. Das milde Klima zusammen mit den Klippen, Buchten und Stränden der Südküste sowie der dramatischen Schönheit der Halbinseln geben dem Landstrich ein Flair, dem kaum jemand widerstehen kann.

West Cork mit seinen niedlichen Küstendörfern, Badeorten, Stränden und den felsigen Buchten wird gern als die ›irische Côte d'Azur‹ bezeichnet. Tatsächlich hat es ein wenig von der französischen Riviera, wenn auch nicht unbedingt klimatisch, so doch vom Flair, das die Besucher und die kontinentalen *Blow-Ins,* wie die etablierten Einwanderer genannt werden, mit sich gebracht haben. Nirgendwo gibt es in einsamer Landschaft so viele gute Restaurants, originelle Kunsthandwerksläden und entzückende Unterkünfte.

Im Sommer tummeln sich von Kinsale bis Baltimore die Jachtbesitzer, die Gourmets und all jene, die feine Lebensart mit der umwerfend schönen Landschaft zu verbinden wissen. Insbesondere Kinsale ist eine Postkartenidylle, fast so, als wäre es vom Tourist Board erfunden worden, während das abgelegene Baltimore ein scheinbar wildes Nest ist – aber so schön, dass man für immer dort bleiben möchte.

Mizen Head und Sheep's Head gehören zu den ›Geheimtipps‹, so es dergleichen in West Cork überhaupt noch geben mag. Einsame Regionen allerdings gibt es noch zuhauf, auch wenn die Landschaft dort weniger dramatisch ist. An der Küste beispielsweise gibt es versteckte Kleinodien, die selten in einer Tourismusbroschüre auftauchen.

Nach Meinung vieler Kenner ist auch die Beara Peninsula weitaus reizvoller als die Iveragh Peninsula – der Ring of Kerry –, zumal sich dort der Massentourismus dort in Grenzen hält. Außer in der Bantry Bay, wo das farbenfrohe Marktstädtchen Bantry mit dem historischen, aber sehr lebendigen Bantry House den kulturellen und kommerziellen Mittelpunkt der Region darstellt.

Und dann sind da ja auch noch die Inseln vor der Insel, manche bewohnt, andere menschenleer. Clear Island, Sherkin Island und an der Spitze von Beara Dursey Island – sie gehören zu den schönsten Inseln, wo man in entspannter Abgeschiedenheit die Seele baumeln lassen kann, ohne sich auch nur eine Minute zu langweilen.

4 Kinsale ▶ D 10

Kinsale, Eingangstor zu West Cork: Der Ort ist so farbenfroh und malerisch, so voller guter Restaurants, Bars und Läden, nicht zu vergessen die historischen Sehenswürdigkeiten, dass es zu den bei Touristen beliebtesten Städtchen gehört. Das mag die Preise in die Höhe getrieben haben, hat der pittoresken Ansicht aber keinen Abbruch getan.

Der Name Kinsale ist mit dem Ende des gälischen Irland verknüpft. Im Jahr 1601 eilte Hugh O'Neill, Earl of Tyrone, von Ulster gen Süden, um gegen die Vormacht der Engländer zu kämpfen. Ein spanische Flotte kam ihm zur Hilfe, doch schlugen die Feinde sie in der *Battle of Kinsale.* 1607 verließen die irischen Aristokraten die Insel und flohen auf den Kontinent. Kinsale blieb bis zum Ende des 18. Jh. Sperrgebiet für Iren bzw. Katholiken im Allgemeinen.

Kinsale

Desmond Castle

Desmond Castle erinnert an die spanische und auch französische Präsenz. Die Spanier nutzten das um 1500 vom Earl of Desmond als Zollgebäude errichtete Stadthaus 1601 als Stützpunkt. Im 17. und 18. Jh. wurden dort französische und spanische Kriegsgefangene untergebracht und im 19. Jh., während der Großen Hungersnot, drängten sich in dem nun zum Armenhaus umgewidmeten Gemäuer bis zu 200 Menschen. Heute ist hier das **International Museum of Wine** untergebracht, in dem die Geschichte des irischen Weinhandels dokumentiert wird (Cork Street, Mitte April–Anfang Okt. tgl. 10–18 Uhr, nur mit Führung). Der Besucher erfährt, inwiefern der Weinhandel mit Rebellion, Schmuggel und Auswanderung zu tun hatte oder welche berühmten Weine und Weinprodukte von Iren vertrieben werden, so wie jenes edle Erzeugnis des Richard Hennessy, der im 18. Jh. von Cork nach Cognac in Frankreich ging und sich dort niederließ ...

Regional Museum und St. Multose Church

Das Museum Kinsales im **Old Court House** (17. Jh.) an der Market Lane zeigt einen kunterbunten und allzu reichhaltigen Mix an allen möglichen Artefakten. Die maritime Vergangenheit der Stadt steht im Mittelpunkt, doch wird auch der Rebellionen, der Flucht der Grafen und der Lusitania gedacht. In diesem Haus nämlich, einst Gerichtsgebäude, später Markthalle, fand 1915 die erste Untersuchung zum Untergang der Lusitania statt, die vor dem Old Head of Kinsale von einem deutschen U-Boot torpediert worden war (Sa 10–17, So 14–17 Uhr).

Nicht weit davon entfernt liegt auch die älteste Kirche Kinsales, die anglikanische **St. Multose Church,** deren frühester Teil aus dem 12. Jh. stammt und von Normannen errichtet wurde. Den Namen erhielt sie nach dem Schutzheiligen Kinsales aus dem 6. Jh.

Charles Fort

Etwas außerhalb Kinsales, in Summercove in östlicher Richtung an der Straße nach Cork, befindet sich das imposante sternförmige **Charles Fort,** das Mitte des 17. Jh. von den Engländern erbaut wurde, die gegen künftige Invasoren gewappnet sein wollten. Bis 1922, als die IRA es niederzubrennen versuchte, blieb es Kaserne britischer Soldaten.

Heute ist es ein Nationaldenkmal, so riesig, dass man sich Zeit lassen sollte, um es zu erkunden. In einem der Gebäude befinden sich ein **Café** und eine **Ausstellung** zur Geschichte des Forts (Mitte März–Okt. Di–So 10–18, Nov.–Mitte März Di–So 10–17 Uhr, letzter Eintritt 1 Std. vor Schließung).

Infos

Tourist Office: Pier Road, Kinsale, Co. Cork, Tel. 021 477 22 34, www.kinsale.ie.

Übernachten

Edles Stadthotel ▶ Blue Haven Hotel: 3/4 Pearse Street, Tel. 021 477 22 09, www.bluehavenkinsale.com. Das bildhübsche Hotel mitten im Ort (mit Parken kann es etwas schwierig werden) hat zwar wegen seines Charakters nur relativ kleine Räume, aber die sind elegant und behaglich eingerichtet. Fein sind auch das Restaurant und die schicke Loungebar. DZ ab 130 €.

Feines Landhaus ▶ The Glen House: Kilbrittain, Tel. 023 884 98 62, www.glencountryhouse.com, April–Okt. Ruhigere Nächte als im Ort selbst bietet das schöne Glen House etwa 20 km westlich von Kinsale in herrlicher Umgebung. Die Zimmer sind groß und luxuriös, Frühstück und Afternoon Tea sind im Preis enthalten. DZ ab 110 €.

Modernes B & B ▶ Blindgate House: Blindgate, Tel. 021 477 78 58, www.blindgatehouse.com. Das Haus in ruhiger Lage (mit Parkplätzen!) aber in Laufnähe zum Stadtzentrum bietet große helle und modern eingerichtete Zimmer mit Hotelkomfort. DZ ab 99 €.

Ruhiges B & B ▶ Woodlands House: Bandon Road, Tel. 021 47 72 633, www.woodlandskinsale.com. Das hübsche Haus liegt in einer ruhigen Gegend oberhalb von Kinsale, aber noch in Laufnähe zum Stadtzentrum. Die Zimmer sind zwar einfach, aber behag-

West Cork

lich, das Frühstück abwechslungsreich. DZ 70–90 €.

Zentrales B & B ▶ **Tierney's Guesthouse:** 70 Main Street, Tel. 021 477 22 05, www.tierneys-kinsale.com. Ein niedliches Gasthaus mitten im Ort, daher nicht unbedingt ruhig. Die neun Zimmer sind modern eingerichtet und in dezenten Farben gehalten, aber immer noch sehr behaglich, wenn auch etwas klein. DZ 89 €.

Ruhiges Hostel ▶ **Dempsey's Hostel:** Eastern Road, an der R600 von Cork kommend direkt am Eingang von Kinsale, Tel. 021 47 72 124, www.hostelkinsale.com. Mit voll eingerichteter Küche, Wintergarten mit Billardtisch, Fernsehraum und Garten. Schlafsaal mit drei bis fünf Betten 20 €. p. P.

Essen & Trinken

Ausflugslokal ▶ **Man Friday:** Scilly, Tel. 021 477 22 60, Mo–Sa ab 17, So 12.30–21.30 Uhr. Das Lokal hoch über dem Hafen und mit mehreren unterschiedlich gestylten Räumen bietet bodenständige, sehr gut zubereitete Küche, hauptsächlich Meeresfrüchte. Hauptgerichte 23–32 €.

Weinbar ▶ **Max's Wine Bar:** 48 Main Street, Tel. 021 477 24 43, tgl. 18–22 Uhr. Ein lebhaftes und behagliches Restaurant, das schon eine Institution in Kinsale ist. Die Küche ist eher französisch ausgerichtet, wechselt je nach Tagesangebot. Es gibt auch traditionelle irische Gerichte wie Lammrücken sowie eine gute vegetarische Auswahl. Menü vor 19.30 Uhr (Sa vor 19 Uhr) 24,50/30 €, Hauptgerichte 23–28 €.

Erstklassiges Fischlokal ▶ **Fishy Fishy Café:** Crowley's Quay, Tel. 021 470 04 15, www.fishyfishy.ie, tgl. 12–21 Uhr, im Winter seltener geöffnet. Das zweite (große) Restaurant des legendären Fischgeschäfts samt Imbiss ist noch immer das beliebteste (abends reservieren!) und eines der besten Fischlokale Irlands. Frischeste Meeresfrüchte werden delikat zubereitet und in einem lichten und modernen Ambiente serviert. Gerichte 7,50–30 €.

Restaurant mit Töpferei ▶ **Crackpots:** 3 Cork Street, Tel. 021 477 28 47, tgl. 18–

Kinsale bei Nacht

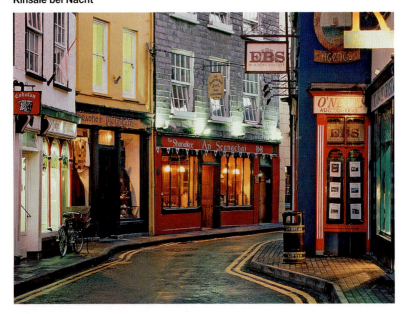

Kinsale

22 Uhr. Kleines gemütliches Lokal mit Gartenterrasse, das sich auf Meeresfrüchte konzentriert, aber auch eine interessante Auswahl an vegetarischen Gerichten hat. Da eine Töpferei zum Haus gehört, kann man das Geschirr in der Galerie auch gleich kaufen. Gerichte 5–28 €.

Café ▶ **Lemon Leaf Café:** 70 Main Street, Tel. 021 470 97 92, Mo–Fr 8.30–16.30, Sa/ So bis 17 Uhr. Das hübsche Café mitten im Ort ist ideal für eine kleine Pause. Neben einer breiten Frühstücksauswahl und leckeren Kuchen gibt es auch kleine Gerichte wie Suppen, Salate, Sandwiches und Quiches. Frühstück 4,50–9 €, Mittagsimbiss 5–14 €, Kuchen 3–5 €.

Einkaufen

Irisches Leinen ▶ **Granny's Bottom Drawer:** 53 Main Street, Tel. 021 477 48 39, Mo–Sa 10–18 Uhr. Schönes Irisches Leinen, Wollwaren, Tischwäsche, Zinnschmuck und viele nette Kleinigkeiten fürs Haus.

Kristallgläser ▶ **Kinsale Crystal:** Market Street, Tel. 021 477 44 63, www.kinsalecrystal.ie, Mo–Fr 9–17.30, Sa 10–18, So 12–18 Uhr. Edle Kristallwaren, von ehemaligen Glasmeistern aus Waterford gefertigt und nur hier erhältlich.

Silberschmuck ▶ **Kinsale Silver:** Pearse Street, Tel. 021 477 43 59, Mo–Sa 10–18 Uhr. Handgearbeiteter Silberschmuck, teils keltische Motive, aber auch moderne Kreationen.

Kunst ▶ **Kinsale Art Gallery:** Pier Head, Tel. 021 477 36 22, www.kinsale-art-gallery.ie, tgl. geöffnet. Hier finden Kenner Gemälde von irischen Künstlern, die weit über Cottage-Romantik hinausgehen.

Abends & Nachts

Kinsale hat ein blühendes Nachtleben mit Nightclubs überwiegend in den Hotels und Livemusik in vielen Pubs und Bars. Im Folgenden eine Auswahl an Pubs, die noch ein wenig irische Atmosphäre haben. Weitere Adressen auf www.kinsalepubs.ie.

Traditionspub ▶ **The Tap Tavern:** Church Place. Das uralte, gemütliche Pub nahe der St. Multose Church bietet ein ruhiges Pint ebenso wie im Sommer traditionelle Livemusik an Samstagabenden.

Ausflugspub ▶ **The Spaniard Inn:** Scilly. Freundliches, altmodisches Pub, das im Vorort Scilly Richtung Charles Fort einen schönen Blick über den Hafen von Kinsale bietet. Wöchentlich Livemusik, gutes Essen im Restaurant.

Musikpub ▶ **The Bulman:** Summercove. Altmodisches Pub mit verschiedenen Räumlichkeiten und Restaurant. Livemusik von Rock über traditionelle irische Musik bis hin zu Tanzmusik.

Bar & Club ▶ **The White Lady:** White Lady Hotel, Lower O'Connell Street, www.whiteladyhotelkinsale.ie, Fr/Sa 23.30–2.30, So 23–2 Uhr. Ein Schicki-Club mit DJs, Livemusik zum Tanzen und natürlich feinen Cocktails.

Aktiv

Stadtbesichtigung ▶ **Kinsale Road Train:** Tel. 087 750 27 37. Die kleine Bimmelbahn auf Rädern führt mit Kommentar durch Kinsale, bis zum Charles Fort und zurück. Sie startet an der Bushaltestelle in der Pier Road mehrmals zwischen 10 und 17 Uhr.

Reiten ▶ **Ballinadee Stables:** über die R600 östlich von Kinsale zu erreichen, Tel. 021 477 81 52, www.ballinadeestables.com. Ponytreckking, Reitunterricht und -ausflüge.

Bootstouren ▶ **Kinsale Harbour Cruises:** Tel: 021 477 89 46, mobil 086 250 54 56, www.kinsaleharbourcruises.com. Bootsrundfahrten ab Yachthafen. **Whale of a Time:** Tel. 086 328 32 50, www.whaleofatime.ie. Mit dem Schnellboot über die Gewässer vor Kinsale, um Delfine oder Wale zu beobachten, die Küste zu erkunden oder nur, um über die Wellen zu brettern – *a whale of a time* (›Riesenspaß‹) ist garantiert. Abfahrten außer von Kinsale auch von Cobh, Cork City, Crosshaven und East Ferry.

Wassersport ▶ **Oysterhaven Centre:** Oysterhaven, Tel. 021 477 07 38, www.oysterhaven.com. Windsurfen, Segeln, Dinghi- und Kanufahren. Ausrüstung wird verliehen und auch Unterricht erteilt.

Golf ▶ **Old Head Golf Links:** Old Head of Kinsale, Tel. 021 477 84 44, www.oldhead.

West Cork

com. Der vermutlich exklusivste Golfclub Irlands, der erst 1997 auf der schmalen Landzunge Old Head of Kinsale etabliert wurde, die seither Normalsterblichen versperrt ist.

Termine
Kinsale Arts Festival: Mitte Sept., www.kinsaleartsfestival.com. Eine Woche lang Konzerte, Sessions, Kunstausstellungen, Paraden, Lesungen, Theater und Workshops.
Kinsale Gourmet Festival: 2. Oktoberwochenende. Ein Wochenende für Gourmets, da die besten Restaurants Kinsales, von denen es mehr gibt als in manch größerer Stadt, sich selbst mit tollen Kreationen übertreffen. Daneben gibt es ›Probierrunden‹, wo man in jedem Lokal die Kochkunst des Chefs testen kann, abendliche Unterhaltung mit Musik, gutem Essen und Wein. www.kinsalerestaurants.com.

Verkehr
Bus: häufige Verbindungen mit Cork City (ab Pier Road).

Clonakilty ▶ C 10

Karte: S. 216/217

Ist Kinsale Sinnbild des eleganten West Cork, so symbolisiert **Clonakilty** 1 sicherlich das Bodenständige der Region. Farbenfroh und malerisch ist aber auch dieser außerordentlich hübsche Ort mit den engen Sträßchen und den vielen Pubs.

Das Städtchen, das im 17. Jh. vom ersten Earl of Cork gegründet und mit englischen Protestanten besiedelt wurde, ist der Geburtsort von Michael Collins (1890–1922), jenes Helden des Osteraufstands, der schließlich in London den Unabhängigkeitsvertrag unterzeichnete. Er ist in der Nähe von Macroom, westlich von Cork City, ermordet worden. 2002 enthüllte Liam Neeson, der ihn im gleichnamigen Film darstellte, auf dem Emmet Square von Clonakilty eine Statue von Collins.

Am Stadtrand in der Inchydony Road (ausgeschildert) wartet eine weitere Attraktion, jedenfalls für Eisenbahnbegeisterte.

Das **West Cork Model Railway Village** präsentiert Cork im Miniataturformat: Einige Städtchen, wie Clonakilty, Kinsale und Dunmanway, wurden darin nachgebaut und zwischen ihnen saust eine Modelleisenbahn umher, dass es eine Freude ist. Eine richtige Bahn (mehr oder weniger) fährt ab dem Model Village durch Clonakilty und nach Inchidoney (April–Aug. tgl. 10–18 Uhr, www.modelvillage.ie).

Infos
Tourist Office: 25 Ashe Street, Clonakilty, Co. Cork, Tel. 023 883 32 26, www.clonakilty.ie.

Übernachten
Historisches Hotel ▶ **O'Donovan's Hotel:** Pearse Street, Tel. 023 883 32 50, www.odonovanshotel.com. Das sehr praktisch mitten in der Stadt gelegene Hotel mit seinem irischen Namen (Óstán Uí Dhonnabháin) ist das älteste in Clonakilty und blickt auf illustre Gäste aus dem irischen Befreiungskampf zurück. Die Zimmer sind klein, aber komfortabel, und es gibt eine Bar mit Livemusik (meistens Trad. natürlich). DZ 90 €.
Traditionshotel ▶ **Emmet Hotel:** Emmet Square, Tel. 023 883 33 94, www.emmethotel.com. Ein schnuckeliges kleines Hotel am schönsten Platz der Stadt mit geschmackvoll eingerichteten Zimmern und schönen Bädern. Mit Nachtclub, Pub und Bistro. DZ ab 115 € (Online-Angebote ab 80 €).
B & B mit Restaurant ▶ **An Sugan:** 41 Wolfe Tone Street, Tel. 023 883 37 19, www.ansugan.com. Pension in einem alten georgianischen Haus mit liebevoll modern eingerichteten Zimmern. Sie gehört zum recht guten Restaurant nebenan (tgl. 12–21.30 Uhr), das überwiegend Meeresfrüchte serviert (Hauptgerichte 13–28 €). DZ 90–100 €.

Essen & Trinken
Zu den besseren Restaurants gehören **O'Keeffe's** (tgl.12.30–14.30, Sa auch 18.30–21.30 Uhr) neben dem Emmet Hotel und **An Sugan** (s. Unterkunft).
Lokale Spezialitäten ▶ **Malt House Granary:** 30 Ashe Street, Tel. 023 883 43 55, tgl.

Clonakilty

17–22 Uhr, Nov.–Mai So u. Mo geschl. Das Malthouse (Mälzerei) gehörte einst zu einer Brauerei aus dem 18. Jh. Das Essen wird aus lokalen Zutaten (Fisch, Geflügel, Käse) gekonnt zubereitet. Hauptgerichte 17–22 €.
Bistro & Café ▶ **Richy's Bar & Bistro:** Wolfe Tone Street, Tel. 023 882 18 52, www.richysbarandbistro.com, tgl. ab 17 Uhr. Das hübsche Restaurant mit kreativer Küche (z. B. Pizza mit Clonakilty Black Pudding) führt in einem Teil auch das **R Café** (9–18 Uhr, um 10 €) mit Frühstück, Mittagsimbiss und Afternoon Tea. 3-Gänge-Menü 27,50 €, Hauptgerichte um 24 €, Pizza 10–15 €.

Einkaufen

Wochenmarkt ▶ **Clonakilty Market:** Recorder's Alley, Pearse Street (am O'Donovan's Hotel), Fr 9–14 Uhr.

Abends & Nachts

Musikpubs ▶ **De Barra's:** 55 Pearse Street. In diesem herrlich altmodischen Pub wird fast täglich Livemusik geboten, ob traditionell irisch oder Rock. **An Teach Beag:** Recorder's Alley. Das niedliche ›Cottage‹ gleich hinter O'Donovan's Hotel ist eines der hübschesten Pubs in Clonakilty. Samstags gibt es traditionelle Livemusik. Im Winter nur Sa geöffnet.

Verkehr

Bus: Regelmäßige Verbindungen von und nach Clonakilty mit Skibbereen und Cork sowie mit Rosscarbery, Ballydehob, Bantry und Courtmacsherry.

Umgebung von Clonakilty

Inchydoney Island 2 ist eine kleine Halbinsel, die Clonakilty vorgelagert ist und einen Hauch Exklusivität bietet. Feine Sandstrände und malerische Klippen kennzeichnen die Landzunge, gesäumt von teuren Apartments und einem Luxushotel, dem Inchydoney Lodge & Spa.

Die Courtmacsherry Bay bzw. die schmale Bucht des Argideen River, der in die Bay mündet, ist ein kleiner Geheimtipp unter jenen, denen Kinsale und Clonakilty zu betriebsam sind. **Courtmacsherry** 3 ist ein kleiner Ort, in dem man sich ganz abgeschieden von allzu viel Tourismus erholen kann, während in **Timoleague** 4 die Ruine einer Franziskanerabtei liegt, die aus dem 13. Jh. stammt. Die Mönche dieses Klosters machten seinerzeit einen guten Batzen Geld mit spanischem Weinimport.

Auf der anderen Seite von Clonakilty versteckt sich ein weiteres recht ruhiges Kleinod an einer winzigen Bucht. **Rosscarbery** 5 blickt auf eine lange monastische Geschichte zurück, von der aber nicht mehr viel zu entdecken ist. Dafür bietet der Ort beschauliche Ruhe und einen wunderschönen Dorfplatz, der einen fast mediterranen Eindruck macht – zumindest im Sommer.

Nicht weit von Rosscarbery Richtung Glandore liegt der bekannteste Steinkreis im County, der **Drombeg Stone Circle** 6. Der mehr als 2000 Jahre alte Steinkreis besteht aus 17 Steinen mit einem flachen Altarstein am Eingang, auf den bei Sonnenaufgang zur Wintersonnenwende die ersten Sonnenstrahlen fallen.

Übernachten

... auf Inchydoney
Wellness ▶ **Inchydoney Island Lodge & Spa:** Inchydoney Island, Tel. 023 331 43, www.inchydoneyisland.com. Absoluter Luxus: Die Anlage mit den eleganten Zimmern und einem feinen Restaurant liegt traumhaft auf der kleinen Halbinsel Inchydoney vor den Toren Clonakiltys und ist umrahmt von zwei der schönsten Sandstrände West Corks. Das Hotel bietet Thalassotherapie, Packungen, Schönheitsbehandlungen u. v. a. m. DZ ab 160 €, Apartments ab zwei Nächten ab 395 €.

... in Courtmacsherry
Viktorianisches Landhaus ▶ **Courtmacsherry Hotel:** Tel. 023 884 61 98, www.courtmacsherryhotel.ie. Die Zimmer in dem hübschen Hotel mit Blick auf die Courtmacsherry Bay sind im viktorianischen Stil eingerichtet, bieten aber jeden modernen Komfort. Das Haus vermietet auch acht Ferienhäuser. DZ 90–110 €, FH 300–750 € p. W. (je nach Jahreszeit).

Cork und Beara

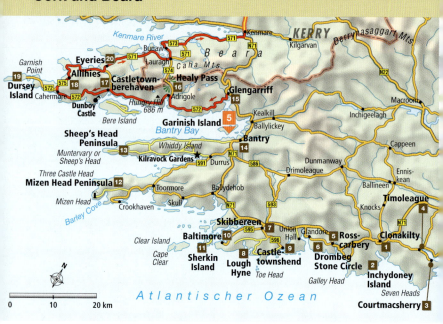

... in Rosscarbery
Modernes Hotel ▶ Celtic Ross Hotel: Tel. 1850 27 27 37 u. 023 88 48 722, www.celticrosshotel.com. Das recht große Hotel mit dem markanten, auf mittelalterlich gemachten Turm liegt etwas außerhalb des Orts und hat ein holistisches Wellnesszentrum. Die Zimmer sind modern-elegant und haben allen Komfort. DZ ab 100 €.
Elegantes B & B ▶ De Barra Lodge: Tel. 023 885 19 48, www.debarralodge.com. Das moderne Haus ist nicht einfach zu finden (an der N71 kurz vor der Brücke ausgeschildert), aber die Zimmer sind hell und modern mit fast schon Hotelstandard. DZ 70–90 €.

Essen & Trinken
... in Rosscarbery
Originelles Restaurant ▶ O'Callaghan-Walshe: The Square, Tel. 023 884 81 25, Di–So 18.30–21.15, im Winter nur Sa/So (vorher anrufen). Das Restaurant am schönen Dorfplatz wirkt so kunterbunt zusammengewürfelt, dass es schon wieder Stil hat. Sehr gute täglich wechselnde Gerichte. Fisch und Meeresfrüchte, ganze Hummer und sorgfältig zubereitete Beilagen, wie hausgebackenes Brot, sind die Spezialitäten des Hauses. Hauptgerichte 17–35 €.

Abends & Nachts
... in Rosscarbery
Musikpub ▶ O'Brien's Bar: Sa traditionelle Livemusik. **Nolan's Bar:** Pub am Dorfplatz mit Livemusik im Sommer (Do) und Terrasse.

Termine
Courtmacsherry Sandbank Races: Mitte Juli. Pferde- und Ponyrennen am Strand von Courtmacsherry.

Skibbereen ▶ C 10

Karte: oben
Skibbereen 7, die ›Hauptstadt‹ West Corks, war im 19. Jh. Schauplatz der schlimmsten Auswirkungen der Großen Hungersnot. Heute sind Städtchen und Umgebung nicht nur ein bevorzugter Zweitwohnsitz betuchter Men-

schen, sondern auch eine liebenswerte Metropole der Kunst- und Alternativszene von West Cork.

Schön im Sinne von Kinsale oder Clonakilty ist Skibbereen eigentlich nicht, dafür besitzt es aber eine interessante Sehenswürdigkeit: das **Heritage Centre** in der Upper Bridge Street im Old Gasworks Building (www.skibbheritage.com), das die Auswirkungen der Großen Hungersnot darstellt. Auf dem Gelände eines ehemaligen Zisterzienserklosters aus dem 14. Jh. wurde damals ein Massengrab für die Hungeropfer ausgehoben. Etwa 10 000 Menschen sollen auf dem Abbeydrewery Cemetary begraben sein.

Im gleichen Gebäudekomplex befindet sich auch das **Lough Hyne Interpretative Centre** (Ende Mai–Ende Sept. Mo–Sa 10–18, Mitte März–Mitte Mai, Ende Sept./Okt. Di–Sa 10–18 Uhr), in dem die hiesige Flora und Fauna veranschaulicht wird.

Infos

Tourist Office: North Street, Skibbereen, Co. Cork, Tel. 028 217 66, www.skibbereen.ie.

Skibbereen

Übernachten

Familienluxus ▶ **Liss Ard Estate:** Castletownshend Road, Tel. 028 400 00, www.lissardestate.com. Das elegant modernisierte viktorianische Landhaus in einem riesigen Park ist ideal für Familien, da besonders für Kinder gesorgt wird (viele Aktivitäten und Babysitterservice). Ein tolles Restaurant gehört zum Haus. DZ 110–150 € (Kinder unter 12 J. kostenlos).

Traditionshotel ▶ **West Cork Hotel:** Ilen Street, Tel. 028 212 77, www.westcorkhotel.com. Die Zimmer in dem behaglichen Hotel im Ortszentrum sind elegant eingerichtet und hell. Gemütliche Bar mit Ledersesseln, im Restaurant mittags einfache Gerichte, abends gutbürgerliche Küche (Hauptgerichte 12–25 €). DZ ab 99 €.

Schräges B & B ▶ **Bridge House:** Bridge Street, Tel. 028 212 73, www.bridgehouseskibbereen.com. Das Haus mitten im Ort mag von außen nicht nach viel aussehen (wenn auch bunt und blumig!), innen ist es jedoch eine wahre Offenbarung an verkruschtelter Einrichtung mit so viel Schnickschnack, dass man sich Sightseeing draußen sparen kann. DZ ab 80 €.

Essen & Trinken

Café mit Tapas ▶ **Riverside Café:** North Street, Tel. 028 400 90, Di–Sa 12–15.30, Fr/Sa auch 18–22 Uhr. Das hübsche Café ist eigentlich eher ein Bistro, mit Terrasse am Fluss. Hier werden in lässiger Atmosphäre leckere Kleinigkeiten serviert, darunter auch hausgebackenes Brot, und abends auch größere Gerichte mit mediterranem Einschlag und reichlich vegetarischer Auswahl. Kleine Speisen können auch zum Mitnehmen gekauft werden. Gerichte mittags 6–9, abends 10–26 €.

Café-Bistro ▶ **Kalbo's Café:** 26 North Street, Tel. 028 215 15, Mo–Sa 9–17, Fr/Sa 18–21 Uhr. Das einstige Restaurant ist kürzlich umgezogen und hat sich verkleinert. Die Gerichte (und hausgemachten Kuchen) haben sich jedoch nicht verändert: Sie sind nach wie vor einfach, aber sehr gut zubereitet. Mittags unter 12, abends unter 20 €.

West Cork

Einkaufen
Bauernmarkt ▶ Farmers' Market: Old Market Square, Sa 9.30–13.30 Uhr.

Abends & Nachts
Kulturzentrum ▶ West Cork Arts Centre: North Street, Tel. 028 220 90, www.westcorkartscentre.com. Ausstellungen, Tanz, Theater, Kurse, Filmclub, Lesungen etc.

Termine
Skibbereen Arts Festival: letzte Juliwoche, www.skibbereenartsfestival.com. Konzerte, Comedy, Theater, Kinderaktivitäten und Ausstellungen.

Verkehr
Bus: Verbindungen mit Cork, Bantry und Killarney.

Umgebung von Skibbereen
Der **Lough Hyne** [8] im Süden Skibbereens ist ein stark salzhaltiger Binnensee, der nur durch einen sehr schmalen Isthmus mit dem Meer verbunden ist und wegen seiner einzigartigen Fauna und Flora unter Naturschutz steht. Eine Legende erzählt, dass Fineen O'Driscoll, der Letzte des lokalen Clans, vor vielen hundert Jahren auf der kleinen Insel im See einen Goldschatz vergraben hat.

Die beiden Orte Glandore und Union Hall, die sich jeweils am anderen Ufer des fjordartigen Glandore Harbour gegenüberliegen, gehören zu den hübschen Dörfern an der Küste, die gerne von Hochseeanglern und Seglern besucht werden. Beide kleben malerisch an Felsen, eingebettet in eine Vegetation, die in diesem milden Mikroklima üppig gedeiht. **Glandore** vor allem bietet mit dem Blick über die Bucht eine Aussicht wie gemalt und auch der Eingang der protestantischen Kirche aus dem 19. Jh., der durch den Felsen geht, wird gerne fotografiert.

Union Hall verfügt über einen winzigen, aber aktiven Fischereihafen, in dem natürlich auch die Jachten der Segler anlegen. Es ist ein kleines, fast alltägliches Dorf, aber sehr liebenswert irisch mit seinen lebhaften Pubs und den kleinen Tante-Emma-Läden. Das Ceim Hill Museum am Ortsrand, ein 500 Jahre altes Farmhaus, ist eine interessante Privatinitiative. Dort sind Fundstücke aus der Umgebung vom Neolithikum an ausgestellt, aber auch traditionelle Gebrauchsgegenstände, wie sie einstmals in alten Farmhäusern vorhanden waren. Ein Raum ist dem Unabhängigkeitskrieg gewidmet (nach Vereinbarung, Tel. 028 362 80).

Ein wahres Schmuckstück ist der kleine Ort **Castletownshend** [9], an der schmalen Bucht mit dem schönen Namen Castle Haven gelegen. Das Dorf hatte sich im 18. Jh. rund um das Schloss, das dem Ort den Namen gab, entwickelt. Das Schloss selbst, im 17. Jh. von der Familie Townshend errichtet und seither von ihnen bewohnt, bietet Gästen ein paar Zimmer als B & B und im Turm auch Ferienwohnungen an (s. Übernachten). Die ungewöhnlich großen Steinhäuser von Castletownshend hangeln sich an einer steilen Straße den Berg hinauf. Überragt wird der Ort von der St. Barrahane's Church, in der im Juli und August ein kleines Festival der klassischen Musik stattfindet.

Übernachten
... in Union Hall

B & B mit Aussicht ▶ Shearwater Country House: Keelbeg, Tel. 028 331 78, www.shearwaterbandb.com, April–Okt. Das Haus liegt ein Stück östlich von Union Hall direkt am Meer mit herrlicher Aussicht. Die Zimmer sind einfach, aber liebevoll eingerichtet, es gibt WLAN und ein üppiges Frühstücksbüfett. DZ 70 €.

B & B mit Ferienwohnungen ▶ Lis-Ardagh Lodge: Tel. 028 349 51, www.lis-ardaghlodge.com. Großes Haus im Stil der alten Steinhäuser. Die Zimmer sind rustikal-gemütlich und nahezu mit Hotelkomfort ausgestattet. Zwei Ferienwohnungen gibt es auch und im Garten eine Sauna. FeWo 250–450 €, DZ 60–70 €.

... in Castletownshend

B & B im Schloss ▶ Castle Townshend: Tel. 028 361 00, www.castle-townshend.com. Das romantische Schloss bietet einige niedliche Gästezimmer, darunter auch eines mit

Himmelbett; alle mit eigenem Bad und großen Fenstern. Auch sehr gemütliche und komfortable Ferienwohnungen (150–900 € pro Woche, je nach Größe). DZ ab 70–90 €.

Essen & Trinken

... in Glandore
Pub mit Bistro ▶ **Hayes Bar:** The Square, Tel. 028 332 14, Küche: Juni–Aug. 12–18, Sept.–Mai Sa u. So 12–18 Uhr. Das Pub mit Biergartentischen mit Blick auf die Bucht lohnt sich immer für einen Kaffee oder etwas Stärkeres – allein schon wegen der Aussicht. Das Essen ist bodenständig und einfach, die Tapas am Abend aber verleihen dem irischen Glandore einen Hauch Andalusien. Gerichte 8–20 €.

... in Castletownshend
Fischlokal und Bar ▶ **Mary Ann's:** Tel. 028 361 46, tgl. 11–23 Uhr, Küche: April–Okt. tgl. 12–14.30, 18–21 Uhr, Nov.–März Mo geschl. Das Pub mit Restaurant sieht von außen wie ein normales Dorfpub aus. Aber hinter der schlichten Fassade des über 150 Jahre alten Hauses verbirgt sich eines der besten Fischrestaurants in West Cork. Gerichte 10–30 €.

Verkehr

Bus: Keine direkten Verbindungen, aber von Skibbereen mit Leap, das 3 km landeinwärts liegt.

Baltimore ▶ B 10

Karte: S. 216/217
Baltimore 10, das abseits an einer Bucht mit vielen vorgelagerten Inseln liegt, lässt den Vergleich mit der Côte d'Azur wieder aufleben, auch wenn es weder Sandstrand noch heiße Sonne gibt. Klein und nahezu exklusiv schmiegt sich der Ort an die Felsküste, einige der besten Restaurants und liebenswertesten Unterkünfte reihen sich entlang der Hauptstraße, ohne den Eindruck von touristischer Massenentwicklung zu vermitteln. Daneben gibt es gemütliche Pubs und nette Cafés, die auch einfacheren Bedürfnissen gerecht werden.

Früher war Baltimore als Piratennest berüchtigt. Die Ruine des O'Driscoll Castle legt davon noch Zeugnis ab. Die O'Driscolls waren die gälischen Herrscher der Region, Piraten, denen kaum ein Schiff, meist mit portugiesischem oder spanischem Wein beladen, entging und die sich selbst mit den Engländern verbündeten, wenn es ihnen zum Vorteil gereichte. Drei Burgen nannten sie ihr Eigen, jene in Baltimore, eine auf Sherkin Island und eine auf **Clear Island** (beide Inseln sind von Baltimore aus per Fähre zu erreichen; s. S. 221).

Übernachten

Malerisches Hotel ▶ **Casey's of Baltimore:** Baltimore, Co. Cork, Tel. 028 201 97, www.caseysofbaltimore.com. Ursprünglich war es ein Pub, nun ist es ein Hotel, das einen tollen Blick aufs Meer und die vorgelagerten Inseln bietet. Die Zimmer sind schön groß und behaglich. Im **Pub** gibt es oft traditionelle Musik und das **Restaurant** (Menü ab 25 €) hat feine Fischgerichte. DZ 120–140 €.
Stylische Pension ▶ **The Waterfront:** Tel. 028 206 00, www.waterfronthotel.ie. Das kleine Hotel ist fest in der Hand des Youen-Clans, der seit Jahrzehnten Baltimore mit

---

Tipp: Ein kulinarischer Inseltripp

Hare Island, oder auch Heir Island, liegt mit dem Boot nur vier Minuten vom Festland entfernt und bietet ein Erlebnis der besonderen Art. Im **Island Cottage Restaurant** auf der Insel wird ein mehrgängiges Menü geboten, das je nach saisonalen Zutaten variiert. Es gibt aber nur dieses eine Menü, es wird also gegessen, was auf den Tisch kommt! Einen **Kochkurs** für mind. zwei Teilnehmer kann man von April bis November ebenfalls belegen (Mitte Juni–Mitte Sept. Mi–Sa 20.15–23.45 Uhr, Tel. 028 381 02, Buchung nur telefonisch, www.islandcottage.com, Dinner 45 €, Wein ab 20 € pro Flasche. Die Fähre verlässt Baltimore/Cunnamore Pier um 19.55 und fährt um 23.55 Uhr zurück, Tel. 086 819 23 42).

West Cork

Baltimore: die irische Côte d'Azur

französischer Gastlichkeit versorgt. Die zwei Zimmerkategorien unterscheiden sich kaum. DZ ab 120 €.

Charmantes B & B ▶ The Old Posthouse: Main Streat, Tel. 028 201 55, www.bedbreakfast-baltimore.com. Das B & B in der alten und umgebauten Post hat (auch dank Mutter und Tochter Ellen und Maria Walsh) einen Charme, dem wohl kaum jemand widerstehen kann. Die Einrichtung der Zimmer ist schön altmodisch, die Möbel nahezu antik, das Frühstück in einem Postraum mit zusammengewürfelten Möbeln ist hervorragend, die Gastfreundlichkeit umwerfend. DZ 70–90 €.

Landhaus-B & B ▶ Rolf's Country House: Baltimore Hill, Tel. 028 202 89, www.rolfscountryhouse.com. Ursprünglich war das schöne alte Haus ein Hostel, wurde aber von den Besitzern im Lauf der Jahre zu einem Komplex umgebaut, der mittlerweile nicht nur Luxuszimmer, sondern auch Ferienhäuschen und ein Restaurant-Café mit Weinbar (Mi–So 8–21 Uhr) umfasst. DZ 80–100, Ferienhäuser 500–700 € pro Woche.

Essen & Trinken

Sommercafé ▶ Glebe Gardens & Café: East Village, Tel. 028 205 79, Ostern–Sept. Mi–Sa 10–22, So 10–18 Uhr. Hauptanziehungspunkt ist eigentlich der herrliche Garten, in dem auch Essbares gezogen wird. Im Café selbst werden kleine Speisen (aus Gartenzutaten) sowie Kaffee und Kuchen angeboten, abends auch frischer Fisch oder Fleischgerichte. Gerichte 6–25 €.

Segler-Bistro ▶ La Jolie Brise: The Waterfront, Tel. 028 206 00, tgl. 8.30–23 Uhr. Ein weiteres Unternehmen der Youen-Famile: Unkompliziert und preiswert. Es gibt die üblichen Standards wie Steak, Pasta und Geflügel, aber wer frischesten Fisch will, sollte einfach nach dem Tagesfang aus dem Hafen fragen. Die internationale Gesellschaft aus Seeleuten, Yachtbesitzern und etablierten Aussteigern tut ein Übriges. Gerichte 12–20 €.

Tipp: Ausflug nach Sherkin Island

Mit der Fähre sind es von Baltimore aus nur etwa zehn Minuten zu diesem Inselchen – und doch trifft man auf **Sherkin Island** 11 auf eine ganz andere Welt. Es gibt dort die Ruinen eines Franziskanerklosters und einer O'Driscoll-Burg, aber vor allem schöne **einsame Sandstrände,** die in dieser felsigen Region sonst nicht zu finden sind. Es gibt des Weiteren zwar ein Hotel, ansonsten aber nur einfache B & Bs oder Ferienhäuser, keine Gourmet-Restaurants, dafür aber zwei Pubs, die bodenständiges Essen, aber vor allem sehr lange und sehr unterhaltsame Nächte garantieren. Wirklich lohnenswert sind die **vielen Kunsthandwerker** auf der Insel, die wunderschöne Unikate herstellen und meist nur vor Ort verkaufen (www.sherkinisland.ie).
Fähre: www.sherkinisland.eu, ab Baltimore tgl. zehnmal von 7.45 bis 20.30 im Sommer, im Winter sechsmal bis 17.30 Uhr.
The Islander's Rest: Sherkin Island, Tel. 028 201 16, www.islandersrest.ie. Es gibt 21 moderne, großzügige Zimmer, ein einfaches Restaurant und ein Pub, in dem des Öfteren spontane Musiksessions stattfinden. DZ 90–120 €.

Aktiv

Tauchen ▶ Aquaventures: Stone House B & B, Lifeboat Road, Tel. 028 205 11, www.aquaventures.ie. Neben Tauchexkursionen gibt es auch Schnorchelkurse und Bootstouren zum Wale- und Delfinebeobachten. **Baltimore Diving Centre:** Harbour Drive, Tel. 028 203 00, www.baltimorediving.com. Tauchexkursionen und Bootsausflüge.
Segeln ▶ Baltimore Sailing School: Tel. 28 201 41, www.baltimoresailingschool.com. Einwöchige Segelkurse. **Heir Island Sailing School:** Heir Island, Tel.028 385 11, www.heirislandsailingschool.com. Ganzjährige Segelschule, auch für Kinder.
Kajakfahren ▶ Atlantic Sea Kayaking: The Abbey, Skibbereen, Tel. 028 210 58, www.atlanticseakayaking.com. Halb- und ganztägige Kajaktouren entlang der Küste West Corks.
Bootsausflüge ▶ Baltimore Sea Safari: Church Strand, Tel. 028 207 53, www.baltimoreseasafari.com. Zweistündige Bootstouren zweimal täglich zum Beobachten von Walen, Delfinen, Robben und Haien.

Verkehr

Bus: ca. viermal tgl. Verbindung mit Skibbereen.
Fähre Clear Island: ab Baltimore bis zu zwölfmal tgl. ab 8 Uhr, www.cailinoir.com.

Mizen Head und Sheep's Head

Karte: S. 216/217

Von den fünf ›Fingern‹, die an der Südwestküste als Halbinseln in den Atlantik ragen, scheinen **Mizen Head** und **Sheep's Head** landschaftlich die am wenigsten interessanten zu sein. Zerklüftete und dramatische Landschaften gibt es dort zunächst nicht. Man fährt – oder wandert – entlang nicht enden wollender ruhiger Landstraßen, ohne die üblichen und ansonsten allerorten vorhandenen Schilder, die auf Unterkünfte hinweisen. Es ist eine Region, die dank der nicht so offensichtlichen Schönheiten ein Refugium für jene ist, die den hektischen Alltag hinter sich lassen wollen. Aber die Geduld wird belohnt, wenn man sich die Mühe macht, die kleinen Orte zu erkunden.

Mizen Head Peninsula ▶ B 10

In **Ballydehob,** Eingangstor zur **Mizen Head Peninsula** 12 und seit Jahrzehnten beliebt bei Aussteigern, beginnt der ›Ring of Mizen‹, eine Rundfahrt um die Halbinsel, die zu den wenigen, dafür aber spektakulären Sehenswürdigkeiten führt. Ballydehob selbst besitzt ein kleines Museum, das Gurtnagrough Folk Museum (Heimatmuseum; Mo–Sa 11–18, So 14–18 Uhr), einige Pubs und Restaurants und

West Cork

den einen oder anderen Künstler als Einwohner, der seine Werke vor Ort zum Kauf bietet.

Schull ist ein recht lebhafter Hafenort mit ebensolchen Pubnächten. Er rühmt sich eines Planetariums, des einzigen in Irland (Community College, www.schullcommunitycollege.com, Sternenshows: Juni Mo–Mi u. Fr/Sa 20 Uhr).

Crookhaven liegt auf einer Landzunge, die eine lang gestreckte und windgeschützte Bucht bildet, und ist ein ansehnlicher kleiner Hafenort für Segelschiffe. Gleich um die Ecke ist eine weitere Bucht, **Barley Cove**, die von einem goldenen und flachen Sandstrand gesäumt ist. Die Dünen entstanden Mitte des 18. Jh., als die Flutwelle des Erdbebens von Lissabon im Jahr 1755 Sand aus den Tiefen des Meeres dort aufwarf.

Mizen Head selbst ist eine felsige und von gischtenden Atlantikwellen umspülte Landzunge mit dramatischen Klippen und der südwestlichste Punkt Irlands. Zur Signalstation geht es vom Besucherzentrum mit Café über einen Klippenweg mit, so heißt es, 99 Stufen und via neuer Bogenbrücke über eine tiefe Meeresschlucht. Im Leuchtturmwärterhäuschen ist eine Ausstellung zum Thema Sicherheit auf See untergebracht. Darüber hinaus gibt es historische Artefakte (Juni–Aug. tgl. 10–18, Mitte März–Mai u. Sept.–Okt. tgl. 10.30–17, Nov.–Mitte März Sa/So 11–16 Uhr, www.mizenhead.ie).

Ein kleines, nahezu unbekanntes Juwel befindet sich am **Three Castle Head,** dem nördlicheren Kap am Westende der Mizen-Halbinsel. Drei halb verfallene Turmhäuser aus dem 15. Jh. liegen um einen malerischen See und bieten einen atemberaubenden Blick über die Dunmanus Bay bis nach Beara.

Über einen Ziegenpfad kann man von Mizen Head nach Three Castle Head wandern – allerdings nur bei gutem Wetter.

Übernachten

Meerblick-B & B ▶ Carraig Mór House: Toormore Bay, Goleen, Tel. 028 284 10, www.carraigmorhouse.com. Das moderne und geräumige Haus liegt etwa auf halber Strecke zwischen Schull und Goleen mit herrlichem Blick auf die Toormore Bay. Die Zimmer sind bestens ausgestattet und die Frühstücksauswahl erfreulich. DZ 80–90 €.

B & B mit Aussicht ▶ Stanley House: Schull, Tel. 028 284 25, www.stanley-house.net, März–Okt. Modernes B & B, das aber sehr viel heimeligen Komfort und komfortable Zimmer bietet. Schöner Meerblick vom Garten. DZ 76 €.

Essen & Trinken

Fischrestaurant ▶ The Heron's Cove: The Harbour, Goleen, Tel. 028 352 25, Mai–Aug. tgl. ab 19 Uhr. Allein der Blick auf den Hafen ist einen Besuch wert. Es gibt hauptsächlich Fisch und Meeresfrüchte, aber auch Lamm, Ente und vegetarische Gerichte. Hauptgerichte 16–28 €.

Pub-Restaurant ▶ Crookhaven Inn: Crookhaven, Tel. 028 353 09, Mai–Nov. tgl. 11–21 Uhr. Das Haus am Hafen von Crookhaven ist mit seiner hübschen Steinfassade unübersehbar. Gekocht wird hier gute Küche, der Schwerpunkt liegt auf Fisch und Meeresfrüchten, aber es gibt auch Fleisch und Vegetarisches. Gerichte 5–20 €.

Fish & Chips ▶ L'Escale: The Pier, Schull, Tel. 028 285 99, Juni–Aug. tgl. 10–22 Uhr. Eigentlich ein Fischladen mit Fischfabrik am Hafen, betrieben von einem Franzosen. Eine ganze Hummerplatte für Zwei kostet 21 €, die Pommes werden noch handgemacht, der Fisch in der Pfanne wurde gerade eben gefangen, die Scampi kommen als Knabberei am Spieß und wer keinen Fisch mag, bekommt auch Pizza oder Pfannkuchen. Alles unter 12 €.

Einkaufen

Bauernmarkt ▶ Farmers' Market: Pier Road, Schull, April–Sept. So 10–15 Uhr. West Cork bietet die besten Käsesorten Irlands. Es lohnt sich, auf dem Markt nach dem leckeren Durrus Ausschau zu halten.

Delikatessen ▶ West Cork Gourmet Store: Staball Hill, Ballydehob, Mo–Sa 9.30–18 Uhr. Lokale und internationale Delikatessen wie Käse, Salami und Räucherfisch sowie eine gute Auswahl an Weinen.

Mizen Head und Sheep's Head

aktiv unterwegs

Radtour um Sheep's Head

Tour-Infos
Start: Bantry
Länge: ca. 80 km in voller Länge
Dauer: mindestens 2 Tage
Schwierigkeitsgrad: einfach
Wichtige Hinweise: Einen Fahrradverleih gibt es in Bantry: Nigel's Bicycle Shop, Glengarriff Road (an der N71 Richtung Glengarriff), Tel. 027 526 57, Mo-Sa 10–18 Uhr.

Die gut ausgeschilderte Radtour führt durch eine herrlich stille Landschaft einmal rund um die **Sheep's Head Peninsula** mit wenigen Steigungen und spärlichem Verkehr. Die Nordseite der Halbinsel ist nur dünn besiedelt und bietet daher fantastische Radfahrbedingungen, allerdings auch nur wenige zivilisatorische Einrichtungen. Zu beachten ist, dass die ersten ca. 3 km ab Bantry über die N71 Richtung Ballydehob/Skibbereen führen. Wer das vermeiden will, sollte die Tour ab dem **West Lodge Hotel** starten. Hinter dem Hotel geht es den ersten Abzweig nach rechts auf die kleine Nebenstraße des Rundwegs.

Der erste Teil führt durch einsames Moorland, bietet aber großartige Aussichten auf die Bantry Bay, Bere Island und die Beara Peninsula. Wer nur eine kurze Tour machen will, kann 2 km nach dem winzigen Anlegehafen von **Gerahies** nach links in die Berge und zum idyllischen, nahezu kreisrunden Glanlough abzweigen. Der Weg führt weiter an die Südküste und von dort zurück nach Durrus.

Bei **Cahergal** führt die Straße landeinwärts nach Südwesten, wo man entweder an der Südküste zurückradeln oder aber nach rechts nach **Tooreen** zum Leuchtturm abbiegen kann. Letzteres ist die weitaus schönere Alternative, zudem es in Tooreen ein kleines Café gibt (ca. April–Sept. 11–18 Uhr, wenn man Glück hat). Die Aussicht auf halber Strecke zwischen Tooreen und Leuchtturm ist phänomenal! Der Leuchtturm selbst, der spektakulär und äußerst malerisch auf einem Felsen kauert, ist eines der schönsten Fotomotive der Halbinsel.

Zurück über die Südküste führt die Straße durch sanftere Landschaft und mehr Zivilisation. In **Kilcrohane** gibt es Unterkünfte, Pubs und Läden, ebenso in **Ahakista**. Hinter Ahakista besteht die Wahl zwischen der ruhigeren Inlandsstrecke oder der (relativ gesehen) verkehrsreicheren Küstenstraße. Beide enden in **Durrus,** von wo es nochmals 15 km zurück nach **Bantry** sind.

West Cork

Termine

Ballydehob Traditional Music Festival: www.ballydehobtradfestival.com. Ende März/Anfang April. Das Ballydehob Festival ist ein mehrtägiges Fest mit viel Musik, vielen Besuchern und viel Bier.

Verkehr

Bus: Eher spärliche Verbindung (ca. zweimal tgl.) ab Skibbereen mit Schull und Goleen.

Sheep's Head Peninsula ▶ B 10

Die **Sheep's Head Peninsula** 13 ist noch um einiges einsamer als die Mizen Head Peninsula, wenn auch nicht so weltabgewandt, wie es zunächst scheint. Hauptorte sind **Durrus** am Kopf der Dunmanus Bay, das sich hauptsächlich durch die gleichnamige Rohmilchkäsesorte einen Namen gemacht hat, und **Ahakista,** eines der hübschesten Dörfer der Region. Gespickt ist die Halbinsel mit herrlichen Gärten und einer Küstenstraße, die immer wieder atemberaubende Aussichten bietet. Einer der schönsten Gärten sind die **Kilravock Gardens,** eine gepflegte Anlage, die mit ihrer Bepflanzung und Gestaltung einen Hauch Mittelmeer vermittelt (knapp 2 km von Durrus auf der Kilcrohane Road gen Süden, dann ausgeschildert; 14.–29. Juni tgl. 12–17 Uhr, sonst nur auf vorherige Anmeldung, Tel.027 611 11.

Übernachten

Wanderer-B & B ▶ **Seamount Farm:** Goats Path Road, Glenlough West, ca. 12 km südwestlich von Bantry, Tel. 027 612 26, www.seamountfarm.com. Das traditionelle Farmhaus und B & B ist ganz auf Wanderer eingestellt – die Gastgeber organisieren gerne Wandertouren. Ein warmes Abendessen gibt es ebenfalls auf Wunsch (20–24 €). Die Zimmer sind einfach, aber behaglich und bieten allen Komfort. DZ ab 64 €.

Famhaus-B & B ▶ **Hillcrest House:** etwa 1 km außerhalb Ahakistas Richtung Durrus, Tel. 027 670 45, www. ahakista.com. Traditionelles, rustikal gemütliches Farmhaus. Große Zimmer, zwei sogar mit eigenem Eingang, alle mit Bad. DZ 66–74 €.

Essen & Trinken

Edelrestaurant ▶ **Blairs Cove House:** Durrus, Tel. 027 611 27, Mitte März–Ende Okt. Di–Sa 18–21.30 Uhr. Etabliertes Restaurant mit schlichten Steinwänden, prachtvollem Kristallleuchter und gülden gerahmten Gemälden – französischer Chic gepaart mit feinster Küche. Das Vorspeisenbüfett allein lässt die Hauptgerichte vergessen. Aber auch die sind mit lokalen Spezialitäten edel zubereitet. 2/3-Gänge-Menü 46/58 €.

Café-Restaurant ▶ **Good Things Café:** Ahakista Road, Durrus, Tel. 027 614 26, 22. Juni–31. Aug. Do–Mo 12.30–15 u. 18.30–20.30 Uhr, auch an Bank Holidays im restlichen Jahr geöffnet. Das Café bietet tagsüber nur eine kleine Auswahl an leichten Gerichten. Abends wird es üppiger mit einfachen, aber lecker zubereiteten Speisen wie Hummer oder Lamm. Gerichte mittags 6–19 €, abends 9–26 €.

Abends & Nachts

Traditionspub ▶ **The Tin Pub:** Ahakista. In dem altmodisch-gemütlichen Pub finden nicht nur regelmäßig die üblichen Sessions traditioneller Musik statt, sondern es treten dort auch die Größen der irischen Musik auf.

Bantry ▶ B 10

Karte: S. 216/217

Das Marktstädtchen **Bantry** 14, eines der Zentren West Corks, ist eine gemütliche Kleinstadt, die sich mit ihren Einkaufsmöglichkeiten, Pubs und Restaurants auch zu einem touristischen Anlaufpunkt entwickelt hat. Mittelpunkt Bantrys ist der ungewöhnlich große Platz direkt am Wasser, der einst ein Viehmarkt war und mittlerweile ein hübscher Flanierplatz ist. Die Statuen erinnern an St. Brendan, der laut Legende im 6. Jh. als Erster Amerika entdeckt haben soll, und an den Rebellen Wolfe Tone und seine United Irishmen, deren geplante Invasion französischer

So stilvoll dinierte einst der Earl von Bantry: Speisesaal im Bantry House

West Cork

Schiffe 1796 in der Bantry Bay wegen ungünstiger Winde scheiterte.

Bantrys Hauptattraktion ist jedoch das **Bantry House,** eine dreiflügelige Schlossanlage aus dem 18. Jh. mit einem gepflegten Barockpark und einer Ausstattung voller Kostbarkeiten aus aller Welt, die der Schlossherr allerdings 2014 zum Teil versteigern musste – Adel kostet. Das schöne Schlösschen ist noch immer von den Shelswell-Whites, den einstigen Earls of Bantry, bewohnt. Haus und Garten können dennoch besichtigt werden. Die schönste Stimmung erlebt man im Sommer, wenn im Schloss einige der Konzerte des **West Cork Chamber Music Festivals** stattfinden (Ende Juni–Anfang Juli, www.westcorkmusic.ie).

Infos
Tourist Office: Wolfe Tone Square, Bantry, Co. Cork, Tel. 027 502 29, www.bantry.ie.

Übernachten
Wohnen im Schloss ▶ **Bantry House:** Tel. 027 50 047, www.bantryhouse.com, Mitte April–Ende Okt. Im noblen Schloss werden im Ostflügel zauberhafte Gästezimmer angeboten. Der Hausherr empfängt selbst und das Frühstück ist erstklassig. Gäste können auch umsonst Haus und Garten besichtigen und erhalten auf Wunsch eine private Führung durchs Haus. DZ ab 169 €.
Edelhotel ▶ **The Maritime Hotel:** The Quay, Tel. 027 547 00, www.themaritime.ie. Hochmodernes, stylisches Hotel, das unerwarteten Schick ins behäbige Bantry bringt. Zum Luxus gehören ein toller Swimmingpool, ein Spa und ein feines Restaurant. DZ ab 100 €.
B & B mit Meerblick ▶ **Edencrest:** Glengarriff Road, Tel. 027 511 10, www.bantry bandb.com. Das Haus mit dem schönen Garten und Blick auf die Bucht liegt Richtung Glengarriff 15 Fußminuten von der Stadt entfernt. Die Zimmer sind geräumig und hübsch eingerichtet, mit eigenem Bad. DZ 70 €.

Essen & Trinken
Edelrestaurant ▶ **O'Connor's Seafood Restaurant:** The Square, Tel. 027 502 21, tgl. 12.15–15 u. 17.30–21.30 Uhr, Okt.–Mai So geschl. Das etablierte Restaurant konzentriert sich auf Fisch und Meeresfrüchte – Hummer, Austern und natürlich die Muscheln aus der Bantry Bay in allen möglichen Zubereitungsarten. Auch Fleischgerichte (Lamm, Ente). Gerichte mittags 4,50–14 €, abends 7–28 €.
Fischlokal ▶ **Fish Kitchen:** New Street, Tel. 027 566 51, Di–Sa 12–15.30 u. 17.30–21 Uhr. Das schlichte, aber freundliche und helle Lokal oberhalb des Fischladens bietet in seiner Küche den ganzen Meeresreichtum, der an den Küsten West Corks angelandet wird. Frischer Fisch und Meeresfrüchte nach Saison und Tagesfang stehen auf der Karte, fein, aber ohne übertriebenen Schnickschnack zubereitet. Gerichte mittags 5–11 €, abends 5–28 €.
Deli-Café ▶ **The Stuffed Olive:** Bridge Street, Tel. 027 558 83, Mo–Fr 8–18, Sa 9–17.30 Uhr. Der kleine Delikatessenladen serviert auch kleine Speisen (Sandwiches, Salate, Pasta etc.), aber am schönsten sind die Kuchen und der gute Kaffee. Wer keinen Platz findet, kann sich auch im Laden selbst für ein Picknick eindecken. Unter 10 €.

Einkaufen
Kunsthandwerk ▶ **The Craft Shop:** Glengarriff Road, www.craftshopbantry.com, Mo–Sa 10–18 Uhr. Viele Künstler aus der Umgebung, doch auch die besten Kunsthandwerker aus ganz Irland verkaufen hier ihre Werke.
Bunter Wochenmarkt ▶ **Bantry Market:** The Square, Fr 9.30–13 Uhr. Markt mit lokalen Produkten und allerlei Kram.

Abends & Nachts
Musikpub ▶ **Anchor Bar:** New Street. Ein altmodisch-traditionelles Pub mit einer Sammlung von Leuchtturmmodellen. Do bis So wird traditionelle Livemusik gespielt. **J.J. Crow-ley's:** Wolfe Tone Square. Gemütliches Pub mit traditioneller Livemusik, meist am Mittwoch Abend.

Aktiv
Golf ▶ **Bantry Bay Golf Club:** Donemark House, Tel. 027 505 79, www.bantrygolf.com.

Bantry

aktiv unterwegs

Wanderung auf dem Beara Way

Tour-Infos
Start: Castletownbere
Länge: ca. 40 km
Dauer: mindestens zwei Tage
Schwierigkeitsgrad: mittelschwer
Wichtige Hinweise: Übernachtung in Allihies möglich (s. S. 231) oder in einem der vielen B & Bs auf der Strecke. Der Weg ist markiert.

Der **Beara Way** ist als Rundweg insgesamt 196 km lang, die gesamte Strecke ist gut in fünf bis sechs Tagen zu schaffen. Ein kürzeres Vergnügen ist der hier beschriebene Streckenabschnitt von Castletownbere über Allihies, Eyeries und über die Berge wieder zurück nach Castletownbere.

Los geht es am westlichen Ende der Main Street in **Castletownbere,** wo ein Weg mit dem Hinweisschild »Derreenataggart Stone Circle« abzweigt, einem **Steinkreis** aus zwölf Felsbrocken. Etwa 1 km nach dem Steinkreis weist die Markierung nach rechts und der Weg wendet sich nach Westen entlang des Südausläufers des **Slieve Miskish.** Am höchsten Punkt des Wegs (ca. 300 m, aber nicht der Berggipfel) eröffnet sich ein wunderbarer Blick über Castletownbere und Bere Island.

Von dort geht es relativ steil bergab durch Aufforstungen und dann wieder etwa 2 km steil bergauf zu einem Ausläufer des **Knockgour Mountain.** Auch hier gibt es eine schöne Aussicht über den äußersten Westen der Beara Peninsula. Der Pfad trifft auf eine kleine Landstraße, die hinab nach **Allihies** führt.

Am Nordende des Dorfs weisen die Markierungen über einen kleinen Weg zu den alten Kupferminen und schließlich steil bergauf bis zu einem 300 m hohen Pass, von wo man bis nach Dursey Island sehen kann. Von dort geht es langsam wieder bergab, mit einem Panoramablick auf die Iveragh Peninsula.

Der Weg endet auf der Landstraße nach **Eyeries.** Von hier geht die R571 quer über die Halbinsel zurück nach Castletownbere.

West Cork

Einsame Naturschönheit: die Beara Peninsula

Termine
West Cork Music Festival: Ende Juni–Anfang Juli, Bantry House. 13 Glengarriff Road (Tickets), Tel. 027 527 89, www.westcorkmusic.ie. Neun Tage lang klassische Kammermusik mit internationalen Interpreten.
Masters of Tradition: Mitte/Ende Aug. Konzerte der Größen der Szene in diversen Veranstaltungsorten in der Stadt. Tickets s. oben.

Verkehr
Bus: Verbindungen mit Skibbereen, Killarney, Cork und Castletownbere.

Beara Peninsula

Karte: S. 216/217

Zwischen Bantry Bay im Süden und Kenmare River im Norden ragt der zweitgrößte ›Finger‹, die **Beara Peninsula,** in den Atlantik. Die Caha Mountains und die Slieve Miskish Mountains bilden gleichsam ihr Rückgrat, mit der höchsten Erhebung Hungry Hill (685 m). Kahl und düster wirkt diese einsame Berglandschaft, in der sich zahllose Seen und Flüsschen verstecken. Die landschaftliche Schönheit und das milde Klima in der Bantry Bay lockten seit dem 19. Jh. Reisende an.

Der unbekanntere ›Bruder‹ des Ring of Kerry ist der **Ring of Beara,** eine 140 km lange Panoramastraße, die überwiegend an der Küste der Halbinsel verläuft. Die Route beginnt in Glengarriff und führt über Adrigole, Castletownberehaven, Allihies, Eyeries, Ardgroom und Lauragh nach Kenmare bzw. umgekehrt (reine Fahrtzeit: 4–5 Std.). Die Nordseite bietet die weitaus spektakulärere Strecke, ein Highlight ist die Seilbahn hinüber nach Dursey Island an der Spitze der Halbinsel.

Beara Peninsula

Garinish Island ist ein ›toskanisches Paradies‹ im Norden Europas. Im Jahr 1910 erwarb Annan Bryce, dessen Familie ursprünglich aus Schottland stammte, die Felseninsel Ilnacullin, wie Garinish eigentlich heißt. Bryce ließ tonnenweise Muttererde auf die Insel bringen und engagierte den renommierten Gartenarchitekten Harold Peto.

Zwischen den exotischen Pflanzen – Palmen, Rhododendren, Kamelien, Azaleen, Büsche und Gräser aus Japan und Südamerika, sogar eine kleine Sammlung Bonsai-Bäumchen – wurden Torbögen, Treppenfluchten, eine Art griechischer Tempel, ein Uhrturm, Statuen, Säulen und verschlungene Wege durch das kleine Paradies angelegt. Das einzige Bauwerk, das sich bereits vorher auf der Insel befand, ist der alte Martelloturm, der geschickt in die Gartenanlage integriert wurde.

Die Insel ist ein solcher Besuchermagnet, dass sich ihr Zauber am ehesten frühmorgens oder außerhalb der Hochsaison erschließt – und am besten bei Regen, wenn die ganze Blütenpracht ihren verführerischen Duft verströmt (Inselöffnungszeiten: April Mo–Sa 10–17.30, So 13–18, Mai u. Sept. Mo–Sa 10–18, So 12–18, Juni–Aug. Mo–Sa 10–18, So 11–18, Okt. Mo–Sa 10–16, So 13–17 Uhr, wwwgarinishisland.com; Fähre alle halbe Stunde ab Glengarriff: www.harbourqueenferry.com).

5 Garinish Island ▶ B 10

Der Ort **Glengarriff** 15 am Kopf einer kleinen Bucht in der Bantry Bay dürfte in der klimatisch besten Ecke Irlands liegen oder dank der ihn umgebenden Berge und der geschützten Bucht ein solches Mikroklima genießen, dass die Gärten in und um den Ort zu den üppigsten der ganzen Insel gehören. Der prächtigste Garten befindet sich vor den Toren Glengarriffs auf einer winzigen Insel, die wie aus anderen Gefilden zu stammen scheint.

Wäre **Garinish Island** nicht selbst schon ein so verlockendes Ziel, dann lohnte sich der Ausflug dorthin allein schon wegen der Bootsfahrt. Kleine Kutter tuckern gemächlich ab Glengarriff durch die Bucht. Bewaldete Hügel rahmen den schmalen Meereseinschnitt malerisch ein. Auf den Felsen, die flach aus dem Wasser ragen, sonnen sich Robben, bis die Flut kommt.

Übernachten

Traditionshotel ▶ **Eccles Hotel:** Tel. 027 630 03, www.eccleshotel.com. Das altehrwürdige, aber modernisierte Hotel von 1745 ist mit Abstand das feinste im Ort und hat 66 Zimmer, die alle großzügig und sehr komfortabel ausgestattet sind. Mit gutbürgerlichem Restaurant und Bar. DZ ab 120 €.

Hotel im Ort ▶ **Casey's Hotel:** The Village, Tel. 027 630 72, www.caseyshotelglengarriff.ie. Kleines, hübsches Hotel mit angenehmer Atmosphäre, komfortablen Zimmern, nettem Restaurant und lebhafter Bar. DZ ab 90 €.

Essen & Trinken

Meeresfrüchte ▶ **Martello:** Garnish Court, Tel. 027 63 860, Mo–Sa 18–22, So 12–22 Uhr. Ein sehr hübsches und stilvolles Restaurant

West Cork

mit Meeresfrüchten, Fleisch- und Geflügelgerichten mit französischem Einschlag. Gerichte 9–46 €.

Von Adrigole zum Healy Pass
▶ B 9/10

Von **Adrigole**, einer kleinen Streusiedlung, führt eine spektakuläre Straße (R574) quer über die Halbinsel und die Caha Mountains. In nur wenigen Kilometern geht es von Null auf 450 m zum **Healy Pass** 16 steil bergauf. Der Bau der Straße über den Pass, auf dessen Scheitel die Countys Cork und Kerry aufeinandertreffen, wurde während der Großen Hungersnot als Arbeitsbeschaffungsmaßnahme begonnen, doch fast 90 Jahre lang lag die Arbeit brach und wurde erst 1931 vollendet. Von dort oben hat man eine wahrhaft spektakuläre Aussicht auf zwei Countys, den Hungry Hill und die ganze Pracht von Beara.

Übernachten
Edel-B & B ▶ **Mossies at Ulusker House:** Trafask, Tel. 027 606 06, www.mossiesrestaurant.com. Das ehemalige Restaurant in dem schönen alten Haus am Rand von Adrigole serviert heute nur noch Hausgästen auf Wunsch ein Abendessen. Die fünf unterschiedlich eingerichteten Zimmer sind absolut hinreißend. DZ 80–120 €.

Verkehr
Bus: Tägliche Verbindungen mit Bantry und Cork.

Castletownberehaven ▶ B 10

Die kleine Hafenstadt mit dem langen Namen **Castletownberehaven** 17, der von Einheimischen nie in ganzer Länge ausgesprochen wird – es heißt meist nur Castletownbere oder Castletown – ist nicht nur die größte Stadt auf Beara, sondern auch ein alteingesessener Fischereihafen, in dem Kutter aus aller Welt anlegen.

Von Castletownbere weist ein Wegweiser in Richtung **Dunboy Castle,** dem einstigen Herrschaftssitz der O'Sullivan Beres, also der früheren irischen Herrscher der Halbinsel. Die spärlichen Ruinen der Burg, die 1602 von der englischen Armee zerstört worden war, sollten zusammen mit dem ebenfalls zerstörten Herrenhaus Puxley Mansion aus dem späten 19. Jh., das 1921 von der IRA niedergebrannt wurde, in ein neues Luxushotel integriert werden. Doch das Projekt fügte lediglich eine neue Ruine hinzu: Die Wirtschaftskrise schlug zu, das Geld ging aus, der Bau blieb unvollendet und verschandelt nun die schöne Landschaft.

Info
Tourist Office: The Square, Tel. 027 700 54, www.castletownbere.ie, www.bearatourism.com.

Übernachten
B & B mit Restaurant ▶ **Cottage Heights:** Derrymihan, Tel. 027 717 43, www.cottageheights.com. Das Haus am östlichen Ortsrand ist mit seinem ›Rundturm‹ gar nicht zu verfehlen. Die Zimmer sind behaglich, es gibt eine tolle Terrasse mit Meerblick und das Restaurant serviert (überwiegend) feine Fischgerichte (Gerichte 7–24 €). DZ 70 €

Modernes B & B ▶ **Summer Hill:** Droum North, Tel. 027 704 17, www.summer-hill.com. Das große und attraktive Haus liegt nur zehn Minuten Fußweg vom Ortszentrum entfernt. Die Zimmer sind hell und freundlich und es gibt eine erfreuliche Frühstücksauswahl. DZ ab 70 €.

Essen & Trinken
Fischrestaurant ▶ **Olde Bakery:** West End, Tel. 027 708 69, tgl. 17.30–21.30 Uhr, April–Sept. auch So 12–16.30 Uhr, im Winter Mo geschl. Ein urgemütliches Restaurant mit feinsten Fischgerichten und auch guter vegetarischer Auswahl. Gerichte 13–23 €.

Abends & Nachts
Berühmtes Pub ▶ **McCarthy's Bar:** Main Street. Wer Pete McCarthys amüsantes Buch »McCarthy's Bar« kennt, kommt an diesem Pub nicht vorbei: Es ziert die Titelseite des Buchs. Innen ist es so gemütlich wie lebhaft, es gibt Livemusik und man kann dort sogar einkaufen.

Beara Peninsula

Verkehr
Bus: Verbindungen mit Bantry und Cork.

Allihies ▶ A 10

Allihies 18 ist ein niedliches kleines Dorf – eher eine Häuserzeile – mit quietschbunten Häusern, einem hübschen Strand und umwerfenden Aussichten. Überragt wird es von den Bergen, in denen zu Beginn des 19. Jh. reiche Kupfervorkommen entdeckt und vom lokalen Grundherrn John Puxley ausgebeutet wurden. Die Puxleys wurden reich, die Minenarbeiter darbten und das Kupfervorkommen selbst erschöpfte sich allmählich. 1962 wurde die letzte Mine geschlossen.

Das interessante Kupferminenmuseum in der ehemaligen Methodistenkapelle der kornischen Minenarbeiter zeichnet die Geschichte des Kupferbergbaus in der Gegend nach, der tatsächlich schon in der Bronzezeit begann. Im Copper Café im Museum wird den Besuchern Erfrischung geboten und in der angeschlossenen Galerie gibt es Wechselausstellungen lokaler Künstler (April–Okt. tgl. 9.30–17, Nov.–März 10–16 Uhr, www.new.acmm.ie).

Übernachten

Dorfgasthaus ▶ Sea View Guesthouse: Cluin Village, Tel. 027 730 04, www.allihiesseaview.com. B & B im Dorfkern Allihies, der nur aus ein paar Häusern besteht. Die Zimmer haben eigenes Bad, TV und Telefon. DZ ab 60 €.

B & B mit Aussicht ▶ Windy Point: Garnish, Tel. 027 730 17, www.windypointhouse.com, April–Nov. Umwerfend schön an der äußersten Spitze der Beara Peninsula und mit Blick auf Dursey Island samt Seilbahn gelegen. Frühstücksbüfett. DZ 60–70 €.

Hostel im Dorf ▶ Allihies Hostel: Tel. 027 731 07, www.allihieshostel.net. Das hübsche und saubere Hostel liegt mitten im Dorf und ist ein beliebter Treffpunkt von Rucksacktouristen, die Natur pur lieben. Schlafsaal 16–18 €, DZ 45–50 €.

Dursey Island ▶ A 10

Eine eher abenteuerliche Straße führt zur westlichen Spitze von Beara, von der sich eine grandiose Aussicht auf die nur knapp 100 m entfernte **Dursey Island** 19 eröffnet. Nur noch eine Handvoll Menschen leben permanent auf der Insel, ihren mageren Lebensunterhalt verdienen sie sich durch Viehzucht und Fischfang. In den 1970er-Jahren wurde eine **Seilbahn** über die Meerenge gebaut, die einzige ihrer Art in Westeuropa. Ihre Gondeln fassen im offiziellen Sprachgebrauch »sechs Personen oder eine Person und eine Kuh«. Die Seilbahn verkehrt im Sommer täglich ca. zwischen 9 und 18 Uhr. Es gibt auf Dursey zwei Ferienhäuser, aber kein Pub, kein Restaurant und auch keinen Laden. Eine Übernachtung im Zelt oder im Freien auf der Insel kann also ein richtiges Abenteuer werden oder ein Experiment in Konsum- und Zivilisationsverzicht.

Eyeries und Ardgroom ▶ B 9/10

Von **Eyeries** 20 aus hat man einen wunderbaren Blick auf den Ring of Kerry (s. S. 241). Aber das Dorf lohnt auch darüber hinaus einen Besuch, denn es ist selbst schon Blickfang genug: Die Häuser sind quietschbunt und machen einen fröhlichen Eindruck. Eyeries war bereits einmal Schauplatz für die Verfilmung eines Romans der irischen Schriftstellerin Deirdre Purcell. In der klischeehaften Story namens »Falling for a Dancer« spielte Hollywoodstar Colin Farrell die Titelrolle. Aber auch andere Filme wurden hier wegen der hübschen Kulisse gedreht.

Auch das benachbarte **Ardgroom** ist ein farbenfrohes Dörfchen. Doch je näher es an den Ring of Kerry mit dem lukrativen Tourismusgeschäft geht, desto mehr verlieren auch die malerischen Dörfer der Beara Peninsula ihren Charakter, wenn sie mit teuren und nicht immer schönen Ferienhaussiedlungen umbaut sind.

Verkehr

Bus: häufige Verbindung Bantry–Glengarriff–Adrigole–Castletownberehaven, seltener in direkter Linie mit Cork. Ebenfalls seltene Verbindung (ca. 2x tgl.) von Castletownberehaven via Eyeries, Ardgroom und Lauragh nach Kenmare.

Kerry

Kerry ist ein County der Superlative: Dort befindet sich mit dem 1041 m hohen Carrantuohill der höchste Berg, mit dem Ring of Kerry die berühmteste Straße und mit Killarney und dem gleichnamigen Nationalpark die älteste Tourismusregion Irlands. Und nicht zu vergessen: Kerry ist nicht nur ein schlichtes County, sondern das ›Kingdom of Kerry‹.

Grün und Gold sind die Nationalfarben Kerrys, Grün und Gold auch die Farben der Landschaft, goldfarbener Strände und immergrüner Weiden – sieht man einmal vom kräftigen Rot der Fuchsienhecken, vom Braun der Moore und vom Schwarz der Berge ab. Kerry, eine Landschaft mit vielen Facetten.

Killarney ist das unbestrittene Zentrum des Kerry-Tourismus. Es gibt dort die höchste Hoteldichte außerhalb Dublins, mehr Restaurants und Pubs als in Orten vergleichbarer Größe, kurzum, das Städtchen ist ein Touristenzentrum, das kaum einen Wunsch nach Unterhaltung und Komfort offen lässt und im Sommer schier aus den Nähten platzt. Zu verdanken hat Killarney das der umwerfend schönen Landschaft mit Seen, Bergen, Schluchten und Wäldern, die als Killarney National Park weitgehend geschützt ist, und dem beeindruckenden Muckross House, einem luxuriösen Landhaus, das in voller Schönheit erhalten ist.

Killarney und der Nationalpark sind jedoch nur Startpunkt einer Rundtour, die jeder Besucher glaubt, einmal machen zu müssen: Rund um die Halbinsel Iveragh führt die N70 als Ring of Kerry durch eine abwechslungsreiche Landschaft und reizvolle Orte. Abseits dieser Straße gibt es weitere Schönheiten wie die Ballinskelligs Peninsula, Valentia Island oder den idyllischen Lough Caragh.

Von eigenem Reiz und etwas weniger überlaufen ist die Dingle Peninsula mit ihren nicht ganz so hohen Bergen, aber mit einer dramatischen Passstraße, dem Conor-Pass, mit sandigen Buchten und der atemberaubenden Küstenstraße um Slea Head. Das Städtchen Dingle, einst ein abgelegenes irischsprachiges Fischerdörfchen, ist heute eine lebhafte und liebenswerte Touristenstadt, die ihren Ruhm einem Delfin namens Fungie verdankt, der einstmals in die geschützte Dingle-Bucht geschwommen kam und seither die Touristen erfreut.

Der Norden Kerrys mit der County-Hauptstadt Tralee weist eine ganz andere Natur auf. Flach und sanft erstreckt sich die Landschaft mit den grünen Weiden Kerrys, die den Ruf des berühmtesten Produkts des Countys begründet haben, nämlich der Butter mit dem Namen Kerrygold. Goldene Sandstrände gibt es dort ebenfalls – wie den berühmten Banna Strand – und eine Stadt, Listowel, die Schauplatz des etabliertesten Literaturfestivals Irlands ist.

Killarney ▶ B 9

Karte: S. 235

Killarney ◼ ist als Stadt eigentlich nicht schön, nur schön gelegen. Auch ist sie mit um die 17 000 Einwohnern recht klein, was aber gerade im Sommer kaum auffällt, denn dann herrscht dort Hochbetrieb.

Killarney lebt überwiegend vom Tourismus, und das seit über 250 Jahren. Um 1750 ließ der gesellige Earl of Kenmare, dessen Vorfahren das Land von der englischen Krone im Jahr 1588 erhielten, als sie noch schlicht

Killarney

Brown hießen, vier Straßen zu seiner neuen Residenz in Killarney bauen, um den zahlreichen Jagdgästen die Anreise zu erleichtern. Er befahl den Weiteren den Bau von Gasthäusern und veranlasste seine Pächter, für die Reisenden zu sorgen. Diese Geldeinnahmequelle hat sich bis heute erhalten, denn der Ort scheint nur aus Hotels, Gasthäusern, B & Bs, Restaurants, Pubs und Läden zu bestehen. Der Grund, warum Killarney so populär ist, liegt jedoch nicht an diesem breiten Angebot, sondern an der atemberaubenden Schönheit der Landschaft, in die Killarney gebettet ist.

Infos

Killarney Tourist Office: Beech Road, Killarney, Co. Kerry, Tel. 663 16 33, www.killarney.ie.

Übernachten

Killarney besitzt die größte Dichte an **Luxushotels** in Irland, zwölf 4-Sterne- und fünf 5-Sterne-Hotels. Zu den besten gehören Aghadoe Heights Hotel (www.aghadoeheights.com), The Brehon Hotel (www.thebrehon.com), Killarney Park Hotel (www.killarneyparkhotel.ie) und Killarney Royal Hotel (www.killarneyroyal.ie). B & Bs gibt es wie Sand am Meer. Im Folgenden eine Auswahl an preiswerteren Unterkünften:

Edel-B & B ▶ **Coolclogher House:** Mill Road, Tel. 064 663 59 96, www.coolclogherhouse.com. Elegantes viktorianisches Haus in einem riesigen Park am Rande Killarneys Richtung Muckross House mit nur sechs komfortablen Gästezimmern, die aber ungewöhnlich groß und sehr stilvoll eingerichtet sind. DZ 190–220 €.

Landhaus-B & B ▶ **Kathleen's Country House:** Madams Height, Tralee Road, Tel. 064 663 28 10, www.kathleens.net. Schönes Haus mit einer warmen Atmosphäre und einer Bibliothek, die man benutzen darf, etwas außerhalb der Stadt, aber noch in Fußnähe. Geschmackvolle, großzügig eingerichtete Zimmer. DZ ab 119 €.

Kleines Hotel ▶ **Earls Court House:** Woodlawn Junction, Muckross Road, Tel. 064 663 40 09, www.killarney-earlscourt.ie. Das moderne Haus mit einem Hauch Bäderarchitektur ist viktorianisch eingerichtet (einige Zimmer mit Himmelbett), hat aber modernsten Komfort inkl. WLAN sowie ein gutes Restaurant. DZ ab 110 €.

Stadthotel ▶ **Murphy's of Killarney:** College Street, Tel. 064 663 12 94, www.murphysofkillarney.com. Kleines modernisiertes Traditionshotel im Ortszentrum. Die Zimmer haben guten Standard. Es gibt ein Pub mit traditioneller Livemusik, eine feine Bar und ein gutes Restaurant im Haus (also nicht leise). DZ ab 85 €.

Ruhiges B & B ▶ **Chelmsford House:** Muckross View, Countess Grove, Tel. 064 663 64 02, www.chelmsfordhouse.com. Die Zimmer in dem freundlichen Haus haben eine großartige Aussicht auf die Seen von Killarney, besonders vom Balkonzimmer. Der schöne Garten ist ideal zum Entspannen. DZ ab 66 €.

Fröhliches Hostel ▶ **Súgán Hostel:** Lewis Road, Tel. 064 663 31 04, www.suganhostelkillarney.com. Das kunterbunte, fröhliche, ehemalige Gutsarbeiterhaus aus dem 18. Jh. liegt schön zentral, aber ruhig und verleiht auch Fahrräder zur Erkundung der Umgebung. Kontinentales Frühstück gibt's umsonst. Schlafsaal 15–17 €, DZ 40 €.

Essen & Trinken

Teures Fischrestaurant ▶ **Gaby's Seafood Restaurant:** 27 High Street, Tel. 064 663 25 19, Mo–Sa 18–22 Uhr. Das etablierteste Restaurant der Stadt mit dem gemütlichen Gastraum bietet seit Jahren beste Fischküche (u. a. Hummer, 50 €), aber auch andere Gerichte eher französischer Machart. Hauptgerichte 7–50 €.

Edelrestaurant ▶ **West End House:** Lower New Street, Tel. 064 663 22 71, Do–Sa 18–21.30, So 13–19 Uhr (Küche). Das historische Haus war einst eine Hauswirtschaftsschule und birgt heute zwei rustikale Bars, mehrere Speiseräume und einen Konzertraum. Die feine Küche ist kreativ und wird aus saisonalen, möglichst irischen Zutaten zubereitet. Hauptgerichte 19–26 €.

Feiner Italiener ▶ **Cucina Italiana:** 17 St. Anthony's Place, Tel. 064 66 26 575, Mi–Mo

Kerry

18–22 Uhr. Das schicke Restaurant im Zentrum Killarneys wirkt klein, hat aber im ersten Stock noch mehr Platz. Neben den üblichen italienischen Gerichten gibt es raffiniertere Speisen aus besten Zutaten, auch erfreulich viel Vegetarisches. Gerichte 19–28 €.

Deli & Café ▶ Wholesome Fayre: East Avenue Road, Tel. 064 662 66 37, Mo–Do 9.30–18, Fr/Sa 9.30–21, So 10–18 Uhr, Brasserie nur Fr/Sa abends. Café, Feinkostladen mit irischen Spezialitäten, Brasserie und Kochschule – alles unter einem Dach. Frische und exzellente Gerichte von Frühstück bis Abendmenü. Gerichte 10–30 €.

Irische Küche ▶ Bricín: 26 High Street, im 1. Stock, Tel. 064 663 49 02, Mo–Sa 10–22 Uhr. Großes Lokal (über einem Kunsthandwerksladen) mit keltischen Motiven und gemütlichen Nischen. Bodenständige irische und internationale Gerichte. Menü 27/35 €, Hauptgerichte 18–26 €.

Bäckerei-Café ▶ Jam: Old Market Lane, Tel. 064 663 77 16, Mo–Sa 8–18 Uhr, Okt.–April geschl. Der Laden in einer Seitengasse der Main Street (N 71) ist nicht nur Bäckerei mit Deli, sondern auch ein hübsches Café, das kleine Mahlzeiten serviert. Unter 10 €.

Einkaufen

Killarney steckt voller Geschäfte, die von Kitsch bis zu hochwertigem Kunsthandwerk alles mögliche verkaufen. Lohnenswert sind stets Woll- und Tweedwaren.

Discount-Mode ▶ Killarney Outlet Centre: Fairhill, www.killarneyoutletcentre.com. Kleines Schnäppchenparadies, wo es Waren von Blarney Woollen Mills, Nike, Paco etc. zu einem Discount von 30–70 % gibt.

Abends & Nachts

In Killarney fiedelt, rockt und tanzt der Bär. Dutzende Pubs bieten Livemusik, von traditionell Irisch über Folk und Country bis zu Rock und Pop. Dazu kommen noch Cocktailbars und Clubs. Auch fast jedes Hotel bietet nächtliche Unterhaltung für jeden Geschmack. Die Auswahl fällt wirklich schwer. **McSorley's** (www.mcsorleyskillarney.com) in der College Street, der größte Club in bietet Livemusik und Partystimmung ebenso wie **Mustang Sally's** (www.mustangsallys.ie) in der Main Street. **O'Connor's** in der High Street hingegen ist eher ein gemütliches Pub mit traditioneller Livemusik (im Gegensatz zum Hotelentertainment). Das gleiche gilt für **Courtney's** in der Plunkett Street.

Aktiv

Geführte Wanderungen ▶ Killarney Guided Walks: Currach, Tel. 087 63 94 362, www.killarneyguidedwalks.com. Zweistündige Wanderungen durch den National Park mit Schwerpunkt auf Historie und Natur. Spaziergänge beginnen täglich um 11 Uhr gegenüber der St. Mary's Cathedral in der New Street.

Reiten ▶ Killarney Riding Stables: Ballydowney, Tel. 064 663 16 86, www.killarney-riding-stables.com. Der Reiterhof bietet Ausritte in die Berge, zum Strand oder mehrtägige Trecks.

Golf ▶ Killarney Golf & Fishing Club: Tel. 064 663 10 34. www.killarney-golf.com. Drei Golfplätze sind hier zusammengefasst: Mahoney's Point, Lackabane und Killeen.

Termine

Killarney Racecourse: Mai–Juli, www.killarneyraces.ie. Pferderennen sind in Irland eine populäre Angelegenheit, bei der nahezu Festivalatmosphäre herrscht.

The Gathering Traditional Festival: Ende Februar. Das Festival bietet an fünf Tagen traditionelle Musik, *céilis*, Sessions und Workshops. Gleneagle Hotel, Muckross Road, www.thegathering.ie.

Verkehr

Kerry Airport: Farranfore, Tel. 066 976 46 44, www.kerryairport.ie. Der Flughafen liegt zwischen Tralee und Killarney. Flüge nach Dublin und per Ryan Air nach Frankfurt-Hahn.

Zug: Verbindung mit Tralee, Cork, Limerick und Dublin.

Bus: Killarney ist per Bus mit allen Städten verbunden, so mit Dublin, Galway, Limerick, Cork, Tralee und Waterford sowie mit Kerry Airport und Shannon Airport.

Iveragh und Dingle

Taxi: Killarney Tour & Taxi Service, Tel. 085 280 33 33, www.killarneytaxi.com. Taxistand in der College Street.

Killarney National Park
▶ B 9

Karte: oben

Die etwa 10 000 ha des Nationalparks umfassen nach Meinung vieler Besucher wohl die schönste Landschaft Irlands, mit hohen Bergen, mit Schluchten, Mooren, Seen, Flüssen und Wäldern. Einige der Bergregionen sind so unzugänglich und abgelegen, dass dort noch eine Herde wilder irischer Hirsche überleben konnte, und in den unteren Regionen breitet sich das größte Gebiet uralter Eichenwälder Irlands aus, mit denen einst fast die ganze Insel bedeckt war. Zentrum des Parks sind die drei Seen, Lough Leane, Muckross Lake und Upper Lake, die gesäumt sind von Zeugnissen früherer Kultur, wie der Inisfallen Abbey aus dem 7. Jh. auf der kleinen Insel Inisfallen im Lough Leane, Muckross Friary aus dem 15. Jh., Ross Castle und natürlich dem großartigen Muckross House.

Kerry

Tipp: Aussichtspunkte

Der eindrucksvollste Blick auf die Schönheiten des Nationalparks eröffnet sich von Kenmare aus auf der N71. Kurvenreich schlängelt sich die Straße bis zum **Moll's Gap** hinauf. Hat man schon von dort eine überwältigende Aussicht, so ist sie ein paar Kilometer weiter auf der Straße nach Killarney, am **Ladies' View**, schlichtweg umwerfend: zur Linken Tomies Mountain und Purple Mountain, rechts die schroffen Felsen des Mangerton Mountain und dazwischen das Tal mit dem verzweigten Upper Lake.

Dieser kleinste der drei Seen verengt sich zum Long Range River, der sich am **Meeting of the Waters** mit dem Muckross Lake und dem Lough Leane vereint. Von **Dinis Island,** der Landbrücke zwischen Muckross Lake und Lough Leane, hat man den schönsten Blick auf das Zusammentreffen dieser Gewässer. Eine weitere schöne Aussicht gibt es oberhalb des **Torc Waterfall,** wo der Owengarriff River, sofern er genügend Wasser hat, 18 m in die Tiefe stürzt, um dann in den Muckross Lake zu fließen.

Muckross House

Muckross House liegt am Rand der Landbrücke zwischen den beiden großen Seen. Das schlossartige Landhaus inmitten eines weitläufigen Parks ließ sich der Parlamentsabgeordnete von Kerry, Henry Arthur Herbert, im Jahr 1843 für 30 000 Pfund bauen, eine Summe, die heute einem zweistelligen Millionenbetrag entsprechen dürfte.

Haus und Innenausstattung, die noch im Original vorhanden ist, zeugen nicht gerade von zurückhaltender Bescheidenheit des Hausherrn. Alle Räume sind eine Spur größer, alles Mobiliar und aller Zierrat eine Spur kostbarer, als sich das auch zu damaligen Zeiten ein Edelmann hätte leisten können …

Auch das Kellergeschoss, der sozialhistorisch interessanteste Teil des Gebäudes, ist noch original ausgestattet. Dort waren einst Heerscharen Bediensteter tätig, die für den reibungslosen Ablauf der Haus- und Familienversorgung verantwortlich waren. Nach mehreren Verkäufen befindet sich das Haus samt dem 4450 ha großen Anwesen seit 1932 im Besitz des irischen Staates (tgl. 9–17.30, Juli, Aug. bis 19 Uhr, www.muckross-house.ie).

Auf dem Gelände von Muckross House befinden sich auch die **Muckross Traditional Farms,** die authentische Nachbildung eines Bauerndorfes aus der ersten Hälfte des 20. Jh. Die Besucher erfahren, wie man damals auf einer Farm arbeitete und wie das alltägliche Leben ablief. Sie lernen u. a., wie die Landbevölkerung ihr Leben vor der Einführung der Elektrizität und sanitärer Anlagen meisterte (März/April u. Okt. Sa/So 13–18, Mai u. Sept. tgl. 13–18, Juni–Aug. tgl. 10–18 Uhr).

Muckross Friary

Gegenüber dem kleinen Friedhof, am Ufer des Lough Leane, liegen auf dem Gelände der Ruinen des Franziskanerklosters **Muckross Friary** weitaus bedeutendere Gestalten der Geschichte begraben, neben gälischen Dichtern und Stammeshäuptlingen auch Cormac MacCarthy Mor, im 16. Jh. der letzte König von Munster. Das Kloster, von den MacCarthys im 15. Jh. gestiftet, wurde 1652 von Cromwells Truppen zerstört.

Ross Castle

Die Burg am Ufer des Lough Leane stammt aus dem 15. Jh. und wurde von den lokalen Häuptlingen des Clans O'Donoghue Ross erbaut. Die Festung war eine der letzten der Region, die Cromwells Truppen widerstand und letztlich kampflos übergeben wurde, was ihren relativ gut erhaltenen Zustand erklärt. **Ross Castle** wurde komplett restauriert und mit historischen Eichenmöbeln ausgestattet. Die Kasernengebäude neben der Burg stammen aus dem 18. Jh. und dienten britischen Soldaten als Quartier (März–Okt. tgl. 9.30–17.45 Uhr).

Inisfallen Island

Von Ross Castle ist es nur ein Katzensprung – oder besser gesagt: eine etwa halbstündige Bootsfahrt – zur größten Insel im Lough

Killarney National Park

Leane, **Inisfallen.** Über 1000 Jahre, vom 7. bis zum 17. Jh., befand sich dort ein Kloster, von dem nur noch die Ruinen eines Oratoriums aus dem 12. Jh. und einer kleinen romanischen Kirche erhalten sind. In diesem Kloster soll Brian Boru, der königliche Held im letzten Kampf gegen die Wikinger, seine Erziehung genossen haben. Seine Lehrer waren vermutlich jene Mönche, die um das Jahr 950 mit der Niederschrift der ›Annalen von Inisfallen‹ begannen, einer Chronik über das Leben in Irland, die bis 1320 fortgeführt wurde. Dieses unschätzbare Werk befindet sich heute in der Bodleian-Bibliothek im englischen Oxford.

Gap of Dunloe

Eine der beliebtesten Touren um Killarney ist ein Abstecher durch die von Gletschern geformte Schlucht **Gap of Dunloe,** die sich über eine Länge von etwa 13 km außerhalb des eigentlichen Nationalparks erstreckt. Ein Flüsschen, das sich zu mehreren Seen verbreitert, schlängelt sich durch Wiesen und Geröll, mit Aussichten auf unberührte Wildnis – wären da im Sommer nicht die zahlreichen Besucher. Bis zu **Kate Kearney's Cottage** kann man mit dem Auto oder dem Bus fahren, danach geht es nur noch zu Fuß, per Fahrrad, zu Pferd oder mit einem der Jaunting Cars, den zweirädrigen Pferdekutschen, weiter (s. S. 238). Dass Kate Kearney's Cottage Mitte des 19. Jh. ein Geheimtipp war, ist dem Haus mit dem Massenabfertigungs-Restaurant, dem Andenkenladen und den um Gäste buhlenden Kutschern und Ponyvermietern auf dem Vorplatz nicht mehr anzusehen. Damals jedoch lag das Cottage recht einsam am Eingang der Schlucht, bestens geeignet für ein *Shebeen,* eine illegale Spelunke, wo die schöne Kate Kearney *poitín*, schwarz gebrannten Schnaps, ausschenkte.

Infos

s. Killarney Tourist Office, S. 233.

Aktiv

Geführte Touren ▶ **Killarney Day Tour:** Muckross Road, Killarney, Tel. 064 663 10 68, www.killarneydaytour.com, März–Okt. Eine

Im Killarney National Park

Kerry

aktiv unterwegs

Hoch über dem Gap of Dunloe

Tour-Infos
Start: Kate Kearney's Cottage
Länge: 15 km
Dauer: Tagestour
Schwierigkeitsgrad: anspruchsvoll
Wichtige Hinweise: Der Weg ist streckenweise recht anstrengend – es geht auf 832 m hoch! Eine Karte und ein Kompass sind neben guter Wanderausrüstung unbedingt zu empfehlen. Am Startpunkt gibt es einen großen Parkplatz.

Das **Gap of Dunloe**, ein tiefes und schmales Gletschertal mit der Seenkette des River Loe, gehört zu den ikonischen Landschaften Irlands, deren Ansicht wohl in keiner Touristenbroschüre fehlt. Im Sommer wird der Genuss dieser dramatisch schönen Landschaft durch unzählige Tourgruppen und Touristen beeinträchtigt. Einen ganz anderen Blick bietet hingegen eine Wanderung über die Bergrücken des Tomies und des Purple Mountain.

Am besten nimmt man die schwierigste Etappe, nämlich die über den Bergrücken, gleich zu Anfang in Angriff. Vom Parkplatz an **Kate Kearney's Cottage** geht es ca. 400 m zurück bis zu einem Gatter hinter einem Neubau. Vor dem Gatter ist ein Durchbruch, der zum Weg auf den Tomies Mountain führt. Der Weg geht bald in Wildnis über und erreicht (eher rechts halten) schließlich **Tomies Rock**, von wo es kurz aber steil auf den Bergrücken hinauf geht. Der Blick bis zum Südende des Gap of Dunloe und auf die steilen Hänge ins Tal hinab ist umwerfend.

Der Bergrückenpfad steigt schließlich bis zum Gipfelsteinhaufen des **Purple Mountain** auf, dem höchsten Punkt der Wanderung, von wo die Aussicht über die Berge der Iveragh Peninsula und den Killarney National Park unvergesslich ist. Der Abstieg zum **Head of the Gap,** dem südlichen Ende des Tals, ist teilweise etwas rutschig und nass. Unten angekommen kann man sich wieder den Massen anschließen und gemütlich die restlichen 6 km bis zum Parkplatz marschieren.

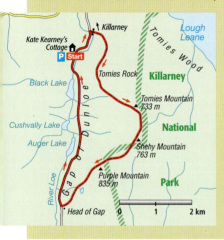

schöne **Tagestour durch den Nationalpark** lässt sich bequem per Bus, Pferdewagen und Boot machen, ob nun kombiniert oder jeweils einzeln. Die Busse fahren ab Killarney um 10.30 Uhr los, die Kutschen ab Kate Kearney's Cottage den ganzen Tag über, die Boote legen am Lord Brandon's Cottage um 14 Uhr ab (an Kate Kearney's Cottage um 11 Uhr). Bei schlechtem Wetter können die Touren auch ausfallen oder die Zeiten sich verschieben.

Boote ▶ Bootsvermietungen (Ruderboote) gibt es an mehreren Stellen an den Seen, vor allem am Ross Castle.

Kenmare ▶ B 9

Karte: S. 235
Kenmare 2 ist ein lebhaftes, buntes Städtchen an der Spitze der Kenmare Bay. Der

Kenmare

Ein Besuch im Pub gefällig?

Marquess of Landsdowne ließ die Stadt 1775 so anlegen, wie sie heute im Kern noch zu sehen ist: Zwei breite Hauptstraßen kreuzen sich wie ein längliches X, ein kleiner Park bildet das Zentrum. Abseits der Market Street, die von dort abzweigt, befindet sich ein Steinkreis, der **Druid's Circle,** dessen 15 Steine mit Menschenopfern in Verbindung gebracht werden.

Kenmare hat sich jedoch seit der Zeit des Marquess massiv verändert, nicht zuletzt auch dank des blühenden Tourismus. Im Sommer ›brummt‹ die kleine Stadt und kann die vielen Besucher kaum noch verkraften. Ähnlich wie in Killarney scheint die Innenstadt überwiegend aus touristischen Einrichtungen zu bestehen, auch wenn im Winter die alte Gemütlichkeit einkehrt.

Kenmare ist jenseits all der Modernität für seine Spitzen berühmt. Die ›Nonne von Kenmare‹, Mary Frances Cusack, gründete im 19. Jh., während der Großen Hungersnot, eine Klöppelschule für arme Mädchen, die sich so ihren Lebensunterhalt verdienen sollten. Feine Spitzenarbeiten sind noch heute in manchen Geschäften zu erwerben. Im **Heritage Centre,** das dem Touristenbüro angeschlossen ist (April–Okt. tgl. 10.15–17.30 Uhr), gibt es neben Exponaten zur Geschichte Kenmares auch eine interessante Ausstellung von Kenmare-Spitzen.

Infos
Tourist Information Office: The Square, Kenmare, Co. Kerry, Tel. 064 664 12 33, www.kenmare.eu.

Übernachten
Historisches Haus ▶ Shelburne Lodge: Cork Road, Tel. 064 664 10 13, www.shelburnelodge.com. Das älteste Haus Kenmares (erbaut 1740) befindet sich am Stadtrand inmitten eines prächtigen Gartens. Die Zimmer sind sehr groß und elegant, im Gästewohnzimmer lodert ein Kamin und es gibt eine kleine Bibliothek. Das Frühstück ist reichhaltig in der Auswahl. DZ 100–160 €.
Luxuspension ▶ The Lodge: Kilgarvan Road, Tel. 064 664 15 12, www.thelodgekenmare.com. Das Haus in ruhiger Lage, aber

Kerry

nur drei Minuten zu Fuß vom Zentrum entfernt, ist zwar relativ neu, wirkt aber wie ein altes Landhaus. Die Räume sind groß und nahezu luxuriös. DZ 70–90 €.

B & B mit Restaurant ▶ **Virginias Guesthouse:** Henry Street, Tel. 064 664 10 21, www.virginias-kenmare.com. Das Schöne an dem B & B ist die Lage direkt über Mulcahy's Restaurant – man kann nach dem Essen direkt nach oben ins Bett stolpern. Die Zimmer sind groß und behaglich modern, das Frühstück herausragend. DZ 90–95 €.

Pub mit B & B ▶ **O'Donnabhain's:** Henry Street, Tel. 064 664 21 06, www.odonnabhain-kenmare.com. Die zehn modernen Gästezimmer befinden sich über dem gemütlichen Pub mitten in der Stadt, sind aber ruhig gelegen. Große, komfortabel ausgestattete Zimmer. DZ ab 80.

Idyllisches B & B ▶ **Druid Cottage:** Sneem Road, Tel. 064 664 18 03, www.druidcottagekenmare.com. Das zauberhafte Haus liegt etwa 1 km von Kenmare an der N70 (Ring of Kerry), aber ein Stück zurückgesetzt und daher relativ ruhig. Die Zimmer vermitteln noch echtes Cottage-Feeling, aber mit allem Komfort (auch WLAN). DZ 60–70 €.

Hostel im Zentrum ▶ **Kenmare Fáilte Hostel:** Shelbourne Street, Tel. 064 664 23 33, www.kenmarehostel.com. Freundliches Hostel mit hellen und sauberen Zimmern in zentraler Lage. Schlafsaal 18 €, DZ 44–52 €.

Essen & Trinken

Modern irisch ▶ **Mulcahy's:** 36 Henry Street, Tel. 064 664 2 383, tgl. 17.30–22 Uhr. Ein modernes und stilvolles Restaurant mit internationaler Küche, die irische Klassiker mit fernöstlichem und mediterranem Pfiff verbindet – von Sushi bis Kerry-Lamm mit Chorizo. Hauptgerichte 16–26 €.

Irische Küche ▶ **Lime Tree Restaurant:** Shelbourne Street, Tel. 064 664 12 25, tgl. 18.30–21.30 Uhr. Das hübsche Haus aus dem 19. Jh. liegt diskret hinter Bäumen und birgt nicht nur ein exzellentes Restaurant, sondern auch eine kleine **Galerie** mit zeitgenössischer Kunst. Der Kamin und die Steinwände geben dem Lokal eine heimelige Atmosphäre. Die Gerichte sind modern irisch und es gibt eine gute Auswahl an vegetarischen Gerichten. Hauptgerichte um 23 €, Menü 35 €.

Pub & Bistro ▶ **Purple Heather:** Henry Street, Tel. 064 664 10 16, Mo–Sa 11–17.30

Weitab von der Welt: Farmhaus auf der Halbinsel Iveragh

Uhr. Das traditionelle Pub ist hinten ein erfrischend lässiges Bistro, das viele Zutaten aus Bioanbau verwendet. Die Salate sind ebenso lecker wie die Suppen und Sandwiches. Gerichte 5–15 €.

Bäckerei-Café ▶ Jam: 6 Henry Street, Tel. 064 664 15 91, Mo–Sa 8–17.30, So 9–17 Uhr. Das freundliche Café hat eine Menge Leckereien im Angebot, von hausgebackenen Kuchen bis zu Quiche oder Lachs in Teigmantel. Fast alle Gerichte unter 10 €.

Einkaufen

Italienische Bäckerei ▶ The Bread Crumb: New Road, Mo–Do 9–18, Fr/Sa bis 20, So 9.30–20 Uhr. Hausgebackene Brote, leckerste italienische Törtchen und überhaupt italienische Delikatessen werden hier verkauft und im farbenfrohen Café auch serviert.

Schmuck ▶ PFK: Henry Street, www.pfk.ie, Di–Sa 10–13, 14–18 Uhr. Der Gold- und Silberschmied Paul F. Kelly kreiert außergewöhnlich schönen ausgefallenen Schmuck.

Aktiv

Töpferkurse ▶ Anam-Cré Arts Centre: Rusheens, Ballygriffin Valley, Tel. 064 664 18 49, www.kenmare-pottery.com. Die Töpferei bietet Halbtageskurse in Töpfern an, verkauft aber auch eigene Kreationen.

Bootsrundfahrten ▶ Seafari: Nr. 3 The Pier, Tel. 064 664 20 59, www.seafariireland.com. Während der Saison gibt es mehrmals tgl. Bootsrundfahrten in der Kenmare Bay mit Informationen zu Natur und Geschichte der Region.

Verkehr

Bus: gute Verbindungen mit Killarney und von dort zum Rest der Republik.

Ring of Kerry

Karte: S. 235

Gäbe es eine Hitliste der Traumstraßen dieser Welt, dann stünde die N70 rund um die Halbinsel Iveragh, der Ring of Kerry, mit Gewissheit ganz oben. Die etwa 180 km lange Fahrt entlang oder nahe der Küste bietet ein unvergleichliches Panorama mit dramatischen Felsen, sanften Dünen, Buchten, Seen und hübschen Dörfern, überragt vom **Macgillycuddy's Reek** auf der Ostseite mit dem höchsten Berg Irlands, dem über 1000 m hohen **Carrantuohill,** dessen Gipfel oft von Wolken verhüllt ist.

Sneem ▶ B 9

Eine erste Kaffeepause empfiehlt sich im Dörfchen **Sneem** 3, einer Postkartenschönheit mit bunten Häusern und einer Brücke über den Sneem River, der sich in eine idyllische Bucht verbreitert.

Auf dem Friedhof von Sneem liegt der irische Präsident Cearbhall O'Dálaigh begraben, der sich in seiner Amtszeit (1974–76) sehr darum bemühte, die Weltpolitik auf Irland aufmerksam zu machen. Ihm zu Ehren haben die Bewohner auf dem umzäunten Rasenstück in der Mitte des Dorfes 1983 eine Pyramidenskulptur errichtet. Es kamen weitere Skulpturen hinzu, Geschenke von internationalen Staatsoberhäuptern oder anderen Prominenten, sodass dort ein kleiner **Skulpturenpark** entstanden ist.

Kerry

Übernachten

Luxuswellness ▶ Parknasilla Resort & Spa: Parknasilla, Tel. 064 667 56 00, www.parknasillaresort.com. Das traumhaft gelegene Hotel in einem hinreißenden Park blickt auf eine lange Tradition und illustre Gäste zurück. Nach einem gründlichen Um- und Ausbau in den vergangenen Jahren bietet es nicht nur große und luxuriöse Zimmer und Suiten, sondern auch einen edlen Wellnessbereich, ein feines Restaurant, eine Bar und eine separate Anlage aus Ferienhäuschen. FH ab 140 €/Tag, DZ 139–279 €.

Landhaus-B & B ▶ Tahilla Cove Country House: Tahilla Cove, Tel. 064 664 52 04, www.tahillacove.com, April–Okt. In traumhafter Lage an einer Bucht und umgeben von Parkland bietet das Landhaus in geräumigen Zimmern allen Komfort. DZ um 150 €.

Staigue Stone Fort ▶ A 9

Das **Staigue Stone Fort** 4, ein Ringfort mit 4 m dicken und 5 m hohen ohne Mörtel zusammengefügten Mauern, zeugt seit 2000 oder sogar 3000 Jahren von der Baukunst der frühesten Bewohner Irlands. Zwar gibt es über 30 000 solcher Steinforts auf der Insel, die den Menschen damals vermutlich Schutz bei drohender Gefahr boten, aber das Staigue Fort gehört mit Abstand zu den schönsten. Von der Hauptstraße in Richtung Süden führt eine etwa 4 km lange, holprige Straße zu dem Privatgrund, wo sich das Grau der gewaltigen Steinmauern gegen die leuchtend grüne Schafweide absetzt. Leider schreitet der Verfall heute schneller voran: Etliche Touristen fühlen sich bemüßigt, trotz der Verbotsschilder die bröckeligen Mauern zu besteigen.

Caherdaniel ▶ A 9

Caherdaniel 5 war seit uralten Zeiten eines der Zentren des Handels mit Spanien und Frankreich. Die alteingesessene Familie O'Connell, die im 15. Jh. als Burgverwalter der MacCarthys bei Caherciveen diente, war, wie es so schön heißt, im Ex- und Importgeschäft tätig. Im Klartext heißt das, sie verdienten ein Vermögen durchs Schmuggeln. Die Familie baute sich sehr viel später einen Landsitz in Derrynane, in dem im 19. Jh. der berühmteste O'Connell residierte, der irische Nationalheld Daniel O'Connell. Haus und Anwesen, **Derrynane House and National Park,** sind zum Museum umgestaltet worden, in dem persönliche Besitztümer und weitere Exponate der O'Connells ausgestellt sind (April, Okt. Nov. Mi–So 10.30–17, Mai–Sept. tgl. 10.30–18 Uhr).

Übernachten

Paradiesisches B & B ▶ Iskeroon: Bunavalla Pier, Tel. 066 947 51 19, www.iskeroon.com, Mai–Sept. Das schöne alte Haus liegt ein bisschen abseits Richtung Waterville und hat nur zwei Zimmer bzw. Suiten und ein Apartment. Aber die sind so umwerfend schön, dass man sie gar nicht mehr verlassen mag. Außerdem gibt es in jeder Einheit neben Bad auch eine Küche, Bücher, TV, DVDs, iPod-Dock und WLAN. Suite für 2 Pers. mind. 3 Nächte 300 €, Apartment 400–450 €.

Hostel im Dorf ▶ Travellers Rest Hostel: Tel. 066 947 51 75, www.hostelcaherdaniel.com, Febr.–Okt. Das ausgesprochen hübsche Hostel mitten im Dorf vermietet gemütliche Zimmer (Schlafsaal bis zu fünf Personen) und nimmt es in Sachen Komfort mit jedem B & B auf. Schlafsaal 18,50 €, DZ 43 €.

Aktiv

Reiten ▶ Eagle Rock Centre: ausgeschildert ab Caherdaniel, Tel. 066 947 51 45, www.eaglerockcentre.com. Eine Pferdefarm für Reiter jeden Alters und Könnens. Unterricht, Strand- und Bergausflüge zu Pferde.

Waterville ▶ A 9

Einer der großartigsten Streckenabschnitte des Ring of Kerry schlängelt sich von Derrynane bis zum Lough Currane. Die Straße führt steil zum **Coomakista-Pass** hinauf, von wo aus man im Dunst des Atlantiks in der Ferne die scharfen Konturen der beiden Felseninseln von Skellig (s. S. 244) aus dem Meer ragen sieht.

Der **Lough Currane,** nur durch einen schmalen Streifen Land vom Meer getrennt,

Ring of Kerry

ist ein beliebtes Angelrevier. Das eher reizlose Dorf **Waterville** 6 wird daher gerne von Anglern besucht, aber auch von Golfern, die den wunderschön am Meer angelegten Golfplatz schätzen. Entsprechend ist das touristische Angebot, nämlich zahlreiche Unterkünfte und Restaurants, die meist in der höheren Preisklasse liegen, aber oftmals wenig Charme zeigen. Die abgelegene Ruhe zog dereinst auch Charlie Chaplin an, dem an der Promenade eine Statue in charakteristischer Chaplin-Pose gewidmet ist.

Übernachten

Traditionshotel ▶ **Butler Arms Hotel:** Tel. 066 947 41 44, www.butlerarms.com. Walt Disney, Charlie Chaplin und Michael Douglas gehörten hier schon zu den Gästen. Das altehrwürdige 4-Sterne-Hotel direkt am Meer bietet gediegenen Komfort samt feinem Restaurant. DZ 120–220 €.

B & B und Restaurant ▶ **The Old Cable House:** Tel. 066 947 42 33, www.oldcablehouse.com. Das behagliche Haus oberhalb von Waterville bietet altmodisch-viktorianischen Komfort und freundliche Gastlichkeit in seinen einfachen, aber liebevoll eingerichteten Zimmern. DZ 55–59 €.

Essen & Trinken

Fischrestaurant ▶ **Sheilin Seafood Restaurant:** Top Cross, Tel. 066 947 42 31, Di–Sa 13–22 Uhr. Das Sheilin ist nach wie vor das reizendste Restaurant in Waterville. Die Atmosphäre ist warm, unkompliziert und freundlich, das Essen hat jedoch Sternequalität: Das Kerry-Berglamm zergeht auf der Zunge, die Fischgerichte sind ein Traum. Besonders lecker: mit Knoblauch überbackene Austern. Auch Tapas werden serviert. Gerichte 10–30 €.

Einkaufen

Kunsthandwerk ▶ **Waterville Craft Market:** Waterville, am Nordrand des Orts an der N70, tgl. 11–18 Uhr. Hier findet man eine breite Palette an irischer Kunst und Kunsthandwerk. Im Haus befindet sich auch eine kleine Touristeninformation.

Aktiv

Golf ▶ **Waterville Golf Links:** Tel. 066 947 41 02, www.watervillegolfclub.ie.

Abstecher nach Valentia Island ▶ A 9

Eine dramatische Anfahrt zum Hafenstädtchen **Portmagee** bietet die Straße über den Coomanaspig-Pass (304 m), von dessen Spitze die Straße gerade und schwindel erregend steil bergab führt. Eine Brücke führt über die schmale Meerenge nach **Valentia Island** 7, deren Name eine phonetische Übertragung des irischen *Béal Innse* und keine Reverenz an das spanische Valencia ist. Gleich hinter der Brücke versteckt sich unter einem Grasdach das **Skellig Experience,** das Geschichte und Leben der Mönche auf Skellig Michael dokumentiert (www.skelligexperience.com. März/April u. Okt./Nov. Mo–Fr 10–17, Mai, Juni u. Sept. tgl. 10-18, Juli/Aug. tgl. 10–19 Uhr).

Valentia liegt abseits des Ring of Kerry, was der Insel noch ein wenig den Zauber des Unberührten verleiht. Präsentiert sie sich zum Festland hin flach und eher reizlos, so bietet sie an der Küste eine rauere Landschaft. Vom einsamen Bray Head an der westlichen Spitze der Insel hat man einen klaren Blick auf die Skellig-Inseln und an der Nordküste locken Klippen zu abenteuerlichen Wanderungen.

Hauptort von Valentia ist **Knightstown** an der Ostspitze, wo es Unterkünfte, Restaurants und Pubs gibt. In der Nähe liegen die **Glanleam Gardens** (April–Okt. tgl. 10–19 Uhr), eine teilweise exotische Parkanlage, die der Knight of Kerry aus dem Stamm der anglonormannischen Fitzgeralds im 19. Jh. anlegen ließ. Zurück aufs Festland gelangt man von Knightstown mit der Fähre.

Übernachten

Gasthaus mit Charme ▶ **The Moorings:** Portmagee, Tel. 066 947 71 08, www.moorings.ie. Das Haus bietet alles unter einem Dach: schöne Zimmer mit Bad, ein Restaurant (April–Okt. tgl. 18–22 Uhr) mit solider Küche und die Bridge Bar, die für Musik und Tanz berühmt ist. DZ 90–140 €.

Kerry

Ring of Skellig ▶ A 9

Ein ›Nebenring‹ des Ring of Kerry, der **Ring of Skellig,** führt zum äußersten Westzipfel von Iveragh und einem der Gaeltacht-Gebiete Kerrys, wo die Menschen noch Gälisch sprechen. Eine der wenigen Ortschaften auf dieser Halbinsel ist **Ballinskelligs** 8 (Baile an Sceilig), es handelt sich aber nur um eine Ansammlung von ein paar Häusern und einen winzigen Hafen, von wo aus die Boote nach **Skellig Michael** übersetzen, so es das Wetter erlaubt. An dem breiten Sandstrand bei Ballinskelligs errichteten die Mönche von Skellig Michael ein Kloster, Ballinskelligs Abbey, das später von den Augustinern übernommen wurde und heute eine malerische Ruine abgibt. Auch die Überreste einer Mac-Carthy-Burg sind dort zu finden. Reizvoll sind aber vor allem auch die kilometerlangen Sandstrände um den Ort sowie eine Reihe von prähistorischen und frühchristlichen Ruinen, die sich auf der einsamen Landzunge von Bolus Head verstecken.

7 Skellig Michael ▶ A 9

Die zwei Felsinseln vor der Küste Kerrys gehören zu den bizarrsten ›Erscheinungen‹ im Atlantik. Schroff und sehr steil – und vor allem sehr unwirtlich, bilden sie eine Aufsehen erregende Silhouette im Meeresdunst. Einziges Zeugnis der Zivilisation ist der Leuchtturm. Doch der wird heute automatisch betrieben und nur gelegentlich von der Wartungsmannschaft besucht.

Unwirtlich und unwirklich zugleich erscheinen die beiden schroffen und gezackten Felsen der Skellig Rocks. »Sie gehören in keine der Welten, in der irgendjemand von uns je gelebt oder gearbeitet hat: sie sind Teil unserer Traumwelt«, beschrieb sie George Bernard Shaw. Und dennoch lebten einst Menschen auf der größeren der kahlen und sturmumtosten Skellig Rocks. Frühchristliche Mönche unter dem hl. Finian ließen sich dort im 7. Jh. nieder und weihten die Insel St. Michael. Sie lebten von Fischen und von Gemüse, das sie mühsam auf winzigen, mit Algen gedüngten Terrassenfeldern zogen. Ihre Behausungen waren traditionelle Bienenkorbhütten, die ohne Mörtel aus Steinen zusammengefügt waren.

Die Abgeschiedenheit der Mönche und die Unzugänglichkeit der Insel konnten jedoch nicht verhindern, dass auch sie im 9. Jh. Opfer von drei Überfällen der Wikinger wurden, die dort Schätze vermuteten. Während der Kirchenreform im 12. und 13. Jh. löste der Klerus das Kloster auf. Die Mönche zogen sich nach Iveragh zurück, wo sie in Ballinskelligs eine neue Niederlassung gründeten.

Noch heute ist ein Besuch auf der verlassenen Insel ein echtes Abenteuer, für das sich nur Wagemutige mit guter Kondition erwärmen können. Zu den Ruinen der alten Mönchssiedlung, die auf einer Felsnase errichtet wurde, führen mehr als 600 brüchige und unebene Stufen steil hinauf. Die Klosteranlage besteht aus zwei Oratorien und sechs Bienenkorbhütten, einigen Grabstätten und den Resten einer mittelalterlichen Kapelle, die mit Mörtel zusammengefügt wurde und deswegen stärker verfallen ist. Weiter abgelegen und für Touristen nicht zugänglich, da viel zu gefährlich, befindet sich eine zweite Klause oder vielmehr eine Kuhle, wo ein Mönch vielleicht Buße und Einsamkeit noch weiter getrieben hat. Die Kapelle ist ein Hinweis darauf, dass nach den frühchristlichen Mönchen Augustiner das Kloster übernahmen. Für die weitaus weltlicheren Ordensmänner war eine Versetzung nach Skellig Michael jedoch eher eine Strafe denn ein freudiges Eremitendasein. Eine ›Traumwelt‹ jedenfalls war die Insel für ihre einstigen Bewohner wohl kaum.

Verkehr

Von Portmagee und Ballinskelligs aus fahren Boote von April bis September auf die Insel, sofern die See ruhig ist. Einen bequemen Hafen gibt es auf Skellig Michael nicht, man muss schon mit Hilfe der Bootsführer an Land hüpfen. Wegen der beschränkten Teilnehmerzahl ist es sinnvoll, die Überfahrt in der Hochsaison vorher zu buchen z. B bei

**Nichts für Treppenmüde:
Skellig Michael**

Kerry

Casey's (Tel. 066 947 24 37, www.skelligislands.com), **Sea Quest** (Tel. 066 947 62 14, www.skelligsrock.com) oder **Skellig Boat Trips** (Tel. 086 417 66 12, www.bestskelligtrips.com).

Cahersiveen ▶ A 9

Cahersiveen 9 wirkt eher wie eine pragmatische Versorgungsstadt, ganz anders als viele andere bunte und lebhafte Städtchen und Dörfer am Ring of Kerry. An trüben Regentagen wirkt die vielgerühmte ›Hauptstadt‹ Iveraghs sogar ausgesprochen trostlos. Gleichwohl ist der Ort eine gute Basis für den Ring, da es hier nicht nur eine große Auswahl an Unterkünften, sondern auch ein Nachtleben und viele Läden und Dienstleistungen gibt (www.cahersiveen.com). Zudem wird hier im Old Barracks Heritage Centre, einer ehemaligen Polizeistation aus dem 19. Jh., an den ›Befreier‹ Daniel O'Connell, den Osteraufstand und andere bedeutende Gestalten und Ereignisse in Irlands Geschichte erinnert (Mo–Fr 10–16.30, Sa 11.30–16.30, So 13–17 Uhr, www.theoldbarracks.com).

Eine Brücke führt über den Fluss auf eine Landzunge, auf der sich zahlreiche Ruinen befinden, wie Ballycarbery Castle aus dem 15 Jh. oder Leacanabuaile und Cahergal Stone Forts, die um 800 errichtet wurden.

Übernachten

Edelpension ▶ QC's Townhouse: 3 Main Street, Tel. 066 947 22 44, www.qctownhouse.ie. Die hellen und großen Zimmer gehören zum Restaurant QC und wurden modern und mit allem Luxus ausgestattet, einschließlich einer Nespresso-Maschine und einem Kühlschrank voll mit frischen Zutaten fürs Frühstück sowie einem Safe für den Laptop, TV und einer Docking-Station für den MP-Player. DZ ab 79 €.

Ruhiges B & B ▶ Sea Breeze B & B: Reenard Road, Tel. 066 947 26 09, www.seabreezeband.com. Das B & B Sea Breeze ist ein freundliches Haus am südlichen Ende des Orts Richtung Waterville mit einfachen Zimmern, hilfsbereiten Gastgebern und gutem Frühstück. DZ 70 €.

Essen & Trinken

Edles Fischlokal ▶ QC's Seafood Bar: 3 Main Street, Tel. 066 947 22 44, Juli/Aug. tgl. 17.30–21.30, Juni–Aug. auch Mo–Sa 12.30–14.30, April–Juni u. Sept./Okt. Di–So 17.30–21.30, Nov.–März Do–So 17.30–21.30 Uhr. Mit Abstand das beste und netteste, wenn auch teuerste Restaurant im Ort, mit sommerlichem Gartenlokal. Serviert werden frischer Fisch und Meeresfrüchte sowie knackige Salate und Kerry-Berglamm. Hauptgerichte 16–27 €.

Irische Küche ▶ The Quarry Restaurant: Kells Post Office, Tel. 066 947 76 01, Ostern–Okt. tgl. 9–17 Uhr. Eine Allroundinstitution: Postamt, Tankstelle, Lebensmittelladen und Kunsthandwerksgeschäft – und im ersten Stock ein einfaches Restaurant mit traditionellen irischen Gerichten wie Suppen, Fisch, Räucherlachs und natürlich Scones und Keksen. Hauptgerichte unter 14 €.

Termine

Cahersiveen Festival of Music and Art: 1. Aug.-Wochenende, www.celticmusicfestival.com. Ein Fest mit viel Livemusik von Folk bis Country und vielen Nebenbelustigungen für die ganze Familie.

Glenbeigh ▶ B 9

Auf der Weiterfahrt nach **Glenbeigh** 10 sieht man an klaren Tagen bis zur Küste von Dingle. Kurz vor dem Ort, gegenüber Inch, ragt der **Rossbeigh Beach** in die Dingle Bay, eine schmale Landzunge mit einem über 6 km langen Sandstrand. Der Strand ist beliebt und im Sommer gut besucht, weshalb in der Umgebung etliche Camping- und Caravanplätze sowie Ferienhaussiedlungen gebaut wurden.

Glenbeigh selbst ist ein recht malerisches Dörfchen, wenn auch wegen des schönen Strands im Sommer reichlich überlaufen. Eine besondere Attraktion ist das nahe gelegene **Kerry Bog Village** (ausgeschildert, www.kerrybogvillage.ie, tgl. 9–18 Uhr), ein Nachbau von reetgedeckten Hütten, die das harte Leben der Torfbauern im 18. Jh. darstellen sollen – nur eben etwas malerischer, als es wohl tatsächlich war. In dem Ensemble aus sieben

Häusern werden in einem Restaurant Erfrischungen angeboten, es gibt Toiletten und einen Souvenirladen.

Verkehr
Bus: Bus Eireann fährt den Ring of Kerry (morgens und mittags), ab Killarney via Killorglin, Glenbeigh, Cahersiveen, Waterville, Caherdaniel, Sneem, Moll's Gap und wieder Killarney. Die Fahrt dauert knapp fünf Stunden.

Killorglin ▶ B 9

Karte: S. 235
Der kleine Marktflecken **Killorglin** 11, schön gelegen und schön anzusehen, ist neben Kenmare nicht nur das zweite Tor zum Ring of Kerry, sondern vor allem berühmt für seine Puck Fair, die Mitte August an drei Tagen über 100 000 Menschen nach Killorglin zieht. Wer ein trinkfreudiges Getümmel mag, ist hier im August richtig. Andere, kleinere Feste finden in den übrigen Sommermonaten statt.

Die **Puck Fair**, von der behauptet wird, sie sei der älteste Jahrmarkt der Welt, war ursprünglich ein Viehmarkt. Als Pferdemarkt immerhin ist die Tradition auch heute noch lebendig. Mittlerweile ist er aber ein solches Volksfest geworden, dass dies völlig in den Hintergrund gerückt ist. Höhepunkt ist jedoch nach wie vor die Krönung eines Ziegenbocks zum König Puck, aus dem Gälischen *poc*. Ein bedauernswertes Tier muss zu diesem Zweck drei Tage lang in einem Käfig hoch über dem Marktplatz thronen und das lärmende Treiben zu seinen Füßen erdulden. Dieses Schauspiel soll noch aus vorchristlicher Zeit stammen, als Symbol der Vertreibung böser Dämonen oder vielleicht auch als keltischer Fruchtbarkeitsritus. Die besten Früchte ernten in dieser Zeit die Wirte, denn es wird drei Tage lang mit verlängerter Sperrstunde gebechert.

Übernachten
Edles Landhaus ▶ **Carrig Country House:** Caragh Lake, Tel. 066 976 91 00, www.carrighouse.com, März–Nov. Das idyllische Landhaus mit schönem Garten und gutem Restaurant direkt am Caragh Lake vermietet hinreißend eingerichtete Zimmer mit allem modernen Komfort. DZ 178–350 €.

Pension am Fluss ▶ **Coffey's River's Edge Guesthouse:** Tel. 066 97 61 750, www.coffeysriversedge.com. Die Pension mit Blick auf den Fluss befindet sich in Laufnähe zum Stadtzentrum. Die schönen Zimmer bieten fast Hotelkomfort. DZ ab 70 €.

Essen & Trinken
Fischrestaurant ▶ **Nick's Seafood Restaurant & Piano Bar:** Lower Bridge Street, Di–So 17.30–22 Uhr. ›Der‹ Klassiker in Killorglin mit schöner altmodischer Atmosphäre und einer Pianobar nebenan. Französische Küche mit feinen irischen Variationen. Fischgerichte sind besonders gut, aber es gibt auch Fleischgerichte und Vegetarisches. Hauptgerichte 23–33 €, Menüs 40/45 €.

Tipp: Wanderung auf dem Caragh Lake Circuit

Iveragh ist übersät mit kleinen Seen und einsamen Flusstälern, die für Wanderungen wunderbar geeignet sind. Der **Kerry Way,** ein ausgeschilderter Wanderweg von insgesamt 215 km Länge, führt in großen Teilen durch die schönsten und aufregendsten Landschaften abseits des Ring of Kerry, erfordert aber auch eine sorgfältige Vorbereitung und viel Kondition.

Einen der malerischsten Abschnitte kann man auch durch einen kleinen Abstecher mit dem Auto oder als relativ einfache Tageswanderung kennen lernen: Der Abzweig Richtung Glencar, einem Dorf zu Füßen der Macgillycuddy's Reeks, führt ca. 10 km am **Lough Caragh** entlang und weiter bis zum Lickeen Wood, einem Waldgebiet am Caragh River. Der **Caragh Lake Circuit,** ein Rundweg um den See, führt durch eine stille Landschaft, in der sich hinter hohen Bäumen feine Villen verstecken. Doch davon abgesehen strahlt diese neben Killarney schönste Ecke der Halbinsel absolute Ruhe und Harmonie aus.

Kerry

Tapas-Bar ▶ **Sol y Sombra:** Lower Bridge Street, Tel. 066 976 23 47, Mi–Mo 18–22, So ab 17 Uhr. Die Tapas in der umgebauten alten Kirche mit mediterranem Flair sind meist volle Mahlzeiten (*raciones*), was bei der guten Weinauswahl nicht schadet. Am Wochenende oft Livemusik. Gerichte 7–22 €.

Aktiv

Golf ▶ **Killorglin Golf Club:** Stealroe, Tralee Road, Tel. 066 976 19 79, einfach und preiswert.

Termine

Puck Fair: 2. Aug.-Wochenende, www.puckfair.ie (s. S. 247).

Verkehr

Bus: häufige Verbindung mit Killarney.

Dingle Peninsula ▶ A 8

Karte: S. 235

Die westliche Hälfte der **Dingle Peninsula,** auf der der gleichnamige Ort liegt, ist ein Gaeltacht-Gebiet, und zum Leidwesen der Einwohner hatte die Halbinsel den irischen Namen An Daingean zurückerhalten – Dingle sei ein Markenname, heißt es. 2011 schließlich erhielt sie den Doppelnamen Dingle-Dáingean. Mit ihrer nahezu unberührten Natur, den grünen Hügeln und roten Fuchsienhecken ist sie nicht nur von farbenprächtiger Schönheit, sondern auch außergewöhnlich reich an früh- und vorchristlichen Hinterlassenschaften. Archäologen zählten rund 2000 Oratorien, Bienenkorbhütten, Megalithgräber, Hochkreuze, Steinkreise, Ogham-Steine und Ringforts.

Die südliche Küstenstraße Richtung Dingle Town (R561) bietet mit den Bergen auf der einen und der Dingle Bay auf der anderen Seite immer wieder schöne Ausblicke bis hinüber zur Iveragh Peninsula. Das Highlight auf dieser Strecke wurde sogar auf Zelluloid festgehalten, nämlich die Landzunge **Inch,** die sich gen Süden in die Bucht streckt. Der 6 km lange Strand ist besonders bei Sonnenuntergang derart malerisch, dass er in einer der Szenen im Film »Ryans Tochter« eine ›Hauptrolle‹ spielt.

Auch der kleine Ort **Annascaul** 12 hat durchaus seine optischen Reize. Foley's Pub beispielsweise besitzt wohl die farbenfrohste Hausfront ganz Irlands (und steht derzeit zum Verkauf). Das andere Pub im Dorf trägt den schönen Namen South Pole Inn und ist irischen Fernsehzuschauern durch eine Guinness-Reklame bekannt. Tatsächlich gehörte das Pub einst Tom Crean, der als Offizier mit Ernest Shackleton den Südpol erforschte.

Dingle Town ▶ A 8

Dingle 13 ist ein farbenfrohes und lebhaftes ›Großdorf‹ und im Sommer von Touristen überlaufen. Viele kommen wegen der Musik in den Pubs, andere wegen der zahlreichen Galerien und Kunsthandwerksläden, die meisten jedoch wegen Fungie. Irgendwann in den 1980er-Jahren tauchte im Dingle Harbour ein Delfin auf, der die Fischerboote begleitete, für allerlei Belustigung sorgte und in der Folge viele Besucher anzog. Mit geschicktem Marketing hat sich seither eine ganze Industrie um Fungie, wie das verspielte Tier bald genannt wurde, entwickelt. Es gibt DVDs, Bücher, T-Shirts, Schmuck, eine Statue am Hafen und natürlich die Bootsfahrten, die eine Begegnung mit Fungie versprechen.

Und weil das Geschäft mit Meeresgetier – auch außerhalb jener auf dem Restaurantteller – so gut funktionierte, wurde das Aquarium **Dingle Oceanworld** an der Marina gebaut, das auch exotischere Wasserbewohner zeigt wie Piranhas, Welse, Quallen, Haie, Schildkröten und Pinguine. Faszinierend ist der Unterwassertunnel, in dem man sicher und ohne nass zu werden mit den Tieren in Kontakt kommt (www.dingle-oceanworld.ie, Juli/Aug. tgl. 10–19, sonst bis 17 Uhr). Daneben gibt es aber genügend gute Restaurants in Dingle, wo man den Fischen auch kulinarisch nahe kommen kann …

Infos

Tourist Information: Strand Street, Dingle, Co. Kerry, Tel. 066 915 11 88, www.dingle-peninsula.ie, April–Okt.

Dingle Peninsula

Das Hafenstädtchen Dingle bei nächtlicher Illumination

Übernachten

Familienhotel ▶ Dingle Skellig Hotel: Tel. 066 915 02 00, www.dingleskellig.com. Das größte Hotel auf Dingle. Die Zimmer sind großzügig und mit allem Komfort eingerichtet. Das Schönste am Haus ist jedoch der Wellnessbereich mit Swimmingpool, Massage, Sauna, Hydrotherapie und einem *hot tub* auf der Terrasse mit Blick auf die Dingle Bay. DZ 99–174 €.

Traditionshotel ▶ Benner's Hotel: Main Street, Tel. 066 915 16 38, www.dinglebenners.com. Das 300 Jahre alte Hotel liegt mitten im Zentrum von Dingle und verbindet altmodisch-irischen Charme mit modernem Komfort. Die Bar ist berühmt für ihre behagliche Atmosphäre. Essen wird dort ebenfalls serviert (tgl. ab 18 Uhr). DZ ab 139 €.

Edel-B & B ▶ Greenmount House: Upper John Street, Tel. 066 915 14 14, www.greenmounthouse.ie. Das Haus mit 14 Zimmern liegt ruhig, aber nur fünf Minuten vom Zentrum. Die Zimmer sind bildschön, das Frühstück super. DZ 100–150 €.

B & B am Hafen ▶ Quayside B & B: The Tracks, Tel. 087 951 25 85, www.quaysidedingle.com. Wegen der Nähe zum Hafen mit seinem Touristengewusel nicht das ruhigste B & B, aber ideal zum Ausgehen und mit schöner Aussicht. Die Zimmer sind etwas klein, aber haben allen Komfort, und das Frühstück ist hervorragend (frische Croissants, Müsli, Bagel etc.). DZ 80 €.

Hostel außerhalb ▶ Rainbow Hostel: ca. 1,5 km außerhalb von Dingle über die Uferstraße Richtung Westen, Tel. 066 915 10 44, www.rainbowhosteldingle.com. Wer Ruhe braucht, wird sich in dem Hostel wohler fühlen als in der Stadt. Es gibt einen kostenlosen Shuttleservice. Schlafsaal 16 €, DZ 40 €, Camping 9 €.

Essen & Trinken

Edelrestaurant ▶ Chart House: The Mall, Tel. 066 915 22 55, Juni–Sept. tgl. 18.30–22 Uhr, in der Nebensaison seltener. In dem hübschen Steinhaus mit der kleinen Bar (gut für den Aperitif) wird feine Küche serviert, die irische Spezialitäten mit internationalen Gerichten verbindet. Sehr lecker sind die Desserts, u. a. hausgemachtes Eis. Hauptgerichte 18–28 €.

Kerry

Fischlokal ▶ **Out of the Blue:** Waterside, Tel. 06 69 15 08 11, tgl. ab 17, So auch 12.30–15 Uhr. Das anheimelnde und unprätentiöse Lokal mit Stil ist das Hinterzimmer einer Weinbar. Es gibt ausschließlich Fisch und Meeresfrüchte, vom Koch exzellent zubereitet. Hauptgerichte 21–38 €.

Bistro ▶ **Goat Street Bistro:** Goat Street, Tel. 066 915 27 70, tgl. 10–16, Do–Sa 18–21 Uhr. Das lässige Bistro am oberen Ende der Main Street ist nicht nur ideal für einen Kaffee, sondern serviert auch Frühstück, leichtes (internationales) Mittagessen und abends feine Gerichte je nach Tagesfang. Gerichte mittags 5–13 €, abends 18–23 €, Frühstück 6–7 €.

Abends & Nachts

Die über 50 Pubs auf der Dingle Peninsula sind berühmt für traditionelle Livemusik. **Mrs. Benner's Bar** im gleichnamigen Hotel in Dingle bietet in der Hauptsaison jeden Abend Musik, ebenso das **An Droichead Beag** in der Lower Main Street, **Dick Mack's** in der Green Street und **O'Flaherty's** in der Strand Street. Die **besten Sessions** finden in den kleinen Dorfpubs auf der Halbinsel statt.

Aktiv

Tauchen ▶ **Dingle Marina Dive Centre:** Waterfront, Tel. 066 915 24 22, http://homepage.eircom.net/~divedingle/. Bootsausflüge mit Tiefseetauchen um Dingle und um die Blasket Islands, inkl. Tauchschule.

Surfen ▶ **Finn McCool's Surf Company:** Lower Green Street, Tel. 066 915 08 33, www.finnmccools.ie. Verleih von Surfbrettern, Surfertreff und Ausrüstungsverkauf.

Musikschule ▶ **Dingle Music School:** Dykegate Lane, Tel. 086 319 04 38, www.dinglemusicschool.com. Musikschule, die irische Musik in Workshops unterrichtet, insbesondere die Tin Whistle und die irische Handtrommel Bodhrán.

Verkehr

Bus: gute Verbindungen mit Tralee und von dort in alle Richtungen. Seltener fahren Busse nach Dunquin.

Von Ventry bis zum Slea Head

Östlich von Dingle Town sind die meisten Straßenschilder auf Gälisch, was aber für nicht der Sprache Mächtige nicht weiter von Bedeutung ist, denn es gibt nur eine größere Straße, die R559, die zu den atemberaubendsten Plätzen der Dingle Peninsula führt.

Ventry 14 (Ceann Trá) ist ein nettes Dorf mit Pub und Laden und vielen B & Bs. Seine Hauptattraktion ist jedoch der 5 km lange Sandstrand, der sich am Ventry Harbour entlangzieht. Die kleine Bucht ist nicht nur beliebt bei Badenden, sondern wegen der geschützten Lage vor allem bei Windsurfern.

Weiter südlich, zu Füßen des Mount Eagle und direkt an der Straße bei Fahan, liegt das **Dunbeg Fort** 15 (Dún Beag), eine Befestigungsanlage auf einer Felsnase, die zu den besterhaltenen Irlands zählt. Das Ringfort wurde vermutlich um 800 erbaut und bot einen strategisch günstigen Blick nach Süden. Auf der anderen Straßenseite auf einem Feld nahe einem Farmhaus befindet sich die größte Ansammlung von **Bienenkorbhütten,** die je in Irland gezählt wurden. Diese konischen Trockensteinbehausungen wurden von den frühchristlichen Mönchen als Unterkunft genutzt. Etwa 400 soll es in mehr oder weniger gut erhaltener Form dort geben. Die kleinen Bauten stehen auf privatem Farmland und so kassieren die Farmer dort mittlerweile einen Obolus.

Entlang der Küste mit den steilen Klippen eröffnen sich hier und da kleine Buchten mit Sandstränden, die jedoch nur bei Ebbe zu sehen und manchmal schwer zugänglich sind. Der spektakulärste Strand ist jener bei **Slea Head** (Ceann Sléibhe). Die ganze Wucht des Ozeans donnert hier an die schwarzen Felsen, während sich der goldene Strand in trügerischer Schönheit bis zum **Dunmore Head** (Ceann an Dúin Mhoir) erstreckt. Trügerisch insofern, als die ganze Pracht bei Flut ganz schnell unter den Wassermassen verschwindet.

Im Westen der Dingle Peninsula

Dunquin (Dún Chaoin) 17 ist ein Streudorf, das sich rühmt, das westlichste Pub Irlands

Dingle Peninsula

zu besitzen, nämlich Kruger's, das auch Zimmer vermietet.

Bei Dunquin kann man sich im **Great Blasket Centre** über das Leben der einstigen Bewohner dieser Inseln vor Dingle informieren. Von dort stammte auch Peig Sayers, eine einfache Frau, die ihre Geschichte auf Irisch niedergeschrieben hat und deren Buch ›Peig‹ (dt. ›So irisch wie ich‹) seither ein Klassiker ist und zur verhassten Pflichtlektüre an irischen Schulen gehört (südl. von Dunquin an der R559; April–Mitte Okt. tgl. 10–18, mit Café).

Ballyferriter (Baile an Fheirtéaraigh) [18] ist das einzige größere Dorf westlich von Dingle, was auch nur relativ zu sehen ist. Immerhin gibt es hier ein kleines Heimatmuseum (Juni–Sept. tgl. 10–17 Uhr), ein Café, ein Hotel (das Ceann Sibeal, www.ceannsibealho tel.com) und ein paar Pubs.

In dieser Region befinden sich auch weitere historische Sehenswürdigkeiten. Vor nicht allzu langer Zeit wurden bei Ballyferriter die Ruinen einer alten Klostersiedlung aus dem 7. Jh. ausgegraben, zu der u. a. der **Riasc-Stein** (ausgeschildert) gehört, ein Vorläufer der Hochkreuze und ebenso kunstvoll graviert wie diese.

Das berühmteste Monument ist jedoch das **Gallarus Oratory,** ein winziges Bethaus aus dem 8. Jh. Es ist das einzige vollständig erhaltene Bauwerk in der für diese Zeit typischen mörtellosen Bauweise. Man kann es fast übersehen, so unscheinbar wirkt es, auch ist der Weg dorthin recht schmal (ab Ballyferriter Richtung Murreagh ausgeschildert).

Das Gegenstück zu Ventry Harbour auf der gegenüberliegenden Seite ist **Smerwick Harbour,** eine ebenfalls geschützte Bucht mit traumhaften Sandstränden. Der einst von den Wikingern gegründete Hafen, dessen Name noch nordische Ursprünge verrät, war im 16. Jh. Schauplatz eines Massakers. Das **Dún an Óir,** das goldene Fort, eine alte Festung lokaler irischer Clanherrscher, wurde von irischen, spanischen und italienischen Soldaten drei Tage lang gehalten, nachdem englische Truppen es angegriffen hatten. Sie gaben schließlich kampflos auf, aber dennoch metzelten die Engländer etwa 600 Mann nie-

Tipp: Great Blasket Island

Vor der Westküste Dingles liegt eine Handvoll Inseln, die den westlichsten Punkt Europas bilden. **Great Blasket** [16] ist die größte von ihnen, etwa 5 km von der Westspitze Dingles entfernt. Auf dem rauen Eiland lebten vor ca. 100 Jahren noch etwa 150 Menschen, die aber wegen der unwirtlichen Umstände nach und nach aufs Festland zogen. 1953 evakuierte die Regierung die Insel, da die Versorgung zu teuer und zu aufwändig wurde. Dafür bleiben die wunderschöne Landschaft und Natur vor allzu kommerzialisierter Nutzung und Touristenmassen verschont.

Fähren: ab Ventry oder Dingle. **Marine Tours:** von Ventry, Tel. 086 335 38 05, www.marinetours.ie. **Dingle Bay Charters:** von Dingle, Tel. 066 915 13 44, www.dinglebay charters.com.

der. Heute gibt es dort in der Nähe einen Golfplatz und zahlreiche, nicht unbedingt landschaftsverträgliche Ferienhaussiedlungen, die oftmals den Namen Dún an Óir übernommen haben.

Vom Mount Brandon zurück nach Dingle Town

950 m hoch ragt der **Mount Brandon** [19] in die Höhe und verleiht dem Nordzipfel der Dingle Peninsula eine dramatische Kontur. Dort auf dem Gipfel soll der Legende nach der hl. Brendan, der eigentliche Entdecker Amerikas, im 6. Jh. um Gottes Beistand und schönes Wetter gebetet haben, bevor er sich auf seine abenteuerliche Reise über den Atlantik machte. Seine innere Stimme sagte ihm, es gäbe westlich von Irland noch mehr Land. Und so machte er sich mit Leidensgenossen in einer Nussschale von Boot auf den Weg nach Westen – und entdeckte Amerika. Er fand das Land aber so unwirtlich, dass er lieber nach Irland zurückkehrte.

Angesichts der Schönheit der Region um den Mount Brandon nimmt das nicht Wunder. Die beiden Orte **Brandon** [20] und **Cloghane**

Kerry

feiern alljährlich das keltische Fest Lughnasa, die Flusstäler sind beliebt bei Anglern und östlich von der **Brandon Bay** erstreckt sich der längste Sandstrand Irlands bis hinauf auf die Landspitze von Fahamore. In Cloghane lässt sich auch gut in **O'Connor's Bar** eine Pause einlegen. Man bekommt dort etwas zu essen und eine Unterkunft (DZ ab 60 €, www.cloghane.com).

Auf der Rückfahrt von der Brandon Bay nach Dingle Town sollte man unbedingt über den Conor oder **Conair Pass** 21 fahren. Es ist nicht allein die Aussicht, die man in knapp 500 m Höhe auf der Passstraße genießen kann, vielmehr wird hier der Sinn des alten Spruchs »Der Weg ist das Ziel« deutlich. In weiten Strecken ist die Straße so schmal und so steil, dass zwei Autos nicht aneinander vorbeikommen können. Es gibt auch keine Möglichkeit zum Ausweichen – einmal abgesehen davon, dass rechts die Felsen steil aufragen und links steil abfallen. Wenn dann auch noch Nebel herrscht, was in dieser Höhe auch im Sommer geschehen kann, ist die Fahrt nur wirklich selbstbewussten Autofahrern zu empfehlen!

Tralee ▶ B 8

Karte: S. 235

Tralee 22 ist für Dingle das, was Killarney für Iveragh ist, nämlich das Zentrum des Tourismus. Anders als Killarney ist Tralee jedoch weitaus nüchterner und alltäglicher – und hat ganz eigene Sehenswürdigkeiten, im Sommer sogar ganz besondere, nämlich die schönsten Mädchen Irlands oder irischer Abstammung in der ganzen Welt, wenn die berühmte ›Rose of Tralee‹ gewählt wird.

Die Stadt ist das Verwaltungs- und Industriezentrum Kerrys; größter Arbeitgeber ist die Kerry Group, die u. a. die landwirtschaftlichen Produkte des Countys vermarktet. Tralee war einst der Stammsitz der Earls of Desmond aus der anglonormannischen Familie der Fitzgeralds, auch Geraldines genannt. Sie gehörten zu den hartnäckigsten Gegnern Englands. Unter Cromwell wurde Tralee fast gänzlich zerstört, weswegen von der alten mittelalterlichen Bausubstanz nichts mehr vorhanden ist. Oder fast. Denn im Keller des **Kerry County Museum** geht es tief in die Geschichte des Königreichs Kerry – ›Kerry the Kingdom‹. Der Besucher schlendert gemächlich durch die Straßen des Mittelalters, inklusive gruseligen Geräuschen und intensiven Gerüchen, die allerdings ein wenig modernen Nasen angeglichen wurden (Juni–Aug. tgl. 9.30–17.30, Sept.–Mai Di–Sa 9.30–17 Uhr, www.kerrymuseum.ie).

Ein wenig außerhalb Tralees, Richtung Dingle, befindet sich die **Blennerville Windmill,** die größte funktionierende Windmühle Europas. Es gibt eine Ausstellung, einen Laden und ein Restaurant, die Mühle ist aber in der Saison von Touristen überlaufen (Juni–Aug. tgl. 9–18, April/Mai u. Sept./Okt. 9.30–17.30 Uhr).

Infos

Tourist Office, Ashe Memorial Hall (am Museum), Denny Street, Tralee, Co. Kerry, Tel. 066 712 12 88, www.tralee.ie.

Übernachten

Schlosshotel ▶ **Ballyseede Castle:** Tel. 06 67 12 57 99, www.ballyseedecastle.com. Eine richtige Burg, ein paar Kilometer außerhalb Tralees gelegen, die aus dem 16. Jh. stammt, deren Unterkünfte aber weitaus neueren Datums sind. Elegante, recht gemütliche Atmosphäre. Sehr schöne Zimmer mit Betten, die an das Mittelalter erinnern sollen. DZ ab 129 €.

Traditionshotel ▶ **Grand Hotel Tralee:** Denny Street, Tel. 066 712 14 99, www.grandhoteltralee.com. Die lebhafte Bar des altehrwürdigen Hotels im Zentrum der Stadt ist ein beliebter Treffpunkt der Einheimischen. »Grand« im Sinne von nobel ist das Haus zwar nicht, aber die Zimmer sind schick und modern und mit allem Komfort ausgestattet. DZ ab 120 €.

Landhaus-Pension ▶ **Brook Manor Lodge:** Fenit Road, Richtung Fenit (R551), Tel. 066 712 04 06, www.brookmanorlodge.com. Modernes Haus in großem Garten mit

Tralee

Immer noch in Funktion: Blennerville Windmill bei Tralee

großen und gut ausgestatteten Zimmern. DZ ab 99 €.

Stadthotel ▶ **Brandon Hotel:** Princes Street, Tel. 066 712 96 66, www.brandonhotel.ie. Das größte Hotel in Tralee (185 Zimmer) ist ein Fixpunkt des sozialen Lebens. Die Zimmer sind guter Hotelstandard. DZ 80–100 € (ohne Frühstück ab 70 €).

Ruhiges B & B ▶ **Ard na Coille:** 14 An Choill, Ballyard, Tel. 066 712 49 31, www.ard-nacoille.com. Das moderne Haus in einer ruhigen Gegend, aber in Laufnähe zum Stadtzentrum, vermietet helle und freundliche Zimmer und hat eine gute Frühstücksauswahl. DZ ab 70 €.

Zentrales B & B ▶ **Green Gables:** 1 Clonmore Villas, Ballymullen Road, Tel. 066 712 33 54, www.greengablestralee.com. Das B & B in einem viktorianischen Haus befindet sich mitten in der Stadt, aber in einer ruhigen Ecke. Die Zimmer sind ebenfalls schnuckelig viktorianisch eingerichtet, und es gibt sogar ein Single-Zimmer. DZ 55–70 €.

Essen & Trinken

Fisch & Meeresfrüchte ▶ **Spa Seafoods Deli & Café:** The Spa, Tel. 066 71 36 901, Di–So 12.30–17 u. 18–21 Uhr. Der Fisch- und Delikatessenladen in dem kleinen Dorf Spa (von Tralee Richtung Fenit) lohnt den Ausflug auch zum Einkaufen. Im schlichten Restaurant dreht sich alles um Fisch, es gibt aber auch Salate und Pasta. Hauptgerichte 13–24 €.

Café und Teestube ▶ **Mary Anne's Tea Rooms:** 17 Denny Street, Tel. 066 71 27 610, Mo–Sa 9–18 Uhr. In dem entzückenden, wunderbar auf altmodisch gemachten Café gibt es tolle Köstlichkeiten, wie gebutterter Toast mit Erdbeeren und Ahornsirup, aber auch Sandwiches mit Pommes und Salat. Die Kuchen sind super!

Fischlokal ▶ **Oyster Tavern:** The Spa, Tel. 066 713 61 02, tgl. 17.30–22, So auch 12.30–14 Uhr. Das traditionelle Pub-Lokal liegt ca. 5 km außerhalb der Stadt Richtung Fenit,

Kerry

Tipp: Listowel Writers' Week

Jedes Jahr Ende Mai/Anfang Juni können Freunde des geschriebenen Wortes internationale Schriftsteller eine Woche lang hautnah erleben – und das nicht nur auf Distanz, sondern im kleinen Rahmen und ganz persönlich.

1970 wurde das erste Treffen organisiert, um lokale Autoren, darunter auch John B. Keane, vorzustellen. Im Lauf der Jahre hat sich diese eher lokale Veranstaltung zu einem **Fest der Worte mit internationalen Größen** entwickelt. Zu den geladenen Schriftstellern gehörten und gehören u. a. Seamus Heaney, Roddy Doyle, Edna O'Brian, William Trevor, Joseph O'Connor, Colm Tóibín, Nuala O'Faolain oder Hugo Hamilton.

Aber auch **bislang unbekannte Autoren** dürfen dort ihre Arbeit vorstellen. Es gibt **Workshops,** in denen Anfänger und Fortgeschrittene alle Sparten der Literatur kennen lernen können, von Poesie bis Journalismus, es gibt **Lesungen, Theateraufführungen, Filme** und **Ausstellungen.** Und natürlich gibt es auch **Musik und Tanz** – und die langen Nächte in den Pubs, wo man dann die kleinen ungeschriebenen Geschichten erfahren kann.

Writer's Week, 24 The Square, Listowel, Co. Kerry, Tel. 068 210 74, www.writers week.ie.

Abends & Nachts
Musikpub ▶ **An Teach Beag:** 27 The Mall. Ein altmodisches Pub mit traditionellen Sessions mehrmals die Woche. **Seán Òg's:** 41 Bridge Street. Ebenfalls ein typisches irisches Pub mit Sessions mehrmals die Woche in der Sommersaison.
Folktheater ▶ **Siamsa Tíre:** Tel. 066 712 30 55, www.siamsatire.com. Das Theater in einem sehr schönen, einem Ringfort nachempfundenen Bau hat von Mai bis Sept. Stücke im Programm, die sich um irische Folklore drehen (Musik und Tanz). Im Winter Gastspiele von Theatergruppen.

Termine
Rose of Tralee: Mitte Aug., www.roseof tralee.ie.

Aktiv
Badelandschaft ▶ **Aqua Dome:** Dingle Road, Tel. 066 712 88 99, www.aquadome.ie, Mo–Fr 10–22, Sa/So 11–20, im Sommer bis 21 Uhr. Eine der größten Badelandschaften Irlands mit Rutschen, einem Wellenbad, Flussschnellen und Sauna. Mit **Minigolfplatz.**

Verkehr
Bahn: Verbindung mit Killarney, Cork und Dublin.
Bus: Verkehrsknotenpunkt und daher gute Verbindungen zu allen größeren Orten in Irland sowie nach Dingle und zum Ring of Kerry.

North Kerry ▶ B 8

Karte: S. 235
Der Norden Kerrys ist der vermutlich touristisch vernachlässigtste Teil des Countys, da in dieser relativ flachen Landschaft die Attraktionen dünner gestreut sind. Dort liegt aber der Reichtum Kerrys, nämlich die ewig grünen Weiden, auf denen die berühmten Kerry-Kühe grasen. Und an der Küste gibt es kilometerlange Sandstrände, die auch in der Hochsaison noch einsame Plätzchen bieten.

Von Barrow bis Ballyheigue erstreckt sich der **Banna Strand** 23, der Teil der Revoluti-

lohnt sich aber wegen der guten Fischgerichte. Daneben gibt es aber auch traditionelle Fleischgerichte, Pasta und Vegetarisches. Gerichte 14–29 €.

Einkaufen
Delikatessen ▶ **Kingdom Food & Wines:** Oakpark, www.kingdomstore.ie, Mo–Fr 7–19, Sa bis 18 Uhr. Ideal für Selbstversorger, da es hier gutes Brot, europäische und irische Käsespezialitäten, mediterrane Schinken und Würste und natürlich auch guten Wein gibt.

North Kerry

onsgeschichte Irlands ist. Dort nämlich landete 1916 ein deutsches U-Boot mit Roger Casement, der Waffen aus Berlin für die Aufständischen in Dublin einschleusen wollte. Er wurde bei der Landung verhaftet. Ihm zu Ehren steht an dieser Stelle ein Denkmal.

Ardfert 24 ist ein kleiner Ort, der leicht links liegen gelassen wird und wenig zu bieten hat, abgesehen von der Ardfert Cathedral, den Überresten einer Klostersiedlung, die im 5. Jh. vom hl. Brendan gegründet wurde. Die Ruine der Kathedrale stammt allerdings aus dem 12. Jh. Hier gibt es heute eine Ausstellung zur Geschichte der Siedlung (Mai–Sept. tgl. 10–18 Uhr).

Der Küstenort **Ballybunion** 25 ist vermutlich überwiegend unter Golfern bekannt. Der von schönen Stränden umgebene Golfplatz gehört zu den ›Geheimtipps‹ unter den Politikern der westlichen Welt oder doch zumindest der irischen und US-amerikanischen.

Listowel 26 hingegen, ein typisches, aber eher langweiliges Landstädtchen, ist unter Literaten ein Begriff. Es war der Wohnort von John B. Keane, dem berühmtesten Schriftsteller Kerrys (›Das Feld‹). Keane betrieb bis zu seinem Tod 2002 in Listowel ein Pub seines Namens, in dem sich u. a. die besten Schriftsteller Irlands gerne trafen und es beim alljährlichen Literaturfestival noch immer tun (s. Tipp links). Dem literarischen Ruhm ist auch ein Museum am Hauptplatz im Ort gewidmet, in dem neben Keane auch anderen berühmten Autoren Referenz erwiesen wird (Juni–Sept. Mo–Sa 9.30–17, Okt.–Mai Mo–Fr 11–16 Uhr, www.kerrywriters museum.com).

Übernachten

... in Ballybunion

Golfhotel ▶ **Teach de Broc:** Link Road, Tel. 068 275 81, www.ballybuniongolf.ie. Das moderne Haus liegt gleich gegenüber dem Eingang zum Golfplatz und ist entsprechend auf Golfer eingerichtet. Es bietet sehr komfortable Zimmer und ein gutes Restaurant. DZ ab 135 €.

Pub-B & B ▶ **Harty Costello Townhouse:** Main Street, Tel. 068 271 29, www.harty costello.com. Kleines B & B mit **Pub** (3 Bars) und **Restaurant.** Helle, große, modern eingerichtete Zimmer. DZ ab 100 €.

... in Listowel

Traditionshotel ▶ **Listowel Arms Hotel:** Tel. 068 215 00, www.listowelarms.com. Das traditionsreiche Hotel ist einer der Hauptschauplätze für das Literaturfestival (s. Kasten links). In der **Bar** gibt es **solide Küche** zu bezahlbaren Preisen. DZ 120 €.

Freundliches B & B ▶ **Palmgrove B&B:** Tarbert Road, Tel. 068 218 57, www.palm grove-listowel.com. Der moderne Bungalow liegt etwa 3 km außerhalb der Stadt Richtung Tarbert. Die Zimmer sind einfach aber freundlich. DZ 60–70 €.

Landhaushostel ▶ **Billeragh House Hostel:** Billeragh, ein paar Kilometer außerhalb Richtung Tralee gelegen, Tel. 068 988 04 31, billeraghhousehostel@yahoo.com. Ein georgianisches Landhaus, sehr familienfreundlich. Schlafsaal ab 18 €, DZ ab 45 €.

Essen & Trinken

... in Ardfert

Meeresfrüchte ▶ **Kate Browne's Pub Restaurant:** Tel. 066 713 40 55, tgl. 10–22 Uhr. Gemütliches traditionelles Pub mit überraschend guter Küche; Schwerpunkt sind Meeresfrüchte. Hauptgerichte 14–25 €.

... in Listowel

Pubrestaurant ▶ **Allo's Bar & Bistro:** 41 Church Street, Tel. 068 228 80, Di–Mi 12–19, Do–Sa bis 21 Uhr. Das mit einem Michelin-Stern ausgezeichnete Lokal serviert in lässigem Ambiente wirklich gute und bodenständige Küche mit kreativem Pfiff. Mittags 5–18 €, abends 19–29 €.

Abends & Nachts

Literatenpub ▶ **John B. Keane's**: 37 William Street, Listowel. Das Pub des Schriftstellers ist immer noch ein Mekka für Literaturfreunde und Literaten, besonders während des Festivals.

Verkehr

Bus: häufige Verbindung von Listowel mit Tralee und Limerick.

Mäuerchen aus Stein und ein kleines Cottage sind typisch für das Landschaftsbild in Connemara

Kapitel 4
Der Westen

Der Westen beginnt mit der Überschreitung des Shannon, der in Irlands Mitte durch überwiegend flaches Land mäandert, sich zu mehreren Seen verbreitert, um sich schließlich in einem Bogen nach Westen und zum Atlantik zu wenden. Westlich des Shannon beginnt die rauere Landschaft Irlands, fort von den fruchtbaren Ebenen des Ostens und hin zu den moorigen und felsigen Landschaften, die diese Region so reizvoll machen.

Die Westküste gehört, neben dem Südwesten, zu den beliebtesten Ferienzielen Irlands. Eine der Hauptattraktionen sind die dramatischen Cliffs of Moher, eine Fortsetzung der in Irland einzigartigen Kalksteinlandschaft des Burren. *Der* Inbegriff des Westens ist jedoch Connemara, eine Landschaft von atemberaubender Wildheit, mit teilweise bizarr geformten Bergen, zahlreichen Seen und einer Melancholie, die jeden Besucher fasziniert. Karger noch ist Achill Island, eine Halbinsel in Mayo mit dramatisch hohen Klippen, die von Heinrich Böll literarisch unsterblich gemacht wurde.

Die historischen Monumente, mit denen die Region reich gesegnet ist, zeugen davon, dass sie seit tausenden von Jahren besiedelt ist. Das reicht vom Poulnabrone Dolmen im County Clare über das Steinfort Dún Aonghasa auf Inishmore, der größten der Aran-Inseln, bis hin zu den Céide Fields, einer teilweise freigelegten Steinzeitsiedlung im Co. Mayo.

Die urbanen Zentren des Westens sind zwei der größten Städte Irlands, das geschäftige Limerick und das quirlige Galway, das zu den schönsten Städten Irlands zählt und berühmt ist für seine vielen Festivals und sein interessantes Kulturleben.

Auf einen Blick
Der Westen

Sehenswert

8 Clonmacnoise: Die frühchristliche Klostersiedlung am Shannon, die die geografische Mitte Irlands bildet, war einst die bedeutendste ihrer Zeit (s. S. 262ff.).

9 Cliffs of Moher: Die bis zu 200 m hohen Klippen gehören zu den schönsten Fotomotiven Irlands (s. S. 281).

10 Der Burren: Die Kalksteinlandschaft im Norden Clares wirkt wie eine kahle Mondlandschaft, birgt aber eine in Irland einzigartige Flora (s. S. 284f.).

Galway City: Der Stadtkern Galways ist mit seinen bunten Ladenfassaden, Straßenmusikern, traditionellen Pubs und hübschen Cafés einer der reizvollsten Irlands (s. S. 290ff.).

11 Connemara National Park: Ein Stück unberührter Natur in wilder Landschaft ist hier konserviert worden (s. S. 309).

Schöne Routen

Burren- und Cliff-Tour: Eine Tagestour führt zu den wichtigsten Sehenswürdigkeiten in Clare, z. B. dem Poulnabrone-Dolmen, den Burren-Höhlen und Burgruinen, und bietet schließlich auf einer Küstenstraße traumhafte Ausblicke über die Galway Bay und zu den Cliffs of Moher (s. S. 285f.).

Killary Harbour: Wer die N59 nach Leenane, dann am Kopf des majestätischen Fjords die nördliche Uferstraße zurück (R335) und von dort über den Doo Lough Pass Richtung Louisburgh fährt, erlebt atemberaubende Landschaften aus nahezu unwirklich scheinenden Bergkegeln und einsamen Mooren (s. S. 310f.).

Meine Tipps

Burren Perfumery: Mitten im Burren befindet sich eine kleine Duftoase – die Burren Perfumery produziert nicht nur eigene Parfumkreationen und Duftöle, die an die Flora des Burren erinnern, sondern hat auch einen wunderschönen Kräutergarten und ein Café (s. S. 286).

Delfine beobachten an der Mündung des Shannon: Über 100 Tümmler leben im Shannon-Ästuar. Von Carrigaholt und Kilrush (Co. Clare) legen Boote ab, die zu den Delfinschwärmen hinausfahren (s. S. 287).

Bootstour auf dem Killary Harbour: Der Killary Harbour ist Irlands einziger Fjord, umgeben von einer berauschend kargen Landschaft. Auf einer Bootstour erfasst man die Aussicht in aller Ruhe (s. S. 312).

aktiv unterwegs

Radeln um Loop Head: Eine gemächliche Tour über ein oder zwei Tage, je nach Kondition, an der Shannon-Mündung entlang bis zum Leuchtturm und an der Atlantikküste wieder zurück (s. S. 289).

Mountainbiken auf dem Derroura Trail: Nichts für Anfänger ist die Mountainbiketour durch schönste Connemara-Wildnis. Sie verspricht nicht nur ein Erlebnis in großartiger Natur, sondern am Ende auch glückliche Erschöpfung (s. S. 305).

Aufstieg zum Croaghaun auf Achill Island: Die Wanderung ist steil und anstrengend, belohnt aber mit überwältigenden Aussichten von den höchsten Klippen Irlands (s. S. 316).

Am River Shannon

Eine Reise entlang dem Shannon führt per Auto oder Bus selten direkt am Fluss entlang und meist durch flaches Land. Nur im südlichen Drittel wird es bergiger und somit reizvoller. Doch in den Midlands gibt es Sehenswürdigkeiten, die ansonsten wenig bekannt sind und die man nicht nur auf einer Bootstour in Ruhe genießen kann.

›At swim two birds‹, der Titel eines Romans von Flann O'Brian, dessen Handlung anscheinend so unschlüssig mäandert wie der River Shannon, ist ein so kryptisches Englisch, dass auch die Übersetzung weh tut: ›In Schwimmen-Zwei-Vögel‹. Das Buch hat im Grunde nichts mit dem Fluss zu tun – bis auf die Tatsache, dass O'Brian dem hl. Patrick diese Sentenz abgekupfert hat, der damit seiner Überquerung des Shannon an einer seichten Stelle poetischen Ausdruck verleihen wollte ...

Dass Patrick seine Shannon-Überquerung so nachdrücklich festgehalten hat, liegt an der besonderen Bedeutung des Flusses. Mit 342 km von der Quelle im County Leitrim bis zu seiner Mündung in den Atlantik zwischen den Countys Limerick, Clare und Kerry ist der Shannon der längste Fluss Irlands, der sich wegen des geringen Gefälles und des flachen Landes zu mehreren Seen verbreitert, deren größte der Lough Ree und der Lough Derg sind. Zudem teilt er das Land in den einstmals unzugänglichen und unfruchtbaren Westen und den ›zivilisierten‹ Osten, war zur Zeit der Eroberungen eine nicht einfach zu überwindende Barriere und letztlich eine strategische Grenze.

Lange vor unserer Zeitrechnung war der Fluss Teil eines Handelswegs, der über die Keltische See durch Gallien bis zum Mittelrhein reichte. Im 18. Jh., als Dublin durch den Bau des Grand Canal mit dem Shannon verbunden wurde, nahm die Bedeutung des Flusses als Handelsweg nochmals für kurze Zeit zu – vor allem Lastkähne voller Guinness-Fässer verteilten von Dublin aus ihre begehrte Fracht in Irland.

Auf seinem Weg durchquert der Shannon mehrere Countys, neben den genannten auch Roscommon, Longford, Westmeath, Offaly, Galway, North Tipperary, einige zu den Midlands gehörend, die gemeinhin als langweilig gelten. Verglichen mit dem lebhaften Osten und dem reizvollen Westen mögen die endlosen Ebenen der Midlands mit ihren oftmals gesichtslosen Dörfern dem Touristen wenig zu bieten haben. Doch interessante Sehenswürdigkeiten und wenig bekannte Kleinodien sind auch dort zu finden. Und dank des Shannon-Tourismus haben sich manche Orte direkt am Fluss zu kleinen Schmuckstücken herausgeputzt, die durchaus mit den lebhaften Städtchen im Westen konkurrieren können.

Lough Ree ▶ E 5

Karte: S. 265

Leitrim ist das am dünnsten besiedelte irische County, im Norden lieblich mit sanften Hügeln und zahlreichen Seen, in der südlichen Hälfte, dort, wo es sich den Shannon mit dem County **Roscommon** teilt, flach und nahezu konturlos, aber ebenfalls voller Seen, die sich weit ins County erstrecken. Es ist ein Paradies für Angler, die in den Gewässern einen gut gepflegten Fischreichtum vorfinden. Und es ist ideal für Radtouren – das Land ist flach, die Straßen sind wenig befahren. Allerdings entstanden in den Boomzeiten entlang dem Shannon und auch entlang den Kanälen zahlreiche Ferienhaus- oder Apartmentsiedlungen, die der Idylle – vom Wasser aus gesehen – einiges nehmen.

Beim Städtchen **Lanesborough** 1, Anlegestelle für Kabinenkreuzer und Standort eines Torfkraftwerks, öffnet sich der Shannon zum Lough Ree, einem lang gestreckten See, dessen kleine Inseln mit den Ruinen frühchristlicher Klostersiedlungen übersät sind.

Der hübscheste Ort nahe dem Ufer des Lough Ree ist zweifellos **Glasson** 2, ein kleines Schmuckstück für betuchte Bootstouristen, aber auch für Angler, Golfer, Segler oder schlichtweg Genießer. Denn dort gibt es gleich mehrere gute Restaurants, edle Unterkünfte und einen feinen Golfclub. Die südliche Uferstraße nach **Ballykeeran**, ebenfalls ein beliebter Treffpunkt für Freizeitkapitäne, bietet einen wunderbaren Blick über die geschützte Bucht von Killinure und den Lough Ree.

Übernachten

Luxus-Landhotel ▶ **Wineport Lodge:** Tel. 090 643 90 10, www.wineport.ie. Das Hotel mit **erstklassigem Restaurant** (Hauptgerichte 16–25 €) liegt direkt am Fluss, ist stilvoll und behaglich eingerichtet (mit allen technischen Finessen). DZ ab 197 €.

B & B im Dorf ▶ **Glasson Stone Lodge:** Tel. 090 648 50 04, www.glassonstonelodge.com. Das attraktive und moderne Haus mit der hübschen Steinfront bietet sehr schöne und behagliche große Gästezimmer und darüber hinaus ein ausgezeichnetes Frühstück. DZ 70 €.

Essen & Trinken

Bar & Restaurant ▶ **The Fatted Calf:** Glasson, Tel. 090 648 52 08, Di nur Bar ab 17 Uhr, Mi–Sa 12.30–15.45 u. 17.15–21.30, So 12.30–15.45 u. 17.30–19.45 Uhr. Das nette Restaurant mit hübscher Pubfassade mitten im Ort serviert hervorragende irische und internationale Küche. Mittags 5–18 €, abends 17–28 €.

Abends & Nachts

Uriges Pub ▶ **Grogan's Pub:** eines der wirklich alten (ca. 250 Jahre alt) und gemütlichen Pubs. Fr abends gibt es hier traditionelle Livemusik, 12–21 Uhr bodenständiges Essen.

Aktiv

Golf ▶ **Glasson Golf & Country Club:** Tel. 090 648 51 20, www.glassongolfhotel.ie.

Verkehr

Bus: Verbindung Glasson – Athlone.

Von Athlone bis Shannonbridge

Karte: S. 265

Je weiter südlich es entlang oder auf dem Shannon geht, umso abwechslungsreicher wird die Landschaft, doch zunächst geht es durch endloses Marschland und Moorweiten. Diese Region blickt auf eine lange Geschichte zurück und weist tiefe Wunden auf, die der Natur durch den industriellen Torfabbau beigefügt wurden.

Athlone ▶ E 5

Athlone 3 liegt nicht nur in der Mitte Irlands, sondern bildet auch einen wichtigen Übergang über den Shannon. Das war bereits zu Zeiten der Anglo-Normannen so, als diese ihre Festung als Bollwerk gegen Einfälle aus dem Westen bauten. Heute allerdings braust bei Athlone die neue Autobahn M6 über den Shannon und der Übergang ist letztlich nur noch ideell von Bedeutung.

Die Normannenburg aus dem Jahr 1210 ist heute das Zentrum der lebhaften Stadt. Das am Flussufer gelegene **Athlone Castle** (Juni–Aug. tgl. Mo–Sa 10–18, So 12–18, Sept./Okt. Di–Sa 11–17, So 12–17 Uhr) wird allerdings von der mächtigen Kirche **Peter and Paul** überragt und ist dicht umbaut. Es birgt heute ein Museum, in dem u. a. dem berühmtesten Sohn der Stadt gedacht wird, dem Sänger John MacCormack (1884–1945), der neben Caruso als größter Tenor seiner Zeit galt.

Am River Shannon

Tipp: Bootstour auf dem Shannon

Nichts ist einfacher und erholsamer, als mit dem Kabinenkreuzer den Shannon entlangzuschippern. **Ein Bootsführerschein wird nicht verlangt.** Ein Mitarbeiter der Bootsvermietung erklärt, wie man mit dem Boot umgeht, auf Wunsch gibt es eine Probefahrt – und dann ist man auf sich selbst gestellt.

Bei einer Geschwindigkeit von ca. 8 km/h kann eigentlich nicht viel passieren. Allerdings sollte man auf den Seen, vor allem beim Lough Derg, auf die Wetterbedingungen achten. Die **Schleusen** sind ebenfalls leicht zu bedienen, da sie vollautomatisiert sind. Und auch das Anlegen ist kein Problem, da alle Dörfer leicht erreichbare Landungsstege haben, über die man Zugang zum Land hat.

Für eine einwöchige Bootstour auf dem Shannon sollte man sich einen bestimmten Abschnitt aussuchen, denn die ganze Länge des Flusses ist in der Zeit nicht zu schaffen. So braucht man beispielsweise von Carrick-on-Shannon bis Portumna etwa eine Woche, was natürlich eine weitere Woche für die Rückfahrt bedeutet.

Bootsvermieter gibt es mehrere entlang des Shannon. Einer davon ist **Waveline Cruisers:** Quigley's Marina, Killinure Point, Glasson, Co. Westmeath, Tel. 090 648 57 11, www.waveline.ie. Deutsches Buchungsbüro: Im Kies 21, 74199 Unterheinriet, Tel. 07130 405 68 70.

Die tatsächliche geografische Mitte Irlands und Hauptsehenswürdigkeit in der Umgebung ist die frühchristliche Klostersiedlung **Clonmacnoise**, die ausgesprochen idyllisch am Ufer des Shannon liegt.

8 Clonmacnoise ▶ E 6

Auf der Kuppe eines flachen Hügels in einer Biegung des Shannon blühte über 1000 Jahre lang ein klösterliches Gemeinwesen, dessen Ruf als Stätte der Gelehrsamkeit und Kunst weit über die Grenzen Irlands hinausreichte. Aus ganz Europa strömten junge Scholaren nach **Clonmacnoise**, um ihr Wissen und Können zu vervollständigen. Es muss ein internationales Sprachengewirr geherrscht haben, eine lebendige Atmosphäre, in der Schriftgelehrte und Kunsthandwerker Kostbarkeiten herstellten, die von der hohen Kultur jener Zeit zeugten.

Die Anlage, deren Ruinen so überaus malerisch am Flussufer liegen, wurde im Jahr 548 von Ciarán Mac a'tSaoir, Sohn eines Wagenbauers aus Roscommon, gegründet. Der später als der hl. Ciarán oder Kieran verehrte Mönch überlebte der Legende nach die Klostergründung nur um sieben Monate. Er starb im Alter von 33 Jahren an einer Seuche.

Die Ruinen, die bis heute erhalten blieben, stammen aus sehr viel späterer Zeit. In den ersten Jahrhunderten seines Bestehens war das Kloster Ziel zahlreicher räuberischer Überfälle sowohl von irischen Stämmen, die es auf die Schätze abgesehen hatten, als auch später von den Wikingern. Die Raubzüge veranlassten die Mönche schließlich, ihre Siedlung und Kirchen aus Stein zu bauen. Auch die zwei Rundtürme sind Ergebnis verstärkter Wehrhaftigkeit.

Die sieben Kirchen – eine achte, die **Nonnenkirche,** steht wie bei allen frühchristlichen Klostersiedlungen in gebührender Entfernung zur Männerklause – stammen allesamt aus verschiedenen Epochen. Älteste und auch kleinste ist **Teampall Ciarán** aus dem 8. Jh. An ihrer Stirnseite soll der Klostergründer begraben sein. Die größte Kirche ist die **Kathedrale aus dem 10. Jh.,** die vom Hochkönig Flann gestiftet wurde. In ihren Mauern fanden die letzten Hochkönige Irlands, Turloch O'Conor und sein Sohn Roderick O'Conor, die im 12. Jh. starben, ihre letzte Ruhestätte. Am besten erhalten ist **Teampall Conor,** die etwa um 1000 von den O'Conors erbaut wurde. Sie diente der protestantischen Gemeinde der Umgebung im 18. und 19. Jh. als Gotteshaus.

Steinkreuze und Kirchenruinen in Clonmacnoise

Am River Shannon

> **Tipp: Paddeln auf dem Shannon**
>
> Wem eine Fahrt mit dem Kajütenboot zu lahm oder zu teuer ist, kann den Shannon auch mit Muskelkraft bewältigen, und zwar mit dem Kanu, z. B. von Banagher bis zum Lough Derg. Einen Kanuverleih gibt es in Banagher (The Marina, Tel. 057 91 514 11, www.iol.ie/~adv canoe/index.html).

Die drei schönsten und ältesten **Hochkreuze** aus dem 8., 9. und 10. Jh. wurden im Besucherzentrum untergebracht, um sie vor weiterer Verwitterung zu schützen. Repliken ersetzen sie im Freien. Das schönste der Hochkreuze wird wegen seines reichen ornamentalen und figürlichen Schmucks das **Inschriftenkreuz** genannt. Im **Besucherzentrum,** in dem auch einige Ausgrabungsstücke von Clonmacnoise ausgestellt sind, wird ein Film gezeigt, der die Geschichte der Anlage nachvollzieht (Mitte März–Mai u. Sept.–Okt. tgl. 10–18, Juni–Aug. tgl. 9–18.30, Nov.–Mitte März tgl. 10–17.30 Uhr).

Infos
Tourist Information: Athlone Castle, Athlone, Co. Westmeath, Tel. 090 649 46 30, www.athlone.ie.

Übernachten
Hochhaushotel ▶ Sheraton Athlone: Gleeson Street, Tel. 090 645 10 00, www.sheraton athlonehotel.com. Der gläserne Turm mit zwölf Stockwerken ist im kleinen Athlone nicht zu übersehen. Geboten wird der übliche Kettenhotelstandard, samt Swimmingpool, Wellness, Restaurant etc., aber die Aussicht über Stadt, Land und Fluss ist umwerfend. DZ ab 118 €.

Cooles B & B ▶ Bastion B & B: 2 Bastion Street, Tel. 090 649 49 54, www.thebastion.net. Das von außen farbenfrohe B & B in einem alten Schneiderladen mitten in der Altstadt hat helle und sehr geschmackvoll eingerichtete Zimmer. Auch das Frühstücksbüfett unterscheidet sich erfreulich vom sonstigen B & B-Standard. DZ ab 75 €.

Essen & Trinken
Essen in der Kirche ▶ The Locke Restaurant: St. Peters Port, The Docks, Tel. 090 649 45 17, Di–Sa 16–21.30 Uhr. Die stimmungsvolle Atmosphäre in einer 150 Jahre alten ehemaligen presbyterianischen Kirche am Fluss ist das eigentliche Erlebnis. Aber das Essen ist auch nicht schlecht: Es gibt originelle Vorspeisen (6–8 €) und recht fleischhaltige Hauptgerichte (17–25 €).

Edel-Bistro ▶ The Left Bank Bistro: Fry Place, Tel. 090 649 44 46, Di–Sa 10.30–21.30 Uhr. Lässiges Restaurant mit einem bunten internationalen Speiseangebot, alles frisch und köstlich zubereitet. Auch gibt es eine sehr gute Auswahl an vegetarischen Gerichten und Salaten. Hauptgerichte mittags 8–15 €, abends 19–25 €.

Abends & Nachts
Uriges Pub ▶ Sean's Bar: 13 Main Street. Das urgemütliche Pub im Schatten der Burg soll das älteste Irlands sein. Fast täglich traditionelle Livemusik.

Traditionspub ▶ J.J. Hough's: Main Street, Banagher (südl. von Athlone), Co. Offaly. 250 Jahre alt und am Eingang überwachsen von Weinranken, ist das Pub mit Biergarten der Treffpunkt schlechthin. Im Sommer gibt es abends traditionelle Livemusik, im Winter nur an den Wochenenden.

Kulturzentrum ▶ Dean Crowe Theatre: Chapel Street, Tel. 090 649 21 29, www.dean crowetheatre.com. Diverse kulturelle Veranstaltungen, von Theater über Film bis zu Konzerten.

Aktiv
Bootstouren ▶ Viking Ship Cruises: 7 St. Mary's Place, Tel. 086 262 11 36, www.viking toursireland.ie. Bootstouren mit einem ›Wikingerschiff‹ über den Lough Ree und nach Clonmacnoise. **Barracuda Boat Trips:** Tel. 087 23019 81, www.barracudaboattrips.com. Rundfahrten auf dem Lough Ree und nach Clonmacnoise sowie abendliche Wassertaxis.

Verkehr

Bahn: Verbindung mit Dublin, Westport und Galway.
Bus: Athlone ist ein Verkehrsknotenpunkt und mit allen größeren Städten von Belfast bis Waterford und Galway bis Dublin verbunden.

Von Portumna bis Killaloe

Karte: rechts
Dieser Streckenabschnitt ist der schönste entlang dem Shannon. Bei Portumna verbreitert sich der Fluss zum Lough Derg, der umgeben ist von sanften Hügeln, die sich auf der Westseite zu den bewaldeten Höhen der Slieve Aughty Mountains ausbreiten, An seiner Südspitze wird er gerahmt von den Arra Mountains und dem Slieve Bernagh.

Portumna ▶ D 6

Portumna 4 ist ein blühendes Städtchen mit einer farbenfrohen Hauptstraße, das vom Bootstourismus lebt. Neben den Pubs und der Marina ist Portumna aber für sein **Schloss** bekannt, das in seiner Architektur einzigartig ist. Erbaut wurde es ab 1610 von dem Anglonormannen Richard Burke bzw. de Burgo. Es ist das erste Bauwerk in Irland, das zarte Renaissance-Anklänge erhielt, etwas später als auf dem Kontinent und auch nicht so elaboriert. Leider wurde es 1826 nahezu völlig zerstört und erst in den vergangenen Jahren wieder restauriert (die Arbeiten dauern noch an). Das Erdgeschoss ist wieder zu besichtigen, außerdem die **Renaissance-Gärten,** die ebenfalls in ihrer ursprünglichen Anlage wieder hergestellt wurden (April–Sept. tgl. 9.30–18 Uhr, Okt. Sa/So 9.30–17 Uhr).

Nahe dem Schloss befinden sich die Ruinen der **Portumna Friary,** ein Kloster, das von den Zisterziensern im 15. Jh. gegründet wurde. Es ist recht gut erhalten und frei zugänglich.

Birr ▶ E 6

Birr 5 ist ein kleines Städtchen abseits der üblichen Touristenwege – und so ungewöhnlich wie attraktiv. Es ist eine auf dem Reißbrett geplante Stadt, ganz im georgianischen Stil,

Shannon

Am River Shannon

und besitzt noch heute mehr originale Bauten jener Zeit als vergleichbare Städte. Entstanden ist es zu Füßen von **Birr Castle**, das um 1620 von den englischen Siedlern Parson errichtet wurde, die später den Titel Earl of Rosse erhielten. Die Parson-Familie lebt noch heute im Schloss, daher ist es nicht zu besichtigen. Der Öffentlichkeit zugänglich ist aber immerhin der erstaunliche Park, der über Jahrhunderte entstand und mit seltenen Bäumen und wunderschönen Anlagen aufwartet (www.birrcastle.com; 17. März–Okt. tgl. 9–18, 1. Nov.–16. März tgl. 10–16 Uhr). Eine der Hauptattraktionen auf dem Schlossgelände sind das Science Centre und das Teleskop, das von einem der Parsons 1846 errichtet und vom derzeitigen Lord Rosse restauriert wurde. Bis 1917 war es das größte Spiegelteleskop der Welt.

Übernachten

Kunst und B & B ▶ **Brendan House:** Brendan Street, Tel. 057 912 18 18, www.tinjugstudio.com. Ein Schmuckkästchen von Unterkunft, kuschelig, rüschig und absolut liebenswert. Im Garten befindet sich eine kleine Galerie, Kunstunterricht wird angeboten und Essen wird ebenfalls serviert – alles Bio und frisch (die Salate sind wunderbar!). DZ 80–90 €.

Verkehr

Bus: Portumna via Birr nach Dublin (eher selten) sowie nach Galway.

East Clare ▶ D 7

Der lieblichste Teil des Lough Derg ist jener, wo die bewaldeten Höhen von **East Clare** den See rahmen. Die Landschaft ist nicht nur bei europäischen Immigranten beliebt, die hier auf vielfältige Art neue Impulse einbringen – Biogemüse wird angebaut, Vollkornbrot gebacken, feiner Käse produziert oder schönes Kunsthandwerk kreiert –, sondern auch bei passionierten Anglern und Musikfreunden. **Mountshannon** 6 mit der bildhübschen Marina ist Schauplatz eines kleinen Kulturfestivals, das nach einer Insel im Lough Derg benannt wurde: **Iniscealtra**, auch ›Holy Island‹ genannt. Von Mountshannon fahren Boote hinüber auf die Insel, auf der einige Ruinen einer Klosteranlage aus dem 7. Jh. zu sehen sind. **Scariff** 7 ist die winzige Metropole East Clares, ein freundliches Dorf mit kleinen Geschäften, einem Bioladen und ein paar Restaurants. Im Nachbarort **Tuamgraney** wurde die Schriftstellerin Edna O'Brien geboren. Ihre ersten Werke sind dort angesiedelt.

Das schönste Musikfestival findet in dem kleinen Dorf **Feakle** 8 statt, wenn im August die Crème der irisch-traditionellen Musiker in fast intimer Atmosphäre zusammenkommt und Hunderte von Freunden irischer Musik aus aller Welt anlockt. Feakle war in der Vergangenheit auch die Wirkungsstätte von Biddy Early, die im 19. Jh. als Hexe verfemt, aber tatsächlich eine sogenannte weise Frau war. Ihr Cottage liegt ganz in der Nähe, kann aber nur durch Nachfragen bei Einheimischen gefunden werden. Auf dem Friedhof von Feakle soll auch Brian Merrimen begraben sein, jener Dichter des 19. Jh., der den gälischen Klassiker schlechthin verfasste, »The Midnight Court«, eine Abrechnung der starken keltischen Frauen mit den ›nutzlosen‹ Männern Irlands.

Übernachten

Seeblick-B & B ▶ **Sunrise B & B:** Mountshannon, Tel. 061 92 73 43, www.sunrisebandb.com. Das gepflegte Haus ca. 300 m nördlich von Mountshannon auf einer Anhöhe mit Blick über den Lough Derg, aber in Laufweite von der Marina, hat hübsche und ruhige Zimmer und ein tolles Frühstücksangebot. DZ 92 €.

Essen & Trinken

Mini-Weinbar ▶ **The Snug:** Main Street, Mountshannon, Tel. 061 92 68 26, Fr/Sa 18 Uhr–spät, So 13–21 Uhr. Die Front des Hauses ist so schmal, dass man es fast übersieht, innen ist es aber urgemütlich, wenn auch winzig. Es gibt überwiegend italienische Kleinigkeiten (5–8 €), aber auch Pizza (um 13 €) und Salate (5–9 €).

Von Portumna bis Killaloe

Einkaufen

Webwaren ▶ McKernan Handweavers: Scariff Road, Tuamgraney, Tel. 061 92 15 27, www.mckernanscarves.com, Mo–Sa 10–18 Uhr. Anke McKernan, der deutsche Teil des Weberpaares, zeigt gerne die Werkstatt und erklärt alles, was damit zusammenhängt. Es gibt schöne, leichte naturfarbene Schals und Decken zu kaufen.

Abends & Nachts

Musikpub ▶ Pepper's: Feakle. Das urgemütliche Pub, das bislang allen touristischen Verschönerungen widerstanden hat, ist das Zentrum East Clares für alle Musikfreunde und Hauptschauplatz des Festivals. Mittwoch abends finden Sessions statt. Daneben gibt es weitere Konzerte und Sessions mit interessanten Gruppen und Solisten. Gut essen kann man dort auch, einfach und preiswert (Gerichte um die 12 €). Traditionelle Musik gibt es in Feakle auch Do abends bei **Shortt's** und oft auch bei **Bohan's**.

Aktiv

Workshops ▶ Workshops CELT: Centre for Environmental Living and Training, Gleann Glas, Tuamgraney, Tel. 061 64 07 65, www.celtnet.org. Die Initiative bietet eine Vielzahl interessanter Aktivitäten: von ökologischen Spaziergängen bis zu Workshops in traditionellen Handwerken wie dem Bauen von Trockensteinmauern oder Lehmbauten etc.

Golf ▶ East Clare Golf Club: Scariff, Tel. 061 92 13 22, www.eastclare.com.

Termine

Scariff Harbour Festival: 1. Aug.-Wochenende, Scariff, www.scariff.ie. Dreitägiges Straßenfest mit Wassersport, Konzerten, Sessions – von traditioneller bis zu Jazz-Musik, Bauernmarkt und Unterhaltung für Kinder.

Traditional Music Festival: 2. Aug.-Wochenende, Feakle, www.feaklefestival.ie. Eines der wenigen Festivals, das noch nicht kommerzialisiert wurde – abgesehen vom Gewinn, den die vier Pubs im Ort machen. Es gibt schöne Konzerte, Sessions und auch Workshops mit den Größen der Trad-Szene.

Tipp: Reiterferien in Clare

Der An Sibin Reiterhof in Clare ist ein Traum für Pferdefreunde. Auf dem Hof gibt es nicht nur wunderschöne Unterkünfte im 300 Jahre alten Farmhaus, sondern es werden auch Wanderritte zum Burren, Ausritte in die Umgebung, Eselwandern und im Winter sogar Jagdritte (für Besucher, die kein ethisches Problem mit Fuchsjagden haben) angeboten. **An Sibin Equestrian Centre:** Derryoran East, Whitegate, Co. Clare, Tel. 061 92 74 11, www.irishhorseriding.com.

Iniscealtra Festivals of Arts: letztes Mai-Wochenende, Mountshannon, www.iniscealtra-artsfestival.org, Kleines Festival mit Filmclub, Theater, Konzerten, Sessions und Ausstellungen.

Killaloe ▶ D 7

Killaoe 9 liegt am Südende des Lough Derg, wo dieser sich wieder zum Fluss Shannon verengt. Eine der wenigen Shannon-Brücken verbindet den Ort mit dem gegenüberliegenden Ballina. Die dreizehnbogige und malerische **Steinbrücke** ist so schmal, dass kaum zwei Autos nebeneinander passen. Die kleine Stadt mit den engen Gassen und den neuen Ferienhäusern am Ufer war von 1002 bis 1014 Hauptstadt Irlands, Sitz des Hochkönigs Brian Ború. Aus dieser großen Epoche ist leider nichts mehr erhalten. Das älteste Bauwerk, die **St. Flannan's Cathedral,** stammt von 1192. In der Kirche befindet sich auch der Thorgrim's Stone, ein Stein, in den sowohl nordische Runen als auch altirische Ogham-Zeichen gemeißelt sind.

Übernachten

Hotel am See ▶ Lakeside Hotel: Tel. 061 37 61 22, www.lakesidehotel.ie. Das 3-Sterne-Hotel auf der Ballina-Seite der Doppelstadt hat nicht nur nette Zimmer mit allem Komfort, sondern auch ein Fitnesszentrum mit Swimmingpool, Sauna sowie Kinderpool mit Rutsche. DZ ab 98 €.

Am River Shannon

B & B im Zentrum ▶ Kincora House:
Church Street, Killaloe, Tel. 061 37 61 49, www.kincorahouse.com. Kleines B & B mit vier schön altmodischen Zimmern (alle mit Bad) mitten im Ort. Zum Haus gehört auch eine Ferienwohnung für bis zu sechs Personen. DZ 80 €, Wohnung pro Woche 500 €.

Essen & Trinken
Edelrestaurant ▶ Cherry Tree Restaurant: Lakeside, Tel. 061 37 56 88, im Sommer Di–Sa, im Winter Do–Sa 18–22 Uhr. Eines der besten Restaurants der Region, sehr licht und eher lässig, exquisite irische Küche mit kontinentalen Einflüssen. Hauptgerichte 7,50–27 €, 5-Gänge-Menü 35 €.

Bäckerei-Café ▶ The Wooden Spoon: Bridge Street, Tel. 061 62 24 15, tgl. 9–17 Uhr. Das Café im ehemaligen Pub Grotty's ist eine wunderbare Oase. Im Hof stehen immer noch die Picknicktische, aber auf der Bartheke türmen sich nun Kuchen und Törtchen aus der Hausbäckerei. Es gibt aber auch einfache und sehr gute warme Speisen (3–15 €).

Einkaufen
Bauernmarkt ▶ Farmers' Market: So 11–15 Uhr. Ein kleiner Wochenmarkt rechts von der Brücke auf Killaloe-Seite mit kontinentalen Leckereien der ›Aussteiger‹ East Clares.

Aktiv
Bootsrundfahrt ▶ The Spirit of Killaoe: Abbey Street, Abfahrt an der Brücke, Tel. 086 814 05 59, www.killaloerivercruises.com. Mai–Sept. tgl. Rundfahrten über den Lough Derg in Kreuzfahrtboot für ca. 50 Passagiere.

Verkehr
Bus: Verbindung Killaloe–Limerick.

Limerick ▶ D 7

Cityplan: S. 271
Limerick hat einen schlechten Ruf, den die Stadt nur mit Mühe abschütteln kann. Nicht eigentlich hässlich, aber ungepflegt und vernachlässigt sei sie, ein Zentrum sozialer Deprivation und Kriminalität. Letzteres deutet eher auf die schlechte Stadtplanung früherer Jahre hin, mit Vierteln wie Moyross oder Southhill, die gesichtslose Viertel ohne viel Infrastruktur sind, denn auf den Charakter der Limericker.

In den vergangenen Jahren hat sich die Stadt jedoch eine Runderneuerung geleistet, die vor allem ihrem Status als Kulturhauptstadt 2014 geschuldet war. Aber nicht alle ehrgeizigen Pläne konnten mangels Kasse verwirklicht werden. Doch allen Widrigkeiten zum Trotz haben sich die Limericker, darunter um die 8000 Studenten, ihren Stolz auf ihre Stadt bewahrt und sorgen mit ihrer Freundlichkeit dafür, dass die Atmosphäre weitaus fröhlicher ist als die schlechte Presse es wahrhaben will.

Historisches Zentrum Limericks ist **King's Island,** eine Insel gebildet durch die Flüsse Shannon und Abbey, die von der wuchtigen Burg dominiert wird. Heute befinden sich auf der Insel auch die Bauten der Stadtverwaltung. Das kommerzielle und lebendige Rückgrat der Stadt ist jedoch die **O'Connell Street** samt Nebenstraßen. Dort befinden sich die Läden, Restaurants und Pubs, allerdings auch heftiger Durchgangsverkehr, der wegen des für Ortsfremde komplizierten Einbahnstraßensystems nicht unbedingt besser wird.

King John's Castle [1]
Auf dem Grund des heutigen Limerick existierte zwar eine keltische Siedlung, aber als Stadt wurde es von den Wikingern gegründet. Auch die Normannen sahen die strategische Bedeutung des Ortes, und so bauten sie unter King John um 1210 eine der größten Burgen Irlands, **King John's Castle**. Von außen sieht das mächtige Bauwerk, besonders vom anderen Ufer aus gesehen, äußerst beeindruckend aus. Innen jedoch fehlt der Burg etwas die mittelalterliche Stimmung. Sie diente im 18. und 19. Jh. als Gefängnis und wurde erst Ende des 20. Jh. restauriert. Im neuen interaktiven Besucherzentrum wird die Geschichte der Burg lebendig, während im Hof Exponate das Burgleben nachstellen

Limerick

(April–Sept. 9.30–17.30, Okt.–März 9.30–16.30 Uhr).

St. Mary's Cathedral 2

Viel älter als die Burg und somit ältestes noch existierendes Bauwerk Limericks ist die **St. Mary's Cathedral** auf King's Island. Der König von Munster, Donal Mór O'Brien, ließ die Kirche um 1172 errichten. Aus dieser Zeit ist im Inneren der Kirche allerdings nicht mehr viel zu sehen. Aber es gibt ein paar schöne Details wie das Chorgestühl aus dem 15. Jh., das mit prachtvollen Schnitzereien verziert ist.

Treaty Stone 3

Gleichzeitig mit der Burg wurde die gegenüberliegende **Thomond Bridge** über den Shannon gebaut. Die heutige Version stammt jedoch aus dem 19. Jh. Auf der Festlandsseite der Brücke ruht auf einem Sockel der **Treaty Stone,** der Stein, auf dem im Jahr 1691 zwischen den katholischen jakobinischen Truppen und Wilhelm von Oranien ein Vertrag unterzeichnet wurde, der den Jakobinern einen ehrenvollen Rückzug und freie Religionsausübung garantieren sollte, von den Engländern jedoch gebrochen wurde. In der Folge flohen die jakobinischen Soldaten unter Patrick Sarsfield auf den Kontinent, was als die ›Flucht der Wildgänse‹ in die Geschichte einging.

Georgianisches Limerick

Am Ostufer des Shannon rund um die O'Connell Street findet man noch jenes Limerick, das einstmals ebenso edle Stadthäuser aus dem 18. Jh. hatte wie Dublin. Viele dieser Häuser säumen noch immer die Straße, doch sind sie oft durch kommerzielle Schilder oder unsensible Umbauten derart verschandelt, dass man sie kaum erkennt.

Eines der schönsten Gebäude befindet sich dort, wo der Abbey River in den Shannon mündet. Das alte Custom House aus dem 18. Jh. birgt heute das **Hunt Museum** 4, eine der größten Privatsammlungen von Kunst und historischen Artefakten in Irland. Die Sammlung, zu der keltische Kostbarkeiten ebenso wie Fundstücke aus der Bronzezeit gehören, wurde von John und Gertrude Hunt gestiftet (Mo–Sa 10–17, So 14–17 Uhr).

Die obere O'Connell Street samt Umgebung ist ein Gemisch aus Kaufhäusern, diversen Läden, billigen Restaurants und einigen Pubs. Ein kleines Areal um die Cruise's Street ist eine Fußgängerzone voller Läden. Der allerschönste Ort zum Einkaufen ist jedoch der **Milk Market** 5, ein restaurierter historischer Platz, der vor einigen Jahren eine architektonisch spannende, zeltartige Überdachung erhielt und Limerick von der quirligsten Seite zeigt. Samstags (8–15 Uhr) findet dort der schönste Bauernmarkt Irlands statt, freitags und sonntags ein kleinerer Markt. Abgesehen davon gibt es hier auch im Sommer Filmvorführungen, Konzerte und andere Events.

Das **Georgian House & Garden** 6 am Pery Square Nr. 2 ist eines der historischen georgianischen Häuser, an denen Limerick so reich ist; es wurde vollständig renoviert. Hier kann wunderbar nachvollzogen werden, wie im 18. und 19. Jh. die Reichen der Stadt lebten – und natürlich auch ihre armen Bediensteten. Auch der Garten hinter dem Gebäude wurde originalgetreu wieder instandgesetzt (www.georgianhouseandgarden.ie; Mo–Fr 10–16 Uhr).

Infos

Limerick Tourist Information: Arthur's Quay, Limerick City, Tel. 061 31 75 22, www.limerick.ie.

Übernachten

Georgianisch edel ▶ **No 1 Pery Square** 1: 1 Pery Square, Tel. 061 40 24 02, www.oneperysquare.com. Neben dem Georgian House (s. o.) ist dies das am schönsten restaurierte Gebäude aus dem frühen 19. Jh. Vier Zimmer wurden im historischen Stil eingerichtet, der Rest ist elegant modern. Im Salon serviert man klassischen Afternoon Tea und in der Brasserie feine und vielfältige Gerichte (16–24 €). Einen Schönheitssalon gibt es auch. Modernes DZ ab 165 €, hist. DZ ab 195 €.

Stylisch und zentral ▶ **The George** 2: O'Connell Street/Ecke Shannon Street, Tel.

Limerick

Sehenswert
1. King John's Castle
2. St. Mary's Cathedral
3. Treaty Stone
4. Hunt Museum
5. Milk Market
6. Georgian House & Garden

Übernachten
1. No 1 Pery Square
2. The George
3. The Boutique Hotel
4. Limerick City Hotel

Essen & Trinken
1. Azur
2. The French Table
3. Milano
4. Chocolat
5. Café Noir

Abends & Nachts
1. Nancy Blake's
2. The Orchard
3. Dolan's
4. The Locke Bar
5. Lime Tree Theatre
6. University Concert Hall

---

061 46 04 00, www.thegeorgeboutiquehotel.com. Ein schickes Hotel mitten in der Stadt mit eleganten Zimmern und allem technischen Schnickschnack (WLAN, iPod-Dock, TV etc.). Das Restaurant serviert italienisch-asiatisch-irische Küche (12–22 €), die Bar unzählige Cocktails. DZ ab 70 €.

Hotel im Zentrum ▶ The Boutique Hotel 3: Denmark Street, Tel. 061 31 53 20, www.theboutique.ie. Wer wirklich mitten im geschehen nächtigen will, liegt mit diesem Hotel genau richtig. Die Zimmer sind hell und freundlich, aber manchmal nicht gerade ruhig. Nachtschwärmern wird das wohl nichts ausmachen. DZ ab 59 €.

Stadthotel ▶ Limerick City Hotel 4: Lower Mallow Street, Limerick, Tel. 061 20 70 00, www.limerickcityhotel.ie. Das ehemalige Hotel der Kette Jury's Inn hat den Besitzer gewechselt, bietet aber immer noch den gleichen Komfort und die gleichen günstigen Preise. Das Haus liegt mitten in der Stadt am Ufer des Shannon, die Zimmer sind groß und mit allem nötigen Komfort ausgestattet. DZ 55–99 €.

Essen & Trinken

Altstadtbistro ▶ Azur 1: 8 George's Quay, Tel. 061 31 49 94, Di–So 17 Uhr–spät, So ab 13 Uhr. Das hübsche, zwanglose und dem Namen entsprechend blaue Restaurant am Fluss auf King's Island serviert gehobene irische Küche mit hervorragend zubereiteten Klassikern (Lamm, Rinderbraten, Lachs) und wirklich tollen Desserts. Hauptgerichte 18–24 €.

Franzose ▶ The French Table 2: 1 Steamboat Quay, Tel. 061 60 92 74, Di–Fr 12–15 u. 18–21.30, Sa/So nur abends. Der Elsässer Koch serviert in seinem Restaurant am Fluss eine hervorragende französische Traditionsküche, macht dabei aber irische ›Zugeständnisse‹. Hauptgerichte mittags 9–16 €, abends 15–24 €.

Lässiger Italiener ▶ Milano 3: Harvey's Quay, Tel. 061 46 20 30, So–Do 12–22, Fr/Sa bis 23 Uhr. Die Limerick-Filiale der britischen Restaurantkette fand hier einen Logenplatz, nämlich mit Blick auf den Shannon von einer Empore aus. Das Lokal ist cool, stilsicher und unkompliziert, und die italienischen Pizzas und Pasta sind spitzenmäßig. Hauptgerichte 11–16 €.

Für jeden etwas ▶ Chocolat 4: 109 O'Connell Street, Tel. 061 60 97 09, Mo–Sa 10–22.30, So 13–21 Uhr. Das urbane Lokal mischt schon in der Einrichtung Moderne und Tradition, aber die Küche ist die wirklich interessante Mischung, sie besteht nämlich aus mediterranen, asiatischen und irischen Elementen – Hamburger, Fish & Chips, Paella, Pasta, Fajitas, Thai-Curry, China-Ente oder irisches Steak. Hauptgerichte mittags 10–13 €, abends 12–21 €.

Café-Kette ▶ Café Noir 5: Robert Street, Tel. 061 41 12 22, Mo–Di 8–17.30, Mi–Sa 8–21.30, So 12–21 Uhr. Ein wirklich nettes Café mit Ökokaffee, täglich frischen Backwaren aus der eigenen Bäckerei, Salaten, Suppen und Pies. Und das alles für unter 12 €. Filialen gibt es im Univiertel und im Park Point, Castletroy.

Am River Shannon

Einkaufen
Märkte ▶ **Milk Market** 5: s. S. 269.

Abends & Nachts
Traditionelles Musikpub ▶ **Nancy Blake's** 1: 19 Denmark Street. Gemütliches Pub mit Livemusik am Mi, Do und So.
Nachtclub ▶ **The Orchard** 2: The Granary, Michael Street, www.theorchardvenue.com. Eine neue Bar mit Livemusikbühne und Hofgarten in den alten Trinity Rooms.
Konzerte ▶ **Dolan's** 3: 3/4 Dock Road, www.dolans.ie. Ein ›Superpub‹ mit Konzerthalle und diversen Gigs, einer Bar für mehr oder weniger ruhige Abende und einem Restaurant. **The Locke Bar** 4: 3 George's Quay. Täglich Livemusik und andere Unterhaltung wie Comedy und Sport im 3-D-TV.
Theater ▶ **Lime Tree Theatre** 5: Mary Immaculate College, Courtbrack Avenue (nahe Dock Road), Kartenverkauf in 69 O'Connell Street, Mo–Fr 12–17.30 Uhr, Tel. 061 77 47 74, www.limetreetheatre.ie. Modernes Theater mit über 500 Plätzen, das von Theater über Musik bis zu Comedy ein buntes Programm auf die Bühne stellt.
Multiveranstaltungen ▶ **University Concert Hall** 6: University of Limerick, Dublin Road, Tel. 061 33 15 49, www.uch.ie. Großproduktionen von Oper bis Shows.

Bei Nacht schaurig-schön: Limerick Castle

Aktiv

Auf literarischer Spurensuche ▶ Angela's Ashes Tour: Tel. 087 23 51 339, während der Saison tgl. ab 14.30 Uhr vom Tourist Office. Die zweistündige Tour folgt den Spuren von Frank McCourts »Die Asche meiner Mutter«.

Verkehr

Flughafen: Shannon Airport, Tel. 061 71 20 00, www.shannonairport.ie. Der internationale Flughafen liegt je 24 km von Limerick und Ennis entfernt, mit regelmäßigen Busverbindungen mit beiden Städten.
Bahn: Verbindungen mit Ennis, Dublin und weiteren Städten via Limerick Junction.
Bus: Limerick ist ein Verkehrsknotenpunkt. Von hier fahren Busse in alle Richtungen und größeren Orte.
Taxi: Vor der Touristeninformation und am Bus- und Zugbahnhof. Tel: 061 31 11 11.

Umgebung von Limerick

In der näheren Umgebung Limericks gibt es einige spannende historische Sehenswürdigkeiten, die sich gut im Rahmen eines Tagesausflugs erkunden lassen.

Lough Gur ▶ D 8

Eine der faszinierendsten Sehenswürdigkeiten liegt südlich von Limerick an der R512 Richtung Kilmallock: Rund um den **Lough Gur** befindet sich eine der bedeutendsten Ausgrabungsstätten des Landes, die einen Zeitraum von der Steinzeit bis zum Spätmittelalter umfasst. Am eindrucksvollsten ist der **Grange Stone Circle,** ein etwa 4000 Jahre alter Steinkreis mit 113 Steinen, dessen größter über 4 m hoch ist. Er ist der größte Steinkreis Irlands. Noch älter sind die Reste neusteinzeitlicher Häuser und das megalithische Grab, nämlich etwa 5500 Jahre.

Hinzu kommen Rudimente von Steinforts und Inselsiedlungen aus der frühchristlichen Zeit, Burgruinen aus dem Spätmittelalter sowie einige religiöse Bauten aus dem 18. und 19. Jh. Im Besucherzentrum sind einige der kleineren Fundstücke ausgestellt. Dort werden auch Führungen zu den einzelnen Ausgrabungsstätten angeboten (www.loughgur.com, März–Okt. Mo-Fr 10–17, Sa/So 12–18, Nov.–Feb. Mo–Fr 10–16.30, Sa/So 12–17 Uhr, Führungen nach Absprache. Die Zeiten können sich je nach Nachfrage ändern).

Adare ▶ C 7

Adare ist ein Städtchen, das so niedlich und voller historischer Bauten ist, als hätte die Tourismusbehörde es extra dorthin gepflanzt. Zudem liegt es auch noch sehr praktisch an der N21 Richtung Tralee. Bunt getünchte Hausfronten säumen die Straßen, es gibt allerliebste Reetdachhäuser, die allerdings eher

Am River Shannon

englisch aussehen als irisch, hinzu kommen gleich drei alte Klöster, zwei bedeutende Kirchenruinen und zwei Schlösser. Von den Luxusunterkünften, Gourmetrestaurants, Antiquitätenläden und dem Golfplatz ganz zu schweigen.

Als Dorf gehörte Adare den Fitzgeralds, den Earls of Kildare. Doch erst die Earls of Dunraven ließen es ab 1820 so umgestalten, dass es von ihrer Residenz aus einen hübschen Anblick bot. Auch das älteste Kloster, die **Trinitarian Priory** aus dem Jahr 1230, ließen die Dunravens instand setzen. Es dient heute als katholische Kirche. Aus dem Jahr 1315 stammt die **Augustinian Priory**, die ebenfalls restauriert wurde, und etwas außerhalb des Dorfs liegt das **Desmond Castle** aus dem 13. Jh.

Prachtvollstes Gebäude ist jedoch das Adare Manor, einst der Sitz der Dunravens, die es in neogotischer Pracht errichten ließen, heute eines der luxuriösesten Hotels Irlands. Auf dessen weitläufigem Grund befinden sich die Ruinen der **St. Nicholas Church** und der **Chantry Chapel,** beide aus dem 12. Jh. und öffentlich zugänglich. Das dritte Kloster, die **Franciscan Friary** aus dem 15. Jh., kann man nur aus gebührender Entfernung bewundern, es sei denn, man spielt Golf, denn das malerische Gemäuer befindet sich mitten auf dem Golfplatz.

Infos
Adare Tourist Office: Heritage Centre, Main Street, Tel. 061 39 62 55, www.adareheritage centre.ie, www.adarevillage.com.

Übernachten
In Adare gibt es ein paar Luxushotels, wie das **Adare Manor** (www.adaremanor.com) oder das **Dunraven Arms** (www.dunraven hotel.com) sowie zahlreiche B & Bs in der Umgebung.

Edle Zimmer im Dorf ▶ **Adare Village Inn:** Main Street, Tel. 087 251 71 02, www. adare villageinn.com. Das Haus neben dem Restaurant Pink Potatoe mitten im Dorf vermietet moderne und geschmackvolle Zimmer mit allen technischen Einrichtungen (WLAN, Plasma-TV). Frühstück gibt es keines, dafür aber Wasserkocher für Tee oder Kaffee. DZ 60–70 €.

Essen & Trinken
Edelrestaurant ▶ **The Wild Geese Restaurant:** Rose Cottage, Main Street, Tel. 061 39 64 51, Di–Sa 18.30–21.30, So 12.30–15 Uhr. Das feine Restaurant ist in einem der hübschen Cottages untergebracht, mit einem elegant-gemütlichen Speiseraum. Es gibt edle irische Küche wie Lamm oder Hummer, Muscheln oder Fasan sowie vegetarische Gerichte. Hauptgerichte 20–30 €.

Feine Cottage-Küche ▶ **1826 Adare:** Main Street, Tel. 061 39 60 04, Mi–Fr ab 17.30, Sa ab 18, So ab 15, Fei ab 16 Uhr. In dem zauberhaften Reetdachhäuschen (aus dem Jahr 1826, daher der Name) gegenüber dem Dunraven Arms verbirgt sich ein feines Restaurant in rustikalem Ambiente. Die Küche ist weitgehend irisch, aber mit kreativem Pfiff. Hauptgerichte unter 20 €, Steaks etwas teurer.

Verkehr
Bus: Adare liegt an der gut bedienten Hauptverbindung Limerick-Tralee.

Bunratty ▶ C 7
Bunratty Castle und Folkpark – etwa 16 km nordwestlich von Limerick gelegen – mag von manchen Irland-Snobs links liegengelassen werden, denen es zu kommerziell und zu touristisch ist. Aber die gesamte Anlage inklusive der allumfassenden Infrastruktur sind so weitläufig und interessant, dass ein Besuch auf jeden Fall lohnt.

Mittelpunkt des Parks ist die **Burg** aus dem 15. Jh., die von den Earls of Thomond erbaut wurde. 1945 kauften Lord und Lady Gort den massiven Turm, restaurierten ihn und statteten die Räume mit Möbeln und Kunstgegenständen des 15. und 16. Jh. aus. Abends finden dort die beliebten Mittelalter-Bankette statt, während die Musik und Unterhaltung jener Zeit geboten wird.

Zu Füßen der Burg erstreckt sich der weitläufige **Folk Park** mit original eingerichteten Bauernhäusern, die repräsentativ für die Re-

Umgebung von Limerick

gion sind, und einer Dorfstraße, wie sie im 19. Jh. gewesen sein mag. Im ›Dorf‹ gibt es Kunsthandwerks- und Andenkenläden und der weitere Park erlaubt mit seinen originalen landwirtschaftlichen Einrichtungen und den verschiedenen Baustilen einen Einblick, wie Iren einstmals gelebt haben. Und in der ›Scheune‹ wird abends eine Irische Nacht geboten mit Musik, Tanz und Gesang. Umgeben ist das Gelände von Restaurants, Hotels und B&Bs sowie von einem großen Shoppingzentrum für alles, was irisches Kunst- und Kitschhandwerk zu bieten hat (tgl. 9–17.30 Uhr, letzter Eintritt 16 Uhr).

Übernachten

Rund um den Bunratty Folk Park drängen sich Hotels wie das noble **Bunratty Castle Hotel** (www.bunrattycastlehotel.com) und vor allem unzählige B&Bs in der Umgebung.

Kleines Hotel ▶ **Bunratty Manor Hotel:** Bunratty Village, Tel. 061 70 79 84, www.bunrattymanor.ie. Das kleine Hotel mit 20 eleganten Zimmern liegt in Laufnähe zum Bunratty Folk Park und nicht weit vom Shannon Airport. Im Haus befindet sich auch ein Restaurant (Mi–Sa 18–21.30, Sa/So 12.30–17 Uhr). DZ ab 99 €.

B&B am Flughafen ▶ **Airport Manor:** Ballycasey, Shannon Town, Co. Clare, Tel. 061 36 30 10, Febr.–Nov. Das B&B ist sehr komfortabel und liegt nur fünf Autominuten vom Flughafen entfernt. Wer spät nachts ankommt oder sehr früh abfliegen muss, wird das zu schätzen wissen. DZ 60–70 €.

Hostel in Flughafennähe ▶ **Jamaica Inn:** Sixmilebridge, Co. Clare, Tel. 061 36 92 20, www.jamaicainn.ie. Das Hostel, 13 km vom Shannon Airport entfernt, ist um einen Innenhof gebaut und sehr freundlich und sauber. Alle Räume haben ihr eigenes Bad. Schlafsaal 20–27 €, DZ 50–60 €.

Essen & Trinken

Touristenlokal ▶ **Durty Nelly's:** Bunratty, Co. Clare, Tel. 061 36 48 61, tgl. 12–22 Uhr. Das rustikale Pub mit Restaurant liegt direkt am Eingang zu Bunratty Castle und ist im Sommer stets überfüllt. In der Bar gibt es solide Küche (6–26 €), während die Mahlzeiten oben im Restaurant etwas üppiger sind (eher gutbürgerlich, 14–28 €).

Rustikal ▶ **Creamery Bar:** Tel. 061 36 41 14, Küche tgl. 12–22 Uhr. Das alte, wenn auch sehr modernisierte Gebäude hält sich in der Einrichtung an den Namen (Molkerei) und hat Milchkannen als Barhocker – mit Polster statt Deckel natürlich. Das Essen ist deftig und fleischhaltig, in der Bar einfacher, oben im Grillrestaurant etwas aufwendiger. Pizza ab 7,50 €, Hauptgerichte 11–24 €.

Einkaufen

Souvenirkaufhaus ▶ **Bunratty Village Mills:** Bunratty, Mo–Sa 9.30–18, So ab 10 Uhr. Das Kaufhaus liegt gegenüber der Burg und hat das größte Angebot an irischem Kunsthandwerk und Mitbringseln einschließlich wunderschöner Glas- und Keramikwaren und einer breiten Auswahl an Tweed und Strickwaren. Man beachte besonders die Ecken mit den Sonderangeboten, wo man manchmal echte Schnäppchen machen kann. Im Obergeschoss befindet sich ein Café mit kleinen und preiswerten Speisen.

Abends & Nachts

Mittelalterspektakel ▶ **Medieval Castle Banquets:** Bunratty Castle, Co. Clare, Tel. 061 36 36 07 88, www.shannonheritage.com, tgl. 17.30 und 20.45 Uhr. Sehr touristisch, sehr auf amerikanische Gäste ausgerichtet, aber sehr gut gemacht und amüsant. Es gibt ein 4-Gänge-Menü, Wein (und Wasser) soviel man trinken kann und ein sehr buntes und fröhliches Mittelalterprogramm (54,50 €).

Folklorespektakel ▶ **Traditional Irish Night:** Bunratty Castle, Co. Clare, Tel. s. o., April–Okt. 19 Uhr. Ein kleines bisschen Riverdance in der Kornscheune im Folk Park. Es gibt ein deftiges Essen wie Irish Stew und so viel Wein, wie man trinken kann, dazu Geschichtenerzähler, traditionelle irische Musik sowie Set- und Stepptanzvorführungen (42 €).

Verkehr

Bus: Sehr häufige Verbindung mit Limerick, Ennis, Shannon Airport und Galway.

Clare

Das County Clare ist mehr als nur die Cliffs of Moher und die Karstlandschaft des Burren, es ist ein Irland im Kleinen, mit Wäldern, grünen Hügeln, Hochmooren und Küsten mit Klippen und Sandstränden. Darüber hinaus birgt diese Region auch einen einzigartigen Reichtum an historischen und prähistorischen Monumenten.

Clare ist, zusammen mit dem südlichen Teil des County Galway, fast eine Halbinsel, im Süden begrenzt vom Shannon-Ästuar, im Norden von der Galway Bay und im Osten vom Shannon und vom Lough Derg sowie den Bergzügen des Slieve Aughty und Slieve Bernagh. Diese Lage bildete eine natürliche Barriere, die bereits allerfrüheste Siedler anzog und auch späteren gälischen Stämmen Zuflucht vor den Eindringlingen aus dem Osten bot.

Nach Clare kommen jene, die unbedingt einmal die Cliffs of Moher gesehen haben wollen, die berühmteste Sehenswürdigkeit der Region, oder auch den Burren, jene in Irland einzigartige graue Karstlandschaft, die neben dem natürlichen Reiz auch voller prähistorischer Monumente ist. Weniger bekannt sind hingegen die Lakelands, wie die mittlere Ebene gern genannt wird. Unzählige fischreiche Seen und Flüsschen durchziehen die flache Landschaft, ein bisschen noch ein Geheimtipp für Angler, die dort abseits der viel besuchten Regionen, aber nahe dran an Kultur und Unterhaltung der County-Hauptstadt Ennis ihr kleines Paradies finden. Wirklich abseits der ausgetretenen Pfade liegt hingegen East Clare, eine hügelige und teilweise bergige Landschaft voller Wälder, Moore und Seen westlich des Lough Derg (siehe Kap. Shannon), in der Einsamkeit und fröhliches Publeben Hand in Hand gehen.

Auch die Küstenlinie hat weitaus mehr zu bieten als den Norden Clares, der sich von der Liscannor Bay bis zur Galway Bay erstreckt. Das flache West Clare bietet etliche goldene Strände, verschlafene Dörfer, mit Kilkee einen lebhaften Badeort und Klippen, die zwar weniger berühmt als die von Moher, aber ebenso fotogen sind. Was Clare aber tatsächlich so anziehend macht, ist die Musik. Das County ist ein Zentrum für traditionelle irische Musik, mit Festivals den ganzen Sommer über, mit großartigen Musikern, die manchmal nahezu unbeachtet in lokalen Pubs aufspielen, und vor allem den schönsten Sessions selbst im kleinsten Dorf oder manchmal auch in einem Pub mitten in der Wildnis.

Ennis ▶ C 7

Karte: S. 279

Ennis **1** ist die anglisierte Form des gälischen Inis, was Insel bedeutet. Und so liegt auch die kleine, hübsche Innenstadt des Marktstädtchens auf einer Insel, die von Armen des River Fergus gebildet wird. Hübsch ist Ennis deswegen, weil dort noch die mittelalterliche Anlage erkennbar ist, mit sehr schmalen Straßen, kleinen Gassen und alten Häusern, deren Fassaden kunterbunt gestrichen sind. Um die Stadt herum entstanden während der Boomzeit mehr und mehr neue Wohnviertel und Gewerbegebiete, sodass die gemütliche Innenstadt von zu vielen Menschen und ebenso vielen Autos überwältigt ist. Es herrscht an Wochentagen oft ein Gedränge und Geschiebe, dass einem schwindlig wird. Und wer mit dem Auto unterwegs ist,

Ennis

sollte auf kein Fall den Hinweisschildern ›Town Centre‹ folgen: Man braucht ewig, um von dort wieder herauszukommen.

Das älteste Gebäude und wichtigstes historisches Monument ist die **Ennis Friary** (Ostern–Sept. tgl. 10–18, Okt. tgl. 10–17 Uhr), eine Franziskaner-Abtei aus dem 13. Jh., die außergewöhnlich lebhafte Steinmetzarbeiten vorzuweisen hat. Besonders malerisch ist die alte Steinbrücke davor, die mitten in die Altstadt führt. Dort findet man häufig Angler, die schon prächtige Lachse und Forellen an Land gezogen haben.

Die Haupteinkaufsstraßen sind die **O'Connell Street** und die teilweise verkehrsberuhigte **Parnell Street,** in denen sich kleine Geschäfte aneinander reihen, die seit dem Finanzcrash leider oft von Leerstand bedroht sind oder von Kurzzeitmietern belegt statt von den früheren interessanten Boutiquen. An dem winzigen Square, dem historischen Zentrum der Stadt, ragt eine sehr hohe Säule auf, die von der Statue des Daniel O'Connell gekrönt wird, der hier im 19. Jh. seinen Wahlsieg feierte. Wegen der etwas übertriebenen Höhe sieht man jedoch nur wenig vom irischen Nationalhelden.

Überall in der Stadt findet man moderne Steinskulpturen, insbesondere entlang dem Fluss im Innenstadtbereich. Abgesehen davon, dass dort einige notwendige Parkplätze eingerichtet wurden, ist das Flussufer besonders im Sommer ein beliebter Aufenthaltsort, wo man Gänse, Schwäne und Enten füttern kann. Im **Clare Museum** (›Riches of Clare‹), das zusammen mit der Touristeninformation in einem alten Konvent untergebracht ist, gibt es ebenfalls Kunst in einer bemerkenswerten Mischung. Nicht nur historische Artfakte sind dort ausgestellt, sondern auch Kunst und Kunsthandwerk aus lokalen Werkstätten (Arthur's Row, Di–Sa 9.30–13 u. 14–17.30 Uhr, Sa vor Bank Holiday geschl.; Zeiten ändern sich oft kurzfristig).

Infos

Tourist Information: Arthur's Row (gegenüber Temple Gate Hotel), Ennis, Tel. 065 682 83 66, www.visitennis.ie.

Tipp: Burren- und Cliff-Tour

Eine Tagestour zu den wichtigsten Sehenswürdigkeiten in Clare führt ab Ennis über Corofin (R476) nach Ballyvaughan (R480), von dort die Küstenstraße via Doolin nach Lahinch und von dort wieder zurück nach Ennis. Auf der Strecke kommt man am **Lemaneah Castle**, am **Poulnabrone Dolmen** und der **Aillwee Cave** vorbei und fährt schließlich die Küstenstraße mit ihren traumhaften Ausblicken bis zu den **Cliffs of Moher.**

Übernachten

Cityhotel ▶ Temple Gate Hotel: The Square, Ennis, Tel. 065 682 33 00, www.templegatehotel.com. Das Temple Gate liegt mitten in der Stadt, aber mit dem Rücken zum Straßenbetrieb. Es wurde auf dem Grund eines Konvents erbaut und erinnert in der Architektur und dem Dekor ein bisschen an diese Vergangenheit. Das hauseigene Pub Preacher's ist ein beliebter Treffpunkt mit Livemusik, meist am Wochenende. Sehr komfortable Zimmer. DZ ab 119 €.

Landhaus am Strand ▶ New Park House: Roslevan (Tulla Road), Ennis, Tel. 065 682 12 33, www.newparkhouse. com. In Laufnähe zum Stadtzentrum und dennoch ländlich gelegen ist dieses 300 Jahre alte, fast herrschaftliche Farmhaus, ein kleines Schmuckstück. Der Frühstücksraum ist großartig, ebenso wie das Frühstück. DZ ab 90 €.

Feines B & B ▶ Railway View House: Tulla Road, Ennis, Tel. 065 682 16 46. Ein kleines, aber feines B & B, das sehr ruhig etwas abseits der Tulla Road an der selten befahrenen Eisenbahntrasse und nur ein paar Minuten von der Stadt entfernt liegt. Alle Zimmer mit Bad. DZ 70 €.

Zentral und billig ▶ Banner Lodge: Market Street, Ennis, Tel. 065 682 42 24, www.bannerlodge.com. Das kleine Haus mitten in der Altstadt und mit Pub im Haus ist nicht ruhig, aber praktisch gelegen, mit allem nötigen Komfort und preiswert. DZ 48 €.

Clare

Hostel am Fluss ▶ Rowan Tree Hostel: Harmony Row, Tel. 065 686 68 87, www.rowantreehostel.ie. Das Hostel nahe der alten Brücke an der Klosterruine war einst der Country Club der Stadt. Die jüngste Renovierung machte es zu einer erstklassigen Unterkunft mit Restaurant (s. u.). Schlafsaal 20–30 €, DZ 69–89 €.

Essen & Trinken

Schickes Bistro ▶ Town Hall Café: O'Connell Street, Tel. 065 689 23 33, tgl. 12–21.30 Uhr. Stilvolles Bistro im historischen Rathaus, das Teil des Komplexes des Old Ground Hotels ist. Tagsüber gibt es leckere Kleinigkeiten, abends wird es etwas feiner mit internationalem Touch. Mittags bis 14 €, abends bis 25 €.

Indisch ▶ Tulsi: Carmody Street, Ennis, Tel. 065 684 80 65, Mo–Sa 17–23, So 13–22 Uhr. Das indische Restaurant ist eine kleine Oase ohne indisches Kitschdekor und mit authentischen indischen Speisen. Hauptgerichte 8–16 €.

Café-Restaurant ▶ Rowan Tree: Harmony Row, Tel. 065 686 86 69, tgl. 10.30–23 Uhr. Das Restaurant gehört zum gleichnamigen Hostel (s. o.), ist aber eine Klasse für sich. Der Speiseraum hat noch einen Hauch des alten Country Clubs, ist aber viel heller und freundlicher. Besonders schön sind die Terrassentische am Fluss. Das Essen ist italienisch angehaucht. Hauptgerichte mittags bis 13 €, abends 11–23 €.

Lässig italienisch ▶ Milano: 11 O'Connell Mo–Sa 12–23, So bis 22 Uhr. Die Kette Milano hat nun auch in Ennis eine Filiale eröffnet, praktischerweise gleich in der Haupteinkaufsstraße. Pizzas und Pasta sind wie immer exzellent. Hauptgerichte 11–16 €.

Einkaufen

Musik ▶ Custy's: Cookes Lane (O'Connell Street), www.custysmusic.com. Der Laden ist eine Schatzkammer für Freunde traditioneller irischer Musik. Es gibt CDs von lokalen und internationalen Musikern, seltene Labels und wertvolle Tipps zur Musikszene obendrein.

Schmuck ▶ Seoidín: 52 O'Connell Street, www.seoidin.com. Eine Schatzkammer für hochwertige Andenken, Geschenke und Schnickschnack. Die Besitzerin kreiert ihren eigenen originellen und sehr hübschen Schmuck, der nicht ganz billig, aber garantiert einzigartig ist.

Bücher ▶ Ennis Bookshop: 13 Abbey Street. Ein wunderbarer Buch-, Schreibwaren- und Souvenirladen, in dem es auch viele Landkarten, Stadtpläne und edle Souvenirs gibt.

Bauernmarkt ▶ Farmers Market: Upper Market Street (auf dem Parkplatz), Fr 8–14 Uhr. Ein kleiner Markt mit Biogemüse, Käse, Backwaren und mehr.

Abends & Nachts

Musikpub ▶ Cruises: Abbey Street. Ein urgemütliches Pub in einem Haus aus dem 17. Jh. und mit tgl. traditioneller Livemusik.

Knox's Pub: 18 Abbey Street. Im ältesten (und lebhaftesten) Pub in Ennis gibt es regelmäßig Livemusik, ob Bands, traditionelle Sessions oder DJs. An Wochenenden sehr turbulent.

Kulturveranstaltungen ▶ Glór: The Causeway, Tel. 065 684 31 03, www.glor.ie. Eine-

---

Tipp: Musikfest Fleadh Nua

Jede letzte Maiwoche ist Ennis während der Fleadh Nua, dem »Neue Musikfest«, das quirlige Zentrum traditioneller Musik. Alle Pubs sind brechend voll mit Gästen und Musikern aus allen Teilen Irlands, die mit Geige, Gitarre, Flöte, Akkordeon und auch Gesang nicht nur die Stimmung, sondern auch den Bierkonsum anheizen. Aber es gibt auch Workshops für alle jene, die selbst gerne ein Instrument oder einen irischen Tanz erlernen wollen. Höhepunkte sind die großen Konzerte im Glór (s. u.) und die beliebten Mittagskonzerte im Clare Museum – und natürlich die Straßenunterhaltung, einschließlich einer Parade und Freiluftbühnen für Musik und Tanz (www.fleadhnua.com).

County Clare

hochmoderne Veranstaltungshalle für Konzerte, Theater, Film und Kunstausstellungen.

Aktiv

Stadtspaziergang ▶ **Ennis Walking Tours:** Tel. 087 648 37 14, www.enniswalkingtours.com, ab Clare Museum Mai–Okt. tgl. außer Mi u. So 11 Uhr. Ein geführter Spaziergang durch das historische Ennis mit Legenden und Geschichten.

Termine

Fleadh Nua: s. Tipp links.
Ennis Trad Festival: 2. Novemberwochenende, www.ennistradfestival.org. Fünftägiges Fest traditioneller Musik in intimem Rahmen.

Verkehr

Bahn: Verbindung mit Galway und Limerick und darüber mit Dublin.
Bus: Verbindungen mit Galway, Limerick, Cork und Dublin sowie mit Shannon Airport.

North Clare

Karte: oben

Der Norden Clares umfasst mit dem Burren und den Cliffs of Moher die touristischen Highlights des Countys, entsprechend ist die Region mit einer guten Infrastruktur ausgestattet, bietet aber immer noch einsame Landschaften abseits der ausgetretenen Pfade.

Liscannor Bay ▶ B 6

Die **Bucht von Liscannor** 2 ist ein viel besuchtes Bade- und Wassersportparadies, das mit den breiten Sandstränden und überreichen touristischen Angeboten auch ein beliebtes Naherholungsgebiet ist und im

Clare

Sommer so belebt wie die Hauptstraße einer Großstadt.

Ennistymon 3 ist der Hauptort der Region, ein Marktstädtchen für all die kleinen Notwendigkeiten des Alltags einschließlich einer deutschen Bäckerei, mit lebhaften und teilweise recht originellen Pubs sowie einem Fluss, dem River Cullenagh, der an der alten Steinbrücke in rauschenden Kaskaden, etwas euphemistisch *Falls* genannt, die Felsen entlangplätschert.

Ein reiner Badeort ist dagegen **Lahinch** 4, ein Dorf, das mehr aus Ferienhäusern, Pubs und Restaurants zu bestehen scheint als aus eigentlichen Wohnhäusern. Lahinch verfügt über einen schönen Sandstrand mit Promenade, die gesäumt ist von Eisbuden, Pubs und Läden mit allerlei Krempel, aber auch netten Mitbringseln im Angebot. Beliebt ist Lahinch vor allem bei Surfern, die in der Bucht beste Windbedingungen finden.

Liscannor 5 ist wesentlich ruhiger, vor allem, da es dort keinen breiten Sandstrand gibt, stattdessen aber einen kleinen Fischereihafen, von dem im Sommer auch Boote zu den Aran Islands und den Cliffs of Moher ablegen (www.ocallaghanangling.com). Liscannor verlieh auch den an der Küste von Doolin bis Miltown Malbay gewonnenen Gestein den Namen, der vielfältig verwendbar ist. Das graue Gestein ist mit 350 Mio. Jahre alten Fossilien von Meereswürmern durchsetzt, was ihm die gewellte Oberfläche verleiht. Man findet die strapazierfähigen Steinplatten häufig als Bodenbelag in Pubs oder auch auf dem Gehweg entlang der Klippen. Bei Doolin gibt es noch einen Steinbruch, **Liscannor Stone**, von der Küstenstraße aus zu sehen.

Ganz in der Nähe von Liscannor gibt es eine der berühmtesten heiligen Quellen Irlands, **St. Bridgit's Well**. Etwa 3 km außerhalb Liscannors Richtung Cliffs of Moher sieht man links eine hohe Säule, zu deren Füßen sich eine Art Höhle mit der Quelle verbirgt. Die Höhle ist vollgestopft mit Devotionalien, was wie religiöser Kitsch wirkt, aber durchaus ernst gemeint ist – was man übrigens respektieren sollte. St. Bridgit erfüllt geneigten Besuchern allerlei Wünsche, sofern sie einen Schluck vom heiligen Quellwasser trinken – so heißt es zumindest.

Infos
Lahinch Fáilte: Main Street, Lahinch, Tel. 065 708 20 82.

Übernachten
... in Ennistymon

Traditionshotel ▶ **Falls Hotel:** Ennistymon, Tel. 065 707 10 04, www.fallshotel.ie. Das ausladende, schon etwas ältere Hotel direkt an den Kaskaden ist vor allem für Hochzeiten beliebt. Es hat zwei Restaurants, eine Bar, Wellness, Fitness und 140 Zimmer. DZ um 130 €.

... in Lahinch

Boutiquehotel ▶ **Vaughan Lodge:** Lahinch, Tel. 065 708 11 11, www.vaughanlodge.ie. Das kleine und moderne ›Designerhotel‹ (mit Restaurant im Haus) liegt am Rand von Lahinch mit Blick auf den Golfplatz und ist daher relativ ruhig. Die feinen Zimmer sind groß, haben allen Komfort und vor allem kräftige Duschen. DZ 180 €.

Surfer-Hostel ▶ **West Coast Lodge:** Station Road, Lahinch, Tel. 065 708 20 00, www.lahinchaccommodation.com. Das bei Surfern beliebte weitläufigen Haus mitten in Lahinch hat nur zwei Schlafsäle, der Rest sind Doppel- und Familienzimmer. Komfortable Zimmer mit (WLAN, iPod-Dock, Sat-TV. Es gibt auch eine Dachterrasse mit Grill und Blick auf den Atlantik, ein Internetcafé, Küche und Gemeinschaftsraum. Schlafsäle 18 €, DZ 50 €.

... in Liscannor

B & B mit Pub ▶ **Vaughan's Anchor Inn:** Main Street, Liscannor, Tel. 065 708 15 48, www.vaughans.ie. Die Zimmer sind modern und mit extra großen Betten ausgestattet, auch wenn das Mobiliar teilweise ein wenig an Schleiflack-Rokoko erinnert. Immerhin gibt es im Haus auch ein schönes Pub und ein gutes Restaurant. DZ 80 €.

Essen & Trinken
... in Ennistymon

Modern irisch ▶ **Byrne's Restaurant:** Main Street, Ennistymon, Tel. 065 707 10 80, tgl. 17–21, So bis 19.30, im Sommer auch tgl.

12–16.30 Uhr. Ein behagliches und doch helles und modernes Restaurant, das moderne irische Küche serviert. Gerichte mittags ab 5 €, abends ab 13 €.
... in Lahinch
Feines Fischrestaurant ▶ **Barrtra Seafood Restaurant:** Lahinch, Tel. 065 708 12 80, März–Mai u. Okt.–Dez. Fr/Sa, Juni Fr–Mi, Juli–Sept. tgl. 13–22 Uhr. Das hübsche Haus liegt an den Klippen am Rand Lahinchs Richtung Milltown Malbay. Wenn möglich, sollte man einen Fensterplatz ergattern, um den Sonnenuntergang am Meer zu sehen. Es gibt feine Fischgerichte und Meeresfrüchte sowie eine gute Auswahl an vegetarischen Speisen. Hauptgerichte 16–28 €.
... in Liscannor
Edles Pub-Restaurant ▶ **Vaughan's Anchor Inn:** Main Street, Liscannor, Tel. 065 708 15 48, tgl. 12.30–21 Uhr. Vorne ein originelles Pub mit gelegentlicher Livemusik, hinten ein Restaurant, das es trotz aller Lässigkeit in sich hat. Es gibt sehr gute Fischgerichte, aber auch Fleisch und Vegetarisches. Hauptgerichte mittags 8–14 €, abends 18–26 €.

Einkaufen
Steine und Kram ▶ **The Rock Shop:** Liscannor, www.rockshop-gems.com, tgl. 10–17.45 Uhr. Nicht zu übersehen an der Straße von Liscannor nach Doolin. Es gibt jede Menge Steinernes in allen Formen, von Halbedelsteinen bis zu Liscannor Stone.

Aktiv
Surfen ▶ In Lahinch gibt es mehrere Surfschulen und auch Brettverleih: www.lahinchsurfexperience.com, www.lahinchsurschool.com, www.lahinchsurfshop.com, www.oceanscene.ie.
Golf ▶ **Lahinch Golf Club:** Lahinch, Tel. 065 708 10 03, www.lahinchgolf.com.
Hallenbad ▶ **Lahinch Seaworld:** The Promenade, Lahinch, Tel 065 708 19 00, www.lahinchseaworld.com, tgl. 7–21.30 Uhr, an einigen Tagen vormittags geschlossen (s. aktuelle Öffnungszeiten auf der Website). Große Anlage mit Schwimmbad, Sauna, Whirlpool, Fitness und Kinderveranstaltungen.

North Clare

9 Cliffs of Moher ▶ B 6
Mystik umnebelt die Cliffs of Moher, wenn es nicht die Gischt des Atlantiks ist. So mystisch, dass sie ein beliebter Ort zum Sterben geworden sind. Bis zu 200 m ragen die Klippen steil aus dem Meer, mit einem umwerfenden Blick bis zu den Aran Islands und über die unendlichen Weiten des Atlantiks – für manche offenbar eine unwiderstehliche Einladung zum Sprung in die Tiefe, wie die Statistik und die Küstenwache bezeugen.

Vor einigen Jahren waren die Klippenpfade, die sich über 8 km entlangziehen, noch ein teilweise abenteuerlicher Weg, bis auf jenes Stück zwischen dem Parkplatz und dem O'Brien's Tower, einem viktorianischen Aussichtspunkt, der vom lokalen Abgeordneten Cornelius O'Brien 1835 errichtet worden ist. Dies hat sich drastisch geändert. Ein ambitioniertes Projekt, das über 30 Mio. Euro kostete, versah die Klippen nicht nur mit einem neuen und gesicherten Weg in fast voller Länge, sondern auch mit einem architektonisch interessanten Besucherzentrum, das in den Hügel am Parkplatz hineingebaut und mit neuester Technik ausgestattet wurde. Es gibt darin eine interaktive Ausstellung zu den Klippen, ein Café, eine Touristeninformation, einen Andenkenladen, mehrere Kunsthandwerksläden und ein Restaurant auf der Spitze des Hügels mit Blick auf die Klippen. Die Natur wurde gänzlich kommerzialisiert und kostet Eintritt (www.cliffsofmoher.ie, Nov.–Febr. tgl. 9.15–17, März u. Okt. 9–18, April bis 18.30, Mai u. Sept. bis 19, Juni bis 19.30, Juli u. Aug. bis 21 Uhr).

Aktiv
Bootsfahrten ▶ **Cliffs of Moher Cruises:** Tel. 065 707 59 49, www.cliffs-of-moher-cruises.com, März–Nov. Einstündige Bootstouren entlang den Cliffs of Moher ab Doolin Pier um 12, 15 und 17.15 Uhr.

Von Doolin bis Ballyvaughan
▶ B/C 6
Doolin 6 hat einen Ruf als Zentrum traditioneller Musik und als sommerlichen Treffpunkt all jener, die irische Fröhlichkeit angesichts ei-

Clare

ner traumhaften Landschaft genießen wollen. Dieser Ruhm Doolins ist jedoch überholt. Gute Musik gibt es längst auch anderswo, und meistens sogar bessere, da es häufig vorkommt, dass sich in Doolin eher weniger begabte Touristen in irischer Musik versuchen. Eigentlich ist Doolin noch nicht einmal ein richtiges Dorf, sondern besteht aus einer weitläufigen Häuseransammlung mit zwei dichter bebauten Straßen, Broadford und Fisherstreet, beide jeweils ein Stück voneinander entfernt. Die drei berühmten Pubs O'Connor's in Fisherstreet, McDermott's und McGann's in Roadford gehören wegen ihrer Musiksessions zu den berühmtesten in Clare.

Eine der spannendsten Sehenswürdigkeiten Doolins ist zwar im Prinzip uralt und wurde bereits 1952 entdeckt, aber ist erst seit 2006 für Besucher erschlossen: Die **Doolin Cave** ist die längste der zahlreichen Höhlen im Burren-Gebiet und hat den mit über sechs Metern größten Stalaktiten der nördlichen Hemisphäre (Besucherzentrum tgl. 10–17 Uhr, Höhlenführungen 10, 11 und ab 11.30 Uhr alle halbe Stunde, www.doolincave.ie).

Lisdoonvarna 7 ist vom Sänger Christy Moore, der aus der Region stammt, in einem Lied unsterblich gemacht worden. Keineswegs, weil dies ein so schönes Dorf ist – im Gegenteil, der Ort ist eher unansehnlich und dank der vielen Hotels Absteigeplatz für die Bustouristen, die Burren und Klippen besichtigen wollen. Dabei war das Dorf seit dem 19. Jh. einer der beliebtesten Kurorte Irlands, wo sich jeden Spätsommer die Herrschaften und die Farmer zur Erholung, aber auch zum Heiratsmarkt einfanden. Dieser Heiratsmarkt, das berühmte **Matchmaking Festival,** ist noch heute jeden September ein Anziehungspunkt für jene, die nach dem Partner fürs Leben oder auch nur für eine Nacht suchen – oder einfach nur einen draufmachen wollen (www.matchmakerireland.com).

Die Küstenstraße von Lisdoonvarna via Fanore nach Ballyvaughan ist eine landschaftliche Offenbarung: auf der einen Seite das Silbergrau des Burrens, auf der anderen das Blau des Atlantiks und darüber ein endloser Himmel. Die ganze Pracht sieht im Win-

ter allerdings weniger einladend aus, wenn Burren, Meer und Himmel ein einheitliches und betrübliches Grau zeigen. **Fanore** 8 selbst ist ein Streudorf, das sich fast die ganze Küstenstraße entlangzieht und zu Füßen des Slieve Elva über einen wunderschönen Sandstrand verfügt.

Am Black Head, einer Landzunge mit Leuchtturm, macht die Straße einen dramatischen Bogen ostwärts nach **Ballyvaughan** 9. Dort gibt es zahlreiche Ferienhaussiedlungen, Restaurants und Pubs, wenn auch nicht so ausufernd wie in Lahinch und mit weitaus mehr Geschmack und Stil.

Übernachten

In der Region gibt es mehr Unterkünfte als andernorts, das Angebot ist schlichtweg überwältigend. Eine Auswahl gibt es auf den Websites www.discoverballyvaughan.com und www.doolin-tourism.com.

North Clare

Die dramatisch steilen Cliffs of Moher

... in Doolin
Landhaushotel ▶ Ballinalacken Castle Country House Hotel: Tel. 065 70 74 025, www.ballinalackencastle.com. Das reizende Haus liegt etwa 3 km nördlich von Doolin an der Küstenstraße und ist leicht zu übersehen – wäre da nicht die romantische Burgruine der O'Briens, die hoch auf einem Felsen über den Atlantik wacht und den Weg zum Landhaus weist. Schöne Zimmer, einige mit Himmelbett, ein sehr gutes Restaurant und eine intime Bar. DZ 130–190 €.

B & B in Dorflage ▶ Riverfield House: Doolin, Tel. 065 707 41 13, www.riverfielddoolin.com, März–Okt. Das hübsche alte, aber restaurierte Haus liegt zentral zu allen Pubs in Doolin und dennoch ruhig. Die Zimmer sind groß und haben WLAN. DZ 60–72 €.

... in Lisdoonvarna
Restaurant mit B & B ▶ Wild Honey Inn: Kincora Road, Tel. 065 707 43 00, www.wildhoneyinn.com, Jan.–Mitte Febr., geschl. Haus am Ortsrand mit eher kleinen Zimmern. Dazu gehört ein lässiges, aber gutes Restaurant. DZ ab 80 €.

... in Fanore
B & B mit Aussicht ▶ Orchid House: Derreen, Craggagh, Fanore, Tel. 065 707 69 75, www.orchidhouse.net. Ein freundliches kleines B & B mit hübschen Zimmern und großartiger Aussicht: vorne der Atlantik und hinten der Burren. Dorfladen, Pub und Restaurant sind in Laufnähe. DZ 65–70 €.

... in Ballyvaughan
Landhaus-B & B ▶ Drumcreehy House: Tel. 065 707 73 77, www.drumcreehyhouse.com. Das schöne B & B im Landhausstil liegt etwas abseits der Straße nach Kinvara. Die Gastgeber Armin und Bernadette sorgen nicht nur für stilvoll und modern eingerichtete Zimmer mit viel Charme, sondern auch für ein außerordentliches Frühstück. DZ 84–100 €.

Clare

Essen & Trinken

... in Doolin
Fischrestaurant ▶ **Cullinan's:** Roadford, Doolin, Tel. 065 707 41 83, Ostern–Ende Okt. 18–21 Uhr, Mi u. So geschl. Feine irische und kreative Küche mit Schwerpunkt auf Fisch und Meeresfrüchten. Im Haus gibt es auch ein nettes B & B. Hauptgerichte 20–27 €.

... in Lisdoonvarna
Uriges Pub ▶ **Roadside Tavern:** Doolin Road, Lisdoonvarna, Tel. 065 707 43 03, Küche tgl. 12–16 u. 18–21 Uhr. Das schönste Pub in Lisdoon, über 100 Jahre alt, urgemütlich, mit Livemusik und sehr beliebt. Die Gerichte sind deftig (Irish Stew), aber gut, besonders empfehlenswert ist die Fischplatte mit den geräucherten Leckereien aus dem Burren Smokehouse. Gerichte 8–15 €.

... in Ballyvaughan
Meeresfrüchte ▶ **Linnane's Lobster Bar:** New Quay, Ballyvaughan, Tel. 065 707 81 20, tgl. ab 12.30 Uhr. Das Pub-Restaurant mit Terrasse am Ufer außerhalb Ballyvaughans Richtung Kinvara präsentiert sich einfach, serviert aber feinsten Fisch und Meeresfrüchte in üppigen Portionen. Gerichte 10–22 €, Hummer nach Gewicht.

Echt italienisch ▶ **L'Arco:** Main Street, Ballyvaughan (im Torbogen neben Quinn's Craftshop), Tel. 065 708 39 00, tgl. 17.30–21.30 Uhr, im Winter an manchen Tagen geschl. Im hübschen italienischen Restaurant mit sehr netter Bedienung kochen richtige Italiener. Man kann sich also darauf verlassen, dass Pizza, Pasta und alles andere nicht irisch verwässert sind – bis auf die obligatorischen Steaks. Hauptgerichte 10–20 €.

Einkaufen

Räucherei ▶ **Burren Smokehouse:** Lisdoonvarna, www.burrensmokehouse.ie, Jan./Feb. Mo–Sa 11–16, März Mo–Sa 10–16, So 11–16, April Mo–Sa 9–17, So 11–17, Mai–Aug. Mo–Sa 9–18, So 10–17, Sept./Okt. Mo–Sa 10–17, So 11–17, Nov./Dez. tgl. 10–16 Uhr. In der Lachsräucherei bekomm man nicht nur Räucherlachs und andere Räucherfische, sondern auch feine Käsespezialitäten und Kunsthandwerk. In der Schauräucherei wird der Vorgang des Räucherns erläutert.

Musik ▶ **Traditional Music Shop:** Fisherstreet, Doolin, www.irishmusicdoolin.com. Eine große und teilweise einzigartige Auswahl an Aufnahmen von lokalen traditionellen Musikern sowie Musikinstrumente.

Abends & Nachts

Irische Musik ▶ **Traditionelle Sessions** gibt es an unterschiedlichen Tagen in fast allen Pubs in dieser Region, z. B.: Doolin: **McGann's** und **O'Connor's**; Fanore: **O'Donoghue's**; Lisdoonvarna: **Road Side Tavern;** Ballyvaughan: **O'Loclainn's Irish Whiskey Bar** und **Monk's Bar.**

Aktiv

Surfen ▶ **Aloha Surf School:** Fanore, Tel. 087 213 39 96, www.surfschool.tv. Surfschule am traumhaften goldenen Strand von Fanore.

Termine

Doolin Folk Festival: Mitte Juni, www.doolinfolkfestival.com. Die besten Künstler der irischen Trad.- und Folkszene treten an einem Wochenende Mitte Juni im Hotel Doolin auf (www.hoteldoolin.ie). Zu den Künstlern zählten bereits Damien Dempsey und Luka Bloom.

Verkehr

Bus: eher seltene Busverbindung ab Ennis zu den Klippen und nach Doolin, im Sommer etwas häufiger, sowie Verbindung ab Galway via Ballyvaughan über die Küstenstraße bis zu den Klippen.

10 Der Burren  ▶ C 6

Karte: S. 279

Der **Burren** ist eine in Irland einzigartige Kalklandschaft, ein Karst, wie es ihn in Europa so nur noch in Dalmatien gibt. Wie gepflastert ist der Boden mit dem grauen, porösen Kalkgestein. Unterirdische Flüsse haben ein weit verzweigtes Netz von Höhlen geschaffen, deren längste die Doolin Cave mit über zehn Kilometern ist. Auch *turloughs*, Seen, die im Winter oder nach sehr langen Regenperioden

Der Burren

auftauchen und dann wieder verschwinden, sind hier reichlich vorhanden. In dem geschützten Gebiet hat sich im Lauf der Zeit eine bemerkenswerte Flora angesiedelt. Arktische, alpine und mediterrane Pflanzen suchen sich ihren Lebensraum in den Gesteinsspalten, eine versteckte Blütenpracht, die ab Mai den Vergleich mit einer grauen Mondlandschaft Lügen straft. Auch findet man auf den Höhen und einsameren Regionen des Burren noch hin und wieder die wilden Ziegen, die einst charakteristisch für diese Landschaft waren, aber heute reichlich dezimiert sind.

Aber nicht nur die Natur des Burren ist einzigartig, sondern auch die Archäologie. Etwa 75 neolithische Steingräber wurden gezählt, etwa 500 Steinforts, unzählige prähistorische Kochstellen, hinzu kommen die Ruinen von frühchristlichen Kirchen und mittelalterlichen Turmhäusern – ein Freilichtmuseum längst vergangener Kulturen. Einige der bedeutendsten und am besten erhaltenen Relikte und Sehenswürdigkeiten befinden sich entlang der R480 bis zur Kreuzung mit der R476 zwischen Corofin und Kilfenora. Die **Aillwee Cave** gleich hinter Ballyvaughan ist eine der beiden erschlossenen Höhlen der Region, die einfach und in nur 30 Min. zu begehen ist (tgl. Nov.–Febr. 10–17, März–Juni, Sept./Okt. bis 17.30, Juli/Aug. bis 18.30 Uhr, www.aillwee cave.ie).

Ein paar Kilometer weiter liegt direkt an der Straße links das Megalithgrab **Gleninsheen**, das im Vergleich zu den zahllosen anderen recht gut erhalten ist. In unmittelbarer Nähe zum Steingrab wurde 1930 ein goldener Kragen gefunden, der zu den kostbarsten Fundstücken Irlands gehört. Er befindet sich im National Museum in Dublin.

Kurz danach kommt das berühmteste Monument in Sicht, der **Poulnabrone Dolmen**, das fotogenste Steingrab Irlands. 1986 wurde das Grab archäologisch untersucht und man fand die Überreste von 33 Menschen, die dort vor etwa 5800 Jahren begraben wurden.

Kalklandschaft mit sprödem Charme: der Burren

Clare

Etwas abseits der Straße auf der rechten Seite befindet sich das **Caherconnell Stone Fort,** dessen Mauer außerordentlich gut erhalten ist. Dort ist auch ein Besucherzentrum, in dem die archäologische und historische Bedeutung einiger der wichtigsten Monumente im Burren erläutert wird (März–April u. Okt. tgl. 10.30–17, Mai, Juni, Sept. tgl. 10–17.30, Juli/Aug. 10–18.30 Uhr, www.burrenforts.ie). Man erhält dort auch einen Plan zu den zum Teil in der Wildnis liegenden Steinforts **Cahermacnaughton** (das einst eine Schule für das gälische Brehon-Gesetz war), **Cahercommaun** und anderen.

Am Ende der R480 ragt das düstere Gemäuer von **Leamaneh Castle** in die Höhe, das im 15. Jh. als Turmhaus errichtet und im 17. Jh. zum Schloss ausgebaut wurde. Es war der Wohnsitz der legendären Máire Rua, der rothaarigen Frau von Conor O'Brien, der lokalen Herrscherfamilie. Als ihr Mann im Kampf gegen Cromwell starb, ehelichte sie einen Offizier Cromwells, um ihre Kinder und ihren Besitz zu schützen. Der jedoch verjubelte ihr Vermögen und so warf sie ihn kurzerhand aus dem Fenster von Leamaneh Castle.

Um Mullaghmore befindet sich der **Burren National Park** 10, wo der wildeste Teil des Burrens samt den schönsten Kalksteinpflasterungen unter Naturschutz steht (www.burrenbeo.com). Ein riesiges Besucherzentrum dortselbst wurde von einer Bürgerinitiative erfolgreich bekämpft. Dafür gibt es in Kilfenora das **Burren Centre**, wo Fauna, Flora, Archäologie und Geschichte des Burren umfassend und sehr lebendig erläutert werden (Mitte März–Ende Okt. tgl. 10–17, Juni–Aug. tgl. 9.30–17.30 Uhr, www.theburrencentre.ie, www.burrennationalpark.ie).

Übernachten
Hostel im Burren ▶ **Clare's Rock Hostel:** Carron, Tel. 065 708 91 29, www.claresrock.com. Das hübsche Haus inmitten des Burren hat helle, freundliche und saubere Zimmer und liegt vor allem in einer atemberaubend schönen Landschaft. Schlafsaal 20 €, DZ 48 €.

Essen & Trinken
Pub-Restaurant ▶ **Cassidy's:** Croide na Boirne, Carron, Mo–Sa 12–21, So 12–20 Uhr. Ein sehr gemütliches Pub in schönster Burren-Wildnis. Bodenständige, einfache Küche und am Wochenende traditionelle Sessions. Gerichte 9–20 €.

Einkaufen
Parfüm ▶ **Burren Perfumery:** Carron, www.burrenperfumery.com, Okt.–April tgl. 10–17, Mai/Juni u. Sept. bis 18, Juli/Aug 9–19 Uhr. Ein unbedingtes Muss für all jene, die feine Düfte mögen: Es gibt hausgemachte Parfüms, Aromatherapie-Öle, Seifen und andere Kosmetika, die die Flora des Burren wiedergeben und deren Herstellung man beobachten darf, einen wunderschönen Kräutergarten mit der lokalen Flora und ein Café (April–Sept.), in dem es Erfrischungen aus biologischem Anbau, oft aus dem eigenen Garten, gibt.

Aktiv
Wanderungen ▶ **Heart of Burren Walks:** Kilnaboy, Tel. 065 682 77 07, www.heartofburrenwalks.com und www.burrenwalks.com. Vielfältige geführte Wanderungen durch den Burren in kleinen Gruppen.

West Clare ▶ B 7

Karte: S. 279
Die Küstenregion von Miltown Malbay bis Loop Head ist etwas stiller als jene von North Clare, mit den Ausnahmen Kilkee und Kilrush, die beide lebhafte Städtchen sind. Die Landschaft ist weniger dramatisch, aber dafür gibt es einige reizvolle Sandstrände, wie bei Miltown Malbay, Spanish Point oder Doonbeg.

Miltown Malbay 11 ist ein kleines Marktstädtchen, eher ein Dorf, das aber eine ganze Reihe schöner, altmodischer Pubs hat, die einmal im Jahr aus allen Nähten platzen, nämlich wenn im Juli das **Willie Clancy Festival** stattfindet, ein Fest der traditionellen Musik, das zu den größten irischen Festivals seiner Art zählt. Auch **Doonbeg** 12 ist ein eher verschlafenes Dorf mit einem dünenge-

West Clare

säumten Strand und einer exklusiven Golfanlage, die einen Teil der Dünen beansprucht und dessen Luxusbebauung nicht gerade auf Gegenliebe der Anwohner stößt.

Übernachten
... in Miltown Malbay
B & B mit Kochschule ▶ **Berry Lodge:** Annagh, Miltown Malbay, Tel. 065 708 70 22, www.berrylodge.com. Ein zauberhaftes B & B mitten in der Pampa Richtung Quilty. Die Zimmer sind hübsch und das Frühstück das beste weit und breit. Kein Wunder: Im Haus gibt es nicht nur eine Kochschule, sondern für Gäste auch Abendessen, sofern sie es wünschen. DZ 70–88 €.

... in Doonbeg
B & B mit Meerblick ▶ **Whitestrand B & B:** Killard, Doonbeg, Tel. 065 905 53 47, www.whitestrand.westclare.net. Das Haus liegt herrlich einsam (etwa 2 km von Doonbeg), mit Blick auf den White Strand. Die Zimmer sind geräumig und gemütlich. DZ ab 70 €.

Essen & Trinken
... in Miltown Malbay
Traditionell ▶ **The Old Bakehouse:** Main Street, Miltown Malbay, Tel. 065 708 43 50, tgl. Mo–Do 12–21, Fr/Sa 12–22, So 12.30–21 Uhr. Das gemütliche und traditionelle Restaurant serviert deftige Gerichte in großen Portionen. Hauptgerichte mittags 11,50 €, abends 13–22 €.

... in Doonbeg
Edles Pub-Restaurant ▶ **Morrissey's Seafood Bar:** Main Street, Doonbeg, Tel. 065 905 53 04, Di–Sa 18–21, So auch 12.15–14 Uhr. Das moderne Restaurant des Pubs hat eine schöne Terrasse und stellt die Werke lokaler Künstler aus. Die Gerichte sind einfach, aber ungemein gut. Hauptgerichte 13–22 €.

Aktiv
Golf ▶ **Doonbeg Golf Club:** Doonbeg, Tel. 065 905 56 02, www.trumpgolfireland.com.

Kilkee und Loop Head ▶ B 7
Kilkee [13] ist ein traditionsreiches Seebad aus viktorianischen Zeiten mit einem altmodischen und manchmal schäbigen Charme. Die Promenade ist gesäumt von Pensionen und Hotels und es gibt genug Beschäftigungsmöglichkeiten, wenn es einmal regnet. Das beste an Kilkee ist jedoch der Strand, der zu den sichersten Irlands zählt. Er liegt in einer von einem Riff geschützten Bucht und führt sehr sanft ins Meer. Der Felsvorsprung, der den Strand an der Westseite eingrenzt, wird ›Pollock Holes‹ genannt. In den natürlichen Wasserbecken in den Felsen kann man je nach Tidenstand schwimmen.

Die kleinen Schwestern der Cliffs of Moher sind die **Cliffs of Kilkee,** die nur ein paar Kilometer außerhalb des Ortes an der Nordseite der Loop Head Peninsula aus dem Meer ragen. Sie mögen nicht so majestätisch sein, auch längst nicht so hoch wie die Moher-Klippen, aber sie sind dennoch recht malerisch mit der steilen und zerklüfteten Felswand – und es gibt weder Parkplatzgebühren noch ein Besucherzentrum (noch nicht). Fast an der Spitze der Halbinsel gibt es eine weitere Natursehenswürdigkeit, die **Bridges of Ross.** Es handelt sich um zwei Felsenbrücken, die durch Erosion entstanden sind, wobei mittlerweile nur noch eine intakt ist.

Loop Head [14] ist eine windige Landnase mit Leuchtturm, der auch besichtigt werden kann, was sich allein schon wegen der Aussicht bis nach Kerry lohnt (Mitte April–Aug. tgl. 10–18 Uhr). **Carrigaholt** an der Südseite ist der größte Ort auf der Halbinsel, aber den-

> **Tipp: Delfine beobachten**
>
> In der Shannon-Mündung tummeln sich zahlreiche Delfine, die in kleinen Gruppen durch das Wasser gleiten und dort auch jeden Sommer kalben. Von Carrigaholt und von Kilrush aus fahren in der Saison Boote hinaus.
> **Dolphinwatch Carrigaholt:** Tel. 065 905 81 56, www.dolphinwatch.ie, 1. April–31. Okt. tgl. je nach Wetterlage. **Dolphin Watching:** Kilrush, Tel. 065 905 13 27, www.discoverdolphins.ie, 1. April–31. Okt. tgl. je nach Wetter und Nachfrage.

Clare

Tipp: Shannon-Fähre

Wer von Clare nach Kerry will (oder umgekehrt), kann sich die manchmal leidige Fahrt durch Limerick ersparen und die Autofähre zwischen Killimer und Tarbert nehmen. Die Fahrt ist kurz und die Fähre legt jede Stunde ab. Info: www.shannonferries.com.

noch ein eher ruhiges Dorf, mit viel ursprünglicher Atmosphäre und einem Turmhaus aus dem 15. Jh., das man mittels einer Spiraltreppe bis zur Spitze ersteigen kann.

Infos
Kilkee Visitor Information: Any Occasion Gift Shop, Circular Road, Tel. 065 905 68 80, www.kilkee-ireland.com.

Übernachten
Strandhotel ▶ **Stella Maris Hotel:** O'Connell Street, Tel. 065 905 64 55, www.stellamarishotel.com. Das reizende Hotel nur ein paar Schritte vom Strand entfernt hat alles, was zum Urlaub gehört: hübsche Zimmer, eine Terrasse mit Meerblick, Kamin in der Bar und im Restaurant, Livemusik und Kinderversorgung. DZ 100 €.

Pension mit Aussicht ▶ **The Strand:** Strand Line, Tel. 065 905 61 77, www.thestrandkilkee.com. Ein hübsches Haus mit Restaurant, langer Tradition und sechs komfortablen Zimmern. Hier hatte 1961 schon Che Guevara übernachtet. DZ 74–84 €.

Essen & Trinken
Fischrestaurant ▶ **Murphy Black:** The Square, Tel. 065 905 68 54, Mo-Sa 18-21 Uhr, Okt.–Mai nur Fr/Sa. Das moderne Restaurant in viktorianischem Stadthaus hat die besten Meeresfrüchte, der Besitzer war früher selbst Fischer. Es gibt aber auch Fleisch und Vegetarisches. Hauptgerichte 16–25 €.

Aktiv
Badelandschaft ▶ **Kilkee Waterworld:** East End, Tel. 065 905 68 55, www.kilkeewaterworld.ie, Juli/Aug. tgl. 11–18 Uhr. Badewelt mit Rutschen, Schwimm- und Planschbecken, Surfladen, Internetcafé und Snackbar.

Wellness mit B & B ▶ **Kilkee Thalasso Therapy Centre:** Grattan Street, Tel. 065 905 67 42, www.kilkeethalasso.com. Ein kleines Wellnessparadies mit B & B-Unterkunft (DZ ab 90 €), aber auch nur für ein paar (bezahlbare) Stunden. Es gibt u. a. Algenbäder und andere Wasserbehandlungen, Massage und Gesichtsbehandlung.

Kilrush ▶ B 7

Kilrush 15 mit der sehr breiten, aber kurzen Hauptstraße und dem geschützten Hafenbecken ist eine herrschaftliche Gründung aus dem späten 18. Jh. und zeigt deswegen noch einige schöne Bauten aus jener Zeit. Überwiegend jedoch ist Kilrush ein geschäftiges Hafenstädtchen mit einigem Selbstbewusstsein, das sich ganz dem Delfin- und dem Bootstourismus widmet – und die Erinnerung an eine Vergangenheit pflegt, die eigentlich wenig Anlass zur Freude bot.

Die Vandeleurs waren die mächtigste Familie der Region, gründeten die Stadt und besaßen all das Land in der Umgebung. Sie gehörten zu den schlimmsten Landlords, berüchtigt dafür, dass sie mehr Pacht verlangten als die meisten Herren, sowie für ihr gnadenloses Vorgehen während der Großen Hungersnot, als über 20 000 Pächter von ihrem Land vertrieben wurden. Gleichwohl wird mit dem Namen Vandeleur heute mit Respekt umgegangen. Das Herrenhaus steht schon lange nicht mehr, aber der Garten wurde in Stand gesetzt und kann besichtigt werden (**Vandeleur Walled Garden,** www.vandeleurwalledgarden.ie, April–Sept. Mo–Fr 10–17, Sa/So 12–17, Okt.–März Mo–Fr 9.30–16.30 Uhr).

Weit tiefer in die Geschichte führt ein Ausflug nach **Scattery Island,** einem unbewohnten Inselchen vor der Küste von Kilrush. Dort befinden sich die Ruinen einer Klosteranlage aus dem 6. Jh., insgesamt sieben Kirchen und ein Rundturm aus dem 10. Jh., der als einziger in Irland einen ebenerdigen Eingang hat. Boote fahren in der Sommersaison ab Kilrush je nach Wetterlage auf die Insel.

West Clare

aktiv unterwegs

Radeln um Loop Head

Tour-Infos
Start: Kilkee
Länge: ca. 65 km
Dauer: Tagestour
Schwierigkeitsgrad: einfach
Wichtige Hinweise: Fahrräder verleiht **Rent A Bike** in der Circular Road, Kilkee, Tel. 065 905 60 41. So geschl. Auch mehrere Unterkünfte verleihen Räder.

Fahrradfahren in Irland ist wegen des unberechenbaren Verkehrs selbst auf Landstraßen nicht immer einfach, aber die Tour um Loop Head ist nicht nur relativ ruhig, sondern auch ziemlich flach. Steigungen gibt es nur wenige.

Die Tour beginnt in **Kilkee** und geht am Ortsausgang nach links über kleine Sträßchen Richtung Kilrush.

Nach etwa 2,5 km zweigt der Weg an der **Lisdeen Church** nach rechts auf die südliche Küstenstraße ab und führt durch die Dörfchen **Querrin** und **Doonaha** nach **Carrigaholt** und schließlich bis ins verschlafene **Kilbaha**. Wer Erfrischung und etwas zu essen braucht, kann eine Rast im exzellenten **Long Dock Pub** in Carrigaholt oder im **Lighthouse Inn** in Kilbaha einlegen, wo man auch übernachten kann, falls einem die Strecke für einen Tag zu lang ist.

Von Kilbaha ist es nicht mehr weit bis zum weithin sichtbaren Leuchtturm an der Spitze von **Loop Head,** wo der Atlantik donnernd an die Felsen kracht.

Zurück geht es die Nordküste entlang, an den **Bridges of Ross** vorbei. Ca. 5 km hinter dem Ort **Cross** zweigt ein schmales Sträßchen nach links wieder Richtung Küste ab und führt schließlich direkt am Meer entlang und mit großartigen Aussichten zurück nach Kilkee.

Infos
Kilrush Visitor Information: Crotty's Pub, Market Square, Tel. 065 905 24 70.

Übernachten
Farmhaus-B & B ▶ **Aylevarroo Bayview:** Ballynote, Tel. 065 905 12 93, www.kilrush.aylevarroo.net. Schön still außerhalb Kilrushs gelegen und mit Blick auf Scattery Island. Die Zimmer sind kuschelig und etwas rüschig, es gibt eine Gästelounge mit TV, WLAN und Blick auf die Shannon-Mündung. DZ 65–70 €.

B & B im Pub ▶ **Crotty's:** Market Square, Tel 065 905 24 70, www.crottyspubkilrush.com. Mitten im Ort über einem Pub mit Livemusik und Biergarten, also nicht besonders ruhig. Aber die Zimmer sind nett. DZ ab 75 €.

Aktiv
Golf ▶ **Kilrush Golf Club:** Ennis Road, Tel. 065 905 11 38, www.kilrushgolfclub.com.

Verkehr
Bus: Busverbindung Ennis–Lahinch–Miltown Malbay–Kilrush–Kilkee sowie von Galway via Cliffs of Moher über Miltown Malbay–Doonbeg–Kilkee–Kilrush. Gute Verbindungen auch auf der Strecke Limerick-Kilrush-Kilkee.

Galway und Mayo

Rau und felsig präsentiert sich die Küste der beiden Countys Galway und Mayo, mit unzähligen Seen, Inselchen, einsamen Berghöhen und Buchten mit den feinsten Sandstränden. Die Dörfer und Städte sind von außerordentlichem Charme, mit Galway City als der Metropole des Westens und heimlicher Kulturhauptstadt Irlands.

Von Galway Bay bis Downpatrick Head verkörpert wohl kaum eine Landschaft das wilde und ursprüngliche Irland wie Galway und Mayo. Es ist der wahre Westen, das Herzland von Connacht, wo im größten Gaeltacht-Gebiet Irlands die Menschen oft noch Gälisch sprechen, wo Moorland einen Großteil der Landschaft bedeckt und alte Traditionen in der einen oder anderen Form noch lebendig sind.

Zu den beeindruckendsten, wenn auch nicht mehr ganz so einsamen Landschaften gehört Connemara, wo das legendäre Grün Irlands dem Schwarz und Grau der Felsen, den Schatten der Berge und dem Braun der Moore Platz macht. Die Schönheit der Natur ist jedoch zweischneidig, da der Boden für Landwirtschaft kaum geeignet ist, abgesehen von den anspruchslosen Schafen. Heute bedrohen moderne Erschließung das Gleichgewicht der Natur, weswegen ein Teil als Nationalpark geschützt ist.

Armut kennzeichnete einst auch Mayo, ein County, das als das trübste Irlands gilt, da alle Regenwolken, die vom Atlantik nach Osten treiben, sich zunächst einmal über Mayo zu erleichtern scheinen. Diese Region blutete am heftigsten aus durch Auswanderung seit der Großen Hungersnot und ist auch heute noch ein sehr dünn besiedeltes Gebiet, wo man kilometerweit keine Ortschaft zu Gesicht bekommen kann. Die majestätische Halbinsel Achill Island mit ihren hohen, kahlen Bergen und Sandstränden ist eines der Zentren des Mayo-Tourismus, zur literarischen Unsterblichkeit gelangt durch das ›Irische Tagebuch‹ Heinrich Bölls, der seinerzeit dort ein Cottage besaß, und verewigt in den Bildern von Paul Henry, dessen berühmtestes Gemälde das der Kartoffelklauberinnen ist, in dem er die karge Landschaft und das harte Leben der Bewohner eingefangen hat.

Mit dem Croagh Patrick und mit Knock besitzt Mayo auch die beiden bedeutendsten Wallfahrtsorte Irlands, die bis heute noch sehr ernst genommen werden – der Croagh Patrick ist keltischen Zeiten, der lediglich den Schutzheiligen wechselte, während Knock erst durch eine kräftige Wundervermarktung zu einem Wallfahrtsort mutierte.

Das urbane Zentrum des Westens ist die Universitätsstadt Galway, die zu den schönsten Städten Irlands gehört und zweifellos auch eine Kapitale der Festivals und der Kultur ist.

Galway City ▶ C 6

Cityplan: S. 292; **Karte:** S. 299

»Galway ist die Stadt der deutschen Rucksacktouristen, schottischen Poeten, japanischen Techniker, französischen Serviererinnen und der stets angesäuselten englischen Späthippies«, schrieb der englische Irlandkenner John Ardagh zu einer Zeit, als **Galway** ■ gerade mal auf dem Sprung in das Zeitalter des ›Keltischen Tigers‹ war. Heute müsste man hinzufügen, dass die Kellnerinnen Polinnen sind, die deutschen Rucksacktouristen sich

Galway City

Irland kaum noch leisten können und von deutschen Arbeitskräften in den internationalen Betrieben ersetzt wurden, die Poeten von Künstlern aus aller Welt verdrängt wurden und Späthippies sich aufs Land verzogen haben und Biogemüse anbauen. An der Atmosphäre Galways hat das aber wenig geändert.

Es ist eine fröhliche Stadt: Wenn kein Fest stattfindet, dann präsentieren Musiker oder andere ›Unterhalter‹ ihre Kunst in der Fußgängerzone und selbst an kühlen Herbsttagen, ja selbst im Winter, lassen die ungewöhnlich vielen Straßencafés in der Fußgängerzone ihre Tische draußen stehen – die auch dann gut besetzt sind.

Das mediterrane Lebensgefühl, das Galway besonders an sonnigen Sommertagen vermittelt, ist nicht nur den Studenten geschuldet, deren Einfluss allerorten zu spüren ist, sondern auch der Vergangenheit. Galway kam im 15. und 16. Jh. zur Blüte, als die Stadt mit Spanien, Frankreich, Portugal und dem Baltikum rege Handelsbeziehungen pflegte – Wein war das wichtigste Importgut und auch so mancher spanische Seemann, der in Galway hängen blieb und dem angeblich Temperament und die dunklen Haare in der Bevölkerung zu verdanken sind.

Eyre Square

Die mittelalterliche Innenstadt von Galway, am Ufer des River Corrib und der Galway Bay gelegen, ist klein und überschaubar, wenn auch von ausufernden Wohnvierteln und Gewerbeparks umgeben, die ein Zeugnis des blühenden Wachstums der Stadt sind. Der **Eyre Square** 1, der nach einem Besuch des US-amerikanischen Präsidenten John F. Kennedy offiziell in Kennedy Memorial Park umbenannt wurde, bildet das grüne Zentrum, auch wenn er eigentlich außerhalb der historischen Mitte liegt. Er war ursprünglich ein Markt vor den Toren der Stadt, wurde aber ab dem 17. Jh. mehrfach als Park umgestaltet. Die jüngste architektonische Rundererneuerung wurde 2006 abgeschlossen, nicht ganz ohne Kontroversen, was aber eher an den enormen Kosten und diversen Bauskandalen lag als am Ergebnis. An die alten Zeiten erinnert lediglich am oberen Teil Browne's Doorway, ein Relikt des Hauses einer der reichen Kaufmannsfamilien Galways.

Das **Eyre Square Centre** 2 am Rande des Platzes ist ein modernes aber nicht unbedingt schickes Einkaufszentrum, das ebenfalls unter kontroversen Umständen errichtet wurde, da bei den Bauarbeiten Reste der längst verschollenen Stadtmauer aus dem 14. Jh. zu Tage kamen, die ursprünglich weggebaggert werden sollten. Der Kompromiss bestand darin, dass diese freigelegten Mauerreste in den Neubau integriert wurden, was nun den schönsten Teil des Zentrums ausmacht.

Shop Street

Genau genommen heißt die Straße, die das Herz des mittelalterlichen Galway ausmacht und weitgehend Fußgängerzone ist, vom Eyre Square an William Street, dann erst Shop Street, anschließend High Street und dann Quay Street. Aber **Shop Street** ist weitaus passender, da sie die Einkaufsstraße schlechthin ist. Und die Hauptamüsiermeile.

An der Ecke Abbeygate und Shop Street befindet sich eine Bank, die AIB. So weit so profan. Das Haus aus grauem Stein hat jedoch eine ganz eigene Geschichte, die an dem Haus aus dem 15. Jh. nicht unbedingt abzulesen ist. Nur eine unscheinbare Plakette erinnert daran.

Im 15. Jh. war dies nämlich das Stadthaus einer der Stämme Galways, **Lynch's Castle** 3. Stammesoberhaupt James Lynch Fitzpatrick war auch oberster Gerichtsherr. Als sein Sohn des Mordes an einem spanischen Seemann überführt wurde, musste er ihn zum Tode verurteilen. Da niemand es wagte, einen Abkömmling aus einem der bedeutenden Stämme zu hängen, nahm der Vater die Ausführung des Todesurteils selbst in die Hand und erhängte seinen Sohn eigenhändig – die legendäre Lynchjustiz ging in den Sprachgebrauch ein.

St. Nicholas' Church und Spanish Arch

Da Galway einer der wichtigsten Überseehäfen Irlands war, nimmt es nicht Wunder,

dass die älteste Kirche der Stadt, im 14. Jh. geweiht und seit dem 16. Jh. protestantisch, jenem Heiligen gewidmet wurde, der als Schutzheiliger der Seeleute gilt, dem hl. Nikolaus. Die Geschichte erzählt, dass Christoph Kolumbus 1477 Galway ansteuerte – angeblich auf der Suche nach Dokumenten des hl. Brendan, der Amerika entdeckt hatte. Kolumbus soll in dieser Kirche, die an der heutigen Einkaufsmeile liegt, für die Entdeckung des Seewegs nach Indien gebetet haben.

Das Innere der **St. Nicolas' Church** 4 ist sicherlich kunsthistorisch interessant, wenn man die Details der verschiedenen Stilrichtungen berücksichtigt. Aber weitaus interessanter ist der **Bauernmarkt,** der jeden Sams-

Galway City

Sehenswert
1. Eyre Square
2. Eyre Square Centre
3. Lynch's Castle
4. St. Nicolas' Church
5. Spanish Arch
6. Galway City Museum
7. Claddagh
8. Salthill

Übernachten
1. Galway Bay Hotel
2. The Heron's Rest
3. Sea Breeze Lodge
4. Hotel Spanish Arch
5. St. Judes
6. Sleepzone Tourist Hostel

Essen & Trinken
1. Kirwan's Lane Restaurant
2. Ard Bia at Nimmo's
3. Cava Bodega
4. McDonagh's
5. Goya

Einkaufen
1. Kenny's Art Gallery
2. Farmer's Market

Abends & Nachts
1. Halo Nightclub
2. Tig Cóilí
3. King's Head
4. Quay's Bar
5. Roisin Dubh
6. Tigh Neachtáin
7. Town Hall Theatre
8. Galway Arts Centre
9. Druid Theatre Company
10. Trad on the Prom

Aktiv
1. Atlantaquaria
2. Leisureland
3. Galway Bay Golf Resort

---

tag um die Kirche herum stattfindet und nicht nur Marktplatz für all die Späthippies ist, die John Ardagh erwähnte, sondern auch ein kleines Gourmet-Dorado für die kosmopolitische Einwohnerschaft Galways.

Die Quay Street endet am Old Quay, wo der Fluss sich zum Meer hin öffnet und einstmals die Handelsschiffe anlegten. Bei dem Gebäude mit den Bögen, **Spanish Arch** 5 genannt, handelt es sich um die Überreste einer Bastion aus dem 16. Jh., die für die spanischen und portugiesischen Schiffe errichtet wurde, um deren Plünderung zu verhindern. Die Ruinen sind die letzten Zeugnisse der alten Stadtbefestigung.

Gleich hinter dem Spanish Arch erläutern die Ausstellungen im modernen Bau des **Galway City Museums** 6 das Leben im historischen Galway bis heute. Daneben finden in dem lichten Glasbau auch Konzerte und andere Veranstaltungen statt (www.galwaycitymuseum.ie, Di–Sa 10–17, So 12–17 Uhr).

Claddagh 7

Auf der gegenüberliegenden Seite des Flusses und des Spanish Arch liegt das Viertel **Claddagh**, ein Ort, der lange vor der Gründung Galways existierte, vermutlich schon vor dem 5. Jh., und später außerhalb der Stadtmauern der Handelsstadt lag. Die Bewohner bewahrten ihre Eigenständigkeit bis ins 20. Jh., wählten sogar ihren eigenen ›König‹, der für Ordnung und Frieden in der Gemeinde zuständig war. Der letzte starb 1954.

Das Fischerdorf als solches existiert schon lange nicht mehr. Längst ist das Viertel neu bebaut und Teil des Stadtzentrums. Doch der Name blieb erhalten, vor allem im berühmten Ring gleichen Namens – ein Herz mit Krone, von zwei Händen getragen –, den im 17. Jh. ein Mann namens Richard Joyce entwarf. Dieser war in Galway von Korsaren gefangen und als Sklave nach Algier verkauft worden, wo er das Goldschmiedehandwerk erlernte. Den Ring entwarf er nach seiner Rückkehr in Galway als Symbol für Treue, Liebe und Freundschaft.

Salthill und Spiddal

Salthill 8 ist der Badeort vor den Toren Galways, einst ein eigenständiges Dorf, aber längst von der ausufernden Stadt geschluckt. Auch die Beschaulichkeit ist mittlerweile Vergangenheit, denn Salthill bietet alle Freizeitvergnügungen, die einem Badeort anstehen. Es gibt ein großes Freizeitzentrum mit Swimmingpool, Discos, Nachtclubs, Pubs, Spielhallen, Restaurants sowie zahllose B & Bs und Hotels. Das Schönste an Salthill ist aber die **Promenade,** die als längste Irlands gilt. Im Sommer spazieren dort nicht nur die Touristen entlang, sondern

Galway und Mayo

Überschaubare Studentenstadt mit lebendigem Flair: Galway

auch die einheimischen Galwegians, die die frische Brise und auch die Vergnügungen am Rande genießen.

Ein paar Kilometer weiter westwärts hat **Spiddal**, gälisch korrekt An Spideal, ein wenig die einstige Rolle Salthills übernommen, ohne jedoch zum lauten Badeort zu mutieren. Freundliche Pubs und Geruhsamkeit herrschen vor, es gibt eine Sprachschule für Gälisch und vor allem das **Craft Village**, eine kleine Ansammlung von Häusern für Kunsthandwerker und Künstler, deren Produkte man gleich vor Ort kaufen kann (www.ceard lann.com).

Infos

Áras Fáilte: Forster Street (nahe Eyre Square), Galway City, Co. Galway, Tel. 091 53 77 00, www.galwaytourism.ie, www.galway.net.

Übernachten

Promenadenhotel ▶ Galway Bay Hotel 1: The Promenade, Salthill, Tel. 091 52 05 20, www.galwaybayhotel.net. Ein klassisches Promenadenhotel mit Blick über die Galway Bay bis hin nach Clare. Die 153 Zimmer sind großzügig ausgestattet. Im Haus gibt es auch Swimmingpool, Fitnessraum und Schönheitssalon. DZ ab 150 €.

Boutique-B & B ▶ The Heron's Rest 2: Longwalk, Spanisch Arch, Tel. 091 53 95 74, www.theheronsrest.com. Das behagliche Edel-B & B liegt mitten in der Stadt, aber in ruhiger Lage am Claddagh Harbour mit Blick auf die legendären Schwäne und die Galway Bay. DZ ab 140 €.

Traumhaftes B & B ▶ Sea Breeze Lodge 3: 9 Cashelmara, Salthill, Tel. 091 52 95 81, www.seabreezelodge.org. Das Haus sieht von außen nicht besonders aus, aber die (Su-

Galway City

perior-) Zimmer sind eine Wucht: modern, großzügig und nahezu Designerhotelstandard. Manche haben Meerblick. DZ ab 118 €.

Kleines Cityhotel ▶ Hotel Spanish Arch 4 : Quay Street, Tel. 091 56 96 00, www.spanisharchhotel.ie. Hotel an der Ecke Quay Street/Spanish Arch: Man fällt aus der Haustür gleich ins bunte Leben. Die 20 (eher lauten) Zimmer wurden vor ein paar Jahren renoviert. DZ (ohne Frühstück) ab 99 €.

B & B in der Villa ▶ St. Judes 5 : 110 Lower Salthill, Tel. 091 52 16 19, www.st-judes.com. Die elegante Villa aus den 1920er-Jahren etwas abseits der Promenade und in Laufnähe zum Stadtzentrum vermietet sechs hübsche Zimmer, serviert ein tolles Frühstück und auf Wunsch auch einen leichten Mittagsimbiss. DZ 90 €.

City-Hostel ▶ Sleepzone Tourist Hostel 6 : Bothar na mBan, Woodquay, Tel. 091 56 69 99, www.sleepzone.ie. Ein helles und modernes Hostel, sehr freundlich eingerichtet. Schlafsaal je nach Größe und Saison 18 €, DZ bis 64–68 €.

Essen & Trinken

Versteckte Oase ▶ Kirwan's Lane Restaurant 1 : Kirwan's Lane, Tel. 091 56 82 66, tgl. 12.30–14.30 u. 18–22, So 18–22 Uhr. Das kleine Lokal liegt nahezu versteckt abseits der belebten Quay Street in einer kleinen Gasse und ist leicht zu übersehen – und daher wirklich eine Oase. Neben dem formelleren Restaurant im ersten Stock lockt vor allem die Seafood Bar im Erdgeschoss mit wunderbaren Meeresfrüchten und Sommerterrasse. Hauptgerichte um 17–25 €.

Feine Szene ▶ Ard Bia at Nimmo's 2 : Spanish Arch, Tel. 091 53 98 97, Café: tgl. 10–15.30 Uhr, Restaurant: tgl. 18–22 Uhr. Beide Lokale befinden sich im alten Zollhaus am Claddagh-Becken, gleich von der Quay Street aus links. Im Café gibt es Tees, Kaffeespezialitäten, frische Säfte, Kuchen und mittags Salate und feine kleine Speisen (6–12 €). Das Restaurant serviert gehobene Küche mit internationalem Einschlag, in der zugehörigen kleinen Weinbar gibt es edle Weinspezialitäten. Hauptgerichte 19–26 €.

Spanisch ▶ Cava Bodega 3 : 1 Middle Street Mews, Middle Street, Tel. 091 53 98 84, Mo–Mi 17–22 Do bis 22.30 Fr/Sa 12–23, So bis 21.30 Uhr. Das behagliche rustikale Lokal nahe der Shop Street serviert nicht nur um die 50 original spanische Tapas-Variationen, sondern auch über 100 spanische Weine und Biere. Tapas (auch vegetarische) 4–15 €, Weine pro Glas ab 6,50 €.

Fischlokal ▶ McDonagh's 4 : 22 Quay Street, Tel. 091 56 50 01, Mo–Sa 17–22, Fish & Chips Mo–Sa 12–23, So 16–22 Uhr. Eigentlich ein Fischladen mit angeschlossenem Lokal. Es gibt dort die leckersten Fish & Chips der Insel, ›handgeschnittze‹ Pommes, aber auch feine Meeresfrüchte. Gerichte 6–22 €.

Café ▶ Goya 5 : 2/3 Kirwan's Lane, Tel. 091 56 70 10, Mo–Sa 9.30–18 Uhr. Ein nettes und modernes Café in einer ruhigen Ecke abseits der Quay Street. Es gibt warme Kleinigkeiten wie Pies zum Lunch. Oder auch nur eine Tasse Kaffee. Aber die Kuchen und Törtchen sind der wahre Hit. Warme Gerichte 3–27 €.

Einkaufen

Kunst ▶ Kenny's Art Gallery 1 : Liosbán Retail Park, Tuam Road, www.thekennygallery.ie, Mo–Sa 9–17 Uhr. Die Galerie des Westens. Dort gibt es auch exklusiv die Werke von Gertrude Degenhardt, befremdliche, aber großartige Gemälde mit irischen Themen. Einige gibt es auch als Poster.

Markt ▶ Farmers' Market 2 : St. Nicholas' Church, Sa bis 16 Uhr. Rund um die Kirche werden lokale Produkte und Kunsthandwerk feilgeboten.

Abends & Nachts

Galways Nachtleben ist legendär. Es gibt wohl kaum eine Stadt dieser Größenordnung mit sovielen Pubs und Clubs. Einen Überblick bietet die Website www.galwaycitypubguide.com.

Nachtclub ▶ Halo Nightclub 1 : 36 Upper Abbeygate Street, www.halonightclub.com, Fr/Sa ab 23 Uhr. Ein schicker Club für Twens mit Livemusik.

Musikpubs ▶ Tig Cóilí 2 : Im Pub am Ende der Shop Street finden jeden Abend traditio-

Galway und Mayo

nelle Sessions statt. **King's Head** 3: 15 High Street. Auf mehreren Ebenen tgl. Livemusik und Comedy. **Quay's Bar** 4: Quay Street. Szene- und Touristentreffpunkt mit traditionellen Sessions, wann immer jemand aufspielt. **Roisin Dubh** 5: Dominick Street. Eines der besten Pubs für Livemusik mit lokalen wie internationalen Künstlern aus Folk, Blues, Rock, Pop.

Traditionspub ▶ **Tigh Neachtáin** 6: Cross Street. Eines der ältesten und stimmungsvollsten Pubs Galways mit traditionellen Sessions, die legendär sind.

Kulturveranstaltungen ▶ **Town Hall Theatre** 7: Courthouse Square, Tel. 091 56 97 77, www.tht.ie. Der Hauptveranstaltungsort in Galway, wo auch die Theatergruppen Galways auftreten, aber hauptsächlich die Großveranstaltungen während der Festivals stattfinden. **Galway Arts Centre** 8: 47 Dominick Street, Tel. 091 56 58 86, www.galwayartscentre.ie. Ebenfalls ein Multiveranstaltungsort mit Schwerpunkt auf Kunstausstellungen.

Theater ▶ **Druid Theatre Company** 9: Druid Lane, Tel. 091 56 86 60, www.druid.ie. Die Theatergruppe ist eine der besten Irlands und setzt den Schwerpunkt auf moderne irische Autoren.

Touristenshow ▶ **Trad on the Prom** 10: Galway Bay Hotel, The Promenade, Salthill, Tel. 091 58 28 60, www.tradontheprom.com, Mitte Mai–Ende Sept. dreimal pro Woche jeweils 21 Uhr. Eine Show traditioneller Musik und Tanz à la Riverdance.

Aktiv

Aquarium ▶ **Atlantaquaria** 1: Seapoint Promenade, Salthill, www.nationalaquarium.ie, tgl. 10–18 Uhr. Irlands größtes Aquarium mit einheimischen Wasserbewohnern aus Meer und Seen, teilweise in offenen Becken zum Anfassen.

Badespaß ▶ **Leisureland** 2: Upper Salthill Road (The Promenade), Salthill, Tel. 091 52 14 55, www.leisureland.ie, ca. Mo–Fr 9.30–22, Sa/So 9.30–21 Uhr (s. Website). Badelandschaft mit drei Swimmingpools, Wasserrutschen, Piratenschiff u. a.

Golf ▶ **Galway Bay Golf Resort** 3: Renville, Oranmore, Tel. 091 79 05 03, www.galwaybaygolfresort.com.

Termine

Galway Early Music Festival: Mitte Mai, Tel. 087 930 55 06, www.galwayearlymusic.com. Mittelalterliche, Renaissance- und Barockmusik sowie Tanz. Verschiedene Konzerte und Straßenaufführungen.

Galway Film Fleadh Festival: Mitte Juli, Tel. 091 75 16 55, www.galwayfilmfleadh.com. Eines der größten Filmfestivals Irlands mit Filmen aus irischer und internationaler Produktion.

Galway Arts Festival: Mitte Juli, Tel. 091 56 65 77, www.galwayartsfestival.ie. Galways lebhaftestes Festival mit Theater, Spektakel, Tanz, Kunstausstellungen, Musik, Literatur und Comedy.

Galway Races: 1. Aug.-Woche, Galway Racecourse, Ballybrit, Galway, Tel. 091 75 38 70, www.galwayraces.com. Das gesellschaftliche Ereignis des Westens schlechthin. Bei dem Pferderennen trifft sich alles, was extravagante Hüte und viel Geld für Wetten hat.

Galway International Oyster Festival: letzte Septemberwoche, Festzelt am Hafen und an diversen Orten, Galway, Tel. 091 58 79 92, www.galwayoysterfestival.com. Ein Fest rund um die Austern: es gibt sie überall, ob roh oder gebacken, dazu Paraden, viel Spektakel, Musik – und viele Pints zum Runterspülen der Austern.

Verkehr

Flug: Galway Airport: Der Galway Airport ist bis auf Weiteres geschlossen. Zu den Aran Islands gibt es aber Flüge ab Connemara Regional Airport in Inverin (www.aerarannislands.ie).

Bahn: Eine gute Verbindung von Galway nach Dublin via Athlone, sowie seltener mit Limerick via Ennis.

Bus: Galway ist ein Verkehrsknotenpunkt des Westens. Busse fahren in alle Richtungen. Regelmäßige Pendlerverbindung ab Galway nach Salthill und Spiddal.

City Bus: Ab Eyre Square fahren Stadtbusse in alle Stadtteile. www.galwaytransport.info.
Taxis: Taxistände am Eyre Square, in der Bridge Street und am Bus- und Zugbahnhof. Taxiruf: 091 53 53 53 u. 091 58 58 58.

South Galway

Karte: S. 299

Kinvara ▶ C 6

Einer der reizvollsten Orte an der südlichen Galway Bay ist zweifellos das hübsche Fischerstädtchen **Kinvara** 2, das am Kopf der geschützten schmalen Kinvarra Bay liegt. Kleine Häuser säumen die Bucht, es gibt ein paar nette Pubs und Cafés sowie zahlreiche Unterkünfte. Eine Augenweide, allerdings auch eine, die von sehr vielen Menschen genossen wird, ist im August das **Crinniú na mBád**, das ›Zusammenkommen der Boote‹. Es handelt sich nicht um irgendwelche Boote, sondern um die traditionellen Galway Hooker, die mit ihren charakteristischen, meist braun-roten Segeln einst Transportmittel und Fischerboot in der Galway Bay waren. Heute sind sie nur noch selten zu sehen, auf dem kleinen Fest in Kinvarra jedoch gleiten sie zu Dutzenden über die Wellen der Galway Bay.

Sehr idyllisch ist auch der Anblick von **Dungaire Castle,** einem Wohnturm aus dem 16. Jh., der direkt an der Küste bei Kinvarra liegt. Wie in Bunratty und Knappogue gibt es auch dort Mittelalterbankette, allerdings in intimerem Rahmen.

Übernachten

Reetdachhotel ▶ Merriman Hotel: Main Street, Tel. 091 63 82 22, www.merrimanhotel.com. Ein kleines Hotel unter dem größten Reetdach Irlands mitten im Ort mit einfachen, aber komfortablen Zimmern, Pub und Restaurant. DZ 70–110 €.

Boutiquepension ▶ Kinvara Guesthouse: The Square, Tel. 091 63 85 62, www.kinvaraguesthouse.ie. Das hübsche Haus mit modernen Zimmern liegt mitten im Ort und bietet erstaunlichen Luxus. DZ ab 80 €.

Familienfreundliches B & B ▶ Kinvara Inn: Ardrahan Road, Tel. 091 63 81 35, www.kinvarainn.com. Das moderne Haus liegt etwas außerhalb Kinvaras auf einem kleinen Hügel abseits der Straße nach Galway mit schönem Blick auf den Burren. Die Zimmer sind komfortabel und im einfachen B & B-Stil eingerichet. DZ ab 65 €.

Essen & Trinken

Gutbürgerlich ▶ Pier Head: The Quay, Tel. 091 63 81 88, tgl. 12–15.30 u. 17–21.30 Uhr. Gutbürgerlich geht es in dem Pub-Restaurant mit Blick auf den Hafen nur im Speiseraum im 1. Stock zu. Unten in der Bar gibt es häufig Livemusik. Geboten wird hauptsächlich Fisch, es gibt aber auch deftige Fleischgerichte. Hauptgerichte mittags 10–15 €, abends 15–28 €

Brasserie-Café ▶ The Gentian: The Quay, Tel. 091 63 79 34, tgl. 9–21 Uhr, Di–Sa 9–21, So/Mo bis 18 Uhr. Nettes kleines Café, das den ganzen Tag kleine und größere Gerichte und tolle Kuchen zum Kaffee serviert. Gerichte 7–27 €.

Abend & Nachts

Dinnershow ▶ Dungaire Castle Banquet: Dungaire, Kinvara, Tel. 061 36 10 20, www.shannonheritage.com, April–Okt. 17.30 u. 20.45 Uhr, 46 €.

Termine

Cruinniú na mBád – The Meeting of the Boats: 3. Aug.-Wochenende, www.cruinniunambad.com. Ein großartiges Schauspiel, wenn die traditionellen Boote der Galway Bay, Galway Hooker, zum Rennen antreten. Rahmenprogramm mit Musik in den Pubs und größeren Konzerten.

Verkehr

Bus: Verbindung mit Galway.

Gort ▶ C 6

Besonders ansehnlich ist **Gort** 3 nicht unbedingt, ein eher zweckmäßiges Städtchen, mit wenig touristischen Reizen. Um Gort herum befinden sich jedoch gleich drei der

Galway und Mayo

wichtigsten Sehenswürdigkeiten der Region, zwei davon mit literarischem Bezug.

Im Süden von Gort, an der R460 Richtung Corofin, liegen die Überreste der Klosteranlage von **Kilmacduagh** (im 7. Jh. gegründet). Es handelt sich um eine relativ weitläufige Anlage, wenn sie auch längst nicht so groß ist wie Glendalough oder Clonmacnoise. Mittelpunkt ist der große und eher wuchtige Rundturm, der samt konischem Dach vollständig erhalten geblieben ist, allerdings eine leichte Schieflage hat.

Auf der Nordseite von Gort (beide gut ausgeschildert) lohnen Coole Park und Thoor Ballylee einen Besuch, wenn man sich auf die Spuren der irischen Literatur begeben mag. **Coole Park** war einst der Landsitz von Lady Augusta Gregory (1852–1932), einer der Hauptkräfte hinter der Gälischen Renaissance und Mitbegründerin des Abbey Theatre in Dublin. Auf ihrem Landsitz, zu dem auch Thoor Ballylee gehörte, empfing sie die Literaten ihrer Zeit, darunter auch W. B. Yeats, die sich fast alle auf dem ›Autograph Tree‹, einer Blutbuche im Park ihres Hauses, mit eingeschnitzten Initialen verewigt haben.

Das Haus wurde in den 1950er-Jahren abgerissen, der Park jedoch restauriert und der Öffentlichkeit zugänglich gemacht. Das Besucherzentrum ist in einem der Nebengebäude untergebracht. Dort gibt es u. a. eine audiovisuelle Präsentation zum Leben von Lady Gregory. Die Buche mit den Initialen ist der Mittelpunkt der weitläufigen Parkanlagen. Aber auch darüber hinaus gibt es wunderschöne Spazierwege und vor allem interessante, teilweise seltene Pflanzen zu bewundern (www.coolepark.ie, April/Mai u. Sept. tgl. 10–17, Juni-Aug. tgl. 10–18 Uhr; Parkgelände ganzjährig zugänglich).

Thoor Ballylee ist ein wuchtiger Wohnturm aus dem 14. Jh., der es insbesondere Yeats angetan hatte. 1916 schließlich kaufte er ihn Lady Gregory ab und nutzte den Turm ab 1919 als Zweitwohnsitz. Ursprünglich hieß das Gemäuer Ballylee Castle, Yeats benannte es jedoch in Thoor Ballylee um, nach dem gälischen Wort für Turm. Dort kann man sich heute vom Band Gedichte von Yeats anhören oder den von Yeats seinerzeit recht behaglich eingerichteten Turm erkunden (wegen Flutschäden bis auf Weiteres geschl.).

Übernachten
Modernes Hotel ▶ Lady Gregory Hotel: Ennis Road, Tel. 091 63 23 33, www.ladygregoryhotel.ie. Das gutbürgerliche Hotel bietet neben guten Zimmern auch Bar, Restaurant, Pool und Wellness. DZ ab 80 €.

Essen & Trinken
Kulturcafé ▶ Gallery Café: Queen Street, Tel. 091 63 06 30, Di 10–15, Mi–Do 10–21, Fr/Sa 10–21.30, So 11–21 Uhr. Das fröhliche Lokal ist der Lichtblick in Gort. Hier gibt es nicht nur ein gutes Essensangebot, sondern es finden auch Konzerte und Ausstellungen statt. Gerichte mittags unter 10 €, abends 15–24 €, Pizza um 12 €.

Verkehr
Bus: Gort–Galway–Ennis–Limerick (mit guten Verbindungen).

Aran Islands ▶ B 6

Karte: rechts

Wie eine natürliche Barriere liegen die drei **Aran-Inseln** 4 vor der Galway Bay, eine landschaftlich reizvolle Inselwelt mit den charakteristischen Trockensteinmauern, die das karge Felsland mit der dünnen Bodenschicht vor Erosion schützen. Der Dramatiker John Millington Synge verbrachte um 1900 ein paar Sommer auf einer der Inseln, den »letzten Refugien einer keltischen Welt«, und verewigte sie in seinem Buch ›Die Aran-Inseln‹. In den 1930er-Jahren drehte der amerikanische Dokumentarfilmer Robert Flaherty dort den Film ›Die Männer von Aran‹, in dem ein nahezu archaischer Alltag gezeigt wird, wie er bereits damals nicht mehr gelebt wurde, der aber den Mythos der Aran-Inseln weltweit begründete.

Von Doolin, Galway und Rossaveel verkehren heute regelmäßig Fähren, die Einwohner wie Touristen mit dem Festland verbinden. Auch eine Fluglinie mit der Flugdauer

Galway und Mayo

Galway und Mayo

von ca. zehn Minuten fliegt die Aran-Inseln regelmäßig an. Romantiker finden dort kaum noch die strohgedeckten Hütten, sondern moderne Eigenheime. Es gibt auf jeder Insel etliche B & Bs, Pubs, Restaurants und Läden, aber auch noch genügend einsame Natur mit dramatischen Küstenlinien und zahlreiche prähistorische und frühchristliche Monumente. Einziges Relikt der traditionellen Lebensweisen ist die lebendige gälische Sprache, wobei mit Touristen natürlich Englisch gesprochen wird.

Inishmore ▶ B 6

Inis Mór, was große Insel bedeutet, ist die Hauptinsel der Arans mit der spektakulärsten Sehenswürdigkeit, dem **Dún Aonghasa**, einem 2500 Jahre alten Steinfort aus vier konzentrischen Kreisen, dessen eine Hälfte wie abgeschnitten an einer 70 m hohen, steilen Klippe liegt (April–Okt. tgl. 9.45–18, März, Nov./Dez. tgl. 9.30–16, Jan./Febr. Mi–So 9.30–16 Uhr). Auf der Insel gibt es mehrere Steinforts und auch frühchristliche Ruinen, wie **Dún Eoghanachta** am westlichen Zipfel der Insel, wo sich auch die Ruinen von **Na Seacht dTempaill**, der Sieben Kirchen, einer Klostersiedlung aus dem 9. Jh., befinden, oder auf der östlichen Seite das Steinfort **Dún Eochla** und an der Südseite **Dún Dubhathair**.

Hauptorte der Insel sind **Kilmurvy** (Cill Mhuirbhig), das in einer geschützten Bucht einen sehr schönen Sandstrand hat, und **Kilronan** (Cill Rónáin), ›Hauptstadt‹ der Aran–Inseln, wo sich die meisten touristischen Einrichtungen befinden und wo es in den Sommermonaten recht lebhaft zugehen kann, da dort auch die Tagestouristen anlanden. Dort, nahe dem Dún Aonghasa, befindet sich auch das **Kilmurvey Craft Village**, eine Handvoll strohgedeckter Hütten, wo es nicht nur die echten Aran-Pullis gibt, sondern auch vielerlei gälisch inspiriertes Kunsthandwerk.

Infos

Aran Tourist Information: Kilronan, Inis Mór, Aran Islands,Co. Galway, Tel. 099 61 263, www.aranislands.ie.

Übernachten

Inselhotel ▶ **Ostán Oileain Árainn – Aran Island Hotel:** Kilronan, Tel. 087 121 20 36, www.aranislandshotel.com. Das einzige Hotel auf der Insel. Große Schlafzimmer mit allem Komfort einschl. WLAN, Bar mit traditioneller Musik und Restaurant im Haus. DZ ab 98 €.

Cottage-B & B ▶ **Man of Aran Cottage:** Kilmurvey, Tel. 099 613 01, www.manofarancottage.com, März–Okt. Ein traditionelles Reetdach- Cottage oder eher ein Komplex aus mehreren Cottages, das extra für den Film »Man of Aran« gebaut wurde. Heute ist es ein liebenswertes B & B, ganz im traditionellen Stil, aber mit allem Komfort. DZ 80–90 €. Es gibt auch ein Restaurant im Haus mit bodenständiger Küche und Zutaten aus dem eigenen Garten. Abendessen nur für Gäste auf Wunsch (22 €).

Aran Islands

B & B in Traumlage ▶ **Kilmurvey House:** TKilmurvey, Tel. 099 612 18, E-Mail: kilmurveyhouse@eircom.net. Das 150 Jahre alte Herrenhaus aus grauem Stein etwa 6 km von Kilronan vermietet zwölf etwas rüschig eingerichtete, aber sehr behagliche Zimmer mit Bad. Das Frühstück ist großartig (u. a. Porridge mit irischem Whiskey), und da es eine Schanklizenz gibt, wird auch Wein (mit Käse) ausgeschenkt. DZ 90–110 €.

Essen & Trinken

Aran-Idylle ▶ **Pier House Restaurant:** Kilronan, Tel. 099 618 11, tgl. 12–22 Uhr. Das heimelige Haus mit Blick auf den Fährhafen serviert tradtionelle irische Küche mit modernem Touch. Schwerpunkt ist natürlich der heimische Fisch. Hauptgerichte 9–23 €. Zimmer werden ebenfalls vermietet (www.pierhousearan.com, DZ 80–120 €).

Inishmaan ▶ B 6

Inis Meáin ist die mittlere Insel, was der irische Name auch bedeutet. Sie ist die am wenigsten besuchte. Zwar gibt es auch dort Unterkünfte und etwas zu essen sowie ein weiteres Steinfort, **Dún Conchúir,** das das zweitgrößte der Aran-Inseln ist, aber ansonsten nur ein einziges Pub, ein strohdecktes, 300 Jahre altes Haus, das **Teach Synge,** in dem Ende des 19. Jh. der Dramatiker John Millington Synge einige Zeit verbrachte. Nach Renovierungen vor einigen Jahren ist es heute ein Synge-Museum mit Memorabilien und einer kleinen Bibliothek zum Thema (Juni–Sept. geöffnet, Zeiten unterschiedlich).

Übernachten

Designerhotel ▶ **Inis Meáin Restaurant & Suites:** Tel. 086 826 60 26, www.inismeain.com, Okt.–April geschl. Das markante Haus

Dicht am Abgrund: das Steinfort Dún Aonghasa auf Inishmore

Galway und Mayo

ist mit seinen grauen Steinmauern und den gerundeten Linien eine elegante und landschaftlich eingepasste Oase in der Wildnis. Es werden nur minimalistisch-elegante Suiten vermietet und im ebenso schicken Restaurant wird edle irische Küche serviert (nur Menüs). Suite ab 500 € für mindestens zwei Nächte.

B & B mit Sauna ▶ **An Dún:** Tel. 099 730 47, www.inismeainaccommodation.com, März–Nov. geöffnet. Ein sehr gemütliches B & B mit Zimmern, die alle ein eigenes Bad haben. Im hauseigenen Restaurant wird sehr gute irische Hausmannskost serviert (Hauptgerichte 13–20 €). DZ 80–90 €.

Inisheer ▶ B 6

Die kleinste Insel Inis Oírr, was östliche Insel bedeutet, ist nur etwa 12 km von Doolin entfernt. Dort setzt sich die Burren-Landschaft fort, mit kahlen, grauen Felsen und ebenfalls einzigartiger Flora. Von Doolin aus fährt im Sommer eine Fähre hinüber, eine kurze Überfahrt, die viele Tagestouristen anlockt.

Es gibt dort neben der traumhaft schönen Landschaft auch einen wunderbaren Sandstrand und das **Áras Éanna,** ein Kulturzentrum mit Veranstaltungsraum, Galerie mit zeitgenössischen Wechselausstellungen, Museum, Kunsthandwerksschau, Kino und Café (www.araseanna.ie). Zwei Korbmacher betreiben auf der Insel ihre Werkstätten. Man kann ihnen zuschauen und auch die kunstvollen Korbwaren gleich kaufen. Bedeutendste historische Sehenswürdigkeit ist **O'Brien's Castle,** ein Turmhaus aus dem 14. Jh., das inmitten eines alten Steinforts errichtet wurde.

Übernachten

B & B mit Abendessen ▶ **Radharc an Chlair:** Castle Village, Tel. 099 750 19, bridpoil@eircom.net, April–Okt. Das hübsche und beliebte B & B (Wochen vorher buchen!) hat einen umwerfenden Blick: Die Cliffs of Moher zur Rechten und die Galway Bay zur Linken. Alle Zimmer sind mit Bad ausgestattet. DZ 70 €.

Kleines Inselhotel ▶ **Óstan Inis Óirr:** Lurgan Village, Inisheer, Tel. 099 750 20, www.hotelinisoirr.com. Das einzige Hotel auf der Insel verfügt über 14 einfache, aber komfortable Zimmer mit jeweils eigenem Bad, ein Restaurant mit Schwerpunkt auf Fisch und Meeresfrüchte und eine Bar, in der regelmäßig traditionelle Musik gespielt wird. In den Sommermonaten sollten die Zimmer lange vorher gebucht werden, da Unterkünfte auf der kleinsten Insel der Arans rar sind. DZ 76–86 €.

Einfaches B & B ▶ **Shamrock House:** Tel. 099 750 88, www.inisoirraccommodation.com. Das attraktive Haus liegt nur fünf Minuten zu Fuß vom Fähranleger. Die Zimmer sind hübsch, wenn auch etwas klein. DZ 60 €.

Essen & Trinken

Rustikal ▶ **Fisherman's Cottage:** vom Hafen aus nach rechts, dann ca. 400 m weiter, Tel. 099 750 73, www.southaran.com, April–Okt. tgl. 11–16.30, 19–21.30 Uhr. Ein fröhliches und liebenswertes Restaurant mit exzellenter Küche. Viele der Zutaten zu den Gerichten stammen aus dem eigenen Küchengarten. Zimmer werden ebenfalls vermietet (DZ 78 €). Mittags Speisen unter 12 €, abends ab 16 €.

Einkaufen

Kunsthandwerk ▶ Auf allen Aran-Inseln gibt es zahlreiche Kunsthandwerksläden und -workshops. Insbesondere die Strickwaren auf Inisheer sind einzigartig, wie auch die Weidenkörbe, die hier geflochten werden.

Verkehr

Flug: Aer Arann: Inverin, Tel. 091 59 30 34, www.aerarannislands.ie. Jeweils drei bis fünf Flüge tgl. ab 8.30 Uhr von und nach Inishmore, Inisheer und Inishmaan. Ein Bus-Shuttle fährt rechtzeitig zu den jeweiligen Flügen ab Kinley House Hostel in der Merchants Road (Eyre Square) in Galway ab.

Fähren: Doolin Ferries: The Pier, Doolin, Co. Clare, Tel. 065 707 59 49, www.doolinferries.com. März–Okt. mehrmals tgl. Überfahrt von Doolin auf alle drei Aran-Inseln.

Aran Island Ferries: Tel. 091 56 89 03, www.aranislandferries.com. Ca. drei- bis viermal tgl. steuert die Fähre ab Rossaveal alle drei

Aran-Inseln an. Bustransfer zur Anlegestelle ab Foster Street in Galway.

Connemara

Karte: S. 299

Zwischen Lough Corrib und der Atlantikküste, der Galway Bay und Killary Harbour erstreckt sich eine Landschaft von »wilder Schönheit«, wie Oscar Wilde sie zu Recht nannte. Berge, Moore und Seen kennzeichnen einen der schönsten Teile Irlands, dünn besiedelt, melancholisch, mit ständig wechselndem Licht, düster und unheimlich bei Regenschauern und freundlich, wenn die Sonne ein Farbenspiel zaubert und Perspektiven verschiebt, dass einem der Atem wegbleibt.

Lough Corrib ▶ B/C 5

Die östliche Begrenzung, der **Lough Corrib** 5, gibt einen Vorgeschmack auf Connemaras Charme, ist jedoch weitaus lieblicher und grüner. Die Ufer des größten Sees der Republik Irland mit zahllosen Inselchen sind grün, teilweise bewaldet und beliebt bei Anglern – und ein teures Wohngebiet im Einzugsbereich von Galway City.

Eines der originärsten Andenken aus Connemara kann man in dem Ort **Moycullen** 6, kurz hinter Galway an der N59, der Hauptstraße quer durch Connemara, erwerben: den berühmten grünen Connemara-Marmor. In der **Marmorfabrik** mit angeschlossenem Laden wird die Bearbeitung des kostbaren Gesteins vorgeführt. Schlösser, Kirchen und Herrenhäuser wurden damit ausgeschmückt, selbst auf den Kontinent wurde das polierte Gestein exportiert. Im Laden gibt es dann die marmornen Mitbringsel als Schmuck und diversen Schnickschnack (Jan.–April, Nov.–Dez. Mo–Fr 9–17, Mai–Okt. tgl. 9–17 Uhr).

Oughterard 7 gilt als *das* Eingangstor nach Connemara, ein Städtchen, das sich ganz dem Edeltourismus gewidmet hat, ein Zentrum des Wassersportfreunde und der Golfer samt feinen Hotels. Neben dem **Aughnanure Castle,** einer Burg aus dem 16. Jh. und einst Stammsitz der O'Flahertys (Anf. April–Ende Okt. tgl. 9.30–18 Uhr), gibt es dort auch eine ehemalige Zink- und Bleimine, die **Glengowla Mines,** deren Schächte im Rahmen einer Führung zu besichtigen sind (Tel. 091 55 23 60, www.glengowlamines.ie, Mitte März–Ende Okt. 10–18 Uhr).

Auf einer Landenge zwischen Lough Corrib und dem Lough Mask, der bereits zum County Mayo gehört, begegnet man John Wayne. In dem zauberhaften Örtchen **Cong** 8 wurde 1951 der Film »The Quiet Man« gedreht, mit John Wayne als rauflustigem Yankee, der in Irland der nicht minder streitbaren Maureen O'Hara begegnet. Die Filmarbeiten waren das größte Ereignis der Neuzeit im Dorf, und so gibt es sogar ein Museum zum Film (tgl. 10–16 Uhr) und Führungen zu Filmschauplätzen. Sehenswert ist auch die **Cong Abbey,** ein augustinisches Kloster aus dem 12. Jh., dessen Überreste eine in Irland einzigartige und gut erhaltene Mischung aus romanischen und gotischen Elementen beinhalten.

Was jedoch ins Auge fällt, dürfte **Ashford Castle** sein, ein neogotisches Monstrum, das zu Irlands feinsten Hotels zählt. Es wurde 1870 von Lord Ardilaun aus dem Hause Guinness errichtet, allerdings bestanden schon seit dem 13. Jh. verschiedene Versionen des Gebäudes, das als anglonormannische Burg begann. Von Innen zu besichtigen ist es nur als Hotelgast (www.ashfordcastle.com).

Infos

Tourist Information: Main Street, Oughterard, Co. Galway, Tel. 091 55 28 08, www.oughterardtourism.com.

Übernachten

... in Oughterard

Romantisches Landhaus ▶ **Currarevagh House:** Glann Road, Oughterard, Tel. 091 55 23 12, www.currarevagh.com. Das viktorianische Landhaus liegt traumhaft direkt am See. Große, gemütliche Zimmer, ein umwerfendes Frühstück und Abendessen auf Wunsch für Hausgäste. DZ ab 150 €.

Pension am See ▶ **The Boat Inn:** The Square, Oughterard, Tel. 091 55 21 96, www.theboatinnconnemara.com. Ein behagliches

Galway und Mayo

Haus etwa 5 Min. vom Lough Corrib entfernt, mit **Bar** und **Restaurant** mit deftiger Küche. Die Zimmer sind klein, aber komfortabel ausgestattet, allerdings ist zu berücksichtigen, dass in der Bar abends Livemusik gespielt wird. DZ ab 70 €.

Hostel ▶ **Canrawer House Hostel & Angling Centre:** Station Road, Oughterard, Tel. 091 55 23 88, www.oughterardhostel.com. Ein freundliches Haus etwas außerhalb des Ortes. Schlafsaal ab 17 €, DZ 46 €.

... in Cong

B & B für John-Wayne-Fans ▶ **Michaeleen's Manor:** Lisloughtrey, Quay Road, Cong, Tel. 094 954 60 89, www.congbb.com. Ein modernes Gasthaus, das ganz dem Film ›The Quiet Man‹ gewidmet ist und auch Führungen anbietet. Es gibt auf jedem Zimmer sogar einen DVD-Player mit der Film-DVD. Daneben aber auch einen *hot tub* (Whirlpool) im Garten. DZ ab 65 €.

Essen & Trinken

... in Moycullen

Edelrestaurant ▶ **White Gables Restaurant:** Main Street, Moycullen, Tel. 091 55 57 44, Mi–So 19–22, So auch 12.30–15 Uhr, 23. Dez.–12. Febr. geschl. Ein elegantes Restaurant mit Landhausflair in einem traditionellen Steincottage mit Delikatessenladen und einem Café (Di–Sa 10–17, So bis 16 Uhr). Es gibt feine irische Küche und sehr leckere Fischgerichte. Hauptgerichte 21,50–32,50 €.

Aktiv

Keltengarten ▶ **Brigit's Garden (Gairdin Bhríde):** Pollagh, Roscahill, Moycullen, Tel. 091 55 09 05, www.brigitsgarden.ie, Garten: tgl. 10–17.30 Uhr, Cafè: Mai–Sept. tgl. 10.30–17 Uhr. Ein Garten, der den keltischen Riten nachempfunden ist, mit Rundhaus, Ringfort und Steingrab sowie Kinderspielplatz und Gartencafé.

Bootstouren ▶ **Corrib Tours:** Woodquay, Galway, Tel. 091 59 24 47, www.corribprincess.ie, Mai–Sept. 14.30 u. 16.30, Juli/Aug. auch 12.30 Uhr. Eine kommentierte Bootstour ab Galway (Woodquay) über den Lough Corrib.

Golf ▶ **Oughterard Golf Club:** Oughterard, Tel. 091 55 21 31, www.oughterardgolfclub.com.

Verkehr

Bus: Oughterard und Moycullen liegen auf der Strecke Galway–Clifden–Westport und sind daher gut angebunden.

Cong liegt auf der Strecke Clifden–Galway mit eher seltenen Busverbindungen.

Küstenstraße ▶ B 5

Man kann die kleinen Straßen Connemaras erkunden, jene, die noch nicht einmal eine Nummer haben, und dabei von einem Ah und Oh ins nächste fallen. Aber auch die gut befahrene Küstenstraße von Galway City aus führt von einem Aha-Erlebnis zum nächsten. Die Ortsschilder sind in dieser Gaeltacht-Region auf Gälisch und oftmals gibt es keine englischsprachigen Bezeichnungen – und wenn, dann können sie von Ortsschild zu Karte variieren.

Kurz hinter **Inveran** 9 (Indreabhán) heben von den kleinen Flughafen die Flieger der Aer Árann zu den Aran Islands ab. Von **Rossaveal** 10 (Ros an Mhíl) legen die Fähren zu den Arans ab. In **Costelloe** 11 (Casla) hat der irischsprachige Radiosender Raidió na Gaeltachta seinen Hauptsitz (92-94 FM). Man mag zwar kein Wort verstehen, wenn man den überregionalen Sender einschaltet, aber manchmal bringen sie sehr schöne traditionelle irische Musik.

Pádraig Pearse (1879–1916), Schriftsteller, Lehrer und eher romantisch veranlagter Teilnehmer am Osteraufstand von 1916, der gerne Debatten führte über das ›Irland nach der Revolution‹ und die Schönheit Connemaras, hatte ein Sommerhaus bei **Rosmuck** 12 (Ros Muc), ein kleines Cottage, das zwar während des Unabhängigkeitskriegs niedergebrannt, jedoch Jahrzehnte später rekonstruiert wurde. Es birgt heute ein kleines Museum zu Ehren des Patrioten (Ostern Do–Mo 10–17, Ende Mai–Ende Aug. tgl. 10–18, 1.–Mitte Sept. nur Sa/So).

Roundstone 13 (Cloch na Rón) ist ein kleines Schmuckstück von Dorf, idyllisch an ei-

Connemara

aktiv unterwegs

Mountainbiken auf dem Derroura Trail

Tour-Infos
Start: Parkplatz am Lough Bofin (N59 zwischen Galway und Oughterard)
Länge: 16 km
Dauer: 2–3 Stunden
Schwierigkeitsgrad: anspruchsvoll
Wichtige Hinweise: Nichts für Freizeitradler und nur mit stabilen Mountainbikes zu bewältigen! Einen Mountainbike-Verleih gibt es in der Nähe des Trails (Derroura Mountain Bike Hire, Letterfore, Recess, Tel. 087 227 31 44, www.derrouramountainbikehire.com).

Wer richtige Wildnis hautnah erleben will, sollte sich auf ein gutes (!) Mountainbike schwingen und Allwetterkleidung, kräftige Muskeln und strapazierfähiges Sitzfleisch haben, denn diese Mountainbiketour kann auch wahre Könner erschöpfen. Das Terrain des mit roten Markierungen gekennzeichneten Wegs (wenn man die Holperpfade überhaupt so nennen kann) geht nicht nur manchmal endlos bergauf und ebenso bergab, sondern die Spur ist oft schmal, matschig oder felsig. Wahres Mountainbiken eben. Aber dafür gibt es unterwegs Aussichten über den Lough Corrib und die Berge Connemaras, die schlichtweg atemberaubend sind.

Los geht es am **Parkplatz,** der auch Endpunkt ist. An der ersten, noch harmlosen Weggabelung geht es rechts ab, über den Letterfore River und einen Privatweg und dann hinein in die Wildnis durch Wald und Moor. Teilweise ist der Weg als hölzerner Laufsteg recht einfach, wenn auch schmal, meist jedoch sehr rau.

Am **Sendemast** gibt es eine Haarnadelkurve nach links, dann geht es steil bergauf bis auf 300 m, wieder runter und dann wieder bergauf.

Am **Curraun Hill** bietet auf kurzer Strecke ein mehr oder weniger ›richtiger‹ Weg etwas Erholung. Danach geht es bis zum Ausgangspunkt wieder heftig querbeet.

ner Bucht gelegen, was eigentlich auf alle Küstendörfer zutrifft, doch tritt die Einwohnerschaft sehr selbstbewusst auf, was eher ungewöhnlich in Connemara ist. Es mag daran liegen, dass es Schauplatz eines Films von John Huston war (›Der Mackintosh Man‹), der in der Region auch lange Zeit lebte, oder dass der Popstar Sting dort eine Residenz hatte. Aber im Grunde ist Roundstone mit der Aussicht auf die Felsen, dem Meer, den Palmen und den freundlichen Pubs selbst Star genug.

›In the back of beyond‹, wie man in Irland sagt, liegt **Ballyconneely** 14 (Baile Conaola), ein einnehmendes Dorf, das auch der kleinen Halbinsel den Namen gegeben hat. Die Pen-

Galway und Mayo

insula selbst ist gesäumt von traumhaften Sandstränden, u. a. dem **Coral Strand,** einem der wenigen Korallenstränden Irlands.

Übernachten
... in Roundstone
Hotel im Ort ▶ **Roundstone House Hotel:** Roundstone, Tel. 095 35 864, www.roundstonehousehotel.com. Ein kleines Hotel mit fabelhafter Aussicht auf die Bucht und hübschen, sehr komfortablen Zimmern. Im hauseigenen Restaurant gibt es überwiegend feine Meeresfrüchte und in **Vaughan's Pub** im Haus bis 19 Uhr kleine Speisen und abends manchmal Livemusik. DZ 100 €.

Idyllisches B & B ▶ **Anglers Return:** Toombeola, an der R341 Richtung Roundstone ab Galway, Tel. 095 310 91, www.anglersreturn.com. Das Haus aus dem 18. Jh. liegt weitab von jeglichem Trubel. Die Zimmer sind altmodisch gemütlich und der Garten wunderbar weitläufig. Gäste können auch in einem großen Zelt im Garten nächtigen (60 € für 2 Pers.). DZ um 100 €.

Garten-B & B ▶ **Rush Lake House:** Ballyconneely Road, Roundstone, Tel. 095 35 915, www.rushlakehouse.com. Herrlich gelegenes modernes B & B, in Laufnähe zu Roundstone, aber in sehr privatem Garten mit hinreißenden Aussichten. Den Strand kann man vom Haus aus sehen und es gibt eine gemütliche Terrasse. DZ 80 €.

... in Ballyconneely
Landhaus-B & B ▶ **Emlaghmore Lodge:** Ballyconneely, Tel. 095 235 29, www.emlaghmore.com, April–Okt. Ein 150 Jahre altes Landhaus, das trotz der antikisierenden Einrichtung bewohnt und warm wirkt. Die Zimmer sind freundlich und durch den Garten fließt der ›hauseigene‹ Fluss, in dem man angeln kann; der Strand ist auch nicht weit entfernt. DZ 130–150 €.

Essen & Trinken
Pub-Restaurant ▶ **O'Dowd's Seafood Bar:** Roundstone, Tel. 095 358 09, Bar: tgl. 10–21, Restaurant: 18–21, Cafè: März–Okt. 9–21 Uhr. Sehr gemütliches **Pub** mit Restaurant und Café nebenan. Im Pub bekommt man preiswerte kleine Gerichte, im Restaurant. Gehaltvolleres wie Connemara-Lamm oder Meeresfrüchte. Gerichte 13–27 €.

Hotelrestaurant ▶ **Vaughan's Restaurant:** Roundstone House Hotel, Tel. 095 35 864, tgl. ab 19.30 Uhr. Ein behagliches, rustikales Restaurant mit entspannter Atmosphäre im Roundstone House Hotel, das sehr gute Meeresfrüchte, aber auch klassische Fleischgerichte serviert. Hauptgerichte 24–28 €.

Einkaufen
Handtrommeln ▶ **Roundstone Musical Instruments:** The Monastery, Roundstone, Tel. 095 358 08, www.bodhran.com, Mai–Okt. So–Fr 9–18, Sa bis 21 Uhr, Nov.–April So geschl. Im Laden kann man allerlei Tweed- und Wollwaren sowie Kunsthandwerk erwerben, aber vor allem die legendären **Bodhráns,** die irischen Handtrommeln aus Ziegenfell. Es gibt natürlich auch die kleinen ›Touristentrommeln‹, aber Malachy Kearns, der Bodhrán-Macher, ist berühmt ob seiner Trommeln für professionelle Musiker.

Räucherfisch ▶ **Connemara Smokehouse:** Bunowen Pier, Aillebrack, Ballyconneely, Tel. 095 237 39, www.smokehouse.ie, Mo–Fr 9–13 u. 14–17 Uhr. Eine Fischräucherei, in der auch lokaler Lachs geräuchert wird. Es gibt im Sommer (Juni–Aug.) einmal pro Woche **Touren durch die Räucherei** (jeden Mi um 15 Uhr). Kaufen kann man die Köstlichkeiten selbstverständlich auch.

Aktiv
Golf ▶ **Conemmara Golf Club:** Ballyconneely, Tel. 095 235 02, www.connemaragolflinks.com.

Termine
Roundstone Arts Week: letzte Juni-Woche, Roundstone, Tel. 086 821 51 53, www.roundstoneartsweek.net. Sieben Tage Musik, Kunst, Theater, Literatur und Kinderveranstaltungen.

Verkehr
Bus: Gute Busverbindung auf der Strecke Galway–Westport über Roundstone, Ballyconneely und Clifden. Gute Verbindung auch

Connemara

ab Galway via Salthill nach Inverin, Tully Cross, Rossaveal Cross, Costello und Carraroe bis Lettermullen.

Clifden ▶ B 5

Hauptstadt Connemaras ist **Clifden** 15 (An Clochán), ein Städtchen so malerisch und spektakulär gelegen, dass es seit Jahrzehnten Besucher anzieht. Die Skyline wird von den hohen und spitzen Türmen der beiden Kirchen beherrscht, der kleine Ort von Pubs, Restaurants und Unterkünften. Musikabende gibt es hier ständig, auch viele kleine oder große Festivals, vor allem die traditionelle **Connemara Pony Show** im August, ursprünglich ein Pferdemarkt für die kleinen und stämmigen Connemara-Ponys, heute vor allem ein Jahrmarkt mit viel Musik, Gesang, Tanz und Bier.

Die **Sky Road** ist eine kleine und ausgeschilderte Rundtour (ca. 12 km) durch die umwerfend schöne Landschaft rund um Clifden, aber auch die anderen Straßen wie die Küstenstraße nach **Cleggan** bieten immer wieder großartige Aussichten.

Infos

Clifden Tourist Office: Galway Road, Tel. 095 211 63, www.connemara.ie, www.visit connemara.com.

Übernachten

Traditionshotel ▶ **Foyle's Hotel:** Tel. 095 218 01, www.foyleshotel.com. Eines der ältesten Hotels der Region und ein Wahrzeichen Clifdens, mehrmals renoviert seit 1836, aber immer noch mit dem Charme vergangener Zeiten. Das hauseigene Restaurant (17–24 €) serviert Meeresfrüchte und irische Küche. Freundliche Zimmer mit allem Komfort. DZ ab 89 €.

Historisches Stadthaus ▶ **Sea Mist House:** Tel. 095 214 41, www.seamisthouse.com. Das fast 200 Jahre alte Steinhaus mit dem wunderschönen Garten bietet geschmackvoll und behaglich eingerichtete Zimmer. Das Frühstück ist großartig und geht weit über das übliche Angebot hinaus. DZ 80–110 €.

B & B im Ort ▶ **Ben View House:** Bridge Street, Tel. 095 212 56, www.benviewhouse. com. Liebenswertes B & B in einem über 160 Jahre alten Haus mit gepflegt altmodischer Atmosphäre und allem Komfort. DZ 70–90 €.

Ruhiges B & B ▶ **Buttermilk Lodge:** Westport Road, Tel. 095 219 51, www.buttermilk lodge.com, Nov.–Mitte Febr. geschl. Das relativ große Haus am Rand von Clifden Richtung Westport (noch in Laufnähe zum Zentrum) vermietet komfortable Zimmer mit allem Zubehör (auch WLAN). DZ 70–90 €.

Landhaus-B & B ▶ **Mallmore Country House:** Ballyconneely Road, etwa 1,5 km außerhalb Richtung Roundstone, Tel. 095 214 60, www.mallmore.com. Ein Haus wie aus einer anderen Welt mit strahlend weißem klassizistischen Portikus. Die kuscheligen Zimmer haben allen modernen Komfort. Das Frühstück ist ausgezeichnet. DZ 70–90 €.

Essen & Trinken

Unkompliziert ▶ **Off the Square Restaurant:** Main Street, Tel. 095 222 81, 9–22 Uhr. Ein unkomplizierter und angenehmer Allrounder: Es gibt Frühstück à la carte (2–8 €), leichte Lunchgerichte wie Suppen, Salate, Sandwiches (unter 10 €) und abends Gehaltvolleres wie Steaks, Lamm- und Fischgerichte (19–25 €).

Bodenständig ▶ **Mitchell's Seafood Restaurant:** Market Street, Tel. 095 218 67, März–Okt. tgl. 12–22 Uhr. Eine Institution in Clifden, die sich über Jahre dem verfeinerten Geschmack angepasst hat. Tagsüber gibt es leichte Kost, von Suppen bis Pasta, abends dann Fischgerichte und auch die üblichen Steaks. Hauptgerichte abends 17–28 €.

Bäckerei-Café ▶ **Walsh's Bakery & Coffee Shop:** Market Street, Tel. 095 21 283, tgl. 8.30–18.30, Sa/So bis 17.30 Uhr. Nettes Café mit feinen Kaffeespezialitäten, selbstgebackenem Kuchen und Brot und kleinen Speisen unter 10 €.

Einkaufen

Wolle & Schmuck ▶ In der **Main Street** mehrere Läden mit Tweed, irischen Strickwaren und Schmuck mit keltischem Design.

Galway und Mayo

Auf dem Ponymarkt in Clifden

Abends & Nachts
Musikpubs ▶ **E. J. King's Bar:** The Square. Traditionelle Livemusik im Sommer fast täglich, aber meist der etwas lauteren Art.
Lowry's Bar: Market Street. Ein schönes, altmodisches Pub mit traditionellen Sessions.

Aktiv
Reiten ▶ **Cleggan Beach Riding Centre:** Cleggan (wenige Kilometer nordwestl. von Clifden), Tel. 095 447 46, www.clegganriding centre.com. Geboten wird hier sowohl Reitunterricht als auch Strand-Trekking auf Connemara-Ponys.

Termine
Clifden Arts Festival: Mitte Sept. www.clifdenartsweek.ie. Ein wunderbares Kulturfest voller Konzerte von Klassik bis Traditional, Comedy, Literatur und Kunst.
Connemara Pony Show: 3. Aug.-Woche, Tel. 095 218 63, www.cpbs.ie, Ein Festival rund um das Connemara-Pony mit Pferdemarkt, Musik etc.

Verkehr
Bus: Gute Verbindung mit Galway und Westport. Verbindung Clifden–Cleggan nur einmal am Tag.

Connemara

bahn begegnet man auch den kleinen und wendigen **Connemara-Ponys,** die der Legende nach von Araberpferden abstammen, die nach dem Untergang der spanischen Armada von den Schiffen an Land geschwommen sein sollen und sich mit den einheimischen Ponys vermischt haben. Tatsächlich wurden die arabischen Zuchttiere allerdings ganz undramatisch aus Andalusien nach Irland importiert.

Das **Besucherzentrum** außerhalb von **Letterfrack** erläutert Natur und Geschichte des Nationalparks und es gibt ab dort einige ausgeschilderte **Wanderwege,** die auch als geführte Touren angeboten werden (März–Okt. tgl. 10–17.30 Uhr, Gelände ganzjährig geöffnet, Besucherzentrum Juni–Aug. 9.30–18.30 Uhr).

Kylemore Abbey ▶ B 5

Am Rande des Nationalparks, am Kylemore Lough, einem See, der sich in ein tief eingeschnittenes Tal schmiegt, avancierte ein pompöses viktorianisches Schloss dank der Geschäftstüchtigkeit von Nonnen zu einem touristischen Magneten. **Kylemore Abbey** 16 ist keine Abtei, sondern war ab 1920, als belgische Benediktinerinnen das riesige Anwesen übernahmen, ein internationales Mädcheninternat, das allerdings 2010 mangels Nachwuchs geschlossen wurde. Der Kaufmann Mitchel Henry aus Manchester hatte das Gebäude 1868 unter großem Aufwand und mit hohen Kosten errichten lassen, gab es jedoch nach dem Tod seiner Frau auf.

11 Connemara National Park
▶ B 5

2000 ha der allerorten schönen Connemara-Landschaft wurden als Nationalpark unter Schutz gestellt. Die **Twelve Bens,** eine Bergkette, deren höchster Gipfel, der Benbaun, 727 m hoch aufragt, dominieren das nördliche Connemara mit ihrer Silhouette. Vier der zwölf Berge sind Teil des Parks. Zu ihren Füßen erstrecken sich Täler, Moore, Flüsse und Seen, alles zusammen eine spektakuläre Landschaft mit seltenen Pflanzen und Tieren wie dem Merlin, einem Zwergfalken, der hier ein Refugium gefunden hat. Auf freier Wild-

Die Nonnen haben den einstmals berühmten **Garten,** für den Henry Moorland entwässert und Bäume als Windschutz gepflanzt hatte, wieder in alter Pracht in Stand gesetzt. Er dürfte wohl zu den schönsten Gärten des Westens gehören. Daneben gibt es auch ein **Besucherzentrum** mit Café und Andenkenladen, und man kann die mittlerweile ebenfalls restaurierte **neogotische Kirche** besichtigen, die im Stil eines Gotteshauses aus dem 14. Jh. von Henry errichtet wurde (April–Okt. tgl. 9–19, im Winter kürzere Öffnungszeiten, die Nonnen halten sie grundsätzlich flexibel, www.kylemoreabbey.com).

Galway und Mayo

Infos
Connemara National Park: Letterfrack, Co. Galway, Tel. 095 413 23, www.connemaranationalpark.ie.

Übernachten
Luxuslandhaus ▶ **Rosleague Manor Hotel:** Letterfrack, Tel. 095 411 01, www.rosleague.com. Wunderschönes Landhaus im Regency–Stil mit traumhaftem Garten. Edle Zimmer und **Restaurant** (Menü 48 €). DZ ab 150 €.

Luxus-B & B ▶ **Kylemore House:** Kylemore, Westport Road, Tel. 095 411 43, www.kylemorehouse.net, Ein georgianisches Haus mit Geschichte und Stil; direkt am See gelegen. Die Zimmer sind alle individuell gestaltet und haben fast Hotelkomfort. DZ 70–84 €.

Einkaufen
Webwaren ▶ **Avoca Handweavers:** Letterfrack, www.avoca.ie, Mitte März–Okt. tgl. 9–18 Uhr. Eine Filiale der Avoca-Handweberei aus Wicklow mit der bewährt guten Qualität.

Verkehr
Bus: regelmäßige Verbindung mit Galway, Westport und Clifden.

Killary Harbour ▶ B 5

Karte: S. 299

Die Straße entlang dem **Killary Harbour** 17 (N59) gehört zu den Strecken mit den dramatischsten Aussichten. Der lang gestreckte

Die Twelve Bens im Connemara National Park

Killary Harbour

Fjord, einer der wenigen Irlands, zieht sich zwischen hohen und kahlen Bergen, die schroff ins Wasser abfallen, scheinbar schier endlos dahin, bei bedecktem Himmel eine nahezu freudlose Landschaft, die aber mit ihrer Majestät Respekt abverlangt. Mag die Autofahrt schon ein Erlebnis sein, so ist eine Bootsfahrt umso beeindruckender, zumal das Wasser wegen der geschützten Lage meist sehr ruhig ist. Über 14 km erstreckt sich der Fjord, der nur zu einem Drittel von der Straße gesäumt ist.

Leenane oder auch Leenaun (An Líonán) ist ein kleines Dorf, das sich an den Kopf des Fjords schmiegt. Warum es einstmals zur Berühmtheit kam, ist an vielen Fotos in den Pubs oder Hotels zu sehen: 1989 drehte John Ford dort seinen Film ›Das Feld‹, mit zahlreichen Einwohnern Leenanes als Statisten. Seit ein paar Jahren besitzt der Ort auch ein kleines Museum, das allerdings nichts mit dem Filmruhm zu tun hat. Das **Sheep & Wool Centre** widmet sich ganz den Schafen und der Wollproduktion, mit einer kleinen Ausstellung und auch auf Wunsch Vorführungen von Spinnen bis Weben. Hinter dem Haus kann man die ›wolligen‹ Tiere auch live bewundern (www.sheepandwoolcentre.com, Mitte März–Okt. tgl. 9.30–18 Uhr).

Der Killary Harbour bildet eine natürliche Grenze zwischen den Countys Galway und Mayo und so setzt sich die Straße entlang dem Fjord auf der Mayo-Seite fort. Eine kleine Traumstrecke ist die **R335**, die am Kopf des

Galway und Mayo

Fjords links Richtung Louisburgh abzweigt und über den **Doo Lough Pass** entlang dem Doo Lough führt. Die Bergkegel der Sheeffry Hills und Mweelrea Mountains wirken derart unwirklich, dass man sich wie im Märchenland fühlt.

Übernachten

Landhaushotel ▶ **Delphi Lodge:** Leenane, Tel. 095 422 22, www.delphilodge.ie (von Leenane Richtung Louisburg an der R335). Im 19. Jh. baute sich der Marquis of Sligo dieses ›Ferienhaus‹, heute ist es ein kleines, aber feines Hotel in dramatisch schöner Landschaft und fünf Cottages für Selbstversorger (p. W. 700–1250 €). DZ 230–350 €.

Idyllische Lage ▶ **Leenane Hotel:** Leenane, Tel. 095 422 49, www.leenanehotel.com. Die 300 Jahre alte ehemalige Poststation liegt am Ufer des Killary Harbour und bietet moderne, stilvoll eingerichtete Zimmer, ein gutes **Restaurant** und einen schönen Blick. DZ ab 80 €.

Pension am Fjord ▶ **Portfinn Lodge:** Clifden Road, Tel. 095 422 65, www.hotelinconnemara.com. Das moderne Haus an der N59, noch im Dorf Leenane, bietet einen großartigen Blick auf den Fjord. Die elf Zimmer sind komfortabel mit minimalistischem Touch. Das hauseigene Restaurant serviert überwiegend Meeresfrüchte. WLAN vorhanden. DZ ab 80 € (je nach Saison).

Edelhostel ▶ **Sleepzone Connemara:** Leenane, Tel. 091 56 69 99, www.sleepzone.ie. Das schöne Haus aus dem 19. Jh. wurde als schickes Hostel modernisiert. Es gibt eine Hausbar, freien Internetzugang, Sauna, Tennisplatz, Fahrradverleih und einen Campingplatz. Ein Shuttlebus fährt von Sleepzone Galway nach Connemara. Schlafsaal 10–15 €, DZ 50 €.

Essen & Trinken

Café-Bistro ▶ **Blackberry Café:** Leenane, Tel. 09 54 22 40, April–Sept. Mi–Mo 12–21 Uhr, Juli/Aug. tgl. Ein kleines Bistro-Café mit leckeren Kleinigkeiten wie Suppen, aber auch Muscheln und stets frischen Fischgerichten, Kaffee und Kuchen. Gerichte mittags 4,50–20 €, abends 17–23 €.

Aktiv

Bootstour ▶ **Killary Fjord Boat Tours:** Leenane, Tel. 091 56 67 36, www.killaryfjord.com. April–Okt. bis zu viermal tgl. 90-minütige Rundfahrten mit Kommentar und Erfrischungen an Bord. Kinder unter 10 Jahren frei.

Outdoorsport ▶ **Killary Adventure Centre:** Leenane, Tel. 095 43 411, www.killaryadventure.com. Segeln, Kajakfahren, Wasserski, Klettern, Wandern, Bungeejumping und Bogenschießen sind nur einige der Aktivitäten, die hier angeboten werden.

Verkehr

Bus: gute Verbindung mit Galway, Westport und Clifden.

Die Inseln ▶ A/B 4/5

Karte: S. 299

Vor der Küste Connemaras und South Mayos liegen drei bewohnte Inseln, die Abgeschiedenheit bieten und ihren jeweils eigenen Charme haben. Inishbofin ist von Cleggan aus mit dem Boot erreichbar, Inishturk und Clare Island von Roonagh Quay (s. S. 313).

Inishbofin 18 war im 17. Jh. das Hauptquartier Cromwells in Connemara und gleichzeitig ein Gefangenenlager für irische Priester, Mönche, Lehrer und Soldaten. Das Cromwell Castle, dessen Ruine bei der Hafeneinfahrt zu sehen ist, war die Festung der Cromwell'schen Soldaten. Die Insel ist eine stille Landschaft mit Wiesen und einigen kleinen Seen in der Mitte, die zu langen Spaziergängen einladen – falls man nicht in einem der lebhaften Pubs hängenbleibt.

Noch einsamer ist **Inishturk** 19 auf der nicht einmal hundert Menschen permanent leben. Es gibt dort nur ein paar bescheidene Unterkünfte und eine Lebensweise, die weit entfernt ist von allem Getriebe und Stress der modernen Welt.

Übernachten

... auf Inishbofin

Inselluxus ▶ **Inishbofin House Hotel:** Tel. 095 458 09, www.inishbofinhouse.com. Das schicke Hotel mit großen Fenstern für den Meerblick vermietet 34 moderne Zimmer, serviert im **Restaurant** Meeresfrüchte und sorgt im **Marine Spa** für Wohlbefinden und Schönheit der Gäste. DZ ab 110 €.

Schickes Hotel ▶ **Dolphin Hotel:** Tel. 095 45 991, www.dolphinhotel.ie. Ein modernes Hotel mit interessanter Architektur, Solarzellen auf dem Dach und eleganten Zimmern. Das Restaurant ist berühmt für die erstklassigen Meeresfrüchte, Biozutaten und den umwerfenden Blick, im Sommer gibt es oft traditionelle Musik. DZ ab 90 €.

Pub mit Hotel ▶ **Doonmore Hotel:** Tel. 095 45 804, www.doonmorehotel.com. Freundliches Hotel mit Pub (trad. Livemusik, also oft laut!) und bodenständigem Restaurant. DZ 80–100 €.

... auf Inishturk

Hafen-B & B ▶ **Ocean View House:** Tel. 098 455 20, mheanue@gmail.com. Das nette B & B liegt nicht weit vom Hafen und hat große Zimmer. Abendessen gibt es auf Wunsch auch. DZ um 70 €.

B & B in Strandnähe ▶ **Tranaun House:** Tel. 098 45 641, www.tranaunhouse.com. Behagliches kleines B & B mit phantastischem Meerblick. Für Gäste gibt es auch Abendessen. DZ 70 €.

Verkehr

Fähren:

Inishbofin: Tel. 095 458 94, www.inishbofinislanddiscovery.com, ab Cleggan mehrmals tgl. je nach Wetter.

Inishturk: O'Malley Ferries, Tel. 098 250 45, www.omalleyferries.com, tgl. ein bis zwei Abfahrten ab Roonagh Quay.

An der Clew Bay

Karte: S. 299

Die **Clew Bay,** eingerahmt von Achill Island im Norden und von South Mayo mit dem Croagh Patrick im Süden, ist von Hunderten von Inseln getupft, kleine Hügel, die im Meer ›ertrunken‹ sind. Sie bildeten eine natürliche Barriere gegen die einstigen Angreifer und waren dadurch auch ein gutes Versteck für die Piratenkönigin Granuaile. Noch heute ist die Bucht ein Gewässer, das viel Navigationsgeschick verlangt und manchen Menschen ein Inselrefugium bietet.

Rund um die Clew Bay trieb im 16. Jh. Grace O'Malley, auf Gälisch Gráinne Ní Mháille, Granuaile genannt, ihr Unwesen. Diese starke Frauengestalt war der Schrecken der Engländer und der Kaufleute von Connacht und bietet bis heute Stoff für Geschichten und Legenden. Berühmt wurde ihre Fahrt nach England, wo sie bei Königin Elisabeth I. persönlich vortrat, um die Freilassung ihres Sohnes Tibbot zu verlangen. Die Königin war vom Mut der Frau so beeindruckt, dass sie nicht nur dem Sohn die Freiheit schenkte, sondern auch Generalpardon erließ.

Von Louisburgh fährt auch regelmäßig eine Fähre (www.clareislandferry.com) nach **Clare Island** [20], der größten Insel in der Clew Bay. Dort hatte Grace O'Malley ihr Hauptquartier, einen Wohnturm aus dem 15. Jh., und sie ist dort auch begraben. Zumindest wird vermutet, dass das Grabmal in der Zisterzienserabtei aus dem 12. Jh. ihres ist.

Louisburgh ▶ B 4

Louisburgh [21] ist ein eher unscheinbares und ruhiges Städtchen, das aber dank des **Croagh Patrick** (s. S. 314), der die Landschaft der südlichen Clew Bay beherrscht, zur Pilgerzeit recht lebhaft werden kann. Im Ort gibt es auch ein Besucherzentrum in einer ehemaligen Kirche, das **Famine Museum and Granuaile Visitor Centre,** das sowohl der Großen Hungersnot als auch der Piratenkönigin gewidmet ist (generell Mo–Fr 10–16 Uhr, besser vorher anrufen).

Westport ▶ B 4

Eines der architektonisch schönsten Beispiele einer Plantation Town, einer Stadt, die vom angloirischen Landadel gegründet wurde, ist **Westport** [22]. Um 1780 wurde sie auf Veranlassung des lokalen Landlords vom englischen Architekten James Wyatt entworfen. Die Promenaden (Mall) links und rechts des Carrowbeg River sind von Bäu-

Galway und Mayo

Tipp: Croagh Patrick

Der kegelförmige Berg am Rand der Clew Bay ist eines der größten Heiligtümer Irlands, und das bereits seit keltischen und vielleicht sogar prähistorischen Zeiten. Die alljährlichen Pilgerfahrten auf den Gipfel finden unter christlichem Glauben, jedoch am keltischen Festtag Lughnasa (letzter So im Juli) statt.

Der Legende nach soll im Jahr 441 der Nationalheilige Patrick auf dem Berg 40 Tage und Nächte lang durch Fasten und Beten mit sich und der alten keltischen Gottheit gerungen haben und schließlich von seiner Mission, ganz Irland zum Christentum zu bekehren, überzeugt gewesen sein.

Im **Besucherzentrum** im Dörfchen Murrisk wird die Archäologie und Geschichte des Bergs erläutert (Mitte März–Okt. tgl. 10–17 Uhr, Nov.–Mitte März nur am Wochenende).

men gesäumt und der Octagon, auf den mehrere Straßen zuführen, ist ein ansprechend gestalteter Platz. Weil Westport so hübsch anzusehen ist und auch eine Vielzahl an Pubs, Restaurants und Läden zu bieten hat, kann es hier in den Sommermonaten recht voll werden.

Das **Westport House,** das größte Herrenhaus in der Provinz Connacht, wurde von der Familie Browne, den späteren Earls of Altamont (durch Heirat verschwägert mit Grace O'Malley) auf dem Grund einer älteren O'Malley-Burg errichtet und ist heute die Hauptattraktion der Region. Noch heute leben die Brownes auf ihrem grandiosen Landsitz – inzwischen fern jeglicher hochherrschaftlicher Abgeschiedenheit, denn heute muss sich auch der Landadel sein Einkommen verdienen. Das tun die Brownes nicht nur durch die Öffnung von Haus und Garten, sondern auch mittels eines kleinen **Vergnügungsparks,** wo Kinder in Schwanenbooten auf dem See paddeln, in einem Einbaum eine Wasserrutsche hinabsausen oder in einem ›Piratenschiff‹ herumtollen können. Einen **Campingplatz** gibt es auf dem Gelände ebenfalls (Osterferien tgl. 11–18, Mai So 11–18, Juni Mo–Fr 10–15, Sa/So 11–18, Juli/Aug. tgl. 11–18, Halloweenferien tgl. 13–17 Uhr; Camping: Ende März–Mitte Sept.; www.westporthouse.ie).

Infos
Westport Tourist Office: Bridge Street, Westport, Co. Mayo, Tel. 098 257 11, www.destinationwestport.com, www.westporttourism.com.

Übernachten
Edellandhaus ▶ **Ardmore Country House:** The Quay, Tel. 098 25 994, www.ardmorecountryhouse.com. Wunderschön und ruhig am Wasser gelegen und doch nicht weit vom Zentrum, bietet das Landhaus äußerst behagliche Zimmer. Es gibt zudem ein erstklassiges Restaurant, von dem aus man den Sonnenuntergang bewundern kann. DZ ab 140 €.

B & B am Stadtrand ▶ **Knockranny Lodge:** Knockranny, Tel. 098 285 95, www.knockranny-lodge.ie. Das moderne Haus liegt etwas außerhalb der Stadt (N5 Richtung Castlebar) und hat große Zimmer mit allem Komfort. DZ 75 €.

Zentrales B & B ▶ **Linden Hall:** Altamount Street, Tel. 098 270 05, www.lindenhallwestport.com. Das B & B ist ein gepflegtes Stadthaus im viktorianischen Stil mit behaglichen und großzügigen Zimmern. DZ 80 €.

Feines B & B ▶ **Boffin Lodge:** The Quay, Tel. 098 260 91, www.boffinlodge.com. Ein ausgesprochen nett eingerichtetes Haus mitten in der Stadt. Eines der Zimmer hat ein Himmelbett und offenen Kamin. DZ ab 80 €.

Gepflegtes Hostel ▶ **Abbey Wood House:** Newport Road, Tel. 098 254 96, www.abbeywoodhouse.com, Okt.–Ostern geschl. Das freundliche Haus hat einfache, aber saubere Zimmer, eine Gästeküche, Fernsehzimmer und WLAN. 4-Bett-Zi. 96 €, 3-Bett-Zi. 75 €, DZ 60 €.

Essen & Trinken
In Westport gibt es im Zentrum zahlreiche kleine Restaurants mit Speisen aus aller Welt, auch Cafés mit kleinen warmen Speisen und Pubs mit einfachen Gerichten.

Achill Island

Am Hafen ▶ Quay Cottage Restaurant: The Harbour, Tel. 098 506 92, Mo–Sa 18–22 Uhr, im Winter Di–Sa geschl. Das niedliche Haus am Hafen ist mit seiner leuchtend roten Tür nicht zu übersehen. Es gibt feine Meeresfrüchte, aber auch Fleischklassiker wie Steaks, alles mit einem französischen Touch und exzellent zubereitet. Hauptgerichte 13–27 €.

Fischrestaurant ▶ Mangos Seafood Restaurant: Bridge Street, Tel. 098 24 999. Mo–Sa 17.45–22 Uhr. Kleines und sehr gemütliches Restaurant (reservieren ist ratsam), das exzellente Küche bietet. Die Auswahl auf der Speisekarte ist groß, ebenso die Portionen. Schwerpunkt sind Meeresfrüchte, aber es gibt auch die üblichen Fleischgerichte. Hauptgerichte 16–30 €.

Einkaufen
Antiquitäten ▶ The Long Acre Antiques: 49 Bridge Street, www.thelongacre.com, Mo–Sa. Antiquitäten, Trödel und Kunsthandwerk.

Abends & Nachts
Musikpub ▶ Matt Molloy's Bar: Bridge Street, www.mattmolloy.com. Ein urgemütliches Pub, das Matt Molloy gehört, einem Mitglied der Gruppe The Chieftains. Traditionelle Sessions, wann immer Musiker zusammenkommen.

Aktiv
Schwimmbad ▶ Westport Leisure Park: James Street, Tel. 098 291 60, www.westportleisure.com, Mo–Fr 8–22, Sa/So 10–18 Uhr. Ein Freizeitzentrum mit Swimmingpool, Sauna, diversen Fitnessräumen, Massage etc.
Reiten ▶ Carrowholly Stables: Tel. 098 27 057, www.carrowholly-stables.com. Geführte Trecks zu Pferd, Ausritte am Strand und noch vieles mehr.
Golf ▶ Westport Golf Club: Carrowholly, Tel. 098 282 62, www.westportgolfclub.ie.
Hochseeangeln ▶ Clew Bay Sea Angling: Clynish View, Derrada, Newport, Tel. 086 806 22 82, www.clewbayangling.com. Bootsausflüge zum Angeln in der Clew Bay.

Termine
Croagh Patrick Pilgrimage: letzter So im Juli, www.croagh-patrick.com. Traditioneller Pilgergang auf den Croagh Patrick.
Westport Festival: Ende Juni, www.westportfestival.com, Konzerte von Traditional bis Rock, plus Unterhaltung für Familien mit Kindern.
Westport Arts Festival: 1. Oktoberwoche, www.westportartsfestival.com. Ausstellungen, Theater, Konzerte.

Verkehr
Zug: Verbindung mit Dublin.
Bus: Als Verkehrsknotenpunkt hat Westport Verbindungen zu allen größeren Städten Irlands wie Dublin, Galway und Sligo.

Achill Island ▶ A/B 4

Karte: S. 299

Achill Island **23** ist die größte Insel vor der Küste Irlands, wenn auch so nah am Festland, dass sie mit ihm durch eine Brücke verbunden ist. Auf dieser dramatisch schönen Insel mit den kahlen Bergen, Schwindel erregenden Klippen und sanften Sandstränden hatte Heinrich Böll sein Ferienhaus, in **Dugort,** das mittlerweile renoviert als Künstlerresidenz dient und der Öffentlichkeit nicht zugänglich ist (www. heinrichboellcottage.com). Einfach zu finden ist es ohnehin nicht, was auch beabsichtigt war, denn sowohl einstmals Böll als auch die heutigen Künstler und Dichter, die dort als Stipendiaten in Ruhe arbeiten, brauchen die Abgeschiedenheit. Böll ist nicht nur ein bekannter, sondern war stets ein beliebter Einwohner Achills. Es gibt kaum jemanden, der seinen Namen nicht kennt, und man findet in so manchen Pubs Fotos von ihm und manchmal auch seine Bücher.

Eine der spektakulärsten Routen um Achill Island ist der **Atlantic Drive,** der ab Achill Sound, kurz hinter der Inselbrücke, ausgeschildert ist und über einige Umwege zu den Hauptorten führt: **Keel** ist ein Wassersportzentrum, das als eines der besten Surfreviere Irlands gilt. Dort befindet sich auch ein lang

Galway und Mayo

aktiv unterwegs

Aufstieg zum Croaghaun auf Achill Island

Tour-Infos
Start: Corrymore Lake
Länge: 6 km
Dauer: ca. 3 Stunden
Schwierigkeitsgrad: anspruchsvoll
Wichtige Hinweise: Es geht teilweise ziemlich steil bergauf – und an den Klippen auch bergab (688 m). Bei schlechtem Wetter und auch bei Höhenangst sollte die Tour nicht unternommen werden. Unbedingt einen Kompass mitnehmen.

Die Majestät der Klippen von **Achill Island** um den zweithöchsten Berg der Insel kann erst richtig auf einer Besteigung erlebt werden. Voraussetzung ist natürlich halbwegs klares Wetter auch auf dem Gipfel, der bedauerlicherweise oft in Wolken gehüllt ist. Dennoch ist diese Wanderung eine wunderbare Herausforderung und bietet mit etwas Glück Aussichten, von denen man noch nach Jahren schwärmen wird.

Ausgangspunkt ist der **Corrymore Lake.** Eine kleine Straße zweigt von der R319 etwa halbwegs zwischen Dooagh und Keem Strand nach rechts zum See und zur Ruine von **Corrymore House** ab, in dem einst Captain Boykott lebte, dessen Name einen gängigen Begriff auch im Deutschen schuf – der Mann war seinerzeit ein so verhasster Landlord, dass ihn die Leute einfach ignorierten, also boykottierten.

Vom Parkplatz geht es zunächst gerade und steil bergauf (etwa Richtung Norden), bis der Bergrücken auf etwa 450 m Höhe in Gänze zu sehen ist. Von hier führt der Pfad im Bogen etwa Richtung Südwesten zunächst über eine leichte Steigung auf moorigem Grund, bevor es wieder steil bergauf geht. In fast 600 m Höhe fallen hier die Klippen steil ins Meer hinab. Vorsicht an der Kante!

Weiter geradeaus erreicht man schließlich den Gipfel, die Spitze einer der höchsten Klippen Europas. Dort geht es in südöstlicher Richtung zunächst wieder steil bergab, der Weg wird aber schnell wieder relativ flach. Die Wanderung endet am Südufer des Corrymore Lake, von wo es nur noch ein kurzes Stück bis zum Parkplatz ist.

---

gestreckter Sandstrand, **Trawmore,** der zu den schönsten Mayos zählt. Kleinere Strände und raue Felsen gibt es auch bei Dooagh und Keem Strand, mit dem düsteren Hintergrund des **Croaghaun,** dessen höchste Spitze 665 m über dem Meer liegt und der an der Nordseite beängstigend steil ins Meer abfällt.

Der höchste Berg auf der Insel ist mit 671 m der **Slievemore,** zu dessen Füßen nicht nur Doogort mit Bölls Cottage liegt, sondern auch das **Deserted Village,** das verlassene Dorf, das Böll auch in seinem Irischen Tagebuch erwähnt hat. Es ist eine Ansammlung halb verfallener Cottages, um die man noch die wellenartigen Kartoffelbeete erkennen kann. Das Dorf wurde während und nach der Großen Hungersnot verlassen und ist ein unheimliches Zeugnis der tragischen Armut der Region.

Infos
Achill Tourism: Davitt Quarter, Achill Sound, Co. Mayo, Tel. 098 207 05, www.achilltourism.com, www.goachill.com, www.visitachill.com.

Übernachten
Traditionshotel ▶ **Gray's Guesthouse:** Dugort, Tel. 098 432 44. Eine Institution auf Achill, schön altmodisch und sehr gemütlich. Das Hotel besteht aus mehreren Häusern, und die Zimmerausstattung hängt davon ab, wo man unterkommt. Auch das Restaurant, nur für Gäste, bietet solide irische Küche ohne modische Zugeständnisse. DZ 80–100 €.

Achill Island

Minihotel ▶ Achill Cliff House: Keel, Tel. 098 43 400, www.achillcliff.com. Das schönste an diesem Hotel ist die Lage: mitten in Keel und mit Blick auf den Strand. Die zehn geräumigen Zimmer bieten allen Komfort einschl. WLAN, darüber hinaus gibt es eine Sauna und ein gutes Restaurant mit Meeresfrüchten. DZ 140 €.

Strandpension ▶ Bervie: Keel, Tel. 098 431 14, www.bervie-guesthouse-achill.com. Das Haus war einst der Sitz der Küstenwache und ist heute eine behagliche Pension mit direktem Zugang zum Strand. Die Zimmer sind alle freundlich und komfortabel ausgestattet, und es gibt für Hausgäste auf Wunsch auch Abendessen. DZ 90–130 €.

Landhaushostel ▶ Valley House Hostel: The Valley, Bunacurry, Tel. 098 472 04, www.valley-house.com. Das Hostel befindet sich im ehemaligen Jagdhaus des Earls of Cavan in einsamster Landschaft im Norden der Insel. Im dazugehörigen Pub finden im Sommer stets traditionelle Sessions statt. Schlafsaal 16–22 €, DZ 44–50 €.

Camping am Strand ▶ Sandybanks Caravan & Camping Park: Keel, Tel. 098 432 11, www.achillcamping.com, April–Sept. Direkt am Strand gelegener Platz, mit gehobener Ausstattung.

Essen & Trinken

Schräg und gut ▶ Ferndale Restaurant: Crumpaun, Keel, Tel. 098 439 08, Mai–Okt. tgl. 18–22.30 Uhr, im Winter nur Do–So. Das Lokal liegt oberhalb von Keel und bietet von den großen Fenstern großartige Aussichten. Die Speisen sind den Küchen der ganzen Welt entlehnt und enthalten manchmal recht ungewöhnlichen Geschmacks-Kombinationen. Zimmer werden ebenfalls vermietet. Hauptgerichte 22–35 €.

Restaurant mit Metzgerei ▶ Calvey's Restaurant: Keel, Tel. 098 431 58, Ostern–Sept. tgl. 13–22 Uhr. Das farbenfrohe Restaurant bietet feinste Speisen, meist Fisch und Meeresfrüchte, aber Spezialität ist das Achill-Berglamm. Es gibt auch eine gute Auswahl an vegetarischen Gerichten. Hauptgerichte 16–28 €.

Bistro-Café ▶ The Beehive: Keel, Tel. 098 430 18, Ostern–Anfang Nov. tgl. 9.30–18 Uhr. Nettes Café mit Selbstbedienungsbüfett, mit leckeren Suppen und Sandwiches sowie Meeresfrüchten. Außerdem gibt es hausgebackene Kuchen und Törtchen. Je nach Gericht 5–12 €.

Einkaufen

Kunst ▶ Western Light Art Gallery: Sandybanks, Keel, Tel. 098 433 25, www.seancannon.ie. Gemälde und Fotos von Achill.

Abends & Nachts

Livemusik ▶ Traditionelle Sessions finden in fast allen Pubs statt, zumindest im Sommer, so in der **Annexe Bar** in Keel, **Gielty's** in Dooagh oder **Ted Lavelle's** in Cashel.

Aktiv

Tauchen ▶ Scuba Dive Centre: Purteen Harbour, Tel. 087 234 98 84, www.achilldivecentre.com. Tauchschule, Tauchausflüge und Ausrüstungsverleih.

Surfen ▶ Achill Surf & Kayak: Keel Beach, Tel. 095 34 667, www.achillsurf.com. Surf- und Kajakunterricht sowie Brettverleih.

Kitesurfen ▶ Pure Magic: Slievemore Road, Dugort, Tel. 085 105 63 44, www.puremagic.ie. Kitesurfing- und Surfunterricht.

Reiten ▶ Calvey's Equestrian Centre: Slievemore, Keel, Tel. 087 988 10 93, www.calveysofachill.com. Reitunterricht und Ponytrekking.

Golf ▶ Achill Golf Club: Keel, Tel. 098 434 56, www.achillgolf.com.

Termine

Achill Island Arts Weekend: 1. Maiwochenende, www.achilltourism.com/artsweekend.html. Ein Wochenende voll mit Kunstausstellungen, Wanderungen, Lesungen mit bekannten Autoren, Workshops und Reminiszenzen an Heinrich Böll.

Verkehr

Bus: Verbindung mit Westport und Castlebar zu den Orten Currane, Achill Sound, Bunnacurry, Dugort, Keel und Dooagh.

Galway und Mayo

North Mayo ▶ A/B 3/4

Karte: S. 299

Einsam und an trüben Tagen nahezu trostlos erscheint der nördliche Teil Mayos. Endlose Moore, einige mit Fichten aufgeforstet, und kleine Straßen, die vermeintlich ins Nirgendwo führen, vermitteln einen Eindruck von unendlicher Melancholie. Die flache **Mullet Peninsula** 24 an der Westküste ist so windzerzaust, dass man sich wundert, dass dort überhaupt jemand lebt, obgleich sich dort ein zarter Tourismus entwickelt, der hauptsächlich Segler und Golfer anzieht.

Die Küste von North Mayo jedoch braucht den Vergleich mit anderen Felslandschaften der Westküste nicht zu scheuen: Klippen und Buchten treffen auf einen schäumenden Atlantik und nur wenige Ortschaften lassen vermuten, dass die Zivilisation auch bis hierhin vorgedrungen ist. Man sollte sich jedoch nicht wundern, wenn man entlang der Straße von Belmullet bis Ballina hin und wieder meist riesige, eher abstrakte Skulpturen zu sehen bekommt. Es handelt sich um den **Mayo Sculpture Trail**, ein Projekt, das 15 Skulpturen mit Bezug zu Meer und Moor von internationalen Künstlern errichten ließ.

Allerdings wird man auf der Strecke R314 zwischen Barnatra und Glenamoy auch an einem unansehnlichen Shell-Gasterminal vorbeikommen, der nicht nur in dieser Region reichlich Kontroversen hervorgerufen hat. Dort wird das Erdgas des Corrib-Gasfelds vor der Küste Irlands verarbeitet, wobei das Gas in Hochdruck-Pipelines via Rossport über Land dorthin transportiert wird, was den Unmut der Lokalbevölkerung hervorrief und zu nicht immer freundlichen Protesten geführt hat (www.shelltosea.com).

Céide Fields ▶ B/C 3

Vor vielen Tausend Jahren, bevor das Moor alles unter sich begrub, war diese Region bereits ein besiedeltes Gebiet. Eine der interessantesten Entdeckungen sind die **Céide Fields** 25, eine 5000 Jahre alte Bauernsiedlung, die unter 4 m Moor begraben ist. Es ist allerdings nichts Außergewöhnliches zu sehen, nur teilweise sind die Rudimente freigelegt, werden aber nach wie vor archäologisch untersucht. Das Sensationelle ist jedoch die Alltäglichkeit der Siedlung, die Umrisse von Häusern, die Mauern um Gärten, die Anlage von Feldern, auf denen Weizen und Gerste angebaut wurde, im Prinzip nicht viel anders als viele kleine Dörfer von heute, getrennt von der Gegenwart lediglich durch die Moorschicht und eine Zeitspanne von 5000 Jahren. Im pyramidenförmigen Besucherzentrum wird die Archäologie dieser Region sehr interessant erläutert (April–Ende Mai u.Okt. tgl. 10–17, Juni–Sept. tgl. 10–18 Uhr).

Der nächstgrößere Ort zu den Céide Fields ist **Ballycastle,** ein Straßendorf, das aber nicht allzuviel hergibt, außer einem Hotel (s. »Übernachten«).

Killala Bay ▶ C 3

Der kleine, malerische Ort **Killala** 26, der der Bucht den Namen gegeben hat, ist ein hübsches Fischerdörfchen mit schmalen und gewundenen Straßen und einem Rundturm aus dem 12. Jh., während **Ballina** 27 am Kopf der Killala Bay und an der Mündung des Moy River mit 10 000 Einwohnern nach Castlebar die zweitgrößte Stadt Mayos ist. Sie wurde offiziell im 18. Jh. vom lokalen Landlord gegründet, aber die Ruinen der Augustinian Abbey aus dem 14. Jh. zeugen von einer früheren Siedlung. Während der Revolution von 1798 spielte Ballina eine wichtige Rolle, da die Killala Bay ideal für die Landung der französischen Truppen war.

Infos

Ballina Tourist Information: 41 Pearse Street, Ballina, Co. Mayo, Tel. 096 728 00, www.northmayo.com.

Übernachten

4-Sterne-Hotel ▶ **Stella Maris Hotel:** Ballycastle, Tel. 096 433 22, www.stellamarisireland.com. Das ehemalige Küstenwachenhaus und spätere Konvent liegt wunderschön an der Bunatrahir Bay. Es wurde vor einigen Jahren sehr liebevoll restauriert, moderner Komfort mit teilweise antiken Möbeln kombi-

North Mayo

niert. Das Restaurant gehört zu den feinsten der Region. DZ ab 150 €.

Burghotel ▶ Belleek Castle: Belleek, Ballina, Tel. 096 224 00, www.belleekcastle.com. Ein prachtvolles Schloss nördlich von Ballina, dessen Ursprünge auf das 14. Jh. zurückgehen. Die Räume sind zwar mit allem modernen Komfort ausgestattet, aber das Mittelalterthema überwiegt. Sehr gemütlich und mitunter angenehm gruselig. DZ ab 120 €.

Wohlfühlhotel ▶ Ice House Hotel & Spa: The Quay, Ballina, Tel. 096 235 00, www.icehousehotel.ie. Das zauberhafte Hotel am Ufer des Moy River war im 19. Jh. tatsächlich ein Eishaus. Heute bietet es Luxus, Wellness – und ist warm! Dazu gehört ein Restaurant (Gerichte 15–27 €). DZ ab 120 €.

Familienhotel ▶ Twin Trees Hotel & Leisure Club: Sligo Road, Ballina, Tel. 096 210 33, www.twintreeshotel.ie. Hotel am Stadtrand mit gutem 3-Sterne-Standard, Wellnessbereich und Restaurant. DZ ab 89 €.

Campingplatz ▶ Belleek Caravan & Camping Park: Ballina, Tel. 096 715 33, www.belleekpark.com, März–Okt. Gepflegter Platz in ruhiger Lage und sehr gut ausgestattet. Zelt oder Wohnwagen für 2 Erw. 20 €.

Essen & Trinken

Oase im Hofgarten ▶ Dillon's Bar & Restaurant: Dillon Terrace, Ballina, Tel. 096 72 230, Mo–Do 17–21, Fr–So 12.30–21 Uhr. Schon allein die erholsame Lage im begrünten Hinterhof lohnt den Besuch, aber das Essen und die Atmosphäre sind auch nicht schlecht. Die Speisekarte ist umfangreich und reicht von frischen Salaten, Fajitas und Pasta bis hin zu Steaks, Geflügel und Fisch. Gerichte 6–22 €.

Galerie-Café ▶ Ballina Gallery Café: 46 Cherry Street, Ballina, Tel. 02 66 813 888, Mi–So 8–18, Küche bis 14.30 Uhr. Das nette Café mit Terrasse befindet sich im gleichen Haus wie die Gemeindegalerie. Es gibt ein luxuriöses Frühstücksangebot (8–18 €) und ein ebenso tolles Mittagessen (8–23 €).

Bistro ▶ Gaughan's: O'Rahilly Street, Tel. 096 700 96, warme Küche: Mo–Sa 10–17 Uhr. In der Weinbar mit der altmodischen Pubatmosphäre kann man solide irische Küche genießen, schön traditionell und strikt mit saisonalen Zutaten. Hauptgerichte 6–18 €.

Abends & Nachts

Amüsier-Bar ▶ Crocket's on the Quay: The Quay, Ballina, www.crocketsonthequay.ie. Alles unter einem Dach: Unterkunft (DZ 80 €), Restaurant, Bar und Biergarten. Unter der Woche gibt es oft traditionelle Livemusik, am Wochenende DJs und Quizabende.

Musikpub mit Restaurant ▶ Paddy Jordan's: Station Road, Ballina, www.jordans.ie. Das ursprüngliche Kutschenhaus aus dem 18. Jh. wurde im 20. Jh. zwar fast neu gebaut, behielt aber den historischen Stil bei. In der gemütlichen Bar gibt es traditionelle Livemusik und das Restaurant serviert thailändisch-indisch-irische Küche.

Aktiv

Golf ▶ Ballina Golf Club: Mossgrove, Ballina, Tel. 096 210 50, www.ballina-golf.com.

Reiten ▶ Barnfield Equestrian Centre: Barnfield House, Knockmore, Ballina, Tel. 094 925 81 75. Reitunterricht und Ausritte.

Kinderspielplatz ▶ Tumble Jungle: Bunree Road, Ballina, Tel. 096 766 37, www.tumblejungle.ie, Mi–So 10–19 Uhr, während der Schulferien tgl. 10–19 Uhr. Großes Kinderspielzentrum mit Dschungelthema.

Termine

Ballina Salmon Festival: 2. Juli-Woche, Ballina, www.ballinasalmonfestival.ie. Ein fröhliches Fest zu Ehren des Lachses mit mehreren bunten Paraden, Unterhaltung querbeet und Feuerwerk – und natürlich reichlich Lachs.

Verkehr

Bahn: Verbindung Ballina über Manulla Junction mit Westport und Dublin.

Bus: Verbindung Ballina via Killala mit Ballycastle.

Von Ballina aus gute Verbindungen mit Achill Island, Belfast, Cork, Dublin, Sligo und Westport. Verbindung Belmullet mit Ballina via Crossmolina.

Leuchtturm am Fanad Head

Kapitel 5
Der Nordwesten

Lebhafte Badeorte, dramatische Küstenabschnitte, einsame Berg- und Moorlandschaften, liebliche Täler und Seen – der Nordwesten Irlands mit den Countys Sligo und Donegal ist äußerst vielfältig, aber dank seiner Abgeschiedenheit noch nicht überlaufen. Die einsamen Landschaften, zerklüfteten Klippen und verschlafenen Dörfer, insbesondere in Donegal, ziehen vor allem Naturliebhaber an.

Größere Städte gibt es im dünn besiedelten Nordwesten kaum, abgesehen von Letterkenny in Donegal, eine einst verschlafene Kleinstadt im Schatten der Nachbarstadt Derry, die sich in den vergangenen Jahren zu einer kleinen, aber lebendigen ›Metropole‹ gemausert hat, und Sligo, der Hauptstadt des gleichnamigen Countys, die ebenfalls zahlreiche kulturelle und touristische Angebote vorzuweisen hat.

Für einen Badeurlaub, sofern das Wetter es erlaubt, bieten sich rund um Sligo und in Süd-Donegal die lebhaften Orte von Strandhill bis Bundoran an. Breite, goldsandige Strände und ein ausgiebiges Nachtleben sorgen hier für irisches ›Mallorca-Gefühl‹.

Das Hinterland von Sligo, von William Butler Yeats in seinen Gedichten verewigt, besticht durch seine liebliche Wald- und Seenlandschaften, wo Angler, Spaziergänger und Wanderer gleichermaßen ein stilles Paradies finden. Donegals zerklüftete Küste, die Berge und Hochmoore zählen zu den beeindruckendsten Landschaften Irlands überhaupt. Der Slieve League, ein Höhenzug, der steil ins Meer abfällt, bietet die wohl umwerfendste Aussicht des Nordwestens. Der Glenveagh National Park ist einsame Schönheit pur, und die Inishowen Peninsula im äußersten Norden gehört noch zu den Geheimtipps Irlands.

Auf einen Blick
Der Nordwesten

Sehenswert

12 Slieve League: Die majestätischen Klippen an der Küste Donegals gehören zu den höchsten Europas und bieten eine atemberaubende Aussicht (s. S. 338).

Glencolumcille: Eines der zauberhaftesten Dörfer Donegals liegt idyllisch an einer Bucht mit Sandstrand und steckt voller historischer Details (s. S. 338f.).

13 Glenveagh National Park: Eine der tatsächlich weitgehend unberührten Landschaften Irlands rund um den Lough Beagh. Mit Glück erspäht man hier beim Wandern den seltenen Steinadler (s. S. 348f.).

Glebe Gallery: Das Haus des verstorbenen Malers Derek Hill in der Wildnis von Donegal ist ein Gesamtkunstwerk, das nicht nur faszinierende Kunst, sondern auch eine sehr eigenwillige Einrichtung zu bieten hat (s. S. 350).

Schöne Routen

Von Killybegs über Carrick nach Ardara: Dramatische Küsten, ein abenteuerlicher Abstecher zum Slieve League und die Einsamkeit der Hochmoore und Berge mit traumhafter Aussicht am Glengesh Pass (s. S. 336ff.).

Wild Atlantic Way: Die Küstenstrecke von Dungloe bis Rathmelton bzw. Rathmullan bietet schroffe Klippen, einsame Sandstrände und verschlafene Dörfer (s. S. 342ff.).

Von Gweedore durch die Derryveagh Mountains: Die raue Schönheit dieser Berglandschaft mit dem majestätischen Mount Errigal und dem Glenveagh National Park ist atemberaubend (s. S. 348).

Inis Eoghain 100 (Inishowen 100): Die Rundtour um die Halbinsel Inishowen zur äußersten Nordspitze Irlands überrascht auf einigen Streckenabschnitten mit abenteuerlicher Straßenführung (s. S. 354ff.).

Meine Tipps

Seetangbad in Strandhill: In dem Badeort bei Sligo sollte man sich zur Entspannung eines der traditionellen Seetangbäder gönnen. Das ist schön altmodisch und so wohltuend wie ein ganzer Urlaub (s. S. 328).

Handweberei in Kilcar: Donegal-Tweed ist weltberühmt, und einige der besten Stücke gibt es in der Handweberei Studio Donegal in Kilcar. Man kann dort die Werkstatt besichtigen und im Laden auch gleich einkaufen (s. S. 337).

Malin Head: Der wilde Atlantik, einsame Klippen, eine großartige Dünenlandschaft, eine Wetterstation mit Kriegsvergangenheit und ein unendlicher Blick machen den nördlichsten Punkt des irischen Festlands zu einem unvergesslichen Erlebnis (s. S. 358).

aktiv unterwegs

Wanderung auf den Klippen des Slieve League: Ein Muss für alle Besucher Donegals ist diese Wanderung auf den höchsten Klippen Irlands mit dem legendären One Man's Path (eine buchstäbliche Gratwanderung) und einem spektakulären Blick über den Atlantik (s. S. 340).

Rundwanderung im Glenveagh National Park: Seen, Moore, Wälder und überwältigende Wildnis – der Glenveagh National Park bietet eine Vielfalt an unberührten und atemberaubenden Landschaften, die nur zu Fuß wirklich erlebt und genossen werden können (s. S. 351).

Sligo und Umgebung

Das County Sligo – das sind die kleine, aber geschäftige ›Metropole‹ Sligo mit viel Kultur, Badeorte mit feinen Sandstränden, Bergland mit dem dramatischen Benbulben, stille Seen und Schlösser und prähistorische Stätten. Und alles liegt so dicht beieinander, dass man von einem Standort aus alles erkunden kann.

Die Gegend rund um **Sligo** wird in der Tourismusbranche auch ›Yeats' Country‹ genannt. Denn Reminiszenzen an den Dichter und Literaturnobelpreisträger William Butler Yeats, der die Landschaft um Sligo in seinen Gedichten mythisch verklärte, sind überall und in allen möglichen Formen zu finden. Hotels, Restaurants, Straßen, Plätze und Gebäude tragen seinen Namen, die Yeats Summer School in Sligo beschäftigt sich in Form von Lesungen und anderen Veranstaltungen einen ganzen Sommer lang mit seinem Leben und Werk, Galerien und Museen widmen sich der gesamten Yeats-Familie: Neben William Butler brachte sie nämlich auch zwei Maler hervor, Vater John Butler und Bruder Jack Butler, deren Gemälde in Sligo ausgestellt sind. Die beiden Schwestern Lolli und Lily betätigten sich als erfolgreiche Verlegerinnen.

Eine Art Wallfahrtsort ist der kleine Ort **Drumcliff**, auf dessen Friedhof William Butler Yeats beerdigt ist. Nicht weit davon entfernt befindet sich **Lissadell**, der Geburtsort der Gräfin Constance Markiewicz, einer glühenden Nationalistin und Sozialistin, die sich mit der Teilung Irlands nicht abfinden wollte.

Die hübsche Stadt **Sligo** selbst ist zwar eigentlich recht klein, als größte Stadt des Nordwestens jedoch eine blühende Mini-Metropole mit Kunst und Kultur, guten Einkaufsmöglichkeiten und lebhaftem Nachtleben.

Eigentliches und nicht zu übersehendes Wahrzeichen von Yeats' Country ist der **Benbulben**, der schon bei der Anreise aus weiter Ferne durch seine markante Form beeindruckt. Sanft steigt er aus der Ebene empor, um in einem flachen Gipfel-Plateau zu enden. Schlafplatz der Feen soll er sein, was leicht zu glauben ist, wenn er sich geheimnisvoll in Wolken hüllt. Mehr Hügel als Berg ist der **Knocknarea** auf der Coolera-Peninsula, auf dessen Spitze sich das Grab der legendären Königin Maeve befinden soll. Zu seinen Füßen erstreckt sich das megalithische Gräberfeld von **Carrowmore**, eine der weltweit größten Anlagen dieser Art.

Einen lebhaften Kontrast dazu bilden die Badeorte an der Sligo Bay bis hinauf nach Süd-Donegal mit ihren weiten Sandstränden. Ruhe und Einsamkeit findet man im Hinterland, sei es am idyllischen See **Lough Gill** mit dem **Parke's Castle** oder auf Wanderwegen durch Wald, Wiesen und Berglandschaften.

Sligo (Sligeach) ▶ D 3

Cityplan: rechts

Sligo hat sich zu einem wirtschaftlichen und kulturellen Zentrum im nördlichen Westen gemausert. In den Boomjahren wurde reichlich gebaut – Hochhaushotels, Parkplätze, Shopping-Center und neue Stadtrand-Siedlungen. Kritiker befürchten, der Charme der Stadt könnte unter den vielen Beton leiden. Gelungene Beispiele der Stadtsanierung beweisen das Gegenteil. So wurden die lange vernachlässigten Uferbezirke am Garavogue River einer Runderneuerung unterzogen. Insbesondere die Rockwood Parade mit der

Sligo

Sehenswert
1 Lady Erin Statue
2 Sligo Abbey
3 Model Arts and Niland Gallery
4 Yeats Memorial Building

Übernachten
1 The Glasshouse
2 Sligo City Hotel
3 Sligo Southern Hotel
4 Harbour House Hostel

Essen & Trinken
1 Coach Lane Restaurant
2 Montmartre
3 Osta

Abends & Nachts
1 Hargadon's
2 Shoot the Crows
3 Furey's
4 McGarrigle's
5 Garavogue
6 Hawk's Well Theatre
7 Blue Raincoat Theatre Company

Fußgängerbrücke über den Fluss hat sich zu einem lebendigen Treffpunkt mit Cafés, Läden und Restaurants entwickelt.

Stadtzentrum

Der anheimelnde Stadtkern mit den vielen Pubs, Geschäften und bunten Häusern ist am besten zu Fuß zu erkunden. Denn die Straßen sind eng und nicht für den Autoverkehr gemacht. Eine neue Entlastungsstraße schafft ein wenig Erleichterung, aber das ändert nichts an dem täglichen Verkehrschaos.

Das Stadtzentrum erstreckt sich um die **Lady Erin Statue** 1, die nicht zu verfehlen ist, weil sie auf dem zentralen und schönsten Platz Sligos steht. Das Standbild erinnert an

Sligo und Umgebung

das Jahr 1798, in dem der Aufstand gegen die englische Kolonialmacht scheiterte. Castle Street, Grattan Street und O'Connell Street sind die Haupteinkaufsstraßen und das Zentrum des Nachtlebens.

Wichtigste und einzige historische Sehenswürdigkeit der Stadt ist die **Sligo Abbey** 2 in der Abbey Street, deren Ruine mitten in der Stadt steht. Im 13. Jh. wurde die dominikanische Abtei von Maurice Fitzgerald errichtet. Aus dieser Zeit stammen jedenfalls die Sakristei und das Ordenshaus, während der wunderschöne Kreuzgang und die anderen Bauten etwa 200 Jahre später angefügt wurden. 1642 wurde die Abtei von protestantischen Soldaten zerstört, die Mönche ermordet. Bis zum 18. Jh. lebten in ihr noch Mönche, dann wurde sie endgültig verlassen (April–Mitte Okt. tgl. 10–18 Uhr, letzter Eintritt 45 Min. vor Schließung).

Kunst- und Kulturstätten

Etliche Galerien, ein Theater und freie Theatergruppen haben sich in Sligo niedergelassen, und vor allem Musiker fühlen sich von der Kulturszene Sligos angezogen, die – neben Galway – zu den lebendigsten an der ganzen Westküste zählt. Diese kulturelle Fülle ist sicherlich auch der Yeats-Familie zu verdanken: Deren Werke sind u. a. in der **Model Arts and Niland Gallery** 3 zu sehen, einem absoluten Highlight Sligos, weit über die Region hinaus bekannt. Zur ständigen Ausstellung gehören Gemälde u. a. von Jack B. Yeats und Paul Henry, außerdem werden Ausstellungen zu zeitgenössischen Künstlern gezeigt und diverse Performances veranstaltet. Mit Café und Kunstfilmkino (The Mall, östlich der Hyde Bridge, Tel. 071 9 14 14 05, www.themodel.ie, Di–Sa 10–17.30, So 12–17 Uhr).

Das attraktive **Yeats Memorial Building** 4 an der Hyde Bridge ist ein ehemaliges Bankgebäude, in dem sich heute die Yeats Society befindet, die u. a. auch die Summer School organisiert. Lohnenswert ist ein Besuch nicht nur wegen der Yeats-Ausstellung (Mo–Fr 10–17, Sa 10–14 Uhr, www.yeatssligo.com), die einen Einblick in das Leben der Familie bietet, sondern auch wegen des netten Cafés Lily's & Lolly's (Mo–Sa 9–17 Uhr) mit Straßentischen am Fluss.

Infos
Tourist Information: O'Connell Street, Sligo, Tel. 071 916 12 01, www.sligotourism.ie.

Übernachten
Metropolenchic ▶ The Glasshouse 1: Swan Point, Tel. 071 91 94 300, www.the glasshouse.ie. Sligos Anspruch auf Weltniveau manifestiert sich in diesem ebenso kontroversen wie prächtigen neuen Hotel an der Hyde Bridge mit dem passenden Namen Glashaus. Innen wirkt es ein bisschen wie das Raumschiff Orion, nur mit weicheren Farben und Formen (die Café-Bar ist einzigartig!), ansonsten bietet es allen schicken Luxus und ein Restaurant mit hervorragender Küche. DZ ab 79 €, Suite ab 129 €.

Gediegen ▶ Sligo City Hotel 2: Quay Street, Tel. 071 914 40 00, www.sligocityho tel.com. Modernes, freundliches Hotel mitten im Stadtzentrum und daher günstig zum Ausgehen gelegen. DZ ohne Frühstück ab 69 €.

Mittelklassehotel ▶ Sligo Southern Hotel 3: Strandhill Road, Tel. 071 916 21 01, www.sligosouthernhotel.com. Traditionsreiches Hotel der Best-Western-Kette im Stadtzentrum mit sehr schönem Garten, Fitnesscenter und Pool. DZ ab 70 €.

Edel-Hostel ▶ Harbour House Hostel 4: Finisklin Road, Tel. 071 917 15 47, www.har bourhousehostel.com. Sehr schönes Hostel im ehemaligen Hafenmeisterhaus mit ausreichend Duschen. Das Zimmerangebot reicht vom Schlafsaal bis zum Doppelzimmer mit eigenem Bad. Schlafsaal 20 €, DZ 44–50 €.

In der Pearse Road befinden sich mehrere **B & Bs** mit Zimmerpreisen von 60 bis 80 €.

Essen & Trinken
Nobel ▶ Coach Lane Restaurant 1: 1 Lord Edward Street, im Donaghy's Pub, Tel. 071 916 24 17, tgl. 14.30–21.30 Uhr. Das elegant-stimmungsvolle Restaurant über Donaghy's Pub serviert zwar exzellente Küche, aber leider auch sehr übertouerte. Pasta,

zwar edel, aber zum Preis von 18 €? Fleisch und Meeresfrüchte sind noch teurer (ab 25 €). Preiswerter, weniger aufwendig, aber genauso gut sind die Gerichte unten in der Bar. Sie kosten alle unter 14 €.

Französisch ▶ **Montmartre** 2: 1 Market Yard, Tel. 071 916 99 01, Di–Sa 17–23 Uhr. Ein lässiges Restaurant, das unter französischer Leitung echte französische Küche in den Westen Irlands bringt, und zwar auf unprätenziöse Art. Selbst die Weine wurden aus Frankreich importiert. Hauptgerichte 17–26 €.

Café & Weinbar ▶ **Osta** 3: Stephen Street, Tel. 071 91 44 639, Mo–Mi 8–19, Do/Fr bis 21, Sa bis 20, So 9–18 Uhr. Hier gibt es mit Blick auf den Fluss nicht nur feinste frische Backwaren zum Fairtrade-Kaffee, sondern auch herzhafte Kleinigkeiten (5–10 €), die man zum überwiegend französischen Wein knabbert.

Abends & Nachts

Traditionspubs ▶ **Hargadon's** 1: 4 O'Connell Street. Ein urgemütliches Pub (ohne TV!), zwar vor einiger Zeit renoviert, aber mit allem traditionellen Charme. Tagsüber gibt es auch gutes Essen. **Shoot the Crows** 2: 1 Castle Street. Schöne, dunkle, alte Kneipe mit gelegentlicher traditioneller Livemusik.

Musikpubs ▶ **Furey's** 3: Bridge Street. Altmodisches Pub mit regelmäßiger Livemusik, von traditionell bis Jazz. **McGarrigle's** 4: 11 O'Connell Street. Das Pub für Livemusik schlechthin. Bei guten Gigs ist es hier proppenvoll.

Bistrobar & Nachtclub ▶ **Garavogue** 5: 15–16 Stephen Street. Tagsüber eine nette Bistrobar am Fluss, ab ca. 22 Uhr ein Nachtclub mit Livebands, DJs und diverser populärer Unterhaltung.

Bühne ▶ **Hawk's Well Theatre** 6: Temple Street, Tel. 071 916 15 18, www.hawkswell.com. Veranstaltungsort für Tourentheater, freie Gruppen, Konzerte und Shows.

Theater ▶ **Blue Raincoat Theatre Company** 7: The Factory, Lower Quay Street, Tel. 071 91 70 431, www.blueraincoat.com. Die Theaterkompanie führt in dem alten Lagerhaus innovative Neuinszenierungen moderner Klassiker sowie neue Stücke auf.

Verkehr

Flüge: Der kleine Flughafen liegt in der Nähe von Strandhill, Tel. 071 916 82 80, www.sligoairport.com. Er wird nur noch für Fracht- und Privatflugzeuge sowie für Hubschrauber der Küstenwache genutzt.

Bahn: mehrmals tgl. Züge von und nach Dublin. Fahrtdauer ca. 3,5 Stunden. Tel. 1850 36 62 22, www.irishrail.ie.

Bus: Sligo ist ein Verkehrsknotenpunkt und daher mit allen Städten verbunden, von Derry über Belfast, Dublin, Cork, Limerick bis Galway und etliche Städte dazwischen. www.buseireann.ie.

Taxi: Taxistände gibt es in der Quay Street und in der Grattan Street. Chris Cabs: Tel. 087 292 07 22. Sligo Taxis: Tel. 086 12 19 111, bietet auch achtsitzige Wagen, die auch weitere Strecken fahren. Ace Cabs: Tel. 071 914 44 44.

Halbinsel Coolera

Strandhill ▶ D 3

Der lebhafte Badeort auf der Halbinsel Coolera ist ein Ausflugsziel und zieht besonders im Sommer viele Familien an. Dank der kräftigen Atlantikwellen ist der kilometerlange Strand auch ein Surfermekka. Unterkünfte, Restaurants und Freizeitangebote gibt es in allen Variationen und für nahezu jeden Anspruch.

Übernachten

Boutiquepension ▶ **Strandhill Lodge & Suites:** Top Road, Tel. 071 91 22 122, www.strandhilllodgeandsuites.ie. Das hübsche Haus mit Hotelkomfort (aber ohne Bar und Restaurant) vermietet schöne Zimmer mit Blick auf die Bucht. Nur kontinentales Frühstück. DZ 99 €, Suite 129 €.

Kleine Pension ▶ **Ocean Wave Lodge:** Top Road, Tel. 071 91 68 115, www.oceanwavelodge.com. Die kleine Pension hat nur zwölf Zimmer (mit eigenem Bad), bietet seinen Gästen aber die Benutzung eines Wohnzimmers, eines Leseraums und einer Küche. Das kontinentale Frühstück wird zur Selbstbe-

Sligo und Umgebung

dienung bereitgestellt. Schlafsaal 18/20 €, EZ ab 35 €, DZ ab 49 €.

Essen & Trinken
Steak & Meeresfrüchte ▶ Trá Bán Restaurant: Shore Road, Tel. 071 91 28 402, Di–So 17–21.30 Uhr. Die Speisen in dem Restaurant über der Strand House Bar direkt am Strand sind nicht nur eine Augenweide, sondern auch von exzellenter Qualität. Meeresfrüchte überwiegen, aber es gibt auch kreative Fleischgerichte. Hauptgerichte 17–25 €.
Bäckerei ▶ Cáca Milis: In der winzigen, von Franzosen geführten Bäckerei direkt an der Promenade gibt es die besten Croissants und Rosinenschnecken außerhalb Frankreichs. Geöffnet mindestens ab 8 Uhr.

Aktiv
Surfen ▶ In Strandhill und Umgebung gibt es mehrere Surfschulen, teils auch mit Ausrüstungsverleih. Die zwei etabliertesten befinden sich direkt am Strand (Beach Front) von Strandhill: **Perfect Day Surf School:** Tel. 087 20 29 399, www.perfectdaysurfing.ie. **Strandhill Surf School:** Tel. 071 91 68 483 u. 087 28 70 817, www.strandhillsurfschool.com.
Reiten ▶ Sligo Riding Centre: Carrowmore, Salthill, Tel. 087 230 48 28, www.sligoridingcentre.com.

Tipp: Seetangbad in Strandhill

Ein Tag im **Voya Seaweed Baths** ist eine herrlich altmodische Art, sich zu entspannen. Jeder Gast erhält sein eigenes Badezimmer, wo im Dampf zunächst die Poren geöffnet werden, um dann in der Badewanne mit warmem Meerwasser und frischen Algen den Körper tiefenreinigen und die Haut samtweich machen zu lassen. Die entgiftende Wirkung der Algen eignet sich auch gut für die ›Nachbehandlung‹ einer alkoholreichen Nacht. Voya Seaweed Baths, Strandhill, Co. Sligo, Tel. 071 916 86 86, www.voyaseaweedbaths.com.

Golf ▶ Strandhill Golf Course: Salthill, Tel. 071 916 81 88, www.strandhillgolfclub.com.

Verkehr
Busverbindung mit Sligo ca. fünfmal tgl. außer So.

Knocknarea und Carrowmore
▶ D 3

Neben Strandtrubel und Nachtleben bietet die Halbinsel auch zwei der bedeutendsten Sehenswürdigkeiten des County Sligo. Der **Knocknarea** ist die höchste Erhebung, auf dessen Gipfel ein künstlicher Steinhaufen schon von unten zu erkennen ist. Er wird als das Grab der Königin Maeve bzw. Medbh bezeichnet, der mythischen Kriegerkönigin von Connacht, deren Gestalt einer archaischen Muttergöttin gleicht. Zum Gipfel führt vom Parkplatz aus ein Fußweg, für den man ungefähr eine Stunde braucht.

Zu Füßen des Knocknarea befindet sich eine der bedeutendsten Fundstätten megalithischer Gräber, **Carrowmore,** nach dem Gräberfeld von Carnac in der Bretagne die größte der Welt (April–Mitte Okt. tgl. 10–18 Uhr). Ursprünglich müssen es wohl über 200 Dolmen, Steinkreise und pyramidenförmig angehäufte Geröllhaufen gewesen sein. Doch sind die meisten der jahrtausendealten Relikte einer frühen Kultur durch neuzeitlichen Sand- und Kiesabbau zerstört worden. Nur noch wenige sind erhalten. Die Legende sagt, dass dort das Volk der Fir Bolg begraben wurde, nachdem es vor etwa 4000 Jahren vom Volk der Tuatha de Danaan vernichtend geschlagen worden war.

North Sligo

Rosses Point ▶ D 3
Weitaus stiller als Strandhill und sehr viel malerischer ist der Badeort auf der Landzunge nördlich von Sligo. Die Yeats-Brüder schlossen den Ort in ihr Werk ein: William schrieb darüber und Jack malte ihn. Anders als der wellenumtoste Strand in Strandhill ist der von Rosses Point eher zum Baden geeignet.

North Sligo

Wie ein Monolith überragt der Benbulben die Landschaft

Übernachten

Landhaushotel ▶ Yeats Country Hotel: Tel. 071 917 72 11, www.yeatscountryhotel.com. Ein nettes, wenn auch schon etwas älteres Hotel, aber in toller Lage und mit einem großartigen Wellnessangebot: Die Badelandschaft mit allem Drum und Dran und einem Hightech-Fitnessraum sowie das Eros Health Spa mit diversen Hydro-Therapien, Reiki, Schönheitsbehandlungen, Massagen usw. stehen auch Nicht-Gästen zur Verfügung. DZ 89 €.

Essen & Trinken

Pubrestaurant ▶ Harry's Bar: in Strandnähe, Tel. 071 917 71 73, Mo–Mi 17.30–23.30, Do 16–23.30, Fr 16–24, Sa 12.30–0.30, So 12.30–23 Uhr. Stimmungsvolles, maritimes Pub, das sehr gutes Pubfood und Meeresfrüchte serviert. Gerichte 4–23 €.

Aktiv

Kiteboarding ▶ LSD Kiteboarding: Ballyweelin, Rosses Point, Tel. 086 80 51 390, www.lsdkiteboarding.com. Unterricht und Ausrüstung.

Angel- und Bootsausflüge ▶ Jim Ewing: Tel. 086 891 36 18, www.sligoboatcharters.com.

Golf ▶ County Sligo Golf Club: Tel. 071 917 71 34, www.countysligogolfclub.ie. Idyllisch gelegner 18-Loch-Golfplatz.

Verkehr

Busverbindung mit Sligo mehrmals tgl. außer sonntags.

Drumcliff ▶ D 3

»Cast a cold eye / on life on death / Horseman, pass by!« Yeats schrieb seinen Grabspruch selbst und nachzulesen ist er auf dem Friedhof der protestantischen Kirche in **Drumcliff,** an der einer seiner Vorfahren als Pfarrer gewirkt hatte. Yeats starb 1939 in Südfrankreich, sein Leichnam wurde aber 1948 nach seinen eigenen Wünschen nach Sligo überführt. Das Grab wirkt so schlicht wie gepflegt, auch wenn der Rummel drum-

Sligo und Umgebung

herum weniger schlicht ist. Das Café am Friedhof samt Memorabilia-Laden, bietet im Sommer neben Yeats-Büchern auch kleine Erfrischungen.

Übernachten
Feines B & B ▶ **Yeats Lodge:** Drumcliff, Tel. 071 917 37 87, www.yeatslodge.com. Ein einladendes B & B mit vier Zimmern, die fast Hotelkomfort erreichen; alle mit eigenem Bad. Sehr gutes Frühstück. DZ 105 €.

Essen & Trinken
Pub-Restaurant ▶ **Yeats Tavern & Davis's Restaurant:** Drumcliff Bridge, Tel. 071 916 31 17, Mo–Sa 9.30–21.30, So 12–21 Uhr. Das Pub und das sehr elegante Restaurant bieten für jeden Geschmack etwas. Im Angebot sind die etwas feinere irische Küche, aber auch Kleinigkeiten. Hauptgerichte 12–27 €, Kleinigkeiten 5–15 €.

Einkaufen
Kunsthandwerk ▶ **Benbulben Craft Village:** Rathcormac. Das Kunsthandwerkscenter liegt zwischen Sligo Town und Drumcliff. Verschiedene Anbieter verkaufen hier ihre Kreationen, u. a. der **Pottery Shop** mit handgearbeiteten Tonwaren, **Glasscraft** mit bunten und kunstvollen Glaswaren sowie die **Yeats Country Antiques** mit interessanten Antiquitäten.

Verkehr
Auf der Hauptstrecke Richtung Norden gelegen, daher häufig Verbindungen mit Sligo mit den Bussen nach Derry, Donegal und weiteren Orten.

Lissadell House ▶ D 3
Yeats zeigte sich stets angezogen von der angloirischen *ascendancy,* dem Landadel englischer Herkunft. Lissadell, das er in seinen Gedichten verewigte, ist nicht nur ein eigenwilliger Landsitz, sondern hier wurde auch eine der faszinierendsten Frauengestalten Irlands geboren: Gräfin Constance Markiewicz, Freiheitskämpferin und erste Frau im irischen Parlament. Sie und ihre Schwester Eva verehrte Yeats wegen ihrer Kraft und Schönheit.

Das gesamte Anwesen wurde 2003 an ein Dubliner Juristenehepaar verkauft, das nach jahrelangem Rechtsstreit ums Wegerecht das Haus nun endlich wieder für Besucher geöffnet hat (für 12 € allerdings). In den Stallungen sind Ausstellungen zu Constance Markiewicz und zu Yeats sowie ein nettes Café untergebracht. (Ende Juni–Ende Sept. tgl. 10.30–18 Uhr, Hausführungen: stündl. 11–17 Uhr, www.lissadellhouse.com).

Mullaghmore ▶ D 3
Mullaghmore mit seinem malerischen alten Hafen ist der reizvollste Badeort an der Küste von Sligo. Die Küstenlinie ist weniger sanft, sie stellt sich rau und felsig dem Atlantik entgegen. Nahe beim Ort erstrecken sich auch Sandstrände, die weniger überlaufen sind wie die in Strandhill und daher zu schönen Spaziergängen einladen.

Vom Hafen in Mullaghmore kann man nach **Inishmurray** übersetzen, sofern das Wetter es erlaubt. Die Insel ist seit 1948 unbewohnt. Sie war im 6. Jh. Sitz einer Klosteranlage, deren Überreste im 19. Jh. teilweise restauriert wurden. Die Anlage bietet Einblick in das frühchristliche Klosterleben, das noch sehr von heidnischen Bräuchen durchsetzt war.

Übernachten
Wellness am Hafen ▶ **Pier Head Hotel:** Tel. 071 91 66 171, www.pierheadhotel.ie. Ein sehr schön am Hafen von Mullaghmore gelegenes kleines Hotel, dessen Zimmer ganz maritim in Blau-Weiß und hellem Holz gehalten sind. Auf dem Dach gibt es einen Whirlpool im Pavillon und zum Haus gehören ein Swimmingpool, eine Sauna, ein Fitnessraum, ein schönes Restaurant mit Aussicht und eine Bar mit Livemusik. DZ 79 €.

Aktiv
Bootsfahrten und Angeltouren ▶ **Rodney Lomax:** The Harbour, Tel. 071 916 61 24; Bootstouren nach Inishmurray: **Keith Clarke:** Tel. 087 254 01 90, www.inishmurrayislandtrips.com.

Lough Gill

Tauchen ▶ **Offshore Watersports:** The Pier, Tel. 071 91 94 769, www.offshore.ie. Tauchausflüge, Schnorcheln, Angeln, Kurse.

Verkehr
Keine direkte Verbindung. Mit dem Bus von Sligo Richtung Letterkenny/Derry bis Cliffony und von dort zu Fuß. Mit dem Auto ab Sligo auf der N15 Richtung Norden, in Cliffony nach links auf die R279 abbiegen.

Lough Gill ▶ D 3

Der See **Lough Gill,** dessen Ostspitze schon zum County Leitrim gehört, ist in eine der lieblichsten Landschaften der Region gebettet. Sanfte Wiesen, Hügel und alte Mischwälder rahmen das Gewässer ein. Mehrere Inseln ragen aus dem See: Die größte, **Church Island,** verdankt ihren Namen einer Kirche aus dem 6. Jh., von der nur noch Ruinen erhalten sind. Bekannter ist das von Pflanzen überwucherte Inselchen **Innisfree,** das Yeats zu seinem vielleicht berühmtesten Gedicht inspirierte: »I will arise and go now, and go to Innisfree / And a small cabin build there, of clay and wattles made: / Nine bean-rows will I have there, / a hive for the honey bee / And I live alone in the bee-loud glade.« An den Inseln kommt man mit der Rose of Innisfree (s. r.) vorbei.

Parke's Castle ▶ D 3
Das befestigte Herrenhaus, das 1609 von einem englischen Siedler namens Captain Parke an der Stelle eines älteren Turmhauses der O'Rourkes erbaut wurde, befindet sich an der idyllischsten Ecke des Lough Gill. Reste des ursprünglichen Gebäudes wurden frei gelegt bzw. in das neue Haus integriert. Die Lage des Schlosses direkt am See ist traumhaft – so romantisch, dass es gerne als Motiv für Hochzeitsfotos genutzt wird. Das Gebäude ist sehr gut erhalten und wurde vom Staat, dem es mittlerweile gehört, sorgfältig restauriert. Es gibt Führungen durch die Anlage und interessante Ausstellungen zur Geschichte und anderen Aspekten der Region (April–29. Sept. tgl. 10–18 Uhr).

Verkehr
Schiff: The Rose of Innisfree, Tel. 087 259 88 69, www.roseofinnisfree.com. Ostern–Okt. tgl. 12.30 u. 15.30 Uhr Rundfahrt über den See ab Parke's Castle, einschließlich Dichterlesung, Kaffee und Kuchen. Ein Bustransfer von Sligo aus ist auf telefonische Anfrage möglich, ebenso eine kombinierte Bus- und Bootsrundfahrt.

Dromahair ▶ D 3
Wer den Lough Gill einmal mit dem Auto umrundet, sollte sich den kleinen Abstecher nach **Dromahair** im County Leitrim nicht entgehen lassen. Das Dorf ist eines der reizvollsten in Irland. Es wurde von den einstigen englischen Landlords der Region wie ein Dorf im englischen Somerset angelegt. Davor residierten hier die O'Rourkes von Breffni, deren Burg nur noch in Fragmenten neben der **Old Hall** zu erkennen ist. Die Old Hall wiederum wurde im 17. Jh. vom Bruder des Herzogs von Buckingham errichtet, der sich das Land der O'Rourkes angeeignet hatte.

Von der Old Hall ein paar Minuten zu Fuß, und man steht vor einer weiteren Ruine, der **Creevlea Friary,** einem ehemaligen Franziskanerkloster, das Margaret O'Rourke 1508 stiftete. Es ist die letzte irische Klostergründung vor der englischen Reformation unter Heinrich VIII. Das Kloster wurde 1649 von Cromwell zerstört.

Übernachten
Ökohäuschen ▶ **Ard Nahoo Eco Retreat:** Mullagh, Dromahair, Co Leitrim, Tel. 071 913 49 39, www.ardnahoo.com. Drei durch und durch ökologisch korrekte und zauberhafte Holzhäuschen mit allem Komfort. Bei einer lokalen Köchin können vegetarische Biogerichte direkt ins Haus bestellt werden, es gibt Yoga- und andere Wellnesskurse und das alles in stillster Landschaft. Häuschen 1–7 Pers. Wochenende 300–550 €, Woche 500–750 €.

Verkehr
Mehrmals tgl. Busverbindung mit Sligo via Manorhamilton.

Donegal Bay

Der südliche Teil des Countys Donegal rund um die Donegal Bay ist auch der touristischste – zumindest was Bekanntheitsgrad und Infrastruktur angeht. Dort befinden sich der quirligste Badeort Irlands, die schönsten Sandstrände des Nordostens, lebhafte Marktstädtchen ebenso wie der dramatische Slieve League, eine der höchsten Meeresklippen Europas.

Zwischen Sligo und Slieve League erstreckt sich die Donegal Bay, gesäumt von Sandstränden und Badeorten an der südlichen Küstenlinie und von Moorland und Klippen an der nördlichen. Die Gegensätze könnten nicht größer sein: Von Bundoran bis Donegal Town blüht der Tourismus, während auf der Halbinsel Slieve League relative Einsamkeit herrscht. Eine Tour rund um die Bay schließt daher ganz profane Vergnügungen, aber auch historische Stätten und grandiose Landschaften ein, ohne dass man dabei auf die Annehmlichkeiten des täglichen Lebens verzichten muss.

Bundoran ist mit Abstand der lebhafteste Ort, auch wenn er ansonsten keine Sehenswürdigkeiten vorzuweisen hat. Dafür gibt es dort die schönsten Strände und, sollte es regnen, eine überdachte Badelandschaft. Das Wassersportangebot ist überdies sehr vielseitig – selbst bei schlechtem Wetter.

Die Region zwischen Bundoran und Donegal Town ist, abgesehen von den Stränden, landschaftlich nicht sehr aufregend, es sei denn, man schätzt die einsamen Hügel mit den vielen kleinen Seen, in denen es sich in Ruhe angeln lässt. Der größte See ist der **Lough Derg,** nicht zu verwechseln mit dem gleichnamigen See im mittleren Westen Irlands, zu dem sich der Fluss Shannon verbreitert. Lough Derg, oder vielmehr die Insel darauf, ist ein bekannter Wallfahrtsort, zu dem vor allem irische Gläubige pilgern, um sich auf einer klassischerweise drei Tage dauernden Pilgerreise von ihren Sünden zu reinigen. Der See liegt einsam nahe der nordirischen Grenze, ist aber ab Ballyshannon oder Donegal Town ausgeschildert.

Kleinode mit historischen Sehenswürdigkeiten sind die Städte **Ballyshannon** und **Donegal Town,** beides Marktstädtchen, die ihren ganz eigenen Charakter bewahrt haben. Ballyshannon mit seinen engen Straßen und gut erhaltenen georgianischen Häusern sieht man die lange englische Herrschaft deutlich an. Donegal Town mit seiner restaurierten Burg und den vielen Läden, in denen der hochwertige Donegal-Tweed verkauft wird, ist eine typisch irische Marktstadt.

Die Strecke von Donegal Town bis zum **Slieve League** wird umso rauer und reizvoller, je weiter man sich nach Westen begibt. **Killybegs** ist ein bedeutender Fischereihafen und Industriestandort. Die kleinen Orte weiter westlich, **Kilcar** oder **Carrick,** bieten malerische Aussichten auf den Atlantik und das Hinterland gibt einen kleinen Vorgeschmack auf die schönsten aber auch ärmsten Regionen des Nordwestens, wenn nicht gar Irlands.

Bundoran ▶ D 3

Bundoran ist die große Ausnahme von der Regel: Denn im südlichsten Ort des ansonsten ruhigen und einsamen Countys Donegal, herrscht Trubel, Strandleben und Nachtvergnügen – ein kleines Mallorca, nur etwas küh-

Bundoran

ler. Der schöne breite Strand und ein noch breiteres Angebot an allen möglichen Urlaubsaktivitäten – von Fastfood-Buden über Spielhallen bis zu Nachtclubs und traditionellen irischen Pubs – haben Bundoran zu einem der beliebtesten Badeort Irlands für Familien gemacht.

Bereits im 18. Jh. war Bundoran ein beliebter Badeort für Sommerfrischler, heute, dank einer Vielzahl von überdachten Freizeitangeboten, ist er ganzjährig ein Vergnügen. Für Familien mit Kindern ist Bundoran eine gute Basisstation, auf der man auch Regentage überstehen kann, ohne dass sich die Kleinen langweilen.

Der Ort ist klein, man findet sich schnell zurecht. Rund um die Hauptstraße konzentriert sich der ganze Trubel.

Infos

Tourist Information: The Bridge, Main Street (Strandseite), Bundoran, Co. Donegal, Tel. 071 984 13 50, www.discoverbundoran.com.

Übernachten

In und um Bundoran gibt es ein gutes Angebot an B & Bs und Ferienapartments, die die Touristeninformation vermittelt.

Golfhotel ▶ **Great Northern Hotel:** Tel. 071 984 12 04, www.greatnorthernhotel.com. Die weitläufige 4-Sterne-Anlage liegt inmitten eines Golfplatzes. Zwei Restaurants, eine Bar, ein Nachtclub sowie Konferenz- und Veranstaltungsräume, in denen das ganze Jahr über Konzerte stattfinden, sorgen für Abwechslung. Dazu gibt es einen Wellnessbereich mit Fitnessräumen, Swimmingpool, Sauna u. a. DZ ab 80 €.

Familienhotel ▶ **Allingham Arms Hotel:** wenige Gehminuten zum Strand, Tel. 071 984 10 75, www.allinghamarmshotel.ie. Sehr komfortables Hotel, wenn auch nicht ganz so ausladend wie das Great Northern. Es gibt im Haus eine schicke Café-Bar mit Livemusik und ein Restaurant. DZ ab 80 €.

Traditionshotel ▶ **Fitzgerald's Hotel & Bistro:** Main Street, Tel. 071 984 13 36, www.fitzgeraldshotel.com. Das kleine familiengeführte Hotel liegt zwar mitten im Ortszentrum und daher im Geschehen, ist aber relativ ruhig. Recht gemütlich eingerichtet, und das Restaurant ist auch nicht schlecht (Mi–So, Hauptgerichte um 20 €). DZ 80–140 €.

B & B ▶ **Killavil House:** Finner Road, Tel. 071 984 15 56, www.killavilhouse.com. Modernes Haus am östlichen Ortsrand in Laufnähe zum Ort. DZ 70–76 €.

Surferhostel ▶ **Bundoran Surf Lodge:** Main Street, Tel. 071 984 19 68, www.bundoransurfco.com. Ein nettes Hostel mitten im Ort mit geräumigen Zimmern, das ideal für Surfer geeignet ist, weil sich dort auch gleich eine Surfschule befindet. Schlafsaal 20 €, DZ 50 €.

Modernes Hostel ▶ **Homefield Rock Hostel:** Bay View Avenue, Tel. 071 982 93 57, www.homefieldrockhostel.com. Das einstige Ferienhaus des Viscount of Enniskillen und spätere Konvent wurde zu einem Hostel mit Musikthema (samt Instrumenten) umgebaut. Darüber hinaus wird hier für Interessierte Surfunterricht organisiert. Schlafsaal 20 €, DZ 50 €.

Essen & Trinken

Pub-Restaurant ▶ **Marlboro House:** Sea Road, Tel. 071 984 14 71, tgl. 18–22 Uhr. Bar und Restaurant mit entspannter Atmosphäre. Serviert werden recht gute irisch-internationale Gerichte. Hauptgerichte 16–28 €.

Italienisch ▶ **La Sabbia:** Homefield Rock Hostel, Tel. 071 984 12 88, tgl. 17–21.30 Uhr, Okt.–Mai nur Do–So. Das italienische Restaurant, angegliedert an das Homefield Rock Hostel, bietet eine lockere und junge Atmosphäre. Meeresfrüchte spielen die Hauptrolle, außerdem gibt es natürlich Pizza und Pasta. Hauptgerichte 6–25 €.

Abends & Nachts

An Gelegenheiten, sich ins Nachtleben zu stürzen, mangelt es in Bundoran nicht. In den großen Hotels gibt es Nacht- und Tanzclubs.

Surferpub ▶ **The Bridge Bar:** West End, Main Street. Traditionelles Pub mit Restaurant (einfach und deftig) und B & B (schlicht), oft trad. Sessions, ansonsten immer gut besucht von zerzausten Surfern.

Donegal Bay

Musikpub ▶ The Chasin Bull: West End, Main Street. Funky Pub, wo immer etwas los ist. Die neuesten Talente von Folk bis Rock spielen hier auf.

Aktiv

Golf ▶ Bundoran Golf Club: Tel. 071 984 13 02, www.bundorangolfclub.com. 18-Loch-Platz mit schönem Blick über den Atlantik.
Badelandschaft ▶ Waterworld: Seafront, Tel. 071 984 11 72, www.waterworldbundoran.com, Osterwoche u. Juni tgl. 12–18, Juni–Aug. tgl. 10–19, Mai u. Sept. Fr–So 12–18 Uhr. Große Indoor-Badelandschaft mit allem, was dazu gehört.
Wellness ▶ Seaweed Baths: der Waterworld angeschlossen, April–Aug. Algenbad mit Wellnessangeboten.
Surfen ▶ Bundoran Surf Co.: Main Street, Tel. 071 984 19 68, www.bundoransurfco.com. Surfschule mit Laden für die gesamte Surfausstattung.
Wassersport ▶ Donegal Adventure Centre: Bayview Avenue, Tel. 071 984 24 18, www.donegaladventurecentre.net. Kinderangebote (ab 8 Jahren): Surf-, Kanu-, Kajak- und Schnorchelkurse. Auch Erwachsene können verschiedene Wassersportarten ausprobieren. Ausrüstung wird verliehen.
Reiten ▶ Donegal Equestrian Centre: Finner Road, Tel. 071 984 19 77, www.donegalequestriancentre.com. Reitunterricht und Ausritte am Strand.
Fahrradverleih ▶ The Bike Shop: East End, Tel. 085 248 83 17, www.thebikeshop.ie, Mo–Sa 9–18 Uhr. Verleih und -verkauf.
Hochseeangeln ▶ Bundoran Star: Strand View, West End, Tel. 071 984 10 17, Handy 087 419 83 23, www.bundoranstar.ie. Bootsausflüge und Angeltrips.

Termine

Fast das ganze Jahr über finden in den großen Hotels Konzerte, Shows und Varietés statt.

Verkehr

Häufige Busverbindungen mit Dublin, Donegal, Derry, Sligo, Galway.

Ballyshannon ▶ D 3

Malerisch liegt das kleine Städtchen auf einem Hügel, von dem man auf die Erne-Mündung blickt. Schmale, steile Straßen mit einigen georgianischen Häusern winden sich durch den Ort, der vom Turm der St.-Anne's-Kirche überragt wird, und vermitteln den Eindruck einer mittelalterlichen Marktstadt. Tatsächlich soll **Ballyshannon** die älteste Stadt Irlands sein – zumindest ist sie im Besitz des ältesten schriftlich nachweisbaren Stadtrechts, das ihr 1613 verliehen wurde. Von Bedeutung war sie dank ihrer strategischen Lage auf einem Hügel und am Fluss Erne, der eine natürliche Grenze zum Nordwesten bildet, jedoch bereits lange vorher.

Im Jahr 1591 fand an diesem Ort eine Schlacht zwischen dem lokalen irischen Herrscher Hugh Roe O'Donnell und einer englischen Division statt. Die Engländer okkupierten den Ort und nutzten ihn als Garnison – so weit die belegte Geschichte. Die Legende will jedoch, dass auf der kleinen Insel Inis Saimer, die vom höchsten Punkt Ballyshannons zu sehen ist, nach der Sintflut einige Mazedonier die erste Kolonie in Irland gegründet haben sollen. Man kann sich nur wundern, dass sie nach all dem Regen ausgerechnet auf Irland kamen ...

Übernachten

Traditionshotel ▶ Dorrian's Imperial Hotel: Stadtzentrum, Tel. 071 985 11 47, www.dorriansimperialhotel.com. Das Haus aus dem 18. Jh. ist klein, aber fein und hat großzügige Zimmer, die blümchenreich eingerichtet sind. DZ ab 100 €.
Landhaus-B & B ▶ Cavangarden House: Donegal Road, an der Straße nach Donegal (N15) ca. 3 km außerhalb Ballyshannons, Tel. 071 985 13 65, www.cavangardenhouse.com. Ein georgianisches Haus von 1750 mit herrlich altmodischen Zimmern. DZ ab 70 €.
Edel-Campingplatz ▶ Lakeside Caravan & Camping Park: Belleek Road, 10 Gehminuten vom Stadtzentrum, Tel. 07 19 85 28 22, www.lakesidecaravanandcamping.com, Anf. März–Okt. Der 4-Sterne-Campingplatz

liegt vor den Toren der Stadt am Ufer des Assaroe Lake.

Essen & Trinken
Weinbar ▶ Nirvana: The Mall, Tel. 071 982 23 69, Mo 17.30–21.30, Di–So 12–15.30 u. 17.30–21.30, Fr u. So 12–21.30, Sa 17–21.30 Uhr. Ein schickes kleines Restaurant mit Weinbar und Café, das frische und feine Küche serviert. Mittags gibt es kleine Gerichte unter 10 € (Salate, Sandwiches, Pasta), abends überwiegend Fleisch- und Fischgerichte (15–25 €), zum Wein auch eine Art Tapas (6 €).

Einkaufen
Porzellan ▶ Belleek Pottery: Belleek, Co. Fermanagh, www.belleek.com, Jan.–Febr. Mo–Fr 9–17.30, März–Juni Mo–Fr 9–17.30, Sa 10–17.30, So 14–17.30, Juli–Sept. Mo–Fr 9–18, Sa 10–18, So 12–17.30, Okt.–Dez. Mo–Fr 9–17.30, Sa 10–17.30, So 12–17 Uhr; Führungen Mo–Fr alle halbe Std., Juni–Sept. auch Sa. Die Porzellanmanufaktur liegt schon in Nordirland, ist aber nur ca. 6 km von Ballyshannon entfernt. Neben Klassischem und Kitsch gibt es auch Stücke in schlichtem modernen Design. Mit Museum und Café.

Aktiv
Geschichtstour ▶ Ballytour: Tel. 071 982 28 88, www.ballyshannon.ie. Während der Sommersaison wird täglich eine Geschichtstour durch die Stadt angeboten, mit einer Führung in historischem Kostüm, vielen Geschichten und Anekdoten sowie Einkehr zum Schluss.

Termine
Folk & Traditional Music Festival: Ende Juli/Anfang Aug., www.ballyshannonfolkfestival.com. Eines der größten Musikfestivals traditioneller irischer Musik in der Region.
Rory Gallagher Festival: Ende Mai/Anfang Juni, www.rorygallagherfestival.com. Der verstorbene Blues- und Rockmusiker Rory Gallagher wurde in Ballyshannon geboren. Daher wird hier seit einigen Jahren ein Festival ihm zu Ehren organisiert, bei dem Tribute- und andere Rockbands auftreten.

Verkehr
Häufige Busverbindungen mit Dublin, Galway, Sligo, Donegal und Derry.

Donegal Town ▶ D 2

Donegal ist auf eine etwas behäbige Art und Weise recht geschäftig: Kleine Läden und adrette Hotels umgeben den zentralen Platz, den Diamond, von dem die Straßen in alle Richtungen streben, und säumen die Seitenstraßen. Am Kai bieten Händler ihre Waren an und Gäste wie Einheimische genießen den Sonnenschein, so vorhanden. Ein reizvoller Uferweg führt am Fluss Eske entlang, der bei Donegal in die Bay mündet, und Boote schaukeln am Hafen.

Neben der entspannten Atmosphäre hat Donegal Town auch einige historische Sehenswürdigkeiten zu bieten. Vom **Donegal Castle,** dem einstigen Stammsitz des irischen Herrscherclans der Region, der O'Donnells, sind noch Teile des Turmhauses aus dem 15. Jh. übrig geblieben. Das Herrenhaus auf dem gleichen Gelände, das der englische Eroberer Basil Brooke erst im 17. Jh. errichten ließ, wurde in den vergangenen Jahren restauriert (beide Gebäude: Ostern–Mitte Sept. tgl.10–18, Mitte Sept.–Ostern Do–Mo 9.30–16.30 Uhr).

Basil Brooke zeichnet auch für den Diamond in seiner heutigen Form verantwortlich. In seiner Mitte erinnert ein Obelisk an die **Four Masters,** vier Franziskanermönche, die die Geschichte des gälischen Lebens bis in das 17. Jh. aufzeichneten – eines der wichtigsten Schriftstücke irischer Überlieferung (das Original befindet sich in einem Kloster in der Schweiz, eine Kopie gibt es in der National Library in Dublin). Die Mönche verfassten diese Annalen in der **Donegal Abbey,** deren Überbleibsel an der Südseite des Diamond liegen.

Infos
Tourist Information: The Quay, Tel. 074 972 11 48, www.govisitdonegal.com, www.donegaltown.ie.

Donegal Bay

Übernachten

Exklusiv ▶ Harvey's Point Country Hotel: Lough Eske, Tel. 074 972 22 08, www.harveyspoint.com. Ein exklusives Hotel am Ufer des Lough Eske, das hohen Standard bietet. Über die stilvollen Zimmer hinaus wird das elegante **Restaurant** in ganz Irland für seine hervorragende Küche gerühmt, die ihren Preis wert ist. Sehr elegant und klassisch ist das Hauptrestaurant, ein neues Restaurant bietet eine lässigere Atmosphäre, aber mit ebenso edler Küche. Im Sommer gibt es oft Dinnershows. DZ 158–198 €, Suiten 198–498 €.

Standardhotel ▶ Mill Park Hotel: The Mullins, Tel. 074 972 28 80, www.millparkhotel.com. Großes 4-Sterne-Hotel mit allem üblichen Komfort; Swimmingpool, Sauna, Fitness- und Wellnessbereich. DZ ab 120 €.

Pesnion mit Restaurant ▶ Ard na Breátha: Drumrooske Middle, Tel. 074 972 22 88, www.ardnabreatha.com. Das Farmhaus am Rand von Donegal Town Richtung Killybegs legt größten Wert auf Nachhaltigkeit. Die Zimmer sind komfortabel und relativ groß. Das Essen ist natürlich öko. DZ 89–119 €.

Ruhiges B & B ▶ Eske Villa: Marian Villas, Tel. 074 972 20 71, www.eskevilla.com. Das geräumige Haus liegt schön ruhig, aber nur einen kurzen Fußweg vom Ortszentrum entfernt. Die Zimmer sind mit allem Komfort eingerichtet (auch WLAN). DZ ab 75 €.

Essen & Trinken

Zwanglos ▶ Harbour Restaurant: Quay Street, Tel. 074 972 17 02, Mo–Do 17–21.30, Fr/Sa bis 22, So 15–21 Uhr. Ein bisschen altmodisch mit maritimem Dekor, aber durchaus gute und solide Küche und eine erfreuliche vegetarische Auswahl. Hauptgerichte 13–25 €, Pizza 9–15 €.

Fischrestaurant ▶ The Olde Castle Bar & Red Hugh Restaurant: Tirconnell Street, Tel. 074 972 12 62, tgl. 12–21 Uhr. Das bildhübsche Lokal mit Blick auf die Burg lockt tagsüber in der Bar mit sehr guten Traditionsgerichten (Irish Stew) und abends (ab 17 Uhr) oben im Restaurant mit erstklassigen Meeresfrüchten, aber auch Fleischgerichten. Mittags 5–17 €, abends 10–25 €.

Italienisch ▶ Bella Donna: 2 Bridge Street, Tel. 074 972 57 90, Di–So 17–22 Uhr. Feineres italienisches Restaurant mit den üblichen Klassikern (Pizza, Pasta), aber auch deftigen Fleischgerichten. 12–22 €.

Café-Restaurant ▶ Blueberry Tearoom: Castle Street, Tel. 074 972 29 33, Mo–Sa 9–19 Uhr. Hübsches und lebhaftes Café mit kleinen, aber sehr gut zubereiteten Speisen und selbstgebackenen Kuchen. Unter 11 €.

Einkaufen

Tweedbekleidung ▶ Magee of Donegal: The Diamond, www.mageeireland.com. Der traditionsreiche Laden hat das größte Angebot der Welt an handgewebtem Donegal-Tweed. Die feinen Herrenanzüge sind weltberühmt.

Kunsthandwerk ▶ Donegal Craft Village: ca. 2 km außerhalb an der Straße Richtung Ballyshannon/Sligo, gut ausgeschildert, www.donegalcraftvillage.com, April–Sept. Mo–Sa 10–17, Okt.–Weihnachten Di–Sa 10–17 Uhr. In dem Komplex mit mehreren Läden fertigen und verkaufen mehrere Künstler ihre Werke, von Glas, über Holz- und Steinarbeiten bis zu Schmuck und Gemälden. Ein schönes Café ist ebenfalls vor Ort.

Aktiv

Bootstouren ▶ Donegal Bay Waterbus: The Pier, Tel. 074 972 36 66, www.donegalbaywaterbus.com. Bootstour in der Donegal Bay rund um die Stadt, mit kommentiertem Sightseeing. Die Tour dauert ca. 75 Min.

Verkehr

Häufige Busverbindungen mit Sligo, Galway, Dublin und Derry.

Entlang der Küste zum Slieve League

Die landschaftlich schönste Strecke in diesem Teil Donegals ist zweifellos jene, die von Killybegs zum Slieve League und schließlich nach Glencolumbcille führt. Es eröffnen sich großartige Ausblicke auf den Atlantik, an dem ver-

Entlang der Küste zum Slieve League

steckte Strände zu entdecken sind, und man fährt durch reizvolle Dörfer. Vom Abenteuer Slieve League selbst ganz zu schweigen.

Killybegs ▶ D 2
Killybegs ist der größte Ort an dieser Küstenstraße. Das Fischerstädtchen mit den engen Straßen klammert sich an die Hügel, die sich vom Hafen hinaufziehen. Der Eindruck des verschlafenen Nestes täuscht, schließlich verfügt Killybegs über einen der größten Fischereihäfen Irlands. Man sieht, wenn man von Donegal Town aus nach Killybegs hineinfährt, dann auch als Erstes den riesigen Fischereihafen, der 2004 im großen Stil ausgebaut wurde. Dort kann man am Abend die Fischerboote einlaufen sehen und sich gleich mit fangfrischem Fisch eindecken. Eine Killybegs-Spezialität, die tatsächlich im Spätherbst vor der Küste Donegals noch gefangen wird, sind Makrelen, die es dann natürlich auch in den Restaurants gibt.

Infos
Tourist Information: Shore Road, Killybegs, Tel. 074 973 23 46, www.killybegs.ie.

Übernachten
Modernes Hotel ▶ Tara Hotel: Main Street, Tel. 074 974 17 00, www.tarahotel.ie. Das schicke, moderne Hotel am Hafen vermietet sehr komfortabel ausgestattete Zimmer, alle mit WLAN und manche mit Balkon mit Hafenblick. Der Fitnessclub ist auch für Nichtgäste zugänglich, und das elegante Restaurant serviert gute Küche (14–25 €). DZ 109 €.
Schickes Hostel ▶ The Ritz: Chapel Lane, Tel. 074 973 13 09, www.theritz-killybegs.com. Das ungewöhnlich schicke Hostel hat einigen Komfort zu bieten: Alle fröhlich eingerichteten Zimmer haben eigenes Bad und TV, es gibt eine tolle Gemeinschaftsküche und einen nahezu eleganten Gemeinschaftsraum. Kleines Frühstück wird auch serviert. Schlafsaal (bis zu 6 Betten) 15–20 €, DZ 50 €.

Essen & Trinken
Atmosphärisch ▶ Kitty Kelly's: Largy, zwischen Killybegs und Kilcar, Tel. 074 973 19 25, Ende Mai–Mitte Sept. tgl. 17–21.30 Uhr. Das gemütliche Restaurant befindet sich in einem 200 Jahre alten Farmhaus, es eignet sich für ein elegantes Dinner ebenso wie für ein ungezwungenes Abendessen. Serviert werden u. a. sehr leckere, traditionell irische Fischgerichte. Hauptgerichte 19–25 €.
Bar & Bistro ▶ The Clock Tower: Fintrabay, Tel. 074 974 19 22, etwa 3 km westlich von Killybegs Richtung Carrick, Do–Sa ab 17, So ab 12 Uhr. Das schöne historische Gebäude mit dem charakteristischen Turm besteht aus einer Lounge Bar und dem formelleren Restaurant oben. Die Küche ist gutbürgerlich. Gerichte 6–22 €.

Aktiv
Hochseeangeln ▶ Killybegs Angling: Blackrock Pier, Killybegs, Tel. 074 973 11 81, www.killybegsangling.com. Angeboten werden Bootscharter zum Hochseeangeln und Sightseeingtrips.

Verkehr
Mehrmals tgl. Busverbindung von Donegal Town über Killybegs, Kilcar, Carrick bis nach Glencolumbcille.

Tipp: Handweberei Studio Donegal

Donegal-Tweed ist weltberühmt. Seit dem 19. Jh. werden die edlen und haltbaren Stoffe hergestellt. Den Rohstoff liefern die Schafe Donegals, deren Wolle teilweise bis heute in Heimarbeit gesponnen und gewebt wird. Einige der besten Stücke gibt es in der Handweberei in **Kilcar**. In der Werkstatt kann man zusehen, wie auf altertümlichen Webstühlen robuste Decken und Stoffbahnen gewebt werden. Im Laden gibt es eine große Auswahl an Jacken, Westen, Schals, Mützen und (Tages)Decken. Im Angebot sind auch warme und moderne Strickwaren. The Glebe Mill, Kilcar, Tel. 074 973 81 94, www.studiodonegal.ie, Laden: Mo–Fr 9–17.30, Sa 9.30 bis 17 Uhr.

Donegal Bay

Kilcar ▶ D 2

Kilcar ist der hübscheste Ort auf der Strecke, ein typisches irisches Dorf mit bunt getünchten Häusern und lebhaften Pubs. Hier befindet sich außerdem eine der interessantesten Handwebereien Donegals, Studio Donegal (s. Tipp S. 337).

Übernachten

B & B mit Aussicht ▶ **Inishduff House:** Largy, Tel. 074 973 85 42, www.inishduffhouse.com. Das moderne Haus zwischen Killybegs und Kilcar bietet eine wunderbare Aussicht über den Atlantik. Die Zimmer sind mit allem Komfort (auch WLAN) ausgestattet, das Frühstück überwältigend. DZ ab 80 €.

Kleines B & B ▶ **Ocean Spray B & B:** Muckross, Tel. 074 973 84 38, www.oceanspraybnb.com. Der moderne Bungalow an der Küstenstraße kurz vor Kilcar vermietet komfortable Zimmer, alle mit WLAN. DZ ab 60 €.

Abends & Nachts

Das einzige Restaurant im Ort ist das im **Hotel Blue Haven** (Carrick Road, nur Sa/So geöffnet). Livemusik gibt es in den Pubs **P. Carr's, John Joe'** und **O'Donnell's.**

Aktiv

Bootstouren ▶ **Nuala Star Teelin:** Teelin Pier, Carrick, Tel. 074 973 93 65, www.sliabhleagueboattrips.com. April–Okt. fährt das Boot mehrmals täglich zum Slieve League. Man kann es auch zum Hochseeangeln, zu Tauch- oder Vergnügungsfahrten chartern.

12 Slieve League ▶ C/D 2

In **Carrick**, einem kleinen stillen Dorf, zweigt eine enge Straße nach **Teelin** ab, einer noch kleineren Häuseransammlung. Dort gibt es einen recht holprigen Fußweg hinauf auf die Klippen des **Slieve League,** die mit 609 m die höchsten Seeklippen Europas sind, aber auch eine Straße, die über ca. 6 km zum Parkplatz am **Bunglass Point** führt. Unter ›Straße‹ darf man sich allerdings nicht zu viel vorstellen. Der Fahrweg führt nämlich in Haarnadelkurven steil nach oben und geht dann ungesichert am Rande der Klippen weiter.

Glencolumcille (Gleann Cholm Cille) ▶ D 2

Dort, wo es am einsamsten und schönsten ist, haben sich einst die ersten Mönche ihre Rückzugsorte gesucht. **Glencolumcille** ist so ein Ort, an dem die Welt zu Ende zu sein scheint. Das Dorf ist in ein Tal eingebettet, das sich zu einer schmalen Bucht mit breitem Sandstrand öffnet. Den Namen erhielt es vom heiligen Columba, einem der bedeutendsten Mönche des 6. Jh., der aus Donegal stammte. Noch heute gibt es am 6. Juni eine Pilgerprozession, den Turas, entlang einem 5 km langen 15-Stationen-Weg. Bemerkenswerterweise bestehen diese Stationen nicht nur aus christlichen Motiven, sondern auch aus keltischen oder noch älteren Relikten. Der Pilgerweg ist somit auch eine Wanderung entlang archäologischen Zeugnissen, von Steingräbern bis zu Hochkreuzen.

Glencolumcille

Auch wolkenverhangen ein atemberaubender Anblick: Slieve League

Fast anderthalb Jahrtausende später erweckte ein weiterer Kirchenmann das Dorf wieder zu neuem Leben. Father James McDyer war besorgt über die zunehmende Verarmung seiner kleinen Gemeinde, aus der immer mehr Menschen abwanderten, und initiierte neben einer Kooperative für Strick- und Webwaren auch eine bescheidene Tourismusentwicklung. Das **An Cláchán Folk Village Museum,** Nachbauten traditioneller Strohdach-Cottages mit originalgetreuer Einrichtung, einem Andenkenladen und einer Teestube, geht auf seine Bemühungen zurück (Ostern–Ende Sept. Mo–Sa 10–18, So ab 12 Uhr, www.glenfolkvillage.com).

Glencolumcille, das zur Donegal-Gaeltacht gehört (einem Gebiet, in dem hauptsächlich Gälisch gesprochen wird), ist auch ein Zentrum für Schüler der irischen (oder gälischen) Sprache. Man wird dort stets Gruppen begegnen, die sich mehr oder weniger gut auf Irisch unterhalten. Die Einheimischen sprechen mit Fremden aber auch Englisch.

Übernachten

Es gibt mehrere B & Bs in der Umgebung von Glencolumcille. Infos: www.gleanncholmcille.ie/bb.htm. Die Touristeninformation im Lace House, Cashel, ist jedoch nur selten besetzt.

Hostel-B & B ▶ Áras Ghleann Cholm Cille: Tel. 074 973 00 77, www.arasgcc.com. Das große Haus liegt an der R263, von Carrick kommend ein Stück außerhalb des Dorfs. Es ist eine Mischung aus B & B und Hostel (mit Selbstversorgerküche) mit tollem Service. EZ 20–30 €, DZ 30–40 €, 4BZ 50 €.

Hostel mit Aussicht ▶ Malinbeg Hostel: Malinbeg, außerhalb von Glencolumbcille, Tel. 074 973 00 06, www.malinbeghostel.com. Das moderne, gepflegte Haus ist nur 5 Gehmin. vom Strand entfernt, mit großartiger Aussicht. Schlafsaal ab 15 €, DZ 38 €.

Donegal Bay

aktiv unterwegs

Wanderung auf den Klippen des Slieve League

Tour-Infos

Start: Parkplatz am Bunglass Point
Länge: ca. 11 km
Dauer: ca. 4–5 Stunden
Schwierigkeitsgrad: anspruchsvoll
Wichtige Hinweise: Am Zielort Trabane gibt es ebenfalls einen Parkplatz. Wer von Glencolumcille statt von Kilcar kommt, kann die Strecke auch in die andere Richtung wandern. Bei schlechten Wetterverhältnissen und besonders bei starkem Wind sollte die Tour nicht unternommen werden.

Eine Wanderung auf den Klippen des **Slieve League**, die bis zu knapp 600 m hoch sind, gehört zu den Highlights in Donegal, ist aber nichts für Leute mit Höhenangst.

Der Weg beginnt am Parkplatz von **Bunglass**, von wo ein Pfad sichtbar bergauf führt. Er steigt dann knapp 200 m hoch und zwar immer an den Klippen entlang. Der Weg teilt sich oben an den Klippen, da viele Wanderer unterschiedliche Pfade ausgetreten haben. Allerdings sollte man sich besser an die Pfade landeinwärts halten. Der meerzugewandte Pfad ist so schmal, dass man kaum einen Fuß vor den anderen setzen kann.

Der spannendste Teil der Wanderung ist zweifellos der **One Man's Path,** ein schmaler Weg auf einem Felskamm, der allerdings teilweise schon so ausgetreten ist, dass durchaus auch zwei Leute nebeneinander laufen können.

Nach diesem Pfad ist der höchste Gipfel des **Slieve League** erklommen, wo die Aussicht bei gutem Wetter bis nach Sligo und Mayo reicht. Von hier geht es wieder ziemlich steil bergab. Nach Durchquerung eines Bachs führt der Weg wieder bergauf und eröffnet den schönsten Blick auf die Klippen von Slieve League.

Der eher raue Pfad geht nun hinab zum Strand von **Trabane** (›weißer Strand‹) mit Parkplatz, wo man evtl. eine Mitfahrgelegenheit zurück zum Bunglass Point erwischt.

Einkaufen

Strickwaren ▶ **Glencolumbcille Woollen Mills:** Richtung Folk Village gelegen, www.rossanknitwear.ie. Der Laden bietet eine breite Auswahl an sehr schönen handgestrickten Bekleidungsstücken.

Aktiv

Irische Kultur ▶ **Oideas Gael:** Tel. 074 973 02 48, www.oideas-gael.com. Die Sprachschule bietet Unterricht für Erwachsene in Irisch (Gälisch), wozu auch kulturelle Aktivitäten wie Singen, Tanzen und Poesie gehören. Daneben auch Kurse in verschiedenen Kunsthandwerken und Künsten.

Verkehr

Eher spärliche Busverbindung mit Donegal via Killybegs.

Ardara ▶ D 2

Der schönste Weg nach Ardara ist jener ab Carrick entlang dem Glen River über den **Glengesh Pass,** von dem man eine spektakuläre Aussicht über einsame Höhen hat. **Ardara,** ein Dorf, das auf einem Hügel liegt und teilweise recht steile Straßen hat, ist das Zentrum der Tweedproduktion Donegals. Mehrere Geschäfte bieten hier ihre Waren an.

Berühmt ist Ardara auch für seine traditionelle Musik, insbesondere für seine Geiger. Abgesehen von all den Sessions in den Pubs findet im Mai das Cup of Tae Festival statt, benannt nach Ardaras berühmtestem Fiddler, John ›The Tae‹ Gallagher.

Übernachten

Stadthotel ▶ **Nesbitt Arms Hotel:** Main Street, Tel. 074 954 11 03, www.nesbittarms.com. Das schön altmodische Hotel in Ardara liegt mitten im Ort. Die Zimmer sind großzügig und komfortabel, es gibt eine Bar und ein Restaurant. Das ganze Jahr über finden Veranstaltungen statt. DZ 99–149 €.

Historisch ▶ **Woodhill House:** 500 m außerhalb von Ardara, Tel. 074 954 11 12, www.woodhillhouse.com. Das historische Herrenhaus aus dem 19. Jh. mit Ursprüngen im 17. Jh. liegt inmitten eines wunderschönen Gartens. Die Zimmer sind sehr gemütlich eingerichtet. Besonders urig sind diejenigen im ehemaligen Kutschenhaus. Es gibt ein Restaurant (s. u.) und eine Bar mit traditionellen Sessions. DZ ab 98 €.

Essen & Trinken

Edelrestaurant ▶ **Woodhill House:** s. »Übernachten«, tgl. 18.30–22 Uhr. Das beste Restaurant in Ardara serviert lokale Spezialitäten (Fisch) mit französischem Einfluss. 3-Gänge-Menü 38 €.

Einkaufen

Tweedbekleidung ▶ **John Molloy:** www.johnmolloy.com. Die berühmte Marke hat sich auf traditionelle Aran-Fischerpullover und Tweedbekleidung spezialisiert.

Strickwaren ▶ **Kennedy's of Ardara:** www.kennedyirishsweaters.com. Ein breites Angebot an Strickwaren und Tweedbekleidung. Einzigartig bei Kennedy's ist der Hillwalker-Pullover, ein sehr dicht gestricktes Stück, das wirklich auch den kältesten Wind abhält, ein gutes Design hat und ein Leben lang hält.

Kleidung ▶ **Triona Design:** www.trionadesign.com. Der größte Laden in Ardara mit einer umwerfenden Auswahl ist auch inoffizielle Touristeninformation.

Abends & Nachts

Ardara ist in Donegal berühmt für seine Pubsessions. In fast jedem Pub wird man fündig.
Lieblingspub ▶ **Nancy's:** Front Street. Sehr schön altmodisch, und bis 21 Uhr werden auch Kleinigkeiten zu essen serviert.

Termine

Cup of Tae Festival: erstes Mai-Wochenende, www.cupofteafestival.com. Ein Festival der traditionellen Musik mit vielen Sessions in den Pubs und Konzerten von bekannten Gruppen.

Verkehr

Busse ca. dreimal tgl. (außer So) von und nach Donegal und Glenties.

Am wilden Atlantik

Der »Wild Atlantic Way« von Cork bis Malin Head wird im Nordwesten seinem Namen erst wirklich gerecht: Er führt durch die einsamsten und wildesten Regionen Donegals, mit zerklüfteten Küsten, malerischen Fischerdörfern, rauen Fels-, Moor- und Heidelandschaften, Bergen, Seen, Flüssen und Meeresbuchten samt wunderschönen Sandstränden – ein Stück nahezu unberührtes Irland.

Der **Wild Atlantic Way** ist keine breite Straße, sondern ein lockeres Geflecht aus Wegweisern entlang oft schmaler bis holpriger Landsträßchen, die kreuz und quer durch die dramatischsten Landschaften Donegals führen. Welcher Abzweigung auch immer man folgt – es eröffnen sich immer wieder überwältigende Ausblicke oder Eindrücke. Die Region ist weitgehend unterentwickelt, aber romantisch für den naturliebenden Irlandreisenden, der noch ein Stückchen seines grünen Irlandtraums vor Augen hat. Nur wenige Luxushotels versorgen den anspruchsvollen Gast.

Wohlhabend war die Region noch nie. Der Boden ist weitgehend unfruchtbares Brachland, nur ein Drittel des Countys ist überhaupt für die Landwirtschaft geeignet – einer der Gründe, warum Donegal während der britischen Eroberung überwiegend den katholischen Iren überlassen blieb und als Teil der Provinz Ulster bei der Teilung der Insel im Jahr 1922 nicht Nordirland zugeschlagen wurde.

Die Iren, die sich während der englischen Eroberung in diese unwirtliche Region zurückzogen, behielten ihre irisch-gälische Sprache bei. Noch heute zählt ein Teil Donegals zu den größten Gaeltacht-Gebieten Irlands: Die Straßenschilder zeigen die irischen Namen der Orte an, viele Menschen sprechen Irisch als ihre erste Sprache, und doch nimmt das Englische mehr und mehr überhand.

The Rosses (Na Rossa)

Karte: S. 344/345

The Rosses (Na Rossa) heißt die »kahle und hungrige Landschaft« (Flann O'Brian) zwischen Dungloe und Gweedore. Nichts außer Moos, Heidekraut und Ginster scheint dort zwischen dem grau-rosafarbenen Granitgestein gedeihen zu wollen – eine Region, deren Armut legendär ist, auch wenn der Fortschritt selbst hier nicht haltgemacht hat. Doch die wildromantische Landschaft aus grauen Felsen und braunen Heiden ist nur dann wirklich reizvoll, wenn die Sonne scheint. Ein grauer Himmel und strömender Regen, keine seltene Erscheinung in diesem Teil Irlands, können leicht zu Urlaubstrübsinn führen, wenn einen nicht gerade andere, wetterunabhängige Interessen hierher führen.

Die Rosses und Gweedore bilden das Kernland der Gaeltacht Donegals. Es wird tatsächlich noch Irisch gesprochen, mit Touristen natürlich Englisch. Aber die Städtenamen und sonstigen Schilder und Hinweise sind allesamt auf Irisch, was sich besonders bei den Ortsnamen erheblich von den englischen oder anglisierten Bezeichnungen unterscheiden kann.

Dungloe ▶ D 2

Hauptstadt der Rosses ist **Dungloe** 1 bzw. An Clochán Liath, was graues Gestein bedeutet. Dabei ist die Stadt, oder vielmehr das Groß-

The Rosses

dorf, gar nicht so grau, mag es aber einst gewesen sein, als dort noch Befestigungen aus dem lokalen Granit gebaut wurden. Dungloe ist ein gemütlicher Ort, besonders bei Anglern beliebt, die nicht nur in der geschützten Bucht, sondern auch in den etwa 130 Seen in nächster Umgebung auf Fischfang gehen können. In der Bucht gibt es auch idyllische Sandstrände, der schönste ist der in der Maghery Bay, ein paar Kilometer westlich von Dungloe.

Infos
Tourist Information: Ionad Teampaill Chroine, Tel. 074 952 21 24, www.dungloe.info.

Übernachten
Dungloes Unterkunftsangebot ist rapide geschrumpft. Auch Restaurants sind dünn gesät und eher auf den sehr schlichten Geschmack abgestimmt. Zwei zentrale Unterkünfte: **Atlantic House B & B** (mit Pub; Main Street, Tel. 075 952 10 61, www.atlantichousedungloe.com, DZ 60 €) und **Inis Éan B & B** (Pole Road, Tel. 087 935 28 46, http://iniseandungloe.com, DZ 60–70 €).

Termine
Mary from Dungloe International Festival: letzte Juliwoche, www.maryfromdungloe.com, Tel. 074 952 12 54. Ein Fest mit viel Musik und Unterhaltung im ganzen Ort, bei der die schönste ›Mary‹ gewählt wird.

Verkehr
Flüge: Donegal Airport, bei Carrickfinn zwischen Kincasslagh und Annagary, Tel. 074 954 82 84, www.donegalairport.ie. Flüge gehen zweimal tgl. von und nach Dublin und einmal tgl. außer Di nach Glasgow-Prestwick. Enterprise-Autoverleih vor Ort. Keine Busverbindung, Taxi- und Leihwagenreservierung siehe Website.

Die Rosses-Dörfer ▶ D 1
Es gibt mehrere **Rosses-Dörfer**: Burtonport 2 (Ailt an Chórrain) ist sogar in der Hochsaison ein eher stiller Fischerort, und mehr an der See und ihren Verdienstmöglichkeiten orientiert als an touristischer Idylle. Malerisch auf seine eigene Art ist der Hafen dennoch, nicht nur wegen der Fischerboote, sondern auch wegen der Fähre nach Arranmore Island – und wegen des unübersehbaren Plastik-Riesenhummers an der Hauswand des Pub-Restaurants The Lobster Pot.

Auch **Kincasslagh** 3 (Cionn Caslach) macht nicht viel her, ist aber in Irland weltberühmt – als Geburts- und Wohnort des Sängers Daniel O'Donnell, einem skandalfreien Schwiegermutterliebling, dem bis vor einigen Jahren ein Hotel im Ort gehörte. Lange Zeit pilgerten zahlreiche ältere Damen nach Cionn Caslach, in der Hoffnung, ihren Daniel zu Gesicht zu bekommen.

Die hübsche kleine Ortschaft **Annagry** 4 (Anagaire) befindet sich an einem schmalen Meereseinschnitt nahe dem Flughafen. Gleich vom Ort aus gibt es einen ausgeschilderten Wanderweg, aber bekannt ist das Dorf wegen der vielen Sprachschulen für irisch-gälische Sprache (www.cnr.ie).

Übernachten
... in Annagry
Standardhotel ▶ **Óstan Caisleáin Óir:** Tel. 074 954 81 13, www.donegalhotel.ie. Ein nettes Hotel ohne Schnörkel, die Zimmer sind standardmäßig eingerichtet. Das Restaurant bietet für jeden Geschmack etwas, von Pastagerichten bis zu Meeresfrüchten. Die Bar ist recht gemütlich, in der Saison spielt hier samstags Livemusik. DZ 69–79 €.

... in Kincasslagh
Kleines Hotel ▶ **Carey's Viking House Hotel:** Tel. 074 954 32 95, www.vikinghousehotel.com. Das hübsche Hotel, das einst dem Schmalzsänger Daniel O'Donnell gehörte, bietet nicht nur einen zauberhaften Blick aufs Meer, sondern auch komfortable, kürzlich renovierte Zimmer, WLAN, eine Bar, ein gutes Restaurant und Livemusik. DZ ab 85 €.

Danny Minnie's: s. Essen & Trinken.

Essen & Trinken
... in Burtonport
Meeresfrüchte ▶ **The Lobster Pot:** Tel. 074 954 20 12, Bargerichte tgl. 12–23 Uhr, Abendessen ab 18 Uhr. Der riesige Hummer an der

Am wilden Atlantik

Der Nordwesten

Außenwand wirkt etwas abschreckend, aber innen ist das Pub-Restaurant mit dem Torffeuerkamin urgemütlich. Frisch zubereitete Meeresfrüchte sind die Spezialität, aber es gibt auch deftige Fleischgerichte – und natürlich den namensgebenden Hummer. Gerichte 6–52 €.

... in Annagry

Atmosphärisch ▶ **Danny Minnie's:** nur einige Kilometer vom Donegal Airport entfernt, Tel. 074 954 82 01, www.dannyminnies.com, Juni–Aug. Mo–Sa 18.30–21.30 Uhr, Sept.–Mai oft Anfang der Woche geschl. (besser vorher anrufen). Dieses kleine Juwel ist mit Antiquitäten stilvoll und gemütlich eingerichtet. Die Speisekarte konzentriert sich auf Fischgerichte, aber die Fleischgerichte, vor allem Lamm, sind ebenfalls erster Güte. Menü 39 €. Sehr hübsche Zimmer werden auch vermietet. DZ 110–130 €.

Gweedore und Bunbeg ▶ D 1

Aus der Flächengemeinde **Gweedore** stammen einige international bekannte Musiker, nämlich die Familie Brennan, die als Gruppe Clannad in der Folkszene einen großen Namen hat. Zwei der Brennan-Töchter sind auch als Solistinnen weit über die Grenzen Irlands hinaus bekannt: Maura Brennan und Enya. Besonders Letztere tritt kaum in der Öffentlichkeit auf, doch gelegentlich gibt sie bei einem Heimatbesuch im Pub ihres Vaters, dem Leo's Tavern in **Meenaleck/Gweedore** 5, zusammen mit ihren Geschwistern Kostproben ihres Könnens.

Bunbeg 6 (Bun Beag) an der Gweedore Bay ist ein kleines, verstecktes Juwel. Es erstreckt sich entlang der Atlantikmündung des Flusses Clady und hat einen hübschen Hafen, von dem aus die Fähre nach Tory Island abfährt. Einen schönen Sandstrand gibt es auch.

Die Küstenstraße von Bunbeg bis nach **Bloody Foreland** bietet immer wieder wunderbare Ausblicke aufs Meer und die vorgelagerten Inseln. Kleine Buchten, einsame Sandstrände und zerklüftete Felsen wechseln einander ab. Zahlreiche Bungalows stehen wie zufällig geworfene Bauklötze in der Landschaft, und es ist nicht ganz klar, wo das eine Dorf aufhört und das andere beginnt. Die Felszunge **Bloody Foreland** (Cnoc Fola) erhielt ihren ›blutigen‹ Namen, weil sie bei Sonnenuntergängen rot aufleuchtet. Wenn man den Blick auf **Tory Island**, das man von hier aus sieht, und die romantisch ins Meer ragenden Felsen richtet, ist die Zivilisation weit.

Übernachten

Traditionshotel ▶ **An Chúirt Hotel:** Gweedore, Tel. 074 953 29 00, www.gweedorecourthotel.com. Das Hotel liegt am Ufer des

River Clady, ist nicht zu groß, von altmodischem Charme, verfügt aber über allen modernen Komfort. Unbedingt ein Zimmer nach vorne nehmen: Der Blick auf den Fluss, die Wälder und den Mount Errigal ist umwerfend. Zum Haus gehören auch ein Friseur- und Schönheitssalon, Fitnessraum, Swimmingpool, ein gutes Restaurant und natürlich eine Bar. DZ ab 109 €.

B & B mit Aussicht ▶ Bunbeg Lodge: Bunbeg, Tel. 087 416 73 72, www.bunbeglodge. ie. Ein bildhübsches, relativ neues B & B mit toller Aussicht auf Strand, Meer und die vorgelagerten Inseln. Die sehr schönen Zimmer haben fast schon Hotelkomfort. Zum Entspannen an Regentagen gibt es einen Fernsehraum und für sonniges Wetter eine Terrasse. DZ 70 €.

Einfaches Hotel ▶ Bunbeg House: The Harbour, Bunbeg, Tel. 074 953 13 05, www. bunbeghouse.com. Das Haus wurde 1840 als Kornmühle gebaut, ist aber nun ein kleines Hotel mit Blick auf den Hafen. Die acht Zimmer sind alle einfach, aber komfortabel.

Am wilden Atlantik

Im Haus gibt es auch ein kleines Bistro. DZ ab 75 €.

Essen & Trinken
Restaurants s. Bunbeg House und An Chúirt Hotel.

Abends & Nachts
Musikpub ▶ **Tabhairne Leo** (Leo's Tavern): Meenaleck, Gweedore, www.leostavern.com. Im Pub der Brennan-Familie hängen an den Wänden Memorabilia der berühmten Musikerkinder von Papa Leo. Schönes altes Haus, ohne Schnörkel und schlicht eingerichtet. Aber die Stimmung bei den regelmäßig stattfindenden Sessions ist lebhaft.

Die Inseln

Karte: S. 344/345

Wie kleine Tupfen liegen die Inseln vor der Küste von The Rosses und Gweedore, alle von rauer Schönheit, aber nur einige wenige sind bewohnt. Drei von ihnen werden regelmäßig, so das Wetter es erlaubt, mit Fähren angefahren: Arranmore, Gola Island und Tory Island (s. auch Thema, S. 347).

Arranmore Island ▶ D 1/2
Arranmore **7** (Árain Mhór) ist die größte Insel vor der Küste Donegals, und sie liegt nur ca. 5 km vom Festland entfernt. Auf dem hügeligen Eiland mit einigen fischreichen Süßwasserseen und einsamen Sandstränden zwischen felsigen Küstenstrichen leben nur etwas über 600 Menschen. Für den Tourismus ist man gut gerüstet, es gibt zwei Hotels, mehrere B & Bs, ein paar Ferienhäuser und Pubs, in denen häufig traditionelle Musik gespielt wird. Für Taucher ist die Insel ideal, da es in den klaren Gewässern etliche Schiffswracks zu erforschen gibt (www.arranmoreco-op.com).

Verkehr
Arranmore Island Ferry: Burtonpoint, Tel. 074 952 05 32, www.arranmoreferry.com. Die Fähre legt ab 7.30, So ab 10 Uhr mehrmals tgl. ab. Fahrtdauer ca. 15 Min.

Gola Island ▶ D 1
Gola Island **8** (Gabla), nur knapp 2 km von der Küste entfernt, ist unbewohnt – bis auf die Vögel, die sich das Eiland als ihr Paradies ausgesucht haben. Bis in die 1960er-Jahre lebten hier noch Menschen, was an den Häuserruinen zu erkennen ist. Mittlerweile wurden einige wieder instandgesetzt und werden als Ferienhäuser vermietet (www.portcrincottage.net, www.donegalislands.com/gola_accommodation.php).

Verkehr
Gola Island Ferry: Tel. 087 660 70 03, ab Magheragallan Juli/Aug. tgl. jede Std. 11–18 Uhr, Sept.–Juni nur nach Absprache.

Tory Island ▶ D 1
Eine ganz andere Welt in jeder Beziehung ist die Künstlerinsel **Tory Island 9** (Toraigh, s. Thema S. 347). Ein Besuch ist nichts für Zartbesaitete, denn die Überfahrt wird bei dem berüchtigten Wellengang des Tory Sounds, der zu den tückischsten Gewässern Irlands gehört, zum Abenteuer.

Übernachten
Inselhotel ▶ **Harbour View Hotel (Óstan Radharc Na Céibhe:** West Town, Tory Island, Tel. 074 913 59 20, www.hoteltory.com, Ostern–Sept. Ein nettes kleines Hotel direkt am Hafen mit zwölf guten Zimmern, WLAN in der Lobby und der lebhaften People's Bar, mit trad. Livemusik. DZ 70 €.

Verkehr
Tory Island Ferry: Bunbeg, Tel. 074 953 13 20, Magheroarty, Tel. 074 913 50 61, www.toryislandferry.com. Ab Bunbeg tgl. 8.45, Mo u. Fr ab 7.45 Uhr, ab Magheroarty tgl. 11.30 Uhr, plus Nov.–Febr. um 15, März, April u. Okt. um 16, Mai–Sept. um 17 Uhr.

Donegal Highland

Karte: S. 344/345

Das *Highland*, die Derryveagh Mountains, sind eine abwechslungsreiche, wilde Land-

Tory Island – Insel der Künstler

Thema

Tory Island, durch den Tory Sound, die gefährlichste Meerenge Irlands, vom Festland getrennt, ist nicht nur ein Stück sturmumtoste Natur, sondern auch ein Eiland der Künstler. Die naiven Bilder der Tories und deren ganz eigene Lebensweise haben der Insel ihre einzigartige Anziehungskraft verliehen.

Ganz weit draußen im Atlantik liegt diese Insel, doch die gefühlte Entfernung ist größer als die tatsächliche. Tory Island ist eine solche Welt für sich, dass die Einwohner das Festland nur ›Irland‹ nennen – ganz so, als hätten sie nichts damit zu tun. Sie sprechen Irisch, sie pflegen die alten Traditionen, sie sind begabt, clever, kreativ und trotzen jedem Wetter und den jeweiligen Regierungen. Nicht umsonst entstammt das Wort Tory dem altirischen Begriff für Räuber oder Rebell.

Der Legende nach war diese wettergegerbte Insel der Sitz des Balor, des keltischen Gottes der Finsternis. Wer jemals einen Winter auf Tory Island erlebt hat, glaubt diese Geschichte sofort. Und all jene, die versucht haben, die Tories von ihrer Insel zu vertreiben oder ihnen die sogenannte Kultur zu bringen, bissen sich die Zähne aus. Was immer von außen kam, konnten die Tories besser.

Wie viele Relikte zeigen, war die Insel offenbar schon in prähistorischer Zeit bewohnt. Während des frühen Christentums suchten hier Mönche wie auf anderen Inseln Zuflucht. Der heilige Colmcille soll im 6. Jh. ein Kloster gegründet haben, die Ruinen samt Rundturm sind auf der Ostseite des Eilands noch zu sehen. Einzigartig ist das T-förmige Kreuz am Hafen, von dem es in ganz Irland nur zwei gibt (das zweite im County Clare). Es wurde aus einem einzigen Block geschlagen, und niemand weiß, wann genau es entstanden ist.

Zeit spielt auf der Insel ohnehin keine Rolle. Auch Regeln oder Erwartungen stimmen nicht mit den üblichen Klischees überein. Denn Tory ist nicht nur ein Stück konservierter Irlandtraum jenseits der modernen Entwicklung, sondern das beste Beispiel dafür, dass man Tradition und Moderne mit Erfolg verbinden kann.

So hat Tory einen König, den einzigen König Irlands. Aber er ist ein demokratischer Monarch, denn er wird von den knapp 200 Einwohnern für seine Verdienste ernannt. Der derzeitige König heißt Patsy Dan Rodgers. Er hat sich um die Insel verdient gemacht und ist ein Künstler.

Apropos Künstler: Die Bilder der Maler von Tory Island sind berühmt und eine gute Einnahmequelle für die einheimischen Künstler. Es begann mit Derek Hill, einem englischen Maler, der in den 1960er-Jahren nach Tory kam. Einer der Fischer soll ihn beim Landschaftsmalen beobachtet und gemeint haben, er könne das besser. Daraufhin bot ihm Hill Leinwand, Farben und Pinsel an und das Schicksal nahm seinen Lauf. Vom Ergebnis war er nämlich so beeindruckt, dass er eine Malschule auf Tory gründete. Heute sind die Bilder in Galerien in ganz Europa zu sehen.

Eine der wichtigsten Einnahmequellen auf Tory Island ist jedoch der Tourismus. Selbst ein Hotel gibt es. Die Wirtschaftskrise hat den Tourismus zwar etwas abflauen lassen, aber der eiserne Überlebenswille der Tories blieb ungebrochen – sie wissen, dass die unbezähmbare Natur, die Musik und der Charme der Insel letztlich unwiderstehlich sind.

Am wilden Atlantik

schaft mit endlosem Heideland und Hochmooren, tief eingeschnittenen Tälern, in denen Seen leuchten und Flüsse fließen, am Ufer gesäumt von Wäldern und eingerahmt von den beiden höchsten Bergen Donegals, dem Slieve Snaght und dem Errigal Mountain.

Von Gweedore durch die Derryveagh Mountains ▶ D/E 1/2

Mit dem Auto fährt man auf einer wunderschönen Strecke von Gweedore nach Dunlewey, mitten durch die Berglandschaft am Lough Nacung entlang. Links überschattet der Mount Errigal das Tal, rechts schimmert der See. Das Tal wird **Poisoned Glen** genannt, vergiftetes Tal, was aber lediglich eine verballhornte Anglisierung des ursprünglichen irischen Namens ist. Im Irisch-Gälischen bedeutet er nämlich ›himmlisches Tal‹.

Der **Mount Errigal** ist mit 752 m nicht nur der höchste Berg Donegals, sondern auch einer der ungewöhnlichsten Irlands. Seine solitäre, konische Form ist selbst von den Küstenregionen noch gut zu sehen. Mit seinen grauen Granithängen sieht er recht unnahbar aus, und wenn über dem Tal an seiner Südseite auch noch dunkle Wolken hängen, fühlt man sich vollends eingeschüchtert. Nichtsdestotrotz kann man ihn bei entsprechender Kondition und mit gutem Schuhwerk über zwei Routen besteigen. Denn der Mount Errigal ist nicht überall so steil, wie er von unten aussieht, und für Geübte sollte der Aufstieg nicht länger als zwei Stunden dauern. Hat man den Gipfel erklommen, wird man mit einer Aussicht bis nach Connemara und zu den Bergen Schottlands belohnt.

Eine der schönsten Ansichten ist die **Dunlewey Church.** Ihre gut erhaltene Ruine steht einsam im Schatten des Mount Errigal, und bei entsprechendem Wetter wirkt sie wie die Kulisse für einen viktorianischen Schauerroman. Tatsächlich wurde sie um 1830 vom einstmaligen Landlord der Region für die kleine protestantische Gemeinde errichtet, die sich dort aber nicht lange hielt.

Dunlewey 10 (Dún Lúiche) ist eine eher unprätenziöse Ansammlung von Häusern – bis auf das **Dunlewey Lakeside Centre.** In den alten restaurierten Cottages wurde das Leben der Tweedweber wiederbelebt: Zu sehen sind die alten Webkünste und ein Film, außerdem gibt es kompetente Führungen, ein nettes Café, traditionelle Musik, einen Laden und Bootsfahrten auf dem See, dem Lough Nacung (April–Okt. Mo–Sa 10.30–18, So ab 11 Uhr, www.dunleweycentre.com).

Übernachten

Hotel mit Spa ▶ **Óstan Loch Altan:** Gortahork, Tel. 074 913 52 67, www.ostanlochaltan.com. Schönes Hotel an der N56 mit edlem Restaurant und Spa. DZ 80–90 €.

13 Glenveagh National Park
▶ D/E 1/2

Über 26 000 ha der wilden Landschaft im Donegal Highland gehören zum **Glenveagh National Park.** Hier lebt der größte Bestand an Rotwild in Irland und seit dem Jahr 2000 ist der Steinadler wieder heimisch, der bereits vor einem Jahrhundert als ausgerottet galt. Der National Park gerhört zu den wenigen tatsächlich weitgehend unberührten Landschaften Irlands, und damit es so bleibt, werden die Besucher gebeten, sich an die ausgeschilderten Wanderwege zu halten und sowohl Fauna als auch Flora zu respektieren. Im Besucherzentrum des Nationalparks erhält man Informationen zur Erkundung desselben.

Das Zentrum des Nationalparks bildet der **Lough Beagh,** wie der Lough Nacung eine lang gestreckte Flussverbreiterung in einem tief eingeschnittenen Tal. Über Jahrhunderte war dieses abgeschiedene Tal Heimat von Bauern und Hirten, die weitgehend ihr ungestörtes Auskommen fanden – bis der Unternehmer John George Adair Mitte des 19. Jh. durch Spekulationen in den Besitz dieser Region kam. Er gehörte zu den skrupellosesten Landbesitzern Irlands, der sich nicht scheute, Hunderte seiner Pächter gewaltsam zu vertreiben. Einige der verfallenen Häuser der Vertriebenen sind noch immer in den Tälern und an Hängen zu sehen.

Glenveagh Castle, ein mittelalterlich-pseudokeltisch anmutendes Bauwerk, leistete sich Adair allerdings erst, nachdem er

Donegal Highland

Ein mühsames Geschäft: Torfstecher im Nordwesten Irlands

eine amerikanische Witwe gefunden hatte, die seine Ambitionen finanzieren konnte. Das Schloss steht am lieblichen Lough Gartan, wo die raue Berglandschaft in die grüne und sanft bewaldete Ebene vor Letterkenny übergeht. Im Besucherzentrum kann man sich über die Geschichte informieren, außerdem gibt es geführte Besichtigungen durch das Schloss und den Park (tgl. 10–17 Uhr, nur mit Führung für maximal 20 Teilnehmer zu besichtigen, Dauer 45 Min.).

Infos

Glenveagh National Park, Visitor Centre: Churchhill, am Nordostende des Lough Veagh an der R251, Tel. 074 913 70 90, www.glenveaghnationalpark.ie, tgl. 9–18 Uhr.

Verkehr

In der Saison fährt etwa alle 15. Min. ein Shuttle-Bus zwischen dem Park von Glenveagh Castle und dem Nationalpark Visitor Centre.

Colmcille Heritage Centre
▶ E 1

In **Gartan** nahe dem kleinen Nest **Church Hill** wird im **Colmcille Heritage Centre** [11] des Schutzpatrons von Donegal, Colomcille bzw. Columba, gedacht. Er soll hier 521 geboren worden sein. Verehrt wird der ursprünglich rebellische und hitzköpfige Sprössling der Uí-Neill-Dynasty, der Könige von Ulster, wegen seiner Aktivitäten als christlicher Missionar und seiner Klostergründungen, u. a. in Glencolmcille, Derry, Kells und auf der schottischen Insel Iona. Von Letzterer brachte er das Christentum nach Schottland und Nordengland. Auf Iona entstand später das berühmte ›Book of Kells‹, das auf der Flucht vor den Wikingern ins irische Kells gebracht wurde.

In dem Museum, das Colmcille gewidmet ist und seinen Lebensweg nachzeichnet, sind Kopien von mittelalterlichen illuminierten Manuskripten ausgestellt. Außerdem werden Ex-

Tipp: Glebe Gallery

Das kleine, aber feine ehemalige **Pfarrhaus** aus dem Jahr 1828 war lange Zeit das Domizil des Malers Derek Hill (1916–2000), der es noch zu seinen Lebzeiten dem irischen Staat überschrieb. Das Haus liegt bei **Church Hill** in einem wunderschönen Park und ist selbst schon eine Augenweide. Innen hängen Gemälde aus aller Welt, u. a. von Künstlern des 20. Jh., darunter von Picasso und den Malern von Tory Island. In der angrenzenden **Glebe Gallery** sind Wechselausstellungen zeitgenössischer Kunst zu sehen (Tel. 074 913 70 71, Osterwoche tgl. 11–18.30, Juni u. Sept. Sa–Do 11–18.30, Juli/Aug. tgl. 11–18.30 Uhr).

ponate präsentiert, die aufzeigen, wie diese reich verzierten Manuskripte einst gefertigt wurden (Gartan, nahe Churchill, www.colmcilleheritagecentre.ie, Ostern u. 1. So im Mai–letzter So im Sept. Mo–Sa 10.30–17, So 13.30–17 Uhr).

Horn Head und Fanad

Karte: S. 344/345
›No News at Throat Lake‹ heißt ein höchst amüsantes Buch, in dem ein Journalist des britischen ›Guardian‹ seine Zeit als Redakteur einer lokalen Zeitung in Creeslough, zwischen Horn Head und Fanad Peninsula gelegen, beschreibt. Nichts Neues am Throat Lake – in dieser Region Donegals ist der Buchtitel Programm. Denn hier sagen sich Fuchs und Hase Gute Nacht. Was es aber im Überfluss gibt, ist Natur.

Horn Head ▶ E 1
Horn Head gilt als die windigste Ecke in Nordwesteuropa, ein Titel, den viele Küstenregionen Donegals für sich in Anspruch nehmen könnten. Aber Horn Head ist auch die wildeste Halbinsel, die in den Nordatlantik hineinragt. Bedeckt mit Heideland und mit Klippen, die bis zu 160 m hoch sind, ist sie von dramatischer Schönheit – und ein Refugium für zahlreiche Vögel.

Der Hauptort **Dunfanaghy** 12 liegt am Anfang der Halbinsel und macht einen überraschend properen Eindruck. Der Ort war vor langer Zeit ein blühendes Marktstädtchen, dessen Aura vermutlich noch nachwirkt. In Dunfanaghy bekommt man außerdem Einblick in die schreckliche Zeit der Hungersnot und in die Armut dieser Region. Das alte Arbeitshaus aus dem 19. Jh. wurde vor einigen Jahren zu einem **Famine-Museum** mit Galerie umgebaut, in dem diese traumatische Zeit dargestellt wird (Main Street, www.dunfanaghyworkhouse.ie, Juni-Sept. Mo–Sa 10–17 Uhr).

Die **Sheephaven Bay** geizt nicht mit schönen Sandstränden und winzigen Buchten. Zu ihr gehört außerdem eine kleinere Halbinsel mit dem **Ards Forest Park** 13, einem geschützten Areal mit Mischwäldern, kleinen Seen, Salzmarschen und Dünen sowie vier Ringforts und mehreren Großsteingräbern. Auf dem gegenüberliegenden Ufer bei Creeslough führt ein Abzweig zum **Doe Castle,** der Ruine einer Festung aus dem 16. Jh, die an drei Seiten vom Meer umgeben ist. Die McSweeneys, schottische Söldner, die einen Großteil des Landes dieser Region in Besitz nahmen, ließen die Burg errichten, mussten in der Folgezeit aber hart um sie kämpfen. Nach einigen Renovierungsarbeiten ist die Burg nun zu besichtigen, sofern jemand da ist, der aufschließt (am besten die Einheimischen fragen).

Übernachten
Reiterhotel ▶ **Arnolds Hotel:** Dunfanaghy, Tel. 074 913 62 08, www.arnoldshotel.com. Das kleine Hotel mit 30 Zimmern ist seit fast 90 Jahren in Familienbesitz und eine Oase der Ruhe. Im Restaurant (Hauptgerichte 18–28 €) wird feine Küche geboten und der angeschlossene Reitstall (www.dunfanaghystables.com) bietet Ausritte am Strand und in den Bergen. DZ ab 110 €.
Feines Hotel ▶ **Downings Bay Hotel:** Downings, Sheephavens Bay, Tel. 074 915 55 86, www.downingsbayhotel.com. Hüb-

Horn Head und Fanad

aktiv unterwegs

Rundwanderung im Glenveagh National Park

Tour-Infos
Start: Glenveagh Castle
Länge: ca. 18 km
Dauer: ca. 5 Stunden
Schwierigkeitsgrad: mittelschwer
Wichtige Hinweise: Im Nationalpark dürfen Wege und Pfade nicht verlassen werden. Vom Parkplatz des Besucherzentrum des Nationalparks fährt ein Shuttlebus zum Castle.

Der Glenveagh National Park bietet zahlreiche Wanderwege und unberührte Landschaften unterschiedlichster Art, von Wäldern, Seen, düsteren Mooren bis zu endloser, oft unzugänglicher Wildnis. Die folgende Wanderung bietet einen Querschnitt durch die raue Welt des Glenveagh.

Der einfachste, aber nicht unbedingt einsamste Teil der Wanderung geht vom **Glenveagh Castle** aus entlang dem Südostufer des **Lough Veagh**. Nach etwa 2 km geht es hinein in einen alten Mischwald, den **Mullangore Wood**, einer der letzten verbliebenen natürlichen Wälder Irlands. Hier kann bei etwas Glück noch Rotwild beim Äsen beobachtet werden.

Am Ende des Lough Veagh befindet sich ein kleiner Strand. Kurz darauf ist links ein Hang voller Rhododendren zu sehen, die hier als Plage gelten, da sie den einheimischen Pflanzen den Lebensraum rauben, aber in voller Blüte im Mai und Juni dennoch prächtig aussehen.

Der Weg wird nun schmaler und steigt zum **Farscallop** auf, einem 423 m hohen Berg, der eine Aussicht bis zur Küste bietet. Vom nächsten, etwas kleineren Hügel auf dem Weg eröffnet sich der Blick über die ganze Länge des Lough Veagh. Der Pfad führt nach Westen schließlich zurück zum See, von wo es wieder am Seeufer zurück zum Glenveagh Castle geht.

sches Hotel in toller Lage mit gutem Restaurant (nur Fr–So), Pool, Sauna, Fitnessraum und Indoor-Kinderspielplatz. DZ ab 90 €.
Hostel und B & B ▶ Corcreggan Mill: Dunfanaghy, Tel. 074 913 64 09, www.corcreggan.com. Ein sehr schönes Hostel, ca. 3 km an der Küstenstraße Richtung Falcarragh gelegen. Das Haus aus dem 18. Jh. wurde sorgfältig restauriert und bietet auch B & B und Camping. DZ ab 75 €, Bett im Schlafwagen ab 18 €, Apartment 125 €, Camping 10 € p. P.

Essen & Trinken

Stimmungsvoll ▶ The Mill Restaurant: Figart, Dunfanaghy, Tel. 074 913 69 85, Mitte März–Mitte Dez. Di–So 19–21 Uhr. Die alte Leinenspinnerei am Ufer des New Lake wurde zu einem anheimelnden Gasthaus umgebaut. Die Küche genießt weit über die

Am wilden Atlantik

Grenzen Donegals hinaus einen guten Ruf. Es werden hauptsächlich Meeresfrüchte serviert, und zwar so kunstvoll, dass sie fast zu schön zum Essen sind. Die Speisekarte wechselt alle paar Wochen. Menü 41 €. Außerdem gibt es sechs Zimmer mit Bad im Haus, alle geschmackvoll eingerichtet und mit WLAN (DZ 96 €).

Aktiv

Golf ▶ **Dunfanahgy Golf Club:** Kill, Dunfanaghy, Tel. 074 913 63 35, www.dunfanaghy golfclub.com.

Bootstouren ▶ **Rosguill Charter Hire:** Fisherman's Village Lodge, Downings, Tel. 074 915 50 80, www.rosguill.com. Tauch- und Angelausflüge in die Gewässer zwischen Tory Island und Malin Head.

Surfen ▶ **Jaws Watersports:** Main Street, Dunfanaghy, Tel. 086 173 51 09, www.jaws watersports.ie. Neben Unterricht in Surfen, Kitesurfen und Segeln werden auch Kajaktouren und Bergwanderungen angeboten.

Fanad Peninsula ▶ E 1

Buchten, Hügel, Seen und Klippen charakterisieren auch die **Fanad Peninsula**, auf der ein ausgeschilderter Rundweg (ca. 70 km) zu den schönsten Ecken der Halbinsel weist. Höhepunkt ist Fanad Head mit dem Leuchtturm, zu dessen Füßen der Atlantik an die Klippen donnert.

Die interessanteren Orte der Halbinsel liegen an der Ostküste, von der man über den Lough Swilly, eine lang gestreckte Meeresbucht, auf die gegenüberliegende Inishowen Peninsula blicken kann. **Rathmullan** 14 ist ein recht verschlafener Ferienort mit Sandstrand und sehr vielen Ferienhäusern. Im Jahr 2007 blickte jedoch ganz Irland auf diesen Ort, denn da feierte er das 400. Jubiläum der Flucht der irischen Grafen, Flight of the Earls. Diese flohen im Jahr 1607 nach vielen niederschmetternden Niederlagen gegen die englischen Eindringlinge von Rathmullan aus nach Frankreich und Spanien. Ein kleines Museum, das **Flight of the Earls Heritage Centre,** geht auf dieses Ereignis ein (Juni–Sept. Mo–Sa 10–18, So 12.30–18 Uhr).

Weitaus idyllischer und auf jeden Fall ungewöhnlich für diese Region ist **Rathmelton** 15 oder auch Ramelton am Ufer des Flusses Lennon. Die kleine Stadt wurde im 17. Jh. als Plantation Town, als Siedlerstadt, vom lokalen Landeigner William Stewart gegründet und kam im 18. und 19. Jh. als protestantisch-fleißige Hafen- und Industriestadt zur Blüte. Flachsfelder in der Umgebung und Leinenwebereien im Ort verhalfen ihr sogar zu Verbindungen bis nach New York und Jamaika. Von dieser wirtschaftlichen Blüte ist heute bis auf die gut erhaltenen georgianischen Häuser, ein paar Speicher und die älteste presbyterianische Kirche Irlands nicht mehr viel übrig.

Übernachten

Alter Landsitz ▶ **Rathmullan House:** Rathmullan, Tel. 074 915 81 88, www.rathmullan house.com. Das Herrenhaus aus dem 18. Jh., einst von einem Belfaster Banker als Sommerhaus gebaut, bietet eine ungewöhnliche Mischung. Es gibt großzügige Suiten mit schöner Aussicht, kleine gemütliche Zimmer und schlichterem B & B-Komfort für ganze Familien. Wobei ›schlicht‹ relativ ist. Alle Zimmer sind elegant, aber nicht formell eingerichtet, und das Frühstück ist üppig. Hinzu kommen ein Swimmingpool, ein Tennisplatz, ein langer Sandstrand vor der Haustür und ein hervorragendes Restaurant, in dem u. a. Obst und Gemüse aus dem eigenen Biogarten verarbeitet werden. Es gibt sogar ein hundefreundliches Zimmer (plus 20 €). DZ (Standard bis Luxus) 180–210 €.

Altes Pfarrhaus ▶ **Frewin:** Rathmelton, Tel. 074 915 12 46, www.frewinhouse.com. Das viktorianische Schmuckstück mit den vier stilvoll eingerichteten Zimmern wurde im 19. Jh. als Pfarrhaus der Church of Ireland gebaut und von seinen Besitzern mit Liebe zum Detail originalgetreu restauriert. Ausgesucht leckeres Frühstück. DZ 110–150 €.

Landhaus-B & B ▶ **Ardeen House:** am Rand von Rathmelton gelegen, Tel. 074 915 12 43, www.ardeenhouse.com. Das viktorianische Haus bietet fünf behagliche Zimmer mit Blick über die Landschaft Donegals. Zum

Frühstück bäckt die Hausherrin Brot und Scones selbst, frisches Obst gehört ebenfalls dazu. Das Wohnzimmer lockt mit einem offenen Kamin. Das ehemalige Stallgebäude wurde zu einem Ferienhaus umgebaut. B & B 80–90 €, Cottage April/Mai 350 €, Juni u. Sept. 400 €, Juli/Aug. 500 €.

Strandcamping ▶ **Knockalla Caravan & Camping Park:** Magharaerawarden, Portsalon, Tel. 07 49 15 91 08, www.knockallacaravanpark.com, Ostern–Mitte Sept. Auf der Ostseite der Fanad Peninsula an einem langen Sandstrand.

Aktiv

Golf ▶ **Portsalon Golf Club:** Portsalon, Fanad Peninsula, Tel. 074 915 94 59, www.portsalongolfclub.com.

Reiten ▶ **Golden Sands Equestrian Centre:** Rathmullan, Tel. 074 915 81 24. Reitstall, der neben Reitunterricht auch Trekking anbietet.

Surfen ▶ **Adventure One:** Ballyheirnan Bay, Fanad, Tel. 074 915 02 62, www. adventureone.net. Surfschule.

Letterkenny ▶ E 2

Karte: S. 344/345

Letterkenny 16 liegt am River Swilly, der in den 40 km tief einschneidenden Meeresarm Lough Swilly mündet. Mit knapp 20 000 Einwohnern ist es die größte Stadt und das wirtschaftliche und kulturelle Zentrum Donegals – allerdings nicht das Verwaltungszentrum, das ist Lifford. Die Lage Letterkennys ist recht idyllisch, wenn auch die Stadt kaum besondere Sehenswürdigkeiten zu bieten hat. Bemerkenswert ist lediglich die neogotisch-keltische **St. Eunan's Cathedral** aus dem Jahr 1901, die mit sehr schönen Buntglasfenstern der Münchner Firma Mayer geschmückt ist.

Trotz der abgelegenen Lage und der Konkurrenz des nur wenige Kilometer entfernten Derry hat sich Letterkenny zu einem kleinen Kulturzentrum entwickelt, mit einem College, dessen Studenten für ein fröhliches Nachtleben sorgen, mit einem Theater, vielen ethnischen Restaurants, Festivals und dem **Donegal County Museum,** das im alten Arbeitshaus untergebracht ist (High Road, Mo–Fr 10–16.30, Sa 13–16.30 Uhr).

Infos

Tourist Information: Neil T. Blaney Road, Tel. 074 912 11 60, www.letterkennyguide.com.

Übernachten

Mehrere B & Bs befinden sich in der Ramelton Road.

Landhaushotel ▶ **Castle Grove Country House Hotel:** Ballymaleel, etwas außerhalb von Letterkenny an der Straße Richtung Rathmullan, Tel. 074 915 11 18, www.castlegrove.com. Das elegante georgianische Herrenhaus aus dem 17. Jh. am Ufer des Lough Swilly befindet sich in einem herrlichen Park, der sorgfältig in seiner ursprünglichen Pracht restauriert wurde. Dazu gehört auch der Küchengarten, in dem Obst, Gemüse und Kräuter für das hauseigene, sehr gute Restaurant (Hauptgerichte 19–29 €) angebaut werden. Die geräumigen Zimmer sind ebenso wie das gesamte Haus in georgianischem Stil gehalten, teilweise mit Antiquitäten, aber allem modernen Komfort. DZ ab 90 €, Suite ab 220 €.

Businesshotel ▶ **Silver Tassie Hotel & Spa:** Ramelton Road, außerhalb von Letterkenny, ca. 5 Min. Fahrt, Tel. 074 912 56 19, www.silvertassiehotel. com. Hotel in ruhiger Lage, die Zimmer sind guter Standard. Besonders schön ist es, am Kamin in der Lounge zu sitzen. Das hauseigene Restaurant bietet recht gute Küche und es gibt einen Wellnessbereich. DZ ab 85 €.

Stylisches Hotel ▶ **Gallagher's Hotel:** 100 Main Street, Tel. 074 912 20 66, www.gallaghershotel.com. Das moderne und ausgesprochen schicke Hotel im Zentrum von Letterkenny (mit kostenlosem Parkplatz) bietet Zimmer mit neuester Technik, darunter natürlich auch WLAN, die alle höchst stylisch und modern eingerichtet sind. In der Bar wird am Wochenende Livemusik gespielt, im angegliederten Bistro gutes Essen serviert. DZ ab 80 € (ohne Frühstück ab 69 €).

Am wilden Atlantik

Essen & Trinken

Feine Küche ▶ **The Lemon Tree:** 39 Lower Main Street, Tel. 074 912 57 80, So–Do 17–21.30, Fr/Sa bis 22, So auch 13–14.30 Uhr. Hinter der zitronengelben Fassade wird sehr gute bodenständige Küche mit mediterranem Einschlag serviert. Hauptgerichte 15–25 €.

Jung und kreativ ▶ **Yellow Pepper:** 36 Lower Main Street, Tel. 074 912 41 33, tgl. 12–22 Uhr. Das Restaurant in einer umgebauten Hemdenfabrik serviert kreative und leichte Gerichte mit Zutaten aus dem hauseigenen Biogarten. Tagesgerichte mittags 10 €, abends 11–20 €.

Abends & Nachts

Musikpub ▶ **McGinley's Bar:** 25 Lower Main Street. Gemütliches Pub mit zwei Bars und Kamin. Oft Livemusik.

Superpub ▶ **The Orchard Inn:** High Road, www.orchardbar.ie. Pub mit Livemusik, Restaurant, Bars und Biergarten.

Theater und mehr ▶ **An Grianan Theatre:** Port Road, Tel. 074 912 07 77, www.angrianan.com. Sehr schöner Theaterbau mit Tagescafé, in dem allerlei Veranstaltungen, u. a. auch hervorragende Gastspiele stattfinden.

Kulturzentrum ▶ **Regional Cultural Centre:** Port Road, Tel. 074 912 9186, www.regionalculturalcentre.com. In dem faszinierenden Glasbau finden Ausstellungen, Filme und diverse Kulturveranstaltungen statt.

Aktiv

Golf ▶ **Letterkenny Golf Club**, Barnhill, Tel. 074 912 11 50, www.letterkennygolfclub.com. 18-Loch-Golfplatz am Lough Swilly.

Verkehr

Regelmäßige Busverbindungen mit Dublin, Derry, Sligo, Galway.
Letterkenny Cabs: Tel. 074 912 70 00.

Inishowen (Inis Eoghain)

Karte: S. 344/345
Inishowen ist eine Welt für sich. Vom Rest Irlands durch die innerirische Grenze und ihre Halbinselform abgeschnitten, lag Inishowen für den großen Tourismus immer zu abseits der üblichen Routen. Die nördlichste Region Irlands konnte sich so viel von ihrem Charakter bewahren und bezaubert gerade durch ihre Gemächlichkeit und Stille. Ein ausgeschilderter Rundweg, **Inis Eoghain 100** (100 Meilen Inishowen), Teil des Wild Atlantic Way – führt rund um die Halbinsel. Die Ausschilderung der Route ist oft etwas dürftig: Wenn kein Schild vorhanden ist, kann man nur auf

Inishowen

einen gelben Pfeil auf dem Asphalt hoffen. Fehlt auch der, folge man am besten einfach der eigenen Nase. Irgendwo wird man dann schon wieder auf einen Straßenhinweis stoßen und dabei manchmal ganz unerwartete Ausblicke genießen können.

Grianán of Aileach ▶ E 1

Auf der Spitze eines 250 m hohen Hügels zwischen Lough Swilly und Lough Foyle, am ›Eingang‹ zu Inishowen, throhnt das Ringfort **Grianán of Aileach** 17, was übersetzt ›Sonnenpalast‹ heißt. Das Fort, mit seinen 23 m Durchmesser und den dreifach terrassierten Ringmauern das imposanteste Bauwerk seiner Art in Irland, wurde der Legende nach von Dagda, dem vorkeltischen König der Tuatha de Danaan, etwa 1700 v. Chr. erbaut. Ab dem 5. Jh. war der ›Palast‹ Sitz der Uí Neill, der Könige von Ulster, bis ihn im Jahr 1101 Murtagh O'Brian, Enkel von Brian Boru und König von Munster, in einer Stammesfehde zerstören ließ.

Einsamer Landstrich: auf der Halbinsel Inishowen

Am wilden Atlantik

In den 1870er-Jahren wurde das Fort restauriert und seine Mauern nicht ganz authentisch, aber eindrucksvoll auf 5,25 m erhöht. Von dort oben hat man einen fantastischen Ausblick auf die Halbinsel und bis weit nach Derry hinein. An guten Tagen soll man sogar sieben Countys Irlands sehen können. Ein kleines Besucherzentrum in einer ehemaligen Kirche auf dem Gelände des An Grianan Hotels (an der N13, www.angriananhotel.com) erläutert mit multimedialen Mitteln die keltische Mythologie und Archäologie des Ringforts (www.oldchurchvisitorcentre.com, Mo-Fr 10.30–17.30, Sa/So 11–17.30 Uhr).

Buncrana und Umgebung
▶ E 1

Ab Burnfoot ist die 100-Meilen-Rundreise ausgeschildert und dank der gut ausgebauten Straße leicht zu befahren. Der kleine Ort **Fahan** 18 wird vor allem für Segler interessant sein: Die kleine Marina ist ein guter Ausgangspunkt für Freizeitkapitäne, die Törns im ruhigen Lough Swilly oder rund um den stürmischen Malin Head unternehmen wollen.

Buncrana 19 ist die größte Stadt auf der Halbinsel, obwohl knapp 7000 Einwohner eher für ein Großdorf sprechen. Der Ort lebte lange Zeit überwiegend von der Textilindustrie, zunächst von der traditionellen Hemdenfabrikation rund um Derry, dann von multinationalen Textilunternehmen. Doch die Zeiten des bescheidenen Wohlstands sind lang vorbei, seit die Multinationalen weiterzogen und die Arbeitslosigkeit rasant anstieg. Deshalb bemüht man sich, den Tourismus als Wirtschaftszweig stärker zu fördern.

Der Vergangenheit als Textilzentrum und der Fauna der Halbinsel widmet man sich in der **Tullyarvan Mill,** einer ehemaligen Getreidemühle (um 1800; www.tullyarvanmill.com). In dem Gebäudekomplex befinden sich heute ein Gemeinde- und Kulturzentrum und ein Hostel.

Die Ruine von **Buncrana Castle,** um 1600 auf dem Grund einer früheren normannischen Burg errichtet, lässt die einstige Bedeutung des Bauwerks nur noch erahnen. Der Inishowen-Clan der O'Dohertys residierte hier, bevor er bei der ›Flucht der Grafen‹ ebenso wie andere irische Adlige die Insel Richtung Spanien und Frankreich verließ. 1798 wurde der Rebellenheld Wolf Tone in der Burg gefangen gehalten, nachdem sein Schiff auf dem Lough Swilly gekapert worden war.

Infos
Inishowen Tourism: Railway Road, Buncrana, Tel. 074 936 26 00, www.visitinishowen.com.

Übernachten
Motel ▶ **Harbour Inn:** Buncrana, Tel. 074 932 18 10, www.harbourinn.ie. Freundliches modernes Hotel an der Derry Road mit 30 Zimmern, die alles haben, was nötig ist. Im Bar-Restaurant wird deftige irische Küche serviert (Hauptgerichte 13–25 €) und abends Unterhaltung geboten. DZ ab 70 €.

Modernes Großhotel ▶ **Inishowen Gateway Hotel:** Buncrana, Tel. 074 936 11 44, www.inishowengateway.com. Schickes, modernes Hotel mit 79 großzügigen Zimmern. Das elegante Restaurant tischt gute, moderne irische Küche auf, im schönen Wellnessbereich kann man sich rundum verwöhnen lassen. DZ 69–130 €.

Plüschig nett ▶ **The Lake of Shadows Hotel:** Grianan Park, Buncrana, Tel. 074 936 10 05, www.lakeofshadows.com. Das viktorianische, aber gleichwohl modernisierte Hotel gehört zum Inishowen Gateway Hotel, hat aber einen ganz anderen Charakter: Es ist etwas plüschig und altmodisch. Das rustikale Restaurant bietet überwiegend deftige Fleischgerichte (Hauptgerichte 12–20 €). DZ ab 65 €.

Essen & Trinken
Lässiger Chic ▶ **Beach House Bar & Restaurant:** The Pier, Buncrana, Tel. 074 936 10 50, Juli/Aug. tgl. 12–16 u. 17–21.30, Sept.–Juni Mi, Do u. So ab 17, Fr/Sa ab 12 Uhr. Das zweistöckige Lokal mit großen Fenstern und Blick auf den Lough Swilly serviert wunderbar einfache, aber gut zubereitete Gerichte, hauptsächlich Fisch, aber auch Fleisch und Vegetarisches. Hauptgerichte mittags 5–13 €, abends 17–25 €.

Inishowen

Aktiv
Quadfahren ▶ **Inishowen Quad Safari:** Drumfad, Linsfort, Buncrana, Tel. 087 664 63 46, www.inishowenquadsafari.ie. Im privaten Waldgebiet rasante Touren auf Quadrädern und andere Abenteueraktivitäten.

Golf ▶ **North West Golfclub:** Lisfannon, Tel. 074 936 10 27, www. northwestgolfclub.com. Ca. 2 km südlich von Buncrana am Lough Swilly gelegen.

Termine
Buncrana Music & Arts Festival: Mitte Juli, Tel. 074 936 13 97. Straßenkarneval, Rockkonzerte, Sessions in den Pubs.

Fort Dunree ▶ E 1
Folgt man der Ausschilderung oder hält sich stets an die Küstenstraße mit dem Meer auf der linken Seite, kommt man zum **Fort Dunree** [20]. Die imposant auf einen Felsen gepflanzte Festung stammt keineswegs aus fernen Zeiten, sondern wurde 1798 als Vorposten für den Fall einer Invasion durch die französische Flotte errichtet. Nach späteren Umbauten und Modernisierungen diente das Fort der britischen Armee bis 1938 als Marinestützpunkt. Danach übernahm die irische Armee die Festung, um während des Zweiten Weltkriegs Irlands Neutralität zu wahren.

Heute ist im Fort ein **Militärmuseum** untergebracht, daneben, im ehemaligen Festungshospital, eine Ausstellung zu Fauna und Flora der Region (Juni–Sept. Mo–Sa 10.30–18, So 13–18 Uhr, Okt.–Mai Mo–Fr 10.30–16.30, Sa, So 13–18 Uhr).

Clonmany und Doagh ▶ E 1
Eine der schönsten Strecken ist jene von Dundee über den **Gap of Mamore** Richtung Clonmany. Die Straße windet sich steil und kurvenreich zwischen den Hügelketten hinauf und bietet von oben einen wunderbaren Rundblick.

Clonmany [21] selbst ist ein stilles Dörfchen, das jüngste auf der Halbinsel. Dementsprechend gibt es nicht viel zu sehen, dafür bieten sich in der Umgebung herrliche Wanderungen an, und an der Tullagh Bay erstreckt sich ein breiter Sandstrand. Die reizvollste Wanderung ist von Clonmany gut ausgeschildert und führt zum **Glenevin-Wasserfall Pól an Cás,** der eine steile, schwarze Felswand hinab in einen ebenso dunklen Teich rauscht.

Doagh [22] ist eine Halbinsel auch wenn sie als *isle*, Insel, bezeichnet wird. Vor Hunderten von Jahren war die Landzunge tatsächlich eine Insel, doch durch Anschwemmungen verlandete sie im Laufe der Zeit. Die Hauptattraktion ist, neben dem schönen Strand, das **Doagh Famine Village.** In den strohgedeckten Hütten des Freiluftmuseums geht es vor allem um die Lebensbedingungen und Traditionen der Landbevölkerung von Inishowen, beginnend mit der großen Hungersnot um 1840 bis heute. Zu sehen sind u. a. ein presbyterianisches Versammlungshaus, eine Orange Hall und ein Mass Rock, ein Felsaltar, wie er in den Wäldern benutzt wurde, als der Katholizismus verboten war (www.doaghfaminevillage.com, 17. März–31. Okt. tgl. 10–17 Uhr).

Im November und Dezember verwandelt sich das Dorf in ›Santa's Island‹ – ein Weihnachtsrummel, speziell für Kinder natürlich.

Übernachten
… in Ballyliffin

Nobelhotel ▶ **Ballyliffin Lodge & Spa:** Tel. 074 937 82 00, www.ballyliffinlodge.com. Das schicke Hotel mit herrlicher Aussicht hat schöne große Zimmer, einen Swimmingpool (mit Kinderbereich), Sauna, Whirlpool und Fitnessraum. Es gibt ein gutes Restaurant (16–20 €) und eine Bar (mit Kinderspielecke) mit Livemusik am Wochenende. DZ ab 80 €.

… in Clonmany

Landhaus-B & B ▶ **Glen House:** Straid, Clonmany, Tel. 074 937 67 45, www.glen house.ie. Die zauberhafte Villa mit nur acht Zimmern liegt nicht weit vom Glenevin-Wasserfall inmitten schönster Landschaft und hat auch ein Restaurant (nur für Gäste) und ein Café im Wintergarten. DZ ab 80 €.

Aktiv
Golf ▶ **Ballyliffin Golf Club:** 16 km südl. von Malin Head, Tel. 074 937 61 19, www.bally

Am wilden Atlantik

liffingolfclub.com. Der Ballyliffin Golfclub gilt als einer der besten Golfplätze Irlands und Großbritanniens.

Termine
Clonmany Festival: 1. Augustwoche, Tel. 074 937 64 77, www.clonmanyfestival.com. ›Ein Kessel Buntes‹ gewissermaßen: Livekonzerte mit Popmusik, Schäferhund-Show, Oldtimer-Ralley, Kunstausstellungen, Kunsthandwerksverkauf, Céili (Musik, Tanz, Gesang), Pub-Sessions, Kirmes.

Carndonagh ▶ F 1
Carndonagh 23 ist nach Buncrana der zweitgrößte Ort auf Inishowen und, soweit das auf der Halbinsel möglich ist, ein recht lebhafter Marktort mit etlichen Einkaufsmöglichkeiten und einem großen Viehmarkt. Historische Hauptattraktion ist das **St.-Patrick-Hochkreuz**, das Donagh Cross, das als das älteste in ganz Irland gilt. Der Nationalheilige soll an dieser Stelle im Jahr 442 eine Kirche gegründet haben, das Kreuz selbst stammt aus dem 7. oder 8. Jh. Es befindet sich ca. 500 m außerhalb des Ortszentrums Richtung Buncrana neben der alten protestantischen Kirche. Das Kreuz wurde überdacht, um es gegen die Witterung zu schützen, ist aber jederzeit für Besucher zugänglich.

Infos
Tourist Information: Public Service Centre, Malin Road, Carndonagh, Tel. 074 937 49 33, www.visitinishowen.com.

Übernachten
Carndonagh ist nicht gerade ein Touristenort in Sachen Unterkunft und Restaurants. Es gibt ein paar B & Bs in der Umgebung.
Farmhaus-B & B ▶ **Ashdale House:** Malin Road, Carndonagh, Tel. 074 937 40 17, www.ashdalehouse.net. Das hübsche B & B liegt etwa 1 km außerhalb Carndonaghs Richtung Malin Head. Die Zimmer in dem modernen Farmhaus sind ländlich gemütlich, es gibt WLAN, aber auch Schafe, Esel, einen Hund und Hühner. DZ 66–70 €.

Malin und Malin Head ▶ E/F 1
Das Dörfchen **Malin** 24 gehört mit Abstand zu den hübschesten der Halbinsel. Es liegt malerisch an einer Meeresbucht der Trawbreaga Bay und ist über eine zehnbogige Steinbrücke zu erreichen. Im 17. Jh. entstand Malin als englisches Kolonialdorf und hat sich bis heute kaum verändert. Zentrum ist der dreieckige Dorfplatz, der von Bäumen beschattet und mit Bänken bestückt ist – eine kleine Idylle umrahmt von schnuckeligen Häusern.

An der Küstenstraße zwischen Malin und Malin Head passiert man die **Five Fingers,** eine Dünenlandschaft mit Strand, deren bis zu 30 m hohen Sandhügel zu den höchsten Europas gehören.

Malin Head 25 ist irischen Radiohörern und Zeitungslesern als Wetterstation vertraut. Hier liegt der nördlichste Punkt Irlands, **Banba's Crown.** Von hier hat man einen überwältigenden Blick auf die zerklüftete, wilde Landschaft und den donnernden Atlantik bis weit nach Tory Island und sogar bis zur schottischen Küste.

Während des Zweiten Weltkriegs entstand neben einem Signalturm aus dem 19. Jh., dem Admiralty Tower, ein Unterstand für die irische Armee, die darauf achten sollte, dass feindliche Soldaten nicht Irlands Neutralität verletzten. Das britische Nordirland war ja gleich nebenan.

Übernachten
Edles Traditionshotel ▶ **Malin Hotel:** Malin, Tel. 074 937 06 06, www.malinhotel.ie. Das traditionsreiche kleine Hotel beherbergt ein gutes Restaurant und ist sicherlich eines der schönsten Unterkünfte am Platz. Jedes der Designer-Zimmer wurde auf unterschiedlich Weise liebevoll eingerichtet. DZ ab 90 €.

Von Culdaff zur Kinnagoe Bay ▶ F 1
Culdaff 26 ist ein Nest, so friedlich an einem Flüsschen gelegen wie die vielen kaum noch erkennbaren Steinkreise auf den Wiesen drumherum.

Inishowen

Absoluter Höhepunkt Inishowens ist die **Kinnagoe Bay** 27. Wenn man die steile und kurvige Küstenstraße gemeistert hat und oben auf den Klippen anhält, wartet ein überwältigender Anblick auf den Betrachter: Nahezu unzugängliche, scharf geschnittene Buchten mit kleinen Sandstränden haben sich in die schroffe, aber üppig grüne Landschaft eingegraben. Hat man den Abstieg zum Strand geschafft, fühlt man sich wie in einer anderen Welt.

Übernachten
Farmhaus-B & B ▶ **Trean House:** Tremone, Carrowmenagh, Tel. 074 936 71 21, www.treanhouse.com. Das Farmhaus liegt abseits vom Trubel nahe der Tremone Bay und ist von gepflegtem Farmland umgeben, auf dem Schafe und Kühe weiden. Die vier Zimmer (alle mit Bad) sind einfach, aber komfortabel eingerichtet. DZ 60–70 €.

Abends & Nachts
Gasthaus mit Pub ▶ **McGrory's of Culdaff:** Culdaff, Tel. 074 937 91 04, www.mcgrorys.ie. Ein Haus, das in mehrere Kategorien passt: Unterkunft, Restaurant und Nachtleben. Vermietet werden 17 standardkomfortable Zimmer (DZ ab 89 €), in der Bar gibt es traditionelle Sessions und gutes Essen, und im Hinterzimmer spielen regelmäßig Livemusiker, manchmal sogar internationale Bands und Solisten.

Von Greencastle nach Muff
▶ F 1

Greencastle 28 ist der lebhafteste Badeort auf Inishowen, zudem ein aktiver Fischerei- und Fährhafen und in bescheidenem Rahmen Kulturort. Das Castle im Namen stammt von einer normannischen Burg am Ort, Northburg Castle, die 1305 von Richard de Burgo errichtet wurde, um den lokalen Clan der O'Donnells in Schach zu halten. Im 16.Jh. schließlich wurde sie von einem O'Donnell zerstört, als er sich mit seinem Vater herumschlug. Die eigentlichen Attraktionen für die Besucher sind das **Cairn Visitor Centre** (www.thecairncentre.com, April–Okt. tgl. 11–18 Uhr), in dem irische Geschichte quer durch die Jahrtausende dargestellt wird, und das **Maritime Museum** und **Planetarium** (www.inishowenmaritime.com, Mo–Sa 9.30–17.30, Ostern–Sept. auch So ab 12 Uhr). Das Museum beschäftigt sich eher mit lokalen Themen, wie dem Bezug der Gegend zu den Weltkriegen, der spanischen Armada, die hier auflief, und mit Emigration.

Moville 29 ist hübsch hergerichtet und gepflegt, voller Blumen, malerischer Häuser und Plätze und zeugt noch von der Anlage, die um 1780 vom Kaufmann Samuel Montgomery aus Derry geplant wurde. Während der Sommersaison ist er ein lebhafter Badeort mit allen möglichen Freizeitangeboten. Die adretten und sorgfältig restaurierten viktorianischen Reihenhäuser der Montgomery Terrace sind nicht nur dem Gründer gewidmet, sondern auch einem seiner Nachfahren, dem Feldmarschall Montgomery, der im Zweiten Weltkrieg bei El Alamein zu Kriegsruhm kam. Auch das New Park House, das Stammhaus der Montgomerys, existiert noch.

Bis nach **Muff** 30, an die Grenze zu Nordirland, ziehen sich die Freizeitanlagen, Ferienhäuser, Restaurants und sonstigen touristischen Einrichtungen. Die Tourismusbranche hat diese Strecke deshalb zur ›Golden Mile‹ erkoren, was ein bisschen weit hergeholt ist, denn es geht hier noch ganz gemächlich zu.

Essen & Trinken
Fischlokal ▶ **Kealy's Seafood Bar:** The Harbour, Greencastle, Tel. 074 938 10 10, Di–So 12.30–23.30 Uhr. Das Restaurant direkt am Hafen gehört zu den nettesten und zu den besten auf Inishowen. In ungezwungener Atmosphäre lässt man sich feinste Fischgerichte schmecken, kreativ zubereitet und alles fangfrisch. Täglich wechselndes Fleischgericht und vegetarische Alternativen. Hauptgerichte mittags 7–15, abends 15–29 €, Tapasteller plus Wein 25,50 €.

Verkehr
Busverbindungen (Foyle Coaches) zwischen den Inishowen-Dörfern und Letterkenny bzw. Derry, www.foylecoaches.com.

Bei Ballintoy an der Antrim Coast

Kapitel 6
Nordirland

Der Nordosten Irlands mag zwar eine eigene politische Einheit sein, ist aber kulturell und landschaftlich genauso ›irisch‹ wie der Rest der Insel. Eine Grenze gibt es längst nicht mehr, die Übergänge sind fließend. Einziges Indiz, dass man sich in einem anderen Land befindet, sind die Straßenschilder, die Entfernungen und Geschwindigkeitsbegrenzungen in Meilen angeben, und die Landeswährung, die hier das *Pound Sterling* ist.

Nordirland bietet eine Vielzahl an Sehenswürdigkeiten, Aktivitäten und erfreulicherweise viele verborgene, wenig erschlossene Schönheiten. Die Antrim- und Derry-Küsten bilden mit ihren sanften Tälern der Glens of Antrim, den Klippen, Stränden und vor allem dem majestätischen Giant's Causeway eine der schönsten Landschaften des Nordens.

Bootsfahrer und Angler zieht es seit jeher zu den Fermanagh Lakelands, eine Region, die von unendlich vielen Seen übersät ist, die der River Erne in seinem Verlauf bildet. Hier tritt der ›grenzüberschreitende‹ Tourismus am offensichtlichsten zu Tage, da der Erne mit dem Shannon durch einen schiffbaren Kanal verbunden ist, der immer häufiger genutzt wird. Die schroffen Mourne Mountains locken Wanderer an, der Strangford Lough ist ein Paradies für Segler und weiter im Landesinneren gibt es noch einige vom Tourismus kaum entdeckte Landschaften wie die einsamen Sperrin Mountains mit ihren wunderschönen Tälern oder das sanfte Hügelland South Armaghs.

Urbane Höhepunkte sind die beiden Städte Derry und Belfast, erstere wegen ihrer vollständig erhaltenen Stadtmauer, letztere wegen des reichen Kultur- und Nachtlebens, das zu den lebhaftesten auf der ganzen Insel gehört.

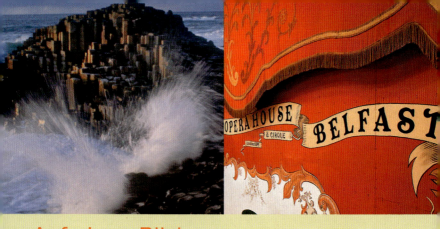

Auf einen Blick
Nordirland

Sehenswert

14 Giant's Causeway: Die einzigartige Formation aus vulkanischen Basaltsäulen, die sich wie ein Damm ins Meer ergießen, sind die größte Touristenattraktion Nordirlands (s. S. 394).

Bushmills Whiskey Distillery: In der ältesten Whiskeybrennerei Irlands kann man nicht nur den Produktionsprozess beobachten, sondern die verschiedenen Brände auch gleich probieren (s. S. 398).

15 Derry: Hinter Irlands einziger vollständig erhaltener Stadtmauer verbirgt sich eine der lebhaftesten und schönsten Städte des Landes (s. S. 399ff.).

Ulster American Folkpark: Das Freilichtmuseum bei Omagh ist eines der interessantesten Irlands. Es erzählt die Geschichte der irischen Emigration ab dem 18. Jh. nach (s. S. 411).

Schöne Routen

Von Larne bis Glenariff: Auf dieser Route führt die A2 direkt am Meer entlang und bietet gelegentlich Aussichten bis zur schottischen Küste (s. S. 388f.).

An der Causeway Coast: Die Route folgt der Küstenstraße von Ballycastle bis Ballintoy (B15), geht dann ein Stück über die A2 und mündet bei Dunseverick wieder auf die Küstenstraße (B147). Sie passiert einige der schönsten Stellen an der Causeway Coast und lädt ein zu zahlreichen Zwischenstopps mit großartigen Aussichten (s. S. 393f.).

Meine Tipps

Die Crown Bar in Belfast: Das schönste Pub Irlands ist nicht nur eine Touristenattraktion, sondern auch ein ganz normaler Treffpunkt der Einheimischen, die Besuchern gern mit Rat und Tat und viel Humor zur Seite stehen (s. S. 369).

Black Taxi Tour durch Belfast: Die traditionellen schwarzen Londoner Taxis sind eine wunderbare Möglichkeit, sich durch Belfast zu bewegen, nicht nur als Busersatz, sondern auch als Sightseeingtour (s. S. 371)

Castle Coole: Das überaus prachtvolle Schloss nahe Enniskillen ist eines der schönsten Beispiele des Klassizismus in Irland (S. 413f.).

aktiv unterwegs

Wanderung entlang der Causeway Coast: Dies ist eine der schönsten Wanderungen Nordirlands. Sie führt entlang der wildromantischen Causeway Coast, die den traumhaften Strand der Whitepark Bay einbezieht, bis hin zum Giant's Causeway (s. S. 397).

Radtour durch die Sperrin Mountains: Die Radtour durch die Einsamkeit der Sperrins und das schöne Glenelly Valley bietet nicht nur viele Möglichkeiten für Abstecher und Pausen mit schöner Aussicht, sondern auch die Gelegenheit zum Goldsuchen im Fluss (s. S. 412)

Belfast ▶ G/H 2/3

Klammheimlich und vom Rest der Welt nahezu unbemerkt hat sich Belfast zur Partyhauptstadt Irlands entwickelt. Zahlreiche Festivals, ein ausschweifendes Nachtleben und die frech-fröhliche Kommunikationsbereitschaft der Belfaster haben die Stadt zu einem Quell der Lebensfreude und zum Magneten nicht nur für Touristen gemacht.

Noch immer gibt es Touristen, die von der düsteren Vergangenheit Belfasts fasziniert sind und Bombenalarm erwarten. Diese werden allerdings bitter enttäuscht, denn Belfast eine ganz normale und sichere Stadt. Die Bürgerkriegsvergangenheit äußert sich bestenfalls noch in martialischen Wandbildern und der noch immer sichtbaren Trennung zwischen den verfeindeten Fraktionen. Ansonsten wurde der Bürgerkrieg gründlich unter pompösen Glasbauten, Shopping Malls und Cappuccino-Kultur begraben.

Belfast ist eine junge Stadt, nicht nur atmosphärisch, sondern auch historisch. Der einstmals kleine Ort, dessen irischer Name *Bealfeirste* so viel wie ›Stadt an der Flussmündung des Farset‹ bedeutet, wurde im 17. Jh. von dem englischen Eroberer Arthur Chichester als rein protestantische Kolonialstadt ausgebaut und entwickelte sich mit Hilfe von eingewanderten Hugenotten zu einem Zentrum der Textilindustrie. Mit der industriellen Revolution und vor allem der Gründung der Schiffswerft Harland & Wolff im Jahr 1861, die bis ins 20. Jh. der größte Arbeitgeber der Stadt war, avancierte Belfast zum ›irischen Manchester‹, nicht nur wegen der blühenden Industrie, sondern auch wegen der mehr als erbärmlichen Lebensbedingungen der Arbeiter. Der wirtschaftliche Niedergang Belfasts begann mit der Teilung Irlands nach dem Unabhängigkeitskrieg, als die Stadt ihr wirtschaftliches Umland an das unabhängige Irland verlor, und fand seinen Tiefpunkt während der *Troubles,* als Bomben und eine allgemeine Wirtschaftskrise die Stadt lahm legten. Auf der politischen Ebene und in sozialen Brennpunkten mögen die Querelen andauern, aber die meisten Belfaster winken dann nur müde ab. Es ist Partyzeit, und das nächste Event wartet schon.

Das Zentrum

Cityplan: S. 368
Belfast eine schöne Stadt im klassischen, also architektonischen Sinne zu nennen, wäre ein Euphemismus. Es ist eine kommerzielle Stadt mit pragmatischen Bauten, protestantisch im Sinne von schmuckloser Nüchternheit. Ausnahmen gibt es nur wenige, selbst die imposanten Neubauten wirken wie demonstratives Understatement. Aber hinter den oftmals eher drögen Fassaden kann sich ein überbordendes Innenleben verbergen, mit einer viktorianischen Prächtigkeit, die jede äußerliche Nüchternheit Lügen straft.

City Hall 1
Wie eine vergessene Hochzeitstorte dominiert die **City Hall** das Stadtzentrum rund um den Donegall Square. Dieses viktorianisch überladene Rathaus mit der 53 m hohen Kuppel wurde als Ausdruck der Prosperität der Stadt 1906 fertig gestellt. Das Innere ist ebenso kostspielig wie prachtvoll: Feinster italienischer Marmor, Stuck, Kronleuchter und Buntglasfenster lassen ahnen, wie viel Geld seinerzeit dafür ausgegeben wurde.

Cathedral Quarter

Umgeben ist die City Hall von Denkmälern zu Ehren verdienstvoller Persönlichkeiten der Stadt und dem Titanic Memorial Garden, der an die Opfer des legendären Schiffsunglücks erinnert, u. a. mit einer langen Tafel auf der die Namen aller verzeichnet sind, die ums Leben kamen.

Die Halle im Erdgeschoss des Rathauses (mit Café) kann zu Bürozeiten besichtigt werden, lohnenswerter ist jedoch eine etwa einstündige kostenlose Führung, auf der Details und Politik erläutert werden (Tel. 028 90 32 02 02, www.belfastcity.gov.uk, Mo–Do 8.30–17, Fr bis 16.30 Uhr, Führungen Mo–Fr 11, 14 u. 15, Sa 14 u.15 Uhr).

Linenhall Library 2

Vom Donegall Square neben dem Rathaus starten alle Stadtbusse in die umliegenden Viertel, es kann dort also recht belebt sein. Etwas Ruhe findet man in der **Linenhall Library** an der Nordseite des Platzes. Die Bibliothek, 1788 gegründet, um »den Verstand zu fördern«, ist eine Schatztruhe vor allem irischer Schriften und Bücher, von den ersten Druckerzeugnissen im Norden bis zu Dokumenten über die *Troubles* einschließlich aller Flugblätter und Plakate seit 1969. Im hauseigenen Café lässt es sich wunderbar entspannen (Mo–Fr 9.30–17.30, Sa 9.30–16 Uhr, www.linenhall.com).

Royal Avenue

Die **Royal Avenue,** eine Verlängerung des Donegall Place, ist Belfasts Haupteinkaufsstraße. Hier findet man auf kleinstem Raum viele bekannten Ladenketten und große Einkaufszentren. Eine Besonderheit ist **Tesco** 3 an der Ecke Castle Street. Der an sich gewöhnliche Supermarkt befindet sich nämlich in einem ehemaligen Bankgebäude aus dem 19. Jh., das eine so prachtvolle Kuppeldecke besitzt, dass man schon allein deswegen dort shoppen gehen mag.

Victoria Square

Eines der neueren Shoppingparadiese ist der **Victoria Square** 4, ein mehrstöckiger und lichter Komplex, der sich unauffällig in der runderneuerten Gegend gleich östlich der Royal Avenue einfügt. Er ist das Sinnbild des modernen Belfast, mit teuren Luxus- und gehobenen Kettenläden, einer Vielfalt an Restaurants, einem Kino und vor allem der Glaskuppel mit Aussichtsplattform, die einen wunderbaren Rundumblick über Belfast bietet.

Der Victoria Square gehört zum ältesten Teil Belfasts, an den aber heute nur noch die **Entries** 5 erinnern. Dies sind schmale Durchgänge zwischen High Street, Ann Street und Waring Street. Der bekannteste ist Pottinger's Entry, wo sich eines der traditionellsten Pubs Belfasts verbirgt. Von außen erinnert es noch ein wenig an die gute alte Spelunke, aber innen ist es längst zum beliebten Gastropub mutiert.

Cathedral Quarter

Cityplan: S. 368

Das **Cathedral Quarter** zwischen Royal Avenue und dem Lagan River gehört ebenfalls zu den ältesten Vierteln Belfasts und war lange Zeit eine eher heruntergekommene und finstere Ecke. Mittlerweile ist das Viertel runderneuert, wie so viele in Belfast, und birgt zahlreiche Galerien, Cafés, Bars und einige Restaurants. Zudem sind viele historische Gebäude schön restauriert. Das Viertel hat sich allmählich zum kulturellen Zentrum Belfasts entwickelt, in dem sich auch zahlreiche kulturorientierte Institutionen niedergelassen haben. Ein bisschen erinnert es an Temple Bar in Dublin, ist aber längst (noch) nicht so eine Touristenfalle. Richtig lebendig wird es hier jedoch erst während des Cathedral Quarter Festivals Anfang Mai mit Konzerten, Comedy, Performances, Theater und Ausstellungen, die sich mittlerweile über die ganze Innenstadt ausbreiten.

Im Zentrum des Viertels steht die anglikanische **St. Anne's Cathedral** 6 (tgl. 8–16 Uhr), nach der das Viertel benannt wurde. 1899 begann man mit dem Bau der imposanten Kirche, die jedoch nie vollendet wurde – es fehlt noch der Turm (Mo–Sa 9–17, So 13–15 Uhr, Audiotour 2 £).

Belfast

Innen wie außen gleichermaßen prunkvoll – das Rathaus von Belfast

Am River Lagan

Cityplan: S. 368

Wie viele Städte in Irland hat sich auch Belfast in den vergangenen Jahren wieder dem Fluss zugewandt. Die einstmals stark vernachlässigte und unansehnliche Uferregion wurde und wird mit großem Aufwand herausgeputzt und hat sich zu einem veritablen Veranstaltungszentrum entwickelt. Der schönster Teil ist der 4 km lange Uferweg, auf dem Fußgänger und Radfahrer vom Stadtzentrum bis zum Lagan Valley Regional Park schlendern bzw. radeln können, einem der vielseitigsten Naherholungsgebiete um Belfast.

St. George's Market [7]

Eine der besten Ideen war mit Sicherheit, den **St. George's Market** in der May Street wieder ins Leben zu rufen. In der ältesten Markthalle Irlands verkaufen etwa 250 Stände feinste Leckereien sowie allerlei Krempel und Trödel. Im 1. Stock befindet sich ein Restaurant, von dem aus man das Treiben in der Halle bei einem Imbiss beobachten kann (Fr 6–14, Sa 9–15, So 10–16 Uhr).

Waterfront Hall [8]

Eines der ersten Prestigeobjekte am River Lagan war die **Waterfront Hall,** gefolgt vom supereleganten Hilton Hotel. Die runde Water-

Am River Lagan

front Hall mit ihrer flachen Bronzekuppel ist einer der wichtigsten Veranstaltungsorte für Konzerte jeglicher Art. Das Auditorium besitzt eine hervorragende Akustik.

Laganside

Wie die Uferregion war auch der Lagan einst so verschmutzt, dass kaum noch Fische darin lebten. Zur Regenerierung der Flusslandschaft errichtete man u. a. zwischen Lagan Bridge und Queen Elizabeth Bridge ein Wehr und hatte mit diesen Maßnahmen so viel Erfolg, dass sogar die Lachse wieder zurückkehrten. Deswegen wurde dem Fisch am Wehr ein leuchtend blaues Denkmal gesetzt: **The Big Fish** 9, ein riesiger Lachs mit Keramikverkleidung.

Custom House

Das alte **Custom House** 10 am Lagan, das um die Mitte des 19. Jh. erbaut wurde, ist ein weiteres Beispiel viktorianischer Architektur. Bis Mitte des 20. Jh. waren die Treppen eine Plattform für Reden und Demos; seit 2005 dient der aufpolierte Vorplatz wieder als Versammlungsort, allerdings eher für Freiluftveranstaltungen musikalischer Art, vor allem Mitte August, wenn beim Belsonic-Festival Belfast buchstäblich rockt.

Nicht zu übersehen ist der **Albert Memorial Clocktower** 11 hinter dem Custom House – ein bisschen Big Ben in Belfast. Der 1867 zu Ehren des Prinzgemahls von Queen Victoria errichtete 113 m hohe Turm hatte wegen des sumpfigen Untergrunds Schieflage, wurde allerdings im Rahmen der Lagan-Sanierung stabilisiert und gründlich gereinigt.

The Odyssey 12

Die Lagan-Erneuerung macht jedoch nicht an der Innenstadt Halt. Auf der anderen Seite des Flusses jenseits der Lagan Bridge erstrahlt **The Odyssey**, eine Arena, die 10 000 Zuschauer fasst und Schauplatz diverser Großveranstaltungen u. a. mit den Größen des Rockgeschäfts ist. Berühmter ist das Haus jedoch als Spielfeld der Belfast Giants, einem Eishockeyteam, das zur Eröffnung der Arena gegründet wurde und sich bei den Belfastern inzwischen großer Beliebtheit erfreut.

Titanic Quarter 13

Das ehrgeizigste Projekt am Lagan ist mit insgesamt 30 Jahren geplanter Bauzeit auf einer Gesamtfläche von 75 ha das **Titanic Quarter** auf Queen's Island, das nach Fertigstellung ein elegantes Geschäfts-, Wohn-, Uni- und Amüsierviertel sein wird. Das neue Areal entsteht dort, wo sich einst eine der größten Werften der Welt befand, **Harland & Wolff**, die zu Beginn des 20. Jh. das berühmteste Schiff der Welt vom Stapel ließ: die Titanic. Eines der ehrgeizigsten Projekte wurde 2012 eröffnet, das **Titanic Museum,** ein faszinie-

render Bau in Schiffsbugform, das sich umfassend mit dem berühmten Dampfer befasst (tgl. April, Juni–Aug. 9–19, Mai u. Sept. 9–18, Okt.–März 10–17 Uhr, www.titanicbelfast.com). Weithin sichtbar sind die beiden Kräne der Werft, heute das Wahrzeichen von Belfast und liebevoll **Samson & Goliath** genannt; sie stehen unter Denkmalschutz und werden in das neue Viertel integriert.

Golden Mile

Cityplan: oben

Wirft man in Belfast einen Stein, so trifft man entweder eine Kirche oder ein Pub, so heißt es. Auf der sogenannten **Golden Mile,** dem Viertel zwischen Great Victoria Street und Bedford Street, würde man mit besagtem Stein nicht nur Pubs, sondern auch Weinbars,

Belfast

Sehenswert
1. City Hall
2. Linenhall Library
3. Tesco
4. Victoria Square
5. Entries
6. St. Anne's Cathedral
7. St. George's Market
8. Waterfront Hall
9. The Big Fish
10. Custom House
11. Albert Memorial Clocktower
12. The Odyssey
13. Titanic Quarter
14. Grand Opera House
15. Europa Hotel
16. Crown Bar
17. Queen's University
18. Botanic Gardens
19. Ulster Museum
20. Shankill Road
21. Falls Road

Übernachten
1. Ten Square
2. Malone Lodge Hotel
3. Malmaison Belfast
4. Tara Lodge
5. An Old Rectory
6. Benedicts
7. Days Hotel
8. Belfast Palace Hostel

Essen & Trinken
1. Eipic
2. Ox
3. Ginger
4. Hadskis
5. Mourne Seafood Bar
6. Pizzaexpress
7. Caffè Nero

Einkaufen
1. Castle Court
2. Westwood Shopping Centre
3. Smithfield Market
4. Smyth's Irish Linens
5. The Wicker Man

Abends & Nachts
1. Kelly's Cellars
2. Morning Star
3. McHughs
4. Maddens
5. Botanic Inn
6. Robinson's
7. Lavery's
8. Kremlin
9. Union Street Bar
10. Crescent Arts Centre
11. Empire
12. Lyric Theatre

Aktiv
1. Aliens City Tour
2. Lagan Boat Company
3. Titanic Walking Tours

Cafés, Restaurants und Läden treffen. Als Golden Mile wurde die Great Victoria Street in einer Zeit bezeichnet, als Belfast noch weitgehend in Düsternis lag. Hier waren die wenigen Amüsieretablissements, wo sich das magere Nachtleben abspielte. Heute wirkt die Gegend etwas vernachlässigt, da sich die Shopping- und Amüsierszene in neue und schickere Viertel verlagert haben.

Grand Opera House 14

Ein historisches kulturelles Zentrum Belfasts ist das **Grand Opera House** aus dem Jahr 1895, das einen Querschnitt aller Unterhaltungssparten auf die Bühne bringt. Wirkt es von außen wie ein Zuckertörtchen, so bildet der überwältigende Bühnenraum eine Mischung aus indischem Tadsch Mahal und viktorianischer Plüschigkeit. Schon deswegen lohnt es sich, eine der Shows zu besuchen.

Europa Hotel 15

Fest in der Geschichte Belfasts verankert ist auch das **Europa Hotel,** das 1993 von der britischen Zeitung *The Guardian* zum meistbombardierten Hotel der Welt ›gekürt‹ wurde. 29-mal explodierten dort Bomben, der letzte Anschlag geschah 1993 und verursachte den schwersten Schaden. Das Hotel wurde danach nahezu gänzlich umgebaut, luxuriöser als je zuvor, und zählt heute zu den feineren Herbergen der Stadt. Das Hotel bietet auch großartige Veranstaltungen und Konzerte, von Elvis-Tribute-Nights bis zu einem der seltenen Auftritte von Van Morrison.

Crown Bar 16

Gegenüber liegt das schönste Pub der Welt, die **Crown Bar,** 1885 erbaut und in ihrer originalen schnörkelig viktorianischen Ausstattung erhalten geblieben. Kunstvolle Mosaiken, Spiegel, Buntglas, Keramik, reich verzierte Holzarbeiten und echtes Gaslicht bilden ein Ambiente, das selbst in der Hochzeit der *Troubles* respektiert wurde. Bemerkenswert sind vor allem die *snugs,* kleine Separées, in die man sich diskret zurückziehen kann – aber dann würde man die Belfaster

Belfast

Trinken mit Stil in der Crown Bar von Belfast

Originale verpassen, die sich dort zu ihrem Pint und zum ›Touristengucken‹ treffen. Im ersten Stock befindet sich auch ein nettes Restaurant.

University Quarter

Cityplan: S. 368

Die Partymeile setzt sich bis zum Shaftesbury Square fort und findet einen weiteren Höhepunkt entlang der Lisburn Road und der University Road. Rund um die University Road erstreckt sich das Univiertel mit viel alternativer, aber auch etablierter Kultur, mit interessanten Pubs und Restaurants sowie mit Studentenwohngemeinschaften in kleinen viktorianischen Backsteinhäuschen.

Queen's University 17

Die renommierte **Queen's University** wurde zwischen 1845 und 1849 gebaut, zur Zeit der Großen Hungersnot. In den backsteinernen Gebäuden, nach dem Vorbild des Magdalen College in Oxford entworfen, durften bis weit ins 20. Jh. hinein keine Katholiken studieren – die katholische Kirche befürchtete protestantische Indoktrination. Zu den Alumni gehören u. a. die ehemalige irische Präsidentin Mary McAleese und der Dichter Seamus Heaney. Man kann die Universität frei besichtigen, im Besucherzentrum gibt es Informationen (Mo–Fr 9.30–16.30, Sa/So 11–16 Uhr).

Botanic Gardens und Ulster Museum

Südlich der Universität erstreckt sich das weite Gelände der **Botanic Gardens** 18, ein beliebter sommerlicher Treffpunkt von Studenten und jungen Familien aus der Umgebung. Mittendrin befindet sich das **Ulster Museum** 19, das eine sehr eklektizistische Sammlung hat, von Mumien über spanischen Goldschmuck bis hin zu Gemälden irischer und englischer Künstler (Di–So 10–17 Uhr).

West Belfast

Cityplan: S. 368

West Belfast war seit jeher das Ferment sozialer und kultureller Gegensätze und während der *Troubles* eine Gegend, in der es immer wieder zu gewaltsamen Auseinander-

West Belfast

setzungen kam. Dort treffen die (protestantischen) Loyalisten auf die (katholischen) Republikaner, jeweils in ihrem eigenen Wohnviertel und oft noch immer durch eine Stein- und Stahlmauer voneinander getrennt, um Übergriffe zu vermeiden. Die sogenannte **Peace Wall** (›Friedensmauer‹) trennt das loyalistische Wohnviertel um die Shankill Road vom republikanischen Wohngebiet um die Falls Road. An zwei Stellen, am Lanark Way und an der Northumberland Street, ist die Mauer geöffnet, aber das kann jederzeit – sollte es wieder zu Spannungen kommen – rückgängig gemacht werden.

Auf welcher Seite man sich gerade befindet, ist ganz einfach an den Farben und Emblemen zu erkennen: rot-weiß-blau wie der britische Union Jack für die Shankill Road, grün-weiß-orange wie die irische Nationalflagge für die Falls Road. Und dann sind da natürlich die **Wandbilder**, eine Belfaster Spezialität als Ausdruck politisch-kultureller Zugehörigkeit. Heute kann man durch beide Straßen schlendern, fotografieren und mit den Leuten in Kontakt kommen.

Shankill Road [20]

Die **Shankill Road** hat touristisch weniger zu bieten als die Falls Road. Selbst die Wandbilder sind oftmals weniger farbenprächtig als beim republikanischen Nachbarn. Immerhin befindet sich das Viertel auf dem ältesten besiedelten Grund der Stadt, denn bereits in der Steinzeit gab es hier eine Siedlung. Der Name der Straße ist dem gälischen *Sean Cill* entlehnt, was schlichtweg ›alte Kirche‹ heißt. Heute bemüht sich auch die protestantische und traditionell sehr ›anti-irische‹ Gemeinde um ein freundlicheres Antlitz, da man auch hier ein Stück vom touristischen Kuchen abbekommen und Besucher in die einst verrufene Gegend locken will. Das klappt mangels interessanter Angebote allerdings noch nicht so recht, aber die Straße vermittelt einen Eindruck eines traditionellen Arbeiterviertels.

Falls Road und Umgebung

Die **Falls Road** [21] hingegen – die sich jetzt gerne Gaeltacht Quarter nennen möchte, da

> ### Tipp: Black-Taxi-Touren
>
> Eine Sightseeingtour mit einem der geräumigen Black Taxis, in die locker sechs Personen passen, ist sicherlich die individuellste und auch spannendste Art, Belfast kennenzulernen. Die Fahrer und Reiseleiter, die auf ihre unnachahmliche Art Belfasts turbulente jüngere Vergangenheit erläutern, kennen neben den besten Pubs und Restaurants auch etliche Lokalhistörchen. Sie holen an beliebigen Stellen ab und touren durch die interessantesten Ecken der Stadt. Auf Wunsch werden auch individuelle Touren zusammengestellt. Eine Tour dauert in der Regel 90 Minuten und kostet pro Person (ab 3 Pers.) ca. 10 £ (www.belfasttours.com, Tel. 028 90 64 22 64).

viele Läden und andere Einrichtungen einen Service in irischer Sprache anbieten – besitzt eine urbane Vitalität und Infrastruktur, die sich mit dem Stadtzentrum durchaus messen kann. Die ehemalige, 1842 erbaute Leinenfabrik **Conway Mill** ist heute ein lebendiges Kultur- und Freizeitzentrum mit Künstlerateliers, dem Radiosender Feile FM, zwei Kunstgalerien (eine mit Textilmuseum), einem Restaurant einem Wochen- und Kunsthandwerksmarkt im Hof (Sa 10–15 Uhr) und einem »Irish Republican History Museum« (Di–Sa 10–14 Uhr), das etwas spärlich die republikanische Geschichte seit der Rebellion von 1798 bis heute erzählt (www.conwaymill.org).

Ein weiteres Highlight ist das **Cultúrlann** an der Ecke Broadway. Das Kulturzentrum ist in einer ehemaligen presbyterianischen Kirche untergebracht und umfasst neben einem sehr hübschen und hellen Café-Restaurant (Mo–Do 9–21, Fr/Sa 9–18, So 11–16 Uhr) einen Buchladen, eine Galerie, eine Souvenirabteilung sowie eine kleine Touristeninformation, wo man alle Infos für das Viertel erhält (www.culturlann.ie).

Die interessanten Friedhöfe von Belfast befinden sich ebenfalls in der Falls-Road-Gegend. Der **City Cemetary** war der erste interkonfessionelle Friedhof der Stadt und um-

Belfast

fasst sogar eine jüdische Abteilung. Unter anderem liegt dort auch Edward Harland, einer der Gründer der Werft Harland & Wolff.

Spannender ist der katholische **Milltown Cemetary,** der mit seinen manchmal überbordenden Grabmälern und dem großen keltischen Kreuz nicht nur schön anzusehen ist, sondern auch einen Streifzug durch die republikanische Geschichte der Stadt ermöglicht. Manche Grabsteine zeigen die irische Flagge und hinter dem Namen der Verstorbenen das Kürzel ›Vol.‹ – für *Volunteer,* Angehörige der IRA, die oft *in action* ums Leben gekommen sind. Die Hungerstreiktoten von 1981, darunter Bobby Sands, sind im *Republican Plot* beerdigt, ebenso wie die drei IRA-Leute, die in Gibraltar von einem britischen Sonderkommando erschossen wurden und während deren Beerdigung es zu einem Massaker durch einen loyalistischen Wirrkopf kam. Alle anderen Bürgerkriegstoten aus den Reihen der IRA werden mit dem Gedenkstein *Rolls of Honour* geehrt, auf dem ihre Namen eingraviert sind. Geführte Touren über den Friedhof können im Cultúrlann (s. S. 371.) gebucht werden.

Infos

Belfast Welcome Centre: 9 Donegall Square North, Belfast BT1 5GJ, Tel. 028 90 24 66 09, www.visit-belfast.com.
Fáilte Feirste Thiar (West Belfast Information): 243 Falls Road, Belfast BT12 6AH, Tel. 028 90 24 11 00, www.visitwestbelfast.com.

Übernachten

Cooles Boutiquehotel ► Ten Square 1: 10 Donegall Square, Belfast, BT1 5JD, Tel. 028 90 24 10 01, www.tensquare.co.uk. Hinter der viktorianischen Fassade gleich neben der City Hall verbirgt sich das coolste Hotel Belfasts, in dem auch schon mancher Film- und Rockstar genächtigt hat. Edler Luxus, und bester Service verbinden sich zu einem einzigartigen Erlebnis. DZ 110–195 £.
Solide Eleganz ► Malone Lodge Hotel 2: 60 Eglantine Avenue, Belfast, BT9 6DY, Tel. 028 90 38 80 00, www.malonelodgehotelbelfast.com. Ein ruhiges, feines Hotel in einer Seitenstraße im Univiertel. Die komfortablen Zimmer sind groß, und es gibt auch Apartments. In der Hauptsaison sind zwei Nächte Minimum. DZ ab 119 £ (ohne Frühstück), Apartment ab 150 £.
Rockstar-Chic ► Malmaison Belfast 3: 34–38 Victoria Street, Belfast, BT1 3GH, Tel. 028 90 22 02 00, www.malmaison.com/location/belfast. Relativ neues Hotel in einem alten viktorianischen Gebäude mitten in der Stadt nahe dem Lagan. Die Zimmer sind frech und frisch eingerichtet und haben allen modernen Schnickschnack (inkl. kostenlosem WLAN). DZ ab 109 £.
Stylisches B & B ► Tara Lodge 4: 36 Cromwell Road, Botanic Avenue, Belfast, BT7 1JB, 028 90 59 09 00, www.taralodge.com. Eigentlich ist das B & B mit seinen 28 Zimmern schon fast ein kleines Hotel. Die stilvollen Zimmer bieten Entspannung nach einem Abend im quirligen Univiertel. DZ ab 89 £.
B & B mit Tradition ► An Old Rectory 5: 148 Malone Road, Belfast, BT9 5HL, Tel. 028 90 66 78 82, www.anoldrectory.co.uk. Sehr schöne, stilvoll-altmodische Zimmer in einem

Adressen

ehemaligen Pfarrhaus aus dem 19. Jh. Im feinen Malone im Süden Belfasts gelegen, aber nicht allzu weit vom Stadtzentrum. Tolles Frühstück. DZ ab 84 £.

Partyhotel ▶ **Benedicts 6**: 7–21 Bradbury Place, Belfast, BT7 1RQ, Tel. 028 90 59 19 99, www.benedictshotel.co.uk. Ideal an der ›Golden Mile‹ gelegenes Hotel mit komfortablen Zimmern, Restaurant, Bar und Nachtclub im Haus (tgl. Livemusik oder Disko bis 1 Uhr). Nicht gerade ruhig, aber dafür mitten im Geschehen. DZ ab 85 £ (online oft billiger).

Praktisch, billig, gut ▶ **Days Hotel 7**: 40 Hope Street, Belfast, BT12 5EE, Tel. 028 90 24 24 94, www.dayshotelbelfast.co.uk. Das mit 250 Zimmern bislang größte Hotel Nordirlands liegt mitten im Zentrum zwischen Great Victoria Street und Sandy Row – alles ist von hier zu Fuß zu erreichen. Die Zimmer sind einfach, aber sauber und mit dem nötigen Komfort ausgestattet. Nachteil: Die Fenster sind nicht gerade schalldicht – es ist sehr laut. Parkplatz kostet 5 £ extra. DZ ab 72 £, bei Angeboten auch billiger.

Hostel ▶ **Belfast Palace Hostel 8**: 68 Lisburn Road, Belfast, BT9 6JX, Tel. 028 90 33 33 67, www.paddyspalace.com. Dieses sehr schöne und saubere Hostel mit toller Küche befindet sich mitten im Geschehen (ist also laut). Schlafsaal ab 9 £, DZ ab 40 £.

Essen & Trinken

Nobelrestaurant ▶ **Eipic 1**: 28–40 Howard Street, Tel. 028 90 33 11 34, Mi–Sa 17.30–22, Fr auch 12–15 Uhr. Michael Deane gehört zu den etabliertesten Gastronomen in Belfast, samt Michelin-Stern. Das Eipic ist sein jüngstes und feinstes Unternehmen, in dem internationale Küche in hoher Qualität in edlem Ambiente serviert wird. 4-/5-/6-Gänge-Menü 40/50/60 £.

Kühler Chic ▶ **Ox 2**: 1 Oxford Street, Tel. 028 90 31 41 21, Di–Fr 12–14.45 u. 17.45–22, Sa 13–14.45 u. 17.45–22 Uhr. Das minimalistisch eingerichtete Restaurant hat draußen noch nicht einmal ein Namensschild, ist aber an dem großen Panoramafenster mit Blick auf die Skulptur »Beacon of Hope« zu erken-

Der Milltown Cemetery – eindrücklicher kann Geschichte nicht präsentiert werden

Belfast

nen. Die französisch inspirierten Speisen sind ebenso einfach gehalten, aber von höchster Qualität. Hauptgerichte mittags 10 £, abends 18–22 £, Menü 40–45 £.

Lässiges Bistro ▶ Ginger 3: 7–8 Hope Street, Tel. 028 90 24 44 21, Mo 17–21, Di–Do 12–15 u. 17–21.30, Fr/Sa 12–15 u. 17–22 Uhr. Ein freundlich-fröhliches Bistro in der Golden Mile mit relativ großer Auswahl an großen und kleinen Speisen, alles frisch, saisonal und lokal. Mittags 5–15, abends 16–23 £.

Edel & zwanglos ▶ Hadskis 4: 33 Donegal Street, Commercial Court, Tel. 028 90 32 54 44, Mo–Fr 12 Uhr bis spät, Sa ab 11 Uhr. Das modern, schmale Restaurant in einer alten Topfgießerei im Cathedral Quarter ist eines der jüngeren Neueröffnungen, die sofort viel Lob und Zuspruch erhielten. Die Küche ist saisonal und eine Mischung aus traditionellen und kreativen Speisen. Hauptgerichte 10–21 £, Brunch (Sa/So 11–14 Uhr) 5–10 £.

Rustikales Fischlokal ▶ Mourne Seafood Bar 5: 34–36 Bank Street, Tel. 028 90 24 85 44, Mo–Do 12–21.30, Fr/Sa 12–16 u. 17–22.30, So 13–18 Uhr. Gemütlich wie ein Pub ist das Lokal samt Fischladen, das sich auf Meeresfrüchte spezialisiert. Austern, Muscheln, Krebse, Langusten, aber auch Fish & Chips" der feineren Art. Hauptgerichte 7–20 £.

Lässige Pizzeria ▶ Pizzaexpress 6: 25 Bedford Street, Tel. 028 90 32 90 50, So–Do 11.30–23, Fr/Sa bis 23.30 Uhr. Der Name erinnert an einen Schnellimbiss, aber die Restaurantkette bietet gute italienische Küche, hauptsächlich kreative Pizzas, Pasta und Salate. Hauptgerichte ca. 10–13 £.

Schicki-Café ▶ Caffè Nero 7: 48–50 Anne Street, Tel. 028 90 23 86 22, Mo–Fr 7.30–18.30, Sa 8–18.30, So 10.30–18 Uhr. Behagliches Café (mit weiteren vier Filialen) gegenüber dem Haupteingang zum Victoria Square mit exzellenten italienischen Kaffeespezialitäten.

Einkaufen

Die Haupteinkaufsstraßen Belfasts sind Donegall Place, Royal Avenue, Cornmarket, Castle Street und der südliche Teil der Lisburn Road.

Shoppingcenter ▶ Victoria Square 4: Anne Street. Gläserner Palast mit Edelmarken wie House of Fraser, Monsoon, Apple, Calvin Klein, Fossil, Hugo Boss, aber auch H&M und Levi's. **Castle Court 1:** Royal Avenue. Großes Einkaufszentrum mit Ketten wie Debenhams, Laura Ashley, Gap, Wallis und Warehouse. **Westwood Shopping Centre 2:** Kennedy Way. Das riesige Einkaufszentrum bedient eher die preisbewussten Kunden. Neben den Billigketten Asda und Eason's befinden sich dort zahlreiche lokale Kleinanbieter.

Markthalle ▶ Smithfield Market 3: West Street/Ecke Winetavern Street. Die traditionsreiche aber neu gebaute Markthalle birgt allerlei Trödelläden und schrägere Geschäfte, darunter auch das Irish Toy Soldier Museum, wo es Zinnsoldaten zu allen möglichen Schlachten zu kaufen gibt.

Irische Souvenirs ▶ Irish Linen & Gift Centre 4: 65–67 Royal Avenue. Die Leinenweberei gehört zu den Handwerkstraditionen Belfasts. Hier gibt es neben edlen Leinenwaren auch andere irische Souvenirs. **The Wicker Man 5:** River House, 44–46 High Street. Eines der größten Souvenirläden mit irischen Strickwaren, Töpfereien und Schmuck im keltischen Design.

Abends & Nachts

Traditionspubs ▶ Kelly's Cellars 1: 30 Bank Street. Eines der ältesten Pubs Belfast und seit seiner Eröffnung im 16. Jh. vermutlich nur selten renoviert. Hier trinken die *tough boys* – kein touristischer Schnickschnack, aber gelegentlich hört man gute alte Rebel Songs. **Morning Star 2:** Pottinger's Entry (zwischen Ann und High Street). Eines der ältesten Pubs Belfasts, das versteckt in einem der Entrys liegt. Unten lockt ein traditionelles Pub, oben ein gemütliches Restaurant. Für Raucher gibt es einen kleinen Biergarten. **McHughs 3:** 29–31 Queen's Square (nahe der Albert Clock). Das Pub samt Restaurant und Club befindet sich im offiziell ältesten Gebäude Belfasts. Innen ist es zwar neu gestylt, aber in Anlehnung an die historische Vergangenheit.

Adressen

Livemusik ▶ **Maddens 4**: 74 Berry Street. Irischer geht's kaum in Belfast: Das Pub ist geschmückt mit Bodhrans und Mandolinen und Plakaten für traditionelle Musik, die hier auch oft gespielt wird, besonders am Wochenende im oberen Raum. **Botanic Inn 5**: 23–27 Malone Road. Das ›Bot‹ im Univiertel ist neben dem gegenüber liegenden ›Eg‹ und dem benachbarten Wellington Park ein beliebter Treff für Studenten, Lehrpersonal und Anwohner. Es geht dort stets hoch her, mit Livemusik, lauten Sportübertragungen und Club im oberen Stock. Essen gibt es auch.
Superpub ▶ **Robinson's 6**: 38–40 Great Victoria Street. Gepflegt trinken, schick essen, cool abhängen, Livemusik am Torffeuer hören oder die Nacht durchtanzen – mehrere Lokale in einem Haus bieten für jeden etwas.
Absackerbar ▶ **Lavery's 7**: Bradbury Place. In dieser Belfaster Institution muss man einfach gewesen sein: eine bunte Mischung an Gästen, nachts eine echte Absackerbar.
Schwul-lesbisch ▶ **Kremlin 8**: 96 Donegall Street, www.kremlin-belfast.com. Der Club gehört zu den etabliertesten Schwulenbars in Belfast, über dem Eingang steht eine riesige Lenin-Statue. **Union Street Bar 9**: 8–14 Union Street. Die trendige Bar serviert tagsüber gutes Essen und bietet jeden Abend Unterhaltung. Die Clubnächte finden in der angeschlossenen Shoe Factory statt.
Kulturzentrum ▶ **Crescent Arts Centre 10**: 2 University Road, Tel. 028 90 24 23 38, www.crescentarts.org. Das Zentrum bietet eine Vielzahl kultureller Veranstaltungen, z. B. Konzerte, Ausstellungen oder Kleinkunst.
Club, Pub und Bühne ▶ **Empire 11**: 40 Botanic Avenue, www.thebelfastempire.com. Die ehemalige Kirche aus dem 19. Jh. ist nicht nur unter Studenten seit Jahren ein beliebter Treff. Im Bühnenraum gibt es erstklassige Comedy-Aufführungen (Sept.–Juni) und Livemusik, während unten in der Bar kräftig dem Bier zugesprochen wird.
Theater ▶ **Grand Opera House 14**: Great Victoria Street, Tel. 028 90 24 19 19, www.goh.co.uk. Theater, Oper, Musicals und Ballett. **Lyric Theatre 12**: 55 Ridgeway Street, Tel. 028 90 38 10 81, www.lyricthea tre.co.uk. Eines der Top-Theater Irlands, das seit über 50 Jahren hervorragende moderne Stücke inszeniert.
Mehrzweckkomplex ▶ **Odyssey 12**: 2 Queen's Quay, Tel. 028 90 45 10 55, www.odysseyarena.com. Unterhaltungskomplex mit großer Arena, kleineren Sälen, Restaurants und Bars. **Waterfront Hall 8**: Lanyon Place, Tel. 028 90 33 44 55, www.waterfront.co.uk. Multifunktionshalle mit buntem Programm, Raum für Kunstausstellungen sowie Bars und Bistro.

Aktiv

Stadttouren ▶ **Black Taxi Tours:** s. Tipp S. 371. **Allens City Tour 1**: Tel. 028 90 91 56 13, www.allenstours.co.uk. Spannende Busfahrten, die ganz Belfast umfassen. Die Tourleitung ist meist witzig und informativ – mit dem typischem Belfaster Humor. **Belfast City Sightseeing:** Tel. 028 90 32 13 21. Eine generelle Hop-on-Hop-off-Bustour durch Belfast, ideal um einen ersten Überblick zu erhalten. Das Ticket gilt 48 Stunden, man hat also genügend Zeit, um die Stadt beliebig zu erkunden. Der Bus hält u. a. in der Great Victoria Street vor der Crown Bar. **Titanic Tours:** Tel. 028 90 65 99 71. Im Minibus geht es zu den Stätten, die mit der Titanic zusammenhängen, geführt von einer Nachfahrin eines Crew-Mitglieds. **Lagan Boat Company 2**: Tel. 028 90 33 08 44, www.laganboatcompany.com, ab dem Big Fish am Lagan-Ufer. Titanic-Bootstouren. **Titanic Walking Tours 3**: Tel. 079 04 35 03 39, www.titanicwalk.com, Sa/So 12 Uhr ab dem Titanic Museum. Für Spezialisten ein Rundgang über das Werftgelände auf Queen's Island.

Termine

Belfast Film Festival: Ende März/Anfang April. Es werden Klassiker und neue Filme gezeigt, außerdem gibt es ein breit gestreutes Rahmenprogramm. Infos unter Tel. 028 90 32 59 13, www.belfastfilmfestival.org.
Cathedral Quarter Arts Festival: Ende April –Anfang Mai. Straßentheater, Zirkus, Film, Comedy, Theater und Konzerte. Tel. 028 90 23 24 03, www.cqaf.com.

Belfast

Viktorianischer Pomp im Grand Opera House

Festival of Fools: Anfang Mai. Ein schräges und lebhaftes Straßentheaterfestival mit internationalen Künstlern. Tel. 028 90 23 60 07, www.foolsfestival.com.

Féile an Phobal: 1. Augustwoche. Kunterbuntes Fest in West Belfast mit Musik, Theater, Ausstellungen, politischen Debatten und Multikulti. Tel. 028 90 31 34 40, www.feilebelfast.com.

Belfast Festival at Queen's: 4. Oktoberwoche/1. Novemberwoche. Das größte Kulturfestival Irlands mit Veranstaltungen aus allen kulturellen Sparten, die in der ganzen Stadt stattfinden. Tel. 028 90 97 11 97, www.belfastfestival.com.

Verkehr

Flüge: Belfast International Airport, Tel. 028 94 48 48 48, www.belfastairport.com. Außerhalb gelegen und mit internationalen Anbindungen.

George Best Belfast City Airport, Tel. 028 90 93 90 93, www.belfastcityairport.com. Im Stadtzentrum nahe dem Odyssey gelegen, Verbindungen v. a. mit Großbritannien.

Züge: Central Station, East Bridge Street, Tel. 028 90 66 66 30, und Great Victoria Street Station (gleiche Tel.), www.translink.co.uk. Verbindungen u. a. mit Dublin, Derry, Portrush, Larne, Bangor und Portadown.

Busse: Europa Bus Centre, Great Victoria Street, Tel. 028 90 66 66 30. Hauptbusbahnhof mit Verbindungen zu Orten in ganz Nordirland und nach Dublin.

Fähren: Die **Stena Line** (www.stenaline.com) verbindet Belfast mit Schottland und die **Steam Packet Company** (www.steampacket.com) mit der Isle of Man. Weitere Fähren aus Schottland, wie die P&O (www.poirishsea.com) legen in Larne nördlich von Belfast an. Fährgesellschaften und -strecken können sich nach Saison und Wirtschaftslage ändern.

Fortbewegung in der Stadt

Busse: Vom zentralen Donegall Square fahren Stadtbusse (Metro) in alle Stadtteile von Belfast.

Taxis: Die regulären Black Taxis können auf der Straße herbeigewunken werden. Weitere Taxis sind allerdings nur mit telefonischer Vorbestellung zu erreichen. **Value Cabs:** Tel. 028 90 80 90 80, **Fona Cab:** Tel. 028 90 33 33 33.

Die Küste Nordirlands

Nordirlands Küstenregion vom Carlingford Lough im Südosten bis zum Lough Foyle im Nordwesten bietet reichlich Abwechslung, sowohl landschaftlicher und kultureller Art als auch in puncto Freizeitaktivitäten. Man hat die Wahl zwischen betriebsamen Badeorten mit langen Sandstränden, einsamen Bergregionen, malerischen Küstenstrichen und kleinen Orten voller Historie.

Weite, fruchtbare Ebenen und sanfte Hügel, kleine, propre Dörfer und nüchterne, prosperierende Städte kennzeichnen die drei Countys Down im Süden, Antrim im Nordosten und Derry im Nordwesten – das Herzland protestantischen Fleißes. Entsprechend gut ausgebaut sind auch die Straßen, und die Landschaft wirkt so aufgeräumt, als würde sie täglich gekehrt und geschrubbt.

Down ist ein Paradies für Wassersportler, auch für jene, die nur ein wenig im Meer plätschern wollen. Strangford Lough, eine Bucht an der Ostküste, die durch die Ards Peninsula bis auf eine schmale Passage vollständig vom Meer abgeschlossen ist, bietet Seglern und Surfern ein relativ geschütztes Aktionsfeld, während die Strände bei Greencastle und in der Dundrum Bay bei Newcastle sich im Sommer in das Mallorca Nordirlands verwandeln. Die Mourne Mountains hingegen, die höchste Bergkette der Region, locken Wanderer auf gut ausgebauten Wegen zur Erkundung einer zauberhaften Bergwelt.

Ebenfalls eine reizvolle Bergwelt findet man im County **Antrim**. Die Glens of Antrim, neun Täler von jeweils eigener Schönheit, die sich durch tatsächlich noch einsame Hügelketten ziehen, sind gesäumt von einer traumhaften Küstenstraße mit kleinen Dörfern voller Charme. Der schönste und mithin berühmteste Teil des Countys ist die Causeway Coast mit der einzigartigen Basaltformation Giant's Causeway als unbestrittenem Highlight. Doch auch die Klippen, Buchten und malerischen Burgruinen an den anderen Küstenabschnitten des County lohnen einen Besuch.

Die Küste von **Derry** zieht sich überwiegend am Lough Foyle entlang, das mit der Inishowen Peninsula eine große Bucht bildet, während die dem Meer zugewandte Küste ab dem Badeort Portstewart aus dem längsten Sandstrand Irlands besteht, dem Benone Beach. Eine der schönsten Städte Irlands ist zweifellos Derry City, und das nicht nur wegen der einzigen vollständig erhaltenen Stadtmauer Irlands und dem hübschen Stadtkern, sondern auch wegen ihrer Lage am Lough Foyle, ihrer lebhaften Nächte und ihrer herzlichen Bewohner.

Rund um die Mourne Mountains

›The Kingdoms of Down‹ nennt sich die Region im Süden Nordirlands, die auch Teile des County Armagh einschließt. Die Königreiche von Down waren einst keltische Herrschaftsgebiete, kleine Regionen, die bitter verteidigt und mit harter Hand regiert wurden. Eines dieser Königreiche, ein besonders raues, bildeten die **Mourne Mountains.** Früher waren diese Berge mit dem Slieve Donard als höchstem Gipfel (850 m) unzugänglich, heute sind sie ein beliebtes Ausflugsziel. Es führt nur eine Straße durch die dünn besiedelte ›Wildnis‹, die B27, doch es gibt zahlreiche

Die Küste Nordirlands

ausgeschilderte Wanderwege, für die man Karten in den Touristenbüros der Umgebung erhält. Die Berglandschaft, obwohl als Weidegrund genutzt, steht unter Schutz und soll zum Nationalpark erklärt werden, was aber bislang am Widerstand der Farmer scheiterte.

Eine der schönsten Ecken in den Mournes ist das **Silent Valley** nordöstlich von Kilkeel (s. S. 379). Durch das Tal zieht sich ein langer, schmaler See, das Wasserreservoir Belfasts, das die Stadt mit täglich 30 Mio. Gallonen Trinkwasser versorgt. Es gibt dort ein kleines Informationszentrum mit Café und Andenkenladen (Mai–Sept. tgl. 10–18.30, Okt.–April tgl. 10–16 Uhr).

Newry ▶ G 3

Am Kopf des Carlingford Lough, einer lang gestreckten Meeresbucht, die eine natürliche Grenze zwischen den Countys Louth und Down bildet, liegt die Grenzstadt **Newry**. Vor einigen Jahren noch war sie das Shoppingziel vieler Iren aus den südlichen Countys, vor allem vor Weihnachten, da viele Waren in Nordirland um einiges billiger waren. Heute hat sich der Trend zum Teil umgedreht, nicht zuletzt wegen des Wechselkurses zwischen Euro und Sterling. Gleichwohl gibt es in Newry noch reichlich Einkaufsgelegenheiten der einfachen Art. Viel gibt es dort ansonsten nicht zu sehen, aber da die Stadt auf der Grenze zwischen Armagh und Down liegt, empfiehlt sie sich als urbane Basis für Ausflüge in beide Regionen.

Infos

Newry Tourist Information Centre: Bagenal's Castle, Castle Street, Newry, BT34 2DA, Tel. 028 30 31 31 70, www.visitnewryandmourne.com. In dem restaurierten Turmhaus aus dem 16. Jh. befindet sich auch das Stadtmuseum (Mo, Di u. Fr geöffnet).

Übernachten

4-Sterne-Kasten ▶ **Canal Court Hotel:** Merchants Quay, Newry, BT35 8HF, Tel. 028 30 25 12 34, www.canalcourthotel.com. Ein unübersehbares Hotel im Zentrum mit 112 Zimmern, das alle Annehmlichkeiten bietet, einschließlich Restaurant, Swimmingpool und Fitness. DZ ab 98 £.

Essen & Trinken

Stylisch ▶ **The Bank Bar & Bistro:** 2 Trevor Hill, Tel. 028 30 83 55 01, Küche tgl. 11.30–24 Uhr. Gestyltes, aber nicht allzu cooles Lokal mit einer großen Bandbreite an sehr guten Speisen. Das Fleisch stammt von der Farm der Betreiber, es gibt aber auch Fischgerichte bis hin zu Hummer. Hauptgerichte 8–22 £.

Abends & Nachts

Schickes Traditionspub ▶ **Brass Monkey:** 1–4 Sandy Street. Das modernisierte Pub mit altmodischer Atmosphäre ist ein beliebter Treff der Newrianer und bietet bis 21 Uhr auch Mahlzeiten an. Livemusik gibt es auch.

Nachtclub ▶ **The Bank:** 2 Trevor Hill, Mi u. Sa ab 22 Uhr. Nachtclub in der Bank Bar (s. o.) mit vier Bars, Disco und Livebands.

Theater, Tanz & Kunst ▶ **Sean Hollywood Arts Centre:** 1a Bank Parade, Tel. 028 30 31 31 80, Mo–Fr 9–17 u. 18.30-21.30, Sa 9–13 Uhr. Schönes georgianisches Haus mit Theater, Tanzstudio, Café und zwei Kunstgalerien.

Verkehr

Züge: Newry liegt an der Bahnlinie Dublin–Belfast und besitzt daher gute Verbindungen in beide Richtungen.

Busse: Verbindungen entlang der Küste via Warrenpoint, Rostrevor, Kilkeel bis Newcastle sowie mit Belfast und Dublin.

Warrenpoint ▶ G 4

Der Carlingford Lough war einst ein Einfallstor für feindliche Kräfte, weswegen rund um die Bucht etliche Burgen zu finden sind, zwei davon auf der Down-Seite. Beim viktorianischen Badeort **Warrenpoint** erhebt sich der zögerlich restaurierte **Narrow Water Keep** aus dem 13. Jh., ein stämmiger und ummauerter Turm, der auf dem Wasser zu schwimmen scheint (Juli/Aug. tgl. 13–17 Uhr).

Infos

Warrenpoint Tourist Office: Church Street (im Rathaus), Co. Down, Tel. 028 41 75 22 56.

Übernachten

Boutiquehotel ▶ The Whistledown Hotel: 6 Seaview, Warrenpoint, BT34 3NH, Tel. 028 41 75 41 74, www.thewhistledownhotel.com. Sehr behagliches und dennoch durchgestyltes kleines Hotel mit Meerblick, kostenlosem Internetzugang, guter Bar und nettem Restaurant. Achtung: Manchmal bereits von Gruppen belegt. DZ ab 100 £.

Essen & Trinken

Modernes Bistro ▶ Fusion: 4 Duke Street, Tel. 028 41 75 42 92, Mo–Do 17–21, Fr/Sa 12–22, So 12–20.30 Uhr. Das edel und behaglich eingerichtete Bistro mit einer Weinbar vorne und guter Cocktailkarte serviert internationale Gerichte mit kreativem Pfiff (auch Tapas und Kindergerichte). Mittags 3,50–12 £, abends 11–16 £.

Rostrevor und Umgebung ▶ G 4

Wenige Kilometer weiter liegt das Städtchen **Rostrevor**, ein sehr gepflegter viktorianischer Badeort, der dank seiner geschützten Lage – im Rücken die Mourne Mountains und vorne der sanfte Lough – eine fast mediterrane Vegetation hat. Auch die Ausläufer der ansonsten schroffen Mourne Mountains, die steil zum Wasser hin abfallen, sind hier grün und dicht bewaldet.

Das **Green Castle,** außerhalb Richtung Kilkeel am Eingang des Loughs, wurde ebenfalls im 13. Jh. zum Schutz der Küste errichtet. Die Festung war weitaus umkämpfter als der Narrow Water Keep, weswegen man sie im Lauf von über drei Jahrhunderten immer wieder verstärkte und ausbaute (Juli/Aug. tgl. 10–17 Uhr). Anziehungspunkt nahe der Burg ist heute der **Cranfield Beach,** ein langer Sandstrand mit Südausrichtung und diversen Freizeiteinrichtungen.

Übernachten

Viele Unterkünfte gibt es hier nicht, die meisten sind Ferienhäuser und -apartments.

Zentrale Lage ▶ The Sands B & B: 4 Victoria Square, Tel. 028 41 73 81 51, www.thesandsbandbrostrevor.co.uk. Das Haus mit Meer- und Bergblick liegt zwar zentral, ist aber sehr idyllisch – und wird von Mitgliedern der berühmten Musikerfamilie Sands geführt. Zimmer mit allem Komfort plus WLAN. DZ 70 £.

Essen & Trinken

Pubessen ▶ Kilbroney's Bar & Restaurant: 31 Church Street, Tel. 028 41 73 83 90, Di, Mi u. So 12.30–16, 17–20, Do–Sa bis 21 Uhr. Eines der wenigen Restaurants in Rostrevor. Serviert wird einfaches und preiswertes Pubessen (ca. 6–24 £).

Abends & Nachts

Traditionspub mit Musik ▶ Corner House Bar: 1 Bridge Street. Hier gibt es häufig traditionelle Livemusik, manchmal auch im Kilbroney's (s. o.).

Termine

Fiddler's Green International Music Festival (letzte Juliwoche): Das größte Musikfestival Nordirlands mit den Größen traditioneller Musik, aber auch anderer Richtungen. Stets dabei die Folkgruppe Sands Family, die aus Rostrevor stammt. Infos: Tel. 078 95 98 66 16, www.fiddlersgreenfestival.co.uk.

Kilkeel ▶ G 4

Kilkeel ist der größte Ort zu Füßen der Mourne Mountains, ein wenig ansehnlicher Hafen, wo die größte Fischfangflotte Nordirlands ankert. Auf dem Weg dorthin, auf der A2 von Rostrevor kommend, befindet sich etwas abseits der Straße ein 5000 Jahre alter Dolmen, der ein schönes Fotomotiv abgibt. Besonders bemerkenswert ist der massive Deckstein, der 35 Tonnen wiegen soll und die Stützsteine fest in den Boden gerammt hat.

Übernachten

Landpension ▶ Heath Hall Guesthouse: 160 Moyadd Road, Kilkeel, BT34 4 HJ, Tel. 028 41 76 26 12. Das ehemalige Farmhaus liegt etwas außerhalb von Kilkeel an der B27, ist aber ideal für eine Übernachtung, da es dort ruhiger zugeht als im lauten Ort. Die Zimmer sind einfach, aber freundlich, der Blick wunderbar. DZ ab 60 £.

Die Küste Nordirlands

Newcastle ▶ H 3

Wunderschöne Sandstrände, die sanft ins Meer abfallen, säumen die Dundrum Bay, deren Hauptort **Newcastle** ist. Seit dem frühen 19. Jh. zieht es die Badegäste hierher, und im Sommer geht es sehr betriebsam und laut zu. Zum Flanieren wie geschaffen ist die mit Skulpturen geschmückte Promenade, die direkt am Strand entlangführt. Im Umfeld von Newcastle befinden sich der Royal County Down Golf Club, einer der zehn besten Golfplätze der Welt, sowie zwei Landschaftsparks, die viel besuchte Freizeitgebiete sind.

Vor den Toren der Stadt empfiehlt sich der **Tollymore Forest Park** zu Füßen der Mourne Mountains als interessante Alternative zum Badebetrieb. Berge, Täler und Bäche geben dem Areal eine natürliche Struktur, das von Generationen von Aristokraten romantisch bepflanzt und bebaut wurde. Ein mittelalterlich erscheinender Torbogen führt in das Gelände, Bogenbrücken überspannen die Wasserläufe, und Gebäude mit Türmchen wie aus Grimms Märchen ragen aus dem Wald. Daneben gibt es Picknickplätze, ein Restaurant, einen Souvenirladen und einen Campingplatz (tgl. 10 Uhr bis Sonnenuntergang).

Auch der **Castlewellan Forest Park** am Rand des gleichnamigen Orts nicht weit von Newcastle bietet diese Annehmlichkeiten. Das Zentrum des Parks bildet ein See, um den ein bequemer etwa 5 km langer Spazierweg herumführt.

Infos

Newcastle Visitor Information Centre: 10–14 Central Promenade, Newcastle, BT33 0AA, Co. Down, Tel. 028 43 72 22 22, www.visitmournemountains.co.uk.

Übernachten

Luxushotel ▶ **Slieve Donard Resort & Spa:** Downs Road, Newcastle, BT33 0AH, Co. Down, Tel. 028 43 72 10 66, www.hastingshotels.com. Zu Füßen der Mournes, oberhalb der Dünen am Strand und nahe dem Golfplatz liegt dieses altehrwürdige, über 100 Jahre alte Hotel der Luxusklasse. Viktorianische Prächtigkeit dominiert in der Lobby, die Zimmer sind edel eingerichtet und es gibt einen schicken Wellnessbereich. DZ ab 250 £.

Solides Gasthaus ▶ **Harbour House Inn:** 4–8 South Promenade, Newcastle, BT33 0EX, Tel. 028 43 72 34 45, www.harbourhouseinn.co.uk. Attraktives Haus mit Blick auf den Strand, komfortablen Zimmern, Restaurant und Biergarten (gutbürgerliche Küche, 7–17 £). DZ 70 £.

Essen & Trinken

Gehobenes Touristenlokal ▶ **Sea Salt Diner & Café:** 51 Central Promenade, Tel. 028 43 72 50 27, So–Do 9–17, Fr/Sa bis 21 Uhr. Den ganzen Tag über gibt es Snacks, mittags und abends eine kleine Auswahl an hervorragend zubereiteten Gerichten u. a. mit fangfrischem Fisch und mexikanischen Spezialitäten. Hauptgerichte 6–18 £.

Abends & Nachts

Multipub ▶ **O'Hare's Lounge Bars:** 121 Central Promenade. Ein Pub mit fünf Bars, für jeden Geschmack etwas (auch Essen), fast tgl. Livemusik von Jazz bis Rock.

Aktiv

Reiten ▶ **Mourne Trail Riding Centre:** 96 Castlewellan Road, Tel. 028 43 72 43 51, www.mournetrailridingcentre.co.uk. Ausritte durch den Tullymore Forest Park, nur für erfahrene Reiter.

Golf ▶ **Royal County Down Golf Club:** 36 Golf Links Road, Tel. 028 43 72 33 14, www.royalcountydown.org.

Abenteuersport ▶ **Tollymore Outdoor Centre:** Bryansford, Tel. 028 43 72 21 58, www.tollymore.com. Steilwandklettern, Bergsteigen, Kanufahren.

Termine

Summer Season: Juli/Aug., www.downartscentre.com, Tel. 028 44 61 07 47. Ein Sommer voller Unterhaltung an verschiedenen Orten. Geboten werden Theater, Comedy, Konzerte, Artistik und Workshops, vieles findet an der Promenade statt.

Verkehr

Busse: Verbindungen via Kilkeel, Rostrevor und Warrenpoint nach Newry, außerdem nach Castlewellan, nach Downpatrick und Belfast. Der Mourne Rambler fährt von Mai bis August (Di–So 9.05–17.35 Uhr, fünfmal tgl.) über das Silent Valley in die Mourne Mountains und zurück.

Downpatrick ►H 3

Downs kleine Regionalhauptstadt **Downpatrick** gehört zu den ältesten Siedlungen Irlands, sie existierte bereits lange, bevor der irische Nationalheilige Patrick dort im 5. Jh. mit seinem Missionswerk begann (s. S. 384). Selbst eine Kirche soll es auf dem Hügel, wo heute die Down Cathedral steht, bereits vor seiner Ankunft gegeben haben. Die mittelalterliche Stadtstruktur lässt sich jedoch nur noch mit viel Fantasie erahnen, Downpatrick ist weitgehend bereinigt und modernisiert – ein wichtiges Touristenziel ist die Stadt dennoch, schließlich soll hier die Grabstätte des heiligen Patrick liegen.

Down Cathedral

Die zur Church of Ireland gehörende **Down Cathedral** am Stadtrand stammt in ihren ältesten Teilen aus dem 8. Jh., wurde in ihrer heutigen Form jedoch um 1818 errichtet. Unter ihren Fundamenten soll Patrick begraben sein, was allerdings nie bewiesen werden konnte. Immerhin widmete man ihm im Jahr 1900 einen Gedenkstein auf dem Kirchhof (Mo–Sa 9.30–16, So 14–16 Uhr).

Saint Patrick Centre

Zu Füßen des Hügels wurde dem irischen Nationalheiligen noch ein weitaus größeres Denkmal gewidmet, das **Saint Patrick Centre**, in dem das Leben des Heiligen nach seinen eigenen Worten aus der ›Confessio‹ nachvollzogen wird. Das hochmoderne Gebäude beinhaltet nicht nur die sehr interessante interaktive Patrick-Ausstellung, sondern auch eine Galerie mit zeitgenössischer Kunst, ein Café-Restaurant, ein Imax-Kino, einen Andenkenladen und die Touristeninformation, auch finden hier themenspezifische Veranstaltungen statt (www.saintpatrickcentre.com, Mo–Sa 9–17, So 13–17, Juli/Aug. auch So 13–17 Uhr, St. Patrick's Day 9–19 Uhr).

Down County Museum

Ebenfalls nahe der Kathedrale wird im **Down County Museum** der Geschichte des Countys gedacht. Das Museum ist in einem ehemaligen Gefängnis aus dem 18. Jh. untergebracht, und einige der einstigen Zellen wurden originalgetreu – wenn auch etwas sauberer – eingerichtet und mit lebensgroßen Puppen besetzt, um Besuchern einen Eindruck vom Gefängnisleben der damaligen Zeit zu vermitteln (www.downcountymuseum.com, Mo–Fr 10–17, Sa/So 13–17 Uhr).

Castle Ward

Eine ganz andere Welt jenseits von Heiligen eröffnet sich ein paar Kilometer außerhalb von Downpatrick in Richtung Strangford. **Castle Ward** ist das Ergebnis der entweder unversöhnlichen oder sehr kompromissbereiten Eheleute Anne und Bernard (dem späteren Lord Bangor) Ward. Anne hatte eine Schwäche für die Neogotik, Bernard für den Klassizismus. So ließen sie ihr Haus um 1762 in beiden Stilen errichten: Die Westfront zeigt klassizistische Elemente, die Ostfront präsentiert sich neogotisch. Auch in der Gestaltung seiner jeweiligen Räume blieb jeder seinem Geschmack treu. Die Eheleute lebten fürderhin jeweils im eigenen Trakt, ließen sich allerdings nach kurzer Zeit scheiden. Interessant ist aber vor allem der Wirtschaftshof mit viktorianischer Wäscherei, Getreidemühle und anderen Dienstleistungen für die Schlossbewohner. Kinder können die Farmtiere bewundern und sich auf dem Spielplatz austoben. (Haus: Sa/So 12–17 Uhr, Garten tgl. 10–20 Uhr).

Infos

Saint Patrick Centre: 53a Lower Market Street, Downpatrick, BT30 6LZ, Co. Down, Tel. 028 44 61 90 00, www.visitdownpatrick.com.

Die Küste Nordirlands

Übernachten

Landhauseleganz ▶ Tyrella House: 90 Clanmaghery Road, Downpatrick, BT30 8SU, Tel. 028 44 85 14 22, www.hiddenireland.com/tyrellahouse-down, April–Okt. Sehr elegantes B & B mit nur zwei Zimmern in ebensolchem georgianischem Landhaus nahe Tyrella Beach zwischen Clough und Ardglass. Privatstrand, Pferdehaltung (Ausritte, Polo-Unterricht), auf Wunsch Abendmenü (30 £). DZ 120 £.

Edel-B & B ▶ Ballymote House: 84 Killough Road, Downpatrick, BT30 8BJ, Tel. 028 44 61 55 00, www.ballymotehouse.com. Schönes Landhaus von 1730 außerhalb der Stadt an der Küste (B176 Ri. Killough), urgemütlich und geschmackvoll eingerichtet. Von den vier Zimmern sind zwei Einzelzimmer. EZ 42,50 £, DZ ab 85 £.

Restaurierte Mühle ▶ The Mill at Ballydugan: Drumcullen Road, Ballydugan, BT30 8HZ, Tel. 028 44 61 3654, www.ballyduganmill.com. Die alte Getreidemühle aus dem 18. Jh. ca. 3 km außerhalb von Downpatrick wurde sehr stilvoll restauriert und vermietet elf Zimmer, alle mit Bad, im Haupthaus und zwei weitere im Speicher. Alles ist rustikal, aber mit dem höchsten Komfort ausgestattet. Ein Café und ein Restaurant befindet sich ebenfalls im Haus. DZ ab 70 £.

Traditionshotel ▶ Denvir's: 14–16 English Street, Tel. 028 44 61 20 12, www.denvirs.com. Das einzige Hotel im Ortszentrum von Downpatrick hat nur sechs Zimmer. Das Ambiente ist originell rustikal, mit allem nötigen Komfort. Im Haus befinden sich auch ein Restaurant, ein Biergarten und ein Pub mit Livemusik – Stille ist also nicht zu erwarten. DZ 70 £.

Essen & Trinken

Downpatrick ist nicht gerade ein Feinschmeckerziel, aber es gibt ein paar nette Lokale mit anständiger Küche, z. B. das **Daily Grind Café** (St. Patrick's Avenue, Mo–Sa 10–15.30 Uhr, Frühstück u. Mittagessen) oder **Justine's Restaurant** (19 English Street, Mo–Sa 11.30–15, 17–21, So 12–20 Uhr, gehobene irische Küche).

Ausflugslokal ▶ The Lobster Pot: 9–11 The Square, Strangford, Tel. 028 44 88 12 88, Mo 11.30–15, Di–Fr 11.30–15 u. 17–21, Sa 11.30–21, So 12–20.30 Uhr. The Lobster Post ist ein erstaunlich schick-lässiges Restaurant hinter traditioneller Fassade im kleinen Ort Strangford nahe dem Castle Ward. Auf der Karte stehen Meeresfrüchte und vor allem Hummer. Montags und samtags tagsüber gibt es allerdings nur Kleinigkeiten zu essen. Gerichte 6–20 £.

Abends & Nachts

Musikpub ▶ Denvir's: 14-16 English Street. Die Bar in dem hübsche Hotel aus dem 17. Jh. ist nicht nur urgemütlich, sondern bietet gelegentlich auch abendliche Livemusik aller Art an (s. auch Übernachten).

Kulturzentrum ▶ Down Arts Centre: 2–6 Irish Street, Tel.028 44 61 07 47, www.downartscentre.com. Das Kulturzentrum im alten Rathaus bietet Kunstausstellungen, Kleinkunst, Theater etc.

Aktiv

Reiten ▶ Tullymurry Equestrian Centre: 145 Ballyduggan Road, Tel. 028 44 81 18 80, www.tullymurryequestrian.com. Reitunterricht, Cross Country Reiten, Springen etc.

Golf ▶ Downpatrick Golf Club: 43 Saul Road, Tel. 028 44 61 59 47, www.downpatrickgolfclub.org.uk.

Termine

St. Patrick's Festival: um den 17. März, www.st-patricksdayfestival.com. Natürlich findet in der Stadt des irischen Nationalheiligen auch ein Fest statt, das von allen Konfessionen gemeinsam gefeiert wird und neun Tage dauert.

International Bread Festival: 1. Maiwochenende, www.castlewardbreadfestival.com. Ein Fest für das Brot auf dem Gelände von Castle Ward mit Backvorführungen internationalen Bäckern, Livemusik und Markt.

Verkehr

Busse: Verbindungen mit Dublin, Strangford, Belfast, Newcastle und Newry.

Castle Ward

Ards Peninsula

Die Halbinsel ist das Freizeitrevier der Belfaster. Vor Jahrhunderten schon ließ sich der Landadel auf der Ards Peninsula nieder, später fand hier die nordirische Hautevolee ihr Refugium. So gibt es adrette Orte mit eleganten Villen und viele historische Landhäuser, von denen allerdings nicht alle öffentlich zugänglich sind. Zahlreiche exquisite Restaurants, schicke Läden und gute Freizeitangebote prägen die **Ards Peninsula.**

Die Halbinsel bildet das Ostufer des **Strangford Lough,** der gesäumt ist von Marinas und Bootsanlegestellen für Freizeitkapitäne. Durch die Bucht zu schippern ist ein Erlebnis – wie samtgrüne Taler lugen zahlreiche Inselchen aus dem Wasser, an der Küste der Ards Peninsula reihen sich Sandstrände und kleine Dörfer aneinander.

Verkehr

Züge: Regelmäßige Verbindungen von Belfast nach Bangor mit Stopp am Ulster Folk & Transport Museum.

Busse: Gute Verbindungen von Belfast nach Bangor sowie über Newtownards und Greyabbey nach Portaferry.

Fähren: Autofähre von ca. 8 bis 22.30 Uhr alle 30 Min. zwischen Strangford und Portaferry (Dauer der Fahrt: 10 Min.).

Portaferry ▶ H 3

Von Strangford nordöstlich von Downpatrick setzt alle halbe Stunde eine Autofähre nach **Portaferry** über, einen der hübscheren Orte auf der Halbinsel. Das **Portaferry Castle** (Ostern–Aug. tgl. 10–17 Uhr), die Ruine eines Turmhauses aus dem 16. Jh. und viktorianische Häuser prägen das Bild. Einen Besuch wert ist das **Exploris,** Nordirlands einziges Aquarium, in dem die Meerestiere aus dem Strangford Lough aus nächster Nähe zu erleben sind. Dort befindet sich auch das *Seal Sanctuary,* eine Rettungsstation für kranke und verwaiste Robbenbabys, die aufgepäppelt und später wieder freigelassen werden (www.exploris.org.uk, April–Aug. Mo–Fr 10–18, Sa 11–18, So 12–18, Sept.–März jeweils bis 17 Uhr).

Infos

Tourist Information Centre: The Stables, Castle Street, Portaferry, BT22 1NZ, Co. Down, Tel. 028 42 72 98 82, www.visitstrangfordlough.co.uk.

Die Küste Nordirlands

Das Leben des heiligen Patrick

Thema

Der 17. März ist Irlands Nationalfeiertag, benannt nach dem heiligen Patrick, der vor über anderthalb Jahrtausenden den Iren das Christentum brachte. Zwar war Patrick nicht der erste Missionar, aber sicherlich der erfolgreichste und schillerndste, einer, der keltische Symbole und gute Geschichten nutzte, um die Iren zu überzeugen.

Jedes Jahr am 17. März geht es in Irland und der irischen Diaspora hoch her: Man trägt eine grüne Kokarde oder ein Kleeblattsträußchen, mitunter wird in den Bars von New York oder Boston sogar das Bier grün gefärbt; es gibt karnevalsgleiche Paraden, bei denen nicht nur des Schutzheiligen von Irland gedacht wird, sondern auch der Sponsoren, also hauptsächlich Guinness, und vor allem wird die ›irische Sache‹ gefeiert – und dazu gehört für gewöhnlich ein ausschweifendes Besäufnis. Der 18. März ist dann der Tag des ›allirischen‹ Katers.

Der Nationalfeiertag Irlands ist genau genommen eine Totenfeier. An diesem Tag nämlich, je nach Legende etwa zwischen 460 und 490, starb ein römischer Beamtensohn namens Patricius, dessen Name irisch Pádraig und anglisiert Patrick lautet, ein Mann, der Irlands christliche Kultur nachhaltiger beeinflusste, als es ein Papst je konnte.

Patrick, der um 390 geboren worden sein soll, lebte in der römischen Provinz England, bis er im Alter von 16 Jahren von irischen Räubern verschleppt und als Sklave verkauft wurde. Auf den Hängen des Slemish Mountain im heutigen County Antrim verbrachte er sechs Jahre mit dem Hüten von Vieh. In seiner Einsamkeit betete der junge Christ unablässig, bis ihm schließlich die Flucht in die Heimat gelang, wo er über seine Zeit in Irland viel nachgedacht haben muss. So kam er zu dem Entschluss, den Iren das Christentum zu bringen.

Mit seinem Boot landete Patrick, gegen den Widerstand seiner Kirchenoberen, am Strangford Lough im heutigen County Down und begann sein Missionswerk, eine keineswegs einfache Aufgabe, wie sich bald herausstellte. Die keltischen Druiden und die Clanhäuptlinge hassten ihn, denn anders als andere, weniger erfolgreiche Missionare vor ihm war Patrick ein schlauer Kopf und machtbewusster Mensch.

Patrick, der keineswegs allein durch das Land reiste, sondern stets von einem beachtlichen Tross begleitet war, ging taktisch vor. Für das einfache Volk benutzte er den Kunstgriff, heilige Stätten der Druiden durch seine angebliche Wundertätigkeit mit christlichen Inhalten zu belegen, um die Macht seiner heidnischen Widersacher zu untergraben, aber die Menschen nicht vor den Kopf zu stoßen. So wurden später zahlreiche frühchristliche Kirchen auf keltischen Kultstätten errichtet. Für seinen Ruhm und die Legendenbildung um seine Person sorgte Patrick selbst. Er schrieb seine Memoiren in dem Buch ›Confessio‹ nieder und führte alle seine Taten und Werke auf göttlichen Segen zurück. Auf das ›Bekenntnis‹ beziehen sich sämtliche Biografen, obwohl dessen Wahrheitsgehalt nur eingeschränkt zu akzeptieren ist. Aber letztlich trug er damit nur einem irischen Sprichwort Rechnung: »Möge niemals die Wahrheit einer guten Geschichte in die Quere kommen!« – und schon gar nicht einem prima Grund für ein Besäufnis.

Ards Peninsula

Übernachten

Gutbürgerlich ▶ Portaferry Hotel: The Strand, Portaferry, BT22 1PE, Tel. 028 42 72 82 31, www.portaferryhotel.com. Das Schönste an dem Hotel ist der Blick über den Lough nach Strangford (ein Zimmer mit Aussicht kostet aber extra). Die Zimmereinrichtung hat etwas elegant Biedermeierliches, allerdings mit allem modernen Komfort. Hinzu kommt ein feines und hoch gelobtes Restaurant (2-/3-Gänge-Menü 23/26 £). DZ ab 101 £.

Feines Hostel ▶ Barholm Hostel: 11 The Strand, Portaferry, BT22 1PF, Co. Down, Tel. 028 42 72 95 98, www.barholmportaferry.co.uk. Das Hostel in einem restaurierten viktorianischen Haus liegt direkt am Hafen und hat auch ein einfaches Restaurant. Schlafsaal 14 £, DZ mit Frühstück 35 £.

Einkaufen

Korbflechterei ▶ Welig Crafts: 63 Cloughey Road, Nunsbridge, Tel. 028 42 77 15 42, www.weligcrafts.com. In einem traditionellen Cottage werden handgeflochtene Weidenkorbarbeiten verkauft. Es wird gebeten, vorher anzurufen.

Abends & Nachts

Traditionspub ▶ Fiddler's Green Pub: 10–12 Church Street. Urgemütliches Pub, oft mit traditioneller Livemusik. Oben werden auch sehr schöne Zimmer vermietet (ab 40 £).

Aktiv

Reiten ▶ Ardminnan Equestrian Centre: 15, Ardminnan Road, Tel. 028 42 77 13 21, info@ardminnan.com. Unterricht und Ausritte, z. B. entlang dem Strand.

Greyabbey und Umgebung
▶ H 3

Greyabbey ist ein kleines, adrett herausgeputztes Dorf, das eher englisch als irisch anmutet. Der Name stammt von einem Kloster, von dem noch eine malerische Ruine zu sehen ist. Es wurde 1193 von der heimwehkranken Affreca, Tochter des Königs der Isle of Man und Frau des normannischen Eroberers John de Courcy, gestiftet.

Das **Grey Abbey House** ist eines der vornehmen Herrenhäuser und erhielt sein jetziges Aussehen im 18. Jh. Noch heute residiert hier die gleiche Familie, die Montgomerys. Gruppenbesichtigungen sind von 1. Mai bis 1. Oktober nach vorheriger Anmeldung möglich (Tel. 028 42 78 86 66, www.greyabbeyhouse.com).

Ein weiterer Prachtbau, nicht ganz, aber nahezu schlossgroß, befindet sich östlich von Greyabbey auf der anderen Seite der Halbinsel. Der aktuelle Lord Dunleath residiert wie seine Vorfahren im eleganten **Ballywalter Park** aus dem 19. Jh. und bietet für organisierte historisch oder kulturell interessierte Gruppen Führungen durch das sehr imposante Haus und Übernachtung an (Tel. 028 42 75 82 64, www.ballywalterpark.com).

Mount Stewart House & Gardens, nur ein paar Kilometer nördlich von Greyabbey, ist in öffentlichem Besitz und daher jedermann zugänglich. Der Landsitz gehörte einst den Marquess of Londonderry, und die berühmten und wunderschönen Gärten wurden ab 1921 von der damaligen Hausherrin Lady Edith Londonderry angelegt. Erbaut wurde das Haus von einem Vorfahren der Lady, Robert Stewart Castlereagh, der im Jahr 1822 verfemt und ungeliebt durch eigene Hand starb. Castlereagh war erst Ministerpräsident des irischen Parlaments und im Jahr 1800 mitverantwortlich für die Auflösung desselben und anschließend als britischer Außenminister am Wiener Kongress 1815 beteiligt. Die 22 Stühle, auf denen die europäischen Potentaten damals die neue Weltordnung Europas beschlossen, schmücken heute das Speisezimmer des Schlosses (Haus: Mitte März–Okt. tgl. 12–17 Uhr, Seegarten: tgl. 10–17 Uhr, Barockgarten: Anfang März–Okt. 10–17, Nov.–Anfang März 10–16 Uhr).

Übernachten

Landoase ▶ The Retreat: 13A Blackabbey Road, Greyabbey, BT22 2RH, Tel. 028 42 75 84 38. www.theretreatni.co.uk. Zauberhaftes kleines B & B mitten in der Pampa, ca. 5 km von Greyabbey entfernt. Große und nahezu luxuriöse Zimmer, keine festen Frühstücks-

Die Küste Nordirlands

zeiten und auf Wunsch auch Massagen im Therapieraum. DZ 80 £.
Feriensiedlung ▶ Barnwell Farm Cottages: 8 Ballybryan Road, Greyabbey, BT22 2RB, Tel. 028 42 78 84 88, www.barnwellfarmcottages.co.uk. Die 200 Jahre alten Farmgebäude ca. 2 km von Greyabbey wurden zu sieben Ferienhäuschen umgebaut, die allen Komfort und Ruhe bieten. Für Kinder, aber auch für Erwachsene, gibt es noch ein extra Spielezimmer mit Tischtennis, Billard und anderen aktiven Spielen. Je nach Größe pro Woche 604–659 £ in der Hochsaison, in der Nebensaison um ca. 100 £ billiger, Vermietung auch tageweise ab zwei Nächten.

Essen & Trinken
In der Main Street von Greyabbey gibt es mehrere nette Cafés, z. B. **Hoops** oder **Harrisons of Greyabbey,** die auch kleine warme Speisen servieren. Reichhaltigeres zum kleinen Preis bekommt man in Pub-Restaurants wie dem **Wildfowler Inn.**

Donaghadee ▶ H 2
Der Norden der Ards Peninsula gehört schon zum Einzugsgebiet Belfasts und ist daher an Sommerwochenenden oft überlaufen. **Donaghadee** ist ein Badeort, in dem sich vorzugsweise Künstler niedergelassen haben. Man findet dort reichlich Gelegenheit, seine Kreditkarte einzusetzen oder auch nur zu schauen.

Übernachten
B & B mit Restaurant ▶ Pier 36: 36 The Parade, BT21 0HE, Tel. 028 91 88 44 66, www.pier36.co.uk. Das hübsche Haus direkt am Hafen serviert nicht nur leckere Meeresfrüchte im Pub-Restaurant, sondern vermietet auch komfortable Zimmer mit Frühstück, das zur Freude aller Langschläfer zu beliebiger Zeit serviert wird. DZ 79–99 £.

Essen & Trinken
Restaurantpub ▶ Grace O'Neills: 33 High Street, Tel. 028 91 88 45 95, Mo–Fr 12–15 u. 17.30–21, Sa 12–21.30, So 12.30–20 Uhr. Eigentlich ein Pub, das zu den ältesten Irlands gehört (seit 1611) und urgemütlich ist. Der hintere Raum birgt jedoch ein Restaurant, in dem erstklassige, fantasievoll abgewandelte Gerichte der traditionellen irischen Küche serviert werden. Hauptgerichte 7–25 £.

Einkaufen
Ziegenwolle ▶ Breezemount Angora Goat Farm: 49 High Bangor Road, Tel. 028 91 88 81 25, www.breezemountfarm.co.uk, Mo–Fr 9–17 Uhr (vorherige Anmeldung erbeten). Auf der Farm werden Angoraziegen gezüchtet und deren Wolle zu feinen Schals und Pullis verarbeitet.

Newtownards ▶ H 2
Newtonards ist die Hauptstadt und das kommerzielle Zentrum der Halbinsel. Wahrzeichen der ansonsten gesichtslosen Stadt ist der **Scrabo Tower,** ein schlankes Gebilde aus dem 19. Jh. in eigenartigem Stilgemisch. Eine kleine Ausstellung informiert über die Landschaft um den Turm, von oben genießt man einen umwerfenden Blick (Juni–MItte Sept. tgl. 10–17 Uhr).

Infos
Tourist Information Centre: 31 Regent Street, Newtownards, BT23 4AD, Co. Down, Tel. 028 91 82 68 46, www.visitstrangfordlough.co.uk.

Übernachten
B & B mit Stil ▶ Ballycastle House: 20 Mountstewart Road, Newtownards, BT22 2AL, Tel. 028 42 78 83 57, www.ballycastlehouse.com. B & B nahe den Mountstewart Gardens mit Blick auf den Strangford Lough und behaglichen Zimmern mit Bad. DZ 60 £.

Essen & Trinken
Edle Speisen ▶ Old Schoolhouse Inn: 100 Ballydrain Road, Castle Espie, Tel. 028 9754 11 82, Di–Sa 12–15 u. 17–22.30, So 12.30–20 Uhr. Das alte Schulhaus liegt etwas südlich von Newtownards Richtung Comber, lohnt aber den Abstecher. Die Küche ist raffiniert und edel, Zimmer werden auch vermietet. Hauptgerichte 17–24 £.

Ards Peninsula

Einkaufen
Kunsthandwerk ▶ **Ards Crafts:** 31 Regent Street (im Tourist Information Centre). Umfassendes Angebot lokaler Kunsthandwerker.

Abends & Nachts
Musikpub ▶ **Molly Brown's:** 45–47 South Street. Die Bar mit Restaurant bietet viel Unterhaltung, von traditioneller Musik bis zu Comedy.

Kulturzentrum ▶ **Ards Arts Centre:** Townhall, Conway Square, Tel. 028 91 81 08 03, www.ards-council.gov.uk. Kulturzentrum mit Ausstellungen, Konzerten und Theater.

Aktiv
Wassersport ▶ **DV Diving:** 138 Mountstewart Road, Tel. 028 91 46 46 71, www.dvdiving.co.uk. Tauch- und Powerbootschule.

Tiefseetauchen ▶ **Norsemaid Sea Enterprises:** 152 Portaferry Road, Tel. 028 91 81 20 81, Fax 028 91 82 06 35. Tiefsee- und Wracktauchen vor der Küste.

Bangor ▶ H 2

Bangor, fast schon ein Vorort von Belfast, bildet das nördliche Eingangstor zur Ards Peninsula. Zwar geht die Geschichte des Orts bis ins 6. Jh. zurück, aber historische Reminiszenzen werden hier nur wenig gepflegt, mit Ausnahme des prächtigen **Bangor Castle** von 1852. Es ist zwar Sitz der Regionalverwaltung North Down, aber der schöne Park ist frei zugänglich. Als Badeort erblühte Bangor im 19. Jh., ist heute jedoch eher ein Wochenendziel für Belfaster als ein Badeort in eigener Sache – abgesehen von der Marina. Die relative Ruhe in Bangor, sehr viel entspannter als im hektischen Belfast, ist jedoch eine Wohltat, auch wenn die Wochenendausflügler einiges an Lebhaftigkeit hinzufügen.

Übernachten
Romantisch ▶ **Cairn Bay Lodge:** 278 Seacliff Road, Bangor, BT20 5HS, Co. Down, Tel. 028 91 46 76 36, www.cairnbaylodge.com. Zauberhaftes viktorianisches Haus an der Küstenstraße mit Blick auf den Strand. Sehr

> ### Tipp: Greens und Marinas auf der Ards Peninsula
>
> Golfer finden hier sechs **Golfplätze** vor, drei bei Bangor, zwei bei Newtownards und einen bei Portaferry.
>
> **Marinas und Jachtclubs** rund um den Strangford Lough sowie an der Ostküste der Ards Peninsula gibt es in Bangor, Portaferry, Killyleagh, Killinchy, Donaghadee und Strangford.
>
> Nähere Infos sind bei den örtlichen Touristenbüros erhältlich.

gemütliche Zimmer, alle mit eigenem Bad. DZ 80–100 £.

Essen & Trinken
Feines Speisen ▶ **The Boathouse Restaurant:** 1a Seacliff Road, Tel. 028 91 46 92 53, Mi–Sa 12–14.30 u. 17.30–21.30, So 13–20.45 Uhr. Das ehemalige Hafenmeisterhaus birgt ein elegantes, aber lässiges Restaurant, in dem der holländische Koch kreative Speisen zaubert, die ihr Geld wert sind. Die Nachtische sind umwerfend! Hauptgerichte 18–23 £.

Abends & Nachts
Traditionspub ▶ **Jenny Watts:** 41 High Street. Bangors ältestes und zweifellos auch schönstes Pub bietet rundum alles, was zu einem vergnügten Abend gehört: mehrmals pro Woche Livemusik für jeden Geschmack (Folk bis Jazz), Essen, einen urgemütlichen Biergarten und oben einen Club.

Aktiv
Bootstouren ▶ **Bangor Boat:** Bangor Harbour, Quay Street, Tel. 077 79 60 06 07, www.bangorboat.com. Ostern bis Oktober Bootsrundfahrten auf dem Belfast Lough.

Ulster Folk & Transport Museum ▶ H 2

Zwischen Belfast und Bangor lohnt sich ein Stopp in Cultra, wo das **Ulster Folk & Transport Museum** seinen Sitz hat. Der eine Teil

Die Küste Nordirlands

des Museumskomplexes besteht aus einem authentischen Dorf, wie es um 1900 ausgesehen haben mag. Authentisch deswegen, weil es sich um echte Häuser handelt, die anderswo abgetragen und hier wieder aufgebaut wurden. Das Transport Museum hingegen zeigt eine große Sammlung an Transportmitteln, vom Eselskarren bis zum senkrecht startenden Flugzeug, sowie von Exponaten rund um die Titanic (März–Sept. Di–So 10–17 Uhr, Okt.–Febr. Di–Fr 10–16, Sa/So 11–16 Uhr).

Die Küste zwischen Belfast und Ballycastle

Karte: rechts

Eine der schönsten Straßen Irlands führt von Larne nach Cushendall. Links ragen die Hügel zwischen den Glens of Antrim auf, rechts schäumt das Meer an die Felsen. Die Straße wurde erst um 1840 gebaut, um die abgeschiedenen Täler zu erschließen. Zuvor waren sie nahezu unzugänglich, nur eine schmale und unsichere Passstraße über die Hügel verband die Gehöfte und Siedlungen mit der Umwelt, ein Umstand, der dafür gesorgt hatte, dass sich die irisch-gälische Kultur in dieser Region länger halten konnte als im Rest des protestantisch dominierten Nordostens Irlands.

Carrickfergus ▶ H 2

Am Eingang zum Belfast Lough wacht seit Jahrhunderten die mächtige Burg von **Carrickfergus** 1 über den Zugang nicht nur nach Belfast, sondern auch zum Norden Irlands. Der normannische Eroberer John de Courcy ließ sie um 1180 direkt auf den Klippen errichten, wo sie sich als fast uneinnehmbar erwies. Bis 1928 diente die gut erhaltene Burg als Garnison. Heute ist sie mit allerlei lebensgroßen Figuren aus ihrer Geschichte ausgestattet, von den Normannen über Wilhelm von Oranien - der 1690 über Carrickfergus zu seinem Eroberungsfeldzug nach Irland eindrang - bis zu französischen Soldaten, die im 18. Jh. kurz die Burg besetzt hielten (Ostern–Sept. tgl. 10–18 Uhr, Okt.–Ostern tgl. 10–16 Uhr).

Infos
Carrickfergus Tourist Information Centre: Carrickfergus Museum & Civic Centre, 11 Antrim Street, BT38 7DG, Co. Antrim, Tel. 028 93 35 80 00, www.carrickfergus.org.

Entlang der Glens of Antrim
▶ G/H 1/2

Larne 2 ist der Ausgangspunkt für die Route entlang der Glens of Antrim. Der Ort besitzt einen Hafen und ist Durchgangsstation für die Passagiere von und nach Schottland. Im Übrigen bietet er keine nennenswerten Besonderheiten und ist eher unansehnlich.

Die neun Glens of Antrim (›Täler von Antrim‹) haben nicht nur ihre jeweils eigenen landschaftlichen, sondern auch kulturellen Besonderheiten und vor allem Geschichten.

Glenarm 3 (›Tal der Armee‹) ist mit seinen sanften Ausformungen und den Laubwäldern das lieblichste der neun Täler. Im Westen ragt der Slemish Mountain in die Höhe, auf dem einst der – damals noch nicht heilige – Patrick (s. S. 384) als Sklave Schafe gehütet haben soll. Der kleine Ort Glenarm an der Küste verfügt über die hübsche St. Patrick's Church und ein Schloss, das in seinen Ursprüngen auf das 13. Jh. zurückgeht. Allerdings wurde es von den McDonnells, einer schottischen Herrscherfamilie, ab dem 17. Jh. immer wieder verändert. Heute gehört es Randal McDonnell, dem 14. Earl of Antrim.

Carnlough heißt der Küstenort, der zum **Glencloy** 4 (›Tal der Hecken‹) gehört, das kürzer und breiter ist als Glenarm. Der Ort war einst ein wichtiger Hafen für den Kalksteinabbau, der jedoch in den 1960er-Jahren eingestellt wurde. Dafür betreibt man noch ein wenig Lachszucht und die Fischerei, deren Erzeugnisse man im Londonderry Arms Hotel, einer romantischen Poststation aus dem 19. Jh., die einst im Besitz von Winston Churchill, genießen kann (Tel. 028 28 88 52 55).

Das schönste Tal, zu Recht ›Königin der Glens‹ genannt, ist **Glenariff** 5 (›Fruchtbares Tal‹), das gerahmt wird von steilen Hängen

Antrim

mit donnernden Wasserfällen und sich breit und ausladend zum Strand hin öffnet. Highlight des Tals ist der **Glenariff Forest Park**, eine kultivierte, ca. 1200 ha umfassende Naturlandschaft, die der englische Schriftsteller Thackeray einst als »irische Schweiz« bezeichnete. Der Küstenort, der zum Tal gehört, trägt den gleichen Namen wie das Tal, wird aber auch **Waterfoot** genannt.

Vor dem unscheinbaren und baumlosen **Glenballyeamon** 6 (›Tal von Eamons Stadt‹) liegt an der Küste **Cushendall,** der mit Abstand hübscheste Ort der Glens und so etwas wie ihre ›Hauptstadt‹. Der gesamte Ort steht unter Denkmalschutz; sein Wahrzeichen ist der Curfew Tower, ein eher bescheidener, zinnenbewehrter Turm, den der einstige Landlord im 19. Jh. bauen ließ, um unbotmäßige Untertanen darin einzusperren.

Glenaan 7 (›Tal des Huflattichs‹) ist eigentlich ein Nebental des Glenballyeamon. Im Sommer blühen hier überall Fuchsien, die

Die Küste Nordirlands

einst gepflanzt wurden und sich dann wild verbreitet haben. Huflattich gibt es sicherlich auch, aber der ist weniger spektakulär. Oben in den Hügeln, nahe der A2 und in etwa einer halben Stunde zu Fuß über einen steilen Feldweg zu erreichen, soll sich das Grab des Oisin befinden, eines Sohnes von Finn McCool, dem ›Erbauer‹ des Giant's Causeway (s. S. 394). Der Weg ist mit **Ossian's Grave** ausgeschildert. Oisin soll, so will es die Legende, nach einem Kampf mit der goldhaarigen Niamh auf eine Insel der ewigen Jugend verschwunden sein, *Tir na Nog*. Niemals wieder dürfe er seinen Fuß auf festes Land setzen, sonst würde er sofort altern und sterben. Dennoch kam Oisin zu Pferd nach Glenaan zurück, fiel von seinem Ross – und starb. Ein steinzeitliches Grab, kaum noch zu erkennen, kennzeichnet die Stelle.

Glencorp 8 (›Tal der Gemetzelten‹) ist ein kurzes Quertal, aber nicht zu unterschätzen. Auf dem östlichen Hügel nämlich soll sich ein Ort der Feen befinden, die dort in der Walpurgisnacht am 30. April zusammenkommen. **Glendun** 9 (›Das dunkle Tal‹) ist von steilen Hängen umgeben, die auf Meeresseite grün sind, aber immer kahler und mooriger werden, je tiefer es in die Berge geht. Wie alle Orte an der Küste besteht **Cushendun,** der Hauptort von Glendun, aus einer lang gestreckten Häuserreihe an der Küste. Seine Besonderheit sind die cornischen Häuser, weiß getünchte Cottages mit einem grauen Satteldach aus Schiefer. Sie wurden von einem Schotten namens McNeill zu Ehren seiner Frau, die aus Cornwall stammte, 1925 errichtet und stehen unter Denkmalschutz.

Die beiden nördlichsten Täler erstrecken sich von Ballycastle aus ins Hinterland. **Glenshesk** 10 (›Tal der Riedgräser‹) verfügt über eine Anmut, die an mitteleuropäische Almen erinnert, mit Mischwäldern und saftig grünen Weiden, auf denen Kühe grasen. **Glentaisie** 11 (›Tal der Taisie‹) ist von allen Tälern am wenigsten interessant, da es bereits ins Flachland übergeht. Benannt wurde es nach Taisie, der Tochter des Königs von Rathlin Island, die der Sage nach vom König von Norwegen begehrt wurde; er wollte sie bei ihrer Hochzeit mit Congal O'Niall entführen, verlor dabei jedoch sein Leben.

Infos
Cushendall Tourist Office: Old School House, 25 Mill Street, Tel. 028 21 77 11 80, www.cushendall.info, generell werktags vormittags geöffnet, aber nicht immer besetzt.

Übernachten
... in Glenariff
Schaffarm ▶ **Dieskirt Farm:** 104 Glen Road, Glenariff, BT44 0RG, Tel. 028 21 77 13 08, www.dieskirtfarm.co.uk. Behagliche Zimmer und sehr gutes, reichhaltiges Frühstück auf (aktiver) Schaffarm samt Eseln und Ponys, nur wenige Fußmin. vom Ort entfernt. DZ 60 £.

... in Cushendall
Modernes B & B ▶ **The Meadows:** 81 Coast Road, Cushendall, Tel. 028 21 77 20 20, www.themeadowscushendall.com. Modernes Haus direkt an der Küstenstraße mit großen und geschmackvollen Zimmern (alle mit Bad). DZ ab 60 £.

Kinderfreundlich ▶ **Glenn Eireann House:** 121 Tromra Road, Cushendall, BT44 0ST, Tel. 028 21 76 15 30, www.glenneireannhouse cushendun.co.uk. Das B & B etwas außerhalb des Dorfs nahe der A2 hat sehr gepflegte Zimmer mit allem Komfort, einschließlich WLAN. Kinderfreundlichkeit wird groß geschrieben (Babysitterservice), es gibt sogar Frühstück für Vegetarier. DZ ab 56 £.

... in Cushendun
B & B mit Aussicht ▶ **The Villa:** 185 Torr Road, Cushendun, Tel. 028 21 76 12 52, www.thevillafarmhouse.com. Das 100 Jahre alte, behagliche Haus bietet einen schönen Blick aufs Meer und die cornischen Häuser. Komfortable Zimmer und exzellentes Frühstück. DZ 60 £.

Essen & Trinken
... in Glenariff
Ausflugslokal ▶ **Laragh Lodge:** 120 Glen Road, Glenariff, Tel. 028 21 75 82 21, www.laraghlodge.co.uk, März–Okt. tgl. 11–21 Uhr, Nov.–März nur Fr–So. Das 120 Jahre alte Haus, niedlich renoviert und mit reichlich

Die Küste zwischen Belfast und Ballycastle

Platz, liegt etwas abseits von Glenariff mitten im schönen Tal (ausgeschildert). Serviert werden deftige, überwiegend fleischhaltige und kalorienreiche Gerichte, die aber nach einer Wanderung in den Glens willkommen sind. Hauptgerichte 8–16 £.

... in Cushendall
Pub-Restaurant ▶ Upstairs@Joes at McCollum's Pub: 23 Mill Street, Tel. 028 21 77 23 84, tgl. 12–21, im Sommer bis 22 Uhr. Sehr gute international-irische Küche, toll ist auch das traditionelle Pub unten mit Livemusik am Freitag (im Sommer auch Sa, So, Di). Gerichte 6–16 £.

... in Cushendun
Deftig schlicht ▶ McBride's: Main Street, Cushendun, Tel. 028 21 76 15 11, tgl. 12.30–20, im Winter bis 19 Uhr. Das kleinste Pub Irlands (s. u.) bietet hinten im größeren Raum gute Hausmannskost, z. B. Steak & Guinness Pie, auch Fischgerichte und Meeresfrüchte. Gerichte 6–10 £.

Abends & Nachts
Mini-Pub ▶ Mary McBride's Pub: Main Street, Cushendun. Das Pub gilt als das kleinste Irlands – so winzig, dass Kontakt unumgänglich ist.

Termine
Feis na nGleann: Juni/Juli, www.feisnangleann.com. Fest in den Glens of Antrim (der Ort wechselt jährlich) mit irischer Musik und Tanz, Markt und vor allem irischen Sportarten.
Heart of the Glens Festival: Mitte Aug., www.glensfestival.com. Traditionelle irische Musik und Tanz in Cushendall.

Ballycastle ▶ G 1
Ballycastle [12] ist eine kleine Marktstadt mit einem hübschen Hafen, einem Sandstrand, einer großartigen Umgebung und einem berühmten Festival, dem **Ould Lammas Fair,** einem der ältesten Jahrmärkte Irlands – zumindest wurde er im Jahr 1606 mit englischem Brief und Siegel genehmigt. Rund um den Diamond, den Mittelpunkt des Ortes mit einer Kirche aus dem 18. Jh., werden dann Pferde, Kühe und Schafe gehandelt, während in den umliegenden Straßen Marktstände ihre Waren zur Schau stellen und in den Pubs zu traditioneller Musik das Guinness fließt.

Für zwei Spezialitäten ist Ballycastle besonders während dieses Festivals berühmt: für *Yellowman*, ein steinhartes, quittengelbes und Zahnplomben ziehendes Karamel, und für *Dulse,* getrockneten Seetang, der zwar sehr gesund, geschmacklich aber sehr gewöhnungsbedürftig ist.

Infos
Ballycastle Visitor Information: Marina Visitor Centre, 14 Bayview Road, BT54 6BT, Tel. 028 20 76 20 24, www.heartofthecausewaycoastandglens.com.

Übernachten
Standardhotel ▶ The Marine Hotel: 1–3 North Street, Tel. 028 20 76 22 22, www.marinehotelballycastle.com. Das einzige Hotel in Ballycastle, mit Blick auf den Hafen. Die Zimmer haben allen Komfort, sind aber teilweise etwas altbacken. Je besser das Zimmer, desto teurer. DZ ab 70 £.
B & B auf dem Land ▶ The Whins: 58 Straid Road, Tel. 028 20 76 94 12, www.thewhinsbandb.co.uk. Das Haus liegt außerhalb von Ballycastle Richtung Bushmills und ist daher schön ruhig. Es gibt nur zwei sehr gut ausgestattete Zimmer (mit WLAN). DZ 75–80 £.
Kleine Pension ▶ An Caislean: 42 Quay Road, Tel. 028 20 76 28 45, www.ancaislean.co.uk. Das hübsche viktorianische Haus besteht eigentlich aus zwei Häusern (Glenluce Lodge und Corratavey House). Die Zimmer sind alle sehr unterschiedlich. EZ ab 30 £, DZ 50–80 £.
Hostel ▶ Ballycastle Backpackers: 4 North Street, Tel. 028 20 76 36 12, www.ballycastlebackpackers.net. Das Stadthaus aus dem 18. Jh. direkt am Hafen hat sechs Zimmer, davon einige auch Doppelzimmer, und hinten im Garten ein kleines Cottage als Ferienhaus. Schlafsaal ab 15 £, DZ 40 £.

Essen & Trinken
Brasserie & Pub ▶ Central Wine Bar: 12 Anne Street, Tel. 028 20 76 38 77, So–Do 11–

Die Küste Nordirlands

White Park Bay an der Causeway Coast

23, Fr/Sa bis 1 Uhr. Die Bar inmitten von Ballycastle hat eine Menge zu bieten: ein traditionelles Pub mit Livemusik Fr/Sa, eine Loungebar und ein Restaurant mit international-irischer Küche. Gerichte mittags 4–17 £, abends 10–17 £, Büfett 8–10 £.

Urig ▶ **The Cellar Restaurant:** 11b The Diamond, Tel. 028 20 76 30 37, tgl. 12–22, So 17–22, Sept.–Mai Mo–Sa 17–22 Uhr. Das Kellerrestaurant ist mit seinen Nischen und dem offenen Kamin außerordentlich gemütlich. Neben den üblichen Gerichten gibt es leckere Meeresfrüchte und auch einige mediterran angehauchte Spezialitäten. Hauptgerichte 12–24 £, ganzer Hummer 24 £.

Abends & Nachts

Traditionspub ▶ **The House of McDonnell:** 71 Castle Street. Das schönste Pub im Ort existiert seit 1766. Jeden Fr traditionelle Sessions, auch Sa/So gelegentlich musikalische Unterhaltung.

Aktiv

Golf ▶ **Ballycastle Golf Club:** Cushendall Road, Tel. 028 20 76 25 36, www.ballycastlegolfclub.com.

Hochseeangeln ▶ **Ballycastle Charters:** Claymore House, 6 Quay Road, Tel. 028 20 76 20 74. Charterboote zum Hochseefischen.

Termine

Ould Lammas Fair: letzter Mo und Di im Aug. Irlands ältester Jahrmarkt findet alljährlich seit dem 17. Jh. statt und hat sich zu einem riesigen Markt mit über 400 Ständen und fast karnevalsartiger Atmosphäre entwickelt.

Verkehr

Busse: Der Antrim Coaster fährt von Belfast nach Coleraine entlang der Küstenstraße A2 über die Orte der Glens of Antrim, Ballycastle, Giant's Causeway, Bushmills und Portrush (Mitte April–Ende Sept. Mo–Sa, Juli/Aug. auch So, ca. 4 Std.).

Causeway Coast

Übernachten

Im Herrenhaus ▶ The Manor House: Church Bay, Tel. 028 20 76 39 64, www.rathlinmanorhouse.co.uk, Ostern–Mitte Okt. Das Herrenhaus aus dem 18. Jh. vermietet zehn einfache, aber hübsche Zimmer. DZ 74 £.

Buntes B & B ▶ Arkell House: Church Bay, Tel. 028 2764 91 27, E-Mail: rathlincottages @gmail.com. Ein modernes Haus mit Blick über die Bucht und großen, farbenfrohen Zimmern, eines davon eine Suite im oberen Stock. Gäste können auch das Wohnzimmer mit Fernseher und DVD-Player benutzen. Auf Wunsch gibt es auch Abendessen DZ 76–107 £.

Verkehr

Fähre: Die Fähre verkehrt von 8 bis 18.30 Uhr zehnmal tgl. von Ballycastle nach Rathlin Island und zurück, der Betrieb hängt jedoch vom Wetter ab. Die Überfahrt dauert zwischen 20 und 45 Minuten. Tel. 028 20 76 92 99, www.rathlinballycastleferry.com.

Rathlin Island ▶ G 1

Die L-förmige **Rathlin Island** 13 liegt nur knapp 12 km von Ballycastle entfernt und nur etwa 22 km von der schottischen Küste. Kein Wunder also, dass die nahezu baumlose Insel in ihrer Geschichte hart umkämpft wurde, war sie doch ein strategisch bedeutsamer Standort. Viele der Bewohner haben im Lauf der Zeit die Insel verlassen – nicht nur wegen ihrer einstigen Rolle als Zankapfel zwischen den Mächten, sondern vor allem, weil das Leben hier rau und hart ist. Nur noch etwa 100 Einwohner leben permanent auf der Insel.

Rathlin Island ist heute eine ökologische Nische für seltene Pflanzen und Vögel, was die Insel zur größten Seevogelkolonie Nordirlands macht. Es ist in der Tat ein spektakulärer Anblick, wenn tausende von Eissturmvögeln, Möwen und Papageientauchern in den Klippen nisten. Aber die Insel ist auch ein beliebtes Refugium für Ruhe suchende Urlauber (allerding nicht im Sommer!).

Causeway Coast

Karte: S. 389

Die **Causeway Coast** ist die schönste Region Nordirlands, reich an historischen Monumenten und einer atemberaubenden Landschaft mit Klippen, Sandstränden – und dem einzigartigen Giant's Causeway, neben Newgrange nahe Dublin und Skellig Michael in Kerry eine der drei Sehenswürdigkeiten Irlands, die als Weltkulturerbe geschützt sind. Der malerische Küstenabschnitt reicht von Ballycastle bis Portrush und setzt sich als Derry Coast über Portstewart bis zum Magilligan Point gegenüber der Inishowen-Küste fort.

Carrick-a-Rede Rope Bridge ▶ G 1

Kurz hinter Ballycastle erwartet zumindest die Mutigen eine der Attraktionen der Küste, die **Carrick-a-Rede Rope Bridge** 14. Carrick-a-Rede ist eine steile und karge Felseninsel, die etwa 20 m vom Festland entfernt liegt. Jenseits der Insel liegt der Migrationsweg der

Die Küste Nordirlands

Seelachse, weswegen Fischer schon vor etwa 300 Jahren eine Hängebrücke über die schmale Meerenge zur Insel gebaut haben. Heute schaukelt eine zwar modernisierte, aber nicht weniger wacklige Hängebrücke in 25 m Höhe über dem Wasser. An den Seiten gibt es nur schlappe Seile zum Festhalten, doch das ganze filigrane Gebilde ist mittlerweile durch ein Sicherheitsnetz geschützt (Juni–Aug. tgl. 9.30–19.30, März–Mai u. Sept.–Okt. tgl. 9.30–18, Nov.–Febr. tgl. 9.30–15.30 Uhr).

Ballintoy ▶ G 1

Nahebei liegt der kleine und außerordentlich malerische Fischerort **Ballintoy** 15, den man allein wegen der kurvenreichen Anfahrt zum Hafen besuchen sollte. Er ist auch eine günstige Basis für einen der schönsten Strände der Region, der **White Park Bay.** Über 2,5 km erstreckt sich der Sandstrand in der Bucht.

Übernachten

Landhaus-B & B ▶ **Whitepark House:** 150 Whitepark Road, Balintoy, BT56 6NH, Tel. 028 20 73 14 82, www.whiteparkhouse.com. Ein zauberhaftes Landhaus mit den reizendsten Gastgebern des Nordens, wunderbarem Blick auf die Bucht und urgmütlichen, großen Zimmern, alle mit eigenem Bad. DZ 120 £.

Strandhostel ▶ **Whitepark Bay Hostel:** 157 Whitepark Road, Balintoy, BT54 6NH, Co. Antrim, Tel. 028 20 73 17 45, www.hini.org.uk. Das schönste Hostel in Nordirland, fast direkt am Strand der Whitepark Bay gelegen, sehr sauber und komfortabel, nahezu B & B-Standard. Schlafsaal 18 £, DZ ab 42 £.

Dunseverick Castle ▶ G 1

Zu den schönsten Stellen dieses Küstenabschnitts kommt man nur zu Fuß auf schmalen Küstenwegen. So auch zum **Dunseverick Castle** 16, das als Burg allerdings schwer zu erkennen ist, da es nur noch aus rudimentären Mauern besteht. Dafür liegen die Ruinen malerisch auf einem Felsvorsprung. Der Legende nach war hier einst der Sitz des keltischen Königreichs Dalriada und der Endpunkt der Königsstraße von Tara. Die Mauern, die man heute sieht, stammen von einem Gebäude, das Mitte des 15. Jh. erbaut und 200 Jahre später in einem der vielen Scharmützel Irlands zerstört wurde.

14 Giant's Causeway ▶ G 1

Es ist kein Wunder, dass die Legende einen glaubhafteren Eindruck macht als die Tatsachen: Eine so bizarre Erscheinung wie der **Giant's Causeway** (›Damm des Riesen‹) kann eigentlich nur von Menschen- oder doch zumindest von Riesenhand erschaffen worden sein. Wie ebenmäßige, polygonale Pflastersteine fügt sich das Basaltgestein stufenweise ineinander und ergießt sich in schöner Gleichmäßigkeit ins Meer. Der Erbauer dieses ›Damms‹, so geht die Sage, war Finn MacCool, ein heldenhafter Krieger, der im 3. Jh. gelebt haben soll. Es gibt zwei Versionen dieser Geschichte: Die eine besagt, dass er den Damm baute, weil er mit seinem schottischen Rivalen Benandonner kämpfen wollte, aber kein Boot fand, das für die Reise

Causeway Coast

geeignet gewesen wäre; die andere, dass er auf diesem Damm zu seiner Geliebten gelangen wollte, die auf der Insel Staffa vor Schottland lebte – dort gibt es ganz ähnliche Gesteinsformationen.

Die geologischen Fakten gestalten sich weniger romantisch. Vor etwa 60 Mio. Jahren gab es von Grönland über Island und Irland bis nach Westschottland gewaltige vulkanische Aktivitäten. An der Küste von Antrim kam es jedoch nicht zu heftigen Eruptionen, sondern die Lava drang durch Spalten und Schlote an die Erdoberfläche. Durch die rasche Abkühlung zog sich der Basalt zusammen und brach an der Oberfläche in gleichmäßig polygone Säulen auf – 37 000 davon wurden am Giant's Causeway gezählt.

Das 2012 eröffnete Besucherzentrum lehnt sich architektonisch an die natürliche Säulenstruktur an und fasziniert mit technologischen und interaktiven Finessen, die Entstehung, Fauna, Flora und Legenden des Causeway erläutern (tgl. 9–18, Juli/Aug. bis 21 Uhr).

Essen & Trinken

Gutbürgerlich ▶ **Causeway Hotel:** 40 Causeway Road, Bushmills BT57 8SU, Tel. 028 20 73 12 10, www.causewayhotel.com. Das altehrwürdige, 2012 vom National Trust schick modernisierte Hotel liegt fast direkt am Causeway, bietet gehobenen Komfort, eine Bar und ein Restaurant mit recht guter Küche. DZ ab 99 £.

Portballintrae ▶ G 1

Recht ruhig ist der kleine Küstenort **Portballintrae** 17 nördlich von **Bushmills**. Wegen des geschützten Hafens ist er auch bei Seglern beliebt. Ein Ausflug lohnt von hier nach **Bushmills,** um die dortige Whiskey-Destillerie zu besuchen (s. S. 398).

Übernachten

Eleganter Standard ▶ **Bayview Hotel:** 2 Bayhead Road, Portballintrae, BT57 8RZ, Co. Antrim, Tel. 028 20 73 41 00, www.bayviewhotelni.com. Relativ neues Hotel mitten im Ort und mit Aussicht aufs Meer. Geräumige,

Giant's Causeway – der ›Damm des Riesen‹

Die Küste Nordirlands

komfortable Zimmer, (inkl. Fernseher, CD-Player, kostenlosem WLAN) mit ungewöhnlich großen Betten. DZ ab 99 £.

... in Bushmills (ca. 2 km südl. von Portballintrae)

Traditionshotel ▶ **Bushmills Inn Hotel:** 9 Dunluce Road, Bushmills, BT57 8QG, Co. Antrim, Tel. 028 20 73 30 00, www.bushmillsinn.com. Ein sehr stimmungsvolles Hotel in einer alten Postkutschenstation aus dem 19. Jh. Torffeuer flackert zur Begrüßung, die Zimmer sind im Stil jener Zeit edel möbliert, aber mit moderner Technik versehen. Auch sehr gutes Restaurant, in dem verfeinerte traditionelle Küche serviert wird (13–24 £). DZ ab 172 £.

Essen & Trinken

Stilvoll irisch ▶ **Tartine at The Distillers Arms:** 140 Main Street, Bushmills, Tel. 028 20 73 10 44, tgl. 17–21, So auch 12.30–14.30 Uhr. Schön restauriertes Haus aus dem 18. Jh. mit modern-stilvoller Einrichtung und kreativer irischer Küche (z. B. in Whiskey marinierter Lachs). Hauptgerichte 11–22 £.

Dunluce Castle ▶ G 1

Zwischen Portballintrae und Portrush liegt die wohl malerischste Ruine Irlands. **Dunluce Castle** [18] – oder vielmehr ein Teil davon – liegt unmittelbar an der Klippe. Die erste Version dieser Burg ließ der normannische Eroberer Richard de Burgh im 13. Jh. errichten. Für den weiteren Ausbau sorgte der Schotte Sorley Boy MacDonnell im 16. Jh. 1639 dann passierte die Katastrophe, die der Burg ihr heutiges gefährlich-malerisches Aussehen verlieh: Ein heftiger Sturm brachte einen Teil der Klippe und damit auch den Küchentrakt der Burg zum Einsturz. Mehrere Bedienstete stürzten mit in die Tiefe, ebenso das gerade zubereitete Abendessen.

Portrush und Portstewart ▶ F 1

Portrush und Portstewart, beide seit viktorianischer Zeit beliebte Badeorte mit schönen Stränden und zahlreichen Unterkünften, sind zwar durch eine County-Grenze administratorisch getrennt, liegen aber so dicht beieinander, dass man den Wechsel vom einen in das andere Städtchen kaum mitbekommt. **Portrush** [19] im County Antrim präsentiert sich außerordentlich lebhaft und hat viele Andenkenläden, Spielhallen und sonstige Schlechtwetter-Unterhaltungsangebote, auch für Kinder. Ein bisschen ruhiger und nobler geht es in **Portstewart** [20] im County Derry zu, das neben einem schönen Strand und einer feinen Promenade auch mehrere Golfplätze zu bieten hat.

Infos

Portrush Tourist Information Centre: Dunluce Centre, 10 Sandhill Drive, Portrush, BT56 8BF, Co. Antrim, Tel. 028 70 82 33 33, www.portrush.org.uk.

Portstewart Tourist Information Office: Town Hall, The Crescent, Portstewart, BT55 7AB, Co. Derry, Tel. 028 70 83 22 86.

Übernachten
... in Portrush

Viktorianisches B & B ▶ **Albany Lodge:** 2 Eglinton Street, Portrush, BT56 8DX, Tel. 028 70 82 34 92, www.albanylodge.f2s.com. Das gepflegte viktorianische Haus liegt direkt am Oststrand von Portrush und vermietet schön große und helle Zimmer und eine Suite ganz oben. DZ 69–89 £, Suite 100–120 £.

Einfaches B & B ▶ **Clarmont:** 10 Landsdowne Crescent, Tel. 028 70 82 23 97, www.clarmont.com. Das viktorianische Haus mit Meerblick ist innen überraschend frisch und modern, weit entfernt vom üblichen Seebadkitsch. DZ ab 80 £.

... in Portstewart

Praktisch und modern ▶ **Cromore Halt Inn:** 158 Station Road, Portstewart, BT55 7PU, Tel. 028 70 83 68 88, www.cromorehalt.co.uk. Ein modernes, wenig atmosphärisches Haus, das aber Hotelkomfort einschließlich kostenlosem WLAN bietet. Vorteil: Ein gutes hauseigenes Restaurant (Hauptgerichte um 15 £) und Bistro (um 10 £). DZ 79 £.

Boutique-B & B ▶ **Strandeen B & B:** 63 Strand Road, Tel. 028 70 83 31 59, www.strandeen.com. Das liebevoll renovierte Haus nahe dem Strand von Portstewart ist nicht nur stilvoll ausgestattet, sondern serviert

Causeway Coast

aktiv unterwegs

Wanderung entlang der Causeway Coast

Tour-Infos
Start: Parkplatz Carrick-a-Rede Rope Bridge
Länge: 19 km
Dauer: Tagestour
Schwierigkeitsgrad: mittelschwer
Wichtige Hinweise: Bei Flut ist der Weg links und rechts der Whitepark Bay unzugänglich. Bei nassem und windigem Wetter sollte die Tour nicht unternommen werden, da es häufig auf ungesicherten Pfaden auf den Klippen entlanggeht.

Die Wanderung entlang der Causeway Coast gehört zu den spektakulärsten in Irland, da sie nicht nur wunderbare Aussichten bietet, sondern auch an einigen der schönsten Sehenswürdigkeiten des Nordens vorbeiführt. Die gesamte Strecke beträgt 52 km und führt bis nach Portstewart, wofür dann aber mehrere Tage eingeplant werden sollten. Die kürzere Strecke von der Carrick-a-Rede Rope Bridge bis zum Giant's Causeway ist mit Besichtigungspausen an einem Tag zu schaffen. Der gesamte Weg ist gut ausgeschildert.

Startpunkt ist der Parkplatz an der **Carrick-a-Rede Rope Bridge**, von wo der Pfad Richtung Westen die Küste entlangführt, bis er rechts hinunter zum **Ballintoy Port** hinabsteigt. Von dort geht es weiter an der Küste und über Felder bis zur **Whitepark Bay** – ein wunderschöner 2 km langer Marsch über den Strand, am besten bei Ebbe. Bei Flut müssen Wanderer am Westende der Bucht allerdings zurück zum Whitepark Bay Hostel und dort ein Stück über die Straße laufen.

Der nächste Abschnitt ist ziemlich felsig, was bei nassem Wetter etwas anstrengend sein kann, wird dann aber wieder leichter bis zum **Dunserverick Castle. Benbane Head** ist schließlich der dramatischste Abschnitt der Tour, da die Klippen auf ca. 100 m ansteigen und einen umwerfenden Blick bieten. Anschließend geht es über felsiges Terrain weiter bis zum **Giant's Causeway**, von wo Busse zurück nach Ballintoy fahren.

auch ein tolles Frühstück und auf Wunsch Abendessen. DZ 80–120 £.

Essen & Trinken
... in Portrush
Multi-Lokal ▶ Ramore: 1 Harbour Road, Tel. 028 70 82 69 69. Mehrere Lokale unter einem Dach: Das Mermaid (Mi–So 18–21.30 Uhr) serviert mediterrane Gerichte, die Wine Bar (tgl. ca. 12–21 Uhr) deftige Kleinigkeiten, das Harbour Bistro (Mi–So ca. 17–21.30 Uhr) hat einen spanischen Einschlag, das Coast (Mi–Mo ca. 17–21 Uhr) ist eine Pizzeria. Hinzu kommt noch ein Pub. Alle Hauptgerichte etwa 8–15 £.

Die Küste Nordirlands

Tipp: Whiskey-Destillerie in Bushmills

Die älteste Whiskey-Destillerie Irlands, die hier seit 1608 offiziell ihr goldenes Gebräu brennt, ist auch die einzige aktive Destillerie, die besichtigt werden kann. Auf den Touren lernt man den gesamten Produktionsprozess kennen, was mit reichlich Lärm, Hitze und Gestank verbunden ist. Im hauseigenen Pub dürfen Besucher die drei Sorten auch gleich probieren, den Bushmills Original, den Blackbush und den Single Malt.

Old Bushmills Distillery: 2 Distillery Road, Tel. 028 20 73 32 18, www.bushmills.com, Touren März–Okt. Mo–Sa 9.15–16.45, So 12–16.45, Nov.–Febr. Mo–Sa 10–16.45, So 12–16.45 Uhr.

... in Portstewart

Einfaches Lokal ▶ **Shenanigans:** 78 The Promenade, Tel. 028 70 83 60 00, tgl. 12–22 Uhr. Keine Gourmetküche, aber gute solide Kost (von Pasta bis Steak) und sogar frische Salate. Gerichte 5–15 £.

Eissalon ▶ **Morellis of Portstewart:** 53–58 The Promenade, Tel. 028 70 83 21 50, tgl. Einer der Eissalons, für die Portstewart berühmt ist. Es gibt viele Eiskreationen, aber auch einfache warme Speisen. Unter 10 £.

Abends & Nachts

Club und Disco ▶ **Kelly's:** 1 Bushmills Road, Portrush, www.kellysportrush.co.uk. Ein ganzer Clubkomplex mit mehreren Bars und Tanzräumen, wo DJs auflegen und Partys organisiert werden.

Aktiv

Bootstouren ▶ **Portrush Sea Tours:** North Pier, The Harbour, Portrush, Tel. 077 61 69 60 60, www.portrushseatours.com. Im rasanten Schnellboot (Stormforce 11) geht es auf verschiedenen Touren die Küste Nordirlands entlang, auch zu den schottischen Inseln und nach Rathlin Island. Die Touren dauern 1,5 Std. bis einen ganzen Tag.

Wassersport ▶ **Aquaholics:** 14 Portmore Road, Portstewart, Tel. 028 70 83 25 84, www.aquaholics.org. Tauchzentrum, das Tauchkurse und Powerboat-Trips an der Causeway Coast anbietet.

Fallschirmspringen ▶ **Skydive Wild Geese:** 116 Carrowreagh Road, Garvagh (ca. 20 km südl. von Portstewart an der A29), Tel. 028 29 55 86 09, www.skydivewildgeese.com. Eintägige Schnupperkurse und Tandemspringen.

Golf ▶ **Royal Portrush Golf Club:** Bushmills Road, Portrush BT56 8JQ, Co. Antrim, Tel. 028 70 82 23 11, www.royalportrushgolfclub.com. **Portstewart Golf Club:** 117 Strand Road, Portstewart BT55 7PG, Tel. 028 70 83 20 15, www.portstewartgc.co.uk.

Termine

Portrush Summer Theatre: Aug., Tel. 028 70 82 95 39, www.audf.org.uk/portrush.html. Im Juli und August Aufführungen von Comedy und Theater im Rathaus von Portrush.

Verkehr

Züge: Verbindungen von Portrush mit Belfast und Derry über Coleraine.

Busse: Regelmäßiger Busverkehr entlang der Küste und via Coleraine auch mit Belfast und Derry.

Downhill Castle und Benone Strand ▶ F 1

Ein paar Kilometer westlich von Portstewart begegnet man einer der skurrilsten Attraktionen der Nordküste. Der protestantische Bischof von Derry, Frederick Hervey (1730–1803), 4. Earl of Bristol, ließ sich **Downhill Castle** [21] bauen, um der Vermählung seines Sohnes einen repräsentativen Rahmen zu verleihen. Die Auserwählte war keine andere als die Tochter des preußischen Königs Friedrich Wilhelm II. und dessen lebenslanger Mätresse Gräfin Lichtenau, mit welcher auch der Bischof eine Affäre gehabt haben soll. Aus der Ehe wurde nichts, und auch vom Schloss sind nur noch die Außenmauern erhalten, seitdem es in der Nachkriegszeit sukzessive ausgeschlachtet wurde. Das einzige voll-

Derry

ständig erhaltene Bauwerk auf dem Schlossgelände ist der überaus malerische **Mussenden Temple,** ein zierlicher Rundbau im Stil des Vesta-Tempels von Tivoli, den der flotte Bischof 1783 zu Ehren seiner geliebten Kusine Mrs. Mussenden errichten ließ und der gefährlich nahe an der Klippe steht. Im Sommer finden dort diverse Veranstaltungen statt (Eintritt zum Gelände 4,50 £, geöffnet tgl. von Sonnenaufgang bis -untergang).

Hinter Downhill Richtung Westen erstreckt sich Irlands längster Strand, der **Benone Beach** 22, der sich zunächst über zehn Kilometer bis zum Magilligan Point hinzieht und danach am Lough Foyle fortsetzt. Der **Magilligan Point** 23 ist eine Landspitze, die bis fast nach Inishowen reicht und damit einen gut zu überwachenden Eingang nach Derry bildet. Auf beiden Seiten dieser Meerenge, in Greencastle und in Magilligan, steht ein *Martello Tower,* eines jener wuchtigen Ungetüme, die um 1800 als Wachtürme gegen eine mögliche napoleonische Invasion rund um die irische Küste errichtet wurden.

15 Derry ▶ F 1

Cityplan: S. 400

Derry ist eine viel besungene Stadt. Meist handelt es sich um traurige Lieder, oft um zornige, auf jeden Fall immer um solche, die eine unverbrüchliche Liebe zu dieser zweitgrößten und schönsten Stadt des Nordens bezeugen. Ein Lied, das dem ›neuen‹ Derry huldigt, steht noch aus – das müsste dann ein fröhliches Trinklied sein, wenn es der aktuellen Atmosphäre gerecht werden wollte.

Die Stadt hat zwei Namen: Derry (aus dem irischen *Doire,* ›Eichenwald‹) und Londonderry, eine Bezeichnung, die sie 1609 erhielt, als der englische König die Stadt einer Londoner Handelsgesellschaft übereignete, die ihre alte Heimat im Namen der neuen verewigen wollte. Ob man Derry oder Londonderry sagt, lässt in der Regel auf die politische Einstellung schließen. Fakt ist, dass der offizielle Name der Stadtverwaltung Derry City Council lautet, die Stadt selbst und das gleichnamige County jedoch offiziell Londonderry heißen – eine Verwirrung, die aber inzwischen nur noch wenige Bevölkerungsgruppen kümmert.

So hat die Stadt auch zwei Spitznamen: Stroke City (›Schrägstrich-Stadt‹) und Maiden City (›Jungfräuliche Stadt‹). Ersteres ist reine *political correctness* mit einem Schuss Humor – manche offiziösen oder offiziellen Stellen nennen die Stadt nämlich Derry/Londonderry, um nur ja niemandem auf die Füße zu treten. Den Namen Maiden City erhielt sie dagegen aufgrund eines Ereignisses, das bis heute nachwirkt. Im englischen Thronstreit zwischen dem katholischen Jakob II. und dem protestantischen Wilhelm von Oranien marschierten im Dezember 1688 katholische Truppen auf Derry zu. 30 000 Protestanten flüchteten in die ummauerte Stadt. Führende Bürger Derrys wollten mit Jakob II. verhandeln, doch 13 Lehrjungen, *apprentice boys,* stahlen den Schlüssel eines bereits geöffneten Tores und verbarrikadierten es. Die Belagerung dauerte noch bis in den folgenden Sommer, was die Truppen Jakobs zwar abziehen ließ, aber von den Belagerten einen hohen Preis verlangte. Bis heute feiert eine protestantische Gruppe, die sich ›Apprentice Boys‹ nennt, am 12. August den Sieg über die Katholiken, was ein wenig überholt wirkt, da Derry mittlerweile ohnehin überwiegend katholisch-nationalistisch ist. Der Begriff Maiden City, die jungfräuliche Stadt, die nie erobert werden konnte, blieb jedoch hängen.

Während des jüngsten Bürgerkriegs, den *Troubles,* wurde Derry bis zu 30 % zerstört. Doch schon zuvor ging die Stadt allmählich dem wirtschaftlichen und sozialen Niedergang entgegen. Durch die Teilung Irlands 1921 wurde Derry von seinem natürlichen Wirtschaftsraum Donegal abgeschnitten und verlor in den kommenden Jahrzehnten auch die berühmten *Shirt Factories,* in denen mit irischem Leinen die besten Hemden des Britischen Empire hergestellt wurden. Arbeitslosigkeit und die Spannungen zwischen den politischen und sektiererischen Fraktionen machten Derry während der *Troubles* zu einem Pulverfass.

Derry

Sehenswert
1. Diamond
2. St. Columb's Cathedral
3. St. Augustine's Church
4. Tower Museum
5. Craft Village
6. Guildhall
7. The Fountain
8. Bogside

Übernachten
1. City Hotel
2. Tower Hotel
3. Abbey B & B
4. The Merchant's House
5. City of Derry Travelodge
6. Fairman House Hostel

Essen & Trinken
1. Exchange Restaurant & Wine Bar
2. Quay West Restaurant
3. Fitzroys Restaurant
4. Café Guild

Einkaufen
1. The Craft Village
2. Foyleside Shopping Centre

Abends & Nachts
1. Peadar O'Donnell's/ The Gweedore Bar
2. Sandino's Café-Bar
3. The Metro
4. Millenium Forum
5. The Nerve Centre
6. The Playhouse

Aktiv
1. City Tours
2. Free Derry Tours
3. Foyle Luxury Cruises

Noch zu Zeiten des Bürgerkriegs versuchten die Verantwortlichen, die Stadt mit neuem Leben zu erfüllen. Allen voran John Hume, damaliger Vorsitzender der gemäßigt nationalistischen (katholischen) SDLP und heutiger Friedensnobelpreisträger, der sich nicht nur für seine Heimatstadt, sondern auch für den Frieden in Nordirland einsetzte. Bedeutende Faktoren waren auch der wirtschaftliche Aufschwung seit Mitte der 1990er-Jahre und die allgemeine Politikmüdigkeit einer mittlerweile gleichberechtigten Gesellschaft.

Heute ist Derry eine der lebhaftesten Städte des Nordens, voller Pubs, voller gläserner Neubauten, die mit Optimismus einer tristen Vergangenheit den Kampf ansagen, und voller Geschichte, die weder verdrängt noch glorifiziert wird.

Derry entstand im 6. Jh. durch eine Klostergründung des heiligen Colmcille oder Columba auf einem Hügel am River Foyle, kurz bevor dieser sich in die Bucht des Lough Foyle ergießt. Der Fluss und die Bucht waren seit jeher ein Bestandteil der Stadtentwicklung, aber auch ihrer turbulenten Geschichte. Die Altstadt mit der vollständigen Stadtmauer liegt auf der westlichen Seite des Foyle, wo sich auch das ganze urbane Leben abspielt.

Die Altstadt

Derrys Altstadt ist von einer historischen Stadtmauer umschlossen, die einzige vollständig erhaltene Irlands. Sie ist 8 m hoch, 9 m breit und 1,5 km lang und wurde ab dem Jahr 1613 von den neuen Londoner Stadtherren errichtet. An den Maßen lässt sich bereits erahnen, wie klein das historische Zentrum von Derry ist.

Vier Straßen, die jeweils von einer der ursprünglichen Stadttore abgehen, münden auf den zentralen Platz, den **Diamond** 1. Weitere Stadttore wurden erst sehr viel später durch die Mauer gebrochen. Das Stadtbild ist zwar von der Straßenausrichtung noch original erhalten, doch historische Gebäude sind nur noch selten zu finden. Die Altstadt wurde in den vergangenen Jahren fast zur Gänze neu erbaut, mit Einkaufszentren, Hotels und anderen nützlichen Einrichtungen.

In der London Street nahe dem New Gate erhebt sich die **St. Columb's Cathedral** 2. Sie ist die erste anglikanische Kirche, die nach der Reformation 1633 in Irland errichtet wurde und somit das älteste Bauwerk von Derry (Mo–Sa 9–17 Uhr, So nur Zugang zum Gottesdienst, www.stcolumbscathedral.org).

Auf der stadteinwärts gelegenen Seite der Mauer steht die winzige **St. Augustine's Church** 3, ein bildhübsches Kleinod, das in seiner jetzigen Form 1872 erbaut wurde. Die Kirche ist von einem verwunschenen Kirchhof mit alten Grabplatten und schattigen Bäumen umgeben. An dieser Stelle, oder zumindest in unmittelbarer Nähe, soll sich ein Kloster aus dem 13. Jh. befunden haben, mutmaßlich sogar ein wesentlich älteres

Die Küste Nordirlands

Kloster, das vom heiligen Colmcille gegründet wurde und der Stadt ihren Namen verlieh: *Doire/Derry,* irisch für Eichenwald.

Das im Stil eines mittelalterlichen Turms erbaute **Tower Museum** 4 am Magazine Gate führt in die Vergangenheit und informiert sehr anschaulich und spannend über die Geschichte Derrys bis in die Gegenwart. Außerdem gibt es eine Armada-Ausstellung mit Fundstücken einer spanischen Fregatte, die im 16. Jh. vor Inishowen sank (April–Okt. Mo–Sa 10–18, Do bis 20, So 12–16, Nov.–März Di–Sa 10–17 Uhr).

Ebenfalls auf alt gemacht ist das **Craft Village** 5 nahe dem Tower Museum in der Shipgate Street. Auf dem kleinen Areal gibt es Kunsthandwerksläden, ein Café und ein Restaurant sowie die Nachbildung eines Reetdach-Cottages aus dem 15. Jh., in dem im Sommer Musiksessions stattfinden.

Buchstäblich vor den Toren der Stadt, genauer vor dem Shipquay Gate, liegt eines der Wahrzeichen Derrys, die 2013 restaurierte **Guildhall** 6. Das Repräsentationsgebäude aus dem Jahr 1890 diente einst als Sitz der *Londonderry Corporation,* der Stadtverwaltung, und hat 23 wunderschöne Buntglasfenster, die die Geschichte Derrys darstellen und eine Besichtigung lohnen. Heute ist es Sitz des Stadtrats, beherbergt aber auch ein Café und eine Ausstellung (tgl. 10–17.30 Uhr).

Am Shipquay Gate befindet sich einer der zahlreichen Zugänge auf die **Stadtmauer,** die in ihrer ganzen Länge bequem zu begehen ist. Von dort schwingt sich auch die elegante neue **Peace Bridge** über den Foyle, eine Fahrrad- und Fußgängerbrücke, die beide (verfeindeten) Teile der Stadt verbindet.

The Fountain 7

Ein Rundgang um die Mauer gestattet nicht nur schöne Ausblicke, sondern auch Einblicke in die jüngere Geschichte. Zwischen Bishop's Gate und New Gate am südlichen Teil der Mauer erspäht man die einzige loyalistisch-protestantische Enklave auf der Altstadtseite des River Foyle. **The Fountain** ist ein eher armseliges Viertel mit kleinen, backsteinernen Reihenhäusern, wo an einer Häuserwand für ›Mauer-Touristen‹ unübersehbar geschrieben steht, dass sich die Londonderry-Loyalisten noch immer unter Belagerung fühlen. Der Schriftzug wie auch die blau-weiß-roten Bordsteinbemalungen werden bis heute immer wieder aufgefrischt, ein Zeichen dafür, dass unter der glitzernden Oberfläche Derrys noch immer eine kleine Minderheit die alten Kämpfe führen möchte – nur gibt es kaum noch jemanden, gegen den man kämpfen könnte.

Bogside 8

Auf der westlichen Seite der Mauer schweift der Blick über die **Bogside,** ein ebenfalls außerhalb der Mauern gelegenes Viertel, das der Vergangenheit, die in diesem Fall republikanisch (katholisch) gefärbt ist, auf ganz andere Weise trotzt. Die Hauswände des Viertels sind mit riesigen Mauerbildern bemalt, die an die Geschichte der *Troubles* in Derry erinnern. Die drei Künstler führen interessierte Besucher gerne zu ihren berühmten Werken, was sicherlich einen tieferen Einblick ermöglicht (Kontakt: Tel. 075 14 05 24 81, www.bogsideartists.com).

Derry

Der Name Bogside ist mit blutigen Erinnerungen verbunden. Es begann am 12. August 1969, als loyalistische Protestanten in das katholische Viertel Bogside eindrangen. Die Bewohner riegelten ihr Wohngebiet daraufhin ab und erklärten die Bogside zu ›Free Derry‹. Zwei Tage später griff das britische Militär ein – das Signal für den Bürgerkrieg in Derry, der drei Jahre später, am 30. Januar 1972, zum ›Bloody Sunday‹ führte, an dem 14 Demonstranten von britischem Militär erschossen wurden. Ein Untersuchungsausschuss kam 2010 zu dem Ergebnis, dass die britische Armee den ersten Schuss auf unbewaffnete Zivilisten abfeuerte.

Das einstmals ärmliche Viertel wurde längst abgerissen und neu bebaut. Nur die Giebelwand mit dem Schriftzug »You are now entering free Derry« wurde als Mahnmal stehen gelassen.

Infos

Derry Visitor and Convention Bureau: 44 Foyle Street, Derry, BT48 6AT, Tel. 028 71 26 72 84, www.visitderry.com.

Übernachten

Standardhotel ▶ **City Hotel 1:** Queen's Quay, Derry, BT48 7AS, Tel. 028 71 36 58 00, www.cityhotelderry.com. Das jüngste Hotel Derrys, nur wenige Fußmin. von der Innenstadt entfernt. Die Zimmer bieten einen guten Standard und sind je nach Preislage unterschiedlich ausgestattet, nur das Frühstück ist unterdurchschnittlich. DZ ab 81 £.

Businesshotel ▶ **Tower Hotel 2:** The Diamond, Butcher Street, Derry, BT48 6HL, Tel. 028 71 37 10 00, www.towerhotelderry.com. Zentraler geht es nicht, das Hotel liegt mitten in der Altstadt. Freundliche Zimmer, hauseigene Tiefgarage. DZ ab 61 £.

Bogside-B & B ▶ **Abbey B & B 3:** 4 Abbey Street, Tel. 028 71 27 90 00, www.abbeyaccommodation.com. Das von außen einfache Haus in der Bogside vermietet relativ große und hübsche Zimmer, teilweise barrierefrei, hat kostenloses WLAN und ein hauseigenes Café. DZ 64 £.

B & B mit Flair ▶ **The Merchant's House 4:** 16 Queen Street, Derry, BT48 7EQ, Tel. 028 71 26 96 91, www.thesaddlershouse.

Bogside – ein Viertel mit lebendiger Tradition

Die Küste Nordirlands

Wandbilder im katholischen Bogside

com. Schönes Stadthaus im georgianischen Stil mit behaglichen Zimmern und gutem Frühstück. DZ 65–80 £.

Schnäppchen ▶ **City of Derry Travelodge** 5: 22–24 Strand Road, Derry, BT48 7AB, Tel. 0871 984 62 34, www.travelodge.co.uk. Gut ausgestattete, moderne Zimmer, für den Preis echte Schnäppchen – noch preiswerter ist es manchmal bei Buchung über die Webseite. Das Frühstück ist nicht im Preis inbegriffen. DZ ab 49 £.

Hostel ▶ **Fairman House Hostel** 6: 2 Fairman Place, Tel. 028 71 30 80 00, www.fairmanhouse.co.uk. Einfaches Hostel nördlich der Altstadt, sauber, mit Frühstück und WLAN. Schlafsaal ab 11 £, EZ ab 20 £, DZ ab 30 £.

Essen & Trinken

Weinbar ▶ **Exchange Restaurant & Wine Bar** 1: Queens Quay, Tel. 028 71 27 39 90, Mo–Sa 12–14.30 u. 17.30–22, So 16–21 Uhr. Das Speiseangebot entspricht dem modernen, hellen und freundlichen Ambiente: zeitgenössische, internationale Gerichte von Thai-Curry über Filet Mignon bis zu Pasta und Fisch. Die Weine stammen überwiegend aus der Neuen Welt. Gerichte mittags 4–8 £, abends 15–22 £.

Bodenständig ▶ **Quay West Restaurant** 2: 28 Boating Club Lane, Strand Road, Tel. 028 71 37 09 77, tgl. 12–22.30 Uhr. Ein großräumiges Restaurant auf zwei Ebenen mit Weinbar, sehr urban und cool. Die Gerichte sind aus aller Welt, nicht besonders aufregend, aber gut und lecker zubereitet. Gerichte mittags 4–17 £, abends 13–22 £.

Deftig ▶ **Fitzroys Restaurant** 3: 2–4 Bridge Street, Tel. 028 71 26 62 11, Mo–Mi 12–21, Do–Sa bis 22, So 13–20 Uhr. Geräumiges und modernes Restaurant gegenüber dem Foyle Shopping Centre und daher zur Mittagszeit recht voll. Mittags gibt es eher einfachere Speisen, aber die können recht üppig ausfallen (z. B. interessant belegte Sandwiches), abends moderne irische Küche. Gerichte mittags 4–17 £, abends 13–22 £.

Rathaus-Café ▶ **Café Guild** 4: Guildhall, Guildhall Square, Tel. 028 71 36 05 05, Mo–Fr 10–17, Sa 9–18, So 10–18 Uhr. Das reizende Café mit Straßentischen ist nicht nur ideal für eine Kaffeepause, sondern auch für den kleinen Hunger. Alles unter 10 £.

Einkaufen

Kunsthandwerk ▶ **The Craft Village** 1: Shipquay Street. Eine Auswahl an irischem

Derry

Kunsthandwerk in verschiedenen kleinen Läden sowie ein kleines Café mit einfachen Speisen.

Einkaufszentrum ▶ **Foyleside Shopping Centre 2**: Orchard Street. Größtes Einkaufszentrum der Region.

Abends & Nachts

Musikpubs ▶ **Peadar O'Donnell's** und **The Gweedore Bar 1**: 59–63 Waterloo Street. Beide Pubs sind über einen Durchgang miteinander verbunden und haben eine traditionelle irische Atmosphäre. Jeden Abend Livemusik, in dem einen Pub eher rockige Bands, im anderen traditionelle irische Pubsongs.

Szenekneipe ▶ **Sandino's Café-Bar 2**: 1 Water Street. Tagsüber linkes Szenecafé, abends angesagte Musikkneipe mit Bands und DJs.

Pub mit Imbiss ▶ **The Metro 3**: Bank Place. Ruhiges Pub, aber abends oft Livebands, gelegentlich DJs.

Veranstaltungszentrum ▶ **Millenium Forum 4**: Newmarket Street, Tel. 028 71 26 44 55, www.milleniumforum.co.uk. Hochmodernes Veranstaltungs- und Konferenzzentrum innerhalb der Stadtmauern mit einem bunten Bühnenprogramm von Theater über Musical bis zu Konzerten.

Konzerte ▶ **The Nerve Centre 5**: 7–8 Magazine Street, Tel. 028 71 26 05 62, www.nervecentre.org. Vielseitiges Haus mit Ton- und Filmstudios und zwei Veranstaltungsräumen, in denen Konzerte mit Rock- und Popbands stattfinden.

Kulturzentrum ▶ **The Playhouse 6**: 5–7 Artillery Street, Tel. 028 71 26 80 27, www.derryplayhouse.co.uk. Ein Kulturzentrum, in dem das ganze Jahr über Theater, Kleinkunst und Ausstellungen stattfinden.

Aktiv

Stadttouren ▶ **Open Top Tours:** Tel. 077 40 24 99 98, www.toptoursireland.com. Einstündige Stadtrundfahrt im Cabrio-Bus (Mo–Sa 10–16 Uhr alle 60 Min. Abfahrt ab Visitor Centre). **City Tours 1**: 11 Carlisle Road (vom Ferryquay Gate Ri. Craigavon Bridge), Tel. 028 71 27 19 96, www.derrycitytours.com.

Geführte Touren zu Fuß durch Derry (tgl. 10, 12, 14 u. 16 Uhr). **Free Derry Tours 2**: Gasyard Centre, Lecky Road, Brandywell, Tel. 028 71 36 69 31, www.freederry.net. Touren zu Fuß durch das Viertel Bogside mit lokalen Führern, die Erläuterungen zur jüngeren Geschichte oft aus erster Hand geben (tgl. 10 und 14, Juli/Aug. auch 16 Uhr, Startpunkt am Museum of Free Derry, Glengada Park).

Bootstouren ▶ **Foyle Luxury Cruises 3**: Harbour Museum, Queen's Quay, Tel. 028 71 36 28 57, www.foyleluxurycruises.com. Ca. 75-minütige Bootsfahrten auf dem River Foyle bis zum Lough Foyle.

Termine

City of Derry Jazz Festival: 1. Maiwochenende. Jazz und Big Bands in der ganzen Stadt. Tel. 028 71 37 65 45, www.cityofderryjazzfestival.com.

Maiden City Festival: Wochenende um den 12. Aug. Ursprünglich waren dies die Märsche der protestantischen ›Apprentice Boys‹, eine Variante des Orange Order. Heute betrachtet man das Spektakel als Traditionskultur mit Unterhaltungsprogramm – das klappt aber wegen der alten Reibungen nicht immer. www.maidencityfestival.com.

Halloween Carnival: Wochenende um den 31. Okt. Der Carnival ist das größte Halloween-Spektakel Irlands mit Straßenfesten und Feuerwerk.

Verkehr

Flüge: City of Derry Airport, Airport Road, Eglinton BT47 3GY, Co. Derry, Tel. 028 71 81 07 84, www.cityofderryairport.com. Verbindungen u. a. mit London, Glasgow, Liverpool und Birmingham.

Züge: Verbindung via Coleraine mit Belfast.

Busse: Derry ist ein Verkehrsknotenpunkt und sehr gut verbunden mit Belfast und Dublin sowie mit Letterkenny, Donegal Town und der Inishowen Peninsula. Der Busbahnhof ist in der Foyle Street.

Taxis: Tel. 028 71 26 02 47. Taxistand in der Foyle Street und der William Street. Foyle Delta Cabs in der Strand Road, Tel. 028 71 27 99 99.

Das Landesinnere

›Alles außer Meeresküste‹, so könnte das Motto für die drei nordirischen Countys Armagh, Tyrone und Fermanagh lauten. Stattdessen findet man hier die ganze Palette irischer Landschaften: menschenleeres Hochmoor und Berge, sanfte Hügel – und so viele Seen, dass man das salzige Element nicht vermisst.

Der Tourismus steckt in dieser Region, abgesehen vom Bootstourismus in Fermanagh, noch in den Kinderschuhen. **Armagh** war in der Vergangenheit – und ist es bis heute auf subtile Weise immer noch – ein gespaltenes Land. Während der nördliche Teil relativ dicht bevölkert und von ausgedehnten Obstplantagen durchzogen ist, präsentiert sich der Süden in hügeliger Einsamkeit. Beide Teile Armaghs haben ihren jeweils ganz eigenen schlechten Ruf: Der Norden gilt, wie auch das County Down, als protestantisches Kernland. 1795 wurde in dem Nest Loughall der berüchtigte *Orange Order* gegründet, der als Reaktion auf die Angriffe irischer Rebellen entstand, aber zum Inbegriff loyalistischer Feindseligkeit wurde. Bis heute feiert man hier am 12. Juli mit Märschen unbeirrt den Sieg Wilhelms von Oranien (daher ›Orange‹, von *Oranje*) über die katholischen Truppen König Jakobs II.

Der südliche Teil Armaghs hingegen ist Rebellenland. Als Keimzelle der IRA in die Geschichte eingegangen, war dies für lange Zeit eine Gegend, die weder für Touristen noch für Iren aus anderen Regionen (oder mit einer anderen politischen Gesinnung) in irgendeiner Weise attraktiv war. Das hat sich gründlich geändert. Vor allem South Armagh ist eine Oase des Friedens, und das nicht nur in politischer Hinsicht, sondern vor allem wegen seiner wunderschönen, noch weitgehend unberührten Naturlandschaften. In beiden Teilen des Countys muss aber deswegen damit gerechnet werden, dass die touristische Infrastruktur weniger ausgeprägt ist als in den Countys, die an die Küste grenzen.

Tyrone ist noch abgelegener und verfügt noch nicht einmal über einen schlechten Ruf. Das County grenzt an Donegal, und die Bindungen zwischen den beiden Regionen sind recht eng. Auch die Landschaft erinnert gelegentlich an den Nachbarn in der Republik, auch wenn sie in Tyrone etwas sanfter erscheint. Ein Geheimtipp, sofern es das in Irland überhaupt noch gibt, sind die Sperrin Mountains, eine einsame Berglandschaft, die herrliche Wandertouren ermöglicht und mit Highlights aufwartet, die noch nicht in jeder Broschüre abgedruckt sind.

Fermanagh, das Land der Seen und der Schlösser, ist ein Refugium für Angler und Bootsfahrer. Das County pflegt noch engere Kontakte zur Republik als Tyrone, was nicht zuletzt an der langen ›Grenze‹ mit dem Nachbarn liegt. Besucher finden hier eine relativ gut ausgebildete touristische Infrastruktur, die durch grenzüberschreitende Organisationen gefördert wird.

Armagh Town und Umgebung ▶ F 3

Das County Armagh mag in vielerlei Hinsicht sehr unterschiedlich sein, aber die gleichnamige Hauptstadt ist ein all-irisches Bindeglied, das seit 1500 Jahren das christliche Zentrum Irlands bildet, das katholische und seit der Reformation auch das anglikanisch-

Armagh Town und Umgebung

protestantische. In **Armagh** befinden sich die beiden Kathedralen, die den klerikalen und erzbischöflichen Mittelpunkt beider Konfessionen darstellen. Vielleicht präsentiert sich die Stadt gerade deswegen so gepflegt, selbstbewusst und in Bezug auf die sektiererischen Auseinandersetzungen der Vergangenheit auch sehr zivilisiert. Immerhin blickt sie auf eine gemeinsame Wurzel des irischen Christentums zurück.

Die Kathedralen

Die zwei erzbischöflichen Kathedralen, beide zu Ehren des vorreformatorischen St. Patrick benannt, sind die Wahrzeichen von Armagh. Die **anglikanische St. Patrick's Cathedral** mit ihrem gedrungenen, quadratischen Turm ist die ältere der beiden Kirchen. Ihre heutige Form erhielt sie durch eine Restaurierung im 19. Jh., ihre architektonischen Ursprünge gehen bis ins 10. Jh. zurück. Es heißt jedoch, dass St. Patrick an genau dieser Stelle seine erste steinerne Kirche gegründet haben soll. Einige frühchristliche Relikte wie ein ziemlich erodiertes Hochkreuz aus dem 11. Jh. und einige Artefakte aus der Eisenzeit sind im Innern ausgestellt. Wegen der Bedeutung dieses Ortes wurde hier auch 1014 Brian Boru begraben, Irlands letzter Hochkönig, der zwar die Wikinger vernichtend schlagen konnte, dabei aber selbst zu Tode kam (April–Okt. tgl. 9–17, Nov.–März tgl. 9–16 Uhr, außer während der Gottesdienste).

Während die protestantische Kathedrale macht, ist die Mitte des 19. Jh. auf dem gegenüberliegenden Hügel errichtete **katholische St. Patrick's Cathedral** mit ihren beiden schlanken Türmen im neogotischen Stil eine prächtige Orgie in Licht und Farben. Jeder Winkel des Innenraums ist mit leuchtenden Mosaiken, Buntglasfenstern und italienischem Marmor ausgeschmückt, eine Mischung aus keltischer und byzantinischer Ornamentik – offensichtlich war die katholische Kirche unter britischer Herrschaft nicht ganz so unterdrückt, wie sie gerne glauben machen möchte (Öffnungszeiten auf Anfrage, Tel. 028 37 52 28 02 oder auf gut Glück).

Navan Fort

Etwa 3 km westlich von Armagh geht es in die früheste Vergangenheit Irlands. Das **Navan Fort,** das keltische Heiligtum *Emain Macha,* war ungefähr 1000 Jahre lang (von ca. 700 v. Chr. bis zu seiner Zerstörung 332 n. Chr.) der Sitz der Könige von Ulster. Ebenso wie in der historischen Königsstadt Tara bei Dublin ist außer hügeligem Grasland nicht mehr viel von der Anlage zu sehen. Im Besucherzentrum werden jedoch Fundstücke ausgestellt, und es wird über die Mythen und Legenden des alten Ulster auf lebendige und interaktive Art informiert (Navan Centre, 81 Killylea Road, Tel. 028 37 52 18 01, April–Sept. tgl. 10–18.30, Okt.–März tgl. 10–16 Uhr).

Infos

Armagh Visitor Information Centre: 40 Upper English Street, BT61 7BA Armagh, Tel. 028 37 52 18 00, www.armagh.co.uk.

Übernachten

Businesshotel ▶ **Armagh City Hotel:** 2 Friary Road, Armagh, BT60 4FR, Tel. 028 37 51 88 88, www.armaghcityhotel.com. Ein modernes Hotel mit Wellness-Bereich und Restaurant. DZ ab 85 £.

Stadthaus-B & B ▶ **De Averell House:** 47 Upper English Street, Armagh, BT61 7LA, Tel. 028 37 51 12 13, www.deaverellhouse.co.uk. Ein restauriertes georgianisches Haus mit behaglichen Zimmern, alle mit eigenem Bad. Ein Apartment für vier Personen (120 £) wird ebenfalls vermietet, gutes Restaurant (Cellars) im Untergeschoss. DZ 75 £.

Modernes B & B ▶ **Fairylands Country House:** 25 Navan Fort Road, Armagh, BT60 4PN, Tel. 028 37 51 03 15, www.fairylands.net. Eine Unterkunft im Landhausstil ca. 1 km außerhalb an der A28 Richtung Enniskillen (nahe Navan Fort). Freundliche Zimmer mit allem Komfort. DZ 50 £.

Hostel ▶ **Armagh City Hostel:** 39 Abbey Street, Armagh, BT61 7EB, Tel. 028 37 51 18 00, www.hini.org.uk. Das moderne Hostel liegt nahe dem Stadtzentrum. Alle Zimmer haben ein eigenes Bad. Schlafsaal ab 17 £, DZ ab 36 £.

Das Landesinnere

Essen & Trinken

Australisch ▶ **Uluru Bistro:** 16 Market Street, Tel. 028 37 51 80 51, Di–Sa 12–15 u. 17–22.30 Uhr, So nur abends. Australien in Nordirland: Das ausgesprochen nette Bistro serviert vom Bondi-Burger über Känguru-Schnitzel bis zum Krokodillendchen alles, was Down Under zu bieten hat. Gerichte mittags 8 £, abends 17–22 £.

Uriges Restaurant ▶ **The Moody Boar:** Palace Stables, Palace Demesne, Tel. 028 37 52 96 78, Mo/Di 10–16, Mi–Sa 10–21.30, So 12–20.30 Uhr. Das schöne und fröhliche Lokal ein paar Minuten zu Fuß südlich der Altstadt im Park Palace Demesne ist eine wahre Oase, auch kulinarisch. Die britisch-irischen Speisen sind unprätenziös, aber gekonnt zubereitet. Gerichte 4–11 £.

Café ▶ **Bagel Bean:** Lower English Street, Tel. 028 37 51 52 51, Mo–Fr 7.30–17, Sa 9–17, So 9–14 Uhr. Bagels in allen Variationen mit interessanten Belägen, dazu Suppen, Salate, Kuchen und natürlich Kaffeespezialitäten. Unter 6 £.

Abends & Nachts

Musikpub ▶ **McKenna's Bar:** 21 Lower English Street. Ein typisch irisches Pub mit Sportübertragung, das aber am Wochenende vor allem Livemusik von Rock bis Schmalz bietet.

Kulturzentrum ▶ **Market Place Theatre and Arts Centre:** Market Street, Tel. 028 37 52 18 21, www.marketplacearmagh.com. Ein hochmodernes Kulturzentrum mit Ausstellungsräumen und Theatersaal.

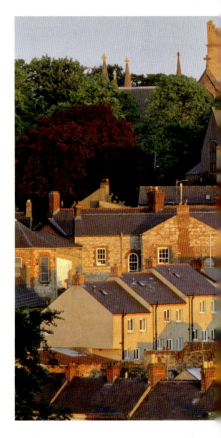

Tipp: Irische Chips

Liebhaber der irischen Kartoffelchips- Marke Tayto können die Fabrik besichtigen und dabei den ganzen Herstellungsprozess verfolgen. Zum Schluss erhält jeder sechs Tütchen Tayto – die Lieblingssorte ist bestimmt dabei. **Tayto Factory,** The Square, Tandragee, Co. Armagh, Tel. 028 38 84 02 49, www.tayto.com. (Touren nur nach Voranmeldung, Mo–Do 10.30 u. 13.30, Fr 10.30 Uhr).

Aktiv

Golf ▶ **Armagh County Golf Club:** The Palace Demesne, 7 Newry Road, Armagh, BT60 1EB, Tel. 028 37 52 58 61, www.golfarmagh.co.uk.

Termine

Apple Blossom Festival: 1. Maiwochenende. Im Land der Apfelbäume, vor allem rund um Loughall, wird im Frühjahr natürlich das Apfelblütenfest gefeiert. Zu den Festivitäten gehören ein Bauernmarkt, Konzerte und viele weiteren Veranstaltungen. Im Oktober gibt es dann das Apfelerntefest im ähnlichen Stil.

South Armagh

Armagh, Hauptstadt des gleichnamigen Countys

Verkehr
Busse: Verbindungen mit Newry, Belfast, Omagh, Derry und Enniskillen.

South Armagh ▶ F/G 3/4

Südlich von Armagh findet sich ein unentdecktes Stückchen Irland mit sanften Hügeln und spärlicher Besiedlung – ein ideales Wandergebiet. Noch trifft man hier auf Spuren der jüngsten Vergangenheit, denn **South Armagh** hatte während des Bürgerkriegs den Ruf eines IRA-Nestes. Die britische Armee errichtete auf den hübschen Hügeln Beobachtungsstationen, die aus der Ferne beinahe wie normannische Festungen wirkten. Praktisch alle sind inzwischen entfernt worden.

Verstärkt bemüht sich die Region um Touristen. **Crossmaglen,** der größte Ort, hat keine besonderen Sehenswürdigkeiten, sieht man einmal von dem großen Marktplatz ab, auf dem ein Denkmal für all jene steht, die für Irlands Freiheit starben. Der Platz ist umgeben von kleinen Geschäften und Imbissläden. Und das erste Hotel nach über 100 Jahren wurde 2006 eröffnet.

Ein sehr empfehlenswerter Ausflug von Crossmaglen führt zum **Slieve Gullion,** einem 575 m hohen Berg in einer der interessantes-

Das Landesinnere

ten Landschaften von South Armagh. Um den Slieve Gullion ranken sich zahlreiche keltische Legenden, und hier finden sich auch viele prähistorische und frühchristliche Relikte. Die schönsten Ecken dieser stillen Landschaft lernt man auf dem Ring of Gullion kennen, einem gut ausgeschilderten Wanderweg. Im Touristenbüro von Newry (s. S. 378) gibt es eine kleine Broschüre hierzu.

Am südlichen Ende des Slieve Gullion erstreckt sich über rund 1000 ha der **Slieve Gullion Forest Park,** von dem man einen wunderbaren Ausblick auf die umgebende Landschaft genießt. Das Zentrum des Parks bildet der Slieve Gullion Courtyard, eine attraktive Anlage aus Ferienwohnungen, die als Bildungszentrum für Gruppen genutzt wird.

Infos
Crossmaglen Tourist Information Centre: Newry Road, Crossmaglen, County Armagh, Tel. 028 30 86 89 00, www.south-armagh.com.

Übernachten
Einfaches Hotel ▶ **Cross Square Hotel:** 4–5 Ó Fiaich Square, Crossmaglen, BT35 9AT, Co. Armagh, Tel. 028 30 86 05 05, www.crosssquarehotel.com. Buchstäblich erstes Hotel am Platz mit 15 komfortablen Zimmern (mit Fußbodenheizung und WLAN), einem Restaurant und einer Bar, in der am Wochenende Livemusik stattfindet. DZ 70 £.

Schräges B & B ▶ **Murtagh's:** 15 North Street, Crossmaglen, BT35 9AB, Co. Armagh, Tel. 028 30 86 13 78, aidanmurtagh@hotmail.com. Lange Zeit die einzige Unterkunft im Ort und mittlerweile mit einem Anbau und mit moderneren Zimmern. Aidan, der Wirt, ist ein Original, und so ist auch die Unterkunft: komfortabel, aber eigenwillig. DZ 60 £.

Essen & Trinken
Pub-Restaurant ▶ **The Caledonian:** The Square, Keady, Tel. 028 37 53 96 79, tgl. 12–21 Uhr. Keine Gourmetküche, aber deftig und sättigend: Steaks, Pommes, Hamburger und Currys. Gerichte unter 10 £.

Traditionelle Küche ▶ **Cross Square Hotel:** 4-5 O'Fiaich Square, Crossmaglen, Tel. 028 30 86 05 05, tgl. 9–21 Uhr. Das Hotel-Restaurant serviert hauptsächlich Steaks sowie Lamm- und Huhngerichte. Gerichte mittags ab 6 £, 2-Gänge-Menü abends 10,50 £.

Abends & Nachts
Livemusik ▶ In Crossmaglen gibt es in den Pubs traditionelle Sessions, z. B. Do bei **Keenan's** in Crossmaglen (The Square) und am Wochenende in Mullaghbawn im **Real McCoy** und in **O'Hanlon's Bar.**

Aktiv
Reiten ▶ **Greenvale Equestrian Centre:** 141 Longfield Road, Forkhill, BT35 9SD, Co. Armagh, Tel. 028 30 88 83 14, greenvale@yahoo.com. Ponytrecking in South Armagh und um den Slieve Gullion.

Golf ▶ **Cloverhill Golf Club:** Lough Road, Mullaghbawn, BT35 9XP, Tel. 028 30 88 93 74, www.cloverhillgolfclub.co.uk.

Verkehr
Busse: eher spärliche Verbindungen von Crossmaglen und Forkhill nach Newry.

Omagh ▶ F 2

Omagh ist die Hauptstadt des Countys Tyrone, ein kleines und lebhaftes Marktstädtchen, das von Bürgerkriegsauseinandersetzungen weitgehend verschont blieb. 1998 ging der Name Omagh jedoch durch die Weltpresse, als dort an einem Samstag mitten in der Haupteinkaufsstraße die Bombe einer Splittergruppe der IRA explodierte, 29 Menschen tötete und hunderte schwer verletzte. Dies war die letzte große Grausamkeit des Bürgerkriegs, der bald darauf ein Ende fand.

Der **Ulster American Folk Park** ist die größte Attraktion im Umfeld von Omagh und eines der großartigsten und interessantesten Freilichtmuseen Irlands. Es erzählt die Geschichte irischer Emigration ab dem 18. Jh. so anschaulich, dass man sie problem-

Sperrin Mountains

los nachvollziehen kann. Die Darstellung reicht von den Lebensbedingungen in Irland über die mühsame Schiffsreise bis hin zur neuen Existenz in einer neuen Welt. Originale Gebäude, beispielsweise armselige Pächterhütten und Bauernhäuser reicher Presbyterianer, zeigen nicht nur, wie die Menschen im 18. und 19. Jh. gelebt haben, sondern diese Häuser sind auch von realen Menschen belebt, die in jeweiliger Originaltracht von den historischen Bewohnern erzählen. Der Weg führt weiter zu einem Hafen und auf ein Auswandererschiff mit unerträglich engen Kabinen. Schließlich betritt man die Neue Welt in der amerikanischen Straße, nicht minder laut und elend als die alte Heimat, und gelangt zu Farmhäusern, welche die ganze Bandbreite zwischen Armut und Reichtum widerspiegeln – viele Auswanderer lebten auch in der Neuen Welt unter harten Bedingungen (März–Sept. Di–So 10–17, Okt.–Febr. Di–Fr 10–16, Sa/So 11–16 Uhr, www.nmni.com/uafp).

Infos

Visitor Information Centre: Strule Arts Centre, Town Hall Square, Bridge Street, Tel. 028 82 24 53 21, www.omagh.gov.uk.

Übernachten

Businesshotel ▶ Silverbirch Hotel: 5 Gortin Road, BT79 7DH, Co. Tyrone, Tel. 028 82 24 25 20, www.silverbirchhotel.com. Das Hotel liegt etwas außerhalb an der B48 Richtung Gortin. Hell mit Garten, bester Hotelstandard. DZ ab 69 £.

Landhaus-B & B ▶ Clanabogan Country House: 85 Clanabogan Road, BT78 1SL, Co. Tyrone, Tel. 028 82 24 11 71, www.clanaboganhouse.co.uk. Das georgianische Landhaus liegt etwa 5 km außerhalb Richtung Enniskillen. Schön altmodische Zimmer, alle mit eigenem Bad – schlichte ›Landlord‹-Atmosphäre, aber mit WLAN. DZ 60 £.

Ruhiges B & B ▶ Arandale House B & B: 66 Drumnakilly Road, Tel. 028 82 24 32 43, www.arandalebb.com. Das moderne Haus am Rand von Omagh an der B4 Richtung Carrickmore vermietet hübsche Zimmer mit vielen Extras. der Bus 86 hält vor der Haustür. DZ 55 £.

Essen & Trinken

In Omagh konnten sich bislang auf Dauer kein Bemühungen durchsetzen, etwas gehobenere Küche anzubieten. Der Geschmack der lokalen Kundschaft beschränkt sich offenbar auf Pizza und Hamburger. Die beste (gehoben irische) Küche bietet noch das Restaurant im **Silverbirch Hotel** (s. Übernachten; 12–22 £). Eine preiswertere Alternative ist das Landgasthaus **The Millstone** in Gortnagarn (Mi–Fr ab 17.30, Sa/So ab 12.30 Uhr), das günstig zwischen Omagh und dem Ulster American Folk Park an der Straße Richtung Gortin liegt.

Abends & Nachts

Musikbar und Club ▶ Sally's: 31–35 John Street, www.sallysofomagh.com. Dreh- und Angelpunkt des jungen Nachtlebens mit Musik von traditionell bis DJs, TV-Sportübertragungen und am Wochenende Nachtclub.

Verkehr

Busse: Omagh hat nicht nur gute Verbindungen nach Armagh, Derry, Belfast und Enniskillen, sondern auch ins Umland: Der ›Sperrin Rambler‹ fährt Mo–Sa zweimal tgl. durch die Sperrin Mountains nach Magherafelt und hält unterwegs am Ulster American Folk Park, in Gortin (Gortin Glen Forest Park), Plumbridge, Cranagh, Draperstown und Tobermore (ca. 2 Std.).

Sperrin Mountains ▶ F 2

Die **Sperrin Mountains** gehören zu den einsamsten Regionen Nordirlands. Sie bilden eine bergige Landschaft aus Hochmooren, Felsen und nur wenigen Wäldern, der höchste Berg ist der Sawel Mountain (678 m). In diesem rauen Gebiet verstecken sich noch viele prähistorische Relikte, teilweise unerforscht und teilweise sogar unentdeckt. Die Sperrin Mountains sind ein echtes Paradies für Wanderer, die auch einmal abseits der

Das Landesinnere

aktiv unterwegs

Radtour durch die Sperrin Mountains

Tour-Infos
Start: Gortin
Länge: 50 km
Dauer: Tagestour
Schwierigkeitsgrad: mittelschwer
Wichtige Hinweise: Fahrradverleih im Gortin Activity Centre (s. Übernachten S. 413).

Die Strecke führt durch die wunderbare Einsamkeit der **Sperrin Mountains,** allerdings auch über recht steile Teilstrecken. Die kleinen Landstraßen sind jedoch so verkehrsarm, dass Fahrradfahren hier eine Freude ist.

Startpunkt ist die Kreuzung in der Ortsmitte des hübschen Dorfs **Gortin.** Es geht zunächst Richtung **Plumbridge** und gleich hinter der Brücke nach rechts. Die Straße folgt dem idyllischen **Owenkillew River,** in dem in den 1980er-Jahren Gold gefunden wurde.

Ein kurzes Stück nach dem Dorf **Glenhull** beginnt der anstrengendste Abschnitt: Bis **Doraville** geht es steil bergauf mit Blick auf den höchsten Berg der Sperrins, dem Sawel Mountain. Schließlich geht es links ab in das traumhafte **Glenelly Valley.**

Kurz vor dem Dorf **Cranagh** (in dessen Pub man einkehren kann) zweigt die Strecke nach links ab durch **Barnes Gap,** einem eiszeitlichen Einschnitt durch die südliche Bergkette der Sperrins, der das Glenelly Valley mit dem Owenkillew Valley verbindet. Danach folgt ein Stück verkehrsfreier Weg, bis es wieder zurück nach **Gortin** geht.

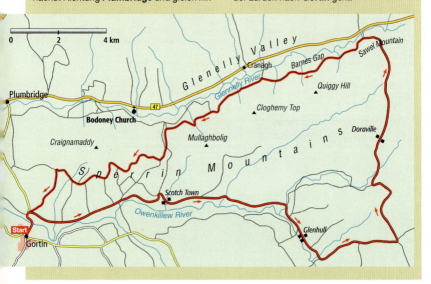

ausgeschilderten Wege marschieren und das Unbekannte erkunden wollen. Allerdings sollte man entsprechend ausgerüstet sein und über ausreichend Erfahrung verfügen, um in der ›Wildnis‹ nicht verloren zu gehen.

Eine der schönsten Strecken für Autofahrer führt im **Glenelly Valley** mitten durch die Bergwelt. Es ist dort so einsam, dass selbst Schafe, sonst allgegenwärtig, dieses Tal zu meiden scheinen.

Infos

Sperrins Tourism: The Manor House, 30 High Street, Moneymore, BT45 7PD, Co. Tyrone, Tel. 028 86 74 77 00, www.sperrinstourism.com.

Übernachten

Luxushotel ▶ **Glenavon House Hotel:** 52 Drum Road, Cookstown, Tel. 028 86 76 49 49, www.glenavonhotel.co.uk. Das große und elegante Hotel in einem weitläufigen Parkgelände am Rand von Cookstown hat nicht nur ausgesprochen schöne Zimmer, sondern auch einen tollen Swimmingpool, einen Fitnessraum und natürlich ein hervorragendes Restaurant. DZ ab 115 £.

Ferienzentrum ▶ **Gortin Accommodation Suite & Activity Centre:** 62 Main Street, Gortin, Tel. 028 81 64 83 46, www.gortincommunity.com. Anlage mit Ferienhäusern, Zimmern und Betten im Schlafsaal sowie zahlreichen Aktivitäten (Reiten, Kajakfahren etc. angeboten. Häuser pro Nacht: 4 Pers. 65–75 £, 6 Pers. 90–100 £, Bett im Schlafsaal 15 £.

Essen & Trinken

Landlokal ▶ **Foothills Bar & Restaurant:** 16 Main Street, Gortin, 028 81 64 81 57, www.foothills.org.uk, Do–So 17–21 Uhr, Bar essen Mo–Sa 12–22, So 12–21 Uhr. Überraschend gutes Essen in einem behaglichen Pub mitten in der ›Wildnis‹. Hauptgerichte 8–15 £.

Lower und Upper Lough Erne

Fermanagh ist ein Seenland, das vor allem Angler und Bootstouristen anzieht. Der River Erne, der im County Cavan entspringt und im County Donegal ins Meer mündet, verbreitert sich in Fermanagh zu zwei insgesamt rund 80 km langen Seen.

Der **Lower Lough Erne** mit seiner endlos wirkenden Fläche ist in eine sanfte Hügellandschaft eingebettet und umgeben von Burgruinen, die im 17. Jh. aus strategischen Gründen rund um die Seen errichtet wurden. Die Bedeutung dieser Wasserstraße ebenso wie die Abgeschiedenheit der Inseln im See wurde jedoch schon von den frühchristlichen Mönchen erkannt. Die bedeutendsten Relikte jener Zeit befinden sich auf **Devenish Island** an der Südspitze des Sees. Dort gründete der heilige Molaise im 6. Jh. eine Klosteranlage, die bis ins 17. Jh. zu den wichtigen religiösen Stätten Irlands gehörte. Außer dem Rundturm sind nur noch Ruinen zu sehen.

Der **Upper Lough Erne** wirkt dagegen wie ein Flickenteppich aus Wasser und Land. Verwirrende Seeausläufer und Hunderte von Inselchen bilden eine Wasserlandschaft, für die man als Bootsfahrer eine gute Karte braucht.

Enniskillen ▶ E 3

Enniskillen ist die Hauptstadt des Countys und das Zentrum des Seengebiets. Der Ort liegt auf einer Insel zwischen Upper und Lower Lough Erne, ist aber durch so viele Straßenbrücken mit dem Festland verbunden, dass das Inseldasein gar nicht mehr auffällt. Enniskillen ist proper und gepflegt, besitzt eine adrette Hauptstraße und ein attraktives Kunsthandwerkszentrum, den **Buttermarket**. Hier bieten hübsche Läden rund um das historische und restaurierte Marktgelände ein kleines, aber feines Shoppingerlebnis.

Auch eine Burg findet man in Enniskillen. Das **Enniskillen Castle** wurde ursprünglich von den Maguires, den lokalen irischen Herrschern, errichtet, ging aber 1607 in den Besitz von William Cole über, der das Land von der englischen Krone zugesprochen bekam. Heute ist in dem Gemäuer ein **Heimat- und Militärmuseum** (Inniskillings Museum) untergebracht (Mo 14–17, Di–Fr 10–17, April–Okt. auch Sa 14–17, Juli/Aug. auch So 14–17 Uhr).

Das **Castle Coole** aus dem Jahr 1789 am östlichen Stadtrand von Enniskillen wird seinem Namen gerecht: Die perfekt ausgeführte, vollkommen symmetrische Harmonie des Klassizismus lässt das Schloss tatsächlich kalt wirken. Dennoch ist es das prächtigste Bauwerk seiner Art in ganz Irland. Es wurde vom seinerzeit berühmten Architekten James Wyatt für den Earl of Belmore entworfen, dessen Nachfahre, der 8. Earl of Belmont, das Gebäude zum großen Teil dem National Trust,

Das Landesinnere

der britischen Denkmalschutzbehörde, überlassen hat. Die Innenräume sind ebenso prächtig wie das Äußere, insbesondere das Prunkgemach, das einst für den Besuch von König Georg IV. hergerichtet wurde – der allerdings nie kam. Auf dem weitläufigen Gelände kann man noch die Dienstbotenquartiere, die Ställe und den Ehrenhof bewundern (www.nationaltrust.org.uk/castle-coole/, tgl. 14–19.30 Uhr, Öffnungszeiten können sich jedoch jedes Jahr ändern).

Infos
Tourist Information Centre: Wellington Road, Tel. 028 66 32 31 10, www.fermanaghlakelands.com, www.enniskillen.com.

Übernachten
... in Enniskillen
Stilvoll ▶ **Westville Hotel:** 14–20 Temp Road, Tel. 028 66 32 03 33, www.westvillehotel.co.uk. Das bislang jüngste Hotel in Enniskillen bietet eleganten Luxus und überraschend viel Stil. Das Restaurant (Hauptgerichte 16–20 £) serviert gehobene Küche und in der Hotelbar können auch Nichtgäste ein kleines Frühstück einnehmen. DZ ab 140 £.

B & B mit Aussicht ▶ **Willowbank House:** Bellevue Road, Tel. 028 66 32 85 82, www.willowbankhouse.com. Das hübsche Haus liegt ca. 5 km südlich von Enniskillen mit Blick auf den Erne. Kleine, aber sehr gemütliche Zimmer, teils mit Bad. DZ ab 65 £.

Gehobenes B & B ▶ **Tirconaill Lodge:** Sliabh View, Sligo Road, Enniskillen BT74 7JY, Co. Fermanagh, Tel. 028 66 32 63 68, www.tirconailllodge.com. Repräsentatives Haus nahe dem Stadtzentrum, aber in ruhiger Lage. Sehr gut ausgestattete Zimmer, alle mit eigenem Bad. DZ ab 60 £.

... in Killadeas
Luxushotel ▶ **Manor House Country Hotel:** Killdeas BT94 1NY, Co. Fermanagh, Tel. 028 68 62 22 11, www.manorhousecountryhotel.com. Ein wunderschönes Hotel am Lower Lough Erne mit großzügigen und luxuriösen Zimmern, manche mit Himmelbett und meist mit überwältigend schöner Aussicht auf den See. DZ ab 70 £.

... auf Lusty Beg Island
Ferienanlage ▶ Auf dem Inselchen im Upper Lough Erne, von Boa Island per Fähre zu erreichen und mit Landungssteg für Bootstouristen, befinden sich mehrere **Ferienhäuschen** (59–119 £ pro Nacht, mind. zwei Nächte), das **Courtyard Motel** (DZ ab 99 £) und ein Restaurant (2-/3-Gänge-Menü 21/26 £). Zum Komplex gehören auch eine Wellnessanlage und diverse Aktivitäten. Nähere Auskünfte unter: Kesh BT93 8AD, Co. Fermanagh, Tel. 028 68 63 33 00, www.lustybegisland.com.

Essen & Trinken
... in Enniskillen
Griechisch ▶ **Dollakis:** 2 Cross Street, Tel. 028 66 34 26 16, Di–Sa 12–15 u. 17–ca. 22.30 Uhr. Ein wunderbares Café-Bistro mit griechischer Küche (Souvlaki, Moussaka) plus der üblichen irischen Gerichte, wie Steaks. Hauptgerichte tagsüber 4–10 £, abends 15–26 £, griechische Vorspeisenplatte für zwei Personen 7 £.

Café ▶ **Frou Frou:** 37 Townhall Street, Tel. 028 66 22 84 79, Mo–Sa 9–17.30, So 10–17.30 Uhr, im Winter eingeschränktere Öffnungszeiten. Ein außerordentlich hübsches Café, innen wie außen, samt Straßentischen im Sommer. Es gibt wunderbare Kuchen und auch kleine herzhafte Gerichte. Unter 6 £.

Italienisch ▶ **Franco's Restaurant:** Queen Elizabeth Road, Tel. 028 66 32 44 24, tgl. 12–22.30 Uhr. Das fröhliche und gemütliche Restaurant bietet eine riesige Auswahl wirklich guter hausgemachter Pizzas, außerdem Pasta und Delikatessen wie Hummer (34,50 £). Alles andere 10–16 £.

... in Belleek
Café ▶ **Thatch Coffee Shop:** 20 Main Street, Tel. 028 68 65 81 81, Mo–Sa 9–17 Uhr. Ein niedliches Café in einem historischen Reetdachhaus im Grenzort Belleek (an der A4). Es gibt leckere Backwaren, aber auch Suppen und Sandwiches. Alles unter 6 £.

Einkaufen
Kunsthandwerk und Souvenirs ▶ **The Buttermarket:** Down Street, Enniskillen.

Eine Ansammlung von Kunst-, Kunsthandwerks- und Andenkenläden rund um einen idyllischen Innenhof.

Abends & Nachts

Traditionspub ▶ **Blakes of the Hollow:** 6 Church Street, Enniskillen. Zweifellos eines der hübschesten Pubs in Enniskillen, fast unverändert viktorianisch mit regelmäßiger traditioneller Livemusik meist am Wochenende und Nachtclub.

Musikpub ▶ **Crowe's Nest:** 12 High Street. Schicke moderne Bar mit Raucherterrasse, Nachtclub, fast täglicher Livemusik und im Sommer traditonellen Sessions.

Theater ▶ **Ardhowen Theatre:** Dublin Road, Enniskillen, Tel. 028 66 32 54 40, www.ardhowentheatre.com. Ein Allzwecktheaterhaus, wo es im Sommer ein buntes Programm von Theater bis hin zu Kinderunterhaltung gibt.

Aktiv

Golf ▶ **Enniskillen Golf Club:** Castle Coole Road, Enniskillen, Co. Fermanagh, Tel. 028 66 32 52 50, www.enniskillengolfclub.com.

Bootsverleih ▶ Mehrere Charterbootgesellschaften vermieten Boote rund um Enniskillen. In der Touristeninformation gibt es eine vollständige Liste mit allen Details.

Kochkurse ▶ **Belle Isle School of Cookery:** Belle Isle Estate, Lisbellaw, Tel. 028 66 38 72 31, www.irishcookeryschool.com. Die Schule ist schön auf einer Insel gelegen. Wochenendkurse und vierwöchige ›Meisterkoch‹-Kurse.

Termine

Fermanagh Classic Fishing Festival: 2. Maiwochenende, Tel. 028 66 32 50 50. Rund um die Seen mit Schwerpunkt Enniskillen treffen sich Angler, um den größten Fisch zu fangen und das anschließend kräftig zu feiern.

Happy Days – International Beckett Festival: 1. Augustwoche, www.happy-days-enniskillen.com. Kulturfest rund um den irischen Dichter Samuel Beckett (benannt nach einem seiner Stücke), mit Lesungen, klassischen Konzerten und Theater.

Lower und Upper Lough Erne

Verkehr

Busse: Sehr gute Anbindung von Enniskillen an alle größeren Orte in Nordirland sowie an Donegal und Sligo. Weniger häufig, aber regelmäßig fahren auch Busse in die kleineren Orte rund um die Seen.

Ausflug zum Florence Court
▶ E 3

Schon fast an der Grenze, an der A32 Richtung Cavan, liegt in schönster Einsamkeit **Florence Court,** ein Rokoko-Schlösschen aus dem 18. Jh., das einst der Sitz der Earls of Enniskillen war. 1955 zerstörte ein Feuer den größten Teil der Innenräume. Ein Jahr später starb der einzige Sohn und Erbe des Earls. 1961, als die Restaurierung nach den Feuerschäden beinahe vollendet war, verwüstete Hurrikan Debbie den Landsitz, und zwei Jahre später starben kurz hintereinander der Lord und die Lady des Hauses.

Die Restaurierung des Hauses, heute unter der Verwaltung des National Trust, schreitet noch immer voran. Die Außengebäude und der schöne Park stehen den Besuchern aber bereits offen, und auch das Schloss selbst zeigt wieder ein bisschen von der alten Pracht, da nicht nur der National Trust einige originale Einrichtungsgegenstände erworben hat, sondern auch, weil die Witwe des 6. Earls 1998 einen Teil der ursprünglichen Kunstwerke und Möbel dem Haus zurückgegeben hat. Auch die Bibliothek ist seit ein paar Jahren wieder mit den ursprünglichen Werken aufgestockt worden (Führungen: jeweils 11–17 Uhr: Mitte März–April u. Okt. Sa/So, Mai u. Sept. Sa–Do, Juni–Aug. tgl.; Park: Nov.–Febr. tgl. 10–16, März–Okt. bis 19 Uhr).

Übernachten

Modernes B & B ▶ **Arch House Tullyhona:** Marble Arch Road, Florencecourt BT92 1DE, Co. Fermanagh, Tel. 028 66 34 84 52, www.archhouse.com. Freundliches B & B zwischen Florence Court und Marble Arch Caves mit komfortablen Zimmern. Es wird ein üppiges Frühstücksbüfett aufgetischt, auf Wunsch auch Abendessen (8–13 £). DZ 60–65 £.

Register

Achill Island 17, 79, 257, 259, 290, 315ff.
Adams, Gerry 39, 41
Adare 273f.
Admiral Nelson 111
Adrian IV. 32
Adrian, Papst 42
Adrigole 230
Ahakista 224
Aillwee Cave 277, 285
Aktivurlaub 90f.
Allihies 227, 231
Alltagskultur 44ff.
Angeln 90
Anglonormannen 32f.
Ann Rinn 173
Annagry 343
Annascaul 248
Anreise 83f.
Antrim 361, 377, 389
Apotheken 98
Aran Islands 79, 257, **298ff.**
Arranmore Island 346
Áras an Uachtaráin 125
Architektur 60f.
Ardagh, John 290
Ardara 341f.
Adare 273f.
Ardfert 255
Ardgroom 231
Ardmore 174
Ards Forest Park 350
Ards Peninsula 383ff.
Armada, Spanische 34
Armagh 406
Armagh Town 406ff.
Armorikanischer Bergrücken 16
Arra Mountains 265
Ärztliche Versorgung 98
Athlone 261f.
Athlone Castle 79, 261
Ausgehen 94
Autobahngebühren 86

Autopanne 98
Avoca 107, 143f,
Avondale Forest Park 152

Bacon, Francis 114
Bahn 84
Ballina 318
Ballinskelligs 244
Ballinskelligs Peninsula 232
Ballintoy 394
Ballybunion 255
Ballycastle 391
Ballyconneely 305f.
Ballycroy Nationalpark 22
Ballydehob 221
Ballyferriter 251
Ballyhack 166
Ballyhack Castle 166
Ballykeeran 261
Ballymaloe House 208f.
Ballyshannon 332, **334f.**
Ballyteigue Bay 164
Ballyvaughan 282
Balor 347
Baltimore 195, 209, **219f.**
Banba's Crown 358
Bangor 387
Banken 93
Banna Strand 232, 250f.
Bannow Bay 164
Bantry 210, **224ff.**
Bantry House 224f.
Barley Cove 222
Bateman, Collin 57
Battle of Kinsale 210
Battle of the Boyne 137f.
Beara 193, 195, 216f.
Beara Peninsula 78, 210, **228ff.**
Beara Way 227
Beckett, Samuel 44, 119
Bed & Breakfast 88
Behan, Brendan 111, 125
Behinderte 82
Belfast 79, 361, **364ff.**

Belfast-Abkommen 38, 39, 41
Benbulben 17, 79, 324
Bennettsbridge 185
Benone Beach 398f.
Bevölkerung 15, 44ff.
Biddy Early Brewery 278
Birr 265f.
Birr Castle 79, 265f.
Blarney 204
Blarney Castle 204
Blarney Stone 204
Blennerville Windmill 252f.
Blessington 147
Boleyn, Anne 187, 189
Bolger, Dermot 57
Böll, Heinrich 79, 290, 316
Book of Kells 119, 134, 141, 349
Ború, Brian 237, 267
Botschaften 73f.
Boyne Valley 134ff.
Brandon 251
Brennan, Enya 344
Brennan, Maura 344
Bridges of Ross 287
Brosnan, Pierce 58
Brú na Bóinne 78, 107, 138, 140
Bruen, Ken 57
Bunbeg 344
Buncrana 356
Buncrana Castle 356
Bundoran 332f.
Bunglass Point 338
Bunratty 61, 274f.
Burgen 61
Bürgerkrieg **38f.**, 43
Burgo, Richard de 361
Burren 17, 79, 257f., 277, **284f.**
Burren National Park 22, 286
Burtonport 343
Bus 85

Der Haupteintrag ist **fett** hervorgehoben.

Bushmills Destillery 362, 398
Butler, Charles 189
Butler, Jack 324
Butler, John 324
Butlers (Dynastie) 189
Butter 232
Byrne, Gabriel 58

Cahercommaun 286
Caherconnel Stone Fort 286
Caherdaniel 242
Cahermacnaughton 286
Cahersiveen 246
Cahir 157, 187f.
Cahir Castle 78
Camping 89
Caragh Lake Circuit 194, 247
Carrickfergus 388f.
Carlingford Lough 377
Carndonagh 358
Carnlough 388
Carlow 155
Carrauntuohill 17, 232, 241
Carrick 332, 338
Carrick-a-Rede Rope Bridge **393f.**
Carrickfergus 388
Carrick-on-Shannon 260
Carrick-on-Suir 186f.
Carrowmore 324, 328
Carson, Sir Edward 41
Casement, Roger 255
Cashel 190f.
Castle Cool 80, 413
Castle Ward 80, 381, 383
Castle, Richard 61
Castletownbere 227
Castletwonberehaven 230
Castletownshend 218
Castlewellan Forest Park 380

Causeway Coast 363, **392ff.**
Ceanannus Mór s. Kells
Céide Fields 257, 318
Charles Fort 211
Christentum 29
Church Island 331
Clare 266f., **276ff.**
Clare Island 313
Clare, Richard de 42
Clear Island 210
Clew Bay 19, 313
Cliffs of Kilkee 287
Cliffs of Moher 17, 79, 257f., 276, **281,** 283
Clifden 307f.
Clonakilty 214ff.
Clonmacnoise 79, 107, 258, 262
Clonmany 357f.
Cobh 205f.
Collins, Michael 41, 125
Colmcille Heritage Centre 349f.
Comeragh Mountains 175
Conair Pass 252
Cong 303
Cong Abbey 303
Connemara 79, 257, 290, **303ff.**
Connemara National Park 22, 258, **309f.**
Connemara Pony 307, 309
Connolly, James 41, 114
Conor-Pass 232
Coole Park 298
Coolera, Halbinsel 324, 327ff.
Coomakista-Pass 242
Cork 78, 195, 210ff.
Cork City 196ff.
Costelloe 304
Courcy, John de 382
Courtmacsherry 214
Cranfield Beach 379

Crannógs 60
Creevlea Friary 331
Croagh Patrick 17, 313f.
Croaghaun 259, 316
Cromwell, Oliver 34, 42
Crookhaven 222
Crossmaglen 409f.
Crown Bar (Belfast) 361, 369
Culdaff 359
Cultra 387
Cushendall 389
Cushendun 390

Dagda 355
Davitt, Michael 40
Day-Lewis, Daniel 58
Delfine 232, 259, 287
Derroura Trail 259, 305
Derry 79, 321, 361, 362, 377, **399ff.**
Derrynane House and National Park 242
Derryveagh Mountains 348
Deserted Village 316
Desmond Castle 211
Devenish Island 413
Devil's Glen 152
Devil's Glen Wood 152
Devil's Punchball 152
Dialekte 45
Diarmait Mac Murchada 33
Dingle 193, 232, 248f.
Dingle Peninsula 78, 194f., 235, 248ff.
Dingle Town 248ff.
Diplomatische Vertretungen 73f.
Diskotheken 94
Doagh 357f.
Doe Castle 350
Donaghadee 386
Donegal 79, 321, 332
Donegal Abbey 335
Donegal Bay 332ff.

Register

Donegal Castle 335
Donegal Highland 346f.
Donegal Town 335f.
Doogort 316
Doolin 281f.
Doolin Cave 282
Down 377
Downhill Castle 398f.
Downpatrick 381f.
Dowth 134, 139
Doyle, Roddy 57
Drogheda 134f.
Dromahair 331f.
Dromberg Stone Circle 215
Drumcliff 324, **329f.**
Dublin 77f., 107, 109, **110ff.**
Dublin Doors 61, 122
Duke of Devonshire 174
Duke of Marlborough 196
Dún an Óir 251
Dún Aonghasa 257, 300
Dún Conchúir 301
Dún Dubhathair 300
Dún Eochla 300
Dún Eoghanachta 300
Dunbeg Fort 250
Dunboy Castle 230
Dunbrody Abbey 158
Duncannon Fort 166
Duncluce Castle 386
Dunfanaghy 350
Dungaire Castle 297
Dungarvan 173f.
Dungloe 342ff.
Dunlewey 348
Dunlewey Church 343
Dunluce Castle 396
Dunmore East 171
Dunquin 250
Dunseverick Castle 394
Durrus 224
Dursey Island 231

Earl of Kenmare 232
Earls of Desmond 252

Earls of Ormond 189
East Clare 266
Einkaufen 92
Einreisebestimmungen 83
Einwanderung 25
Einwohner 14
Elektrizität 97
Elisabeth I. 119
Elisabeth II. 189
English Market (Cork) 195, 202
Ennis 276f.
Ennis Friary 277
Enniscorthy 158f.
Enniskerry 143f
Enniskillen 413f.
Enniskillen Castle 413
Ennistymon 280
Essen und Trinken 62ff.
Eyeries 227, 231

Fahan 356
Fanad 350f.
Fanad Peninsula 320, 352
Fanore 282
Farrell, Colin 58
Father Theobald Matthew 111
Fauna 20f.
Feakle 266
Feiertage 50
Ferienhäuser 88
Fermanagh 406
Fernsehen 100
Feste 50ff.
Feuerwehr 98
Fiddler's Green International Music Festival 379
Film 57ff.
Flora 20f.
Florence Court 80, 415
Flucht der Grafen 34, 42
Flüsse 19f.
Fort Dunree 357
Fota Island 207

Fricker, Brenda 58
Friedrich Wilhelm II. 398

Gaelic Football 52, 91
Gaeltacht-Gebiet 173, 246, 290, 304, 339, 342
Gälisch 45f., 173, 266, 290f.
Gallarus Oratory 251
Galway 79, 258, **290ff.**
Galway City 290ff.
Galway, James 54
Gandon, James 61
Gap of Dunloe 195, 237f.
Garinish Island 194, **228f.**
Geld 92f.
Geografie 14
George, Terry 58
Georgianische Wohnkultur 61
Geschichte 14, 28f.
Gesellschaft 44ff.
Gesundheit 98
Gewichte 82
Giant's Causeway 79, 361f., 394f.
Gladstone 40
Glandore 218
Glanleam Gardens 243
Glasson 261
Gleann Cholm Cille
   s. Glencolumcille
Glebe Gallery 322, 350
Gleinbeigh 246
Glenaan 389
Glenariff 388
Glenariff Forest 389
Glenarm 388
Glenballyeamon 389
Glencloy 388
Glencolumcille , 322, 336, 338ff.
Glencorp 390
Glencree 145
Glendalough 22, 78, 107, **148ff.**

Glendarragh-Tal 151
Glendun 390
Glenelly Valley 363, 412
Glengarriff 228
Glengesh Pass 341
Gleninsheen 285
Glens of Antrim 79, 361, **388ff.**
Glenshesk 390
Glentaisie 390
Glenveagh Castle 348f.
Glenveagh National Park 22, 79, 321, **348f.**
Gola Island 346
Golfstrom 16, 90, 193
Gort 297f.
Grange Stone Circle 273
Gräberfeld von Carrowmore 79
Great Blasket Island 251
Green Castle 379
Greencastle 359f.
Gregory, Lady Augusta 298
Greyabbey 385
Grianán of Aileach 355f.
GUBU-Nation 25f.
Guesthouses 88
Guildford Four 58
Guinness 66, 118, 260
Guinness Storehouse 118
Guinness, Arthur 119
Gweedore 342, **344ff.**

Halbinsel Howth 109, 125ff.
Händel 109, 111, 115
Healy Pass 230
Heaney, Seamus 55
Heinrich II. 32, 33, 42
Heinrich IV. 142
Heinrich VIII. 33, 42, 137, 331
Herbert, Henry Arthur 236
Heritage Card 96
Hervey, Frederick 398
Hill of Tara 107

Hill, Derek 322, 350
Hl. Brendan 224, 251
Hl. Colmcille 347, 349
Hl. Finbarre 200
Hl. Patrick 29, 260, 314, 381, 384, **407**
Hochkreuze 60f., 137, 158, 251, 264, 358
Hook Head 167
Hook Lighthouse 156
Hook Peninsula 166ff.
Horn Head 350f.
Hostels 89
Hotels 88
Hume, John 401
Hurling 52, 91

Immrama (Festival of Travel Writing) 177
Inagh 278
Inchydoney Island 215
Individualreisen 81
Informationen 72ff.
Inis Eoghain s. Inishowen
Inis Mór s. Inishmore
Iniscealtra 266
Inisfallen Island 2236f.
Inishbofin 312
Inisheer 302
Inishmaan 301f.
Inishmore 257, 300f.
Inishmurray 330
Inishowen Peninsula 79, 321, 354ff.
Inishturk 312
Inistioge 157, 186
Innisfree 331
Internetadressen 72
Internetcafés 100
Inveran 304
IRA 38, 41, 43, 114, 406, 410
Irish National Heritage Park 160
Irons, Jeremy 217

Iveragh 193, 235
Iveragh Peninsula 240

Jakob II. 35, 42, 399
Jerpoint Abbey 60, 78, 158, 185
Jordan, Neil 58
Joyce, James 55, 111

Kabinenkreuzer 90f.
Kaledonischer Bergrücken 16
Karten 74f.
Kate Kearney's Cottage 237
Keane, John B. 255
Keel 315f.
Kells 134, 141
Kelten 28f., **30f.**, 42
Keltischer Tiger 24
Kenmare 238ff.
Kennedy, J. F. 165, 291
Kerry 193, **232ff.**
Kerry Bog Village 246
Kerry County Museum 252
Kerry Way 247
Kevin 147
Kilcar 332, **338**
Kilfane Glen and Waterfall 185
Kilfenora 286
Kilkee 287f.
Kilkeel 379f.
Kilkenny 155, 157, **178ff.**, 187
Kilkenny Castle 78, 179
Kilkenny Design Centre 157, 181
Killala 318
Killala Bay 318
Killaloe 265, 267
Killarney 193f., **232ff.**
Killarney National Park 21, 78, **235ff.**
Killary Harbour 259, 310f.

Register

Killorglin 247
Killybegs 332, 337
Kilmacduagh 298
Kilmainham Gaol 109, 122
Kilmore Quay 164
Kilmurvy 300
Kilravock Gardens 224
Kilronan 300
Kilrush 288
Kincasslagh 343
Kinder 81
King Billy 35
Kinnagoe Bay 359
Kinsale 34, 78, 194, **210ff.**
Kinvara 297
Kiran 258
Kirche, katholische 27
Kirchen 61
Kleidung 97
Klima 16, 97
Klostersiedlungen 60
Knightstown 243
Knock 290
Knocknarea 324, 328
Knowth 134, 139f.
Kommunikation 100f.
Konsulate 73f.
Korruption 25
Krankenwagen 98
Kultur 53ff.
Kunst 53ff.
Kylemore Abbey 309
Kylemore Lough 309

Lady's Island Lake 163
Lagan 366f.
Lahinch 280
Landesflagge 14
Landesvorwahl 14
Lane, Sir Hugh 111ff.
Lanesborough 261
Larkin, James 111
Larne 388
Leamaneh Castle 286
Lean, David 59

Lebensweise 44ff.
Leenane 311
Leitrim 331
Lesetipps 75f.
Letterkenny 321, 353f.
Lichtenau, Gräfin 398
Liffey 110, 113, 115, 128, 143
Limerick 268ff.
Liscannor Bay 279f.
Lisdoonvarna 282
Lismore 156, 176f.
Lismore Castle 176
Lissadell 324
Lissadell House 330
Listowel 232, 254f.
Listowel Writers' Week 254
Literatur 55f.
Loop Head 259, 287, 289
Lough Beagh 343
Lough Caragh 232, 247
Lough Corrib 259, 303
Lough Currane 242
Lough Derg 332
Lough Erne 79
Lough Foyle 377
Lough Gill 324. 331
Lough Gur 273
Lough Hyne 218
Lough Leane 235
Lough Neagh 20
Lough Ree 260f.
Louisburgh 313
Lower Lake (Glendalough) 149ff.
Lower Lough Erne 413
Lugnaquilla 17

MacCarthaigh, Cormac 190
MacCarthy Mor, Cormac 204, 236
MacCool, Finn 394
Macgillycuddy's Reek 241
Maeve, Königin 324, 328
Magilligan Point 399

Mahon Valley 157, 175
Malin 358
Malin Head 358
Marmor 303
Markiewicz, Gräfin Constance 125, 318, 324, 330
Mary I. 33
Maße 82
Mayo 257, 290ff.
Mayo Sculpture Trail 318
McCann, Colum 57
McCormack, John 54
McCourt, Frank 57
McLiam Wilson, Robert 57
Mellifont Abbey 60, 107, 134, 137
Merrimen, Brian 266
Midlands 260
Midleton 207
Mietwagen 81, 85
Military Road 108, 144
Miltown Malbay 286
Mitbringsel 92
Mizen Head 193, 210, **221ff.**
Mizen Head Peninsula 221f.
Monasterboice 61, 107, **134f.**
Moor 19
Moore, Brian 57
Moore, Christy 282
Mount Brandon 17, 251
Mount Errigal 17, 79, 348
Mount Stewart House & Gardens 385
Mount Usher Gardens 150, 152
Mountshannon 266
Mourne Mountains 17, 79, 361, **377f.**
Moville 353
Moycullen 303
Mücken 82

Muckross Friary 236
Muckross House 236
Muckross Lake 235
Muckross Traditional Farms 236
Muff 359f.
Mullaghmore 330
Mullet Peninsula 318
Murphy, Cillian 58
Musik 51, 53f., 276, 341

Na Rossa s. The Rosses
Na Seacht dTempaill 300
Nachtleben 94
Natur 16ff.
Naturparks 21f.
Navan Fort 79, **407**
Neeson, Liam 58
New Ross 165
Newcastle 380
Newgrange 107, 134, 138f.
Newry 378
Newtownards 386f.
Nordirland 361ff.
North Clare 279ff.
North Kerry 254f.
North Mayo 318ff.
North Sligo 328ff.
Notruf 98

O'Brian, Flann 56, 260
O'Brien, Edna 57, 266
O'Carolan, Turlough 53, 124
O'Connell, Daniel 36, 43, 111, 123, 125, 237, 240, 272, 273
O'Connor, Frank 56
O'Connor, Joseph 57
O'Dálaigh, Cearbhall 241
O'Donnell, Hugh Roe 334
O'Flaherty, Liam 56
O'Neill, Hugh 210
O'Reilly, Tony 217
O'Sullivans, Thaddeus 58

Öffnungszeiten 82, 93
Oisin 389, 390
Old Midleton Distillery 207
Omagh 410f.
Ormond Castle 78, 186
Ossian's Grave 389
Oughterard 303
Ould Lammas Fair 392

Paisley, Ian 39
Papiere 86
Parke's Castle 324, 331
Parken 86
Parnell, Charles Stewart 40, 43, 114, 122, 111, 125
Parsons, Julie 57
Pauschalreisen 81
Peace Wall (Belfast) 371
Pearse, Patrick 41, 114, 304
Penal Laws 35
Politik 14, 24ff.
Polizei 98
Portaferry 383f.
Portballintrae 395f.
Portmagee 243
Portrush 396
Portstewart 396
Portumna 79, 265
Post 100
Poulnabrone Dolmen 257, 277, 285
Powerscourt 108
Pub 94
Puck Fair 247f.
Purcell, Deirdre 231
Puxley Mansion 231

Radfahren 87
Radio 100
Raleigh, Sir Walter 209
Rathdrum 152
Rathlin Island 393

Rathmelton 352
Rathmullan 352
Reisekasse 95f.
Reisekosten 95f.
Reiseplanung 77ff.
Reisezeit 97
Reiten 90
Religion 15, 49f.
Restaurants 67
Rettungsdienst 98
Richard de Clare 33
Ring of Beara 194, 228
Ring of Hook 156, 166
Ring of Kerry 78, 194, 232, **241ff.**
Ring of Skellig 244
Ringforts 60
Rock of Cashel 78, 156, 190
Roscommon 260
Rosmuck 304
Rosscarbery 215
Ross Castle 236
Rossaveal 304
Rossbeigh Beach 246
Rosses Point 328f.
Rosses-Dörfer 343ff.
Rosslare 162f.
Rostrevor 379
Rothe (Kaufmannsfamilie) 178
Roundstone 305
Roundwood 143, 151
Routenplanung 77ff.
Rundreisen 80
Rundtürme 60f.
Russborough House 147

Saint Patrick Centre 381
Saint Patrick's Trian Visitor Komplex 407
Sally Gap 151
Saltee Islands 164
Salthill 293f.
Sands, Bobby 39

421

Register

Sayers, Peig 251
Scariff 267
Scattery Island 288
Schull 222
Scott, Walter 204
Seen 19f.
Shanagarry 208
Shannon 20, 79, 260, 262, 264f., 287f.
Shannonbridge 261
Shannon-Fähre 288
Shaw, George Bernard 55, 244
Sheeps' Head 193, 195, 210, **223f.**
Sheephaven Bay 350
Sheridan, Jim 58
Sherkin Island 210, 221
Sicherheit 98
Silent Valley 378
Sinn Féin 41
Skellig Michael 194, **244**
Skibbereen 216ff.
Slane 140
Slane Castle 140
Slea Head 232, 250
Slieve Aughty Mountains 265
Slieve Bernagh 265
Slieve Bloom 20
Slieve Gullion 410
Slieve Gullion Forest Park 410
Slieve League 79, 321, 323, 332, 336ff.
Slievemore 316
Sligo 321, **324ff.**
Sligo-Küste 79
Smerwick Harbour 251
Sneem 241
South Armagh 361
South Galway 297ff.
Soziales 24ff.
Spanische Armada 34
Spartipps 96

Sperrin Mountains 363, **411f.**
Sperrnummern (für EC-Karten) 96
Spidall 293f.
Sport 77, 90f.
Sprache 14, 45, 46f.
Sprachführer 102f.
St. Bridgit's Well 280
St. Fin Barr's Cathedral 200
St. John's Castle 79
St. Laurence O'Toole 124
St. Michan's Church 109
St. Multose Church 211
St. Patrick 124, 384
St. Patrick's Day 51, 133
St.-Francis-Brauerei (Kilkenny) 181
Stadtbusse 87
Staigue Stone Fort 242
Stoker, Bram 55, 116
Strandhill 323, 327f.
Strangford Lough 361, 377, 383
Strongbow 124
Studio Donegal 323, 337
Swift, Jonathan 55, 111, 116, 124, 401
Swiss Cottage 188
Synge, John Millington 55, 298

Tacumshin Lake 163
Tanken 87
Tanz 54f.
Tara 134, 141
Taxis 87
Teelin 338
Telefonieren 101
Temperaturen 82
The Rosses 342
Three Irish Tenors 54
Timoleague 215
Tintern Abbey 78, 158, 167

Tipperary 155, 178ff.
Tóibín, Colm 57
Tollymore Forest Park 380
Tone, Wolfe 36, 42, 120
Torf 19
Tory 347
Tory Island 346f.
Tourismus 15
Touristinformationsstellen 72f.
Tralee 232, 252ff.
Tramore 172
Traveller 45ff.
Trawmore 316
Trevor, William 56
Trim 142
Trim Castle 107f.
Trinity College 116ff.
Trinkgeld 96
Tuamgraney 267
Turloughs 20
Turmhäuser 61
Tyrone 406

Ulster 34
Ulster American Folk Park 362, 387f., 411
Ulster Folk & Transport Museum 387f.
Umwelt 16ff.
Umweltbewusstsein 22
Union Hall 218
Unterkunft 88f.
Upper Lake (Glendalough) 150f.
Upper Lough Erne 413.

Valentia Island 17, 232, 243f.
Valera, Éamon de 41, 122
Ventry 250
Veranstaltungen 50ff.
Verkehrsmittel 84
Verkehrsregeln 85
Victoria, Queen 206, 365